Ensayo

Crónica

Lawrence Wright se licenció en la Universidad de Tulane, en Nueva Orleans, y trabajó durante dos años en la Universidad Norteamericana de El Cairo, Egipto. Es escritor, guionista, autor teatral, redactor de *The New Yorker* desde 1992 y miembro del Centro sobre Leyes y Legalidad de la Facultad de Derecho de la Universidad de Nueva York. Antes de *La torre elevada* había publicado varias obras de no ficción: *City Children, Country Summer; In the New World; Saints and Sinners; Remembering Satan; Gemelos* y una novela, *God's Favorite*. Además es coguionista de la profética película *Estado de sitio*, protagonizada por Denzel Washington; en la que unos agentes de la CIA y del FBI intentan detener una cadena de atentados terroristas que amenazan la ciudad de Nueva York.

Lawrence Wright

La torre elevada
Al-Qaeda y los orígenes del 11-S

Traducción de
Yolanda Fontal Rueda
Carlos Sardiña Galache

DEBOLS!LLO

Papel certificado por el Forest Stewardship Council®

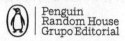

Título original: *The Looming Tower*

Primera edición: junio de 2015
Quinta reimpresión: julio de 2021

© 2006, Lawrence Wright
Publicado por acuerdo con Alfred A. Knopf,
una división de Random House, Inc.
© 2009, de la presente edición en castellano para todo el mundo:
Penguin Random House Grupo Editorial, S. A. U.
Travessera de Gràcia, 47-49. 08021 Barcelona
© 2009, Yolanda Fontal Rueda y Carlos Sardiña Galache, por la traducción
Diseño de la cubierta: adaptación de la cubierta original
de Richard Green / Penguin Random House Grupo Editorial
Fotografía del autor: © Kenny Braun

Mapas de Mapping Specialists, Ltd.
Agradecemos a Constable & Robinson y Michal Snunit el permiso
de reproducir extractos de *The Soul Bird*, de Michal Snunit

Printed in Spain – Impreso en España

ISBN: 978-84-9989-123-1
Depósito legal: B-38.684-2011

Compuesto en Fotocomposición 2000, S. A.
Impreso en QP Print

P99123B

Para mi familia,
Roberta, Caroline, Gordon y Karen

Índice

Prólogo

El día de San Patricio de 1996, Daniel Coleman, un agente que trabajaba en la sede neoyorquina de la Oficina Federal de Investigación (FBI) y se ocupaba de casos de inteligencia exterior, condujo hasta Tysons Corner (Virginia) para tomar posesión de su nuevo destino. Las aceras seguían enterradas bajo la capa de nieve grisácea depositada semanas antes por la fuerte ventisca de aquel año. Coleman entró en un anodino rascacielos de oficinas del gobierno llamado Gloucester Building, tomó el ascensor y se bajó en el quinto piso. Se trataba de la estación Alec.

A diferencia de las demás estaciones de la Agencia Central de Inteligencia (CIA), ubicadas en los diferentes países que vigilan, Alec era la primera estación «virtual» y se encontraba a solo unos kilómetros de la sede central de Langley. En el organigrama de la agencia aparecía catalogada como «Vínculos financieros terroristas», una subdivisión del Centro de Antiterrorismo de la CIA, pero en la práctica se dedicaba a rastrear las actividades de un único individuo, Osama bin Laden, cuyo nombre había aflorado como principal financiador del terrorismo. Coleman había oído aquel nombre por primera vez en 1993, cuando una fuente extranjera había mencionado a un «príncipe saudí» que financiaba una célula de islamistas radicales que planeaba volar lugares emblemáticos de Nueva York, como la sede de las Naciones Unidas, los túneles Lincoln y Holland, e incluso el edificio de Federal Plaza 26 donde trabajaba Coleman. Tres años más tarde, el FBI por fin había encontrado tiempo para enviarle a examinar la información recopilada por la CIA con objeto de determinar si había motivos para iniciar una investigación.

La estación Alec ya tenía treinta y cinco volúmenes de material sobre Bin Laden, que en su mayor parte consistía en transcripciones de conversaciones telefónicas captadas por los oídos electrónicos de la Agencia de Seguridad Nacional. Coleman halló el material repetitivo y poco concluyente. Aun así, abrió un expediente sobre Bin Laden, más que nada para reunir toda la información por si se daba el caso de que el «financiero islamista» resultaba ser algo más que eso.

Como muchos otros agentes, Dan Coleman se había preparado para combatir la guerra fría. Había ingresado en el FBI como archivero en 1973. Culto e inquisitivo, Coleman se sentía atraído por el contraespionaje. En los años ochenta se dedicó a reclutar espías comunistas en el seno de la populosa comunidad diplomática que gravitaba en torno a las Naciones Unidas; uno de los más valiosos fue un agregado de Alemania oriental. Sin embargo, en 1990, recién acabada la guerra fría, se incorporó a una unidad que se ocupaba del terrorismo en Oriente Próximo. Su trayectoria hasta aquel momento apenas le había preparado para este nuevo giro en su carrera, pero lo mismo se podía decir de todo el FBI, que consideraba el terrorismo más una molestia que una amenaza real. Resultaba difícil creer que, en aquellos radiantes días que siguieron a la caída del muro de Berlín, Estados Unidos todavía tuviera algún enemigo real.

Después, en agosto de 1996, Bin Laden declaró la guerra a Estados Unidos desde una cueva de Afganistán. La razón que alegó fue que seguía habiendo tropas estadounidenses en Arabia Saudí cinco años después de la primera guerra del Golfo. «El terror contra vosotros, que lleváis armas en nuestra tierra, es un derecho legítimo y una obligación moral», declaró. Decía hablar en nombre de todos los musulmanes e incluso se dirigió personalmente al secretario de Defensa estadounidense, William Perry, en su larga fatwa: «A ti, William, te digo esto: estos jóvenes aman la muerte como tú amas la vida. [...] Estos jóvenes no te pedirán explicaciones. Cantarán que entre nosotros no hay nada que precise una explicación, que solo caben el asesinato y los golpes en el cuello».*

---

* Corán, azora 47, aleya 4. (*N. de los T.*)

A excepción de Coleman, en Estados Unidos eran pocos (incluido el FBI) los que conocían al disidente saudí o se interesaban por él. Los treinta y cinco volúmenes de la estación Alec mostraban la imagen de un multimillonario mesiánico, miembro de una familia extensa e influyente que mantenía una estrecha relación con los gobernantes del reino de Arabia Saudí. Bin Laden se había hecho un nombre durante la yihad contra la ocupación soviética en Afganistán. Coleman había leído los suficientes libros de historia como para comprender las referencias a las Cruzadas y a las primeras luchas del islam en el texto de Bin Laden. De hecho, una de las características más llamativas del documento era que parecía que el tiempo se hubiera detenido hacía mil años. Existía el «ahora» y el «entonces», pero no había nada en medio. Era como si, en el universo de Bin Laden, las Cruzadas aún no hubieran terminado. A Coleman también le resultaba difícil entender el porqué de tanta ira. «¿Qué le hemos hecho?», se preguntaba.

Coleman mostró el texto de la fatwa de Bin Laden a los abogados de la Oficina del Fiscal del Distrito Sur de Nueva York. Era curiosa, era extraña, pero ¿constituía un delito? Los abogados analizaron el lenguaje y encontraron un decreto de la época de la guerra civil, rara vez invocado, contra la conspiración sediciosa. El decreto prohíbe instigar a la violencia e intentar derrocar al gobierno estadounidense. Era ilógico pensar que se le pudiera aplicar a un saudí apátrida en una cueva de Tora Bora, pero, sirviéndose de un precedente tan débil, Coleman abrió un proceso penal al hombre que se convertiría en el más buscado en la historia del FBI. Seguía trabajando completamente solo.

Unos meses más tarde, en noviembre de 1996, Coleman viajó a una base militar estadounidense en Alemania acompañado de dos fiscales federales, Kenneth Karas y Patrick Fitzgerald. Allí, en un piso franco, les esperaba un nervioso informador sudanés llamado Yamal al-Fadl, que afirmaba haber trabajado para Bin Laden en Jartum. Coleman llevaba consigo un dossier con fotografías de conocidos cómplices de Bin Laden, y Fadl enseguida identificó a la mayoría de ellos. Trataba de venderles una historia, pero no cabía la menor duda de que conocía a los protagonistas. El problema era que seguía mintiendo a los investigadores, adornando su relato y describiéndose a sí mismo como un héroe que solo quería actuar correctamente.

«Entonces, ¿por qué te marchaste?», quisieron saber los fiscales.

Fadl dijo que amaba Estados Unidos, que había vivido en Brooklyn y hablaba inglés. Después contó que había huido para poder escribir un *best seller*. Se mostraba nervioso y le costaba estarse quieto. Obviamente, tenía mucho más que contar. Hicieron falta varios días para conseguir que dejara de fabular y admitiera que había huido con más de 100.000 dólares del dinero de Bin Laden. Nada más hacerlo, comenzó a sollozar sin parar. Ese fue el momento crucial del interrogatorio. Fadl accedió a ser un testigo protegido en caso de que alguna vez se celebrara un juicio, lo que parecía poco probable, dada la poca solidez de los cargos que estaban considerando los fiscales.

Entonces, por iniciativa propia, Fadl comenzó a hablar de una organización llamada al-Qaeda. Era la primera vez que los hombres que se encontraban en aquella habitación oían mencionar ese nombre. Fadl describió los campos de entrenamiento y las células durmientes. Habló del interés de Bin Laden por conseguir armas nucleares y químicas, y dijo que al-Qaeda había sido la responsable de los atentados de 1992 en Yemen y de entrenar a los insurgentes que habían derribado los helicópteros estadounidenses en Somalia aquel mismo año. Dio nombres y dibujó organigramas. Los investigadores no salían de su asombro. A lo largo de dos semanas, durante seis o siete horas diarias, repasaron los detalles una y otra vez, examinando las respuestas de Fadl para comprobar si eran similares. Nunca varió su relato.

Cuando Coleman volvió a la oficina del FBI, nadie se mostró particularmente interesado por el caso. Estaban de acuerdo en que la declaración de Fadl era escalofriante, pero ¿cómo podían verificar el testimonio de un ladrón que encima era un mentiroso? Además, había otras investigaciones más urgentes.

Durante año y medio, Dan Coleman prosiguió en solitario con su investigación sobre Bin Laden. Como estaba destinado en la estación Alec, el FBI se olvidó más o menos de él. Gracias a las escuchas telefónicas de los negocios de Bin Laden, Coleman pudo trazar un mapa de la red de al-Qaeda, que se extendía por todo Oriente Próximo, África, Europa y Asia Central. Se alarmó al descubrir que muchos de los miembros de al-Qaeda tenían vínculos con Estados Unidos y llegó a la conclusión de que se trataba de una organización terrorista mundial cuyo objetivo era destruir Estados Unidos, pero Coleman ni siquiera lograba que sus superiores respondieran a sus llamadas.

Coleman se tenía que enfrentar solo a las preguntas que más tarde se haría todo el mundo. ¿De dónde había surgido aquel movimiento? ¿Por qué había elegido atacar Estados Unidos? ¿Y qué se podía hacer para detenerlo? Era como un técnico de laboratorio que observara un portaobjetos con un virus desconocido hasta el momento. El microscopio estaba empezando a revelar las letales características de al-Qaeda. Se trataba de un grupo reducido que en aquel momento solo contaba con noventa y tres miembros, pero formaba parte de un movimiento radical mayor que se estaba extendiendo por todo el islam, sobre todo en el mundo árabe. Las posibilidades de contagio eran enormes. Los hombres que pertenecían a aquel grupo estaban bien entrenados y curtidos en la lucha y, al parecer, contaban con abundantes recursos. Además, estaban fanáticamente consagrados a su causa y absolutamente convencidos de que iban a salir victoriosos. La filosofía que les unía era tan irresistible que estaban dispuestos a sacrificar sus vidas, incluso con entusiasmo, por ella. Y al hacerlo querían matar al mayor número posible de personas.

No obstante, el aspecto más aterrador de esta nueva amenaza era que casi nadie se la tomaba en serio. Era demasiado estrafalaria, demasiado primitiva y exótica. Frente a la confianza que los estadounidenses depositaban en la modernidad, la tecnología y sus propios ideales para que los protegiera de las atrocidades de la historia, los gestos desafiantes de Bin Laden y sus seguidores parecían absurdos e incluso patéticos. Y, sin embargo, al-Qaeda no era una simple reliquia de la Arabia del siglo VII. Había aprendido a utilizar herramientas e ideas modernas, lo que no tiene nada de sorprendente, porque la historia de al-Qaeda había comenzado en Estados Unidos no mucho tiempo atrás.

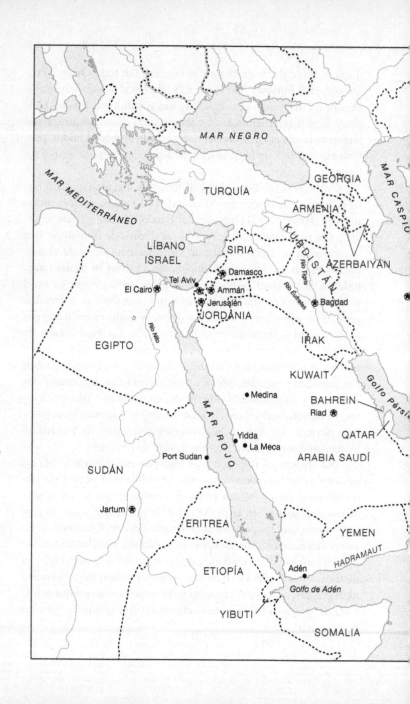

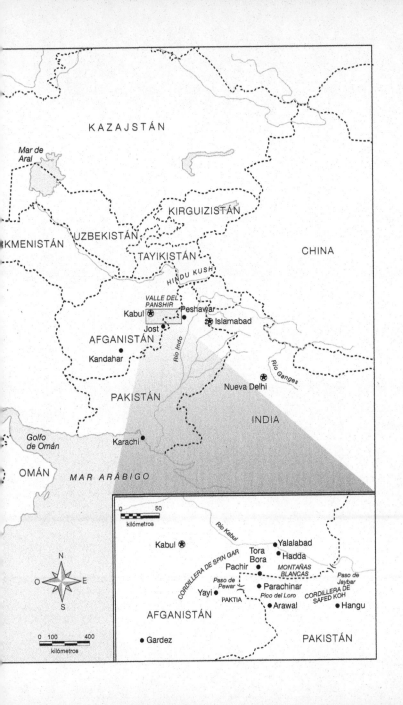

1

El mártir

En un camarote de primera clase, a bordo de un crucero que había zarpado de Alejandría rumbo a Nueva York, un débil escritor y profesor de mediana edad llamado Sayyid Qutb sufrió una crisis de fe.[1] «¿Debo ir a Estados Unidos como cualquier estudiante normal, y contentarme con comer y dormir, o debo ser alguien especial? —se preguntaba—. ¿Debo aferrarme a mis creencias islámicas y resistir las muchas tentaciones de pecar o debo sucumbir a las tentaciones que se me presenten?»[2] Era noviembre de 1948. El nuevo mundo, victorioso, rico y libre, se vislumbraba en el horizonte. Atrás quedaba Egipto, entre andrajos y lágrimas. Qutb no había salido nunca de su país natal. Y no se marchaba en aquel momento por voluntad propia.

El viajero era un soltero empedernido, un hombre delgado y moreno, con una frente ancha e inclinada, y un bigote estilo cepillo algo más estrecho que su nariz. Sus ojos delataban un temperamento autoritario y sumamente susceptible. Su aspecto era siempre muy formal y vestía trajes de tres piezas oscuros, incluso bajo el abrasador sol egipcio. A un hombre tan celoso de su dignidad, la perspectiva de volver a estudiar a la edad de cuarenta y dos años le podría haber parecido humillante. No obstante, aquel niño de una aldea de casas de adobe del Alto Egipto ya había superado el modesto objetivo que se había fijado, el de llegar a ser un miembro respetable de la administración pública. Sus textos de crítica literaria y social le habían convertido en uno de los escritores más populares de su país. También había provocado la ira del rey Faruk, el disoluto monarca de Egipto, que había firmado una orden de arresto contra él. Unos amigos poderosos y comprensivos tuvieron que organizar a toda prisa su partida.[3]

Hasta entonces Qutb había ocupado un cómodo cargo de inspector en el Ministerio de Educación. Políticamente, era un ferviente nacionalista egipcio y anticomunista, una postura mayoritaria entre los numerosos funcionarios de clase media. Las ideas que darían origen a lo que más adelante se llamaría fundamentalismo islámico aún no habían tomado una forma definitiva en su mente; de hecho, más adelante confesó que ni siquiera era una persona demasiado religiosa antes de emprender el viaje,[4] aunque había memorizado el Corán a los diez años de edad[5] y recientemente sus escritos habían dado un giro hacia temas más conservadores. Como muchos de sus compatriotas, se había radicalizado debido a la ocupación británica y despreciaba la complicidad del cínico rey Faruk. Las protestas contra los británicos y las facciones políticas sediciosas empeñadas en expulsar del país a las tropas extranjeras, y quizá también al rey, estaban convulsionando Egipto. Lo que hacía que este banal funcionario de nivel medio fuera particularmente peligroso eran sus comentarios directos y contundentes. Nunca había destacado en la escena literaria árabe de la época, algo que le amargó durante toda su carrera, pero se estaba volviendo un enemigo molesto e importante para las autoridades.

En muchos aspectos era occidental: en su forma de vestir, en su amor por la música clásica y las películas de Hollywood. Había leído traducciones de las obras de Darwin y Einstein, Byron y Shelley, y se había empapado de literatura francesa, sobre todo de Victor Hugo.[6] Aun así, ya antes de emprender el viaje le preocupaba el avance de una civilización occidental avasalladora. Pese a su erudición, veía a Occidente como una entidad cultural única. Las diferencias entre capitalismo y marxismo, cristianismo y judaísmo, fascismo y democracia eran insignificantes comparadas con la gran dicotomía que anidaba en la mente de Qutb: el islam y Oriente por una parte, y el Occidente cristiano por otra.

Estados Unidos, sin embargo, se había mantenido al margen en las aventuras colonialistas que habían caracterizado las relaciones de Europa con el mundo árabe. Al final de la Segunda Guerra Mundial,

Estados Unidos superó la división política entre colonizadores y colonizados. Era tentador imaginar a Estados Unidos como un parangón del anticolonialismo: una nación subyugada que se había liberado de sus antiguos amos y los había aventajado. La fuerza del país parecía radicar en sus valores, no en las ideas europeas de superioridad cultural o de privilegios de raza y clase. Y puesto que Estados Unidos se proclamaba una nación de inmigrantes, mantenía una relación permeable con el resto del mundo. Los árabes, como la mayoría de los pueblos, habían establecido sus propias comunidades en Estados Unidos y sus afinidades los acercaban a los ideales que el país afirmaba representar.

Por eso, Qutb, como muchos árabes, se escandalizó y percibió como una traición el apoyo que el gobierno estadounidense había prestado a la causa sionista después de la guerra. En el mismo momento en que Qutb zarpaba del puerto de Alejandría, Egipto y otros cinco ejércitos árabes estaban a punto de perder la guerra que consolidaría a Israel como un Estado judío en el corazón del mundo árabe. Los árabes estaban atónitos, no solo por la determinación y la pericia de los combatientes israelíes, sino por la incompetencia de sus propias tropas y las desastrosas decisiones de sus gobernantes. La vergüenza causada por aquella experiencia marcaría el universo intelectual árabe más profundamente que ningún otro acontecimiento de la historia moderna. «¡Odio a esos occidentales, los desprecio! —escribió Qutb después de que el presidente Harry Truman respaldara el traslado de cien mil refugiados judíos a Palestina—. A todos ellos, sin excepción: a los ingleses, los franceses, los holandeses y, por último, a los estadounidenses, en los que tantos habían confiado.»[7]

El hombre del camarote había conocido el amor romántico, sobre todo los sinsabores del mismo. En una de sus novelas había descrito sin apenas disimulo una relación que había fracasado; después de eso, le volvió la espalda al matrimonio y afirmaba que no era capaz de encontrar una esposa adecuada entre las mujeres «deshonrosas»[8] que permitían que se las viera en público, una postura que le condenaría a la soledad y el desconsuelo en la madurez. Seguía disfrutando de las

mujeres —estaba muy unido a sus tres hermanas—, pero la sexualidad le intimidaba y se refugió en una coraza de desaprobación. Para
Qutb, el sexo era el principal enemigo de la salvación.

La relación más preciada que tuvo en su vida fue la que mantuvo con su madre, Fatima,[9] una mujer inculta pero piadosa, que había
enviado a su precoz hijo a estudiar a El Cairo. Su padre había muerto en 1933, cuando Qutb tenía veintisiete años. Durante los tres años
siguientes fue profesor en varios destinos provinciales, hasta que le
trasladaron a Helwan, un próspero barrio de El Cairo, al que enseguida se llevó al resto de la familia para que viviera con él. Su madre,
una mujer profundamente conservadora, nunca se llegó a adaptar y
siempre estaba en guardia contra las crecientes influencias extranjeras, mucho más evidentes en Helwan que en la pequeña aldea de la
que procedía, influencias que también debían de ser patentes en su
sofisticado hijo.

Mientras rezaba en su camarote, Sayyid Qutb seguía dudando de
su propia identidad. ¿Debía ser «normal» o «especial»? ¿Debía resistir
las tentaciones o sucumbir a ellas? ¿Debía aferrarse firmemente a sus
creencias islámicas o desecharlas y aceptar el materialismo y el pecado de Occidente? Como todos los peregrinos, había emprendido
dos viajes: uno hacia fuera, por el mundo, y otro hacia dentro, hacia
su propia alma. «¡He decidido ser un verdadero musulmán!», resolvió. Pero casi de inmediato dudó de sí mismo: «¿Estoy siendo sincero o solo ha sido un capricho?».[10]

Sus reflexiones se vieron interrumpidas por un golpe en la puerta. De pie, fuera del camarote, había una muchacha a la que describió como delgada, alta y «semidesnuda».[11] La chica le preguntó en inglés: «¿Te parece bien que sea tu huésped esta noche?».

Qutb respondió que en la habitación solo había una cama.

«Una cama puede acoger a dos personas», le dijo.

Horrorizado, le cerró la puerta en la cara. «La oí caerse al suelo
de madera y me di cuenta de que estaba borracha —recordaría—.
Inmediatamente di gracias a Dios por permitirme vencer la tenta-
ción y seguir siendo fiel a mi moral.»

Así era el hombre —decente, orgulloso, atormentado y con pre-
tensiones de superioridad moral— cuyo genio solitario desestabili-

zaría el islam, pondría en peligro a regímenes de todo el mundo musulmán y atraería a toda una generación de jóvenes árabes desarraigados que buscaban un sentido y un propósito en sus vidas y lo encontrarían en la yihad.

Qutb llegó al puerto de Nueva York en las navidades más prósperas que había vivido nunca el país.[12] Durante el período de bonanza de la posguerra todo el mundo estaba ganando dinero —los cultivadores de patatas de Idaho, los fabricantes de automóviles de Detroit, los banqueros de Wall Street— y toda esa riqueza estimuló la confianza en el modelo capitalista, al que había puesto a prueba de forma tan brutal la reciente Depresión. El paro parecía algo ajeno a Estados Unidos; oficialmente, la tasa de desempleo se situaba por debajo del 4 por ciento y, en la práctica, cualquiera que quisiera encontrar un trabajo podía conseguirlo. La mitad de la riqueza mundial estaba en manos estadounidenses.[13]

A Qutb debió de resultarle especialmente duro el contraste con El Cairo mientras deambulaba por las calles de la ciudad de Nueva York, festivamente iluminadas por las luces navideñas y con los escaparates de las lujosas tiendas abarrotados de electrodomésticos de los que solo había oído hablar: televisores, lavadoras y otros milagros tecnológicos que atestaban los grandes almacenes en abundancia. Rascacielos de oficinas y apartamentos completamente nuevos se iban alzando en los espacios vacíos de la línea del horizonte de Manhattan entre el Empire State y el edificio Chrysler, mientras en el centro y en los barrios de las afueras se ejecutaban grandes proyectos para alojar a las masas de inmigrantes.

Era normal que, en un ambiente tan optimista y confiado, con una mezcla de culturas sin precedentes, surgiera el símbolo visible de un nuevo orden mundial: el nuevo complejo de las Naciones Unidas que domina al East River. La ONU era la expresión máxima del internacionalismo legado por la guerra, y sin embargo la propia ciudad encarnaba los sueños de armonía universal mucho mejor que ninguna idea o institución. El mundo entero acudía a Nueva York porque allí estaban el poder, el dinero y una energía cultural transformadora. En la ciudad vivían casi un millón de rusos, medio millón de irlandeses y un número similar de alemanes, por no mencionar a los puertorriqueños, los dominicanos, los polacos y un número desconocido de trabajadores chinos, a menudo ilegales, que también habían encontrado refugio en la hospitalaria ciudad. La población negra de la ciudad había aumentado un 50 por ciento en solo ocho años, hasta llegar a los setecientos mil, y también había refugiados del racismo del sur del país. Una cuarta parte de los ocho millones de neoyorquinos eran judíos, y muchos de ellos habían huido de la reciente catástrofe europea.[14] Los letreros de las tiendas y fábricas del Lower East Side estaban en hebreo, y era habitual oír yiddish en las calles. Aquello debió de suponer un desafío para un egipcio de mediana edad que odiaba a los judíos pero que nunca había conocido a ninguno hasta que salió de su país.[15] La opresión política y económica formaba parte del pasado de muchos neoyorquinos, posiblemente de la mayoría, y la ciudad les había ofrecido asilo, un lugar en el que ganarse la vida, fundar una familia y comenzar de nuevo. Por eso la emoción que inundaba la exuberante ciudad era el optimismo, mientras que El Cairo era una de las capitales de la desesperanza.

Al mismo tiempo, Nueva York era miserable: superpoblada, crispada, competitiva y frívola, una ciudad sembrada de carteles en los que se leía «Completo». Los alcohólicos roncaban en las puertas de los edificios bloqueando la entrada. Proxenetas y carteristas merodeaban por las plazas del centro de la ciudad bajo las espectrales luces de neón de los teatros de variedades. En el Bowery, las pensiones ofrecían catres por veinte centavos la noche. En los lóbregos callejones se entrecruzaban las cuerdas de tender la ropa. Bandas de rabiosos delincuentes vagabundeaban como perros salvajes por los barrios marginales. Para un hombre que hablaba un inglés elemental,[16] la ciudad estaba plagada de peligros imprevisibles y la natural reserva de Qutb hacía aún más difícil la comunicación. Sentía una angustiosa nostalgia. «Aquí, en este extraño lugar, en esta enorme fábrica que llaman el "Nuevo Mundo", siento como si mi espíritu, mis pensamientos y mi cuerpo vivieran en soledad», le escribió a un amigo de El Cairo.[17] «Lo que más necesito aquí es alguien con quien poder hablar —le escribió a otro amigo—, hablar de temas que no sean el dinero, las estrellas de cine, las marcas de coches, mantener una verdadera conversación sobre el hombre, la filosofía y el alma.»

Dos días después de llegar a Estados Unidos, Qutb se registró en un hotel con un conocido suyo de Egipto. «Al ascensorista negro le gustábamos porque teníamos un color parecido», contaba Qutb.[18] El ascensorista les ofreció a los viajeros su ayuda para encontrar «diversión». «Mencionó algunos ejemplos de esa "diversión", perversiones incluidas. También nos contó lo que sucedía en algunas de aquellas habitaciones, en las que podía haber parejas de chicos o chicas. Le pedían que les llevara botellas de Coca-Cola y ¡ni siquiera cambiaban de postura cuando entraba! "¿No les da vergüenza?", le preguntamos. Se mostró sorprendido. "¿Por qué? Solo están disfrutando, satisfaciendo sus deseos particulares."»

Esta experiencia, entre otras muchas, no hizo sino corroborar la idea de Qutb de que el contacto sexual conducía inevitablemente a la perversión. Estados Unidos aún estaba conmocionado por la publicación de un prolijo informe académico titulado *Conducta sexual del hombre*, de Alfred Kinsey y sus colegas de la Universidad de Indiana. El tratado, de 800 páginas y repleto de sorprendentes estadísticas y comentarios graciosos, hizo pedazos los últimos vestigios de mojigatería victoriana como un ladrillo que atravesara una ventana de cristal. Kinsey revelaba que el 37 por ciento de los varones estadounidenses encuestados habían tenido experiencias homosexuales hasta alcanzar el orgasmo, casi la mitad habían mantenido relaciones sexuales extramatrimoniales y el 69 por ciento habían pagado los servicios de prostitutas. El espejo que Kinsey puso frente a Estados Unidos mostraba un país desenfrenadamente lujurioso, pero también confuso, avergonzado, incompetente e increíblemente ignorante. Pese a la diversidad y la frecuencia de la actividad sexual, en aquella época en Estados Unidos casi nadie abordaba nunca las cuestiones sexuales, ni siquiera los médicos. Un investigador de Kinsey entrevistó a un millar de parejas estadounidenses sin hijos que no tenían ni idea de por qué no lograban concebir aunque las esposas eran vírgenes.[19]

Qutb conocía el informe Kinsey[20] y lo citó en escritos posteriores para ilustrar su idea de que los estadounidenses no eran muy diferentes de las bestias: «Un rebaño atolondrado y aturdido que no conoce más que la lujuria y el dinero».[21] En una sociedad semejante, cabía esperar una alarmante tasa de divorcios, ya que «cada vez que un marido o una esposa descubre a alguien con una personalidad chispeante, se abalanzan sobre él como si fuera la última moda en el mundo de los deseos».[22] Las turbulencias de su propia lucha interior se pueden apreciar en la siguiente diatriba: «Una muchacha te mira, mostrándose como si fuera una ninfa encantadora o una sirena huida, pero a medida que se acerca solo sientes el instinto que clama en su interior y puedes oler su cuerpo ardiente, no un aroma de perfume, sino de carne, solo carne. Carne apetitosa, es verdad, pero carne al fin y al cabo».

Con el fin de la guerra mundial, Estados Unidos obtuvo la victoria, pero no seguridad. Muchos estadounidenses creían que habían derrotado a un enemigo totalitario solo para toparse con otro mucho más fuerte y más insidioso que el fascismo europeo. «El comunismo se extiende inexorablemente por estas tierras míseras —advertía el joven evangelista Billy Graham—, por China, devastada por la guerra, por la convulsa América del Sur y, a menos que la religión cristiana rescate a estas naciones de las garras de los no creyentes, Estados Unidos se encontrará solo y aislado en el mundo.»[23]

La guerra contra el comunismo también se libraba en el interior del país. J. Edgar Hoover, el maquiavélico director del FBI, sostenía que, en Estados Unidos, una de cada 1.814 personas era comunista.[24] Bajo su supervisión, el FBI se consagró casi por completo a descubrir cualquier indicio de subversión. Cuando Qutb llegó a Nueva York, el Comité de Actividades Antiamericanas de la Cámara de Representantes había iniciado la vista de un redactor jefe de la revista *Time* llamado Whittaker Chambers. Chambers declaró que había pertenecido a una célula comunista dirigida por Alger Hiss, un antiguo funcionario de la administración Truman, uno de los fundadores de las Naciones Unidas y en aquel momento el presidente del Carnegie Endowment for International Peace. El país seguía muy de cerca las vistas, que daban cuerpo a los temores de que los comunistas estaban al acecho en las ciudades y los barrios periféricos organizados en células durmientes. «Están en todas partes —afirmaba el fiscal general de Estados Unidos, Tom Clark—, en las fábricas, las oficinas, las carnicerías, en la esquina de la calle, en las empresas privadas, y cada uno ellos porta el germen de la muerte de la sociedad.»[25] Estados Unidos creía que peligraba no solo su sistema político, sino también sus tradiciones religiosas. El «ateísmo» era una de las características esenciales de la amenaza comunista y el país reaccionó de una forma visceral a la percepción de que el cristianismo era atacado. «O debe morir el comunismo o debe morir el cristianismo, porque en realidad se trata de una batalla entre Cristo y el Anticristo», escribiría Billy Graham años después, un sentimiento que en esa época compartían gran parte de los cristianos de Estados Unidos.[26]

Qutb tomó buena nota de la obsesión que empezaba a apoderarse de la política estadounidense. Él mismo era un anticomunista convencido por las mismas razones; de hecho, los comunistas eran mucho más activos e influyentes en Egipto que en Estados Unidos. «Tendremos que seguir el camino del islam o el camino del comunismo», había escrito Qutb un año antes de llegar a Estados Unidos, anticipando la misma escueta formulación de Billy Graham.[27] Al mismo tiempo, veía en el partido de Lenin un modelo para la política islámica del futuro, la política que él inventaría.[28]

En el apasionado análisis de Qutb, había poca diferencia entre los sistemas comunista y capitalista; creía que ambos se ocupaban únicamente de las necesidades materiales de la humanidad y desatendían el espíritu. Predijo que, una vez que el trabajador medio perdiera sus fantasiosas esperanzas de enriquecerse, Estados Unidos se volvería inevitablemente hacia el comunismo, y el cristianismo no podría frenar esta tendencia porque solo existe en el reino del espíritu, «como una visión en un mundo ideal puro».[29] El islam, por el contrario, es «un sistema completo»[30] que posee leyes, códigos sociales, normas económicas y su propio sistema de gobierno. Únicamente el islam ofrecía una fórmula para crear una sociedad justa y piadosa. Por tanto, la verdadera lucha que acabaría por manifestarse no era una batalla entre el capitalismo y el comunismo, sino entre el islam y el materialismo. E inevitablemente vencería el islam.

No cabe duda de que, aquellas navidades de 1948, la confrontación entre el islam y Occidente no estaba en la mente de la mayoría de los neoyorquinos. Pero, pese a la nueva riqueza que estaba entrando a raudales en la ciudad y la autoconfianza que siempre lleva aparejada la victoria, había un sentimiento generalizado de inquietud por el futuro. «La ciudad, por primera vez en su larga historia, es destructible —había observado el ensayista E. B. White aquel verano—. Un vuelo de aviones no mayor que una bandada de gansos podría poner fin a esta fantasía insular, quemar las torres, destruir los puentes, convertir los túneles del metro en cámaras de la muerte e incinerar a millones de personas.»[31] White escribía en los albores de la era nuclear y el sentimiento de vulnerabilidad era algo nuevo. «En la mente de cualquier soñador perverso podría saltar la chispa —observó—, y Nueva York tiene un permanente e irresistible encanto.»

Poco después del comienzo del nuevo año, Qutb se trasladó a Washington,[32] donde estudió inglés en el Wilson Teachers College.* «La vida en Washington es buena —admitía en una carta—, sobre todo porque vivo muy cerca de la biblioteca y de mis amigos.»[33] Qutb recibía una generosa asignación del gobierno egipcio. «Un estudiante corriente puede vivir bien con 180 dólares mensuales —escribió—. Sin embargo, yo gasto entre 250 y 280 dólares al mes.»

Aunque Qutb procedía de una pequeña aldea del Alto Egipto, fue en Estados Unidos donde descubrió «un primitivismo que nos recuerda la época de las selvas y las cavernas».[34] En las reuniones sociales abundaban las charlas superficiales. La gente llenaba los museos y las salas de conciertos, pero no acudían allí para ver y oír, sino más bien impulsados por una desaforada y narcisista necesidad de ser vistos y oídos. Qutb también llegó a la conclusión de que los estadounidenses eran demasiado despreocupados. «Estoy en un restaurante —le escribió a un amigo de El Cairo— y tengo enfrente a un joven estadounidense. Sobre la camisa, en lugar de una corbata, lleva una

---

* El Wilson Teachers College se asoció con otras tres facultades para formar la Universidad del Distrito de Columbia en 1977.

imagen anaranjada de una hiena y en la espalda, en vez del chaleco, un dibujo al carboncillo de un elefante. Este es el gusto de los estadounidenses en materia de colores. ¡Y la música! Mejor lo dejamos para más tarde.»[35] Se quejaba de que la comida «también es extraña». Relata un incidente en una cafetería universitaria cuando vio a una mujer estadounidense echar sal al melón. Le dijo con malicia que los egipcios preferían la pimienta. «Lo probó y dijo que estaba exquisito —escribió—. Al día siguiente le expliqué que algunos egipcios ponen azúcar al melón y lo encontró igualmente delicioso.» También se quejaba de los cortes de pelo: «Cada vez que voy al barbero vuelvo a casa y me peino de nuevo con mis propias manos».[36]

En febrero de 1949 Qutb ingresó en el hospital de la Universidad George Washington para que le extirparan las amígdalas. Allí, una enfermera le escandalizó al enumerar las cualidades que buscaba en un amante. Él ya estaba prevenido contra el comportamiento atrevido de la mujer estadounidense, «que es plenamente consciente de los atractivos de su cuerpo, de su cara, de sus ojos excitantes, sus labios carnosos, sus pechos turgentes, sus nalgas redondas y sus piernas suaves. Lleva colores vivos que despiertan los instintos sexuales primarios, no oculta nada y añade una risa incitante y una mirada atrevida».[37] No es difícil imaginar que debió de ser un blanco irresistible para las bromas de tipo sexual.

El 12 de febrero llegó la noticia del asesinato de Hasan al-Banna, el guía supremo de la Sociedad de los Hermanos Musulmanes, en El Cairo. Qutb relata que oyó barullo en la calle, bajo la ventana de su habitación en el hospital, y preguntó cuál era el motivo de las celebraciones. «Hoy han matado al enemigo del cristianismo en Oriente —cuenta que le dijeron los médicos—. Hoy han asesinado a Hasan al-Banna.»[38] Cuesta creer que, en 1949, los estadounidenses estuvieran lo bastante interesados en la política egipcia para alegrarse de la noticia de la muerte de Banna. El *New York Times* informó del asesinato. «Los seguidores del jeque Hasan estaban fanáticamente dedicados a él y muchos de ellos proclamaban que solo él podría salvar el mundo árabe e islámico», comentaba el periódico.[39] Pero a Qutb, que yacía en una cama de hospital en un país extraño y lejano, la noticia le causó una profunda impresión.[40] Aunque Qutb y

Banna no se habían visto nunca,[41] se conocían por su reputación. Habían nacido con una diferencia de pocos días, en octubre de 1906, y habían estudiado en la misma escuela, Dar al-Ulum, un centro de formación de profesores en El Cairo, aunque en épocas diferentes. Como Qutb, Banna era precoz y carismático, pero también era un hombre de acción. Fundó los Hermanos Musulmanes en 1928 con el propósito de convertir Egipto en un Estado islámico. Pocos años después, los Hermanos ya se habían extendido por todo el país y después por todo el mundo árabe, sembrando el germen de la futura insurgencia islámica.

La voz de Banna se apagó justo en el momento en que se publicaba el libro de Qutb *Justicia social en el islam*, que le consagraría como un importante pensador islámico. Qutb se había mantenido intencionadamente alejado de la organización que creó Banna, aunque compartía algunas ideas sobre el papel político del islam; no obstante, la muerte de su rival intelectual preparó el terreno para su integración en los Hermanos Musulmanes. Fue un momento decisivo, tanto en la vida de Qutb como en el destino de la organización. Sin embargo, en aquel momento crucial, el heredero del liderazgo del resurgimiento islámico estaba solo y enfermo, era un desconocido y se hallaba muy lejos de su hogar.

En realidad, la presencia de Qutb en Washington no pasó totalmente inadvertida. Una tarde fue recibido en casa de James Heyworth-Dunne, un orientalista británico convertido al islam que le habló del peligro que suponían los Hermanos Musulmanes, quienes, en su opinión, impedían la modernización del mundo musulmán. «Si los Hermanos consiguen acceder al poder, Egipto no progresará nunca y será un obstáculo para la civilización», le dijo supuestamente a Qutb.[42] Después le ofreció traducir su nuevo libro al inglés y pagarle diez mil dólares, una suma desorbitante para un libro tan poco conocido.[43] Qutb rechazó la oferta. Más tarde contaría que Heyworth-Dunne había intentado reclutarle para la CIA. En cualquier caso, diría, «ya había decidido unirme a los Hermanos incluso antes de abandonar la casa».[44]

Greeley (Colorado), era una floreciente comunidad agrícola situada al nordeste de Denver cuando el convaleciente Qutb llegó en el verano de 1949 para estudiar en el Colorado State College of Education.* En aquella época, el centro tenía fama de ser una de las instituciones docentes más progresistas de Estados Unidos. Los cursos de verano siempre estaban repletos de profesores de todo el país, que acudían para obtener titulaciones superiores y disfrutar del clima fresco y de sus magníficas montañas.[45] Por las tardes había conciertos, conferencias, programas Chautauqua y representaciones teatrales al aire libre en las frondosas zonas comunes del campus. La universidad instalaba carpas de circo para poder acoger las clases que no cabían en el edificio principal.

Qutb pasó seis meses en Greeley, el período más largo que residió en una ciudad estadounidense. Greeley contrastaba en extremo con las desagradables experiencias que había vivido en las vertiginosas ciudades de Nueva York y Washington. En realidad, pocos lugares del país debían de ser más compatibles con la hipersensibilidad moral de Qutb. Greeley había sido fundada en 1870 como una colonia del movimiento contra el alcohol por Nathan Meeker, redactor de la sección de agricultura del *New York Tribune*. Meeker había vivido antes en el sur de Illinois, cerca de Cairo, más arriba de la confluencia de los ríos Ohio y Mississippi, en la zona del estado llamada «Little Egypt». Convencido de que las grandes civilizaciones nacían en valles fluviales,[46] fundó su colonia en el fértil delta situado entre los ríos Cache la Poudre y South Platte. Meeker confiaba en transformar el «gran desierto americano» en un paraíso agrícola gracias al riego, como habían hecho los egipcios desde los inicios de la civilización. Horace Greeley, director de Meeker en el *Tribune*, apoyaba enérgicamente la idea y pronto su ciudad homónima se transformó en una de las comunidades planificadas más famosas de la nación.[47]

Los primeros colonos de Greeley no fueron jóvenes pioneros, sino personas de clase media y mediana edad. Viajaban en tren, no en carreta o diligencia, y llevaban consigo sus valores y principios. Pretendían crear una comunidad que pudiera servir de modelo para las

* Actualmente, Universidad del Norte de Colorado.

ciudades del futuro, una comunidad inspirada en las virtudes obligatorias que se exigían a cada colono: laboriosidad, rectitud moral y templanza.[48] Con semejantes fundamentos, no cabía duda de que iba a surgir una civilización próspera y purificada. De hecho, cuando Sayyid Qutb descendió del tren, Greeley era el asentamiento más importante entre Denver y Cheyenne.

La vida familiar era el centro de la sociedad de Greeley; no había bares o tiendas de bebidas alcohólicas y parecía como si hubiera una iglesia en cada esquina. La universidad se vanagloriaba de tener uno de los mejores departamentos de música del país y organizaba frecuentes conciertos, que debió de disfrutar enormemente el melómano Qutb. Por las tardes, eminentes pedagogos hablaban en el salón de actos. James Michener, que acababa de ganar el premio Pulitzer por su obra *Tales of South Pacific*, había regresado para impartir un taller de escritura en la escuela donde había estudiado y enseñado desde 1936 hasta 1941.[49] Por fin Qutb había ido a parar a una comunidad que ensalzaba las actividades que él tenía en tan alta estima: la educación, la música, el arte, la literatura y la religión. «La pequeña ciudad de Greeley en la que ahora resido es hermosa, muy hermosa —escribió poco después de llegar—. Cada una de las casas es como una planta que florece y las calles son como senderos de un jardín. Los propietarios de estas casas trabajan duro en su tiempo libre, regando el césped y arreglando sus jardines. Eso es todo lo que parecen hacer.»[50] Lejos quedaba el ritmo de vida frenético de Nueva York que tanto molestaba a Qutb. Aquel verano, el *Greeley Tribune* publicaba en primera plana un artículo que relataba cómo una tortuga había conseguido cruzar con éxito una calle del centro.

Y, sin embargo, en Greeley también había inquietantes corrientes subterráneas que Qutb detectó pronto. A menos de dos kilómetros al sur del campus se encontraba Garden City, una pequeña población repleta de tabernas y tiendas de licores que se escapaba al control de los abstemios de Greeley.[51] El nombre del pueblo tiene su origen en la época de la Prohibición, ya que los contrabandistas locales de alcohol ocultaban las botellas de licor en sandías que vendían a los estudiantes universitarios. Siempre que había una fiesta, los estudiantes visitaban «el jardín» para hacer acopio de provisiones.

A Qutb debió de impresionarle la disparidad entre la sobriedad de Greeley y la depravación de Garden City. De hecho, el fracaso del movimiento antialcohólico en Estados Unidos se ganó el desprecio de Qutb porque este creía que el país no había logrado alcanzar un compromiso espiritual con la sobriedad, algo que solo un sistema global como el islam podía aspirar a imponer.

En Estados Unidos también tomó plena conciencia de ser un hombre de color. En una de las ciudades que visitó (no dice cuál) vio a una turbamulta blanca apalear a un hombre negro: «Le dieron patadas hasta que su sangre y su carne se mezclaron en la vía pública».[52] No es difícil imaginar lo amenazado que debió de sentirse este viajero de piel oscura. Incluso en la progresista colonia de Greeley los miedos raciales provocaban tensiones. Pocas familias negras residían en la población y la mayoría de los indios ute habían sido expulsados por el estado después de una batalla en la que catorce soldados de caballería perdieron la vida y Nathan Meeker, el fundador de Greeley, la cabellera.[53] En los años veinte se importó mano de obra mexicana para que trabajara en los campos y mataderos. Aunque ya se habían retirado los letreros que prohibían a los mexicanos permanecer en la ciudad después de que anocheciera, la iglesia católica todavía tenía una entrada separada para los no blancos, que debían sentarse en el piso superior. En el bonito parque situado detrás del palacio de justicia, los anglosajones ocupaban el lado sur y los hispanos el norte.

Los alumnos extranjeros de la universidad se encontraban en una posición incómoda en ese entorno cargado de tensión racial. Los alumnos de África, América Latina y Asia, así como algunos hawaianos, constituían el núcleo del Club Internacional, en el que ingresó Qutb. La universidad también albergaba a una pequeña comunidad de Oriente Próximo[54] que incluía a algunos refugiados palestinos y a varios miembros de la familia real iraquí. Por lo general, los ciudadanos de Greeley les trataban bien y solían invitarles a sus casas a comer o con motivo de celebraciones. En una ocasión, a Qutb y a varios amigos suyos les expulsaron de un cine porque el propietario pensó que eran negros. «Pero somos egipcios», dijo un miembro del grupo.[55] El propietario se disculpó y les propuso que entraran, pero Qutb no aceptó, molesto porque se admitiera a los negros egipcios pero no a los negros estadounidenses.

Pese a las tensiones de la ciudad, la universidad mantenía una actitud progresista en lo referente a las cuestiones raciales. Durante los cursos de verano acudían a Greeley muchos alumnos de las facultades de ciencias de la educación para negros del sur, pero solo había un par de estudiantes negros durante el año académico normal. Uno de ellos era Jaime McClendon, el ídolo futbolístico de la facultad, que era miembro del Club Internacional y compartía habitación con uno de los palestinos. Como los barberos de Greeley se negaban a atenderle, tenía que ir hasta Denver cada mes para que le cortaran allí el pelo. Finalmente, varios alumnos árabes le acompañaron hasta la barbería local y se negaron a marcharse hasta que atendieran a McClendon.[56] Qutb escribiría más tarde que el «racismo había hecho descender a Estados Unidos de la cima de la montaña al pie de la misma, arrastrando consigo al resto de la humanidad».[57]

La temporada futbolística de 1949 fue funesta para el Colorado State College of Education. McClendon se perdió la temporada por culpa de una lesión y el equipo perdió todos los partidos, incluida una memorable derrota (103-0) ante la Universidad de Wyoming. El espectáculo del fútbol americano no hizo sino confirmar la opinión de Qutb sobre el primitivismo de Estados Unidos. «El pie no desempeña ninguna función en el juego —reseñaría—. En su lugar, cada jugador intenta llevar el balón en sus manos, correr con él o lanzarlo a la portería, mientras los jugadores del otro equipo tratan de impedírselo por todos los medios, entre los que se incluyen propinarle patadas en el estómago o romperle violentamente el brazo o la pierna. [...] Entretanto, los aficionados gritan "¡Rómpele el cuello! ¡Ábrele la cabeza!".»[58]

Sin embargo, la verdadera amenaza para este egipcio soltero y solitario la representaban las mujeres. Mucho más que la mayoría de las colonias del oeste de Estados Unidos, Greeley exhibía una estética marcadamente femenina. No era una ciudad fundada por mineros, tramperos o trabajadores del ferrocarril que vivieran en un mundo en el que apenas hubiera mujeres; Greeley había estado habitada desde el principio por familias cultas. La influencia femenina era evidente en las acogedoras casas, con sus amplios porches delanteros, en las prácticas y ordenadas tiendas, las bonitas escuelas públicas, la arquitectura de edificios bajos y el ambiente político relativamente progresista, pero en ningún otro lugar se manifestaba de forma más enérgica que en la propia universidad. El 42 por ciento de los 2.135 alumnos que se inscribieron durante el semestre de otoño eran mujeres, en un momento en que la media nacional de matriculación femenina se situaba en torno al 30 por ciento. No había departamentos de empresariales o ingeniería; por contra, destacaban tres grandes disciplinas en la universidad: educación, música y teatro. Muchachas de ciudades como Denver y Phoenix, chicas del campo procedentes de las granjas y ranchos de las llanuras y jóvenes de las pequeñas poblaciones montañesas acudían atraídas por la reputación nacional de la institución y porque las mujeres se sentían privilegiadas en su campus. Allí, entre los edificios de ladrillo amarillo que enmarcaban las extensas zonas de uso común, las muchachas del oeste tenían una libertad que la mayoría de las mujeres estadounidenses aún tardarían décadas en poder disfrutar plenamente.

En esa apartada población del oeste, Sayyid Qutb vivía adelantado a su época. Se codeaba con mujeres que tenían ideas más avanzadas que la mayoría de sus contemporáneas sobre sí mismas y sobre su lugar en la sociedad y, por consiguiente, sobre sus relaciones con los hombres. «El tema de las relaciones sexuales es simplemente biológico —le explicó a Qutb una de las mujeres de la universidad—. Vosotros los orientales complicáis esta cuestión tan simple introduciendo un componente moral. El semental y la yegua, el toro y la vaca, el carnero y la oveja, el gallo y la gallina, ninguno de ellos analiza las consecuencias morales cuando copula. Y así, la vida continúa, simple, fácil y despreocupada.»[59] Para Qutb, el hecho de que aquella mujer fuera profesora hacía que su declaración fuera aún más subversiva, ya que estaría contaminando a generaciones de jóvenes con su filosofía amoral.

Qutb empezó sus estudios en verano, asistiendo como oyente a un curso elemental de redacción en inglés. En otoño ya se sentía lo bastante seguro de su inglés para probar con tres asignaturas de educación y un curso de elocución. Estaba decidido a dominar la lengua, ya que abrigaba el propósito de escribir un libro en inglés. Se pueden apreciar sus progresos examinando un texto extraño y bastante inquietante, titulado «The World Is an Undutiful Boy!» («¡El mundo es un niño ingrato!»), que apareció publicado en la revista literaria estudiantil *Fulcrum* en otoño de 1949, solo un año después de la llegada de Qutb a Estados Unidos.

Había una antigua leyenda en Egipto. Cuando el dios de la sabiduría y el conocimiento creó la Historia, le entregó un gran libro en blanco y una gran pluma, y le dijo: «Recorre esta tierra y toma nota de todo cuanto veas u oigas». La Historia hizo lo que el dios le había sugerido y se encontró con una mujer docta y hermosa que instruía amablemente a un niño.

La Historia la miró con gran asombro y gritó, alzando el rostro hacia el cielo: «¿Quién es?».

«Es Egipto —le respondió su dios—. Es Egipto y ese niño es el mundo…»

¿Por qué los antiguos egipcios tenían esta creencia? Porque eran muy avanzados y poseían una gran civilización antes que ningún otro país. Egipto era un país civilizado cuando otros pueblos aún vivían en los bosques. Egipto enseñó a Grecia y Grecia enseñó a Europa.

¿Qué ocurrió cuando el niño creció?

Cuando creció, echó a su niñera, ¡a su amable niñera! La golpeó e intentó matarla. Lo siento. No es una forma de hablar. Es un hecho. Esto es lo que en realidad sucedió.

Cuando vinimos aquí [probablemente, las Naciones Unidas] para reclamar a Inglaterra nuestros derechos, el mundo ayudó a Inglaterra en contra de la justicia. Cuando vinimos aquí para reclamar contra los judíos, el mundo ayudó a los judíos en contra de la justicia. Durante la guerra entre árabes y judíos, el mundo también ayudó a los judíos.

¡Oh! ¡Qué mundo ingrato! ¡Qué niño ingrato!

Qutb era algo mayor que la mayoría de los alumnos de la escuela, lo que le impelía a mantenerse un poco apartado. Hay una fotografía suya en el boletín del campus en la que aparece mostrándole un ejemplar de uno de sus libros al doctor William Ross, el rector. A Qutb se le identifica como «un famoso escritor egipcio» y «un célebre pedagogo», por lo que debía de concitar cierto respeto entre sus compañeros de facultad, si bien él se relacionaba principalmente con los estudiantes extranjeros. Una tarde los estudiantes árabes celebraron una «velada internacional» para la que prepararon platos árabes tradicionales y Qutb ejerció de anfitrión, explicando cada uno de los platos.[60] Normalmente, pasaba la mayor parte del tiempo en su habitación escuchando música clásica en su tocadiscos.[61]

Varias veces por semana había bailes de figuras y polcas en la ciudad, y la universidad llevaba bandas de jazz famosas. Dos de las canciones más populares de aquel año eran «Some Enchanted Evening» y «Bali Hai», ambas del musical *South Pacific*, basado en la novela de Michener, que debían de sonar constantemente en Greeley. Era el final de la época de las *big bands* y el rock and roll ya asomaba por el horizonte. «El jazz es la música americana, creada por los negros para satisfacer sus instintos primitivos: su afición al ruido y sus ansias de estimulación sexual —escribiría Qutb, demostrando que no era inmune a las afirmaciones racistas—. Al estadounidense no le satisface la música de jazz a menos que vaya acompañada de cantos ruidosos. A medida que aumenta el volumen, junto con un insoportable dolor de oídos, aumenta la excitación del público, que eleva la voz y da palmadas, hasta que no se puede oír nada en absoluto.»[62]

Los domingos la universidad no servía comidas y los estudiantes tenían que arreglárselas solos. Muchos alumnos extranjeros, entre ellos algunos musulmanes como Qutb, visitaban alguna de las más de cincuenta iglesias de Greeley los domingos por la tarde, donde después de los servicios religiosos solía haber una cena informal y a veces baile. «La sala de baile estaba decorada con luces amarillas, rojas y azules —recordaría Qutb en una ocasión—. La sala se estremecía con la música febril del gramófono, repleta de piernas desnudas que bailaban, brazos alrededor de las cinturas, pechos contra pechos, labios contra labios, y el ambiente estaba cargado de amor.»[63] El pastor contemplaba la escena con aprobación e incluso atenuaba las luces para intensificar el ambiente romántico. Después ponía una canción titulada «Baby, It's Cold Outside», una pícara balada que sonaba en una película de Esther Williams de aquel verano, *La hija de Neptuno*. «El pastor se detenía para observar a los jóvenes a su cargo contonearse al ritmo de esta seductora canción y después los dejaba disfrutar de aquella agradable e inocente velada», concluía Qutb con sarcasmo.

En diciembre las cartas a sus amigos adquieren un nuevo tono. Empezó a hablar de su «distanciamiento»[64] tanto espiritual como físico. Para entonces ya había abandonado todas sus clases.

Sayyid Qutb pasaría ocho meses más en Estados Unidos, la mayor parte del tiempo en California. El país que él percibía era completamente diferente a la forma en que la mayoría de los estadounidenses veían su cultura. En la literatura y el cine, y sobre todo en el nuevo medio televisivo, los estadounidenses aparecen como personas con curiosidad sexual pero inexpertas, mientras que el Estados Unidos de Qutb se parecía más al que describía el informe Kinsey. Qutb veía un desierto espiritual, pese a que en aquel momento casi todos los estadounidenses creían en Dios. Qutb sostenía que era fácil dejarse engañar por la proliferación de iglesias, libros de religión y celebraciones religiosas; la realidad era que el materialismo era el verdadero dios estadounidense. «El alma no tiene ningún valor para los estadounidenses —le escribió a un amigo—. Hay una tesis doctoral sobre la mejor forma de limpiar los platos, lo que parece ser más importante que la Biblia o la religión.»[65] Muchos estadounidenses estaban empezando a llegar a conclusiones similares. El tema de la alienación en la vida de los estadounidenses estaba comenzando a empañar la celebración de posguerra. En muchos aspectos, el análisis de Qutb, aunque severo, solo era prematuro.

Sin duda, el viaje no había surtido el efecto esperado por sus amigos egipcios. En lugar de volverle más liberal, su experiencia estadounidense le radicalizó aún más. Además, cuando fueron publicadas, sus amargas impresiones influirían profundamente en la percepción árabe y musulmana del Nuevo Mundo en un momento en que su estima por Estados Unidos y sus valores era alta.

También volvió a su país con un sentimiento nuevo y perdurable de ira racial. «El hombre blanco de Europa o Estados Unidos es nuestro enemigo número uno —declaró—. El hombre blanco nos aplasta bajo sus pies mientras nosotros enseñamos a nuestros hijos su civilización, sus principios universales y sus nobles objetivos. Estamos transmitiendo a nuestros hijos asombro y respeto por el amo que pisotea nuestro honor y nos esclaviza. Sembremos, en su lugar, las semillas del odio, la aversión y la venganza en las almas de esos niños. Enseñemos a esos niños, desde que sus uñas son blandas, que el hombre blanco es el enemigo de la humanidad y que deberían destruirle a la primera ocasión.»[66]

Curiosamente, quienes conocieron a Qutb durante su estancia en Estados Unidos afirman que parecía gustarle el país. Le recuerdan como un hombre tímido y educado, politizado pero no abiertamente religioso. Cuando le presentaban a alguien, nunca olvidaba su nombre y rara vez expresaba una crítica directa de su país de acogida. Quizá se estaba guardando los desaires hasta poder difundirlos de forma segura en su país.

Está claro que no solo escribía sobre Estados Unidos. El tema principal de Qutb era la modernidad. Los valores modernos (el laicismo, la racionalidad, la democracia, la subjetividad, el individualismo, la mezcla de sexos, la tolerancia, el materialismo) habían contaminado el islam a través del colonialismo occidental. Estados Unidos representaba todo eso en aquel momento. La polémica de Qutb iba dirigida a los egipcios que querían adaptar el islam al mundo moderno. Se proponía mostrar que el islam y la modernidad eran totalmente incompatibles.[67] Su extraordinario proyecto, aún en ciernes, consistía en desmontar toda la estructura política y filosófica de la modernidad y devolver al islam a sus impolutos orígenes, lo que, para él, consistía en un estado de unicidad divina, la unión completa de Dios y la humanidad. La separación entre lo sagrado y lo secular, el Estado y la religión, la ciencia y la teología, la mente y el espíritu eran las características distintivas de la modernidad que se había apoderado de Occidente. Pero el islam no podía aceptar estas divisiones. Qutb creía que en el islam no era posible restar importancia a la divinidad sin destruirla. El islam era total e inflexible. Era la última palabra de Dios. Los musulmanes lo habían olvidado debido a su fascinación por Occidente. Solo si los musulmanes volvían a colocar al islam en el centro de sus vidas, sus leyes y su gobierno, podían esperar recuperar el lugar que les correspondía como cultura dominante en el mundo. Ese era su deber, no solo para consigo mismos, sino también para con Dios.

El 20 de agosto de 1950, Qutb regresó a El Cairo en un vuelo de la TWA.[68] Como él, el país se había radicalizado. Arruinado por la corrupción y los asesinatos, y humillado en la guerra de 1948 contra Israel, el régimen egipcio gobernaba sin la legitimidad popular, obedeciendo a los caprichos de la potencia ocupante. Aunque oficialmente los británicos se habían retirado de El Cairo y habían concentrado sus efectivos en la zona del canal de Suez, el Imperio seguía teniendo un enorme peso en la agitada capital. Todavía había británicos en los clubes y los hoteles, los bares y los cines, los restaurantes europeos y los grandes almacenes de aquella ciudad sofisticada y decadente. Mientras su pueblo le abucheaba, el obeso rey turco, Faruk, circulaba a toda velocidad por El Cairo en uno de sus doscientos automóviles rojos[69] (los únicos que podían ser de ese color en Egipto), seduciendo, si se le puede llamar así, a las jóvenes cairotas, o partía con su flota de yates rumbo a los casinos de la Riviera, donde su depravación alcanzaba niveles históricos. Al mismo tiempo, los indicadores habituales de la desesperación —la pobreza, el desempleo, el analfabetismo y las enfermedades— se disparaban sin control. Se iban sucediendo gobiernos sin sentido mientras la Bolsa se desplomaba y el «dinero inteligente» huía de un país que se tambaleaba.

En este ambiente político corrupto, una organización actuaba sin cesar en beneficio del pueblo: los Hermanos Musulmanes crearon sus propios hospitales, escuelas, fábricas y asociaciones benéficas; incluso crearon su propio ejército y combatieron junto a otras tropas árabes en Palestina. No eran tanto un contragobierno como una contrasociedad y, de hecho, ese era su objetivo. Su fundador, Hasan al-Banna, se había negado a concebir su organización como un simple partido político; su propósito era poner en entredicho la propia noción de política. Banna rechazaba de plano el modelo occidental de gobierno laico y democrático, contrario a su idea de un gobierno islámico universal. «Está en la naturaleza del islam dominar, no ser dominado, imponer su ley a todas las naciones y extender su poder por todo el planeta», escribió.[70]

El hecho de que los Hermanos fueran los únicos en oponer una resistencia organizada y eficaz a la ocupación británica les aseguraba su legitimidad a los ojos de los miembros de la clase media egipcia,[71] de la que procedían la mayor parte de los simpatizantes de los Hermanos. El gobierno disolvió oficialmente los Hermanos Musulmanes en 1948, tras el asesinato del odiado jefe de policía Salim Zaki durante una revuelta en la Facultad de Medicina de la Universidad de El Cairo, pero para entonces los Hermanos ya contaban con más de un millón de miembros y simpatizantes,[72] de un total de dieciocho millones de habitantes que conformaban la población total de Egipto. Aunque se trataba de un movimiento de masas, estaba organizado como una red de «familias»,[73] en células con un máximo de cinco miembros cada una, adaptables y clandestinas, que hacían que resultara difícil de detectar e imposible de erradicar.

Había un lado oculto violento en la Sociedad de los Hermanos Musulmanes que arraigaría profundamente en los movimientos islamistas. Con el beneplácito de Banna se creó en el seno de la organización un «aparato secreto». Aunque la mayoría de las acciones de los Hermanos iban dirigidas contra la población británica y la población judía de Egipto, que disminuía con rapidez, también estaban detrás de los atentados contra dos cines de El Cairo, el asesinato de un eminente juez y los asesinatos (y muchos intentos) de varios miembros del gobierno. Cuando el gobierno mató a Banna en un acto de autoprotección, el aparato secreto ya se había convertido en una autoridad poderosa e incontrolable en el seno de los Hermanos.

Como represalia por los asaltos a sus bases, en enero de 1952 las fuerzas británicas atacaron un cuartel de policía en la ciudad portuaria de Ismailía. Durante doce horas dispararon a quemarropa y mataron a cincuenta agentes.[74] Nada más enterarse de la noticia, en las calles de El Cairo se fueron formando grupos de agitadores. Quemaron dos lugares que frecuentaban los británicos, el Turf Club y el famoso Shepheard's Hotel. Los incendiarios, a las órdenes de miembros del aparato secreto de los Hermanos Musulmanes,[75] rajaron las mangueras de los coches de bomberos que llegaban para sofocar las llamas, después se trasladaron al barrio europeo y quemaron todos los cines, casinos, bares y restaurantes del centro de la ciudad. Por la mañana, una densa nube de humo negro se cernía sobre los escombros. El balance fue de al menos treinta personas muertas, setecientos cincuenta edificios destruidos, quince mil personas sin trabajo y doce mil sin vivienda. El Cairo cosmopolita había muerto.

Sin embargo, estaba a punto de nacer algo nuevo. En julio de ese mismo año, una junta militar presidida por un joven y carismático coronel del ejército, Gamal Abdel Nasser, despachó al rey Faruk a su yate y tomó las riendas del gobierno, que cayó sin oponer la más mínima resistencia. Por primera vez en dos mil quinientos años, Egipto era gobernado por egipcios.

Qutb retomó su antiguo puesto en el Ministerio de Educación y volvió a su antigua casa en el barrio de Helwan, que en otro tiempo había sido una estación balnearia famosa por sus aguas sulfurosas con propiedades curativas. Ocupaba una villa de dos plantas con jacarandás en el patio delantero, en una amplia calle. Toda una pared del salón estaba ocupada por su colección de álbumes de música clásica.[76]

Fue en aquella habitación donde se había planificado parte de la revolución, ya que allí era donde Nasser y los militares conspiradores se reunían para coordinarse con los Hermanos Musulmanes.[77] Varios oficiales, entre ellos el sucesor de Nasser, Anwar al-Sadat, mantenían vínculos estrechos con los Hermanos. Si el intento de golpe de Estado fracasaba, los Hermanos ayudarían a huir a los oficiales. Al final resultó que el gobierno cayó tan fácilmente que los Hermanos apenas participaron en el golpe.

Qutb publicó una carta abierta a los líderes de la revolución en la que, para purgar toda la corrupción moral del antiguo régimen, aconsejaba imponer una «dictadura justa» que garantizara una posición política «solo a los virtuosos».[78] Entonces Nasser propuso a Qutb el cargo de asesor del Consejo de Mando de la Revolución.[79] Qutb confiaba en formar parte del nuevo gobierno, pero cuando le propusieron que eligiera entre ser ministro de Educación o director general de la radio de El Cairo, rechazó ambos cargos.[80] Finalmente,

Nasser le nombró presidente del consejo editorial de la revolución, pero Qutb renunció al puesto al cabo de unos meses. La complicada negociación entre ambos hombres reflejaba la estrecha cooperación inicial entre los Hermanos Musulmanes y los Oficiales Libres en una revolución social que ambas organizaciones creían que debían controlar. En realidad, ninguna de las dos facciones contaba con el apoyo popular para gobernar.

En una historia que se repetiría una y otra vez en Oriente Próximo, la pugna pronto se redujo a la elección entre una sociedad militar y una religiosa. Nasser tenía el ejército y los Hermanos, las mezquitas. El sueño político de Nasser era el socialismo panárabe, moderno, igualitario, laico e industrializado, en el que las vidas individuales estuvieran dominadas por la abrumadora presencia del Estado del bienestar. Su sueño tenía poco que ver con el gobierno islámico teocrático que propugnaban Qutb y los Hermanos. Los islamistas querían reformar por completo la sociedad, de arriba abajo, imponiendo valores islámicos en todos los ámbitos de la vida, de forma que todos los musulmanes pudieran alcanzar la expresión espiritual más pura.[81] Esto solo se podía lograr mediante una estricta imposición de la sharia, un código jurídico inspirado en el Corán y los dichos (hadices) del profeta Mahoma, que rige todos los aspectos de la vida. Los islamistas sostenían que todo lo que fuera un papel menor de la sharia en la sociedad no era islam; era *yahiliya*, el mundo pagano que existía antes de que el Profeta recibiera el mensaje. Qutb se oponía al igualitarismo[82] porque el Corán afirmaba: «Os hemos creado divididos en diferentes clases». Se oponía al nacionalismo por considerarlo irreconciliable con el ideal de unidad de los musulmanes. A posteriori, cuesta entender cómo Qutb y Nasser se pudieron malinterpretar tan profundamente. Lo único que tenían en común era la grandiosidad de sus respectivas visiones y su hostilidad hacia un sistema de gobierno democrático.

Nasser envió a Qutb a prisión por primera vez en 1954, pero tres meses después le excarceló y le permitió ser el director de la revista de los Hermanos Musulmanes, *Al-Ijwan al-Muslimin*. Cabe suponer que Nasser confiaba en que su alarde de misericordia reforzaría su posición entre los islamistas y los disuadiría de oponerse a las tendencias cada vez más laicas del nuevo gobierno; puede que también creyera que Qutb había escarmentado después de haber estado en prisión. Como el antiguo rey, Nasser siempre subestimó la intransigencia de su adversario.

Qutb escribió una serie de artículos muy críticos en los que hacía un llamamiento a la yihad contra los británicos justo en el momento en que Nasser negociaba un tratado que pusiera fin sobre el papel a la ocupación. En agosto de 1954, las autoridades cerraron la revista. Para entonces, la animadversión entre los Hermanos y la cúpula militar ya se había transformado en una fría oposición. Estaba claro que Nasser no tenía ninguna intención de iniciar una revolución islámica, pese a su muy publicitada peregrinación a La Meca aquel mismo mes. Qutb estaba tan furioso que selló una alianza secreta con los comunistas egipcios en un intento fallido de derrocar a Nasser.[83]

La guerra ideológica por el futuro de Egipto alcanzó su punto culminante la noche del 26 de octubre de 1954. Nasser se dirigía a una inmensa muchedumbre en una plaza pública de Alejandría. Todo el país estaba escuchando la radio cuando un miembro de los Hermanos Musulmanes se adelantó y disparó ocho tiros al presidente egipcio, hiriendo a un guardia pero sin alcanzar a Nasser. Fue un momento decisivo para la presidencia de Nasser. En medio del caos de la multitud presa del pánico, Nasser siguió hablando mientras las balas silbaban. «¡Que maten a Nasser! ¿Quién es Nasser sino uno entre muchos? —gritó—. Estoy vivo, pero incluso si me muriese, ¡todos vosotros sois Gamal Abdel Nasser!»[84] Si el pistolero hubiera acertado, es posible que le hubieran aclamado como un héroe, pero su fracaso dio a Nasser una popularidad de la que nunca había disfrutado hasta entonces, y que aprovechó de inmediato para ordenar ahorcar a seis conspiradores y encerrar a miles de individuos en campos de concentración.[85] Qutb fue acusado de pertenecer al aparato secreto de los Hermanos Musulmanes responsable del intento de asesinato.[86] Nasser creyó haber acabado con los Hermanos de una vez por todas.

Las historias sobre el sufrimiento de Sayyid Qutb en la cárcel se han convertido en una especie de Pasión de Cristo para los fundamentalistas islámicos. Se dice que, en el momento de la detención, Qutb tenía mucha fiebre;[87] pese a ello, los oficiales de la seguridad del Estado le esposaron y le obligaron a caminar hasta la prisión. A lo largo del trayecto se desmayó varias veces. Le mantuvieron encerrado durante horas en una celda con perros feroces y después le golpearon mientras le sometían a largos interrogatorios. «No cabe duda de que nos han aplicado los principios de la revolución», diría mientras se levantaba la camisa para mostrar al tribunal las marcas de la tortura.[88]

A partir de las confesiones de otros miembros de los Hermanos, la acusación presentó un escenario sensacionalista de un golpe de Estado planificado,[89] que implicaba la destrucción de Alejandría y El Cairo, volar todos los puentes sobre el Nilo y cometer numerosos asesinatos: una campaña de terror sin precedentes, todo ello con vistas a convertir Egipto en una teocracia primitiva. Sin embargo, los testimonios también demostraban que los Hermanos estaban demasiado desorganizados para llevar a cabo ninguno de estos horribles actos. Tres jueces sumamente partidistas, uno de ellos Anwar al-Sadat, supervisaba el juicio. Condenaron a Qutb a cadena perpetua, pero cuando su salud se vio deteriorada, redujeron la condena a quince años.

Qutb tuvo siempre una salud delicada.[90] Tenía un corazón débil, un estómago delicado y ciática, que le producía un dolor crónico. Tras padecer una neumonía a los treinta años, sufría a menudo afecciones bronquiales. En la cárcel tuvo dos infartos y hemorragias en los pulmones, que podrían haber sido consecuencia de la tortura o de la tuberculosis.[91] En mayo de 1955 lo trasladaron al hospital de la cárcel,[92] donde pasó los diez años siguientes, dedicado, la mayor parte del tiempo, a escribir un ensayo en ocho volúmenes, lúcido y muy personal, titulado *A la sombra del Corán*, que por sí mismo le habría asegurado ser considerado uno de los pensadores islámicos modernos más importantes. Pero sus ideas políticas se estaban volviendo cada vez más sombrías.

Algunos de los Hermanos encarcelados iniciaron una huelga, negándose a abandonar sus celdas. Los abatieron a tiros. Hubo veintitrés muertos y cuarenta y seis heridos. Qutb se encontraba en el hospital de la prisión cuando llevaron a los heridos. Impresionado y horrorizado, se preguntó cómo era posible que unos musulmanes trataran de aquel modo a otros musulmanes.

Qutb llegó a una conclusión radical: sus carceleros habían renegado de Dios al servir a Nasser y su Estado laico. Por tanto, no eran musulmanes. En su fuero interno, Qutb los había expulsado de la comunidad islámica. El nombre que recibe esta expulsión en árabe es *takfir*. Aunque Qutb no empleó nunca este término, utilizado para justificar tantos derramamientos de sangre a lo largo de la historia del islam, lo resucitó en aquella habitación del hospital de la cárcel.

Gracias a su familia y amigos consiguió sacar a escondidas, fragmento a fragmento, un manifiesto titulado *Hitos del camino* (*Ma'alim fi al-Tariq*), que circularía clandestinamente durante años en forma de largas cartas dirigidas a su hermano y sus hermanas, también ellos activistas islámicos. El tono de las cartas era apremiante, apasionado, íntimo y desesperado. Cuando finalmente publicó el libro en 1964, fue prohibido de inmediato, pero ya se habían distribuido cinco copias. Todo aquel que tuviera en su poder un ejemplar podía ser acusado de sedición. Su tono vibrante y apocalíptico se puede comparar con el de *El contrato social* de Rousseau y *¿Qué hacer?* de Lenin, con consecuencias igual de sangrientas.

«La humanidad está hoy al borde de un precipicio», postula Qutb al comienzo.[93] La humanidad no solo está amenazada por la aniquilación nuclear, sino también por la ausencia de valores. Occidente ha perdido su vitalidad y el marxismo ha fracasado. «En esta coyuntura crucial y complicada, ha llegado el turno del islam y la comunidad musulmana.» Pero antes de que el islam pueda gobernar, debe regenerarse.

Qutb divide el mundo en dos bandos, el islam y la *yahiliyya*, el período de ignorancia y barbarie que existió antes de que el profeta Mahoma recibiera el mensaje divino. Qutb emplea este término para calificar toda la vida moderna: las costumbres, la moral, el arte, la literatura, las leyes e incluso gran parte de lo que pasaba por ser cultura islámica. No se oponía a la tecnología moderna, sino al culto a la ciencia, que creía que había distanciado a la humanidad de la armonía natural con la creación. Solo un rechazo absoluto del racionalismo y los valores occidentales podía ofrecer una ligera esperanza de redención para el islam. Esa era la elección: el islam en su estado más puro y primitivo o la ruina de la humanidad.

Su revolucionario alegato ponía a gobiernos nominalmente islámicos en el punto de mira de la yihad. «La comunidad musulmana hace mucho tiempo que dejó de existir», sostiene Qutb. Fue «aplastada bajo el peso de leyes y enseñanzas falsas que ni siquiera están remotamente relacionadas con la doctrina islámica». La humanidad no se podrá salvar a menos que los musulmanes recuperen el esplendor de su expresión más antigua y pura. «Necesitamos poner en marcha el movimiento de resurgimiento islámico en un país musulmán», escribe, para crear un ejemplo que con el tiempo guíe al islam hacia su destino de dominación mundial. «Ha de haber una vanguardia que emprenda el camino con determinación y siga adelante —declaró Qutb—. He escrito *Hitos* para esta vanguardia, a la que considero una realidad en ciernes que está a punto de materializarse.» Estas palabras resonarían en los oídos de generaciones de jóvenes musulmanes deseosos de desempeñar un papel en la historia.

En 1964, el presidente iraquí, Abdul Salam Aref, intercedió personalmente ante Nasser para que concediera a Qutb la libertad condicional e invitó a este a viajar a Irak, donde le prometió un importante cargo en el gobierno. Qutb rechazó la oferta, alegando que Egipto todavía le necesitaba. Regresó inmediatamente a su villa en Helwan y empezó a conspirar contra el gobierno revolucionario.

Qutb había podido regenerar desde la prisión el aparato secreto. El gobierno de Arabia Saudí,[94] temeroso de la influencia de la revolución nasserista, suministró en secreto dinero y armas al grupo de Qutb, pero el movimiento estaba plagado de informadores. Dos hombres confesaron y acusaron a Qutb de formar parte de un plan para derrocar al gobierno y asesinar a personajes públicos.[95] Solo seis meses después de haber salido de la cárcel, las fuerzas de seguridad le volvieron a detener en un centro turístico costero situado al este de Alejandría.[96]

El juicio de Sayyid Qutb y cuarenta y dos de sus seguidores comenzó el 19 de abril de 1966 y duró casi tres meses. «Ha llegado el momento de que un musulmán entregue su cabeza para proclamar el nacimiento del movimiento islámico», declaró Qutb con una actitud desafiante al comienzo del juicio.[97] Confesó con amargura que el nuevo Egipto anticolonialista era más opresivo que el régimen al que había reemplazado. Los jueces apenas se esforzaron en parecer imparciales; de hecho, el presidente del tribunal a menudo asumía el papel de fiscal y los entusiastas espectadores vitoreaban la gran charada. La única prueba real que se presentó contra Qutb fue su libro *Hitos.* Cuando le comunicaron la sentencia de muerte, la recibió con gratitud. «Gracias a Dios —declaró—. He librado la yihad durante quince años para alcanzar este martirio.»[98]

Nasser juzgó mal a su duro adversario hasta el último momento. Mientras los manifestantes abarrotaban las calles de El Cairo para protestar por la inminente ejecución, Nasser comprendió que Qutb era más peligroso para él muerto que vivo. Envió a Sadat a la prisión,[99] donde Qutb le recibió vestido con el tradicional uniforme rojo de arpillera de los condenados. Sadat le prometió a Qutb que, si apelaba la sentencia, Nasser se mostraría clemente; de hecho, Nasser estaba dispuesto a ofrecerle una vez más el cargo de ministro de Educación.[100] Qutb no aceptó. Más tarde le llevaron a su hermana Hamida, que también estaba presa. «El movimiento islámico te necesita —le imploró—. Escribe las palabras.» Qutb respondió: «Mis palabras serán más fuertes si me matan».[101]

Sayyid Qutb fue ahorcado después de la oración del alba el 29 de agosto de 1966. El gobierno se negó a entregar el cadáver a su familia por temor a que sus seguidores convirtieran su tumba en un santuario.[102] La amenaza del islamismo radical parecía haber tocado a su fin. Pero la vanguardia de Qutb ya estaba sintiendo la llamada.

2

El Club Deportivo

Ayman al-Zawahiri, el hombre que habría de liderar la vanguardia
de Qutb, creció en Maadi,[1] un tranquilo suburbio de clase media situado ocho kilómetros al sur del bullicioso caos de El Cairo. No era
un caldo de cultivo muy probable para la revolución. En la primera
década del siglo XX, un consorcio de financieros judíos egipcios comenzó a vender solares con la intención de construir una especie de
pueblo de estilo inglés entre las plantaciones de mango y guayaba y
los asentamientos beduinos de la margen oriental del Nilo. Los pro-
motores lo habían regulado todo, desde la altura de las vallas de los
jardines hasta el color de las persianas de las mansiones que flanque-
arían las calles. Como Nathan Meeker, el fundador de Greeley, los
creadores de Maadi soñaban con crear una sociedad utópica que,
además de segura, limpia y ordenada, fuera tolerante y acorde con el
mundo moderno. Plantaron eucaliptos para repeler a las moscas y los
mosquitos, y crearon jardines para perfumar el aire con la fragancia
de rosas, jazmines y buganvillas. Muchos de los primeros residentes
fueron oficiales del ejército y funcionarios británicos, cuyas esposas
fundaron clubes de jardinería y salones literarios; después llegaron las
familias judías, que al final de la Segunda Guerra Mundial constituían cerca de un tercio de la población de Maadi. Tras la guerra, la
población de Maadi se transformó en una mezcla de expatriados
europeos, hombres de negocios y misioneros estadounidenses, y cierta clase de egipcios, normalmente los que acostumbraban a hablar
francés durante la cena y asistían a partidos de críquet.

El centro de esta cosmopolita comunidad era el Club Deportivo de Maadi. Fundado en los tiempos en que los británicos aún ocu-

paban Egipto, el club era bastante atípico, ya que admitía a egipcios. Los asuntos de la comunidad se solían tratar en su campo de golf de dieciocho hoyos totalmente cubierto de arena, con las pirámides de Gizeh y el Nilo rodeado de palmeras como telón de fondo. Por las tardes, mientras se servía el té a los británicos en el salón, los camareros nubios circulaban con vasos helados de Nescafé entre los pachás y las princesas que tomaban el sol junto a la piscina. En el estanque del jardín, los zancudos flamencos se abrían paso entre los nenúfares. El Club de Maadi se convirtió en la manifestación ideal de la visión de Egipto con que soñaban sus fundadores: sofisticado, laico, con diversidad étnica, pero comprometido con las ideas británicas de clase.

No obstante, las meticulosas regulaciones de los fundadores no lograron contener el avance de la creciente población de El Cairo y en los años sesenta se creó otro Maadi dentro de esta exótica comunidad. La calle 9 discurría junto a las vías del ferrocarril que separaban la zona elegante de Maadi del distrito *baladi*, la parte autóctona de la ciudad, en la que proliferaba la irrefrenable y antigua miseria de Egipto. Los carros tirados por burros recorrían las calles sin asfaltar entre vendedores de cacahuetes y de boniatos que pregonaban su mercancía y las reses muertas y cubiertas de moscas que colgaban en las carnicerías. También vivía en aquella parte de la ciudad una reducida población de clase media, profesores y burócratas de rango medio entre otros, atraídos por el aire más puro de Maadi y la esperanza casi imposible de poder cruzar las vías de ferrocarril y ser admitidos en el club.

En 1960, el doctor Muhammad Rabie al-Zawahiri y su esposa Umayma se trasladaron de Heliópolis a Maadi.[2] Rabie y Umayma pertenecían a dos de las familias más distinguidas de Egipto. El clan Zawahiri llevaba camino de convertirse en una dinastía de médicos. Rabie era profesor de farmacología en la Universidad de Ain Shams y su hermano era un dermatólogo enormemente respetado, además de un especialista en enfermedades venéreas. La tradición que ambos iniciaron se extendió a la siguiente generación: en 1995, una necrológica del ingeniero Kashif al-Zawahiri, publicada en un periódico de El Cairo, mencionaba a cuarenta y seis miembros de la familia, de los cuales treinta y uno eran médicos, químicos o farmacéuticos dispersos a lo largo y ancho de todo el mundo árabe y Estados Unidos; además de ellos, la necrológica nombraba a un embajador, un juez y un miembro del Parlamento.

Sin embargo, el apellido Zawahiri se relacionaba sobre todo con la religión. En 1929, el tío de Rabie, Muhammad al-Ahmadi al-Zawahiri, fue nombrado rector de al-Azhar, la milenaria universidad situada en el corazón de El Cairo antiguo que sigue siendo el centro del saber islámico en Oriente Próximo. De hecho, la máxima autoridad de esta institución goza en el mundo musulmán de una posición comparable a la del Papa. Al imán Muhammad se le recuerda por ser el gran modernizador de la institución, a pesar de que fue sumamente impopular en su época y se vio obligado a renunciar al cargo debido a las huelgas estudiantiles y docentes convocadas para protestar por sus políticas.[3] El padre y el abuelo de Rabie también habían sido profesores de al-Azhar.

Umayma Azzam, la esposa de Rabie, pertenecía a un clan igual de distinguido, pero más adinerado y más politizado. Su padre, el doctor Abdul Wahab Azzam, fue rector de la Universidad de El Cairo y fundador de la Universidad Rey Saud de Riad. Además de tener una ajetreada vida académica, también ejerció de embajador de Egipto en Pakistán, Yemen y Arabia Saudí. Fue el intelectual panarabista más importante de su época. Su tío había sido uno de los fundadores de la Liga Árabe, de la que fue el primer secretario general.

Pese a sus distinguidos linajes, el profesor Zawahiri y Umayma se instalaron en un apartamento de la calle 100, en el lado *baladi* de las vías férreas. Más tarde alquilaron un dúplex en el número 10 de la calle 154, cerca de la estación de ferrocarril. La sociedad de Maadi no tenía el más mínimo interés para ellos. Eran religiosos, pero no ostentosamente devotos. Umayma salía sin velo, pero eso no era algo inusual; las muestras públicas de fervor religioso eran poco comunes en el Egipto de entonces y prácticamente desconocidas en Maadi. En el vecindario había más iglesias que mezquitas, además de una opulenta sinagoga judía.

El hogar de los Zawahiri se llenó enseguida de niños. El mayor, Ayman, y su hermana gemela, Umnya, nacieron el 19 de junio de

1951. Los gemelos siempre se contaron entre los alumnos más brillantes de su clase mientras estudiaron en la Facultad de Medicina. Una hermana más joven, Heba, nacida tres años más tarde, también sería médico. Los otros dos hermanos, Muhammad y Husein, estudiaron arquitectura.

Obeso, calvo y ligeramente bizco, el padre de Ayman tenía fama de ser un hombre excéntrico y despistado, pero era muy querido por sus alumnos y por los niños del vecindario. Pasaba la mayor parte del tiempo en el laboratorio o en su clínica privada.[4] Sus investigaciones le obligaban a ir de vez en cuando a Checoslovaquia en una época en que pocos egipcios viajaban debido a las restricciones monetarias. El profesor Zawahiri siempre regresaba de sus viajes cargado de juguetes. Disfrutaba llevando a los niños al cine del Club Deportivo de Maadi, que permitía la entrada a los no socios. Al joven Ayman le encantaban los dibujos animados y las películas de Disney, que se proyectaban tres veces a la semana en el cine al aire libre. Durante el verano, toda la familia solía ir a la playa en Alejandría. Con el sueldo de un profesor, la familia tenía que apretarse el cinturón a menudo, sobre todo teniendo que educar a cinco hijos ambiciosos; de hecho, nunca poseyeron un automóvil hasta que Ayman no llegó a la edad adulta. Como muchos profesores universitarios egipcios, Zawahiri acabaría ejerciendo durante varios años fuera de Egipto, concretamente en Argelia, para obtener unos ingresos más elevados. A fin de economizar, los Zawahiri criaban gallinas y patos en el patio trasero de la casa y el profesor compraba por cajas las naranjas y los mangos, que obligaba a comer a sus hijos por ser fuentes naturales de vitamina C. Pese a su formación de farmacéutico, se oponía al consumo de sustancias químicas.

Para los habitantes de Maadi en las décadas de 1950 y 1960, existía un criterio que servía por sí solo para definir la posición social: la pertenencia al Club Deportivo, en torno al cual gravitaba toda la vida social de Maadi. Como los Zawahiri nunca formaron parte de él, Ayman siempre estaría apartado del centro de poder y prestigio. La familia se ganó la reputación de ser conservadora y un poco atrasada: los llamaban *saidis*, término utilizado para referirse a los habitantes de un distrito del Alto Egipto y que de manera informal se podría traducir por «catetos».

En un extremo de Maadi, rodeado de verdes campos de juego y pistas de tenis, se encontraba el Victoria College, la escuela preparatoria para chicos, construida por los británicos. Los alumnos asistían a clase con chaqueta y corbata. Uno de sus alumnos más conocidos era un talentoso jugador de críquet llamado Michel Chalhub, que después se haría famoso como actor cinematográfico con el nombre de Omar Sharif.[5] Edward Said, el intelectual y escritor palestino, también estudió en esa escuela, junto con el futuro rey de Jordania, Husein.

Sin embargo, Ayman al-Zawahiri estudió en la escuela secundaria pública en el otro extremo del suburbio, en un humilde edificio bajo protegido por una verja verde. En ella estaban matriculados los chicos del lado malo de la calle 9. Los estudiantes de las dos escuelas vivían en mundos diferentes, sin encontrarse jamás, ni siquiera en las actividades deportivas. Mientras el Victoria College evaluaba su rendimiento académico conforme a criterios europeos, la escuela pública le daba la espalda a Occidente. Tras la verja verde, el patio del instituto estaba controlado por matones y las aulas por tiranos. Un muchacho físicamente vulnerable como Ayman tenía que idear sus propias estrategias de supervivencia.

De niño, Ayman tenía la cara redonda, los ojos recelosos y una boca delgada y nada sonriente. Era un ratón de biblioteca que sobresalía en los estudios y odiaba los deportes violentos, que juzgaba «inhumanos».[6] Ya desde una edad temprana era muy piadoso y solía ir a rezar a la mezquita Husein Sidki, situada en el anodino anexo de un gran edificio de apartamentos; la mezquita tomaba su nombre de un famoso actor que había renunciado a su profesión por considerarla impía. No cabe duda de que el interés de Ayman por la religión debía de parecer algo completamente natural en una familia que contaba con tantos ulemas eminentes, pero dicho interés no hizo sino reforzar su imagen de blando y místico.

Ayman era un excelente estudiante e invariablemente se ganaba el respeto de sus profesores. Sus compañeros de clase pensaban que era un «genio»,[7] pero era una persona introspectiva y a menudo parecía soñar despierto durante las clases. En una ocasión, el director del instituto envió una nota al profesor Zawahiri para informarle de que Ayman no se había presentado a un examen. El profesor Zawahiri le respondió: «A partir de mañana, tendrá usted el honor de ser el director del instituto de Ayman Zawahiri, de lo que estará orgulloso en el futuro».[8] De hecho, Ayman obtuvo excelentes notas sin apenas esforzarse.

Aunque el Ayman que la gente conocía era una persona seria la mayor parte del tiempo, en casa mostraba su lado más alegre. «Todo su cuerpo temblaba cada vez que se reía, *yanni*, era una risa que le salía de corazón», recordaba su tío Mahfuz Azzam, un abogado afincado en Maadi.

El padre de Ayman murió en 1995. Su madre, Umayma Azzam, sigue viviendo en Maadi en un confortable apartamento situado encima de una tienda de electrodomésticos. Es una magnífica cocinera, famosa por su *kunafa*, un pastel de hojaldre relleno de queso y frutos secos y bañado en agua de azahar. Hija de terratenientes de clase alta, heredó de su padre varias parcelas de fértiles tierras de labranza en Gizeh y el oasis de Fayum, que le proporcionan una modesta renta. Ayman y su madre compartían su gran pasión por la literatura; ella solía memorizar los poemas que él le enviaba, a menudo odas de amor dedicadas a ella.

El tío de Zawahiri, Mahfuz, el patriarca del clan Azzam, se percató de que, aunque Ayman proseguía con la tradición médica de los Zawahiri, en realidad estaba más cerca de su familia materna, más politizada. Desde que el Parlamento egipcio celebró su primera sesión, hace más de ciento cincuenta años, ha habido miembros de la familia Azzam en el gobierno, pero siempre en la oposición. Mahfuz mantuvo esa tradición de resistencia y fue encarcelado a los quince años acusado de conspirar contra el gobierno. Volvieron a arrestarle en 1945, en una redada de activistas tras el asesinato del primer ministro Ahmed Mahir. «Yo mismo estaba dispuesto a hacer lo que Ayman ha hecho», se jactaría más tarde.

En 1936, Sayyid Qutb fue el profesor de árabe de Mahfuz Azzam en tercer curso, durante el cual Qutb y su joven protegido forjaron un vínculo que duraría toda la vida. Más tarde, Azzam publicó artículos en la revista de los Hermanos Musulmanes que Qutb dirigió durante los primeros años de la revolución. Fue entonces cuando se convirtió en el abogado personal de Qutb y más tarde sería una de las últimas personas en verle momentos antes de su ejecución. Azzam acudió al hospital de la prisión donde Qutb se preparaba para morir y le encontró sereno. Qutb firmó un poder notarial que autorizaba a Azzam a disponer de todos sus bienes y le hizo entrega de su Corán personal con una dedicatoria, una preciada reliquia del mártir.

El joven Zawahiri no se cansaba de escuchar una y otra vez las historias de su amado tío Mahfuz acerca de la pureza del carácter de Qutb y el calvario que había sufrido en prisión. Se puede constatar el efecto de estas historias en un incidente que tuvo lugar a mediados de la década de 1960, un día que Ayman y su hermano Muhammad caminaban de vuelta a casa tras la oración del alba en la mezquita. El vicepresidente de Egipto, Husein al-Shaffei, los vio, detuvo su automóvil e invitó a subir a los muchachos. Shaffei había sido uno de los jueces implicados en la redada de islamistas de 1954. Para los hermanos Zawahiri no era algo habitual ir en automóvil, y menos aún en el del vicepresidente. Aun así, Ayman le espetó: «No queremos subir en el coche de un hombre que participó en los tribunales que asesinaron a musulmanes».[9]

Su obstinado desafío a la autoridad a una edad tan temprana muestra su osadía, su entereza y la absoluta convicción de que sus creencias eran verdaderas, cualidades firmes que en el futuro se asociarían invariablemente a él y que le harían entrar en conflicto con casi todas las personas que conocía. Además, su desprecio por el gobierno laico autoritario le aseguró ser siempre un proscrito político. Este carácter rebelde, que podría haber resultado caótico en un hombre menos disciplinado, lo encauzó para llevar a cabo la misión que siempre tuvo presente en su vida: poner en práctica la visión de Qutb.

«El régimen nasserista creyó haber asestado un golpe mortal al movimiento islámico con la ejecución de Sayyid Qutb y sus camaradas —escribió Zawahiri más tarde—, pero bajo una aparente calma en la superficie se ocultaba una interacción inmediata con las ideas de Sayyid Qutb y la formación del núcleo del moderno movimiento de la Yihad Islámica en Egipto.»[10] De hecho, el mismo año que Sayyid Qutb subió al cadalso, Ayman al-Zawahiri ayudó a for-

mar una célula clandestina cuyo propósito era derrocar al gobierno
y establecer un Estado islamista. Zawahiri tenía entonces quince
años.

«Éramos un grupo de alumnos del instituto de Maadi y de otros centros», explicaría Zawahiri. La célula solía reunirse en las casas de sus
miembros; a veces se encontraban en mezquitas y después iban a un
parque o a algún otro lugar tranquilo en el bulevar en la ribera del
Nilo. Al principio los miembros del grupo eran cinco y en poco
tiempo Zawahiri se convirtió en su emir, o líder. Continuó reclutando discretamente a nuevos miembros para una causa que no tenía
casi ninguna posibilidad de éxito y que podía costarles fácilmente la
vida a todos ellos. «Nuestros medios no estaban a la altura de nuestras aspiraciones», reconoció en su declaración. Sin embargo, nunca
puso en duda su decisión.

La prosperidad y la posición social de que disfrutaban los habitantes de Maadi, que hasta entonces les había protegido de los caprichos políticos de la corte real, ahora les hacía sentirse amenazados en
el Egipto revolucionario. Los padres tenían miedo de expresar sus
opiniones incluso delante de sus hijos.[11] Al mismo tiempo, en todo
el país surgían de repente grupos clandestinos como el de Zawahiri.
Formados fundamentalmente por estudiantes descontentos y alienados, eran grupos pequeños y desorganizados que, por lo general, desconocían la existencia de otros grupos. Entonces llegó la guerra de
1967 con Israel.

Tras años de ataques verbales contra Israel, Nasser exigió la retirada de las fuerzas de pacificación de la ONU del Sinaí y después
bloqueó el estrecho de Tirán para impedir el tráfico marítimo israelí. Israel respondió con un devastador ataque preventivo que destruyó totalmente la fuerza aérea egipcia en dos horas. Jordania, Irak y
Siria se sumaron a la guerra contra Israel, pero sus fuerzas aéreas también fueron destruidas ese mismo día por la tarde. Después, Israel
tomó en pocos días todo el Sinaí, Jerusalén, Cisjordania y los Altos
del Golán, al tiempo que aplastaba a las fuerzas de los estados árabes.
Psicológicamente, la guerra de los Seis Días supuso un punto de in-

flexión en la historia moderna de Oriente Próximo. La rapidez y contundencia de la victoria israelí supuso una humillación para muchos musulmanes que hasta entonces habían creído que Dios estaba de su lado. No solo habían perdido sus ejércitos y sus territorios, sino también la fe en sus dirigentes, en sus países y en sí mismos. La profunda atracción por el fundamentalismo islámico, tanto en Egipto como en otras partes, nació con aquella traumática catástrofe. Una nueva y estridente voz comenzó a oírse en las mezquitas; aquella voz decía que habían sido derrotados por una fuerza mucho mayor que la minúscula nación de Israel: Dios se había vuelto en contra de los musulmanes. El único camino de regreso a Él consistía en volver a la religión pura. La voz respondía a la desesperación con una fórmula muy sencilla: el islam es la solución.

En esta ecuación estaba implícita la idea de que Dios se había puesto de parte de los judíos. Hasta el final de la Segunda Guerra Mundial, en el islam había pocos precedentes del antisemitismo que en aquel momento estaba pervirtiendo la política y la sociedad de la región. Los judíos habían vivido seguros, si bien sumisamente, bajo dominio musulmán durante mil doscientos años, disfrutando de plena libertad religiosa. Pero en la década de 1930 la propaganda nazi difundida por las emisoras de onda corta en lengua árabe, junto con las calumnias de los misioneros cristianos en la región, difundieron en la zona este antiguo prejuicio occidental. Tras la guerra, El Cairo se convirtió en un refugio para los nazis, que asesoraban al ejército y el gobierno. El auge del movimiento islamista coincidió con el declive del fascismo, pero ambos se solaparon en Egipto, y el virus pasó a un nuevo portador.

La fundación del Estado de Israel y su asombroso poderío militar desestabilizó la identidad árabe. En las pésimas condiciones en que se encontraban, los árabes observaban a Israel y recordaban los tiempos en que el profeta Mahoma había sometido a los judíos de Medina. Rememoraban la gran expansión musulmana, conquistada con las espadas y lanzas árabes, y se sentían humillados por el contraste entre su orgulloso pasado marcial y su lamentable presente. El curso de la historia se estaba invirtiendo: los árabes estaban tan divididos, desorganizados y marginados como en tiempos de la *yahiliy-*

ya. Incluso los judíos les dominaban. La voz de las mezquitas decía que los árabes habían renunciado a la única arma que les confería un verdadero poder: la fe. Cuando los árabes recuperaran el fervor y la pureza religiosa que les habían hecho grandes, Dios volvería a ponerse de su lado.

El principal objetivo de los islamistas egipcios era el régimen laico de Nasser. En la terminología de la yihad, la prioridad era derrotar al «enemigo cercano», es decir, la sociedad musulmana impura. El «enemigo lejano», Occidente, podía esperar hasta que el islam se hubiera reformado. Para Zawahiri y sus colegas eso significaba, como mínimo, imponer la ley islámica en Egipto.

Zawahiri también aspiraba a reinstaurar el califato, el gobierno de clérigos islámicos, que oficialmente había finalizado en 1924 tras la desintegración del Imperio otomano, pero que no había ejercido un poder efectivo desde el siglo XIII. Zawahiri creía que, una vez restablecido el califato, Egipto se convertiría en el punto de encuentro para el resto del mundo islámico, al que guiaría en una yihad contra Occidente. «Entonces la historia dará un nuevo giro, si Dios quiere —escribiría más tarde Zawahiri—, e invertirá su curso, poniéndose en contra del Imperio de Estados Unidos y la dominación mundial de los judíos.»[12]

Nasser murió de un repentino ataque al corazón en 1970. Su sucesor, Anwar al-Sadat, que necesitaba desesperadamente afianzar su legitimidad política, enseguida mostró su disposición a lograr la paz con los islamistas. Sadat, que se hacía llamar el «presidente creyente» y «el primer hombre del islam», propuso un trato a los Hermanos Musulmanes: a cambio de su respaldo contra los nasseristas y los izquierdistas, les permitiría predicar y hacer proselitismo, siempre y cuando renunciaran a la violencia.[13] Sadat vació las cárceles de islamistas, sin darse cuenta del peligro que suponían para su propio régimen, sobre todo los Hermanos más jóvenes, radicalizados por los escritos de Sayyid Qutb.

En octubre de 1973, durante el mes de ayuno de Ramadán, Egipto y Siria sorprendieron a Israel lanzando sendos ataques simultáneos a través del canal de Suez sobre el Sinaí ocupado y los Altos del Golán. A pesar de que los sirios se vieron obligados a replegarse pronto y el Tercer Ejército egipcio solo pudo salvarse gracias a la intervención de la ONU, en Egipto se vivió aquella intervención como una gran victoria que permitía recuperar el orgullo perdido y también brindaba a Sadat el triunfo político que tan desesperadamente necesitaba.

A pesar de todo, la célula clandestina de Zawahiri aumentaba: en 1974 ya tenía cuarenta miembros. Por aquel entonces, Zawahiri era un joven alto y delgado con grandes gafas negras y un bigote en paralelo a la estrecha línea de su boca. Su rostro había adelgazado y tenía entradas. Estudiaba en la Facultad de Medicina de la Universidad de El Cairo, donde bullía el activismo islámico, pero Zawahiri no tenía ninguna de las características visibles de un fanático: vestía ropa occidental, normalmente chaqueta y corbata, y en aquel momento casi nadie conocía sus actividades políticas, ni siquiera su familia.[14] Según las pocas personas que sabían de su activismo, Zawahiri predicaba contra la revolución, una actividad intrínsecamente violenta, y prefería una súbita acción militar planeada para tomar las riendas del gobierno en un audaz golpe por sorpresa.

En cualquier caso, Zawahiri no ocultaba del todo sus ideas políticas. En Egipto siempre ha existido la tradición de tomarse las miserias políticas con humor. La familia de Zawahiri recuerda un chiste que este contaba por entonces: una mujer pobre llevó un día a su regordete bebé (*go'alos*, en egipcio coloquial) a ver pasar al rey y su séquito. «Quiera Dios concederte la gracia de verte en una gloria como esa», imploró la mujer para su hijo. Un oficial del ejército que la oyó le preguntó: «¿Qué estás diciendo? ¿Te has vuelto loca?». Veinte años más tarde, ese mismo oficial vio pasar a Sadat en un gran desfile. «¡Oh, *go'alos*, lo conseguiste!», gritó el oficial.[15]

En su último año en la Facultad de Medicina, Zawahiri le enseñó el campus de la universidad a un periodista estadounidense, Abdallah Schleifer, que más tarde sería profesor de ciencias de la información en la Universidad Americana de El Cairo. Schleifer fue un personaje estimulante en la vida de Zawahiri: un hombre desgarbado, con el pelo hirsuto y una estatura de dos metros, que lucía una perilla desde su época beatnik en los años cincuenta, guardaba un sorprendente parecido con el poeta Ezra Pound. Schleifer había crecido en el seno de una familia de judíos no practicantes de Long Island. Tras pasar por un período marxista y cultivar la amistad de los Panteras Negras y el Che Guevara, en 1962 descubrió la tradición sufí del islam durante un viaje a Marruecos. Uno de los significados de la palabra «islam» es entrega, y eso fue lo que hizo Schleifer. Se convirtió, cambió su nombre de Marc a Abdallah y pasó el resto de su vida profesional en Oriente Próximo. En 1974, cuando viajó por primera vez a El Cairo como director de la corresponsalía de NBC News, el tío de Zawahiri, Mahfuz Azzam, se comportó como una especie de padrino de Schleifer en Egipto. Un judío estadounidense converso era toda una novedad y Schleifer, por su parte, encontraba a Mahfuz fascinante. Pronto se sentiría bajo la protección de toda la familia Azzam.

Schleifer percibió rápidamente el cambio que se estaba gestando en el movimiento estudiantil egipcio. Los jóvenes activistas islámicos se estaban haciendo notar en los campus, primero en la zona meridional del país y después en El Cairo. Se llamaban a sí mismos al-Gama'a al-Islamiyya, el Grupo Islámico. Alentado por el aquiescente gobierno de Sadat, que le suministraba armas en secreto para que pudiera defenderse contra cualquier ataque de los marxistas y los nasseristas,[16] el Grupo Islámico radicalizó la mayoría de las universidades egipcias. Se crearon diferentes ramas, siguiendo el modelo de los Hermanos Musulmanes, formadas por pequeñas células denominadas 'anqud (racimo de uvas).[17] En solo cuatro años, el Grupo Islámico ya dominaba completamente los campus y, por primera vez en la memoria de la mayoría de los egipcios, los alumnos dejaron de afeitarse la barba y las alumnas se pusieron velo.

Schleifer necesitaba un guía que le ayudara a comprender más claramente la situación. Gracias a Mahfuz, Schleifer conoció a Zawahiri, que accedió a mostrarle el campus en una visita sin cámaras. «Era enjuto y llevaba unas gafas enormes —diría Schleifer, quien se acordó de los radicales que había conocido en Estados Unidos—. Mi impresión fue que ese debía de ser el aspecto de un intelectual de izquierdas del City College treinta años antes.» Schleifer observó a estudiantes pintando pancartas para las manifestaciones y a jóvenes musulmanas cosiendo hiyabs, los pañuelos que llevan las musulmanas piadosas. Después, Zawahiri y Schleifer pasearon por el bulevar y atravesaron el zoo de El Cairo hasta llegar al puente de la universidad. Mientras se hallaban sobre el inmenso y parsimonioso Nilo, Zawahiri se jactó de que el reclutamiento del movimiento islamista había obtenido sus mejores resultados en las dos facultades más elitistas de la universidad: la de medicina y la de ingeniería. «¿No estás impresionado?», le dijo.

Schleifer se mostró condescendiente y señaló que en los años sesenta aquellas mismas facultades habían sido los bastiones de la juventud marxista, y añadió que el movimiento islamista no era más que la última moda en rebeliones estudiantiles. «Escucha, Ayman, yo he sido marxista y cuando te oigo hablar, tengo la sensación de haber vuelto al partido. No tengo la impresión de estar con un musulmán tradicional.» Zawahiri le escuchó atentamente, pero parecía desconcertado ante la crítica de Schleifer.

Schleifer volvió a encontrarse con Zawahiri poco después. Fue en la festividad anual del Eid, el día más sagrado del año, durante una oración al aire libre en el hermoso jardín de la mezquita de Faruk, en Maadi. Cuando Schleifer llegó, vio a Zawahiri con uno de sus hermanos, ambos muy serios. Colocaron esteras de plástico para rezar e instalaron un micrófono. Lo que supuestamente debía ser una meditativa recitación del Corán se convirtió en una desigual contienda entre la congregación y los hermanos Zawahiri con su micrófono. «Me di cuenta de que estaban introduciendo la fórmula salafí, que no reconoce ninguna tradición islámica posterior a los tiempos del Profeta —recordaba Schleifer—. Aquello suprimía toda la poesía, era caótico.»

Cuando terminaron, Schleifer se acercó a Zawahiri: «Ayman, esto no está bien», protestó. Zawahiri comenzó a dar explicaciones, pero Schleifer le interrumpió: «No voy a discutir contigo. Yo soy sufí y tú salafí. Pero estás creando *fitna* [término que significa provocar discordia, lo que está prohibido en el Corán] y si eso es lo que quieres hacer, deberías hacerlo en tu propia mezquita».

«Tienes razón, Abdallah», respondió Zawahiri dócilmente.

Con el tiempo, los diferentes grupos clandestinos empezaron a descubrirse entre sí. En El Cairo solo había cinco o seis células, la mayoría de ellas con menos de diez miembros.[18] Cuatro de ellas, incluida la de Zawahiri, que era una de las más grandes, se fusionaron para formar Yamaat al-Yihad, Grupo Yihad o, simplemente, Yihad.[19] A pesar de que sus objetivos eran similares a los de la corriente principal islamista de los Hermanos Musulmanes, no tenían ninguna intención de servirse de medios políticos para intentar alcanzarlos. Zawahiri creía que los esfuerzos de este tipo mancillaban el ideal de un Estado islámico puro y acabó despreciando a los Hermanos Musulmanes por su disposición a hacer concesiones.

Zawahiri se licenció en la facultad de medicina en 1974 y ejerció de cirujano durante tres años en el ejército egipcio, destinado en una base situada en las afueras de El Cairo. Cuando finalizó el servicio militar, el joven doctor abrió una clínica en el mismo dúplex en el que vivía con sus padres. Cerca ya de la treintena, había llegado el momento de casarse. Hasta entonces nunca había tenido novia. Siguiendo la tradición egipcia, sus amigos y familiares comenzaron a sugerirle parejas apropiadas para él. A Zawahiri no le interesaba un idilio amoroso, quería una compañera que compartiese sus convicciones extremistas y estuviera dispuesta a soportar las dificultades que su dogmática personalidad habría de depararle. Entre las mujeres que le sugirieron como posibles esposas se encontraba Azza Nowair, la hija de un viejo amigo de la familia.

Al igual que los Zawahiri y los Azzam, el de los Nowair era un clan ilustre de El Cairo. Azza se había criado en el seno de una rica familia de Maadi. Era una mujer muy menuda, casi como una niña, pero dotada de una voluntad extraordinariamente fuerte. En otro tiempo y lugar podría haberse convertido en una profesional o una trabajadora social, pero en su segundo curso en la Universidad de El Cairo comenzó a usar hiyab, alarmando a su familia por la intensidad de su recién descubierta devoción religiosa. «Hasta entonces siempre había vestido a la última moda —contaba su hermano mayor, Essam—. Nosotros no queríamos que fuera tan religiosa, pero comenzó a rezar mucho y a leer el Corán y, poco a poco, fue cambiando completamente.»[20] Pronto Azza dio un paso más y se puso el *niqab*, el velo que cubre el rostro de la mujer por debajo de los ojos. Según su hermano, Azza pasaba noches enteras leyendo el Corán y, cuando él se despertaba por la mañana, la encontraba sentada en la alfombra de oración profundamente dormida con el libro sagrado en las manos.

El *niqab* suponía una formidable barrera para una joven casadera, sobre todo en un segmento de la sociedad que seguía aspirando a formar parte del mundo moderno occidentalizado. Para la mayoría de los amigos de Azza, su decisión de ocultarse tras el velo era una estridente manera de renegar de su clase. Su negativa a renunciar al velo se convirtió en una lucha de voluntades. «Tenía muchos pretendientes, todos ellos pertenecientes a los círculos más prestigiosos y a la élite económica y social —contaba su hermano—, pero casi todos querían que renunciara al *niqab*. Ella se negaba con mucha calma; solo quería a alguien que la aceptara tal y como era, y Ayman estaba buscando esa clase de persona.»

Siguiendo la costumbre, en la primera cita entre Azza y Ayman ella se levantó el velo durante unos minutos. «Él vio su cara y después se fue», contó Essam. La joven pareja conversaría brevemente en otra ocasión después de aquello, pero fue poco más que una mera formalidad. Ayman no volvió a ver a su prometida hasta después de la ceremonia de la boda.

Ayman causó una buena impresión en la familia Nowair, que estaba ligeramente deslumbrada por su distinguido linaje pero recelaba de su fervor religioso. A pesar de su educación y simpatía, Ayman se negaba a saludar a las mujeres y ni siquiera se dignaba mirar a las que vestían falda. Ayman nunca habló de política con la familia de Azza y ni siquiera está claro qué le reveló a su propia esposa. En cualquier caso, Azza debía de aprobar su activismo clandestino. En una ocasión, le confesó a una amiga que su máxima aspiración era convertirse en mártir.[21]

La boda se celebró en febrero de 1978, en el hotel Continental-Savoy, en la plaza de la Ópera de El Cairo, en otro tiempo un distinguido punto de encuentro angloegipcio, cuyos días de gloria habían dado paso a una rancia respetabilidad. Por expreso deseo de los no-

vios, no hubo música y no se permitió tomar fotografías. «Fue una
boda pseudotradicional —diría Schleifer—. Nosotros estábamos en
la zona de los hombres, que era muy sombría y con el ambiente muy
cargado, se tomaba mucho café y nadie contaba un solo chiste.»

«Mi vinculación con Afganistán comenzó el verano de 1980 por un
giro del destino», escribió Zawahiri en su breve libro de memorias,
Caballeros bajo la bandera del Profeta.[22] Mientras sustituía a otro médico en una clínica de los Hermanos Musulmanes, el director le preguntó a Zawahiri si le gustaría acompañarle a Pakistán para atender
a los refugiados afganos. Cientos de miles de personas estaban hu-
yendo a través de la frontera después de la reciente invasión soviética. Zawahiri aceptó de inmediato. Llevaba tiempo reflexionando en
secreto sobre el problema de encontrar una base segura para la yihad,
lo que parecía prácticamente imposible en Egipto. «El río Nilo dis-
curre por un estrecho valle entre dos desiertos que carecen de ve-
getación y agua —observó en sus memorias—. Con un terreno semejante, la guerra de guerrillas era imposible en Egipto y, como
consecuencia, los habitantes del valle se vieron obligados a somater-
se al gobierno central, que les explotó como trabajadores y les forzó
a alistarse en su ejército.» Quizá Pakistán o Afganistán serían territorios más apropiados para entrenar y organizar un ejército de islamistas radicales que, con el tiempo, podrían regresar para hacerse con el
poder en Egipto.

Zawahiri viajó a Peshawar acompañado de un anestesista y un
cirujano plástico. «Fuimos los tres primeros árabes que llegaron allí
para participar en tareas de ayuda humanitaria», afirma Zawahiri, que
estuvo cuatro meses en Pakistán, trabajando para la Media Luna
Roja, la rama islámica de la Cruz Roja Internacional.

El nombre de Peshawar deriva de una palabra sánscrita que significa «ciudad de las flores», lo que podría haber sido el caso durante
el período budista, pero ya hacía mucho tiempo que la ciudad carecía de toda clase de refinamiento. Peshawar se encuentra en el extremo oriental del paso de Jaybar, en el que a lo largo de la historia han
confluido ejércitos invasores desde los tiempos de Alejandro Magno

y Gengis Kan, cuyas huellas genéticas son visibles en las facciones de la heterogénea población. Peshawar era un importante fortín del Imperio británico, la última parada antes del páramo que se extendía hasta Moscú. Cuando los británicos abandonaron su acuartelamiento en 1947, la ciudad quedó reducida a una población agrícola humilde pero difícil de gobernar. Sin embargo, la antigua ciudad había revivido con la guerra y cuando llegó Zawahiri estaba plagada de contrabandistas, vendedores de armas y traficantes de opio.

La ciudad también tenía que hacer frente a la llegada de afganos desposeídos y hambrientos. A finales de 1980, ya había 1,4 millones de refugiados afganos en Pakistán, una cifra que prácticamente se duplicó al año siguiente, y la mayoría de ellos pasaban por Peshawar en busca de un refugio en los campos cercanos. Muchos refugiados resultaban heridos en los intensos bombardeos de pueblos y ciudades o por las minas terrestres soviéticas, y necesitaban tratamiento médico urgente. Sin embargo, el estado de los hospitales y las clínicas era deplorable, sobre todo al principio de la guerra. Zawahiri le contó a su familia que a veces tenía que utilizar miel para desinfectar las heridas.[23]

En las cartas a su madre, se lamentaba de su soledad y pedía que le respondieran con más frecuencia.[24] En esas misivas introducía de vez en cuando la poesía para expresar su desesperación:

> *Ella recibía mis malas acciones con bondad,*
> *sin pedir nada a cambio...*
> *Quiera Dios acabar con mi ineptitud y*
> *complacerla a pesar de mis ofensas...*
> *Oh, Dios, ten piedad de un extraño*
> *que anhela la compañía de su madre.*

Gracias a sus contactos con los jefes tribales locales, Zawahiri viajó a Afganistán en varias ocasiones atravesando clandestinamente la frontera,[25] lo que le convirtió en uno de los primeros extranjeros que pudo presenciar el coraje de los combatientes por la libertad afganos, que se hacían llamar muyahidines, guerreros santos. Aquel otoño, Zawahiri volvió a El Cairo contando innumerables historias sobre los «milagros» que estaban ocurriendo en la yihad contra los soviéticos. Era una guerra de la que apenas se sabía nada, ni siquiera en el mundo árabe, pese a ser, con mucho, el conflicto más sangriento de los años ochenta. Zawahiri empezó a visitar las universidades en busca de reclutas para la yihad.[26] Se dejó crecer la barba y vestía al estilo paquistaní: una larga túnica sobre unos pantalones holgados.

En aquel momento había pocos voluntarios árabes en Afganistán; cuando una delegación de líderes muyahidines visitó El Cairo, Zawahiri llevó a su tío Mahfuz al hotel Shepheard para que los conociera. Los dos hombres expusieron a los afganos una idea que había propuesto Abdallah Schleifer, quien, decepcionado por la incapacidad de los medios occidentales para acceder a la guerra, le había pedido a Zawahiri que buscara a tres jóvenes afganos inteligentes a los que pudiera formar como cámaras. De este modo podrían grabar sus propias noticias y Schleifer se ocuparía del montaje y la narración. Pero avisó a Zawahiri: «Si no se oyen tiros, no lo emitimos».

Poco después, Schleifer llamó a Zawahiri para saber qué había pasado con su propuesta. Encontró a su amigo extrañamente serio y evasivo. Zawahiri empezó a decir que los estadounidenses eran el enemigo y había que enfrentarse a ellos.

—No comprendo —replicó Schleifer—. Acabas de volver de Afganistán, donde estáis cooperando con los estadounidenses. ¿Y ahora dices que Estados Unidos es el enemigo?

—Es cierto que estamos aceptando la ayuda de los estadounidenses para combatir a los rusos, pero son igual de malvados —respondió Zawahiri.

—¿Cómo puedes hacer esa comparación? —preguntó Schleifer indignado—. Hay más libertad para practicar el islam en Estados Unidos que en Egipto. ¡Y en la Unión Soviética han demolido cincuenta mil mezquitas!

—Tú no lo entiendes porque eres estadounidense —le dijo Zawahiri.

Schleifer le respondió enfadado que si ellos estaban manteniendo aquella conversación era porque la OTAN y el ejército estadounidense habían impedido que los soviéticos invadieran Europa y después centraran su atención en Oriente Próximo. La conversación terminó con una nota amarga. Habían discutido muchas veces, pero siempre con respeto y buen humor. En esa ocasión, Schleifer tuvo la sensación de que Zawahiri no había estado hablándole a él, sino que se estaba dirigiendo a una multitud.

La propuesta de formar a reporteros afganos que hizo Schleifer no llegó a ninguna parte.

Zawahiri regresó a Afganistán en marzo de 1981 para cumplir otro período de servicio en Peshawar con la Media Luna Roja. Esta vez acortó su estancia y volvió a El Cairo después de solo dos meses. Más adelante escribiría que veía la yihad afgana como «un curso de formación de suma importancia en la preparación de los muyahidines para que libren su esperada batalla contra la superpotencia que ahora domina en solitario el mundo, es decir, Estados Unidos».[27]

Cuando Zawahiri retomó la práctica de la medicina en Maadi, el mundo islámico todavía temblaba como consecuencia de los terremotos políticos de 1979, que no solo incluían la invasión soviética de Afganistán, sino también el retorno del ayatollah Ruhollah Jomeini a Irán y el derrocamiento del Trono del Pavo Real, la primera toma de poder islamista en un país importante. Cuando Muhammad Reza Pahlavi, el sha de Irán en el exilio, viajó a Estados Unidos para tratarse un cáncer, el ayatollah instigó a las turbas estudiantiles a asaltar la embajada estadounidense en Teherán. Sadat, que consideraba a Jomeini un «lunático chiflado [...] que ha convertido el islam en una bufonada»,[28] invitó al sha enfermo a fijar su residencia en Egipto, donde murió un año más tarde.

Para los musulmanes de todo el mundo, Jomeini redefinió el debate con Occidente. En lugar de consagrar el futuro del islam a un modelo laico y democrático, impuso un desconcertante cambio de rumbo. Sus enardecedores sermones invocaban la inquebrantable fuerza del islam de hacía un milenio con un lenguaje que presagiaba el de las diatribas revolucionarias de Bin Laden. El blanco concreto de su rabia contra Occidente era la libertad: «Sí, nosotros somos reaccionarios y vosotros sois intelectuales ilustrados: vosotros, los intelectuales, no queréis que nosotros retrocedamos mil cuatrocientos años —declaró poco después de tomar el poder—. Vosotros queréis libertad, libertad para todo, libertad para formar partidos, vosotros deseáis todas las libertades, vosotros los intelectuales: la libertad que corromperá a vuestra juventud, la libertad que allanará el camino al opresor, la libertad que arrastrará a nuestra nación a lo más bajo».[29] Ya en los años cuarenta, Jomeini había avisado de que estaba dispuesto a usar el terrorismo para humillar a los supuestos enemigos del islam, proporcionando una justificación teológica, así como soporte logístico. «El islam dice: todo bien existe gracias a la espada y a la sombra de la espada. No se vuelve obediente al pueblo salvo con la espada. La espada es la llave del paraíso, que solo se abre para los guerreros santos.»[30]

El hecho de que Jomeini perteneciera a la rama shií del islam, en lugar de a la sunní, predominante en el mundo musulmán salvo en Irak e Irán, le convertía en un personaje controvertido para los radicales sunníes.* No obstante, la organización de Zawahiri, al-Yihad, apoyó la revolución iraní con panfletos y casetes que exhortaban a todos los grupos islámicos de Egipto a seguir el ejemplo iraní.[31] La transformación de la noche a la mañana de un país relativamente rico, poderoso y moderno como era Irán en una rígida teocracia mostraba que el sueño islamista era completamente factible y avivó el deseo de los islamistas egipcios de pasar a la acción.

El islamismo era entonces un movimiento amplio y heterogéneo, que incluía tanto a quienes estaban dispuestos a trabajar dentro de un sistema político, como los Hermanos Musulmanes, como a quienes, como Zawahiri, querían destruir el Estado e imponer una dictadura religiosa. El objetivo principal de la lucha islamista era imponer el derecho islámico, la sharia. Creen que las quinientas aleyas coránicas que constituyen la base de la sharia son los mandamientos inmutables de Dios, que ofrecen un camino de vuelta a los tiempos perfectos del Profeta y sus sucesores inmediatos,[32] a pesar de

---

* La comunidad de creyentes se escindió tras la muerte del profeta Mahoma en el año 632 debido a una disputa acerca de la línea de sucesión. Los que se proclaman sunníes apoyaban que se eligiera a los califas, pero el otro grupo, que se convertiría en el shií, creía que el califato le correspondía a los descendientes del Profeta, empezando por su primo y cuñado Ali. Desde entonces, ambas ramas han desarrollado numerosas divergencias teológicas y culturales.

que en realidad el código legal propiamente dicho se constituyó varios siglos después de la muerte del Profeta. Estos versículos contienen observaciones sobre comportamientos tan concretos y variados como la manera de responder a alguien cuando estornuda o la licitud de llevar joyas de oro. También prescriben castigos concretos para algunos delitos, como el adulterio o el consumo de alcohol, pero no para otros, entre ellos el homicidio. Los islamistas sostienen que no se puede rectificar la sharia, pese a quince siglos de cambios sociales, porque dimana directamente de la mente de Dios. Pretenden pasar por alto la larga tradición de dictámenes jurídicos de los ulemas y forjar un sistema jurídico más auténticamente islámico que no esté contaminado por la influencia de Occidente o por las improvisaciones causadas por el compromiso con la modernidad. Por otro lado, los no musulmanes y los modernistas islámicos, argumentan que los preceptos de la sharia reflejan los estrictos códigos beduinos de la cultura en la que nació la religión y no son en absoluto adecuados para regir una sociedad moderna. Con Sadat, el gobierno se comprometió en repetidas ocasiones a atenerse a la sharia, pero sus actos demostraron lo poco que se podía confiar en dicha promesa.

El acuerdo de paz de Sadat con Israel sirvió para unir a las diferentes facciones islamistas. También les enfureció una nueva ley, promovida por la esposa del presidente, Yihan, que concedía a las mujeres el derecho al divorcio, un privilegio que no contemplaba el Corán. En el que resultaría ser su último discurso, Sadat ridiculizó la indumentaria islámica que vestían las mujeres piadosas, a la que llamó «tienda», y prohibió el *niqab* en las universidades.[33] Los radicales respondieron tachando al presidente de hereje. La ley islámica prohíbe atentar contra un gobernante, excepto en el caso de que no crea en Dios o en el Profeta, por lo que la declaración de herejía equivalía a una clara invitación al asesinato.

Como respuesta a una serie de manifestaciones organizadas por los islamistas, Sadat disolvió todas las asociaciones estudiantiles religiosas, confiscó sus propiedades y cerró sus campamentos de verano.[34] Variando su postura de tolerancia, e incluso fomento, de esos grupos, adoptó una nueva consigna: «Nada de política en la religión y nada de religión en la política».[35] No podría haber un planteamiento más incendiario para la mentalidad islamista.

La visión de Zawahiri contemplaba no solo la destitución del jefe de Estado, sino el completo desmantelamiento del orden establecido. Se había dedicado en secreto a reclutar oficiales del ejército egipcio, a la espera del momento en que al-Yihad reuniera suficientes hombres y armas para pasar a la acción. Su principal estratega era Abud al-Zumar, coronel de la inteligencia militar y héroe de la guerra de 1973 contra Israel (una calle de El Cairo lleva su nombre). El plan de Zumar consistía en asesinar a las principales autoridades del país, tomar los cuarteles generales del ejército y la seguridad del Estado, el edificio de la central telefónica y, por supuesto, la sede de la radio y la televisión, desde donde se transmitiría la noticia de la revolución islámica, lo que desencadenaría, o al menos así lo esperaba él, un levantamiento popular contra la autoridad laica en todo el país. Se trataba, tal y como declaró más tarde Zawahiri, de «un plan artísticamente elaborado».[36]

Otro miembro fundamental de la célula de Zawahiri era un temerario comandante de tanque llamado Essam al-Qamari. Gracias a su valor e inteligencia, al comandante Qamari lo habían promovido en repetidas ocasiones antes que a sus compañeros del mismo rango. Zawahiri le describió como «una persona noble en el verdadero sentido de la palabra. La mayoría de sus sufrimientos y sacrificios, que soportaba de buen grado y con serenidad, eran consecuencia de su carácter noble».[37] Pese a que Zawahiri era el miembro más veterano de la célula de Maadi, a menudo delegaba en Qamari, que tenía un instinto natural para el mando, una cualidad de la que Zawahiri carecía. De hecho, Qamari observó que «se echaba de menos algo» en Zawahiri y en una ocasión le advirtió: «Si eres miembro de un grupo, no puedes ser el líder».[38]

Qamari comenzó a robar armas y municiones en los bastiones del ejército y a almacenarlas en la clínica de Zawahiri en Maadi, que ocupaba un apartamento en la planta baja del dúplex donde vivían sus padres. En febrero de 1981, mientras transportaban armas desde la clínica hasta un almacén, unos agentes de la policía arrestaron a un joven que llevaba una bolsa llena de pistolas, boletines militares y mapas que mostraban la ubicación de todos los emplazamientos de tanques de El Cairo. Qamari se dio cuenta de que no iban a tardar en implicarle, por lo que desapareció del mapa, pero arrestaron a varios oficiales que estaban a sus órdenes. Zawahiri, inexplicablemente, no trató de esconderse.

Hasta el momento de las detenciones, el gobierno egipcio se había convencido de que había acabado con el movimiento islamista clandestino. Aquel mes de septiembre, Sadat ordenó la detención de más de mil quinientas personas, incluidos muchos egipcios prominentes. Entre ellos no solo había islamistas, sino también intelectuales sin inclinaciones religiosas, marxistas, cristianos coptos, líderes estudiantiles, periodistas, escritores, médicos afiliados al sindicato de los Hermanos Musulmanes, etcétera, una mezcla de disidentes de los sectores más diversos. Zawahiri escapó de la redada, pero detuvieron a la mayoría de los restantes líderes de al-Yihad. No obstante, dentro de las dispersas filas de al-Yihad, una célula militar ya había puesto en marcha un precipitado y oportunista plan. El teniente Jaled Islambuli, que tenía entonces veintitrés años, propuso asesinar a Sadat cuando asistiera al desfile militar del mes siguiente.

Zawahiri declaró más adelante que no había oído hablar del plan hasta las nueve de la mañana del 6 de octubre de 1981, pocas horas antes del momento en que se había planeado el asesinato. Le informó uno de los miembros de su célula, un farmacéutico. «Me quedé atónito, conmocionado», les dijo Zawahiri a sus interrogadores. El farmacéutico sugirió que debían hacer algo para contribuir al éxito de aquel complot planeado tan precipitadamente. «Pero yo le dije: "¿Qué podemos hacer? ¿Quieren que nos echemos a las calles para que nos detenga la policía? No vamos a hacer nada".» Zawahiri volvió a su consulta. Cuando unas horas más tarde se enteró de que el desfile militar seguía su curso, dio por hecho que la operación había fracasado y habían arrestado a todas las personas implicadas en ella. Entonces fue a casa de una de sus hermanas, que le informó de que habían interrumpido el desfile y que el presidente había salido ileso. La verdad no se sabría hasta más tarde.

Sadat estaba celebrando el octavo aniversario de la guerra de 1973. Rodeado de altos dignatarios, entre ellos varios diplomáticos estadounidenses y Butros Butros-Ghali, el futuro secretario general de las Naciones Unidas, Sadat estaba saludando a las tropas que desfilaban cuando un vehículo militar se desvió hacia la tribuna de autoridades. El teniente Islambuli y otros tres conspiradores se bajaron del vehículo y arrojaron granadas a la grada. «¡He matado al faraón!», gritó Islambuli, después de vaciar el cargador de su metralleta en el cuerpo del presidente, que permaneció en pie desafiante y en posición de firmes hasta que cayó acribillado por las balas.

El mundo árabe recibió con poco pesar el anuncio, ese mismo día, de la muerte de Sadat, ya que le consideraba un traidor por haber firmado la paz con Israel. Zawahiri opinaba que el asesinato no servía para conseguir un Estado islámico, pero quizá aún hubiera tiempo, en el convulso período posterior al atentado, para poner en práctica su gran plan. Essam al-Qamari salió de su escondite y pidió a Zawahiri que le pusiera en contacto con el grupo que había cometido el asesinato.[39] A las diez de la noche de aquel día, solo ocho horas después del asesinato de Sadat, Zawahiri y Qamari se reunieron con Abud al-Zumar en un coche cerca del apartamento en el que se escondía Qamari. Qamari llevaba consigo una propuesta audaz, que brindaría la oportunidad de eliminar a todo el gobierno e incluso a muchos dirigentes extranjeros: un atentado durante el funeral de Sadat. Zumar se mostró de acuerdo y le pidió a Qamari que le proporcionara diez bombas y dos pistolas. El grupo volvió a reunirse al día siguiente. Qamari llevó las armas y varias cajas de municiones. Mientras tanto, el nuevo gobierno, presidido por Hosni Mubarak, detenía a miles de posibles conspiradores. Abud al-Zumar fue detenido antes de que se pudiera poner en práctica el plan.

Zawahiri debía de ser consciente de que su nombre iba a salir a la luz, pero, a pesar de ello, permaneció donde estaba. Finalmente, el 23 de octubre empaquetó sus pertenencias para emprender un nuevo viaje a Pakistán y fue a despedirse de algunos familiares. Su hermano Husein le llevaba en coche al aeropuerto cuando la policía los detuvo en la Corniche del Nilo. «Trasladaron a Ayman a la comisaría de policía de Maadi, donde le rodearon varios agentes —recordaba su primo Omar Azzam—. El jefe de policía le dio una bofetada en la cara, ¡y Ayman se la devolvió!» Este incidente dejó estupefacta a su familia, no solo por la temeridad de la reacción de Ayman, sino porque hasta ese momento nunca había recurrido a la violencia. Para los demás presos, Zawahiri pasó a ser de inmediato el hombre que devolvió el golpe.

Las fuerzas de seguridad recibían a los reclusos que llegaban a la prisión despojándoles de la ropa, vendándoles los ojos y esposándolos; después, les golpeaban con porras. Humillados, asustados y desorientados, eran arrojados en estrechas celdas de piedra, solo iluminadas por la luz que penetraba por un diminuto orificio cuadrado abierto en la puerta metálica. La mazmorra había sido construida en el siglo XII por el gran conquistador kurdo Saladino, que utilizó a los prisioneros de las Cruzadas como mano de obra. Formaba parte de la ciudadela, una enorme fortaleza situada en una colina que domina El Cairo y que fue sede del gobierno durante setecientos años.[40]

Los gritos de otros prisioneros durante los interrogatorios mantenían a muchos de los reclusos en un estado rayano en la locura, incluso a los que no sufrían torturas. Debido a su posición, Zawahiri era sometido a frecuentes palizas y otros castigos retorcidos y sádicos ideados por la Unidad de Inteligencia 75, que supervisaba los interrogatorios en Egipto.

Hay quienes sugieren que la tragedia estadounidense del 11 de septiembre se gestó en las prisiones de Egipto. Los defensores de los derechos humanos de El Cairo afirman que la tortura generó un deseo de venganza, primero en Sayyid Qutb y más tarde en sus acólitos, incluido Ayman al-Zawahiri. El principal blanco de la ira de los presos era el gobierno laico egipcio, pero también había una poderosa corriente de ira dirigida hacia Occidente, al que consideraban valedor del régimen represivo. Además, responsabilizaban a Occidente de corromper y humillar a la sociedad islámica. De hecho, el tema de la humillación, que es la esencia de la tortura, es fundamental para comprender la ira de los islamistas radicales. Las prisiones de Egipto se convirtieron en una fábrica de militantes consumidos por las ansias de venganza, que ellos llamaban justicia.

Montassir al-Zayyat, un abogado islamista que fue compañero de Zawahiri en prisión y más tarde su abogado y biógrafo,* sostiene que las traumáticas experiencias que Zawahiri sufrió en la cárcel lo transformaron y dejó de ser un líder relativamente moderado de al-Yihad para convertirse en un extremista violento e implacable. Zayyat y otros testigos señalan lo que sucedió con su relación con Essam al-Qamari, que había sido íntimo amigo de Zawahiri y un hombre al que admiraba mucho. Inmediatamente después de su detención, los funcionarios del Ministerio del Interior comenzaron a interrogar a Zawahiri sobre el comandante Qamari, que seguía huido y se había convertido en el hombre más buscado de Egipto. Qamari ya había sobrevivido a un enfrentamiento armado con granadas y armas automáticas en el que murieron o resultaron heridos muchos policías. En su implacable búsqueda de Qamari, las fuerzas de seguridad expulsaron de su casa a la ilustre familia Zawahiri, levantaron el suelo y arrancaron el papel de las paredes en busca de pruebas. Además, se quedaron esperando junto al teléfono, convencidos de que el criminal llamaría tarde o temprano. Finalmente, la llamada se produjo dos semanas después.[41] La persona que llamó se identificó como el «doctor Essam» y preguntó por Zawahiri. Qamari no sabía que Zawahiri estaba detenido cuando hizo la llamada, ya que el arresto se había mantenido en secreto. Un oficial de la policía, que se hizo pasar por un miembro de la familia, le dijo al «doctor Essam» que Zawahiri no estaba allí. Qamari propuso: «Que vaya a rezar el *magreb* [la oración del crepúsculo] conmigo», y sugirió una mezquita que ambos conocían.[42]

«Qamari había citado a Zawahiri en la carretera de Maadi, pero se percató de que había personal de las fuerzas de seguridad y escapó de nuevo», contaba Fuad Allam, que en aquella época estaba al

---

* Zayyat escribió una biografía incriminatoria titulada *El camino hacia al-Qaeda: la historia de Zawahiri, lugarteniente de Bin Laden*, que su editorial de El Cairo tuvo que retirar debido a las presiones de los partidarios de Zawahiri.

frente de la unidad antiterrorista del Ministerio del Interior. Fuad Allam, un tipo paternal con una voz de bajo profundo, ha interrogado a casi todos los islamistas radicales importantes desde 1965, cuando se ocupó del interrogatorio de Sayyid Qutb. «Hice venir a Ayman al-Zawahiri a mi despacho para proponerle un plan.» Allam pensó que Zawahiri era «tímido y distante. No te mira cuando te habla, lo que en el mundo árabe es un signo de buena educación». Según Mahfuz, el tío de Zawahiri, este ya había sido brutalmente torturado y, de hecho, llegó al despacho de Allam calzado con un solo zapato, debido a una herida en el pie. Allam hizo que se trasladara la línea telefónica de Zawahiri a su oficina y le obligó a permanecer allí hasta que Qamari llamó de nuevo. Esta vez fue Zawahiri quien descolgó el auricular y concertó una cita en la mezquita de Zawya, en Embaba. Tal y como estaba planeado, Zawahiri fue a la mezquita y delató a su amigo.[43]

El propio Zawahiri no admite estos hechos en sus memorias, salvo de forma indirecta cuando escribe acerca de la «humillación» del encarcelamiento: «Lo más duro del cautiverio es obligar al muyahidín, mediante la tortura, a delatar a sus compañeros, a destruir el movimiento del que forma parte con sus propias manos y a desvelar sus secretos y los de sus colegas al enemigo».[44]

Las autoridades tuvieron la perversa idea de encerrar a Qamari en la misma celda que a Zawahiri después de que este declarara contra él y trece hombres más. Qamari fue condenado a diez años de cárcel. «Como era habitual en él, recibió la noticia con una calma y una serenidad extraordinarias —rememoraba Zawahiri—. Incluso intentó consolarme y me dijo: "Te compadezco por las cargas que has de soportar".» En 1988, Qamari fue abatido a tiros por la policía después de escapar de prisión.[45]

Zawahiri era el reo número 113 de los 302 detenidos acusados de prestar ayuda o planear el asesinato de Sadat, además de otros delitos (en el caso de Zawahiri, tráfico de armas). Al teniente Islambuli y a otros veintitrés imputados por el asesinato los juzgaron por separado; Islambuli y cuatro conspiradores murieron en la horca. Casi todos los

islamistas importantes de Egipto estaban implicados en el complot.*
Los demás acusados, algunos de ellos adolescentes, presenciaron el
juicio hacinados en una celda digna de un zoológico que ocupaba
uno de los lados de la enorme sala del tribunal improvisada en el
Centro de Congresos de El Cairo, escenario frecuente de ferias y
convenciones. Los acusados pertenecían a diversas organizaciones
(al-Yihad, Grupo Islámico, Hermanos Musulmanes) que conformaban el núcleo rebelde del movimiento islamista. Las agencias de
prensa internacionales cubrieron el juicio y los acusados designaron
portavoz a Zawahiri, ya que, de todos ellos, era el que mejor dominaba la lengua inglesa.

Las grabaciones en vídeo de la vista inaugural del juicio, celebrada el 4 de diciembre de 1982, muestran a los trescientos acusados
iluminados por los focos de las cámaras de televisión, cantando, rezando y pidiendo ayuda con desesperación a sus familiares. Finalmente, la cámara se detiene en Zawahiri, que destaca en medio del
caos con su aspecto solemne y su gran concentración. Con treinta y
un años de edad, aparece vestido con una túnica blanca y un pañuelo gris sobre los hombros.

A una señal, los demás prisioneros guardan silencio y Zawahiri
exclama: «¡Ahora queremos hablarle al mundo entero! ¿Quiénes somos? ¿Por qué nos han traído aquí y qué queremos decir? Sobre la
primera pregunta: ¡Somos musulmanes! ¡Somos musulmanes que
creemos en nuestra religión! ¡Somos musulmanes que creemos en
nuestra religión, tanto en la ideología como en la práctica, y por lo
tanto hacemos todo lo que podemos para instaurar un Estado islámico y una sociedad islámica!».

Los demás acusados corean en árabe: «¡No hay más Dios que
Alá!».

Zawahiri continúa, con una cadencia ferozmente repetitiva:
«¡No nos arrepentimos, no nos arrepentimos de lo que hemos hecho

---

* Muhammad, el hermano de Zawahiri, fue condenado *in absentia*, aunque
más tarde le retiraron los cargos. El benjamín, Husein, pasó trece meses encarcelado hasta que también le retiraron los cargos.

por nuestra religión ni de lo que hemos sacrificado, y estamos dispuestos a hacer más sacrificios!».Y los demás exclaman: «¡No hay más Dios que Alá!».

Entonces dice Zawahiri: «¡Estamos aquí, el auténtico frente islámico y la auténtica oposición islámica al sionismo, el comunismo y el imperialismo! —Hace una pausa y continúa—:Y ahora responderé a la segunda pregunta: ¿Por qué nos han traído aquí? Nos han traído aquí por dos razones: en primer lugar, están tratando de erradicar el extraordinario movimiento islámico [...] y, en segundo lugar, para consumar la conspiración de evacuar la zona y prepararla para la penetración sionista».

Los demás gritan: «¡No sacrificaremos la sangre de los musulmanes por los norteamericanos y los judíos!».

Los prisioneros se descalzan y levantan sus túnicas para mostrar las marcas de la tortura.[46] Zawahiri habla de los abusos que han tenido lugar en las «sucias cárceles egipcias [...] donde sufrimos el trato más duro e inhumano. ¡Allí nos patearon, nos golpearon, nos azotaron con cables eléctricos, nos dieron descargas eléctricas! ¡Nos dieron descargas eléctricas! ¡Y usaron perros salvajes! ¡Y usaron perros salvajes! ¡Y nos colgaron del borde de las puertas —en ese momento se inclina hacia delante para mostrarlo— con las manos atadas a la espalda! ¡Arrestaron a nuestras esposas, madres, hermanas, y nuestros padres e hijos!».

Los acusados proclaman: «¡El ejército de Mahoma volverá y derrotaremos a los judíos!».

La cámara enfoca a un reo con los ojos desorbitados y vestido con un caftán verde mientras extiende los brazos a través de los barrotes de la celda, grita y cae desmayado en brazos de otro detenido. Zawahiri grita los nombres de varios presos que, según él, murieron como consecuencia de las torturas. «Así pues, ¿dónde está la democracia? —exclama—. ¿Dónde está la libertad? ¿Dónde están los derechos humanos? ¿Dónde está la justicia? ¿Dónde está la justicia? ¡No olvidaremos jamás! ¡No olvidaremos jamás!»

Las acusaciones de tortura de Zawahiri fueron más tarde corroboradas por informes legales médicos, que mencionaban seis heridas en diferentes partes de su cuerpo causadas por agresiones con «un instrumento contundente». Zawahiri declaró más tarde en un juicio contra la Unidad de Ingeligencia 75, responsable de dirigir los interrogatorios. Le respaldó el testimonio de uno de los oficiales de la unidad, que confesó haber visto a Zawahiri en prisión «con la cabeza afeitada y su dignidad completamente humillada, soportando toda clase de torturas». El oficial añadió que estaba presente en la sala de interrogatorios cuando llevaron a otro prisionero encadenado de pies y manos. Los interrogadores trataban de que Zawahiri confesara su participación en el asesinato de Sadat. Cuando el otro prisionero dijo: «¿Acaso esperáis que confiese cuando sabe que la pena es la muerte?», Zawahiri replicó: «La pena de muerte es más compasiva que la tortura».

El juicio se prolongó durante tres largos años. Había temporadas en que los acusados estaban presentes todos los días en la improvisada sala del tribunal, pero en otras podía pasar más de un mes sin que comparecieran. Los reos pertenecían a diferentes grupos, por lo que muchos ni siquiera conocían la existencia de los demás hasta que los encerraban juntos. Naturalmente, comenzaron a conspirar. A pesar de que algunos hablaban con entusiasmo de retomar la lucha, también había acaloradas discusiones entre los prisioneros sobre lo desalentador que era que hubieran arrestado a tantos de ellos y que el movimiento hubiera sido traicionado tan rápidamente. «Nos han derrotado. Esa es la razón de que nos encontremos desorientados», le reconoció Zawahiri a uno de sus compañeros de prisión.[47] Pasaron muchos días analizando las causas del fracaso de las operaciones clandestinas y cómo podrían haber tenido éxito. «Ayman me dijo que él no había querido el asesinato [de Sadat] —recordaría su compañero de prisión y biógrafo, Montassir al-Zayyat—. Pensaba que tenían que haber esperado para extirpar el régimen de raíz mediante un golpe de Estado militar. No estaba tan sediento de sangre.»

Zawahiri era un personaje importante debido a su educación, su familia y su relativa riqueza. Un día sí y otro no, su familia enviaba a la cárcel un chófer con comida, que Zawahiri repartía entre los demás presos.[48] Además, ayudaba en el hospital de la prisión.

En aquella época Zawahiri conoció personalmente al islamista más famoso de Egipto, el jeque Omar Abdul Rahman, al que también habían acusado de tomar parte en la conspiración para asesinar a Sadat. El jeque Omar, un hombre extraño y enérgico, ciego desde la infancia como consecuencia de la diabetes, pero dotado de una voz resonante y conmovedora, había ido ascendiendo en los círculos islámicos gracias a sus elocuentes invectivas contra Nasser, que le había encarcelado durante ocho meses sin ninguna acusación formal. Tras la muerte de Nasser, la influencia del jeque ciego fue en aumento, especialmente en el Alto Egipto, donde impartía clases de teología en Asiut, en una filial de la Universidad de al-Azhar. El jeque Omar captó a un buen número de seguidores entre los estudiantes y asumió la jefatura del Grupo Islámico. Algunos jóvenes islamistas financiaban su activismo extorsionando a cristianos coptos, que constituían quizá el 10 por ciento de la población egipcia y entre los que había muchos comerciantes y pequeños empresarios. En varias ocasiones, los jóvenes radicales irrumpieron en bodas coptas y robaron a los invitados. La teología de la yihad exige una fatwa (un dictamen religioso) para bendecir actos que, de otro modo, serían considerados criminales. El jeque Omar promulgaba gustosamente fatawa que autorizaban las matanzas de cristianos y los saqueos de joyerías coptas, basándose en la premisa de que existía un estado de guerra entre cristianos y musulmanes.

Cuando Sadat decidió por fin poner freno a los islamistas, el jeque ciego pasó tres años en Arabia Saudí y otros países árabes, en los que encontró ricos patrocinadores para su causa. Cuando volvió a Egipto en 1980, ya no era solo el consejero espiritual del Grupo Islámico, sino también su emir. En una de sus primeras fatawa, el jeque Omar declaró que un gobernante hereje merecía ser asesinado por los creyentes. Durante el juicio por conspiración para asesinar a Sadat, su abogado consiguió convencer al tribunal de que, puesto que su cliente no había mencionado el nombre del presidente egipcio, su participación en el complot era, a lo sumo, tangencial. El jeque fue excarcelado seis meses después de ingresar en prisión.

Los miembros de las dos principales organizaciones militantes, el Grupo Islámico y al-Yihad, compartían el objetivo común de derri-

bar al gobierno, pero discrepaban tanto ideológica como táctica-
mente. El jeque ciego predicaba que era posible que toda la humanidad se convirtiera al islam y estaba satisfecho con difundir ese
mensaje. Zawahiri estaba radicalmente en contra de esta idea. Desconfiaba de las masas y despreciaba cualquier otra fe que no fuera su
estricta versión del islam; prefería actuar en secreto y de manera unilateral hasta el momento en que su grupo pudiera tomar el poder e
imponer su totalitaria visión religiosa.

El Grupo Islámico y al-Yihad ya habían colaborado bajo la autoridad del jeque Omar, pero los militantes de al-Yihad, incluidos Qamari y Zawahiri, pretendían poner al frente a uno de los suyos. En la
prisión de El Cairo, los miembros de ambas organizaciones mantenían acalorados debates sobre cuál era la mejor manera de llevar a
cabo una verdadera revolución islámica y discutían sin cesar sobre
quién sería el mejor hombre para liderarla. Zawahiri hizo notar que
la sharia estipula que el emir no puede ser ciego, a lo que el jeque
Omar replicó señalando que la sharia también estipula que el emir
no puede ser un preso.[49] La rivalidad entre ambos hombres llegó a
ser extrema. Zayyat trató de moderar los ataques de Zawahiri contra
el jeque, pero Zawahiri se negó a rebajar el tono. El resultado fue
que al-Yihad y el Grupo Islámico se separaron una vez más. Ambas
organizaciones continuarían enfrentadas debido a estas dos intransigentes personalidades.

Zawahiri fue declarado culpable de traficar con armas y condenado
a tres años de cárcel, que prácticamente ya había cumplido en su totalidad cuando finalizó el juicio. Posiblemente para recompensar que
hubiera cooperado declarando contra otros acusados, el gobierno retiró varios cargos contra él.

Liberado en 1984, Zawahiri salió de prisión transformado en un
radical endurecido cuyas creencias se habían afianzado en una extraordinaria resolución. Saad Eddin Ibrahim, un eminente sociólogo
de la Universidad Americana de El Cairo, habló con Zawahiri poco
después de su excarcelación y percibió en él una enorme suspicacia
y una irresistible sed de venganza, dos rasgos característicos de quie-

nes han sufrido maltratos en prisión. La tortura también podría haber tenido otros inesperados efectos en estos hombres profundamente religiosos: muchos de ellos afirmaban que después de ser torturados habían tenido visiones en las que los santos les daban la bienvenida al paraíso y a la sociedad islámica justa que habían hecho posible con sus martirios.[50]

Ibrahim había elaborado un estudio de los presos políticos en Egipto durante los años setenta. Según su investigación, la mayoría de los militantes islamistas eran jóvenes procedentes de los pueblos que habían ido a estudiar a la ciudad. La mayoría eran hijos de burócratas de clase media. Eran ambiciosos y solían sentirse atraídos por la ciencia y la ingeniería, disciplinas en las que solo se aceptaba a los estudiantes más brillantes. No formaban parte de la juventud alienada y marginada que en un principio habría esperado encontrar un sociólogo. Por el contrario, escribió Ibrahim, eran «jóvenes egipcios modélicos. Si no eran representativos, era porque estaban considerablemente por encima de la media de su generación».[51] Ibrahim atribuía el éxito de reclutamiento de los grupos islamistas a que hacían hincapié en la hermandad, la participación y el apoyo espiritual, lo que permitía un «aterrizaje suave» a los emigrantes del campo en la ciudad.

Zawahiri, que había leído el estudio en prisión, discrepó indignado. Aseguraba que los nuevos miembros se explicaban por los ideales islamistas, no por las necesidades sociales de que se ocupaban las organizaciones. «Has trivializado nuestro movimiento con tu análisis mundano —le dijo a Ibrahim—. ¡Que Dios se apiade de ti!»[52]

Ibrahim respondió a la recriminación de Zawahiri recordando un antiguo proverbio árabe: «Hay una recompensa para todo aquel que lo intenta. Si acierta, obtiene dos recompensas, pero si falla, sigue obteniendo una recompensa por haberlo intentado».

Zawahiri sonrió y le dijo: «Tú obtienes una recompensa».

El doctor Zawahiri volvió a retomar la práctica de la cirugía; no obstante, estaba preocupado por las consecuencias políticas de su declaración en el caso de las torturas de la Unidad de Inteligencia 75,[53] por lo que pensó en solicitar una beca de cirugía en Inglaterra.[54] Hizo gestiones para trabajar en la clínica Ibn al-Nafis de Yidda, en

Arabia Saudí, pese a que el gobierno egipcio le había prohibido salir del país en tres años. Zawahiri consiguió un visado de turista para Túnez,[55] quizá utilizando un pasaporte falso. Parece obvio que no tenía ninguna intención de regresar. Se había afeitado la barba después de su liberación, lo que indicaba que pretendía volver a sus actividades clandestinas.

Cuando estaba a punto de irse, se encontró con su amigo Abdallah Schleifer en el aeropuerto de El Cairo.

—¿Adónde vas? —le preguntó Schleifer.

—A Arabia Saudí —le confió un Zawahiri que parecía relajado y feliz.

Los dos hombres se abrazaron.

—Escúchame, Ayman, mantente al margen de la política —le aconsejó Schleifer.

—¡Lo haré! —respondió Zawahiri—. ¡Lo haré!

3

El fundador

A la edad de treinta y cuatro años, el doctor Ayman al-Zawahiri era un personaje extraordinario que había dedicado más de la mitad de su vida a la revolución y había dirigido una célula islamista clandestina. También había perfeccionado sus dotes políticas en los interminables debates mantenidos en la cárcel, de la que salió más devoto, resentido y resuelto.

Los servicios secretos saudíes afirman que entró en su reino en 1985 con un visado de peregrino que convirtió en un visado de trabajo.[1] Pasó aproximadamente un año practicando la medicina en la clínica Ibn al-Nafis de Yidda. La hermana de Zawahiri, Heba, profesora de oncología en el Instituto Nacional del Cáncer de la Universidad de El Cairo, aseguraba que en esa época aprobó la primera parte de un examen para obtener una beca de cirugía en Inglaterra. Su madre y otros miembros de la familia estaban convencidos de que planeaba regresar a El Cairo en el futuro porque seguía pagando el alquiler de su clínica en Maadi. Su hermano Muhammad también vivía en el reino saudí, donde trabajaba como arquitecto en Medina.

El abogado y antiguo compañero de prisión de Zawahiri, Montassir al-Zayyat, pasó por Yidda de camino hacia La Meca y encontró a este serio y abatido. «Las marcas que dejaron en su cuerpo las indescriptibles torturas que había sufrido ya no le causaban dolor —escribiría más adelante Zayyat—, pero su corazón seguía sufriendo.»[2] Según Zayyat, Zawahiri había huido de Egipto porque el sentimiento de culpa por haber traicionado a sus amigos le pesaba mucho en su conciencia. Al haber declarado en contra de sus compañeros[3] mientras estaba en la cárcel, Zawahiri había perdido su derecho a dirigir al-Yihad. Ahora buscaba un lugar en el que poder redimirse y en el que el movimiento islamista radical se pudiera afianzar. «La situación en Egipto se había ido deteriorando y se puede decir que era explosiva», escribió Zawahiri más adelante.[4]

Yidda era el centro comercial del reino, el puerto de entrada para los millones de peregrinos que cada año acudían allí de camino a La Meca. Todo musulmán que pueda realizar la peregrinación, llamada *hadj*, debe hacerlo al menos una vez en la vida. Algunos de los que se quedaron, originarios de Yemen, Persia y Turquía, se convirtieron en los fundadores de las grandes familias de banqueros y mercaderes (los Bin Mahfuz, los Alireza y los Jashoggi, entre otros). Era esta herencia cosmopolita lo que diferenciaba a la ciudad de Yidda del interior, aislado étnica y culturalmente. Allí, en Yidda, lo importante eran las familias, y no las tribus, y entre el grupo de nombres que destacaban en la sociedad local se contaba el de Bin Laden.

Zayyat sostiene que Zawahiri y Bin Laden se conocieron en Yidda,[5] y aunque no existe constancia alguna de este primer encuentro, es probable que así fuera. Zawahiri ya había estado en Afganistán dos veces antes de ser encarcelado y tenía intención de volver lo antes posible. La ruta hacia Afganistán pasaba directamente por el apartamento de Bin Laden: todo aquel que diera dinero o se ofreciera voluntario para la yihad acababa sabiendo quién era aquel joven emprendedor saudí. En cualquier caso, estaban destinados a conocerse tarde o temprano en el reducido círculo de la yihad.

La palabra Yidda significa «abuela» en árabe y, según la leyenda, el nombre de la ciudad hace alusión a Eva, la abuela del género humano, de quien se dice que está enterrada en un espacioso recinto amurallado en el barrio obrero donde creció Osama bin Laden. En el siglo XII se creó un culto en torno a su supuesta tumba, cuya forma reproducía la de los restos de su gigantesco cuerpo, de casi 150 metros de largo. De ella sobresalía un templo con una cúpula donde se decía que estaba su ombligo. Sir Richard Burton, que visitó la tumba en 1853 y midió sus dimensiones, comentó: «Si nuestro primer antepasado medía ciento veinte pasos desde la cabeza hasta la cintura, y ochenta desde la cintura hasta el talón, debía de parecerse mucho a un pato».[6] Los wahabíes, la secta rigorista que predomina en Arabia Saudí, condenan la veneración de las tumbas y la demolieron en 1928, poco después de ocupar Yidda, y ahora es un típico cementerio wahabí, con largas hileras de tumbas sin adornos y sin nombre, como montículos de tierra removida para plantar flores. El padre de Osama bin Laden fue enterrado allí[7] cuando murió en un accidente aéreo en 1967, a la edad de cincuenta y nueve años.[8]

Es imposible entender la ambición del hijo sin conocer los logros del padre. Muhammad bin Awahd bin Laden, un hombre distante y autoritario pero de carácter sencillo, ya era una leyenda antes de que naciera Osama. Representaba un extraordinario modelo para un joven que le idolatraba y confiaba en equiparar, si no superar, sus logros. Muhammad había nacido en un apartado valle del centro de Yemen, en una región llamada Hadramaut, famosa por sus etéreos rascacielos de adobe, como castillos de arena, que llegan a alcanzar una altura de doce pisos. Son estas fantásticas edificaciones las que han dado a los hadramitas su fama como constructores y arquitectos.[9] Sin embargo, Hadramaut es famoso sobre todo por la gente que se ha marchado. Durante milenios se han abierto paso a través del Cuarto Vacío del sur de Arabia y después a lo largo de las áridas montañas que se alzan junto a la costa oriental del mar Rojo y hasta el Hiyaz, la tierra donde nació el islam. Desde allí muchos de ellos se dispersaron hacia el Levante y el sudeste asiático, e incluso llegaron hasta Filipinas, donde crearon una amplia hermandad de comerciantes, hombres de negocios y contratistas. Una catastrófica sequía a principios de la década de 1930 hizo que miles de hadramitas abandonaran su país no solo en busca de nuevas oportunidades, sino simplemente para poder sobrevivir. Muhammad fue uno de ellos. Después de pasar una breve temporada en Etiopía,[10] se embarcó hacia Yizan,[11] en la costa meridional de Arabia, y allí se unió a una caravana de camellos que se dirigía a Yidda. Tenía veintitrés años cuando llegó.

En 1931 Arabia era uno de los lugares más pobres y desolados del planeta. Todavía no era un país unificado, ya que el reino de Arabia Saudí no se fundaría hasta el año siguiente. El gobernante de este rebelde imperio del desierto era Abdul Aziz bin Abdul Rahman bin

Faisal al-Saud,* que vivía en Riad, en un modesto palacio de adobe. Acababa de sofocar la feroz rebelión de un grupo de fanáticos religiosos llamados los Ijwan, predecesores directos de al-Qaeda, que antes habían sido tropas de asalto de Abdul Aziz y habían matado a miles de lugareños inocentes y desarmados durante su campaña para purificar la península en nombre del islam.[12] El rey trató de frenar a los Ijwan en un intento de impedir que sus sanguinarias incursiones se extendieran a los países vecinos. Los Ijwan ya detestaban al rey por su alianza con Gran Bretaña y por su extravagante estilo de vida polígamo, pero se volvieron contra él definitivamente cuando intentó poner freno a la yihad, que para ellos era ilimitada y obligatoria, su deber para con Dios.

Abdul Aziz tenía que conseguir el permiso de las autoridades religiosas para frenar a los sanguinarios fanáticos. Ese fue el momento político definitorio de la Arabia Saudí moderna. Al otorgar al rey la potestad exclusiva para declarar la yihad, los clérigos wahabíes reafirmaron su papel de árbitros del poder en una sociedad sumamente religiosa. El rey terminó derrotando a los guerreros a camello de los Ijwan gracias a la ayuda de los vehículos motorizados, las ametralladoras y los bombarderos británicos. Pero las tensiones entre la familia real y los fanáticos religiosos formarían parte de la dinámica social de la Arabia Saudí moderna desde un principio.

La mayoría de los saudíes rechazan el apelativo wahabí; se llaman a sí mismos *muwahhidun* (unitarios), ya que la esencia de su fe es la unicidad de Dios, o salafíes, que hace referencia a sus predecesores (*salaf*), los venerados compañeros del Profeta. El fundador del movimiento, Muhammad ibn Abd al-Wahab, fue un erudito del siglo XVIII que creía que los musulmanes se habían apartado de la religión verdadera, la expresada durante la edad de oro por el Profeta y sus sucesores inmediatos. Entre otras innovaciones teológicas,[13] Abd al-Wahab creía que Dios adoptaba una forma humana, rechazaba las oraciones intercesoras de los santos y las expresiones de veneración a los muertos, y exigía a los varones musulmanes que no se afeitaran la barba. Prohibió las festividades, incluso la celebración del aniversario

---

* En Occidente es más conocido por Ibn Saud.

del Profeta, y sus seguidores destruyeron muchos de los lugares santos, a los que consideraba ídolos. Arremetió contra las artes, que juzgaba frívolas y peligrosas, y dio permiso a sus adeptos para que mataran, violaran o saquearan a quienes se negaran a acatar sus mandatos.[14]

Sin embargo, otros musulmanes de Arabia consideraban a Abd al-Wahab un peligroso hereje. Expulsado en 1744 de Najd, la zona central de la península, solicitó la protección de Muhammad bin Saud, el fundador del primer Estado saudí. Aunque los otomanos derrotaron enseguida a los saudíes, la relación que se forjó entre Abd al-Wahab y los descendientes de los Saud perduraría en el tiempo. La esencia de su interpretación era que no existía diferencia alguna entre religión y gobierno. Las ideas extremas de Abd al-Wahab siempre formarían parte de la estructura del reino de los Saud.

Hubo un segundo Estado saudí en el siglo XIX, pero se desmoronó rápidamente por culpa de las luchas familiares. Cuando en el siglo XX Abdul Aziz devolvió el poder a los saudíes por tercera vez, la doctrina de Abd al-Wahab se convirtió en la religión oficial del Estado y no se autorizó ninguna otra forma de culto islámico. Lo hicieron en nombre del Profeta, que había decretado que solo debía haber una religión en Arabia. Según la estrecha visión de los wahabíes, únicamente había una interpretación del islam, el salafismo, siendo todas las demás escuelas de pensamiento musulmán heréticas.

La carrera de Muhammad bin Laden experimentó un desarrollo gradual para después explotar repentinamente, al igual que Arabia Saudí. Cuando llegó en 1931, el reino atravesaba un momento de peligroso declive económico. La principal fuente de ingresos habían sido los peregrinos que acudían cada año a las ciudades de La Meca y Medina durante el *hadj*, pero la Gran Depresión había interrumpido la afluencia de peregrinos e incluso afectó a los modestos ingresos derivados de la exportación de dátiles. El futuro del país prometía ser, en el mejor de los casos, tan sombrío y oscuro como su pasado. En abril de aquel mismo año, como respuesta a una desesperada invitación del rey, llegó al reino un geólogo estadounidense, Karl Twitchell,[15] para buscar agua y oro. No encontró ni lo uno ni lo otro, pero pensó que había posibilidades de hallar petróleo.

El descubrimiento de Twitchell preparó el terreno para la creación de una sociedad a la que con el tiempo se conocería por Arabian American Oil Company, Aramco. Durante los años siguientes, una reducida colonia de ingenieros y trabajadores petroleros instaló un campamento petrolífero en la Provincia Oriental. Al principio Aramco era una empresa pequeña, pero había tan poca vida económica en el reino que pronto se ocupó del desarrollo de todo el país. Muhammad bin Laden, que empezó trabajando en los astilleros de Yidda,[16] consiguió un empleo en Aramco para trabajar como albañil en Dahran.

Fue el primer gran auge petrolero de principios de la década de 1950 el que puso en marcha la transformación de la desértica península. Los príncipes del desierto, que habían vivido toda su vida a base de dátiles y leche de camella, de pronto atracaban sus yates en Mónaco. Pero no dilapidaban toda su riqueza en los casinos de la Riviera, pese a la nueva reputación de los saudíes de despilfarradores internacionales. Los grandes contratistas extranjeros, sobre todo la empresa estadounidense Bechtel, trasladaron su colosal maquinaria al reino y empezaron a construir las carreteras, escuelas, hospitales, puertos y centrales eléctricas que conferirían al reino un aspecto moderno. Aramco se ocupó de la mayoría de estos proyectos. Ningún país había experimentado nunca una transformación tan rápida y arrolladora.

La fortuna de Bin Laden comenzó a aumentar cuando los ingenieros estadounidenses, presionados por el gobierno saudí para que contrataran y formaran a más trabajadores autóctonos, comenzaron a encargarle proyectos que eran demasiado modestos para sus grandes empresas. Pronto se ganó la reputación de ser un constructor meticuloso y honesto. Era un hombre pequeño y guapo, con un ojo de cristal[17] como consecuencia del golpe que le había propinado un maestro en sus primeros días de colegio.[18] Bin Laden nunca volvió a la escuela y por esa razón era analfabeto («Su firma era como la de un niño», recordaba uno de sus hijos).[19] No obstante, era brillante con los números, podía calcular mentalmente sin esfuerzo alguno y nunca olvidaba una medida. Un estadounidense que le conoció en los años cincuenta le describió como una persona «sombría, afable y dinámica».[20] Aramco lanzó un programa que concedía a los empleados un año de permiso para que probaran suerte en los negocios.[21] Si fracasaban, podían volver a la empresa sin perder su categoría. La Muhammad bin Laden Company fue una de las muchas empresas que nació gracias al patrocinio de Aramco.[22] Bin Laden insistió en trabajar codo con codo con sus hombres, lo que creaba fuertes lazos de lealtad. «He sido obrero y amo trabajar y vivir con los obreros —dijo—. Si no fuera por mi amor al trabajo, nunca habría triunfado.»[23] También sabía lo importante que era mantener un equipo unido, por lo que a veces aceptaba trabajos poco rentables solo para mantener a sus hombres ocupados.[24] Le llamaban *mu'alim*, una palabra que significa tanto «artesano» como «maestro».[25]

Bin Laden estaba reformando viviendas en Yidda[26] cuando su trabajo llamó la atención del ministro de Finanzas, el jeque Abdullah bin Suleiman.[27] El ministro hizo un elogio de su maestría al rey Abdul Aziz. Años más tarde, Osama bin Laden recordaría[28] cómo se ganó su padre el favor del viejo rey, que en aquel momento ya estaba confinado a una silla de ruedas y quería construir una rampa para poder llegar con la silla hasta su dormitorio en la segunda planta del palacio de Jozam, en Yidda. Una vez terminado el trabajo, el propio Muhammad bin Laden condujo la silla del rey por la rampa para demostrar que podía soportar el peso.[29] En señal de agradecimiento, el rey le ofreció contratos para edificar varios palacios reales nuevos, incluido el primer edificio de hormigón que se construyó en Riad.[30] Con el tiempo, el rey le nombró ministro honorario de Obras Públicas.[31]

A medida que aumentaba su fama, Bin Laden consolidaba su relación con la familia real y se mostraba más receptivo a sus caprichos. A diferencia de quienes dirigían las empresas extranjeras, siempre estaba dispuesto a paralizar abruptamente una obra para empezar otra, tenía paciencia cuando las arcas reales estaban vacías y nunca rechazaba un trabajo. Su lealtad fue recompensada cuando un constructor británico incumplió un proyecto de construcción de una autopista entre Yidda y Medina; el ministro de Finanzas le encargó el trabajo a Bin Laden y accedió a pagarle los mismos honorarios que a una compañía extranjera.[32]

Arabia Saudí necesitaba carreteras. En los años cincuenta todavía contaba con una sola carretera bien asfaltada, la que unía Riad y

Dahran.[33] Bin Laden observó a su colosal rival, Bechtel, y comprendió que sin equipamiento nunca podría competir por los contratos verdaderamente importantes, por lo que comenzó a comprar maquinaria; al cabo de muy poco tiempo ya era el principal cliente mundial de excavadoras Caterpillar.[34] A partir de aquel momento sería él quien construiría casi todas las carreteras importantes del reino. Su antiguo patrocinador, Aramco, le suministraba el asfalto gratis.[35] Bin Laden se trasladó con su familia a Yidda.

Cuando la cantante más popular del mundo árabe, Um Kulzum, visitó la mezquita del Profeta en Medina, se alarmó al ver que las columnas estaban muy deterioradas y había grietas en los techos abovedados.[36] Comenzó a recaudar fondos para restaurarla, lo que molestó al anciano rey, que ordenó a Bin Laden que solucionara el problema. La mezquita original, de adobe y troncos de madera, había sido construida en el año 622 y ampliada varias veces, pero no estaba diseñada para acoger a millones de peregrinos. Bin Laden triplicó el tamaño de la mezquita del Profeta durante la primera renovación, iniciada en 1950, pero esta no sería más que la primera impronta que Muhammad bin Laden dejaría en los santos lugares del islam.

Uno de los hijos del rey Abdul Aziz, el príncipe Talal, era el ministro de Finanzas mientras se ejecutaba la reforma de la mezquita del Profeta y trató de poner algo de orden en el proceso, pero Bin Laden estaba acostumbrado a trabajar sin supervisión alguna, a retener las cifras en su cabeza y a no responder ante nadie salvo el rey. Talal se indignó cuando descubrió que ni siquiera había cumplimentado los documentos legales necesarios para iniciar las obras. «Tenemos que organizar esto»,[37] se quejó Talal, pero Bin Laden se opuso y dijo que si no lo hacía a su manera renunciaba al trabajo.

El príncipe Talal decidió crear un consejo, presidido oficialmente por el propio rey, para supervisar las obras. Después se ofreció a incorporar a Bin Laden a dicho consejo. «En realidad no era correcto que formara parte del mismo organismo que se suponía que iba a supervisarle —admitió Talal—. Por suerte, aceptó. De haberme mantenido en mis trece, el rey me habría pedido que me fuera y se habría quedado con Bin Laden.»

Tras la muerte de Abdul Aziz en noviembre de 1953, le sucedió Saud, su hijo mayor, que alcanzó cotas de despilfarro inéditas y creó un nuevo estereotipo saudí casi por sí solo al recorrer las calles cubiertas de arena arrojando dinero al aire.[38] Las restricciones (las pocas que había) contra el oportunismo real desaparecieron cuando los miembros de la monarquía se las ingeniaron para inmiscuirse en todos los contratos, comisiones, concesiones y licencias que podían, pese a que ya recibían unos espléndidos ingresos de las concesiones petrolíferas que se adjudicaban a sí mismos.

Sin embargo, era una época espléndida para participar en el negocio de la construcción. El rey Saud estaba en plena fiebre constructora —palacios, universidades, oleoductos, plantas desalinizadoras, aeropuertos— y la empresa de Bin Laden prosperaba a un ritmo extraordinario. En 1984 la sede del gobierno de Yidda se trasladó a Riad, lo que implicaba construir un inmenso complejo burocrático, así como embajadas, hoteles, residencias y autopistas para la nueva capital. El Tesoro estaba tan desbordado que el gobierno pagó a Bin Laden entregándole el hotel al-Yamama, uno de los dos hoteles de cinco estrellas que había en Riad en aquella época.[39]

Gracias a hábiles alianzas con poderosas empresas extranjeras, Bin Laden empezó a diversificar.[40] La Binladen Kaiser se convirtió en una de las mayores empresas de ingeniería y construcción del mundo. Binladen Emco fabricaba hormigón precolado para mezquitas, hoteles, hospitales y estadios, y al-Midhar Binladen Development Company proporcionaba asesoramiento a empresas extranjeras que querían penetrar en el mercado saudí. La Bin Laden Telecommunications Company representaba a Bell Canada, que consiguió fabulosos contratos estatales. La Saudi Traffic Safety, otra sociedad conjunta, era la mayor empresa mundial de señalización de carreteras. El imperio se amplió con la incorporación de fábricas de ladrillo, puertas, ventanas, materiales aislantes, hormigón, andamios, ascensores y aparatos de aire acondicionado.

Fue durante ese período cuando el estilo arquitectónico saudí, monumental y casi estalinista, empezó a imponerse. Los espacios inmensos y a veces intimidatorios de hormigón pretensado anunciaban la entrada en la historia de una nueva gran potencia. Y fue el

Saudi Binladin Group,* como se llamaría a la compañía, el que definió esta estética colosal y profusamente ornamentada que alcanzó su
apogeo con la remodelación de la Gran Mezquita de La Meca,[41] el
contrato de construcción más prestigioso que se podía obtener en
el reino.

Rodeada por las estribaciones lunares de las montañas de Sarawat,
que protegen la ciudad de la mirada de los no creyentes, La Meca se
alza en la intersección de dos antiguas rutas caravaneras y servía de almacén para la seda, las especias y los perfumes de Asia y África que se
transportaban hacia el Mediterráneo. Ya antes de la aparición del islam,
este importante centro comercial estaba considerado un lugar santo
debido a que allí se encontraba la Kaaba, un edificio cúbico vacío que,
según la tradición musulmana, es el centro del planeta, y el lugar hacia
el que se dirigen las oraciones de todos los musulmanes. Se dice que
Adán puso la primera piedra y que el profeta Ibrahim (Abraham en las
tradiciones judía y cristiana) y su hijo Ismail, padre de los árabes, lo reconstruyeron utilizando la roca gris azulada de las colinas circundan-
tes. De este modo, el nombre de Muhammad Bin Laden quedaba unido al del primer hombre y padre del monoteísmo.

La remodelación de la Gran Mezquita duró veinte años y Muhammad bin Laden no llegaría a vivir lo bastante para ver concluidas
las obras. En realidad, el Saudi Binladin Group remodelaría una segunda vez tanto la Gran Mezquita como la mezquita del Profeta,
con un coste total de más de 18.000 millones de dólares. El plan original de Bin Laden para la Gran Mezquita es una obra maestra del
control de multitudes, con cuarenta y una entradas principales, baños
para 1.440 personas y ascensores que podían transportar a 100.000
personas cada hora. Dos amplias galerías de arcadas rodean un gigantesco patio abierto. Durante el *hadj*, la mezquita puede acoger a un
millón de fieles al mismo tiempo. Prácticamente todas las superficies,
incluido el techo, son de mármol, lo que confiere al edificio un esplendor frío, impersonal y formidable: la marca universal de la arquitectura religiosa saudí.

---

  * La empresa utiliza diferentes transcripciones del nombre al inglés, al igual
que hacen los miembros de la familia Bin Laden.

El reinado de Saud fue desastroso en tantos aspectos que, en 1958, el príncipe heredero Faisal se hizo con las riendas del gobierno. Más tarde contaría que, cuando ocupó el trono, había menos de cien dólares en las arcas del Tesoro.[42] No podía hacerse cargo de los salarios ni pagar los intereses de la deuda del reino. El National Commercial Bank denegó un préstamo a Faisal, mencionando los pésimos antecedentes crediticios del rey Saud. Aunque el príncipe heredero acudió a otra entidad dispuesta a sacar de apuros al gobierno, Muhammad bin Laden adelantó discretamente el dinero,[43] un gesto que estrechó los lazos entre los Bin Laden y la familia real, especialmente entre Faisal y su principal constructor.

Muhammad bin Laden fue una de las primeras personas que pudo ver el país desde una posición más elevada que los lomos de un camello. Obtuvo un permiso especial del rey para volar,[44] una actividad que tenían prohibida los ciudadanos particulares y que le permitía inspeccionar sus vastos proyectos desde el aire. La mayoría de sus pilotos pertenecían al ejército estadounidense, que había empezado a entrenar a las fuerzas saudíes en 1953.[45] El país es tan grande como la mitad oriental de Estados Unidos, pero en los años cincuenta todavía se podía volar desde el golfo Pérsico (o el golfo de Arabia, como lo llaman los árabes) hasta el mar Rojo sin ver la menor huella de civilización, excepto algunos camiones Mercedes atravesando el desierto por las esquivas sendas de las caravanas. Las impresionantes dunas se allanan y los uadis se transforman en oscuros trazos en la brillante y suave arena. No hay ríos, ni grandes masas de agua, y son pocos los árboles. La mayor parte de las construcciones estaban confinadas a los campos petrolíferos de las salinas de la Provincia Oriental. Toda la parte inferior del país, una zona del tamaño de Francia, recibe el nombre de Cuarto Vacío, un vasto e imponente yermo: el mayor desierto de arena del mundo. Al sobrevolar el centro del país se aprecia una monótona llanura de gravilla. En la zona norte, los pocos pilotos que había en aquella época volaban a poca altura para contemplar las ruinas del ferrocarril del Hiyaz,[46] que las fuerzas árabes, capitaneadas por T. E. Lawrence, habían destruido durante la Primera Guerra Mundial.

Sin embargo, cuando se vuela hacia el oeste, la tierra de pronto se eleva y forma la cordillera de Sarawat, una escarpada cadena montañosa que se extiende a lo largo de 1.600 kilómetros, desde Jordania hasta la costa meridional de Yemen. La cordillera posee picos de más de 3.000 metros de altura y divide el país en dos regiones desiguales, con la estrecha porción occidental, la cosmopolita Hiyaz, encajonada entre las montañas y el mar Rojo, eficazmente aislada de la inmensidad y el radicalismo espiritual del interior.

Como un centinela apostado al borde de la montaña se alza el viejo centro de veraneo de Taif, que no se parece a ningún otro lugar de Arabia. La brisa del mar Rojo choca con la barrera montañosa y se transforma en una fresca corriente ascendente que cubre de niebla la meseta y ocasiona lluvias fuertes y repentinas. En invierno incluso hay algunas heladas. Antes del islam, la región era famosa por sus viñedos y, más tarde, por sus higos chumbos y sus árboles frutales (melocotoneros, albaricoqueros, naranjos y granados). Las rosas de Taif tienen un aroma tan intenso que se utilizan para elaborar valiosos perfumes. Hubo un tiempo en el que los leones acechaban a los rebaños de órices de Arabia en los campos de lavanda silvestre, pero cuando los leones ya casi habían desaparecido por culpa de la caza, aumentó de forma descontrolada la población de hamadríades, que vagaban por las estribaciones superiores como una horda de mendigos. Fue en Taif, rodeada de frescos jardines e impregnada del aroma de eucalipto, donde el viejo rey Abdul Aziz fue a morir en noviembre de 1953.

Dos veces ha sido el aciago destino de Taif obstaculizar la consolidación de Arabia, primero espiritualmente y después políticamente. En el año 630, el profeta Mahoma asedió la ciudad amurallada, que hasta entonces se había resistido a su autoridad. Las tropas musulmanas obtuvieron permiso de su caudillo para utilizar una catapulta y romper las defensas de la ciudad, pese a que en su interior había mujeres y niños. (Posteriormente, al-Qaeda utilizaría este precedente para justificar el asesinato de no combatientes el 11 de septiembre,[47] comparando el uso de los aviones con el de la catapulta en tiempos del Profeta.) Aquella vez el cerco fracasó y Mahoma se retiró de la ciudad, pero en menos de un año las autoridades de la ciudad se convirtieron al islam y cayó el último bastión del paganismo. Después, en 1924, mientras Abdul Aziz libraba su campaña para unificar Arabia, la ciudad se rindió a los Ijwan,[48] solo para ver cómo estos la saqueaban y cortaban la garganta a más de trescientos hombres, cuyos cadáveres fueron arrojados a pozos públicos. Con la caída de Taif, el resto del Hiyaz quedó expuesto a las fuerzas saudíes.

Después de aquella matanza, Faisal, uno de los hijos adolescentes de Abdul Aziz y soldado, guió a los saudíes por la escarpada ruta caravanera que serpenteaba hasta La Meca. En aquel momento tuvo una visión: que un día una carretera de verdad uniría el Hiyaz con la nación que su familia estaba forjando[49] a sangre y fuego.

Sin embargo, hasta que Faisal ascendió al trono, la carretera hasta Taif no fue sino un sueño inalcanzable. La escarpada barrera montañosa desafiaba incluso las técnicas más arriesgadas y sofisticadas de la construcción moderna. Se podía abrir con dinamita un camino a través de la roca, pero seguía existiendo el problema estratégico de trasladar la maquinaria hasta el lugar de la obra: las palas, los bulldozers, los camiones de carga, las excavadoras y las niveladoras necesarios en las construcciones modernas. De lo contrario, habría que construir la carretera casi como si fuera un túnel, y acabar un segmento antes de poder empezar a construir el siguiente. Faisal invitó a muchas empresas extranjeras a licitar el proyecto, pero ninguna de ellas podía imaginar cómo hacerlo, ni siquiera con un presupuesto exorbitante. Entonces Bin Laden se ofreció a construir la carretera, e incluso fijó unos plazos.

La brillante solución que Bin Laden ofreció para llevar el equipo hasta la obra consistió en desmontar las gigantescas máquinas y subir las piezas a lomos de burros y camellos.[50] Una vez en la zona, se volvieron a montar los bulldozers y tractores y comenzaron a trabajar.

En Taif circula la leyenda de que, para establecer el recorrido, Bin Laden empujó a un burro por el borde de la montaña y lo siguió mientras este elegía la trayectoria de la futura carretera.[51] Durante veinte meses,[52] desde 1961,[53] vivió con sus hombres en la ladera de la montaña, él mismo colocó las cargas de dinamita[54] y fue marcando con tiza el trayecto para los bulldozers.[55] Pese al calendario que había fijado, la obra iba despacio. De vez en cuando el rey

Faisal se presentaba allí para preguntar por los crecientes gastos sin presupuestar.[56]

La carretera de dos carriles que construyó Bin Laden desciende por el escarpe de granito describiendo largos y tortuosos círculos a través de diferentes estratos geológicos, junto a las rapaces que vuelan en círculos. A lo lejos, el mar Rojo subraya el horizonte, y más allá se encuentra la árida costa de Sudán. La maestría de los trabajadores se hace evidente en los muros de piedra y los puentes que jalonan la ruta caravanera. Aproximadamente a dos tercios del descenso, el granito se convierte en basalto y luego en arenisca; la carretera se ensancha en cuatro carriles y se reduce la pendiente, y después, al fin, despliega seis carriles sobre el amarillento suelo del desierto. La carretera desde Taif hasta La Meca medía menos de 90 kilómetros; una vez acabada, Arabia Saudí estaba por fin unida, y Muhammad bin Laden se convirtió en un héroe nacional.

Es costumbre en el reino que, durante el mes de ayuno de Ramadán, los mendigos trasladen sus peticiones a los príncipes y los miembros acaudalados de la sociedad; es una forma de caridad especialmente íntima y directa. Muhammad bin Laden tenía fama de ser un hombre devoto y generoso. Le pagó la operación en España a un hombre que había perdido la vista.[57] En otra ocasión, un hombre le pidió ayuda para construir un pozo en su aldea. Bin Laden no solo le construyó el pozo, sino que también donó una mezquita. Evitaba la publicidad que normalmente acompaña a estas importantes donaciones diciendo que su intención era complacer a Dios, no hacerse famoso. «Lo que recuerdo es que siempre rezaba puntualmente y animaba a los que tenía alrededor a rezar —recordaba en una ocasión su hijo Osama—. No le recuerdo haciendo nada que no se ajustara a la ley islámica.»[58]

El lado extravagante del carácter de Muhammad bin Laden afloraba cuando se trataba de las mujeres. El islam permite a un hombre tener cuatro esposas a un tiempo y es fácil divorciarse, al menos para el hombre, que solo necesita declarar «Me divorcio de ti». Antes de morir Muhammad bin Laden había engendrado oficialmente cincuenta y cuatro hijos de veintidós mujeres.[59] Es imposible determinar el número total de esposas que tuvo porque a menudo «se casaba» por la tarde y se divorciaba por la noche.[60] Un ayudante iba siguiéndole para ocuparse de los hijos que pudiera haber dejado tras de sí.[61] También tenía una serie de concubinas,[62] que se quedaban a vivir en el complejo Bin Laden si le habían dado hijos. «Mi padre solía decir que engendró veinticinco hijos para la yihad»,[63] recordaría más tarde su decimoséptimo hijo,[64] Osama.

Muhammad ya había tomado una esposa siria, del puerto de Latakia, a principios de la década de 1950.[65] Visitaba la zona con frecuencia en viajes de negocios y en el verano de 1956 conoció a una muchacha de catorce años[66] llamada Alia Ghanem.[67] Procedía de una familia de cultivadores de cítricos que vivían en dos pequeñas aldeas a las afueras del puerto, Omraneya y Babryon. La región es el corazón de la secta alawí,[68] una rama del islam shií que dice contar con 1,5 millones de seguidores en Siria, incluida la familia gobernante, los Asad. En el seno del islam, se suele menospreciar a los alawíes por considerarlos idólatras, ya que en sus creencias incorporan determinados elementos cristianos, zoroastrianos y paganos. Suscriben la idea de la reencarnación y creen que, después de la muerte, una persona se puede transformar en otro ser o incluso en una estrella. También practican la *taqiya*, o disimulo religioso, negando, por ejemplo, su pertenencia a la secta ante extraños para poderse mezclar con los demás.

Cuando Alia se unió a la familia Bin Laden lo hizo como cuarta esposa,[69] a la que suelen llamar «esposa esclava», sobre todo las esposas más veteranas. Debió de ser muy difícil para una muchacha de catorce años verse apartada de su familia e introducida en el ambiente sumamente restringido que imponía Bin Laden. En comparación con las demás esposas, Alia era moderna y laica,[70] aunque como todas las mujeres de Bin Laden siempre iba totalmente velada en público y ni siquiera mostraba los ojos a través de las diferentes capas de lino negro.

El único hijo de Muhammad bin Laden y Alia nació en Riad en enero de 1958[71] y recibió el nombre de Osama, «el León», en honor a uno de los compañeros del Profeta. Cuando tenía seis meses, toda la familia se trasladó a la ciudad santa de La Meca, donde Bin Laden estaba iniciando la remodelación de la mezquita del Profeta. Sin embargo, Osama pasó la mayor parte de su juventud en Yidda. Aunque para entonces su padre era un hombre próspero y respetado, la familia ocupaba una gran casa desvencijada en al-Amariyya, un modesto vecindario con tiendas pequeñas y cuerdas para tender la ropa en los balcones. Era el primer suburbio de Yidda, construido justo fuera de los límites de los viejos muros de la ciudad. La casa ha desaparecido, reemplazada por una mezquita, pero aún existe la oficina de Muhammad bin Laden, situada al otro lado de la calle: un deslustrado edificio de estuco de una sola planta con una larga hilera de ventanas enrejadas, lo que refleja la modestia de un hombre que despreciaba el alarde de riqueza, tan característico en una nación cuya riqueza era reciente. «Mi padre, que en paz descanse, era muy estricto y no prestaba atención a las apariencias —dijo Osama—. Nuestra casa era de peor calidad que la mayoría de las casas de la gente que trabajaba para nosotros.»[72]

Osama pasó sus primeros años entre una multitud de niños en la casa paterna. Muhammad dirigía la familia como si fuera una empresa, y cada esposa informaba sobre su sección. Los niños rara vez veían al gran hombre,[73] que solía estar fuera ocupándose de sus negocios. Cada vez que regresaba, los llamaba a su despacho y contemplaba a su numerosa prole.[74] Durante las festividades islámicas les besaba y entregaba a cada niño una moneda de oro;[75] salvo en esas ocasiones, rara vez hablaba con ellos.[76] «Recuerdo que en una ocasión recité un poema para él y me dio cien riales, lo que en aquella época era una enorme suma de dinero», recordaba Osama.[77] Los niños intentaban complacerle o huir de él. No es sorprendente que el distante y autoritario padre despertara un profundo sentimiento de añoranza en su tímido y desgarbado hijo, aun cuando sus encuentros eran infrecuentes.

Muhammad solía agasajar a ilustres invitados varones en su modesta casa, sobre todo durante el *hadj*, cuando peregrinos de todo el mundo pasaban por Yidda de camino a los lugares santos. Siguiendo la tradición saudí, los hombres se sentaban descalzos en el suelo cubierto de alfombras, apoyando un brazo sobre un cabezal, mientras los hijos menores de Muhammad pasaban en silencio entre ellos, ofreciendo dátiles y sirviendo un suave café con cardamomo que vertían del largo pico de las cafeteras de plata. El patriarca disfrutaba con los debates religiosos[78] y reunía a los clérigos más insignes del reino para debatir sobre cuestiones teológicas a menudo muy oscuras.

Para entonces el imperio de la construcción Bin Laden ya había traspasado las fronteras de Arabia Saudí. Uno de los grandes proyectos de Muhammad fuera del reino era la remodelación de la mezquita de al-Aqsa en Jerusalén, lo que significaría que los tres lugares más santos del islam iban a llevar su marca. «Reunió a sus ingenieros y les pidió que calcularan los costes del proyecto sin beneficios —contaría más tarde Osama—. Gracias a la magnanimidad de Dios, a veces podía rezar en las tres mezquitas en un mismo día.»[79]

Muhammad bin Laden acostumbraba a casar con empleados de su empresa a las ex mujeres con las que había tenido hijos.[80] Las esposas tenían poco o nada que decir al respecto y a veces se veían casadas con hombres a los que consideraban de una clase inferior a la que ellas habían disfrutado hasta el momento, por ejemplo con un conductor, lo que influiría en la futura posición de sus hijos en la familia. Alia fue afortunada cuando Muhammad decidió divorciarse de ella. Se la entregó a uno de sus ejecutivos, Muhammad al-Attas,[81] que era descendiente del Profeta. Osama tenía cuatro o cinco años[82] y se trasladó con su madre a una modesta villa de dos plantas en la calle Yabal al-Arab, a solo unas manzanas de distancia. La casa era de estuco blanco, con un pequeño patio y una verja de hierro forjado de color negro delante del garaje. Sobre el tejado plano se hallaba una larga antena de televisión. En una de las entradas delanteras había un toldo de rayas marrones y blancas: era la puerta que utilizaban las mujeres; los hombres entraban por la verja al patio.

Poco después de que Osama se mudara a su nueva casa, Muhammad bin Laden murió en un accidente aéreo mientras viajaba para contraer matrimonio con otra muchacha adolescente.[83] Su cuerpo estaba tan carbonizado que solo le pudieron identificar por el reloj de pulsera.[84] En el momento de su muerte Muhammad todavía era un hombre activo y vigoroso, que aún no había cumplido los sesenta años y se encontraba en la cima de su asombrosa carrera. «El rey

Faisal dijo que, con la muerte de mi padre, había perdido su brazo derecho», comentó en una ocasión Osama.[85] Los hijos de Muhammad no eran lo bastante mayores para hacerse cargo de la empresa familiar, por lo que el rey designó tres administradores para que dirigieran la empresa durante los siguientes diez años.[86] Uno de ellos, el jeque Muhammad Saleh Bahareth, también supervisó la educación de los hijos de Bin Laden. Les retuvieron la herencia hasta que cumplieron los veintiún años, pero en cualquier caso la mayor parte del valor de la misma residía en el imperio de la construcción que su padre había creado.

El matrimonio entre Alia y su segundo marido resultó ser duradero. Attas era amable y tranquilo, pero su relación con su hijastro era algo complicada debido a que Osama era el hijo de su jefe. En cuanto a Osama, pasó de estar en una casa llena de niños a vivir en una casa en la que él era el único. Más tarde nacerían tres hermanastros y una hermanastra, a los que Osama cuidaría casi como si fuera un tercer progenitor. «Si su padrastro quería que se hiciera algo, se lo decía a Osama —recordaba Jaled Batarfi, que vivía al otro lado de la calle y se convirtió en su amigo de la infancia—. Sus hermanos decían que temían menos a su padre que a Osama. Osama solo se despojaba de su máscara de autoridad delante de su madre. «Era la única persona con la que hablaba de asuntos triviales —dijo Batarfi—, como lo que había para comer ese día.»

Jaled Batarfi y Osama bin Laden pertenecían a la misma tribu, los kenda, que cuenta con al menos cien mil miembros. La tribu es originaria del Najd, en el corazón del reino, pero después había emigrado a Hadramaut, en Yemen. «Los kenda tienen fama de ser brillantes —decía Batarfi—. Normalmente son guerreros y están bien armados, y tienen un aspecto poco amistoso.» Jaled encontró a su nuevo compañero de juegos «tranquilo, tímido, casi afeminado. Era pacífico, pero cuando se enfadaba, daba miedo».

Osama disfrutaba viendo la televisión, sobre todo los westerns. *Bonanza* era su programa favorito, y adoraba *Furia*, una serie sobre un niño y su sedoso caballo negro. Las mañanas de verano, después de la oración, los chicos jugaban al fútbol. Osama era un jugador mediocre que podría haber sido mejor si se hubiera concentrado en el deporte, pero siempre tenía la cabeza en otro sitio.

Tras la muerte de Muhammad bin Laden, el albacea envió a sus hijos a estudiar al Líbano. Osama fue el único que se quedó en Yidda,[87] lo que le convertiría para siempre en el más provinciano de los muchachos Bin Laden. Y ello pese a que le matricularon en la mejor escuela de la ciudad, llamada al-Zagr,[88] en la carretera de La Meca. El rey Faisal la había creado a principios de la década de 1950 para educar a sus propios hijos. Se trataba de una escuela pública gratuita, pero el nivel era extremadamente alto y el director rendía cuentas directamente al rey. A los alumnos solo se les admitía después de pasar un examen sumamente competitivo. El propósito era acoger a alumnos de todas las clases de la sociedad saudí basándose solo en el mérito. Esta política se aplicaba de forma tan estricta que varios hijos del rey Jalid no fueron admitidos mientras él todavía ocupaba el trono.

En la clase de Osama había sesenta y ocho alumnos,[89] de los cuales solo dos pertenecían a la familia real. Cincuenta de sus compañeros obtendrían doctorados. «Era un estudiante normal, no excelente», afirmaba Ahmed Badib, que dio clase de ciencias a Osama durante tres años. Las vidas de estos dos hombres, Osama y Badib, se cruzarían de manera inesperada en el futuro, cuando Bin Laden se uniera a la yihad y Badib entrara en el servicio secreto saudí.

Todos los estudiantes vestían ropas occidentales: chaqueta y corbata en invierno, pantalón y camisa durante el resto del curso académico. Osama destacaba porque era alto y flacucho, y porque tardaba en desarrollarse físicamente. Cuando sus compañeros ya lucían bigote y perilla, Bin Laden seguía siendo barbilampiño. Sus profesores le veían como un muchacho tímido y temeroso de cometer errores.[90]

A los catorce años, Osama experimentó un despertar religioso y político. Hay quienes atribuyen el cambio a un carismático profesor de gimnasia sirio que era miembro de los Hermanos Musulmanes.[91] Osama dejó de ver series de vaqueros[92] y se negó a llevar ropas occidentales fuera de la escuela. A veces se sentaba delante del televisor y lloraba al ver las noticias sobre Palestina. «En la adolescencia seguía siendo el mismo buen chico que siempre había sido —relataría más tarde su madre—, pero estaba más preocupado, más triste y frustrado por la situación en Palestina en concreto y en el mundo árabe y musulmán en general.»[93] Intentó explicar sus sentimientos a sus amigos y familiares, pero su apasionamiento les desconcertaba. «Pensaba que los musulmanes no están lo bastante cerca de Dios y los jóvenes musulmanes están demasiado ocupados jugando y divirtiéndose», concluía su madre. Comenzó a ayunar dos veces por semana, los lunes y los jueves, para emular al Profeta, y se acostaba inmediatamente después del *isha*,[94] la oración de la tarde. Además de cumplir con las cinco plegarias diarias, ponía el despertador a la una de la mañana y rezaba él solo cada noche. Osama se volvió bastante estricto con sus hermanastros, a los que obligaba a levantarse temprano para asistir a la mezquita a la oración del alba.

Rara vez se enfadaba, salvo por cuestiones sexuales. Cuando creyó que uno de sus hermanastros estaba flirteando con una criada, Osama le abofeteó. En otra ocasión, en un café en Beirut, uno de los amigos de su hermano sacó una revista pornográfica. Osama dejó claro que ni él ni ninguno de sus hermanos volverían a tener nada que ver con aquel muchacho. Al parecer, no ha habido en su vida una sola ocasión en que cediera a los pecados de la carne, a un comportamiento venal u obsceno, a las tentaciones de beber alcohol, fumar o jugar. La comida le interesaba poco; amaba la aventura, la poesía y poco más, excepto a Dios.

La madre de Osama observaba la evolución de sus convicciones religiosas con inquietud. Le confió su preocupación a su hermana más joven, Leila Ghanem. «Al principio, al ser su madre, estaba muy preocupada —diría más tarde su hermana—. Cuando vio que esas eran sus verdaderas convicciones y que no iba a cambiar de opinión, dijo: "Que Dios le proteja".»[95]

Una vez, mientras Osama viajaba con su familia a Siria para visitar a los parientes de su madre, lo que hacían cada verano, el conductor puso una cinta de la diva egipcia Um Kulzum. Su poderoso vibrato expresaba tanto amor y añoranza que a menudo provocaba en sus oyentes lágrimas o involuntarios suspiros de deseo. La letra evocaba los antiguos poemas de los bardos del desierto:

Eres más preciosa que mis días, más hermosa que mis sueños
llévame a tu dulzura, lejos del universo
muy, muy lejos.

Osama montó en cólera. Ordenó al conductor que quitara la cinta. El conductor se negó. «Te pagamos nosotros —le recordó Osama—. Si no apagas la música ahora mismo, nos llevas de vuelta a Yidda.» Todos los que viajaban en el coche, incluidos su madre y su padrastro, observaron en silencio el enfado de Osama. El conductor cedió.

Aunque su intransigente religiosidad no era nada habitual en su elevado círculo social, muchos jóvenes saudíes encontraban refugio en una expresión fervorosa de la fe. Apenas expuestos a formas de pensar alternativas, incluso sobre el islam, estaban atrapados en un mundo espiritual bidimensional, en el que solo podían volverse más extremistas o menos. El extremismo tenía sus compensaciones, como sucede siempre; en el caso de Osama, obviamente le protegía de los impulsos sexuales de la adolescencia. Su carácter le hacía amar la espiritualidad del desierto, humilde y despojada de distracciones. Durante toda su vida ansiaría la austeridad como un vicio: el desierto, la cueva y su deseo aún no expresado de morir anónimamente en una trinchera en la guerra. Sin embargo, no era fácil aferrarse a esa idea de sí mismo mientras un chófer le llevaba por todo el reino en el Mercedes familiar.

Al mismo tiempo, Osama se esforzaba por no ser demasiado mojigato. Aunque estaba en contra de que se tocaran instrumentos musicales, montó con varios amigos suyos un grupo vocal. Incluso grabaron algunas de sus melodías sobre la yihad, que entendían como la lucha interior para ser mejores, no como la guerra santa. Osama hizo copias y entregó una cinta a cada uno de ellos. Cuando jugaban al fútbol, Osama llevaba bocadillos de atún y queso para los demás jugadores, incluso aquellos días en que él ayunaba. Su dedicación y compostura imponían respeto. Por pudor, dejó de llevar pantalones cortos y empezó a jugar al fútbol con pantalones largos. Los demás jugadores, por deferencia a sus creencias, hicieron lo mismo.

Solían ir a jugar a los barrios más pobres de Yidda. A la hora del almuerzo, aunque ayunara, Osama dividía a sus compañeros de equipo en grupos con los nombres de los compañeros del Profeta[96] y ponía a prueba sus conocimientos sobre el Corán. «¡Gana el grupo de Abu Bakr! —exclamaría—. Ahora a comer pasteles.»[97]

Tuvo una adolescencia aventurera: alpinismo en Turquía y caza mayor en Kenia. En la granja que poseía su familia al sur de Yidda, Osama tenía un establo de caballos, y llegó a tener hasta veinte a un tiempo, incluido su favorito, una yegua llamada al-Balqa. Le gustaba montar y disparar, como a los vaqueros de sus programas de televisión favoritos.

Osama comenzó a conducir pronto y le gustaba la velocidad. A mediados de la década de 1970, cuando tenía dieciséis o diecisiete años, poseía un gran Chrysler blanco que destrozó al estrellarlo de manera accidental contra una cuneta. Sorprendentemente, salió ileso. Sin embargo, a partir de entonces trató de reducir la velocidad. Empezó a conducir un jeep Toyota y un Mercedes 280S, la clase de coche que conducían los empresarios saudíes respetables, pero seguía teniendo problemas para levantar el pie del acelerador.

Su profesor de ciencias, Ahmed Badib, advirtió el cambio que se había producido en su joven y tenaz alumno. «En esa época Osama estaba tratando de demostrar su valía en la empresa —dijo Badib—. Hay una ley en la familia Bin Laden que establece que si uno demuestra que es un hombre, puede heredar.» El Saudi Binladin Group tenía un contrato para ejecutar un gran proyecto en Yizan, cerca de la frontera yemení, y Osama quería a toda costa participar en él. «Decidí abandonar los estudios para tratar de alcanzar mis metas y sueños —contaría más tarde Bin Laden—. Me sorprendió encontrar tanta oposición, sobre todo de parte de mi madre, que lloró y me suplicó que cambiara de idea. Al final, no había otra salida. No pude soportar las lágrimas de mi madre. Tenía que regresar y concluir mi estudios.»[98]

En 1974, mientras todavía iba al instituto, Osama se casó por primera vez. Él tenía diecisiete años y ella, Najwa Ghanem, una prima de la aldea de su madre en Siria, catorce. Era inusualmente alta y bastante guapa. Se celebró una modesta boda para los hombres en casa de Osama,[99] quienes nunca llegaron a ver a la novia. La futura cuñada de Bin Laden, Carmen, describió a Najwa como una muchacha dócil y «permanentemente embarazada».[100]

También fue en aquella época, mientras estudiaba en el instituto, cuando Bin Laden se unió a los Hermanos Musulmanes. En los años setenta, la organización era un movimiento en gran medida clandestino en Arabia Saudí. «Solo había inadaptados en ella», recordaría un integrante de la misma.[101] Los miembros eran adolescentes sumamente religiosos, como Bin Laden, y aunque no conspiraban activamente contra el gobierno, sus reuniones eran secretas y se celebraban en casas particulares. El grupo a veces peregrinaba a La Meca o iba de excursión a la playa, donde sus integrantes hacían proselitismo y rezaban. «Confiábamos en fundar un Estado islámico en algún lugar —afirmaba Yamal Jashoggi, un amigo de Bin Laden que ingresó en los Hermanos aproximadamente por la misma época—. Creíamos que el primero daría paso a un segundo y que se produciría un efecto dominó que podría cambiar la historia de la humanidad.»

Bin Laden se matriculó en la Universidad Rey Abdul Aziz de Yidda en 1976. Estudiaba económicas,[102] si bien estaba más involucrado en las actividades religiosas del campus. «Fundé una institución benéfica religiosa en la escuela en la que dedicábamos mucho tiempo a la interpretación del Corán y la yihad», diría más adelante.[103]

Durante su primer año en la universidad, Bin Laden conoció a Muhammad Yamal Jalifa, otro miembro de los Hermanos que se convertiría en su mejor amigo. Yamal Jalifa, un joven sociable y de sonrisa fácil, era un año mayor que Bin Laden y pertenecía a una familia sin muchos recursos, aunque sus orígenes se remontaban al Profeta, lo que le confería una posición en la sociedad islámica que no coincidía con su posición económica. Él y Osama jugaban juntos al fútbol. Bin Laden, alto y rápido, era delantero, siempre al frente. Pronto serían inseparables.

Los fines de semana iban al desierto que se extiende entre Yidda y La Meca, y normalmente se alojaban en la granja de la familia Bin Laden, un oasis llamado al-Barud. Para impedir que los beduinos se afincaran en su propiedad, Bin Laden construyó una pequeña cabaña, que apenas contaba con una cocina y un baño, y comenzó a dedicarse a la ganadería. Tenía un pequeño rebaño de ovejas y un establo de caballos. En cuanto llegaba, se quitaba los zapatos y caminaba descalzo, incluso en verano, por la ardiente arena.[104]

«Osama era muy testarudo —afirmaba Jalifa—. Un día cabalgábamos por el desierto e íbamos muy deprisa. Vi arena fina delante de nosotros y le dije que aquello era peligroso, que era mejor regresar. Él dijo que no y continuó. El caballo dio la vuelta y Osama se cayó; se levantó riendo. En otra ocasión íbamos en un jeep y cada vez que veía una colina, aceleraba y la subía, aunque no sabíamos qué había al otro lado. La verdad es que nos puso en peligro muchas veces.»

Fue una época de cuestionamiento espiritual para ambos. «El islam es diferente de cualquier otra religión; es una forma de vida —diría Jalifa—. Estábamos tratando de comprender qué dice el islam acerca de cómo comemos, con quién nos casamos, cómo hablamos. Leíamos a Sayyid Qutb. Fue él quien más influyó en nuestra generación.» Muchos profesores de la universidad eran miembros de los Hermanos Musulmanes que habían huido de Egipto o Siria y habían llevado consigo la idea de un islam enormemente politizado que fusionaba el Estado y la religión en una teocracia única y global. Bin Laden y Jalifa se sintieron atraídos por ellos porque parecían más abiertos que los ulemas saudíes y estaban dispuestos a mostrarles libros que cambiarían sus vidas, como *Hitos* y *A la sombra del Corán* de Qutb. Cada semana Muhammad Qutb, el hermano menor del mártir, impartía una conferencia en la universidad.[105] Aunque Bin Laden nunca estudió oficialmente con Qutb, solía asistir a sus disertaciones públicas. Qutb era extremadamente popular entre los alumnos, que se fijaron en su comportamiento tranquilo, pese a que también había sufrido los rigores de las cárceles nasseristas.

En aquel momento, Muhammad Qutb defendía celosamente la reputación de su hermano, al que atacaban los islamistas moderados. Sostenían que *Hitos* había fortalecido a un nuevo grupo de radicales más violento, sobre todo en Egipto, que utilizaba los escritos de Qutb para justificar ataques contra todo aquel al que consideraran infiel, incluidos otros musulmanes. Uno de los principales detractores de Qutb era Hasan Hudaibi, el guía supremo de los Hermanos Musulmanes, que publicó su propio libro escrito en la cárcel, *Predi-*

cadores, no jueces, para contrarrestar el tentador llamamiento al caos de Qutb. En la teología mucho más ortodoxa de Hudaibi, ningún musulmán podía negar la fe de otro siempre que este hiciera la simple profesión de fe: «No hay más Dios que Alá y Mahoma es su mensajero». El debate, que había nacido en las prisiones egipcias con Qutb y Hudaibi, se propagó rápidamente por todo el islam, cuando jóvenes musulmanes empezaron a tomar partido en aquella discusión sobre quién era musulmán y quién no. «Osama leyó el libro de Hudaibi en 1978 y hablamos de él —recordaba Yamal Jalifa—. Osama estaba de acuerdo con él en todo.» Sin embargo, sus ideas iban a cambiar pronto, y fue este giro fundamental, de la visión del islam tolerante y abierta de Hudaibi a la visión limitada y crítica de Qutb, lo que abriría la puerta al terrorismo.

Ese mismo año nació el hijo de Osama y Najwa, Abdullah. Fue el primero de sus once hijos,[106] y conforme a la tradición árabe, a los padres se les llamó Abu (el padre de) Abdullah y Um (la madre de) Abdullah. A diferencia del suyo, Osama era un padre atento y jugaba con sus hijos (le encantaba llevar a su creciente familia a la playa), pero también era exigente. Tenía ideas muy rígidas sobre la necesidad de prepararles para la dura vida que tenían por delante. Los fines de semana Osama llevaba a sus hijos e hijas a la granja para vivir allí con los camellos y los caballos. Dormían bajo las estrellas[107] y si hacía frío, excavaban y se cubrían con arena. Bin Laden se negó a dejarlos ir a la escuela y les puso tutores en casa[108] para así poder supervisar cada detalle de su educación. «Quería endurecerles, que no fueran como otros niños —comentaba Yamal Jalifa—. Pensaba que los demás niños estaban demasiado consentidos.»

El segundo hijo de Bin Laden, Abdul Rahman, nació con un defecto congénito poco común y poco conocido llamado hidrocefalia, lo que comúnmente se describe como agua en el cerebro.[109] Es el resultado de un exceso de acumulación de líquido cefalorraquídeo dentro de los ventrículos cerebrales, lo que provoca que la cabeza se alargue y el cerebro se encoja. Después de nacer, la cabeza sigue aumentando a menos que se extraiga el líquido. El estado de Abdul Rahman era tan grave que el propio Bin Laden llevó al niño al Reino Unido para someterle a tratamiento. Probablemente esa fue la única vez que viajó a Occidente. Cuando los médicos le dijeron que Abdul Rahman iba a necesitar una derivación en el cerebro, Bin Laden se opuso a que le operaran y regresó a Arabia Saudí, donde trató él mismo al niño utilizando miel,[110] un remedio popular para muchas dolencias. Por desgracia, Abdul Rahman acabaría padeciendo un leve retraso mental. Cuando creció, era propenso a bruscos cambios emocionales. Tenía dificultades para encajar entre los demás niños, sobre todo en la saludable vida al aire libre que Bin Laden les prescribía; lloraba a menudo para llamar la atención o provocaba peleas si las cosas no iban como él quería. No obstante, Bin Laden siempre insistía en incluir a Abdul Rahman y tenía especial cuidado de que nunca se quedara solo.

Yamal Jalifa también quería casarse. En Arabia Saudí la costumbre es que el novio pague una dote y amueble una casa antes de que se celebre la boda. Jalifa encontró una joven adecuada, pero no tenía suficiente dinero para equipar un apartamento. Bin Laden poseía un solar cerca de la universidad y construyó una pequeña casa para su amigo. Por desgracia, a la novia de Jalifa le pareció demasiado espartana.

Bin Laden no se ofendió; en realidad, tuvo un gesto aún más generoso. En aquella época vivía en la casa de su madre con su padrastro y sus hijos. Osama y su familia ocupaban el primer piso, que dividió en dos construyendo una pared en medio de la sala de estar; luego invitó a Jalifa y a su prometida a trasladarse allí. «Tú vives en este lado y yo vivo en el otro», le diría Bin Laden. Jalifa y su esposa vivieron allí hasta que este se licenció en la Universidad Rey Abdul Aziz en 1980.

Aunque aún iban a la universidad, Osama y Yamal tomaron una decisión. Decidieron practicar la poligamia, que por entonces resultaba socialmente inaceptable en Arabia Saudí. «La generación de nuestros padres no hacía un buen uso de la poligamia. No trataban de forma ecuánime a sus esposas —admitió Jalifa—. A veces se casaban y divorciaban el mismo día. Los medios egipcios solían hablar de ello en la televisión y causaba muy mala impresión, así que dijimos "Practiquémosla y demostremos a la gente que se puede hacer como es debido".» En 1982, Bin Laden dio ejemplo casándose con una mujer de la familia Sabar de Yidda, que descendía del Profeta. Era muy culta, con un doctorado en psicología infantil y enseñaba en la escuela de mujeres de la Universidad Rey Abdul Aziz. Era siete años mayor que Osama, le dio un hijo y se la empezó a conocer por Um Hamza.[111]

Ocuparse de dos familias no era fácil, pero Bin Laden no se desanimaba. Desarrolló una teoría sobre los matrimonios múltiples. «Uno está bien y es como pasear. Dos es como montar en bicicleta: es más rápido, pero algo inestable. Tres es un triciclo, estable pero lento. Y cuando se llega a cuatro, ¡ay! Eso es lo ideal. ¡Entonces puedes adelantar a todo el mundo!»

Compró un edificio de viviendas de aspecto ruinoso con cuatro apartamentos en la esquina de las calles Wadi al-Safa y Wadi Bishah, a poco más de un kilómetro de la casa de su madre. Los apartamentos eran de color gris y melocotón alternativamente, y todos ellos tenían en las ventanas aparatos de aire acondicionado. Había habido una vieja fábrica de pasta cerca, y como en el reino rara vez las calles tienen números, a la nueva residencia de Bin Laden se la conocería por la casa de la calle Macaroni.[112] Alojó a sus dos familias en apartamentos separados. Unos años más tarde se casó de nuevo con una mujer de la familia Sharif, de Medina, que también era muy culta, tenía un doctorado en gramática árabe y enseñaba en la Facultad de Ciencias de la Educación local. Tendrían tres hijas y un hijo, por lo que se la conocería como Um Jaled. Su cuarta esposa, Um Ali, procedía de la familia Gilaini, de La Meca, y le dio tres hijos.

Bin Laden, un estudiante mediocre y sin el menor interés académico, nunca ejerció ninguna de las profesiones respetables, como derecho, ingeniería o medicina, que podrían haberle proporcionado una posición social independiente. Sus hermanos estudiaban en las mejores universidades del mundo, pero el ejemplo que para él tenía más valor era el de su analfabeto padre. Hablaba de él constantemente y lo tomaba como modelo. Anhelaba alcanzar una distinción similar, y sin embargo vivía en una cultura en la que no se fomentaba la individualidad o, en todo caso, se reservaba para la realeza. Al igual que otros miembros de la clase alta saudí, los Bin Laden prosperaron gracias a los favores reales, algo que nadie quería poner en peligro. Además, eran extranjeros: a los ojos de los gregarios saudíes seguían siendo yemeníes. No había sistema político, ni sociedad civil, ni un camino claro hacia la grandeza. Bin Laden no tenía la formación necesaria para ser un clérigo, que era la única alternativa al poder real en el reino. El futuro que parecía esperarle era quedarse en la empresa familiar, ocupando una posición muy baja en el escalafón, respetado en el seno familiar pero incapaz de dejar una impronta.

Bin Laden siguió insistiendo a sus hermanos mayores para que le dejaran trabajar en la empresa y finalmente le dieron un trabajo a tiempo parcial en Mina, en el santo complejo de La Meca. Tenían previsto tardar seis meses, pero Bin Laden declaró: «Quiero ser como mi padre. Trabajaré día y noche sin descansar».[113] Aún trataba de acabar sus estudios, así que después de las clases se iba a La Meca, donde su trabajo consistía en nivelar las colinas para que el Saudi Binladin Group pudiera construir nuevas carreteras, hoteles y centros de peregrinaje. Insistió en trabajar directamente con los obreros a los que se suponía que tenía que controlar, y pasaba muchas horas manejando bulldozers y excavadoras. Ya no era muy habitual ver a saudíes realizando trabajos físicos: la mayoría de estos trabajos los hacían expatriados de Filipinas o el subcontinente indio, por lo que la imagen del larguirucho vástago del fundador cubierto de sudor y polvo de la obra causaba una sorprendente impresión. «Recuerdo con orgullo que fui el único miembro de la familia que consiguió combinar el trabajo y obtener buenos resultados en los estudios», se jactaría más tarde Bin Laden;[114] pero la verdad es que su programa diario era inabarcable incluso para él. Al final del semestre abandonó la universidad, cuando le faltaba un año para licenciarse, y empezó a trabajar en la empresa a jornada completa.

Medía algo más de un metro ochenta,[115] pero aún no era el gigante en que se convertiría más tarde. Un conocido recordaba que le conoció en aquella época, antes de que la yihad lo cambiara todo. «Si alguien moría, íbamos a dar el pésame», contaba. Bin Laden tenía poco más de veinte años, era muy guapo, con la tez blanca, una barba poblada y unos labios grandes y carnosos. Su nariz era larga y extraña: estrecha y recta en la parte superior, pero después se abría abruptamente en dos amplias aletas y la punta hacia arriba. Llevaba una cinta negra alrededor del pañuelo blanco con el que se cubría la cabeza y, debajo del pañuelo, el cabello corto, negro y crespo. Estaba esquelético por culpa del ayuno y del trabajo duro. Su voz aguda y aflautada, y sus modales recatados y lánguidos, le daban un aspecto de fragilidad. «Tenía seguridad en sí mismo y era carismático», observaría su amigo. Incluso si había ulemas presentes, Bin Laden se presentaba casi como un igual. Cuando hablaba, su serenidad era fascinante. Todo aquel que estaba en la misma habitación se sentía atraído por él. «Lo que me sorprendía es que procediera de una familia tan jerarquizada —comentaba su amigo—, pero él se saltaba la jerarquía.»

4

Cambios

El rey Faisal envió a sus hijos a estudiar a Estados Unidos. El benjamín, Turki, ingresó en la escuela Lawrenceville de New Jersey en el año 1959, a los catorce años de edad. Se trataba de una escuela preparatoria para las élites, pero en ella Turki tuvo ocasión de experimentar el igualitarismo estadounidense. El primer día de clase, un alumno se presentó al príncipe dándole una palmada en el trasero y le preguntó su nombre. Cuando Turki respondió, su compañero preguntó: «¿Como un pavo* del día de Acción de Gracias?».[1] Nadie conocía realmente su identidad y a nadie le importaba, y esa novedosa experiencia le permitió ser una persona nueva. Sus compañeros de clase le llamaban Turco o Feaslesticks.[2]

Turki era un hombre muy guapo, con la frente alta, el cabello negro y ondulado y un profundo hoyuelo en la barbilla. Tenía los rasgos afilados de su padre, pero sin la ferocidad que inflamaba los ojos de aquel, y parecía más introvertido y abstraído. Pese a ser presidente del Club Francés, era un deportista, no un erudito: jugaba al fútbol en el equipo escolar y representó al equipo de esgrima de New Jersey en las olimpiadas infantiles de 1962. Era extremadamente inteligente, pero no se centraba en sus estudios. Cuando terminó la educación secundaria, se matriculó en la Universidad de Princeton, que se hallaba a pocos kilómetros de distancia, pero suspendió y se marchó después del primer semestre. Entonces se trasladó a la Universidad de Georgetown, en Washington D.C., donde, en 1964, uno

---

* Juego de palabras intraducible con la palabra homófona *turkey* («pavo» en inglés). *(N. de los T.)*

de sus compañeros se le acercó y le preguntó: «¿Te has enterado de la noticia? Han nombrado rey a tu padre».[3]

Turki siguió los tumultuosos acontecimientos de su país desde la seguridad de la distancia, desde Estados Unidos, incluido el rescate financiero que llevó a cabo Muhammad Bin Laden, un oportuno gesto que permitió a Faisal reorganizar y estabilizar el reino en un momento en que el socialismo árabe estaba en pleno apogeo y había muchas posibilidades de que la familia real fuera derrocada. El víncu-lo entre la familia real y los Bin Laden era especialmente fuerte con los hijos del rey Faisal, quienes nunca olvidarían el favor que Bin La-den había hecho a su padre cuando ascendió al trono.

Tras la victoria de Israel en la guerra de los Seis Días de 1967, el mundo árabe se sumió en un estado de abatimiento. Turki estaba tan deprimido que empezó a faltar a clase, por lo que tuvo que asistir a clases de recuperación durante el verano. Uno de sus compañeros, un joven sociable de Arkansas llamado Bill Clinton, dedicó cuatro horas a ayudarle a preparar un examen de ética[4] el 19 de agosto. Ese día Clinton cumplía veintiún años. Turki sacó un notable en aquella asignatura, pero abandonó Georgetown poco después sin haber aca-bado la carrera. Aunque siguió asistiendo a cursos en Princeton y Cambridge, nunca estuvo lo bastante motivado para licenciarse.

Finalmente, en 1973, regresó al reino y fue a preguntarle a su padre qué debía hacer a continuación. El rey creyó que le estaba pi-diendo trabajo y, alzando la ceja derecha, le dijo: «Mira, nunca le he dado trabajo a ninguno de tus hermanos, así que ve a buscarte tú mismo un empleo».[5] Por supuesto, el benjamín del rey tenía pocas razones para preocuparse por su futuro, ya que la inmensa riqueza de su familia y el férreo control que su padre ejercía en todos los asun-tos del reino le aseguraban un lugar en la vida. Un tío materno de Turki, el jeque Kamal Adham, le ofreció un puesto en el Departa-mento de Relaciones Exteriores. «No tenía ningún interés en traba-jar en espionaje —contaba Turki—. Ni siquiera me di cuenta de que era un trabajo en ese terreno. Pensé que tenía algo que ver con la di-plomacia.» Intelectual de pocas palabras, parecía más idóneo para ejercer una profesión que dependiera de cenas solemnes y negocia-ciones amistosas en una pista de tenis que una que precisara aptitudes más siniestras. Se casó con la princesa Nuf bint Fahd al-Saud, miembro también de la familia real, y se instaló en una vida de opulencia a la que solo podían aspirar unos pocos en todo el planeta. Pero los vientos de la historia estaban cambiando y la feliz existencia de que disfrutaba se precipitaba hacia el cataclismo.

El príncipe Turki regresó a su tierra natal en un momento fatídico. Muchos saudíes no estaban preparados para la brusca transformación que había sufrido su cultura desde el primer auge petrolero. Todavía recordaban un país que era sumamente primario en todos los aspectos. En los años cincuenta, la mayor parte de los saudíes vivían de la misma manera que sus antepasados dos mil años antes. De hecho, pocos se consideraban a sí mismos saudíes, ya que el concepto de nacionalidad apenas significaba nada para ellos y el gobierno prácticamente no desempeñaba ningún papel en sus vidas. Eran un pueblo tribal sin fronteras. La igualdad impuesta por la pobreza y las escasas expectativas habían creado una sociedad tan horizontal como la superficie del desierto. Eran los códigos de conducta tribales, junto con los mandamientos contenidos en el Corán, los que regían el pensamiento y la acción individuales. Muchos, quizá la mayoría, nunca habían visto un automóvil o a un extranjero. Apenas había otra educación que no fuera la memorización ritual del Corán, y no era necesario que hubiera más. La experiencia vital en la península Arábiga consistía esencialmente en que nada cambiaba: la eternidad y el presente eran una misma cosa.

De pronto, una avalancha de cambios irrumpió en aquel desierto: carreteras, ciudades, escuelas, trabajadores expatriados, billetes de dólar y una conciencia del mundo y del lugar que ocupaban en él completamente nuevas. Ahora su país, e incluso sus propias vidas, les resultaban extraños. Inmersos ya en el mercado global de las ideas y los valores, muchos saudíes que buscaban algo valioso en sus propias tradiciones lo encontraron en las muchas creencias que conformaban su forma de entender el islam. El wahabismo se convertía en un dique de contención del desbordante y proceloso río de la modernidad. Existía un sentimiento generalizado, no solo entre los extremistas, de que ese torrente de progreso estaba erosionando la cualidad esencial de Arabia: su carácter sagrado.

Aquellos austeros nómadas del desierto se habían encontrado con una riqueza inimaginable, y creían de verdad que era un regalo de Dios como recompensa por su piedad. Paradójicamente, aquel regalo estaba minando todas las facetas de su identidad. Veinte años después del primer gran auge petrolero de los años cincuenta, la renta media de Arabia Saudí prácticamente igualaba a la de Estados Unidos[6] y aumentaba a una velocidad que prometía convertir al reino en la mayor economía del mundo. Aquellas expectativas tan halagüeñas ocultaban unas divisiones de clase que estaban desgarrando un país que seguía creyéndose una vasta comunidad tribal. El saudí derrochador se convirtió en el estereotipo mundial de la avaricia, la gula, la corrupción, la hipocresía y, lo que hería aún más su orgullo, en objeto de mofa. El dilapidar fortunas en las mesas de juego, en alcohol y en prostitución, la avaricia de las mujeres saudíes, con sus visones plateados y sus bolsas de tiendas de los Campos Elíseos y la compra impulsiva de joyas por valores que podrían hacer zozobrar a economías nacionales enteras, era divertido en un mundo al que inquietaba la perspectiva de un futuro en que los saudíes lo poseyeran prácticamente todo. Esa ansiedad se agudizó con el embargo petrolero de 1973, que disparó los precios y creó auténticos problemas a un gobierno saudí que, simplemente, no sabía cómo gastar todo el dinero que tenía. Si algo demostraba aquel despilfarro a gran escala de la riqueza tanto pública como privada era que Arabia Saudí se había convertido en un bolsillo sin fondo, al menos para la familia real.

Los miembros de la familia real saudí no solo gobernaban el país, sino que básicamente eran sus dueños. Todas las tierras sin reclamar pertenecían al rey, que decidía en solitario quién podía adquirir propiedades. A medida que se ampliaba el país, los tíos y tías, hermanos y hermanas, sobrinos y sobrinas, y primos y primas del rey se apoderaban de las parcelas más valiosas. Pero los príncipes aún no estaban satisfechos, así que se impusieron en las transacciones comerciales como «agentes» o «consultores», obteniendo beneficios de miles de millones en forma de comisiones y sobornos. Este gravamen sobre el comercio tenía lugar a pesar de que los Saud, la casa real, ya se habían apropiado del 30 o el 40 por ciento de los beneficios del petróleo del país en forma de concesiones a los miembros de la familia.[7] Los Saud personificaban todos los corruptos cambios de la identidad saudí, por lo que era natural que sus súbditos se plantearan la revolución.

No obstante, en una sociedad con tan pocas instituciones, la familia real era una fuerza claramente progresista. En 1960, ignorando la férrea oposición de las instituciones wahabíes, el príncipe heredero Faisal introdujo la educación femenina en el país y dos años más tarde abolió oficialmente la esclavitud. Durante la guerra fronteriza con Yemen, Faisal logró convencer al presidente John F. Kennedy para que enviara tropas estadounidenses a proteger el reino. Fue él quien llevó la televisión al reino, pese a que uno de sus sobrinos había resultado muerto mientras encabezaba una manifestación en contra de la apertura de la emisora de televisión en 1965. Faisal tenía más libertad de acción que su predecesor porque su propia piedad estaba fuera de toda duda, pero recelaba de los extremistas que vigilaban constantemente las ideas y actividades de la mayoría de la sociedad saudí. Desde el punto de vista de algunos fervorosos creyentes, la medida más insidiosa del reinado de Faisal fue nombrar a los ulemas, el clero, funcionarios del Estado.[8] Al promover las voces moderadas en detrimento de las demás, el gobierno trataba de atemperar el radicalismo generado por la tempestuosa experiencia de la modernización. Faisal era un rey tan poderoso que consiguió imponer aquellos cambios en la sociedad a un ritmo asombroso.

Los hijos del rey ayudaron a su padre a consolidar su poder. Turki se hizo cargo de los servicios secretos del reino y su hermano mayor, el príncipe Saud, fue nombrado ministro de Asuntos Exteriores. Gracias a estos dos príncipes educados en Estados Unidos, Arabia Saudí comenzó a hacerse valer en la comunidad internacional. La formidable riqueza del reino reduciría la desorientación causada por los vertiginosos cambios y apaciguaría el resentimiento generado por la corrupción real; además, la creación de una élite sofisticada y con conocimientos tecnológicos llevaría el aperturismo a una sociedad profundamente recelosa y fervientemente religiosa. Pero en 1975 el rey Faisal fue asesinado por su sobrino (el hermano del hombre que se había manifestado contra la apertura de la cadena de televisión) y aquel prometedor futuro murió con él.

A primera hora de la mañana del 20 de noviembre de 1979, Turki fue convocado por el rey Jaled, el sucesor de su padre. Turki se encontraba en Túnez con el príncipe heredero, Fahd, para asistir a la Cumbre Árabe; tenía treinta y cuatro años y estaba a punto de enfrentarse a la mayor crisis acontecida en la breve historia de Arabia Saudí.

Aquella misma mañana, al amanecer, el anciano imán de la Gran Mezquita de La Meca, el jeque Muhammad al-Subayil, se había estado preparando para dirigir la oración de los cincuenta mil musulmanes que se habían congregado el último día del *hadj*.[9] Cuando iba a acercarse al micrófono, le apartaron a un lado de un empujón y en el lugar santo resonó una ráfaga de disparos. De pronto, los desharrapados miembros de una banda de insurgentes que se encontraban entre los fieles comenzaron a sacar rifles de debajo de las túnicas. Cerraron con cadenas las puertas, dejando a los peregrinos atrapados en el interior del recinto, y mataron a varios policías. «¡Atención, musulmanes! —gritó un hombre con aspecto hosco y la barba sin afeitar—. *Allahu akbar!* [Dios es grande] ¡El Mahdi ha aparecido!»[10]

«¡El Mahdi, el Mahdi!», gritaron los hombres armados.

Era el primer día del año 1400 del calendario islámico: la sangrienta inauguración de un turbulento nuevo siglo. En algunas polémicas tradiciones orales del islam, el Mahdi («aquel que guía») aparecerá poco antes del fin de los tiempos. La idea del Mahdi es controvertida, especialmente en el islam wahabí, ya que el Corán no menciona a este mesías. La tradición dice que el Mahdi será un descendiente del Profeta, llevará su nombre (Muhammad bin Abdullah) y aparecerá durante el *hadj*. Finalmente, Jesús regresará y le pedirá a su pueblo que se convierta al islam. Entonces Jesús y el Mahdi combatirán juntos al Anticristo y restablecerán la justicia y la paz en la Tierra.

El hombre que proclamaba ser el Mahdi era Muhammad Abdullah al-Qahtani, pero el verdadero cabecilla de la revuelta era Yuhaiman al-Oteibi, un predicador fundamentalista que había sido cabo de la Guardia Nacional. Ambos habían estado juntos en la cárcel acusados de sedición. Oteibi afirmaba que fue entonces cuando Dios le reveló en un sueño que Qahtani era el Mahdi.

El sueño de Oteibi convenció a Qahtani de que era el elegido. Cuando salieron de prisión, Qahtani se casó con la hermana de Oteibi. Pronto comenzaron a atraer seguidores con su mensaje mesiánico, especialmente a jóvenes estudiantes de teología de la Universidad Islámica de Medina, un nido de radicalismo de los Hermanos Musulmanes. Gracias a los donativos de simpatizantes acaudalados, los discípulos de Oteibi estaban bien armados y entrenados. Algunos de ellos, como el propio Oteibi, pertenecían a la Guardia Nacional saudí, que es la encargada de proteger a la familia real. Su objetivo era tomar el poder e instaurar un gobierno teocrático a la espera del inminente apocalipsis.

Yamal Jalifa, que en aquella época vivía en la casa de Bin Laden, solía ver a Oteibi y a sus seguidores predicando en diferentes mezquitas y a menudo cometiendo errores al recitar el Corán. Bin Laden también los debió de haber visto. La gente se asombraba cuando les oía hablar abiertamente en contra del gobierno. Incluso cortaban billetes de rial por la mitad porque llevaban impresa la imagen del rey.

Aquellas actividades no tenían precedentes en un país tan estrictamente controlado, pero las autoridades siempre habían sido reticentes a enfrentarse a los extremistas religiosos. En un momento determinado, un grupo de ulemas interrogó a Oteibi y a Qahtani para ver si descubrían algún indicio de herejía, pero les dejaron marchar. Los consideraban una versión rústica de los fanáticos Ijwan, las tropas de asalto del rey Abdul Aziz; de hecho, Oteibi era el nieto de uno de aquellos hombres. Nadie imaginaba que pudieran suponer una auténtica amenaza para el orden establecido.

Momentos antes de que los insurgentes cortaran las líneas telefónicas, un empleado del grupo Bin Laden, que todavía estaba remodelando la Gran Mezquita, llamó a la sede de la compañía y contó lo ocurrido;[11] entonces, un representante de la misma informó al rey Jaled.

Turki regresó a Yidda aquella misma noche, a las nueve en punto, procedente de Túnez, y después condujo hasta La Meca. Toda la ciudad había sido evacuada y las calles estaban siniestramente vacías. Los enormes focos que solían iluminar la inmensa mezquita estaban apagados y el suministro eléctrico había quedado interrumpido, por lo que el edificio se alzaba imponente en medio de la oscuridad. Turki fue al hotel en el que le esperaba su tío, el príncipe Sultan, que por aquel entonces era ministro de Defensa. Mientras entraba en el hotel, un francotirador disparó desde uno de los minaretes e hizo pedazos la puerta de cristal que abría en ese momento.

Más tarde, aquella misma noche, Turki se trasladó al puesto de mando, situado a cien metros de la mezquita, de donde no se movería en las dos semanas siguientes. Aunque habían liberado a la mayoría de los rehenes, aún quedaban algunos atrapados en el interior. Nadie sabía cuántos insurgentes había, de cuántas armas disponían ni qué clase de preparativos habían hecho. Unos cien agentes de seguridad del Ministerio del Interior habían intentado recuperar la mezquita, pero fueron abatidos a tiros de inmediato.

Tropas del ejército saudí y de la Guardia Nacional se unieron enseguida a los agentes de seguridad supervivientes. Sin embargo, para poder ordenar un asalto militar a la mezquita, los príncipes que estaban presentes debían obtener antes el permiso de las autoridades religiosas saudíes y nada hacía pensar que fueran a dar su bendición. El Corán prohíbe cualquier acto de violencia en el interior de la Gran Mezquita (ni siquiera se puede arrancar una planta), por lo que la posibilidad de que se produjera un enfrentamiento armado dentro del perímetro sagrado planteaba un grave dilema tanto al gobierno como a los ulemas. El rey podría enfrentarse a una insurrección de sus propios hombres si les ordenaba abrir fuego dentro del santuario. Por otra parte, si los ulemas se negaban a emitir una fatwa que justificara el derecho del gobierno a recuperar la mezquita, se arriesgaban a que los acusaran de tomar partido por los rebeldes, en cuyo caso se rompería el histórico concordato entre la familia real y el clero, y las consecuencias podrían ser impredecibles.

La máxima autoridad de los ulemas era Abdul Aziz bin Baz, un hombre ciego de setenta años de edad y un eminente erudito en materia religiosa, si bien recelaba de la ciencia y era hostil a la modernidad: sostenía que el Sol giraba alrededor de la Tierra[12] y que el hombre nunca había llegado a la Luna. Bin Baz se hallaba en una situación embarazosa y comprometida, ya que Oteibi había sido alumno suyo en Medina.[13] No se sabe a qué acuerdo llegaron el ulema y el rey Jaled cuando se reunieron, pero el gobierno salió de aquella cita con una fatwa que autorizaba el uso de la fuerza. Con el decreto en la mano, el príncipe Sultan ordenó una descarga de artillería seguida del asalto frontal de tres de las puertas principales, pero ni siquiera estuvieron cerca de romper las defensas rebeldes.

Dentro de la mezquita había cuatrocientos o quinientos insurgentes,[14] incluidos varias mujeres y niños. Además de saudíes, había yemeníes, kuwaitíes, egipcios e incluso algunos musulmanes afroamericanos.[15] Durante las semanas previas al *hadj* habían robado armas automáticas en el arsenal de la Guardia Nacional[16] y las habían introducido en el complejo en ataúdes[17] como los que se suelen utilizar para colocar a los muertos para el lavado ritual. Los rebeldes habían escondido las armas y las provisiones en las centenares de pequeñas cámaras subterráneas ubicadas bajo el patio que los peregrinos utilizaban para recluirse. Ahora estaban bien parapetados y habían tomado posiciones en los pisos superiores de la mezquita, desde donde los francotiradores disparaban a las fuerzas saudíes cada vez que se dejaban ver.

Fuera de la mezquita, en el cuartel general de campaña, se congregaban varios príncipes y los generales de cuerpos rivales, dando órdenes imprudentes que, sumadas a los abundantes y contradictorios consejos de los agregados militares de Estados Unidos y Pakistán, causaron confusión y víctimas innecesarias. A plena luz del día, Sultan dirigió un ataque suicida con helicópteros en el que los soldados descendieron por cuerdas hasta el inmenso patio central de la mezquita. Los mataron a todos. En aquel momento, el rey se dirigió al joven príncipe Turki y le puso al mando.

Turki ideó una estrategia para minimizar las bajas y los daños al santuario. La máxima prioridad era recopilar información, y para ello recurrió a los Bin Laden. Los hermanos disponían de los planos, los esquemas de la instalación eléctrica y toda la información técnica de la mezquita que serían vitales para el asalto que Turki tenía en mente.

Salem bin Laden, el mayor de los hermanos y jefe del clan, llegó montado en el capó de un automóvil blandiendo una metralleta.[18] Salem tenía una personalidad arrolladora, todo lo contrario que su devoto, distante y taciturno padre. Era famoso en todo el reino por su fanfarronería y su excéntrico sentido del humor, rasgos que le granjearon el cariño del rey, pese a las bromas pesadas que a veces le gastaba. Salem era un aviador temerario y a menudo sobrevolaba a muy poca altura el campamento del monarca en el desierto y hacía tales piruetas en el cielo que el rey acabó por prohibirle volar.* Según la leyenda familiar, en una ocasión Salem se sometió a una operación de hemorroides y le envió una cinta de vídeo con la misma al rey. En una cultura tan estoica poca gente, quizá nadie más, osaba tomarse semejantes libertades.

Oteibi y sus seguidores se habían hecho con el control del sistema de megafonía de la mezquita y lo estaban usando para retransmitir su mensaje al mundo. Pese a todos los esfuerzos de las autoridades por mostrar a los insurgentes como unos simples fanáticos religiosos indignados por los videojuegos y el fútbol, las insolentes demandas de Oteibi resonaron más allá de las calles de La Meca, causando agitación en los cafés y los bares de shisha del reino.

Oteibi exigía adoptar valores islámicos no occidentales y romper relaciones diplomáticas con los países de Occidente, para así dar marcha atrás en los cambios que habían posibilitado que la sociedad se abriera a la modernidad. La Arabia Saudí que querían crear estos hombres sería un país totalmente aislado. Expulsarían del poder a la familia real y esta tendría que rendir cuentas por todo el dinero que le había arrebatado al pueblo saudí. El rey, y también los ulemas que habían consentido su reinado, serían condenados por pecadores e injustos. Se suspenderían las exportaciones de petróleo a Estados Unidos y se expulsaría de la península Arábiga a todos los expertos civiles y militares extranjeros. Todas estas demandas anunciaban las que haría Osama bin Laden quince años más tarde.

---

* Al igual que su padre, Salem murió en un accidente aéreo mientras pilotaba un avión ultraligero cerca de San Antonio (Texas), en 1988.

El viernes, el cuarto día del asedio, las fuerzas saudíes ya habían recuperado los pisos superiores de la Gran Mezquita y dos de sus minaretes; en las arcadas cubiertas que rodean la Kaaba se recrudecían los combates y el hedor a muerte impregnaba el aire. Las mujeres insurgentes habían desfigurado los cadáveres de los rebeldes muertos (les habían disparado en la cara) para impedir que fuesen identificados. Uno de los cadáveres que las tropas del gobierno recuperaron más o menos intacto fue el de Muhammad Abdullah al-Qahtani, el supuesto Mahdi, al que habían destrozado la mandíbula.[19] Pero ni siquiera la muerte del Mahdi puso fin a la rebelión.

Gracias a los planos del complejo que le había proporcionado Salem, Turki supervisó una serie de incursiones de reconocimiento de las fuerzas de seguridad especiales, que entraban y salían velozmente por las cien puertas para recobrar los cuerpos de los soldados caídos. Pero Turki deseaba ver por sí mismo lo que estaba ocurriendo, por lo que cambió su túnica ministerial por el uniforme caqui de un soldado ordinario y entró en la sagrada mezquita acompañado de un grupo de hombres, entre ellos su hermano, el príncipe Saud, y Salem bin Laden.

Las extensas arcadas y la enorme plaza de la mezquita estaban sobrecogedoramente vacías. Turki y sus compañeros descubrieron que el principal grupo de rebeldes se había refugiado en las salas de oración excavadas en la lava que hay bajo el gran patio. La colmena subterránea que ocupaban los rebeldes se defendía con facilidad. El gobierno no tenía la menor idea de cuánto tiempo iban a poder resistir los insurgentes con los dátiles y el agua que habían escondido en los almacenes, ni de si había alguna posibilidad de asaltar aquel laberinto que brindaba la oportunidad de tender infinitas emboscadas. Podrían morir miles de soldados y un número indeterminado de rehenes. Durante media hora, los dos hijos de Faisal y el primogénito de Muhammad bin Laden avanzaron cautelosamente por el interior, dibujando un croquis con las líneas visuales de las posiciones rebeldes y sus posibles líneas de defensa. El propio reino era un factor a tener en cuenta al sopesar qué acciones se debían emprender, ya que si no lograban recuperar el lugar santo, perderían la confianza del pueblo saudí. Nada había en el mundo más sagrado para ellos y para los musulmanes de todo el planeta que aquella mezquita que se había convertido en un surrealista campo de batalla. Los primeros bombardeos habían causado unos daños terribles. Turki se percató de que incluso las palomas habían huido; según los primeros relatos de los peregrinos, las palomas sobrevolaban constantemente la santa mezquita dibujando círculos en el cielo en el sentido de las agujas del reloj. A Turki le pareció como si aquel sangriento conflicto humano hubiera interrumpido la devoción de la naturaleza.

Una de las ideas que sopesaron las autoridades consistía en inundar las cámaras subterráneas para después electrocutar con cables de alta tensión a todos los que se encontraran en su interior. Sin embargo, este plan no distinguía entre los rehenes y sus captores, y además, Turki cayó en la cuenta de que «haría falta todo el mar Rojo para llenarlas». Otra de las propuestas consistía en introducir perros con alforjas llenas de explosivos y detonarlas por control remoto.

Teniendo ante sí unas opciones tan desalentadoras, Turki podría haber llamado a la Agencia Central de Inteligencia estadounidense, que entrenaba a las Fuerzas Especiales del ejército saudí en la cercana ciudad de Taif, pero había descubierto que cuando se trataba de intervenir de inmediato, era menos complicado tratar con los franceses que con los estadounidenses. Turki consultó a un legendario espía, el conde Claude Alexandre de Marenches, que en aquel momento dirigía el servicio secreto francés. De Marenches, un hombre corpulento y con una presencia imponente, recomendó utilizar gas.[20] Turki aceptó, pero insistió en que no fuera letal. La idea era dejar inconscientes a los insurgentes. Un equipo formado por tres comandos franceses del Grupo de Intervención de la Gendarmería Nacional (GIGN) viajó a La Meca. Como está prohibido que los no musulmanes entren en la ciudad santa, se convirtieron al islam en una breve ceremonia formal.[21] Los comandos bombearon gas en las cámaras subterráneas, pero quizá porque las cámaras estaban interconectadas de una forma tan enrevesada el gas no surtió efecto y la resistencia continuó.

El número de bajas iba en aumento. Las fuerzas saudíes efectuaron agujeros en el patio y lanzaron granadas en las cámaras subterráneas, matando indiscriminadamente a numerosos rehenes, pero obligando a los rebeldes que quedaban a salir a espacios más abiertos donde los tiradores de élite podían matarlos. Cuando ya habían transcurrido más de dos semanas desde el comienzo del asalto, los rebeldes supervivientes por fin se rindieron.

Uno de ellos era Oteibi, que parecía un salvaje con el cabello y la barba enmarañados y avanzaba desafiante hacia las cámaras de televisión que grababan a los rebeldes mientras salían tambaleándose de las cámaras subterráneas. Pero la actitud desafiante de Oteibi se esfumó en cuanto concluyó la tragedia. Turki fue a visitarle al hospital donde se recuperaba de las heridas. Oteibi saltó de la cama, agarró la mano del príncipe y la besó. «¡Pídele al rey Jaled que me perdone, por favor! —imploró—. ¡Prometo no volver a hacerlo jamás!»

Al principio Turki estaba demasiado sorprendido como para responder: «¿Perdón? —dijo finalmente—. Pide perdón a Dios».

El gobierno separó a Oteibi y a sesenta y dos de sus discípulos y los repartió por ocho ciudades diferentes en las que, el 9 de enero de 1980, fueron decapitados en la que sería la mayor ejecución de la historia de Arabia Saudí.

El gobierno saudí admitió que durante la insurrección habían muerto 127 de sus hombres y 461 habían resultado heridos. Unos doce fieles perdieron la vida, junto a 117 rebeldes. Sin embargo, según estimaciones extraoficiales, la cifra total de muertos asciende a más de cuatro mil.[22] En cualquier caso, el reino estaba traumatizado: el lugar más sagrado del mundo había sido profanado por musulmanes. Además, se había desafiado abiertamente la autoridad de la familia real. Después de aquello, ya nada podía volver a ser igual. Arabia Saudí había llegado a un punto en que se veía obligada a cambiar, pero ¿en qué dirección? ¿Hacia el aperturismo, el liberalismo, la tolerancia, la modernidad y las ideas occidentales de progreso democrático o hacia un autoritarismo y una represión religiosa mayores?

En los primeros días del asedio, Osama bin Laden y su hermano Mahrus[23] fueron arrestados mientras conducían de vuelta a su casa desde al-Barud, la granja familiar situada cerca de la carretera que une Yidda con La Meca. La policía vio la estela de polvo que dejaba su automóvil al salir dél desierto y pensó que eran rebeldes que huían. En el momento de su detención los hermanos declararon que desconocían que se hubiera producido el asalto. Aunque estuvieron arrestados durante uno o dos días, su posición social les protegía. Osama permaneció recluido en su domicilio durante una semana. Se había opuesto a Oteibi y los salafíes radicales de su entorno, pero cinco años después le diría a un compañero muyahidín en Peshawar que Oteibi y sus seguidores eran verdaderos musulmanes que no habían cometido ningún crimen.[24]

Durante el mes que transcurrió entre la rendición de los rebeldes y su ejecución, el mundo islámico sufrió una nueva conmoción: el día de Nochebuena de 1979 las tropas soviéticas entraron en Afganistán. «Estaba furioso y acudí allí inmediatamente —afirmaría más tarde Bin Laden—. Llegué a los pocos días, antes de que terminara 1979.»[25] Según Yamal Jalifa, Bin Laden nunca había oído hablar de Afganistán hasta ese momento y en realidad no fue allí hasta 1984, que es cuando por primera vez se tiene constancia de su presencia en Pakistán y Afganistán. Bin Laden explicó que sus viajes anteriores habían sido «un gran secreto para que mi familia no se enterase».[26] Contaba que había actuado de mensajero, entregando las donaciones benéficas de saudíes acaudalados. «Solía entregar el dinero y volver inmediatamente, por lo que no estaba muy familiarizado con lo que allí ocurría.»[27]

La persona que más influyó en la implicación de Bin Laden en la causa afgana fue un carismático erudito y místico palestino llamado Abdullah Azzam. Nacido en Yenin en 1941, Azzam había huido a Jordania tras la invasión israelí de Cisjordania en 1967. Después estudió en la Universidad de al-Azhar en El Cairo, donde se doctoró en jurisprudencia islámica en 1973, dos años después que su amigo Omar Abdul Rahman, el jeque ciego.[28] Entonces se incorporó como docente en la Universidad de Jordania, pero en 1980 lo expulsaron debido a su activismo en favor de la causa palestina.[29] Pronto encontró trabajo dirigiendo la oración en la mezquita de la Universidad Rey Abdul Aziz de Yidda.

Para los jóvenes musulmanes entusiastas como Osama bin Laden, el jeque Abdullah Azzam* encarnaba una versión moderna del clérigo guerrero, un personaje tan arraigado en la tradición islámica como la del samurái en Japón. Azzam combinaba la piedad y la erudición con una intransigencia serena y sanguinaria. Su consigna era: «Solo la yihad y el fusil; nada de negociaciones, conferencias ni diálogos».[30] Vestía la kufiya blanca y negra palestina alrededor del cuello, un recordatorio de su reputación de combatiente por la libertad. Cuando llegó a Yidda, ya era famoso por su coraje y su elocuencia. Alto y fornido, con una imponente barba negra con dos característicos mechones blancos y unos ojos oscuros que irradiaban convicción, Azzam cautivaba a sus oyentes con su visión de un islam llamado a dominar el mundo mediante la fuerza de las armas.

Pese a que cada vez tenía más seguidores, Azzam se impacientaba en Yidda y ansiaba participar en la incipiente resistencia afgana. «La yihad era para él como el agua para los peces»,[31] diría su mujer, Um Muhammad. Enseguida encontró trabajo en la Universidad Islámica Internacional de Islamabad, en Pakistán, impartiendo clases sobre el Corán y enseñando lengua árabe, y se trasladó allí tan pronto como le fue posible, en noviembre de 1981.[32]

Pronto estaría viajando cada fin de semana a Peshawar, que se había convertido en el centro de operaciones de la resistencia afgana contra la ocupación soviética. Visitó los campos de refugiados y fue testigo de terribles sufrimientos. Y allí conoció a los líderes muyahidines (los «guerreros santos»), que habían hecho de Peshawar su base. «Cuando llegué a Afganistán no podía creer lo que veían mis ojos —recordaría más tarde Azzam en uno de sus innumerables vídeos y discursos difundidos en todo el mundo—. Sentí como si hubiera renacido.»[33] En su opinión, la guerra era una lucha primigenia y metafísica que se libraba en un paisaje plagado de milagros. Los afganos, en sus descripciones, representaban la humanidad en su estado más puro: un pueblo virtuoso, devoto y preindustrial que luchaba contra la brutal y desalmada fuerza mecanizada de la modernidad. En aque-

---

* No tenía ninguna relación con la familia de la madre de Ayman al-Zawahiri, los Azzam de El Cairo.

lla guerra, a los creyentes los ayudaban las manos invisibles de los ángeles. Azzam contaba historias de helicópteros rusos atrapados con cuerdas y aseguraba que las bandadas de pájaros hacían las veces de radares de detección temprana alzando el vuelo cuando los aviones soviéticos aún sobrevolaban el horizonte.[34] En sus relatos, los muyahidines descubrían una y otra vez agujeros de bala en sus ropas sin haber sufrido heridas y los cuerpos de los mártires no se pudrían, se mantenían puros y perfumados.

La lucha del islam, tal y como Qutb la había formulado y en la que Azzam creía profundamente, se libraba contra la *yahiliya*, el mundo de descreimiento que había existido antes del islam y que seguía corrompiendo a los creyentes y debilitando su fe con las tentaciones del materialismo, el laicismo y la igualdad entre sexos. Allí, en aquella tierra primitiva, tan atrasada por culpa de la pobreza, el analfabetismo y los códigos tribales patriarcales, la yihad afgana contra el coloso soviético, una lucha heroica y aparentemente abocada al fracaso, tenía las características de un momento histórico trascendental. Gracias a su talento, el jeque Abdullah Azzam forjaría la leyenda de los guerreros santos afganos y la propagaría por todo el mundo.

Azzam regresaba con frecuencia a Yidda y se alojaba en el piso de invitados de Bin Laden durante sus estancias en el reino. Solía organizar sesiones de reclutamiento en el apartamento de Bin Laden, en las que embelesaba a los jóvenes saudíes con sus historias sobre el sufrimiento de los refugiados y el coraje de los muyahidines afganos. «¡Tenéis que hacerlo! —les decía—. ¡Es vuestro deber! ¡Debéis abandonarlo todo y marcharos allí!»

Bin Laden veneraba a Azzam, que era el modelo de hombre en que aspiraba convertirse. Por su parte, a Azzam le fascinaba su joven anfitrión, con sus buenos contactos y sus hábitos monásticos. «Llevaba en su casa una vida de pobre —se admiraba Azzam—. Nunca vi una sola mesa o una silla. La casa de cualquier trabajador jordano o egipcio era mejor que la de Osama. Al mismo tiempo, si le hubieras pedido un millón de riales para los muyahidines, te habría extendido un cheque en el acto.»[35] Aun así, Azzam se quedó un tanto perplejo cuando vio que, pese al sofocante calor saudí, Bin Laden había dejado apagado el aire acondicionado. «Si lo tienes, ¿por qué no lo usas?», le preguntó malhumorado.[36] Bin Laden accedió de mala gana a complacer a su invitado.

Pronto Yidda se convirtió en un lugar de paso para los jóvenes que respondían a la llamada del jeque Abdullah de «unirse a la caravana» de la yihad afgana. Agentes a sueldo se dedicaban a captar a posibles muyahidines y se embolsaban la mitad del dinero, por lo general varios centenares de dólares, que los reclutas recibían al inscribirse.[37] Los jóvenes peregrinos musulmanes eran blancos habituales. Para conseguir que fueran al frente, los agentes les prometían trabajos en organizaciones de ayuda humanitaria que nunca llegaban a hacerse realidad. Fugitivos procedentes de Argelia y Egipto entraban clandestinamente en el país y conseguían documentos falsos que les proporcionaban los servicios de espionaje saudíes. El Saudi Binladin Group, que tenía una oficina en El Cairo para contratar a obreros cualificados que trabajaran en las dos mezquitas santas,[38] empezó a ser conocido como conducto para los radicales que querían combatir en Afganistán. Es probable que Zawahiri tuviera contactos con los egipcios que pasaban por Yidda, lo que le habría introducido en el círculo de Bin Laden.

Bin Laden abrió un albergue para los reclutas que se encontraban de paso[39] e incluso alojó a algunos de ellos en su propio apartamento. Durante los veranos organizaba campamentos militares especiales para estudiantes de instituto y universidad.[40] A pesar de su juventud, enseguida dio muestras de su talento para recaudar fondos. Individuos acaudalados, entre ellos miembros de la familia real, contribuían con entusiasmo. Las autoridades saudíes promovían estas iniciativas ofreciendo importantes descuentos en el precio de los vuelos de la aerolínea nacional a Pakistán, el punto de llegada para emprender la yihad. El príncipe heredero en persona, Abdallah, donó decenas de camiones para la causa.[41] Era una iniciativa nacional emocionante, pero creó costumbres y asociaciones benéficas que acabarían siendo ruinosas. Quienes se unían a la yihad afgana creían que el islam estaba amenazado por el avance del comunismo. Afganistán significaba poco para la mayoría de ellos, pero la fe del pueblo afgano era sumamente importante; estaban trazando una línea para detener el repliegue de su religión, que era la última palabra de Dios y la única esperanza de salvación humana.

Los argumentos de Azzam convencieron totalmente a Yamal Jalifa. Más tarde habló con su amigo Osama para comunicarle que había decidido partir hacia Afganistán. En señal de aprobación, Bin Laden propuso a Yamal que se casara con su hermana favorita, Sheija. Ella estaba divorciada y tenía algunos años más que Osama, que se había hecho cargo de ella y de sus tres hijos. Como al principio a Yamal no le estaba permitido verla, su amigo elogió desmesuradamente el agradable carácter, el sentido del humor y la piedad de su hermana. «Pero ¿de qué hablas? —le dijo Jalifa—. ¿Crees que voy a morir?»

Pese a todo, accedió a conocerla en cuanto se pudiera organizar un encuentro adecuado. Cuando la vio, decidió que Sheija era «lo mejor que he conocido en toda mi vida». No obstante, aplazó la boda un año, por si acaso encontraba el martirio en Afganistán.

También Bin Laden quería ir a Afganistán, pero no podía conseguir un permiso de las autoridades. «El gobierno saudí me pidió oficialmente que no entrara en Afganistán debido a los estrechos lazos de mi familia con los dirigentes saudíes —diría Bin Laden más tarde—. Me ordenaron permanecer en Peshawar, porque si los rusos me arrestaban, eso supondría una prueba de nuestro apoyo a la lucha contra la Unión Soviética. No obedecí su orden. Ellos pensaban que mi entrada en Afganistán les incriminaba; yo no les escuché.»[42]

Bin Laden todavía tendría que desafiar otra autoridad, una a la que aún le resultaba más difícil oponerse. Su madre le prohibió ir. Osama imploró su permiso y le aseguró que solo iba a ir para cuidar de las familias de los muyahidines, y le dijo que la llamaría todos los días. Al final hizo una promesa: «Ni siquiera me acercaré a Afganistán».[43]

5

Los milagros

Un mes después de la invasión soviética, el príncipe Turki al-Faisal hizo una visita a Pakistán. Estaba impresionado por la ocupación de Afganistán, ya que la consideraba el primer paso de un avance soviético hacia las cálidas aguas del golfo Pérsico. El próximo sería Pakistán. Turki creía que el objetivo último de la Unión Soviética era controlar el estrecho de Ormuz, en la entrada del golfo, donde Omán parece adentrarse en Irán como un anzuelo en una boca abierta. Desde allí, los soviéticos podrían controlar la ruta de abastecimiento de los superpetroleros que transportaban el crudo desde Arabia Saudí, Irak, Kuwait e Irán; quien controlara el estrecho tendría un cuchillo en la garganta del suministro mundial de petróleo.

Los colegas de Turki en los servicios secretos paquistaníes (ISI) le informaron sobre la resistencia afgana y después le llevaron a visitar los campos de refugiados de las afueras de Peshawar. El sufrimiento que allí presenció horrorizó a Turki. Regresó a Arabia Saudí y prometió dedicar más dinero a los muyahidines, pese a que creía que aquellos soldados desharrapados nunca podrían derrotar al Ejército Rojo. «Afganistán está perdido», dictaminó. Su única esperanza era retrasar la inevitable invasión soviética de Pakistán.

La opinión en Washington era muy similar, sobre todo la de Zbigniew Brzezinski, que por aquel entonces era el asesor de seguridad nacional de la administración Carter. No obstante, Brzezinski veía la invasión como una oportunidad. Escribió inmediatamente a Carter diciéndole: «Ahora podemos darle a la Unión Soviética su propia guerra de Vietnam».[1] Al buscar un aliado para su plan, los estadounidenses recurrieron naturalmente a los saudíes, es decir, a Turki, el príncipe educado en Estados Unidos que se encargaba del dosier afgano.

Turki se convirtió en el hombre clave en la alianza encubierta entre Estados Unidos y los saudíes para canalizar dinero y armamento hacia la resistencia a través del ISI paquistaní. Era de vital importancia mantener el programa en secreto a fin de evitar que los soviéticos tuviesen la excusa que andaban buscando para invadir Pakistán. Hasta el final de la guerra, los saudíes aportarían exactamente el mismo dinero que los estadounidenses: empezaron con una suma de solo setenta y cinco mil dólares, pero fue aumentando hasta ascender a miles de millones.

El problema más inmediato al que se enfrentaba Turki era que los muyahidines eran poco más que un grupo desorganizado. A mediados de la década de 1980 había unas ciento setenta milicias afganas armadas;[2] para poner orden en aquel caos, el ISI eligió a seis importantes partidos en el exilio y los designó destinatarios de la ayuda. Los refugiados afganos, que ya eran 3,27 millones en 1988, tenían que afiliarse a uno de los seis partidos oficiales para poder recibir comida y suministros. Los dos partidos más grandes, liderados por Gulbuddin Hekmatyar y Burhanuddin Rabbani, tenían cada uno ochocientas mil personas bajo su mando en Peshawar.[3] Turki tuvo que crear a la fuerza un séptimo partido oficial que representara mejor los intereses saudíes: Ittihad-e-Islami (Unión Islámica). Financiado con capital privado gracias a Bin Laden y otros, estaba dirigido por Abdul Rasul Sayyaf,[4] un señor de la guerra afgano imponente y atractivo que medía casi dos metros y se cubría con vistosos mantos. Hablaba un árabe clásico excelente desde la época en que había estudiado en la Universidad de al-Azhar en El Cairo. Sus devotas creencias wahabíes no estaban en sintonía con las tradiciones sufíes que predominaban en Afganistán antes de la guerra, pero se amoldaban perfectamente a los intereses del gobierno de Arabia Saudí y sus instituciones religiosas. A estos siete líderes muyahidines se les llegaría a conocer como los «siete enanitos» en la CIA y en otras agencias de espionaje, todas ellas sus principales medios de apoyo.

Turki presintió que habría problemas con los codiciosos y conflictivos «enanitos» y exhortó en repetidas ocasiones a aquellos gru-

pos rivales a que se unificaran bajo un mando único. En 1980 llevó
a La Meca a los líderes muyahidines. Ahmed Badib, ayudante de Turki, los acompañó. Badib descubrió que la forma más eficaz de apla-
car la discordia entre los líderes de la resistencia era encerrarlos en
una cárcel de Taif hasta que se pusieran de acuerdo y eligieran como
líder a Sayyaf, el hombre de Turki.[5] Sin embargo, en cuanto salieron
del reino rompieron el acuerdo alcanzado en la cárcel. «Volvieron a
su vieja manera de hacer las cosas», se lamentaría Turki.

«El miedo a participar físicamente»[6] mantuvo a Bin Laden bien alejado del campo de batalla durante los primeros años de la guerra,
algo que más tarde le avergonzaría enormemente. En sus primeros
viajes a Pakistán se limitaba a visitar Lahore e Islamabad, ni siquiera
se aventuraba hasta Peshawar, y después tomaba el avión de vuelta a
Yidda. Estas frecuentes excursiones acabaron por costarle su puesto
de trabajo. Al desvincularse de la remodelación de la mezquita del
Profeta en Medina, que llevaba a cabo el Saudi Binladin Group, perdió su participación en los beneficios,[7] una suma que Abdullah Azzam calculó en ocho millones de riales, alrededor de dos millones y
medio de dólares.

En 1984, Azzam le convenció para que cruzara la frontera a Yayi,
donde Sayyaf tenía un campamento en las montañas, sobre un importante puesto avanzado soviético. «Me sorprendió el lamentable
estado del equipamiento y de todo lo demás: el armamento, las carreteras y las trincheras —recordaría Bin Laden—. Le pedí perdón
a Dios Todopoderoso, pues sentía que había pecado al hacer caso a
quienes me habían aconsejado que no fuera. [...] Pensé que aquel
retraso de cuatro años no me sería perdonado a menos que me convirtiera en mártir.»[8]

A las siete de la mañana del 26 de junio de 1984, durante el mes
de Ramadán, la mayoría de los muyahidines del campamento de Yayi
aún dormía, ya que habían estado rezando y comiendo hasta altas
horas de la madrugada después de haber ayunado durante todo el
día. El sonido de un avión soviético les despertó bruscamente. Los
hombres se precipitaron en las trincheras, que no eran muy hondas.

«Las montañas temblaban por el bombardeo —observó Bin Laden, impresionado por la poca altura a la que volaban los aviones durante el ataque—. El estruendo de los misiles que impactaban fuera del campamento era tan ensordecedor que tapaba el ruido del cañón de los muyahidines como si no existiera. ¡Y hay que tener en cuenta que cuando se oía solo aquel ruido parecía imposible que pudiera existir un sonido más fuerte! En cuanto a los misiles que cayeron dentro del campamento, gracias a Dios no llegaron a explotar. Impactaron en la tierra como casquetes de hierro. En aquellos momentos me sentí más cerca de Dios que nunca.»[9]

Bin Laden recordaba que aquella mañana los muyahidines habían derribado cuatro aviones soviéticos. «Vi con mis propios ojos los restos de [uno de] los pilotos —se maravillaba Bin Laden—: tres dedos, parte de un nervio, la piel de una mejilla, una oreja, el cuello y la piel de la espalda. ¡Algunos hermanos afganos vinieron y le hicieron una foto como si fuera una oveja sacrificada! Todo el mundo se felicitaba.» También señaló, lleno de admiración, que los afganos ni siquiera se molestaron en saltar a las trincheras con los aterrorizados árabes cuando comenzó el ataque. «Ni uno de nuestros hermanos resultó herido, gracias a Dios. De hecho, aquella batalla me dio un gran impulso para seguir por este camino. Y me convencí aún más de que nadie puede resultar herido si no es por la voluntad de Dios.»

Bin Laden volvió inmediatamente a Arabia Saudí y, antes de que acabara el Ramadán, ya había recaudado una fortuna para los muyahidines: «Entre cinco y diez millones de dólares —recordaría Abdullah Azzam sin darle importancia—. No lo recuerdo con seguridad».[10] De aquella suma, más de dos millones los había donado una de las hermanastras de Bin Laden. Hasta aquel momento a Bin Laden se le veía sobre todo como un acólito prometedor del jeque Abdullah, pero de repente pasó a eclipsar a su mentor y se convirtió en el principal financiador particular de la yihad.

La reacción de Azzam consistió en aunar fuerzas con su protegido. En septiembre de 1984, durante el *hadj*, se reunieron en La Meca. Pese a su actitud callada y respetuosa, Bin Laden ya había hecho sus propios planes, que quizá habían nacido durante aquel ataque en Yayi, cuando todos los árabes se precipitaron en las trincheras. Allí había observado que los afganos les trataban como «invitados de honor», no como auténticos muyahidines, por lo que le sugirió a Azzam: «Debemos responsabilizarnos de los árabes porque nosotros les conocemos mejor y podemos proporcionarles un entrenamiento más riguroso». Los dos hombres acordaron conceder un papel más formal a los árabes de Afganistán, aunque en realidad en aquella época eran pocos los árabes que combatían en la yihad. Bin Laden se comprometió a cambiar aquella situación ofreciendo un billete de avión, alojamiento y los gastos de mantenimiento a todos los árabes, y sus familias, que se incorporasen a su ejército; lo que equivalía a unos trescientos dólares mensuales por cada familia.[11]

Azzam reforzó el sorprendente anuncio de Bin Laden emitiendo una fatwa que dejó atónitos a los islamistas de todo el mundo. En un libro que más tarde se publicaría con el título *La defensa de las tierras musulmanas*, Azzam sostenía que la yihad en Afganistán era obligatoria para todos los musulmanes que gozaran de buena salud;* ya le había entregado antes una copia del texto al jeque Abdul Aziz bin Baz, el principal clérigo de Arabia Saudí, que escribió el prólogo del libro y emitió su propia fatwa de apoyo en la mezquita de la familia Bin Laden en Yidda.

La fatwa de Azzam establece una distinción entre el *fard ayn* y el *fard kifaya*. El primero es una obligación religiosa individual que recae en todos los musulmanes, como el rezo o el ayuno; no se pueden eludir esos deberes y seguir considerándose un buen musulmán. Si los no creyentes invaden un territorio musulmán, expulsarlos es *fard ayn*, un deber obligatorio, para los musulmanes del lugar. Si no lo consiguen, la obligación se extiende a sus vecinos musulmanes. «Si ellos también fracasan, o si hay de nuevo escasez de efectivos, entonces le corresponde a la gente que se encuentra detrás de ellos y a los siguientes. Este proceso continúa hasta que la lucha se convierte en un *fard ayn* para el mundo entero.» Un hijo no necesita el permiso de

---

* Curiosamente, este antiguo guerrillero palestino sostiene que Afganistán tiene preferencia sobre la lucha palestina contra Israel. Afirma que el objetivo de la guerra en Afganistán era crear un Estado islámico, mientras que de la causa palestina se han apropiado diferentes grupos, entre ellos «comunistas, nacionalistas y musulmanes modernistas», que luchaban por un Estado laico.

sus padres, ni un deudor el de su acreedor, ni siquiera una mujer el de su marido, para unirse a la yihad contra el invasor. El *fard kifaya*, en cambio, es una obligación colectiva. Azzam pone como ejemplo a un grupo de personas que caminan por una playa y «ven a un niño que está a punto de ahogarse». Azzam sugiere que ese niño es Afganistán. Salvar al niño que se está ahogando es una obligación para todos los nadadores que lo vean. «Si uno de ellos actúa para salvar al niño, los demás se libran del pecado. Pero si nadie hace nada, todos los nadadores están en pecado.» De este modo, Azzam argumenta que la yihad contra los soviéticos es un deber individual de cada musulmán y también del pueblo musulmán en su totalidad, y que todos ellos están en pecado hasta que expulsen al invasor.

Reforzada con el imprimátur de Bin Baz y otros clérigos eminentes, la noticia de la fatwa se propagó inmediatamente por las comunidades islámicas de todo el mundo. Si bien es cierto que el movimiento de los árabes afganos comenzó con aquellos dos acontecimientos —el anuncio que hizo Bin Laden de la ayuda financiera a los muyahidines y la incendiaria fatwa de Azzam—, hay que decir que sus primeras iniciativas fueron en gran medida un fracaso. En realidad, pocos árabes respondieron al llamamiento y muchos de los que lo hicieron se sentían tan atraídos por el dinero de Bin Laden como por la obligación de defender el islam de la forma que Azzam prescribía.

En cuanto volvieron a Pakistán, Bin Laden y el jeque Abdullah Azzam fundaron la llamada Oficina de Servicios (Maktab al-Jadamat) en una casa que Bin Laden tenía alquilada en la ciudad universitaria de Peshawar.[12] Bin Laden desembolsaba veinticinco mil dólares cada mes para mantener la oficina en funcionamiento.[13] La casa también servía de albergue para los muyahidines árabes y de sede de la revista y los proyectos editoriales de Azzam. La Oficina de Servicios era básicamente un almacén para el dinero que ambos estaban reuniendo gracias a sus esfuerzos recaudatorios. Yamal Jalifa se unió a Bin Laden y Azzam en la Oficina de Servicios y juntos se esforzaron en garantizar que las donaciones, que solían llegar en maletines llenos de dinero, acabaran en manos de los refugiados. Gracias a su pertenencia a los Hermanos Musulmanes desde hacía muchos años, Azzam disponía de un circuito internacional al que recurrir en su incesante promoción de la insurgencia. Aun así, sus esfuerzos no eran comparables a los de Bin Laden, a quien llamaba «el hombre enviado del cielo»,[14] que mantenía vínculos directos con la familia real saudí y los magnates petroleros del Golfo.

Bin Laden también se aprovechó de su relación con el príncipe Turki. Dos veces al mes, el jefe de gabinete de Turki y antiguo profesor de ciencias de Bin Laden, Ahmed Badib, viajaba a Peshawar para entregar dinero en efectivo a los líderes muyahidines.[15] La contribución anual del gobierno saudí a la yihad afgana oscilaba entre los 350 y los 500 millones de dólares.[16] Ese dinero se ingresaba en una cuenta bancaria suiza controlada por el gobierno de Estados Unidos, que lo utilizaba para financiar a los muyahidines. Pero los saudíes también dirigían sus propios programas privados y recaudaban millones de dólares para sus comandantes preferidos. Más de una décima parte de los fondos privados se destinaban a financiar actividades extraoficiales de Bin Laden.

Turki afirma que vio por primera vez a Bin Laden en 1985 o 1986 en Peshawar.[17] Se volvieron a ver poco después en una fiesta de la embajada saudí en Islamabad. Bin Laden informaba diligentemente a Turki de sus actividades, como el traslado al país de equipamiento pesado e ingenieros para construir fortificaciones. Bin Laden le pareció a Turki una persona tímida, con la voz suave, cordial, «casi delicado» y sumamente útil. Gracias a él, Turki podía reclutar a jóvenes árabes para la yihad,[18] así como proporcionar entrenamiento y adoctrinamiento fuera del control del ISI. Además, Bin Laden estaba recaudando grandes sumas de dinero sin pagar impuestos, un tesoro al que un agente de inteligencia hábil podría sacar un enorme partido.

La Oficina de Servicios se convirtió en una oficina de registro para los jóvenes árabes que se presentaban en Peshawar buscando la manera de participar en la guerra. Ofrecía a estos hombres, a menudo estudiantes de instituto, pensiones en las que alojarse y los enviaba a los campamentos de instrucción. En un lugar en el que las leyendas mágicas surgían con tanta facilidad, Bin Laden pasó pronto a formar parte de la mitología popular yihadí. Muchos árabes afganos juraban lealtad a Azzam, pero era Bin Laden quien pagaba sus alquileres. Su riqueza y caridad le distinguieron enseguida del resto. Solía pasear por las salas del hospital, con su aire desgarbado y singular, repartiendo anacardos y chocolate entre los combatientes heridos y anotando cuidadosamente sus nombres y direcciones.[19] Construyó una biblioteca teológica para instruir a los muyahidines que mataban el tiempo en la ciudad[20] y enseñó árabe al menos a un joven combatiente afgano.[21] Entregó dinero a Sayyaf para poner en marcha la Universidad Dawa al-Yihad en las áreas tribales de las afueras de Peshawar,[22] y la que se conocería internacionalmente por ser un centro de entrenamiento de terroristas. Además, colaboraba en *Yihad*, la revista en lengua árabe que publicaba Azzam.[23] Bin Laden no era tan sofisticado políticamente como otros miembros de la Oficina, pero era incansable. «Un activista dotado de una gran imaginación —observaría Abdullah Anas, un argelino que trabajaba con él en la Oficina de Servicios—. Comía muy poco, dormía muy poco. Era muy generoso. Te habría dado su ropa. Te habría dado su dinero.»

No obstante, Bin Laden no parecía un líder carismático, sobre todo a la sombra de Abdullah Azzam. «Tenía una ligera sonrisa y manos suaves —recordaba un curtido muyahidín paquistaní—. Te daba la impresión de estar estrechando la mano de una niña.»[24] Bin Laden era tímido y serio, y muchos lo encontraban ingenuo. Cuando reía, se tapaba la boca con la mano. Un sirio que acabaría convirtiéndose en su amigo íntimo recordaba así su primer encuentro: «Era noviembre de 1985. Por aquel entonces aún no se había hecho un nombre. Estábamos en la sala de oración de una casa de huéspedes. La gente le pidió que hablara, así que él se puso a hablar de caballos. Dijo que si amabas a un caballo, él te correspondería. Eso es lo que tenía en la cabeza, caballos».[25]

El jeque Abdullah llamaba al pequeño grupo de árabes que se congregó en Peshawar la «brigada de los extranjeros».[26] Los árabes se aislaron del resto y fundaron sus propias mezquitas, escuelas y periódicos. Algunos habían llegado con los bolsillos vacíos, sin nada más que un número de teléfono. Gracias a la generosa ayuda económica de

Bin Laden, muchos de ellos se afincaron en el suburbio de Hayatabad, un barrio situado junto al límite de las áreas tribales con casas
de dos pisos idénticas y equipadas con todas las comodidades modernas: neveras, lavadoras, secadoras, etcétera.[27] De hecho, muchos de
ellos vivían con más comodidades que el propio Bin Laden.

Al otro lado del paso de Jaybar estaba la guerra. Los jóvenes árabes que llegaban a Peshawar rezaban para que cruzarlo les llevara al
martirio y al paraíso. Para pasar el tiempo intercambiaban historias
sobre sí mismos y el llamamiento que había atraído a los jóvenes
musulmanes a liberar a sus hermanos de Afganistán. En realidad, los
afganos estaban librando la guerra prácticamente solos. A pesar de la
famosa fatwa de Azzam y de la ayuda económica de Bin Laden, nunca hubo más de tres mil extranjeros[28] (a los que se conocería como
los árabes afganos) en la guerra contra los soviéticos, y la mayor parte de ellos nunca salieron de Peshawar.

Los árabes afganos eran a menudo renegados a los que no querían en sus propios países, y descubrieron que las puertas se cerraban
tras de sí en cuanto los abandonaban. Otros jóvenes musulmanes, a
quienes sus propios gobiernos habían incitado a unirse a la yihad, fueron estigmatizados como unos fanáticos cuando lo hicieron. A muchos
de ellos les resultaría difícil volver algún día a casa. Naturalmente,
aquellos idealistas desamparados buscaban un líder. Tenían poco a lo
que aferrarse excepto a su causa y sus compañeros. En tanto que apátridas, se rebelaban instintivamente contra la idea misma de Estado.
Se consideraban a sí mismos una fuerza armada sin fronteras faculta-
da por Dios para defender a todo el pueblo musulmán. Ese era exactamente el sueño de Bin Laden.

En Peshawar adoptaban una nueva identidad. Pocos miembros
de la comunidad árabe utilizaban su nombre real y se consideraba
descortés hacer preguntas. En aquel mundo clandestino y anónimo,
era frecuente que los niños desconocieran la verdadera identidad de
sus padres.[29] Normalmente, el apodo reflejaba el nombre del primogénito del muyahidín o alguna cualidad que fuera acorde con su
personalidad. En muchos casos, al nombre común del yihadí, como
Abu Muhammad, se le añadía su nacionalidad, por ejemplo al-Libi
(el libio). Era un código sencillo pero difícil de descifrar, puesto que

uno tenía que conocer la reputación de un hombre o su familia para entender la referencia.

Era la muerte, no la victoria en Afganistán, lo que atraía a muchos jóvenes árabes a Peshawar. El martirio era el producto que vendía Azzam en los libros, octavillas, vídeos y casetes que circulaban por las mezquitas y las librerías que vendían libros en árabe. «Viajaba para dar a conocer la yihad a la gente —diría Azzam, recordando sus conferencias en mezquitas y centros islámicos de todo el mundo—. Tratábamos de saciar la sed de martirio. Todavía estamos embelesados.»[30] Azzam visitaba Estados Unidos cada año —Kansas City, San Luis, Dallas y toda la región central, así como las principales ciudades— para recaudar dinero y reclutar adeptos entre los jóvenes musulmanes fascinados por los mitos que él mismo forjaba.

Azzam contaba historias de muyahidines que derrotaban, prácticamente sin ayuda, a vastas columnas de soldados soviéticos.[31] Aseguraba que los tanques habían pasado por encima de algunos valientes guerreros pero estos habían sobrevivido; a otros les habían disparado, pero las balas no habían penetrado en sus cuerpos. Si sobrevenía la muerte, los milagros eran aún mayores. Cuando expiró un querido muyahidín, el zumbido de las abejas y el gorjeo de los pájaros resonó en la ambulancia, aunque estaban en el desierto afgano en plena noche.[32] Al exhumar los cadáveres de mártires que llevaban un año enterrados, descubrieron que sus cuerpos seguían oliendo bien y la sangre seguía circulando. El cielo y la naturaleza se confabulaban para expulsar al impío invasor: los ángeles irrumpían en la batalla montados a lomos de caballos, y las aves interceptaban las bombas que caían y volaban delante de los cazas para formar un manto protector sobre los guerreros. Las historias de milagros proliferaban de forma natural al tiempo que se corría la voz de que el jeque Abdullah pagaba a los muyahidines que le contaban historias maravillosas.[33]

El atractivo de una muerte gloriosa y cargada de sentido era especialmente fuerte en los casos en que la opresión estatal y las privaciones económicas frustraban los placeres y alicientes de la vida. Desde Irak hasta Marruecos, los gobiernos árabes habían asfixiado la libertad y habían fracasado claramente a la hora de crear riqueza en un momento en que la democracia y los ingresos personales se disparaban en prácticamente todas las demás zonas del planeta. Arabia Saudí, el más rico de todos, era un país tan claramente improductivo que la extraordinaria abundancia de petróleo no había logrado generar ninguna otra fuente significativa de ingresos; de hecho, si se restaban los ingresos procedentes del petróleo de los países del Golfo, quedaba un balance de doscientos sesenta millones de árabes que exportaban menos que los cinco millones de finlandeses.[34] El radicalismo normalmente prospera cuando existe un desajuste entre unas expectativas crecientes y unas oportunidades en declive. Esto es en particular válido en lugares con una población joven, inactiva y aburrida, donde el arte se empobrece y el entretenimiento (las películas, el teatro, la música) está bajo control o no existe en absoluto, y donde se mantiene apartados a los muchachos de la confortante y socializadora presencia de las mujeres. El analfabetismo adulto seguía siendo habitual en muchos países árabes y la tasa de desempleo era una de las más elevadas de los países en vías de desarrollo. La ira, el resentimiento y la humillación incitaban a los jóvenes árabes a buscar soluciones drásticas.

El martirio constituía para aquellos jóvenes una alternativa ideal a una vida con tan escasos alicientes. La posibilidad de una muerte gloriosa atraía al pecador, que sería perdonado, según se decía, en cuanto su sangre comenzara a brotar e incluso vería el lugar que ocuparía en el paraíso antes de morir. Setenta miembros de su familia podrían salvarse de las llamas del infierno gracias a su sacrificio. El mártir que sea pobre será coronado en el cielo con una joya más valiosa que la propia tierra. Y para aquellos jóvenes que procedían de culturas en las que las mujeres estaban encerradas y resultaban inalcanzables para los que carecían de porvenir, el martirio ofrecía los placeres conyugales de setenta y dos vírgenes: «las huríes de ojos oscuros, puras como perlas ocultas», como las describe el Corán. Aguardaban al mártir con banquetes de carne y fruta y copas del más puro de los vinos.

El espectáculo del martirio que Azzam describió ante sus auditorios en todo el mundo creó el culto a la muerte que un día constituiría el núcleo de al-Qaeda. Para los periodistas que cubrían la guerra, los árabes afganos eran una curiosa atracción secundaria frente a los combates reales, y lo que los diferenciaba del resto era su obsesión por la muerte. Cuando un combatiente caía, sus compañeros le felicitaban y lloraban porque ellos no habían muerto también en la batalla. A otros musulmanes, estas escenas les resultaban estrafalarias. Los afganos estaban combatiendo por su país, no por el paraíso ni por una comunidad islámica idealizada. Para ellos, el martirio no era una cuestión prioritaria.

Rahimullah Yusufzai, el director de la oficina de Peshawar del diario paquistaní *News*, presenció el ataque a un campamento de árabes afganos en Yalalabad. Los árabes habían colocado tiendas blancas en primera línea, lo que les convertía en blancos fáciles para los bombarderos soviéticos. «¿Por qué?», preguntó el periodista con escepticismo. «¡Queremos que nos bombardeen! —respondieron los hombres—. ¡Queremos morir!»

Creían estar respondiendo a la llamada de Dios. Si eran afortunados, Dios les recompensaría con la muerte de los mártires. «Desearía poder atacar y morir, y entonces atacar y morir, y atacar de nuevo y morir»,[35] proclamaría más tarde Bin Laden citando al Profeta.

El Corán está lleno de referencias a la yihad; algunas de ellas tienen que ver con la lucha interior para alcanzar la perfección, lo que el Profeta llamó «yihad mayor», pero otras ordenan explícitamente a los creyentes: «Matad a los idólatras dondequiera que los encontréis» y «Luchad contra aquellos que no creen en Dios [...] hasta que paguen el impuesto como reconocimiento a vuestra superioridad y su estado de sometimiento». Algunos ulemas explican que esos mandatos solo se aplican cuando son los infieles quienes inician la guerra, cuando los musulmanes son perseguidos o cuando el propio islam está amenazado. Esos pensadores señalan que el Corán también pide a los musulmanes que combatan «por la causa de Dios a aquellos que os combatan, pero no cometáis agresión, pues, ciertamente, Dios no ama a los agresores».

Fascinados por la lucha afgana, muchos islamistas radicales llegaron a creer que la yihad no terminaba nunca. Para ellos, la guerra contra la ocupación soviética no era más que una escaramuza en una guerra eterna. Se llamaban a sí mismos yihadíes, señalando la posición central que ocupaba la guerra en su manera de entender la religión. Eran la consecuencia natural de la exaltación islamista de la muerte sobre la vida. «Aquel que muere sin haber combatido y no estaba decidido a combatir ha encontrado la muerte en estado de *yahiliya*»,[36] había declarado Hasan al-Banna, el fundador de los Hermanos Musulmanes. Y después añadía cierto misticismo sufí residual: «La muerte es un arte».

El Corán declara explícitamente que «no cabe coacción en la religión». Esto, al parecer, prohibiría hacer la guerra a no musulmanes y a musulmanes con creencias diferentes. Sin embargo, Sayyid Qutb abominaba la idea de que la yihad fuera solo una maniobra defensiva para proteger a la comunidad de creyentes. «El islam no es simplemente "fe" —escribió—. El islam es una declaración para liberar al hombre de la servidumbre de otros hombres. Así, se trata desde un principio de abolir todos aquellos sistemas y gobiernos que se basan en la dominación del hombre sobre el hombre.»[37] Qutb argumenta que la vida sin el islam equivale a la esclavitud,[38] por lo tanto, no se puede alcanzar la auténtica libertad hasta que no se haya eliminado la *yahiliya*. Solo cuando haya sido erradicado el dominio del hombre y se haya impuesto la sharia, no habrá coacción en la religión, porque solo existirá una opción posible: el islam.

Sin embargo, la declaración de la yihad estaba dividiendo a la comunidad musulmana. Nunca hubo un consenso sobre si la yihad en Afganistán era un deber religioso. En Arabia Saudí, por ejemplo, la rama local de los Hermanos Musulmanes rechazó la petición de enviar a sus miembros a la yihad, aunque promovía iniciativas de ayuda humanitaria en Afganistán y Pakistán.[39] Los que acudieron no solían estar afiliados a organizaciones musulmanas consolidadas, por lo que eran más propensos a radicalizarse. Muchos padres saudíes preocupados fueron a los campos de entrenamiento a buscar a sus hijos y llevarlos de vuelta a casa.[40]

Los acérrimos idealistas que respondieron al mensaje de Azzam consideraban Afganistán el comienzo del retorno del islam al dominio internacional, que sería testigo no solo de la liberación de los afganos, sino también de la reconquista posterior de todo el territorio, desde España hasta China, que había estado sometido a la ilustrada dominación musulmana mientras Europa se hallaba sumida en la Edad Media. En cualquier caso, el restablecimiento del antiguo Imperio no era más que el primer paso. La siguiente etapa era la guerra final contra los no creyentes, que culminaría el día del Juicio Final.

No todos los árabes afganos eran suicidas o pensadores apocalípticos. Entre ellos también había curiosos, combatientes de fin de semana o estudiantes que buscaban una manera emocionante de pasar sus vacaciones. Otros buscaban un sentido de la trascendencia que sus vidas ordinarias no podían proporcionarles.

«Yo no era creyente», recordaba Muhammad Loay Baizid, un inmigrante sirio que vivía en Estados Unidos. En 1985 tenía veinticuatro años y se veía a sí mismo como el típico joven estadounidense de clase media, acostumbrado a los centros comerciales y la comida rápida, pero un día cayó en sus manos un panfleto mimeografiado de Abdullah Azzam y decidió que, si estaban ocurriendo milagros, él tenía que verlos. En aquella época estudiaba ingeniería en un colegio universitario municipal de Kansas City (Missouri). Nadie podía decirle cómo llegar a la guerra desde Kansas City, por lo que cogió un avión hasta Islamabad y llamó al número de teléfono que aparecía en el panfleto. Si Azzam no hubiera contestado, no habría sabido qué hacer.

Baizid planeaba quedarse solo tres meses, pero el exotismo del lugar y la camaradería de aquellos hombres que buscaban el martirio le cautivaron. Sus expresivas cejas negras y su constante retahíla de bromas estaban totalmente fuera de lugar en aquel sobrio grupo de guerreros santos. «Fui a Afganistán con la mente en blanco y el corazón limpio —contaba—. Todo me era completamente extraño. Era como si acabara de nacer en aquel momento, como si fuera un bebé y tuviera que aprenderlo todo de nuevo. Después de aquello no era tan fácil marcharse y retomar una vida normal.» Baizid adoptó el nombre yihadí de Abu Rida al-Suri.

Los hombres de la «brigada de los extranjeros», inexpertos pero deseosos de entrar en acción, protestaron hasta que Azzam accedió a llevarles a Afganistán para incorporarse a las filas del comandante afgano Gulbuddin Hekmatyar, que estaba combatiendo a los soviéticos cerca de Yihad Wal. Bin Laden y sesenta árabes cruzaron la frontera acompañados de un único guía afgano. Como creían que se dirigían directamente la lucha, se habían llenado los bolsillos de uvas pasas y garbanzos, que en su mayor parte consumieron durante el largo viaje. Empezaron a llamarse a sí mismos la «brigada de los garbanzos». A eso de las diez de la noche llegaron por fin al campamento afgano, donde se enteraron de que los soviéticos se habían retirado.

«Vuestra presencia ya no es necesaria —les dijo Hekmatyar con impaciencia a la mañana siguiente—, así que volved.»[41]

Azzam asintió inmediatamente, pero Bin Laden y otros árabes expresaron su descontento. «Si se han retirado, ¿no se supone que al menos deberíamos perseguirlos?», preguntaron. Azzam colocó algunos blancos en los postes de una valla para que al menos los hombres pudieran hacer prácticas de tiro. Después, los árabes entregaron sus armas a un comandante afgano y volvieron en autobús a Peshawar. Empezaron a llamarse a sí mismos la «brigada de los ridículos» y se separaron en cuanto llegaron a la ciudad.

En 1986, Bin Laden llevó a sus esposas e hijos a Peshawar,[42] donde se sumaron a la reducida pero creciente comunidad de árabes que habían acudido en respuesta a la fatwa del jeque Abdullah Azzam. En aquel momento ya era obvio que los afganos estaban ganando la guerra. Tras admitir que Afganistán era una «herida sangrante», Mijaíl Gorbachov, secretario general del Partido Comunista de la Unión Soviética, presentó un calendario para la retirada completa de las tropas soviéticas. Aquel también fue el año en que aparecieron los Stinger, los misiles portátiles de fabricación estadounidense que resultarían tan mortíferos para la fuerza aérea rusa e inclinarían decisivamente la balanza a favor de los muyahidines. Aunque aún tendrían que pasar tres sangrientos años para que los soviéticos por fin abandonaran Afganistán, la presencia de varios miles de árabes (rara vez había más de unos centenares en el campo de batalla) no afectó al curso de los acontecimientos.

Al puerto de Karachi llegaban sin cesar cargamentos de armas. El ISI, que se ocupaba de repartir las armas entre los comandantes afganos, necesitaba un lugar para almacenarlos, preferiblemente fuera de Pakistán, pero que los soviéticos no pudieran localizar. Existe una zona de las áreas tribales claramente delimitada que se adentra en Afganistán siguiendo una cadena montañosa situada al sudoeste del paso de Jaybar conocida como el Pico del Loro. La vertiente norte del Pico del Loro recibe el nombre de Tora Bora, que significa «polvo negro». En ese lugar aislado y yermo abundan las cuevas de cuarzo extremadamente duro y feldespato. Bin Laden amplió las cavidades y construyó otras nuevas para utilizarlas como arsenales.[43] Fue allí, en aquel laberinto de cuevas que construyó para que los muyahidines guardaran la munición, donde un día Bin Laden haría su declaración contra Estados Unidos.

En mayo de 1986, Bin Laden guió a un reducido grupo de árabes para que se unieran a las tropas afganas en Yayi, en el territorio de Sayyaf, cerca de la frontera con Pakistán. Una noche comenzó a caer sobre las tiendas lo que parecían rocas, quizá fragmentos desprendidos debido a los ocasionales bombardeos que se producían a cierta distancia. Cuando un cocinero yemení se levantó para preparar la comida de antes del alba, se produjo una fuerte explosión. «¡Dios es grande! ¡Dios es grande! —gritó el cocinero—. ¡Mi pierna! ¡Mi pierna!»[44]

Los árabes se despertaron y encontraron minas esparcidas alrededor de su campamento, aunque resultaba difícil verlas porque eran de color verde y se confundían con la hierba. Mientras evacuaban el lugar, un misil guiado impactó a pocos metros de Bin Laden. A continuación, una enorme explosión en la cima de la montaña arrojó fragmentos de roca y madera sobre los árabes sitiados, hiriendo a tres y matando a uno de ellos, un estudiante universitario egipcio. El pánico cundió entre ellos y aún se sintieron más humillados cuando las tropas afganas les pidieron que se marcharan porque eran completamente inútiles.

Pese a aquel lamentable episodio, a finales de 1986 Bin Laden financió el primer campamento permanente exclusivamente árabe,[45] también en Yayi. Esto le enfrentó con su mentor, Azzam, que se oponía firmemente al plan. A ambos hombres les obsesionaba un sueño grandioso pero poco práctico: Azzam deseaba eliminar las divisiones nacionales que impedían unificarse al pueblo musulmán. Por esa razón siempre trataba de dispersar a los voluntarios árabes entre los diferentes mandos afganos, a pesar de que pocos árabes hablaban las lenguas locales o habían recibido algún entrenamiento práctico. Eran carne de cañón. Por otro lado, un blanco fijo como el campamento que había ideado Bin Laden suponía un disparatado despilfarro de dinero y de vidas en la guerra de guerrillas que libraban los afganos, basada en la táctica del ataque sorpresa y retirada. Bin Laden ya estaba pensando en el futuro de la yihad, y el campamento de Yayi era el primer paso para la creación de una legión árabe que pudiera combatir en cualquier lugar. Hasta aquel momento, había supeditado su sueño a los objetivos de su mentor, pero ahora comenzaba a sentir la fuerza del destino.

En un intento desesperado por evitar que Bin Laden se alejara de su órbita, Azzam envió a Yamal Jalifa para que le hiciera entrar en razón. Nadie podía hablar con mayor franqueza ni autoridad a Bin Laden que su viejo amigo y cuñado. Jalifa cruzó la frontera afgana con Sayyaf, que controlaba el territorio montañoso de los alrededores de Yayi. El campamento estaba situado a bastante altitud, era frío y sufría el azote de un viento despiadado. Osama, el León, llamó al lugar Maasada, la Guarida del León. Decía que se había inspirado en las palabras del poeta favorito del Profeta, Hasan ibn Zabit,[46] que había escrito sobre otra fortaleza con el mismo nombre:

> *Quien desee oír el choque de las espadas,*
> *que venga a Maasada,*
> *donde encontrará hombres valerosos dispuestos a morir*
> *en el nombre de Dios.*

La versión de Maasada de Bin Laden en aquella época no tenía nada que ver con el complejo centro de entrenamiento en cuevas en el que acabaría convirtiéndose. Jalifa había sido un entusiasta boy scout y, para su ojo avezado, aquel mugriento y desorganizado lugar escondido entre los pinos ni siquiera estaba a la altura de un campamento infantil. Tenían una excavadora, imitaciones egipcias de kaláshnikovs, morteros, algunas armas antiaéreas pequeñas que habían adquirido en los mercados de Peshawar y cohetes chinos, pero sin los lanzacohetes. Para lanzar uno de ellos, el muyahidín lo colocaba sobre una roca, engarzaba un cable y lo disparaba desde cierta distancia, un procedimiento poco preciso y muy peligroso.

Jalifa observaba con unos prismáticos la base soviética, situada en un amplio valle a tan solo tres kilómetros de distancia.[47] Los árabes estaban aislados y eran vulnerables. Solo disponían de un vehículo, que usaban para transportar a escondidas agua y provisiones durante la noche,[48] pero podían caer fácilmente en una trampa y ser eliminados. De hecho, ya estaban exponiendo sus vidas imprudentemente por el simple hecho de estar a las órdenes de Bin Laden. Jalifa estaba furioso por los riesgos innecesarios y la pérdida de vidas.

Se quedó tres días en el campamento, hablando con la gente del entorno de Bin Laden, en su mayoría egipcios afiliados a al-Yihad de Zawahiri y estudiantes de instituto saudíes, entre ellos un alumno del propio Jalifa, Wali Jan, un brillante estudiante de la clase de biología que impartía en Medina. Jalifa se enteró de que habían elegido jefe a Bin Laden, en lugar de a Azzam o Sayyaf, noticia que le dejó atónito, pues nunca habría pensado que su amigo tuviera ansia de poder.

Jalifa se preguntaba si Osama no estaba siendo manipulado por los egipcios. Sus sospechas aumentaron cuando Abu Ubaydah y Abu Hafs, los altos e imponentes lugartenientes egipcios de Bin Laden, abordaron a Jalifa para sondear sus ideas políticas. Empezaron diciendo que los gobernantes de los países árabes son *kafirs*, un término que significa «infieles» o «no creyentes», pero que, aplicado a otros musulmanes, significa que son «apóstatas» que han rechazado su religión. Muchos fundamentalistas creen que a esos traidores habría que ejecutarlos. Cuando Jalifa mostró su desacuerdo con ellos, intentaron apartarle de Bin Laden, pero Jalifa les ignoró. No iba a dejar que le manejaran unos extranjeros.

Jalifa y Bin Laden durmieron juntos en una trinchera revestida de lona y techumbre de madera oculta bajo un montón de tierra. La actitud de su amigo era tan esquiva que Jalifa pensó que le estaba ocultando algo. Al tercer día, le dijo por fin lo que pensaba:

—Todo el mundo está enfadado, están en contra de este lugar —dijo Jalifa—. Incluso los que están contigo. Lo sé porque he hablado con ellos.

Bin Laden se quedó atónito.

—¿Por qué no me lo dicen ellos? —preguntó.

—Esa es una pregunta que debes hacerte a ti mismo —respondió Jalifa—, pero todos en Afganistán están en contra de esta idea.

Bin Laden volvió a explicar su visión de crear una fuerza árabe que defendiera las causas musulmanas en todo el mundo. Eso es lo que estaba intentando crear en aquel miserable campamento de montaña.

—Hemos venido aquí a ayudar a los afganos, no a fundar nuestro propio partido —le recordó Jalifa—. Además, tú no eres un militar, así que ¿por qué estás aquí?

Empezaron a levantar cada vez más la voz mientras hablaban. En los diez años que hacía que se conocían nunca habían discutido.

—¡Esto es la yihad! —gritó Bin Laden—. ¡Así es como queremos ir al cielo!

Jalifa le advirtió que las vidas de aquellos hombres eran responsabilidad suya.

—Dios te pedirá cuentas por cada gota de su sangre derramada. Y como soy tu amigo, no puedo aceptar que te quedes. Tienes que dejarlo, o seré yo quien te deje a ti.

Bin Laden se negó fríamente y Jalifa se marchó del campamento. Nunca volverían a ser amigos.

Pese a hacer caso omiso de los ruegos de Jalifa y otros, Bin Laden estaba preocupado por los reiterados fracasos de la brigada árabe y los peligros a los que se enfrentaban sus hombres en la Guarida del León. «Empecé a pensar nuevas estrategias, como excavar cuevas y túneles»,[49] diría. Tomó prestados unos cuantos bulldozers, camiones de carga, volquetes y excavadoras del Saudi Binladin Group, junto con algunos ingenieros especializados,[50] para construir siete cuevas artificiales,[51] bien camufladas y encaramadas sobre la principal ruta de suministros desde Pakistán. Algunas de las cuevas medían más de noventa metros de largo y seis metros de alto, y servían de refugios antiaéreos, dormitorios, hospitales y depósitos de armas.

Los hombres de Bin Laden estaban impacientes con las obras y le importunaban constantemente pidiéndole nuevas oportunidades de atacar a los rusos. El más insistente de ellos era un palestino obeso de cuarenta y cinco años de edad, el jeque Tamim al-Adnani,[52] un antiguo profesor de inglés que se había convertido en el imán de la base aérea de Dahran, en Arabia Saudí, hasta que lo expulsaron por sus ideas radicales. El jeque Tamim, un hombre pálido y gordo con una barba perfilada desigual que se estaba tornando gris en las sienes, se dedicó entonces a viajar impartiendo charlas y recaudando millones de dólares para los muyahidines. Su erudición y su experiencia, sumados a su ferviente anhelo de martirio, le conferían una autoridad equiparable a la de Bin Laden. Abdullah Azzam, que le idolatraba, le llamaba «la montaña elevada».

El jeque Tamim pesaba cerca de ciento ochenta kilos. Su corpulencia divertía a los jóvenes combatientes árabes, la mayoría de los cuales no superaban los dieciocho años.[53] A veces tenían que remolcarle con cuerdas por los escarpados senderos de montaña y decían bromeando que los caballos habían memorizado su cara y se negaban a cargar con él. Sin embargo, el compromiso del jeque Tamim con la yihad era un ejemplo para ellos. Se entrenaba con los demás pese a su edad y su precaria forma física y presionaba constantemente a Bin Laden para que enviara a los hombres a luchar, dando voz a los elementos más temerarios y alocados del campamento que anhelaban la muerte. Bin Laden consiguió disuadirle mencionando la falta de preparación de los hombres y la acuciante necesidad de concluir las obras, pero Tamim nunca se daba por vencido.

A finales de marzo de 1987, Bin Laden regresó a Arabia Saudí y el jeque Tamim no desaprovechó la oportunidad. Convenció a Abu Hayer al-Iraqi, a quien Bin Laden había dejado al mando de la Guarida del León, para que atacaran un pequeño puesto soviético cercano. Abu Hayer adujo que no estaba autorizado a tomar una decisión como aquella, pero, agotado por la insistencia del jeque Tamim, acabó dando su consentimiento a regañadientes. El jeque reunió rápidamente a entre catorce y dieciséis jóvenes, que cargaron sus pesadas armas en un caballo y emprendieron el descenso a pie de la montaña. Las armas resbalaban una y otra vez de los lomos de los caballos y caían en la nieve. Tamim no tenía ningún plan, salvo atacar a los soviéticos y retirarse de inmediato, ni sabía con certeza adónde se dirigía. Si los árabes entraban en combate con el enemigo, el jeque Tamim sería incapaz de correr de vuelta montaña arriba con los jóvenes y ágiles combatientes que le acompañaban. Pero, como de costumbre, la cautela no era una de las características de su plan.

De pronto, la voz de Abu Hayer sonó entrecortada por el walkie-talkie. Bin Laden había vuelto y estaba alarmado. Ordenó a sus hombres que regresaran inmediatamente al campamento.

—Dile que no voy a volver[54] —respondió el jeque Tamim.

Bin Laden cogió la radio.

—¡Jeque Tamim, vuelve ahora mismo! —ordenó—. Si no lo haces, estarás en pecado, ya que yo soy tu comandante y te estoy ordenando que vuelvas.

Tamim accedió de mala gana a renunciar a sus planes bélicos, pero juró que ayunaría hasta que tuviera la ocasión de participar en una batalla. Tras su regreso a la Guarida del León, se negó a comer y a beber durante tres días. El ayuno le debilitó tanto que Bin Laden organizó una pequeña operación para que Tamim pudiera cumplir su promesa, al menos simbólicamente. Permitió al jeque subir a un pico y disparar con morteros y ametralladoras hacia el enemigo. Pero el jeque Tamim continuaba suponiendo un desafío para la autoridad de Bin Laden, ya que muchos árabes estaban de su lado y decían que habían acudido allí por la yihad, no para acampar en las montañas. «Mi temor era que algunos hermanos regresaran a sus países y le dijeran a la gente que habían estado aquí durante seis meses sin haber disparado una sola arma —reconoció Bin Laden—. La gente podía llegar a la conclusión de que no necesitábamos su ayuda.»[55] Tenía que demostrar que los árabes no eran unos simples turistas, que eran capaces de aportar una verdadera contribución a la yihad afgana. No estaba claro cuánto tiempo iba a poder tener a los hombres bajo sus órdenes si no les permitía combatir.

El 17 de abril de 1987, antes de que la nieve se hubiera derretido del todo, Bin Laden condujo a un grupo de ciento veinte com-

batientes a hostigar un puesto del gobierno afgano cerca de Jost.[56]
Escogió un viernes para atacar porque creía que los musulmanes de
todo el mundo estarían rezando por los muyahidines.[57] Tanto Sayyaf,
el comandante afgano que hablaba árabe, como Hekmatyar accedieron a proporcionarles fuego de cobertura. Planearon atacar a las seis
en punto de la tarde, ya que a esa hora dispondrían de tiempo suficiente para lanzar un ataque rápido antes de que cayera la noche y la
oscuridad protegiera a los hombres de las bombas de la aviación soviética que pronto iban a caer sobre ellos. El jeque Tamim suplicó a
Bin Laden que le dejara participar en la misión, pero este le ordenó
que se quedara en la Guarida del León.

La inminente batalla estaba programada desde hacía meses y se
había anunciado a bombo y platillo en Peshawar. «Me enteré del ataque y decidí participar —recordaría más tarde Abu Rida, el muyahidín de Kansas City—, así que cogí mi automóvil. No sabía gran cosa
sobre el plan, pero encontré muchos mulos y caballos cargados de
armas en el valle.» Cuando llegó a la base de operaciones, observó
que reinaba el caos entre los árabes. A la hora prevista para iniciar el
ataque, ninguna de las posiciones había recibido sus municiones, que
se encontraban en el interior de un vehículo situado al final de una
carretera, a cierta distancia de allí. Los hombres transportaban frenéticamente cohetes y morteros en la espalda o a lomos de las cuatro
mulas que tenían. Algunos combatientes estaban ya tan cansados que
volvieron a la Guarida del León a dormir, y los que se quedaron estaban hambrientos y furiosos porque se había acabado la comida. En
el último momento, uno de los comandantes descubrió que nadie
había llevado el cable eléctrico necesario para conectar los cohetes a
los detonadores, por lo que envió a un hombre al galope al campamento. Por si fuera poco, Bin Laden estaba enfermo, como le sucedía a menudo antes de entrar en combate, aunque trataba de mantener la compostura delante de sus hombres.

El jeque Abdullah Azzam pronunció una arenga sobre la necesidad de mantenerse firmes, pero antes de que los árabes estuvieran
listos para atacar, un soldado del gobierno afgano alcanzó a oír sus
preparativos y, con la única ayuda de una ametralladora Goryunov,
consiguió mantenerlos a raya hasta que cayó la noche. Bin Laden or-

denó a sus tropas que se retiraran. Sorprendentemente, solo murió un árabe y dos resultaron heridos de gravedad, pero su orgullo estaba por los suelos: ¡los había derrotado un solo hombre! los muyahidines afganos se reían de ellos. Como consecuencia de aquel fiasco, los paquistaníes empezaron a cerrar las pensiones árabes de Peshawar.[58] Parecía que la accidentada aventura de los árabes afganos había tenido un ignominioso final.

Al mes siguiente, un reducido grupo de árabes participó en otra escaramuza, esta vez planeada por su comandante militar egipcio, Abu Ubaydah, que dirigió un ataque por los flancos contra un grupo de soldados soviéticos. «Eran nueve y yo —relató Bin Laden—. Nadie titubeó.»[59] Los soviéticos retrocedieron y los árabes estaban exultantes. Pero su breve victoria desencadenó un feroz contraataque soviético contra la Guarida del León. Según la versión mitificada de Abdullah Azzam, los soviéticos reunieron entre nueve mil y diez mil soldados, incluidos miembros de las Fuerzas Especiales soviéticas y de las fuerzas regulares afganas, para atacar a solo setenta muyahidines.[60]

El jeque Tamim rogó a Bin Laden que le permitiera luchar en primera línea, pero este le dijo que estaba demasiado obeso para participar activamente en el combate y le relegó a la sala de comunicaciones, ubicada en las profundidades de una cueva subterránea. Los árabes esperaron hasta que todo el convoy soviético estuvo al alcance de sus tres morteros. Cuando Bin Laden gritó «Allahu akbar!», los árabes abrieron fuego y los rusos, tomados por sorpresa, se vieron obligados a retroceder. «Los hermanos estaban en un estado de euforia y éxtasis total», escribiría Azzam. los muyahidines miraban cómo llegaban las ambulancias para recoger a los soldados caídos, entre los que se contaba el comandante militar del distrito de Yayi.

Anticipándose a otro contraataque soviético de mayor envergadura, Bin Laden dividió a sus efectivos en dos grupos y encomendó a treinta y cinco hombres la defensa de la Guarida del León. Él mismo y nueve de sus hombres avanzaron hacia la cima de una colina, desde donde observaron a doscientos miembros de las Fuerzas Especiales rusas avanzar lentamente hacia el campamento. «De repente empezaron a caer sobre nosotros ráfagas de mortero como una lluvia», contaría Bin Laden. Milagrosamente, los árabes escaparon sin sufrir daño alguno. Una hora después, los rusos reanudaron su avance con paso firme. «Cuando llegaron a la cima, lanzamos nuestro ataque —prosiguió Bin Laden—. Unos pocos cayeron muertos y los demás huyeron.»

Durante semanas, los soviéticos bombardearon las posiciones de los muyahidines en las inmediaciones de la Guarida del León con morteros de 120 milímetros y bombas de napalm que causaron una devastación tal que Azzam lloraba y rezaba por la seguridad de los combatientes. Los árboles ardían incluso bajo la lluvia, iluminando la noche. Una mañana, en medio de aquella tormenta de metralla y fuego, el jeque Tamim salió de la cueva de comunicaciones con su Corán en la mano y comenzó a deambular por un claro del bosque, ignorando las súplicas de sus compañeros para que se pusiera a salvo. Recitaba el Corán y rezaba en voz alta pidiendo el martirio mientras miraba al cielo a través de sus gafas redondas con montura metálica. La tierra temblaba y las balas y explosiones destrozaban los árboles a su alrededor. El Ramadán estaba tocando a su fin y Tamim creía que su muerte en una ocasión como aquella sería especialmente bienaventurada.

Aquella demente salida tuvo un efecto calmante en los demás. «Sufrimos un ataque rápidamente —recordaba Bin Laden—. Cuando el fuego se interrumpió durante unos treinta segundos, le dije a la gente con la que estaba que creía que íbamos a morir. Pero al cabo de unos minutos el fuego se reanudó y me puse a leer el Sagrado Corán hasta que estuvimos a salvo y pudimos desplazarnos a otro lugar. No nos habíamos movido ni siquiera setenta metros cuando nos atacaron de nuevo, pero nos sentíamos completamente seguros, como si estuviéramos en una habitación con aire acondicionado.»

A pesar de su fanfarronería, a Bin Laden le preocupaba que todos sus hombres pudieran morir si se quedaban allí más tiempo, por lo que habría que abandonar la Guarida del León. Era la peor derrota que había sufrido jamás. Sus hombres se quedaron estupefactos al conocer su decisión y uno de ellos protestó: «Me gritó y me dirigió algunas palabras que era la primera vez que le oía decir».[61] El jeque Tamim bramaba y se mesaba la barba. «Pensé que estaba poseído»,[62] recordaría Bin Laden, que reprendió a Tamim diciéndole que su intransigencia estaba poniendo en peligro a todos los combatientes. «Jeque Tamim, los hombres están en la camioneta —le advirtió Bin Laden—. Si uno solo de ellos muere, el pecado recaerá sobre ti y habrás de rendir cuentas por su sangre el día del Juicio Final.» Sollozando, el jeque Tamim se unió a los demás en la furgoneta.

Los hombres que podían caminar les siguieron a pie después de destruir gran parte de la Guarida del León para no dejar nada que pudieran saquear los soviéticos. Arrojaron los cañones a los barrancos y enterraron las armas automáticas. Uno de ellos lanzó una granada en la despensa. El campamento en cuya construcción habían trabajado tan denodadamente estaba ahora en ruinas. Un pequeño escuadrón se quedó atrás para cubrir la retirada de los demás guerrilleros.

Bin Laden estaba enfermo una vez más. «Estaba muy cansado y apenas podía caminar veinte metros sin tener que pararme y beber agua. Había estado sometido a una tremenda presión emocional y física.»[63] Pero su calvario no había hecho más que empezar.

Sayyaf estaba furioso cuando los desharrapados árabes llegaron a su campamento. Por aquel entonces ya apreciaba el valor de la Guarida del León, desde la que se dominaba una ruta de caravanas estratégica para el aprovisionamiento de los muyahidines. Bruscamente, canceló la orden de Bin Laden y les dijo a los árabes que volvieran. Además, envió al campamento con ellos a algunos de sus guerreros afganos de confianza para asegurarse de que mantenían aquella posición.

Avergonzados y exhaustos, los combatientes volvieron a la Guarida del León en grupos de cinco o diez hombres. El amanecer sorprendió a veinticinco árabes y veinte afganos reunidos en las ruinas del campamento, celebrando lúgubremente la festividad del fin del Ramadán. No había casi nada que comer, ya que la cocina había volado en pedazos, y cada hombre recibió tres limones. Más tarde, aquella misma mañana, Bin Laden regresó acompañado de otros diez guerreros. Escarmentado y poco dispuesto a ejercer su autoridad, delegó el mando en su comandante militar egipcio, Abu Ubaydah. Contemplar la destrucción innecesaria de su campamento le debió de resultar insoportable.

Abu Ubaydah decidió encomendarle una tarea para mantenerle ocupado: «Vete y custodia el lado izquierdo del campamento.

Creo que si entran, lo harán por aquel lugar porque es el camino más corto».[64]

Bin Laden llevó a los hombres a un promontorio y los dispersó entre los árboles. Podían ver a las tropas rusas a solo setenta metros de distancia. Bin Laden ordenó a sus hombres que avanzaran, pero estaba afónico y ni siquiera se percataron de que les estaba hablando. Se encaramó a un árbol sin hojas para que pudieran oírle, pero enseguida atrajo el fuego enemigo. Una granada propulsada por cohete estuvo a punto de hacerle caer del árbol. «Pasó junto a mí y explotó muy cerca del lugar donde estaba —contaría Bin Laden—, pero eso no me afectó en absoluto. De hecho, por la Gracia de Dios, el Elevado, fue como si me hubiera cubierto con un puñado de barro. Bajé tranquilamente e informé a los hermanos de que el enemigo estaba en el eje central y no en el flanco izquierdo.»[65] En otro relato del propio Bin Laden, su experiencia de combate más intensa parece menos serena: «Hubo una batalla terrible en la que acabé medio hundido en el suelo disparando contra todo lo que veía».[66]

El fuego de mortero del enemigo inmovilizó a Bin Laden y a sus hombres durante todo el día. «Me encontraba a solo a treinta metros de distancia de los rusos y estaban intentando capturarme —diría—. Estaban bombardeando, pero había tanta paz en mi corazón que me quedé dormido.»[67] Se suele presentar la historia de la siesta de Bin Laden como una prueba de su toque de gracia bajo el fuego. Es posible que simplemente se desmayara, ya que tenía la tensión arterial baja y a menudo sufría mareos. Siempre llevaba consigo una bolsa de sal[68] y, cada vez que se mareaba, humedecía un dedo, lo introducía en la bolsa y chupaba la sal para impedir que le bajara demasiado la tensión.

Asombrosamente, a las cinco en punto de la tarde las fuerzas árabes a las órdenes de Abu Ubaydah consiguieron rebasar el flanco del enemigo. Sin apoyo aéreo, el cuerpo principal de las tropas soviéticas se replegó. «Éramos solo nueve hermanos contra un centenar de efectivos de las Fuerzas Especiales rusas, la Spetsnaz, pero debido al terror y el pánico que se apoderó de ellos en la espesura del bosque, los rusos no pudieron distinguir cuántos hermanos había —relataría Bin Laden—. En resumidas cuentas, murieron unos treinta y cinco soldados y oficiales de la Spetsnaz, y el resto huyó. [...] La moral de los muyahidines era altísima, no solo en nuestra zona, sino en todo Afganistán.»[69]

Bin Laden había logrado su victoria más importante inmediatamente después de su peor derrota. Tras la batalla de la Guarida del León, Abu Ubaydah entregó a Bin Laden un trofeo que había pertenecido a un oficial ruso muerto:[70] un pequeño fusil de asalto kaláshnikov AK-74 con la culata de nogal y el característico cargador de color rojo óxido que indicaba que era la versión avanzada del arma que utilizaban los paracaidistas. En el futuro, Bin Laden lo llevaría siempre colgado al hombro.

El combate duró tres semanas en total. En realidad, Sayyaf (que asumió entonces el mando de la Guarida del León) combatió más que Bin Laden, pero los árabes se ganaron una reputación de coraje y temeridad que consolidó su leyenda, al menos entre ellos mismos. Volvieron a abrir discretamente sus pensiones en Peshawar. Desde el punto de vista soviético, la batalla de la Guarida del León fue un pequeño incidente en la retirada táctica de Afganistán. Sin embargo, en el ambiente de exaltación religiosa que había entre los seguidores de Bin Laden, se tenía la vertiginosa sensación de vivir en un mundo sobrenatural en el que la realidad se postraba ante la fe. Para ellos, el enfrentamiento armado en la Guarida del León se convirtió en la base del mito de que fueron ellos los que vencieron a la superpotencia. En pocos años, el Imperio soviético se desmoronaría, y para los yihadíes había muerto como consecuencia de las heridas infligidas por los musulmanes en Afganistán. Para entonces, ya habían creado la vanguardia que habría de continuar con la lucha. Al-Qaeda nació de la unión de las siguientes premisas: la fe es más fuerte que las armas o las naciones y el billete para acceder a la zona sagrada donde se producen estos milagros es la voluntad de morir.

6

La base

En 1986 millones de refugiados afganos habían huido a la provincia de la Frontera del Noroeste de Pakistán, convirtiendo su capital, Peshawar, en la principal plataforma de acceso a la yihad contra la invasión soviética. Las calles de la ciudad eran un batiburrillo de lenguas y vestimentas de diferentes nacionalidades, y emanaban un extraño y excitante cosmopolitismo que hechizaba a todo el que las transitaba. En ella se establecían cooperantes, mullahs independientes y agentes secretos de todo el mundo. La afluencia clandestina de dinero y armas provocó un verdadero auge económico en una ciudad que siempre había vivido del contrabando. Los tesoros del Museo Nacional Afgano[1] (estatuas, piedras preciosas, antigüedades, incluso templos budistas enteros) ya se podían encontrar en el mercado de contrabandistas, un bazar al aire libre a las afueras de la ciudad, y en las tiendas de artículos de regalo de los desvencijados hoteles en los que se alojaba la legión de periodistas internacionales que habían ido a cubrir la guerra. Los señores de la guerra afganos trasladaron a sus familias a la ciudad universitaria, donde residía la clase profesional entre eucaliptos y magnolios. Los señores de la guerra se enriquecieron embolsándose parte de las subvenciones de los saudíes y los estadounidenses.[2] Sus sanguinarias rivalidades,[3] junto con los atentados y asesinatos semanales de la KGB y la KHAD (el servicio secreto afgano), hicieron que la cifra de comandantes afganos muertos fuera mayor en Peshawar que en el campo de batalla. En una ciudad en la que la gente se desplazaba en autobuses privados pintados a mano y humeantes rickshaws motorizados que rasgaban el aire como serruchos, aparecieron de pronto flamantes Mercedes Sedan y Toyota Land

Cruiser que circulaban entre los carros tirados por burros. El aire era un caldo azulado de humo de gasóleo. «Peshawar se transformó en el lugar al que iba todo aquel que no tenía un lugar adonde ir —recordaba Osama Rushdi, uno de los jóvenes yihadíes egipcios—. Era un entorno en el que una persona podía ir de mal en peor hasta caer finalmente en la desesperación.»

Cuando en 1986 venció su contrato con la clínica de Yidda, el doctor Ayman al-Zawahiri se incorporó a la creciente comunidad árabe de Peshawar. Más rollizo que en sus visitas previas, anteriores a los años de prisión, alardeaba de que Pakistán era como «un segundo hogar»[4] para él, ya que de niño había pasado algún tiempo en el país cuando su abuelo materno ejerció allí de embajador de Egipto. Enseguida se acostumbró a llevar el *salwar kamiz*, la túnica larga y los pantalones holgados que son tradicionales en la región. Su hermano Muhammad, que le había seguido lealmente desde la infancia, se reunió con él en Peshawar. Los hermanos guardaban un gran parecido físico, aunque Muhammad tenía la tez más oscura y era ligeramente más alto y delgado que Ayman. Muhammad, un hombre respetuoso y de voz suave, creó el canal financiero de al-Yihad, que iba desde El Cairo hasta Pakistán, vía Arabia Saudí.[5]

Zawahiri se dedicó a la práctica de la medicina en un hospital de la Media Luna Roja financiado por Kuwait, que, como ocurría en la mayoría de las instituciones humanitarias de la ciudad, estaba controlado por miembros de los Hermanos Musulmanes. Estos le odiaban debido a una larga diatriba que había escrito, llamada *Cosecha amarga*,[6] en la que atacaba a los Hermanos por colaborar con regímenes infieles, es decir, todos los gobiernos árabes. Llamaba a los Hermanos «una herramienta en manos de tiranos» y les pedía que renunciaran públicamente a «constituciones y leyes humanas, a la democracia, las elecciones y el Parlamento», y que declararan la yihad contra los regímenes a los que habían apoyado. El libro, financiado con fondos privados e impreso en una edición de lujo, se distribuyó por todo Peshawar. «Se conseguían gratis —recordaba uno de los Hermanos que trabajaba en Peshawar en aquella época—. Cuando ibas a buscar comida, el dependiente te preguntaba si querías tener un ejemplar o dos.»[7]

También llegó a Peshawar otro de los colegas de Zawahiri de los tiempos de la clandestinidad en El Cairo, un médico que se llamaba Sayyid Imam, cuyo apodo yihadí era doctor Fadl.[8] Ambos trabajaban en el mismo hospital de Peshawar. Al igual que Zawahiri, el doctor Fadl era un escritor y un teórico. Como era mayor y había sido emir de al-Yihad durante el encarcelamiento de Zawahiri, se hizo cargo de nuevo de la organización. Zawahiri también adoptó un nombre de guerra: doctor Abdul Mu'iz (en árabe, *abd* significa «esclavo» y *mu'iz* significa «el que honra», uno de los noventa y nueve nombres de Dios). Él y el doctor Fadl comenzaron a restablecer de inmediato al-Yihad reclutando a nuevos miembros entre los jóvenes muyahidines egipcios. Al principio se llamaron Organización de la Yihad y después cambiaron de nuevo el nombre por Yihad Islámica, pero siguió siendo la misma al-Yihad.

El hospital de la Media Luna Roja financiado por Kuwait se convirtió en el centro de un movimiento decisivo dentro de la comunidad árabe afgana.[9] Bajo la influencia de un argelino, el doctor Ahmed al-Wed,[10] famoso por su mente perversa, en el hospital se incubó una nueva idea homicida que dividiría a los muyahidines y justificaría la fratricida carnicería que se propagaría por todos los países árabes y musulmanes inmediatamente después de la guerra afgana.

El carácter herético de la idea de *takfir*, o anatema, ha sido un problema en el islam desde sus primeros tiempos. A mediados del siglo VII, un grupo conocido con el nombre de jariyíes se rebeló contra la autoridad de Ali, el cuarto califa. El motivo concreto que desencadenaría la rebelión fue la decisión de Ali de llegar a un acuerdo con un adversario político en lugar de librar una guerra fratricida. Los jariyíes decretaron que eran los únicos que seguían los verdaderos preceptos de la fe y que todo aquel que no estuviera de acuerdo con ellos era un apóstata, lo que incluía a Ali, el querido yerno del Profeta, al que finalmente asesinarían.

A principios de la década de 1970 se constituyó en Egipto un grupo llamado Tafkir wal Hijra (Anatema y Exilio),[11] un precursor de al-Qaeda. Su jefe, Shukri Mustafa, que había conocido los campos de concentración egipcios, atrajo a un par de miles de seguidores. Leían a Qutb y se preparaban para el día en que, en el exilio, adquirieran la fuerza suficiente para regresar a aniquilar a los no creyentes y precipitar el Juicio Final. Mientras tanto, vagaban por el desierto occidental de Egipto durmiendo en las cuevas de las montañas.

La prensa de El Cairo llamaba a los simpatizantes de Mustafa *ahl al-kahf*, la «gente de la cueva», en alusión a los siete durmientes de Éfeso. La leyenda cristiana cuenta la historia de siete pastores que se negaron a renunciar a su fe. Como castigo, el emperador romano Decio ordenó que los emparedaran en una cueva en la actual Turquía. Según la leyenda, al cabo de tres siglos encontraron la cueva y los durmientes se despertaron creyendo que solo habían dormido una noche. Hay una azora entera del Corán, «La cueva», que cuenta esta historia. Como Shukri Mustafa, Bin Laden se valió del simbolismo que la cueva evoca a los musulmanes. Además, el *modus operandi* de exilio, preparación y disimulo que configuraría la cultura de las células durmientes de al-Qaeda fue establecido por Takfir wal Hijra ya en 1975.

Dos años más tarde, miembros del grupo secuestraron a un ex ministro de donaciones religiosas en El Cairo, el jeque Muhammad al-Dahabi, un ulema humilde e ilustre que solía hablar en la Masyid al-Nur, una mezquita que Zawahiri había frecuentado en su juventud.[12] Cuando el gobierno egipcio hizo caso omiso a las demandas de dinero y publicidad de Shukri Mustafa, este asesinó al viejo jeque. Su cuerpo fue hallado en una calle de El Cairo, con las manos atadas en la espalda y parte de la barba arrancada.

La policía egipcia detuvo rápidamente a la mayoría de los miembros de Takfir wal Hijra y sometió a decenas de ellos a un juicio sumarísimo. Shukri Mustafa y otros cinco miembros del grupo fueron ejecutados. Con ello, el revolucionario concepto de expulsar a los musulmanes de la fe, y por tanto justificar su asesinato, pareció haber sido erradicado, pero en el discurso clandestino de la yihad había arraigado una forma transformada del *takfir*. Todavía ardían rescoldos en el Alto Egipto, donde Shukri Mustafa había hecho proselitismo en sus primeros años (y donde creció el doctor Fadl). Los miembros del grupo que quedaron suministraron a los camaradas de Zawahiri en al-Yihad las granadas y la munición utilizada para asesinar a Anwar al-Sadat.[13] Algunos seguidores llevaron la herejía a los países del norte de África, entre ellos Argelia, donde la descubrió el doctor Ahmed.

El *takfir* es el reflejo invertido del islam, en el sentido de que trastoca sus principios fundamentales pero mantiene la apariencia de ortodoxia. El Corán afirma explícitamente que los musulmanes no deben matar a nadie, excepto como castigo por cometer un asesinato. El Corán advierte que al asesino de un inocente se le juzga «como si hubiera matado a toda la humanidad». El asesinato de musulmanes es un delito aún más grave. Quien cometa semejante acto, dice el Corán, descubrirá que «su retribución es el infierno y en él permanecerá para siempre». ¿Cómo podían, entonces, grupos como al-Yihad y el Grupo Islámico justificar el uso de la violencia contra otros musulmanes para llegar al poder? Sayyid Qutb había mostrado el camino al declarar que un dirigente que no impone la sharia en su país es un apóstata. Hay un famoso dicho del Profeta que afirma que solo se puede derramar la sangre de otro musulmán en tres casos:[14] como castigo por cometer un asesinato, en caso de infidelidad matrimonial o por apartarse del islam. El devoto Anwar al-Sadat fue la primera víctima moderna de la lógica inversa del *takfir*.

Los nuevos takfiris, como el doctor Fadl y el doctor Ahmed, ampliaron los casos en que se podía condenar a muerte para que también incluyera, por ejemplo, a todo aquel que se registrara para votar. Según su visión, la democracia iba en contra del islam porque ponía en manos de la gente una autoridad que solo le pertenecía a Dios. Por tanto, todo aquel que votara era un apóstata y perdía su derecho a la vida, al igual que todo aquel que discrepara de su sombría interpretación del islam, incluidos los jefes muyahidines a los que aparentemente habían ido a ayudar e incluso todos los habitantes de Afganistán, a los que consideraban infieles porque no eran salafíes. Los nuevos takfiris creían que tenían derecho a matar prácticamente a todo aquel que se interpusiera en su camino; de hecho, lo consideraban un deber divino.[15]

Hasta su llegada a Peshawar, Zawahiri nunca había justificado el asesinato masivo. Siempre había pensado en el cambio político como un cirujano: un golpe de Estado rápido y preciso había sido siempre su ideal. Pero mientras trabajaba en el hospital de la Media Luna

Roja con el doctor Fadl y el doctor Ahmed, la moral que impedía a la resistencia política recurrir al terrorismo se volvió más laxa. Sus amigos y ex compañeros de prisión percibieron un cambio en su personalidad. El médico modesto y cortés que siempre había sido tan riguroso en sus argumentos se había vuelto altivo, hostil y extrañamente incongruente. Tomaba comentarios inocentes y los interpretaba de una manera estrafalaria y maliciosa. Quizá por primera vez desde que había alcanzado la edad adulta se enfrentaba a una crisis de identidad.

En una vida tan orientada hacia una causa y plena de sentido como la de Zawahiri, no hay muchos momentos que se puedan calificar de decisivos. Uno de ellos fue la ejecución de Sayyid Qutb cuando Zawahiri tenía quince años; de hecho, ese fue el punto de partida de todo lo que vendría después. La tortura, más que cambiar a Zawahiri, reforzó su determinación. Cada paso que daba en la vida estaba encaminado a cumplir su objetivo: instaurar un gobierno islámico en Egipto con el menor derramamiento de sangre posible. Pero la doctrina del *takfir* le causó una fuerte impresión. Los takfiris se habían convencido de que la salvación de toda la humanidad se encontraba al otro lado del territorio de la moral, aquel que siempre había sido la provincia segura de los condenados. Arriesgarían la salvación eterna de sus almas arrogándose la autoridad divina de decidir quién era un verdadero musulmán y quién no, quién debía vivir y quién debía morir.

Zawahiri se encontraba en medio de una gran encrucijada. Por una parte, tenía la posibilidad de iniciar el proceso gradual de reconstrucción de su movimiento en el exilio, a la espera de la oportunidad, si es que alguna vez llegaba, de regresar a Egipto y tomar el poder. Ese era su objetivo en la vida. Pero estaba a solo un paso del apocalipsis, que parecía mucho más cerca después de ver el otro lado. Allí, tras lo que él debía saber que sería un océano de sangre, estaba la promesa de la restauración universal del verdadero islam.

Durante los diez años siguientes, Zawahiri se debatiría entre ambas opciones. La opción egipcia era al-Yihad, que él mismo había fundado y definido. La opción universal aún no tenía nombre, pero ya estaba tomando forma. Se llamaría al-Qaeda.

La esposa de Zawahiri, Azza, se ocupaba del cuidado de la casa en Hayatabad (Pakistán), donde vivían otros muchos árabes. Las esposas de los miembros de al-Yihad se mantenían apartadas, llevaban abayas negras y se cubrían el rostro en público. Los Zawahiri alquilaron una casa con cuatro habitaciones y siempre tenían una de ellas disponible para los muchos visitantes que pasaban por allí. «Si les sobraba algo de dinero, se lo daban a los necesitados —explicaba Essam, el hermano de Azza—. Se contentaban con muy poco.»

La madre de Azza, Nabila Galal, visitó a Azza y a Ayman en Pakistán en tres ocasiones. Llevaba cajas de juguetes Fisher-Price para sus nietos.[16] Pensaba que eran «una familia extraordinariamente unida y siempre se movían juntos como una unidad».[17] Pero el hombre al que su piadosa hija había elegido seguía desconcertándola. Daba la impresión de que cada vez llevaba a su mujer y a sus hijos más cerca del peligro. Nabila se veía incapaz de frenar aquella deriva fatal, que había comenzado en 1981, cuando Zawahiri fue encarcelado justo al nacer su primogénita, Fatima. Nabila se había ocupado de su hija y de su nieta hasta que salió de la cárcel, tres años más tarde. Después de que Zawahiri escapara de Egipto y se trasladara a Yidda, Nabila acudió diligentemente para ayudar durante el parto de Umayma, llamada así en honor de la madre de Zawahiri. Durante aquellas visitas Azza le confesó en privado a su madre cuánto echaba de menos Egipto y a su familia. A Nabila le inquietaba el curso que estaba siguiendo la vida de Azza.

«Un día recibí una carta de Azza y sentí un profundo dolor mientras leía sus palabras —diría Nabila—. Escribía que iba a viajar a Pakistán con su marido. Yo no quería que fuera allí, pero sabía que nadie puede escapar de su destino. Era muy consciente de los derechos que su marido tenía sobre ella y de su deber hacia él, que es por lo que le habría seguido hasta el fin del mundo.»

En 1986, Azza dio a luz en Peshawar a Nabila, llamada así en honor de su madre, y al año siguiente a una cuarta hija, Jadiya. En 1988 nació el único hijo varón de Zawahiri, Muhammad, por lo que por fin se le concedió a Ayman el honor de ser llamado Abu Muhammad. Poco después llegó Nabila, en la que sería su última visita. Nunca olvidaría la imagen de Azza y sus hijas esperándola en el aeropuerto, todas ellas cubiertas con hiyab y sonriéndole. Aquella fue la última vez que las vería.

Bin Laden acudía a veces a impartir conferencias en el hospital en el que trabajaba Zawahiri. Aunque los objetivos de los dos hombres eran muy diferentes en aquel momento, tenían muchas cosas en común que les unían. Ambos eran hombres muy modernos, pertenecían a la clase educada y tenían conocimientos tecnológicos, pese a sus ideas religiosas fundamentalistas. Bin Laden había dirigido desde muy joven grandes equipos de trabajadores en sofisticados proyectos de construcción y se encontraba a gusto en el mundo de las altas finanzas. Zawahiri, siete años más joven, era cirujano, un hombre inmerso en la ciencia contemporánea y la tecnología médica. Ambos procedían de familias muy conocidas en todo el mundo árabe. Hablaban en voz baja, eran devotos y habían sufrido la represión política de los regímenes de sus propios países.

Cada uno satisfacía las necesidades del otro. Zawahiri quería dinero y contactos, y Bin Laden poseía ambos en abundancia. Osama, un idealista proclive a consagrarse a alguna causa, buscaba orientación; Zawahiri, un experimentado propagandista, se la proporcionaba. No eran amigos, sino aliados. Ambos creían que podían utilizar al otro, y ambos se vieron arrastrados en una dirección que no pretendían tomar. Al egipcio le interesaba muy poco Afganistán, excepto como un lugar para preparar la revolución en su propio país. Planeaba utilizar la yihad afgana como una oportunidad para reconstruir su desmantelada organización. En Bin Laden encontró a un patrocinador rico, carismático y maleable. El joven saudí era un devoto salafí, pero no un pensador político. Hasta que conoció a Zawahiri nunca había expresado la menor oposición a su propio gobierno o a otros regímenes árabes represivos. Su interés principal radicaba en expulsar al invasor infiel de tierras musulmanas, pero también albergaba un deseo malsano de castigar a Estados Unidos y Occidente por sus actos, que juzgaba crímenes contra el islam. La dinámica de la relación entre ambos hombres convirtió a Zawahiri y Bin Laden en personas que nunca habrían llegado a ser por sí solos; además, la organización que iban a crear, al-Qaeda, sería un vector de esas dos fuerzas, una egipcia y otra saudí. Ambos tendrían que ceder para adaptarse a los objetivos del otro; como consecuencia, al-Qaeda seguiría un camino único, el de la yihad global.

Durante una de sus conferencias en el hospital, Bin Laden habló de la necesidad de boicotear los productos estadounidenses como una manera de apoyar la causa palestina. Zawahiri le advirtió de que, al atacar a Estados Unidos, se adentraba en aguas peligrosas. «A partir de este momento deberías cambiar la manera de protegerte —dijo Zawahiri—. Deberías alterar todo tu sistema de seguridad, ya que ahora reclaman tu cabeza los estadounidenses y los judíos, no solo los comunistas y los rusos, porque estás golpeando a la serpiente en la cabeza.»[18]

Para concretar esta propuesta, Zawahiri le ofreció un grupo de muyahidines sumamente disciplinados, muy diferentes de los adolescentes y vagabundos que componían la mayor parte de la comunidad de árabes afganos. Los reclutas de Zawahiri eran médicos, ingenieros y soldados. Estaban acostumbrados a trabajar en secreto. Muchos de ellos habían estado en la cárcel y ya habían pagado un elevado precio por sus ideas. Ellos serían los que se convertirían en los jefes de al-Qaeda.

Nevaba en febrero de 1988 cuando un director de cine egipcio, Essam Deraz, y el equipo que había reunido apresuradamente llegaron a la Guarida del León. Varios muyahidines provistos de cananas y kaláshnikovs vigilaban la entrada de la cueva principal, situada bajo un risco. Al ver las cámaras de vídeo se alarmaron. Deraz les explicó que Bin Laden les había dado permiso para visitar la Guarida del León y grabar a los árabes, pero él y su equipo tuvieron que esperar fuera durante una hora soportando el intenso frío. Finalmente, un guarda le dijo que podía entrar, pero que su equipo tenía que quedarse fuera. Deraz se negó, indignado. «O entramos todos, o nos quedamos fuera todos», dijo.

Al cabo de unos minutos apareció Zawahiri, que se identificó como el doctor Abdul Mu'iz. Se disculpó por el descortés recibimiento e invitó a los hombres a entrar para tomar té y pan. Aquella noche Deraz durmió en el suelo de la cueva, junto a Zawahiri, que estaba allí para supervisar la construcción de un hospital en uno de los túneles.

Los egipcios tenían su propio campamento dentro de la Guarida del León. Bin Laden los tenía a sueldo y pagaba a cada hombre 4.500 riales saudíes (unos 1.200 dólares) al mes para que mantuvieran a sus familias.[19] Uno de los egipcios era Amin Ali al-Rashidi, que había adoptado el nombre yihadí de Abu Ubaydah al-Banshiri.[20] Abu Ubaydah era un ex policía cuyo hermano había participado en el asesinato de Sadat. Zawahiri se lo había presentado a Bin Laden,[21] que descubrió que era tan irreemplazable que le nombró jefe militar de los árabes. Abu Ubaydah ya se había forjado la reputación de ser muy valiente en el campo de batalla, combatiendo primero a las órdenes de Sayyaf y después de Bin Laden. Era a él a quien se atribuía la mítica victoria de los árabes sobre los soviéticos varios meses antes. A Deraz le pareció tan tímido como un niño. El segundo al mando después de Abu Ubaydah era otro antiguo oficial de policía, Muhammad Atef, al que llamaban Abu Hafs.[22] Tenía la tez oscura y unos luminosos ojos verdes.

No hacía mucho que había llegado un hombre exaltado y muy temperamental llamado Muhammad Ibrahim Makkawi[23] con la esperanza de que le asignaran el mando militar de los árabes afganos debido a su experiencia como coronel en las Fuerzas Especiales del ejército egipcio. Makkawi, menudo y moreno, mantenía el aire militar con el rostro afeitado[24] pese a estar rodeado de barbas fundamentalistas. «Los demás árabes le odiaban porque se comportaba como un oficial», dijo Deraz. A algunos de los islamistas les causó la impresión de ser peligrosamente desequilibrado.[25] Antes de abandonar El Cairo en 1987, Makkawi estuvo deliberando si debía ir a Estados Unidos y alistarse en el ejército estadounidense o a Afganistán para unirse a la yihad. Por la misma época, le habló a un legislador egipcio de un plan para estrellar un avión de pasajeros contra el Parlamento egipcio.[26] Es posible que Makkawi sea el mismo hombre que adoptó el nombre de guerra de Saif al-Adl.[27] Lo único que mantenía unidos a Makkawi y Zawahiri era su común determinación de derrocar al gobierno egipcio.

Deraz se convertiría en el primer biógrafo de Bin Laden. Pronto se percató de que los egipcios formaban una barrera en torno al saudí, que se mostraba curiosamente pasivo y rara vez se aventuraba a expresar una opinión propia, prefiriendo solicitar las opiniones de otros miembros del grupo. Esta humildad, este aparente candor, por parte de Bin Laden despertaba un sentimiento de protección en muchos, incluido Deraz. Este afirma que trató de contrarrestar la influencia de sus compatriotas, pero que cada vez que intentaba hablar confidencialmente con Bin Laden, los egipcios rodeaban al saudí y se lo llevaban a otra habitación. Todos ellos tenían proyectos para él. Deraz pensaba que Bin Laden tenía aptitudes para ser «otro Eisenhower» si transformaba su leyenda guerrera en una vida política pacífica. Pero ese no era el plan de Zawahiri.

En mayo de 1988, los soviéticos iniciaron una retirada escalonada de Afganistán, lo que suponía el fin de la guerra. Poco a poco Peshawar fue recuperando el aspecto sórdido de antaño y los jefes muyahidines afganos empezaron a almacenar armas, preparándose para enfrentarse a sus nuevos e inevitables enemigos: los unos contra los otros.

Bin Laden y sus asesores egipcios también estaban sopesando el futuro. Zawahiri y el doctor Fadl le entregaban constantemente manifiestos en los que describían una perspectiva «islámica» que reflejaba sus tendencias takfiris.[28] Uno de los mejores amigos de Bin Laden le llamó por teléfono a Peshawar en aquella época, pero le dijeron que no estaba disponible porque el «doctor Ayman le estaba dando una clase sobre cómo convertirse en el cabecilla de una organización internacional».[29]

Mientras formaba a Bin Laden para que desempeñara el papel que había concebido para él, Zawahiri trataba de desacreditar al jeque Abdullah Azzam, su gran y único competidor por la atención de Bin Laden. «No sé qué hacen algunas personas aquí en Peshawar —se quejaba Azzam a su yerno Abdullah Anas—. Hablan en contra de los muyahidines. Solo buscan una cosa: crear *fitna* [discordia] entre los voluntarios y yo.»[30] Una de las personas a las que acusó de tratar de crear problemas fue Zawahiri.

Azzam reconoció que el verdadero peligro era el *takfir*. La herejía que había infectado a la comunidad de árabes afganos se estaba propagando y amenazaba con corromper fatalmente la pureza espiritual de la yihad. Azzam creía que la lucha era contra los no creyentes y que no debía librarse en el seno de la comunidad islámica, por muy dividida que esta pudiera estar. Emitió una fatwa[31] en la que se oponía al adiestramiento de terroristas con el dinero recaudado para la resistencia afgana y predicaba que el asesinato deliberado de civiles, sobre todo de mujeres y niños, iba en contra del islam.

Y, sin embargo, el propio Azzam estaba a favor de formar una «vanguardia pionera»[32] similar a la que proponía Sayyid Qutb. «Esta vanguardia constituye la sólida base (*qaeda*) para la sociedad que anhelamos», escribió Azzam en abril de 1988. Sobre esta base se construiría la sociedad islámica ideal. Azzam creía que Afganistán solo era el comienzo. «Continuaremos la yihad sin importar lo largo que sea el camino hasta el último aliento y el último latido del corazón, o hasta que veamos la fundación del Estado islámico.» Entre los territorios en los que contemplaba el futuro de la yihad se incluían las repúblicas soviéticas del sur, Bosnia, Filipinas, Cachemira, Asia Central, Somalia, Eritrea y España, en definitiva todo el territorio del antiguo Imperio islámico.

Sin embargo, lo primero era Palestina. Azzam ayudó a crear Hamas, el movimiento de resistencia palestino, al que consideraba una extensión natural de la yihad afgana. Hamas se basaba en los Hermanos Musulmanes y estaba concebido para servir como un contrapeso islámico a la Organización para la Liberación de Palestina laica de Yasir Arafat. Azzam pretendía adiestrar a brigadas de combatientes de Hamas en Afganistán,[33] que después regresarían para luchar contra Israel.

Pero los planes de Azzam para Palestina eran incompatibles con el proyecto de Zawahiri de promover la revolución en el seno de los países islámicos, sobre todo en Egipto. Azzam se oponía categóricamente a una guerra en la que lucharan musulmanes contra musulmanes. Cuando la guerra contra los soviéticos ya tocaba a su fin, la disputa por el futuro de la yihad estuvo definida por estos dos obstinados hombres. El botín que ambos codiciaban era un joven saudí rico e impresionable que albergaba sus propios sueños.

¿Qué quería Bin Laden? Sus prioridades no eran las mismas que las de Zawahiri o Azzam. La tragedia de Palestina era un tema constante en sus discursos, pero era reacio a participar en la intifada contra Israel. Como Azzam, Bin Laden odiaba a Yasir Arafat porque era laico.[34] Y tampoco le entusiasmaba la perspectiva de una guerra contra los gobiernos árabes. En esa época preveía trasladar la lucha a Cachemira, Filipinas y, sobre todo, las repúblicas de Asia Central, donde podía proseguir con la yihad contra la Unión Soviética.[35] Estados Unidos todavía no figuraba en la lista de nadie. La finalidad de la vanguardia que iba a crear era, ante todo, combatir el comunismo.

Un aciago día en Peshawar, el 11 de agosto de 1988, el jeque Abdullah Azzam convocó una reunión para debatir el futuro de la yihad.[36] Estaban presentes Bin Laden, Abu Hafs, Abu Ubaydah, Abu Hayer, el doctor Fadl y Wa'el Yulaidan. Estos hombres estaban unidos por haber compartido experiencias insólitas, pero estaban profundamente divididos por sus objetivos y filosofías. Uno de los objetivos de Azzam era asegurarse de que, en caso de que estallara una guerra civil afgana, los árabes no se involucraran. Su idea anterior de dispersar a los árabes entre los diferentes comandantes podría resultar desastrosa si los afganos empezaban a luchar entre sí. Ahora estaba de acuerdo con Bin Laden en que era necesario crear un grupo de árabes independientes, pero discrepaban en cuanto a la dirección que debía tomar. A los takfiris (Hafs, Abu Ubaydah y Fadl) les interesaba sobre todo tomar el poder en Egipto, pero querían dar su opinión sobre el último proyecto. Abu Hayer, el kurdo iraquí, siempre recelaba de los egipcios y tendía a oponerse a ellos por principio, pero también era el más militante de todos, por lo que era difícil saber a qué bando iba a apoyar. Aunque Azzam presidía la reunión, los comentarios iban dirigidos a Bin Laden, ya que todos comprendían que el destino de la yihad estaba en manos del saudí, y no en las suyas.

Según las notas manuscritas[37] que tomó Abu Rida en la reunión, el debate se abrió con tres cuestiones generales:

a. Seguisteis la opinión del jeque Abdullah
   → sabiendo que el grupo militar del jeque está acabado.
b. Este proyecto futuro es en interés de los hermanos egipcios.
c. La etapa siguiente es la de nuestra labor en el extranjero
   → hay desacuerdos
   → hay muchas armas.

Los hombres se percataron de que ya había transcurrido más de un año desde la construcción de la Guarida del León y, sin embargo, era poco más que un campo de entrenamiento. Los árabes seguían excluidos de la verdadera lucha. Reconocían que era importante educar a los jóvenes, pero era hora de dar el siguiente paso. «Deberíamos centrarnos en la idea inicial que nos trajo aquí —anotó Abu Rida con su apretada letra—. Todo esto es para poner en marcha un proyecto nuevo desde cero.»

Como respuesta, Bin Laden, al que ahora llamaban jeque por deferencia a su creciente relevancia entre los árabes, reflexionaba sobre su experiencia en Afganistán hasta el momento: «Yo soy una sola persona. No hemos puesto en marcha ni una organización ni un grupo islámico. Ha transcurrido un lapso de un año y medio, un período de formación, de crear confianza, de poner a prueba a los hermanos que llegan, y un período de ponernos a prueba nosotros mismos ante el mundo islámico. Aunque empecé todo esto en las circunstancias más sombrías y en tan poco tiempo, hemos obtenido enormes beneficios». No atribuyó mérito alguno a Azzam, el verdadero progenitor de los árabes afganos; ahora era la saga de Bin Laden. Era la primera vez que se apreciaba el tono épico que caracterizaría su discurso, el de un hombre consciente de su destino.

«En cuanto a nuestros hermanos egipcios —prosiguió Bin Laden, mencionando una cuestión sin duda espinosa para muchos de sus adeptos—, no podemos ignorar que han permanecido a nuestro lado en los peores momentos.»

Entonces uno de los hombres dijo que, aunque no habían alcanzado los principales objetivos de los árabes, «trabajamos con lo que teníamos», pero «perdimos mucho tiempo».

«Hemos progresado mucho», respondió Bin Laden, quizá a la defensiva, y señaló a los «jóvenes entrenados, obedientes y fieles» que se podían utilizar de inmediato.

Aunque no figura en las notas, se celebró una votación para formar una nueva organización cuyo objetivo fuera mantener viva la yihad después de que se fueran los soviéticos. Cuesta imaginar que aquellos hombres estuvieran de acuerdo en algo, pero solo Abu Hayer votó en contra del nuevo grupo. Abu Rida resumió la reunión diciendo que había que elaborar un plan en un plazo de tiempo adecuado y encontrar personas capacitadas para poner en práctica dicho plan. «Cálculo inicial: seis meses después de la creación de al-Qaeda, se habrán formado y estarán listos 314 hermanos.» Para la mayoría de los participantes en la reunión, aquella fue la primera vez que surgió el nombre de al-Qaeda. Los miembros del nuevo grupo serían seleccionados entre los árabes afganos más prometedores, pero todavía no estaba claro qué iba a hacer la organización o adónde iría después de la yihad. Quizá ni siquiera el propio Bin Laden lo sabía.

Pocos de los presentes se dieron cuenta de que un reducido grupo de personas de confianza de Bin Laden ya había creado en secreto al-Qaeda unos meses antes. El amigo de Bin Laden de Yidda, Medani al-Tayeb,[38] casado con su sobrina, se había unido al grupo el 17 de mayo, al día siguiente del Ramadán, por lo que la reunión organizativa del 11 de agosto no hizo sino poner al descubierto algo que ya estaba en marcha encubiertamente.

La mañana del sábado 20 de agosto, aquellos mismos hombres se reunieron de nuevo para fundar lo que llamaron al-Qaeda al-Askariya (la base militar).[39] «La mencionada al-Qaeda es básicamente una facción islámica organizada cuyo objetivo es propagar la palabra de Dios, hacer que Su religión salga victoriosa», anotaría el secretario en las actas de la reunión. Los fundadores dividieron el trabajo militar, como lo llamaron, en dos partes: la «duración limitada» en la que los árabes recibirían una formación y acompañarían a los muyahidines afganos durante el resto de la guerra; y la «duración abierta», en la que «entran en un campamento de pruebas y se elige entre ellos a los mejores hermanos». Los que superasen aquel segundo campamento pasarían a ser miembros de la nueva entidad, al-Qaeda.

El secretario enumeró los requisitos para aquellos que quisieran unirse a la nueva organización:

- Miembros de la duración abierta.
- Atentos y obedientes.
- Con buenos modales.
- Recomendados por una fuente de confianza.
- Respetuosos con los estatutos e instrucciones de al-Qaeda.

Además, los fundadores escribieron un juramento que los nuevos miembros debían pronunciar al incorporarse a al-Qaeda: «Por la promesa de Dios y su alianza, es mi deber escuchar y obedecer enérgicamente a los superiores que hacen este trabajo, de levantarme pronto tanto en tiempos difíciles como de calma».

«La reunión concluyó la tarde del sábado 20/8/1988 —anotó el secretario—. La tarea de al-Qaeda comenzó el 10/9/1988 con un grupo de quince hermanos.» A pie de página, el secretario añadió: «Hasta la fecha del 20/9, el comandante Abu Ubaydah llegó a informarme de la existencia de treinta hermanos en al-Qaeda que cumplían los requisitos, gracias a Dios».

Bin Laden no atribuía un significado especial al nombre del nuevo grupo. «El hermano Abu Ubaydah al-Banshiri, que en paz descanse, creó un campamento para entrenar a jóvenes para que lucharan contra la Unión Soviética, opresiva, atea y verdaderamente terrorista —declararía más tarde—. Llamamos a ese lugar al-Qaeda, en el sentido de que era una base de entrenamiento, y de ahí es de donde procede el nombre.»[40]

Las reacciones de los socios de Bin Laden ante la formación de al-Qaeda fueron diversas. Abu Rida al-Suri, el muyahidín de Kansas City, afirma que cuando oyó hablar por primera vez de la legión árabe internacional que Bin Laden estaba creando preguntó sin mucha convicción cuántos se habían alistado.

—Sesenta —mintió Bin Laden.[41]

—¿Cómo los vas a trasladar? —preguntó Abu Rida—. ¿Con Air France?

La formación de al-Qaeda dio a los árabes afganos una razón más por la que luchar. Cada iniciativa que surgía en aquel paisaje cultural apenas poblado era objeto de disputa y cualquier cabeza que sobresalía entre la multitud era una diana. La yihad de Afganistán pasó a ser algo secundario en la guerra dialéctica y de ideas que se libraba en las mezquitas. Incluso la venerable Oficina de Servicios que habían creado Bin Laden y Azzam para ayudar a los árabes que querían sumarse a la yihad fue tachada de tapadera de la CIA y Azzam tildado de títere de Estados Unidos.

El causante de estas disputas era el mismo de siempre: el dinero. Peshawar era el conducto por el que se canalizaba el dinero hacia la yihad y el enorme operativo de ayuda a los refugiados. Las principales reservas de fondos —los centenares de millones de dólares procedentes de Estados Unidos y Arabia Saudí que los servicios secretos paquistaníes (ISI) repartían cada año entre los señores de la guerra afganos— se iban agotando a medida que los soviéticos se preparaban para marcharse. La escasez no hacía sino alimentar la avaricia por lo que quedaba: los organismos humanitarios internacionales, las organizaciones benéficas privadas y los bolsillos de Bin Laden.

Para los egipcios que patrocinaban a Bin Laden, Azzam fue desde un principio un gran obstáculo. Ninguno de los árabes disfrutaba de un prestigio comparable. La mayoría de lós jóvenes atraídos por la yihad habían acudido en respuesta a su fatwa y sentían por Azzam un respeto reverencial. «Era un ángel que rezaba toda la noche, lloraba y ayunaba», recordaría su antiguo ayudante, Abdullah Anas, que se casó con la hija de Azzam solo para estar cerca de su mentor. Para la mayoría de los árabes que pasaban por Peshawar, Azzam era el hombre más famoso que habían conocido. Muchos de ellos, incluido Bin Laden, habían pasado sus primeras noches en Peshawar durmiendo bajo su techo. Hablaban emocionados de su sabiduría, su generosidad y su valor. Llegó a convertirse en la personificación de la nobleza de espíritu de los árabes afganos y su sombra se extendía por todo el mundo. Destruir un icono tan célebre sería una tarea peligrosa.

Los egipcios no eran los únicos interesados en librarse de Azzam. A los saudíes les preocupaba que el carismático líder convirtiera a sus jóvenes yihadíes en miembros de los Hermanos Musulmanes. Querían un «cuerpo independiente»,[42] dirigido por un saudí, al que se le pudiera confiar la gestión de los asuntos de los muyahidines y que al mismo tiempo velara por los intereses del reino. Bin Laden y al-Qaeda eran considerados una alternativa salafí, gestionada por un leal hijo del régimen saudí.

Abdullah Anas, el máximo exponente de los combatientes árabes afganos, acababa de regresar a Peshawar después de haber combatido junto a Ahmed Sha Massud en el norte de Afganistán. Se quedó atónito al enterarse de que los líderes árabes iban a celebrar una reunión para sustituir a su suegro, Abdullah Azzam. Cuando Anas le habló de ello, Azzam le aseguró que la elección era puramente cosmética. «A las autoridades saudíes no les gusta que lidere a los árabes en Afganistán —explicó Azzam—. Todo el dinero que llega para los huérfanos, las viudas y las escuelas proviene de Arabia Saudí. Les inquieta ver que los jóvenes saudíes se organizan bajo mi mando. Temen que pasen a formar parte de los Hermanos Musulmanes.»[43] Los saudíes querían que asumiera el mando uno de los suyos. Con Osama bin Laden como nuevo emir, continuó Azzam, los saudíes se sentirían seguros. «Se relajarán porque creen que, cuando Osama está fuera de control, pueden pararle. Pero yo soy palestino. No tienen forma de detenerme.»

Aún le resultó más difícil a Azzam convencer a su viejo amigo el jeque Tamim de que apoyara aquella propuesta. Aunque Azzam le dijo que la elección no era más que una charada para conseguir el beneplácito de Arabia Saudí, estaba claro que algunos de los presentes en aquella reunión tenían otros planes. Aprovecharon la ocasión para tratar de mancillar la reputación de Azzam acusándole de robo, corrupción y mala gestión en la Oficina de Servicios. El jeque Tamim estaba indignado y se dirigió a Bin Laden.

—Di algo —le pidió.

—Soy el emir de esta reunión —respondió Bin Laden—. Espera tu turno.

—¿Quién te ha dicho que tú eres mi emir? —se quejó Tamim—. El jeque Abdullah me convenció para que te apoyara, pero ¿cómo dejas que esa gente diga estas cosas?[44]

Tamim se negó a aceptar la votación en la que Bin Laden resultó elegido nuevo jefe de los árabes por una abrumadora mayoría.

Azzam estaba tranquilo y no parecía preocupado. «Osama es limitado —tranquilizó a sus partidarios—. ¿Qué puede hacer Osama para organizar a la gente? ¡Nadie le conoce! No os preocupéis.»[45]

Azzam estaba más debilitado de lo que pensaba. Uno de los hombres de Zawahiri, Abu Abdul Rahman,[46] un ciudadano canadiense de origen egipcio, presentó una queja contra él. Abu Abdul Rahman estaba al frente de un proyecto médico y educativo en Afganistán. Alegaba que los hombres de Azzam le habían arrebatado el proyecto de las manos, confiscando los fondos destinados al mismo. Además, acusó a Azzam de propagar el rumor de que estaba intentando vender el proyecto humanitario a la embajada estadounidense o a una organización cristiana.

Las acusaciones causaron un gran revuelo en Peshawar. Se repartieron panfletos y se pegaron carteles en las paredes reclamando que se juzgara a Azzam. Estallaron peleas en las mezquitas entre los partidarios de los diferentes bandos. Detrás de las acusaciones vertidas contra Azzam estaban los médicos takfiris del hospital de la Media Luna Roja kuwaití: Zawahiri y sus colegas. Ya habían conseguido expulsarle de la dirección de la mezquita del hospital[47] y ahora pronosticaban con alegría su caída. «Pronto veremos la mano de Abdullah Azzam cortada en Peshawar», exclamó el doctor Ahmed el-Wed, el argelino, en una reunión.[48]

Convocaron un tribunal para que examinara los cargos, en el que el doctor Fadl ejercía de fiscal y juez al tiempo. Este tribunal takfiri ya se había reunido antes para juzgar a otro muyahidín al que declararon culpable de apostasía. Encontraron su cuerpo despedazado dentro de una bolsa de arpillera en una calle de Peshawar.

Al segundo día del juicio, después de medianoche, Bin Laden fue corriendo a buscar a su íntimo amigo saudí Wa'el Yulaidan, que estaba en la cama con convulsiones y fiebre alta, enfermo de malaria. Bin Laden insistió para que Yulaidan fuera con él de inmediato.

«No podemos confiar en los egipcios —declaró—. Juro por Dios que esa gente, si tiene la oportunidad de tomar una resolución contra el doctor Abdullah Azzam, le matarán.»[49]

Yulaidan acompañó a Bin Laden a la reunión, que aún duró un par de horas más. Los jueces fallaron en contra del doctor Abdullah

Azzam y ordenaron devolver el control de la institución benéfica a Abu Abdul Rahman, pero gracias a la intervención de Bin Laden ahorraron a Azzam el oprobio de la mutilación pública. Sin embargo, desde el punto de vista de los enemigos de Azzam fue un veredicto poco satisfactorio, ya que permitía a este seguir siendo un personaje destacado, y ellos estaban decididos a acabar con él.

El 15 de febrero de 1989, el general Boris V. Gromov, comandante de las fuerzas soviéticas en Afganistán, cruzó el puente de la Amistad en dirección a Uzbekistán. «No ha quedado ni un solo soldado soviético u oficial detrás de mí —comentó el general—. Así termina nuestra estancia de nueve años.»[50] Los soviéticos habían tenido quince mil bajas y más de treinta mil heridos.[51] Murieron entre uno y dos millones de afganos, de los que quizá el 90 por ciento eran civiles.[52] Se arrasaron aldeas, se destruyeron cosechas y se mató al ganado, la tierra se sembró de minas. Una tercera parte de la población vivía en los campos de refugiados de Pakistán o Irán.[53] Sin embargo, el gobierno comunista afgano seguía en Kabul y la yihad entraba en una nueva y confusa fase.

El final de la ocupación coincidió con una repentina y sorprendente llegada de muyahidines árabes, entre ellos centenares de saudíes que estaban dispuestos a dar caza al oso soviético que se batía en retirada. Según las estadísticas del gobierno paquistaní, entre 1987 y 1993 llegaron más de seis mil árabes[54] para participar en la yihad, el doble de los que habían acudido a luchar contra la ocupación soviética. Estos jóvenes eran diferentes al reducido grupo de creyentes a los que había atraído a Afganistán Abdullah Azzam. Eran «hombres con grandes sumas de dinero y sentimientos exacerbados», señalaría un cronista de al-Qaeda.[55] Los niños mimados del golfo Pérsico iban allí de excursión y se alojaban en contenedores con aire acondicionado;[56] allí les proporcionaban RPG y kaláshnikovs que podían disparar al aire. Después podían volver a casa y alardear de su aventura. Muchos de ellos eran estudiantes de secundaria o universitarios que empezaban sus estudios religiosos, sin pasado ni nadie que respondiera por ellos. El caos y la barbarie, que siempre amenazaban con aplastar el movimiento, se recrudecieron rápidamente cuando Bin Laden tomó las riendas. Los robos de bancos y los asesinatos se volvieron aún más habituales, justificados por absurdas reivindicaciones religiosas. Un grupo de takfiris incluso asaltaron un camión de un organismo islámico de ayuda humanitaria y justificaron su acción diciendo que los saudíes eran infieles.[57]

Ahora que era el emir de los árabes, Bin Laden estaba por encima de la desaforada competencia por reclutar nuevos miembros entre los grupos islámicos rivales, que se daban codazos entre sí en el aeropuerto mientras metían a empujones a los recién llegados en sus autobuses. Las disputas eran particularmente sucias entre los egipcios. Las dos principales organizaciones egipcias, el Grupo Islámico del jeque Omar Abdul Rahman y al-Yihad de Zawahiri, abrieron casas de huéspedes que competían entre sí y empezaron a publicar revistas y folletos con el único propósito de difamarse entre ellos. El Grupo Islámico acusó a Zawahiri, entre otras cosas, de haber vendido armas a cambio de oro, depositado en una cuenta de un banco suizo,[58] y de ser un agente estadounidense, la acusación de traición por excelencia. Por su parte, Zawahiri escribió un panfleto atacando al jeque Omar, titulado «El jefe ciego»,[59] en el que recapitulaba sus peleas en la cárcel por el control del movimiento islamista radical. La razón oculta de estas andanadas de calumnias era la cuestión de quién iba a controlar a Bin Laden, la gallina de los huevos de oro saudí. Bin Laden dio a conocer sus preferencias concediendo cien mil dólares a al-Yihad para que iniciara sus operaciones.[60]

Mientras tanto, una nueva batalla se iba perfilando en Yalalabad,[61] el punto de entrada estratégico en Afganistán por el paso de Jaybar, donde convergían todas las carreteras, valles y senderos. El adversario ya no era la superpotencia soviética, sino el gobierno comunista afgano, que se negaba a caer como muchos habían previsto. (Una de las inquietantes ironías de la cruzada de los árabes afganos es que estaba compuesta por una mayoría abrumadora de musulmanes que iban a luchar contra musulmanes, no contra invasores soviéticos.) Se suponía que el cerco de Yalalabad iba a poner fin al dominio comunista en Afganistán. Envalentonados por la retirada soviética, los muyahidines habían decidido desdeñosamente lanzar un ataque frontal contra la posición afgana. Miles de soldados del gobierno afgano, desmoralizados por los artículos que aparecían en la prensa paquistaní sobre el inminente ataque de los muyahidines y la inevitable y rápida victoria que se les suponía, defendían la ciudad, que se alzaba detrás de un río y un amplio corredor plagado de minas rusas.

El primer asalto se produjo en marzo de 1989, cuando entre cinco mil y siete mil muyahidines afganos atacaron la carretera número 1.[62] Ocho comandantes diferentes dirigían a los hombres, sin contar a los árabes, que seguían a Bin Laden. Tras tomar el aeropuerto, situado en las afueras de la ciudad, los muyahidines tuvieron que retroceder debido a un potente contraataque; después la situación alcanzó un inesperado punto muerto, cuando varios comandantes muyahidines que participaban en el cerco se negaron a coordinarse entre sí.

Bin Laden y su personal militar ocuparon una pequeña cueva en las montañas, a cuatro kilómetros de la ciudad.[63] Tenía menos de doscientos hombres a sus órdenes.[64] Una vez más, estaba enfermo.

Entonces llegó su biógrafo, Essam Deraz, que llevó consigo vitaminas y doce cajas de Arcalion, un medicamento que Bin Laden siempre solicitaba. Le dijo a Deraz que le ayudaba a concentrarse. El Arcalion se suele recetar cuando se produce una acusada pérdida de fuerza o resistencia muscular, que puede estar causada por una deficiencia vitamínica o un envenenamiento por plomo. La salud de Bin Laden, tan robusta cuando era un joven del desierto, había sufrido varios reveses en el duro entorno de las montañas. Como muchos de los hombres, había contraído malaria; después, en el severo invierno de 1988-1989, estuvo a punto de morir de neumonía cuando él y varios compañeros quedaron atrapados durante varios días dentro de un vehículo bajo una intensa nevada.[65] El prolongado e inesperado cerco de Yalalabad perjudicó aún más su salud ya debilitada, y padecía cada vez con mayor frecuencia repentinos ataques de dolor de espalda y una fatiga que le paralizaba.

Zawahiri, que se había granjeado entre los combatientes árabes la fama de ser un genio de la medicina,[66] viajaba dos o tres veces por semana desde Peshawar para tratar a los heridos. Por supuesto, su principal paciente era Bin Laden, que necesitaba tratamientos de glucosa por vía intravenosa para no desmayarse. Bin Laden pasaba horas tumbado en el suelo de la cueva, atormentado por el dolor e incapaz de moverse. El diagnóstico fue hipotensión, que normalmente es el síntoma de otra enfermedad.* Fueran cuales fuesen los problemas de salud de Bin Laden, la amistad entre él y Zawahiri siempre se vería complicada por el hecho de que uno ponía su vida en manos del otro.

Los bombarderos afganos efectuaban unas veinte salidas diarias[68] y descargaban sobre la infantería de los muyahidines una lluvia de bombas de racimo. Bin Laden y sus hombres se refugiaban en una trinchera excavada entre dos posiciones de montaña. En una ocasión, Bin Laden esperaba a que Zawahiri le administrara glucosa por vía intravenosa,[69] que colocó una percha metálica para sujetar la botella de glucosa y después insertó el tubo intravenoso en la botella. Bin Laden se remangó y esperó a que el doctor le introdujera la cánula en la vena. Justo entonces tronó sobre sus cabezas un bombardero que volaba a baja altitud, al que siguieron explosiones que hicieron temblar las montañas. El humo y el polvo cubrieron a los muyahidines, que salieron a rastras de la trinchera para evaluar los daños. Resultó que las bombas habían caído en la cima, sobre ellos, pero la lluvia de rocas había hecho caer la percha de la glucosa.

Zawahiri volvió a colocar tranquilamente la percha y desenredó el tubo intravenoso. Cogió otra cánula estéril, pero una vez más, justo cuando Bin Laden estiraba el brazo, una serie de explosiones cubrió a los hombres de piedras y destrozó los travesaños de madera que soportaban las paredes de la trinchera. Las bombas caían justo encima de ellos. Los hombres se echaron a tierra y esperaron a que la aviación se alejara. Entonces Zawahiri recogió la percha y la misma botella de glucosa, que esta vez había ido a parar al otro extremo de la trinche-

---

* Una posibilidad, en el caso de Bin Laden, es la enfermedad de Addison,[67] una patología del sistema endocrino caracterizada por la hipotensión, la pérdida de peso, fatiga muscular, irritabilidad del estómago, fuertes dolores de espalda, deshidratación y un deseo anormal de sal. No es más que una conjetura, pero Bin Laden presentaba todos estos síntomas. Aunque la enfermedad se puede controlar con esteroides, una crisis de la enfermedad de Addison, como las que podría haber experimentado Bin Laden, puede ser mortal si no se trata al paciente de inmediato con una solución salina y glucosa.

ra. Para entonces los hombres ya se habían fijado en la botella, «como si se tratara de un ente vivo con un secreto», recordó Deraz.

Uno de los hombres se quejó a Zawahiri.

—¿No lo ves? Cada vez que pones esa botella en la percha, nos bombardean.

Zawahiri se rió y se negó a coger otra botella de glucosa.

—Es una simple coincidencia —dijo.

Sin embargo, mientras se preparaba para insertar la aguja, otra serie de aterradoras explosiones sacudió la tierra e hizo que los hombres se arrojaran a tierra, gritando y musitando versículos del Corán. Las maderas del techo se hundieron y la trinchera quedó a cielo abierto. Entonces alguien gritó que los estaban atacando con gas venenoso y se pusieron rápidamente las máscaras de gas. En medio del humo, el miedo y la confusión, Zawahiri volvió a montar pacientemente la percha metálica y cogió de nuevo la botella de glucosa.

Todos los que estaban en la trinchera empezaron a gritarle.

«¡Lanza la botella fuera! ¡No la toques!»

Bin Laden trató de recordarles que creer en los malos presagios está prohibido en el islam, pero cuando Zawahiri empezaba a colocar el tubo, uno de los saudíes se puso en pie y, sin mediar palabra, le quitó a Zawahiri la botella de glucosa de las manos y la arrojó fuera de la trinchera. Todos rompieron a reír, incluso Bin Laden, y se alegraron de haberse librado de la botella.

Había un joven que luchaba junto a Bin Laden durante el cerco de Yalalabad llamado Shafiq.[70] Medía menos de un metro cincuenta, pesaba unos cuarenta kilos y era uno de los pocos saudíes que habían llegado al principio que seguía siendo leal a su jefe pese al séquito egipcio que le rodeaba. Yamal Jalifa, que fue profesor suyo en Medina, recordaba a Shafiq como un joven educado y pulcramente vestido que había abandonado la escuela a los dieciséis años para unirse a la yihad. Su padre acudió enseguida a Afganistán para llevárselo de vuelta a casa. Jalifa se quedó impresionado cuando vio a su antiguo alumno de nuevo en Arabia Saudí. Tenía el pelo enmarañado y le llegaba hasta los hombros, y llevaba los zapatos sucios y unos pantalones afganos. El colegial se había transformado en un curtido guerrero que estaba impaciente por volver a la batalla. Apenas habían transcurrido unas semanas cuando Shafiq cogió el pasaporte del lugar donde lo había escondido su padre y regresó a la guerra, una decisión cuyas consecuencias serían históricas.

Un día, un centinela de Yalalabad observó que los helicópteros del ejército afgano se aproximaban a las posiciones árabes, seguidos de blindados e infantería. Los guiaba un muyahidín traidor que los había vendido. El centinela pidió a los hombres de Bin Laden que evacuaran la cueva donde se habían refugiado, pero para entonces ya tenían encima las unidades acorazadas, listas para arrasar la base.

Bin Laden se alejó a toda prisa con el resto de sus soldados excepto Shafiq, que sin ayuda de nadie les cubrió la retirada con un pequeño mortero. Es probable que, sin los escasos momentos de tregua que proporcionó Shafiq, Bin Laden hubiera muerto en Yalalabad y, con él, su sueño aún sin cumplir. Allí murieron otros ochenta árabes,[71] incluido Shafiq, en el peor desastre ocurrido hasta la fecha a los árabes afganos.

Al-Qaeda celebró la primera sesión de reclutamiento en el campamento de Faruk, cerca de Jost (Afganistán), poco después de la debacle de Yalalabad. Faruk era un campamento *takfir*,[72] creado por Zawahiri y el doctor Fadl y consagrado por completo a la instrucción de la élite de los muyahidines árabes que se preparaban para unirse al ejército privado de Bin Laden. Aunque la Guarida del León se encontraba justo al otro lado de la montaña, el campamento de Faruk estaba aislado de los otros para poder vigilar de cerca a los muchachos. Los elegidos eran jóvenes, entusiastas y obedientes.[73] Les daban una bonificación y les decían que se despidieran de sus familias.

La mayor parte de los miembros del consejo de dirección creado para asesorar a Bin Laden eran egipcios, entre ellos Zawahiri, Abu Hafs, Abu Ubaydah y el doctor Fadl. También había miembros de Argelia, Libia y Omán. La organización abrió una oficina en una casa de dos plantas en Hayatabad, el barrio de Peshawar donde residen la mayoría de los árabes.

Los nuevos reclutas rellenaban los impresos por triplicado,[74] firmaban su promesa de lealtad a Bin Laden y juraban mantener sus actividades en secreto. A cambio, los solteros ganaban un sueldo de unos mil dólares mensuales y los casados, mil quinientos.[75] Todos ellos recibían un billete de ida y vuelta a casa cada año y tenían un mes de vacaciones.[76] Había un plan de asistencia médica y, para quienes cambiaran de idea, la opción de «rescindir su contrato»: recibían 2.400 dólares y seguían su camino. Desde un principio al-Qaeda se presentó como una atractiva oportunidad laboral para hombres cuya educación y carreras se habían visto truncadas por la yihad.

Los dirigentes de al-Qaeda elaboraron una constitución y unos estatutos[77] que describían con claridad los utópicos objetivos de la organización: «Establecer la verdad, librarse del mal y fundar una nación islámica». Para conseguirlo serían necesarios la formación y el adiestramiento militar, así como coordinar y apoyar a los movimientos yihadíes de todo el mundo. El grupo estaría a las órdenes de un comandante que fuera imparcial, decidido, digno de confianza, paciente y justo; que tuviera al menos siete años de experiencia en la yihad y, preferiblemente, un título universitario. Sus obligaciones incluirían nombrar un consejo de asesores que se reuniera cada mes, asignar un presupuesto y tomar decisiones conforme a un plan de acción anual. Se puede apreciar la ambición de al-Qaeda examinando su estructura burocrática, que incluía comités dedicados a asuntos militares, políticos, información, administración, seguridad y vigilancia. El comité militar tenía subdivisiones dedicadas a adiestramiento, operaciones, investigación y armas nucleares.

Tras la caída de Yalalabad, los muyahidines afganos se sumieron en una guerra civil catastrófica. Las facciones más fuertes en este fratricidio eran las de Gulbuddin Hekmatyar y Ahmed Sha Massud. Ambos eran líderes despiadados y carismáticos del norte, y estaban decididos a instaurar un gobierno islámico en Afganistán. Hekmatyar, el más hábil como político, era pastún, la tribu dominante tanto en Pakistán como en Afganistán. Tenía el respaldo del ISI paquistaní y, por tanto, de Estados Unidos y Arabia Saudí. Massud, uno de los jefes guerrilleros con más talento del siglo xx, era tayiko, de la tribu de lengua persa que constituye el segundo grupo étnico más numeroso de Afganistán. Afincado en el valle del Panshir, al norte de Kabul, Massud rara vez viajaba a Peshawar, un hervidero de servicios secretos y medios de comunicación internacionales.

La mayoría de los árabes tomaron partido por Hekmatyar, excepto Abdullah Anas, el yerno de Abdullah Azzam. Anas convenció al jeque para que visitara a Massud y viera por sí mismo qué clase de hombre era. El viaje para visitar al León del Panshir duraba ocho días y había que atravesar cuatro picos de las montañas del Hindu Kush. Mientras caminaban por las montañas, Azzam reflexionó sobre el fiasco de Yalalabad. Le preocupaba que la yihad afgana hubiera sido un fracaso por culpa de la falta de organización y dirección. Los soviéticos se habían ido y ahora los musulmanes luchaban entre sí.

Massud y una guardia formada por un centenar de hombres les recibieron en la frontera paquistaní y los llevaron hasta el valle del Panshir. Massud vivía en una cueva con dos habitaciones, «como un gitano», diría Anas, que hacía de traductor para los dos hombres. Azzam estaba fascinado con la modestia de Massud y admiraba la disciplina de sus tropas, que tanto contrastaba con las demás fuerzas irregulares de los muyahidines.

«Somos tus soldados —prometió Azzam—. Te queremos y vamos a ayudarte.»[78]

Cuando volvió a Peshawar, Azzam no ocultó que había cambiado de opinión sobre Massud. Incluso viajó a Arabia Saudí y Kuwait, donde dijo: «He visto la verdadera yihad islámica. ¡Es Massud!».

A Hekmatyar le enfureció el cambio de Azzam, que podía costarle el respaldo de sus partidarios árabes.

Azzam ya había acumulado muchos enemigos con el corazón negro y las manos manchadas de sangre. Bin Laden le pidió a Azzam que se alejara de Peshawar, que se había vuelto demasiado peligroso para su antiguo mentor. Un viernes, los hombres de Hekmatyar descubrieron y desactivaron una potente bomba en la mezquita cercana a la casa de Azzam.[79] Se trataba de una mina antitanque colocada bajo la tribuna desde la que Azzam dirigía la oración. De haber explotado, podrían haber muerto centenares de fieles.

Confuso y apesadumbrado por la guerra civil que libraban entre sí los muyahidines, y aún avergonzado por lo ocurrido en Yalalabad, Bin Laden regresó a Arabia Saudí para consultar con los servicios secretos saudíes. Quería saber en qué bando debía combatir. El jefe de gabinete del príncipe Turki, Ahmed Badib, le dijo: «Es mejor abandonar».[80]

Antes de marcharse definitivamente de Peshawar, Bin Laden volvió para despedirse de Azzam. El ascenso de Bin Laden había vuelto a Azzam vulnerable, pero su amistad había logrado sobrevivir. Se dieron un largo abrazo y vertieron muchas lágrimas, como si supieran que no iban a volver a verse nunca más.[81]

El 24 de noviembre de 1989, Azzam acudía en coche a la mezquita con dos de sus hijos, Ibrahim y Muhammad, que era quien conducía. Mientras Muhammad aparcaba, una bomba colocada en el borde de la carretera, compuesta por veinte kilos de TNT, explotó con tal fuerza que el coche quedó destrozado.[82] Había partes de los cuerpos esparcidas sobre los árboles y los cables eléctricos. La pierna de uno de los hijos atravesó el escaparate de una tienda situada a noventa metros de distancia. Sin embargo, se dice que encontraron el cuerpo de Azzam yaciendo plácidamente junto a un muro, completamente intacto y sin desfigurar.

Horas antes, aquel mismo viernes, el principal rival de Azzam, Ayman al-Zawahiri, había estado propagando por las calles de Peshawar el rumor de que Azzam trabajaba para los estadounidenses.[83] Al día siguiente acudió al funeral de Azzam y elogió al jeque mártir, al igual que muchos otros enemigos alborozados.

7

El retorno del héroe

La fama genera su propia autoridad, incluso en Arabia Saudí, donde se valora mucho la humildad y se ponen límites al prestigio de aquellos que no pertenecen a la realeza. Se trata de un país en el que está prohibida la exhibición pública de retratos, si exceptuamos los omnipresentes rostros de los príncipes gobernantes, que también dan nombre a las calles, los hospitales y las universidades, y acaparan toda la gloria que pueden. Por eso, cuando Bin Laden regresó a su ciudad natal de Yidda en el otoño de 1989, planteó un dilema inédito en la historia moderna de Arabia Saudí. Con solo treinta y un años estaba al mando de un ejército internacional de voluntarios de dimensiones desconocidas. Como él mismo se creía la leyenda, promovida por la prensa saudí, de que su legión árabe había derrotado a la gran superpotencia, llegó a Arabia Saudí con unas expectativas sin precedentes acerca de su futuro. Era más conocido que los príncipes y jerarcas del clero wahabí, si se exceptúa a unos pocos. Osama era la primera celebridad del reino.

Era rico, aunque no en la medida que lo eran la familia real o las grandes familias de comerciantes del Hiyaz. En aquella época, su participación en el Saudi Binladin Group ascendía a veintisiete millones de riales saudíes,[1] poco más de siete millones de dólares; además, percibía un porcentaje de los beneficios anuales de la empresa, que oscilaba entre medio millón y un millón de riales al año. Osama volvió a incorporarse al negocio familiar, colaborando en la construcción de carreteras en Taif y Abha.[2] Y disponía de una casa en Yidda y de otra en Medina, la ciudad que más había amado y en la que podía estar cerca de la mezquita del Profeta.

El joven idealista regresó al reino con la sensación de que tenía que cumplir una misión divina. Pensaba que había arriesgado su vida y se había librado de la muerte de forma milagrosa. Se había ido siendo el acólito de un mítico guerrero musulmán y había vuelto convertido en el líder indiscutible de los árabes afganos. Ahora poseía una gran confianza en sí mismo, que resultaba aún más seductora debido a su innata humildad. En una época en que los saudíes dudaban cada vez más sobre su identidad en el mundo moderno, Bin Laden parecía un arquetipo inmaculado. Su piedad y sus modales sencillos recordaban a los saudíes la imagen que históricamente tenían de sí mismos: un pueblo tímido y modesto pero también fiero y austero. Algunos de sus jóvenes admiradores le llamaban «el Utman de su tiempo»,[3] en alusión a uno de los primeros califas, un hombre acaudalado famoso por su rectitud.

Inevitablemente, la fama de Bin Laden proyectaba una luz poco favorecedora sobre el comportamiento de la familia real saudí, encabezada por el rey Fahd, que era famoso por sus juergas y borracheras en los puertos de la Riviera francesa, donde amarraba su yate de ciento cuarenta y siete metros de eslora,[4] el *Abdul Aziz*, valorado en 100 millones de dólares. El barco contaba con dos piscinas, una salón de baile, un gimnasio, un teatro, un jardín, un hospital con una unidad de cuidados intensivos y dos quirófanos, y cuatro misiles Stinger estadounidenses. El rey también era aficionado a volar a Londres en su jet 747 de 150 millones de dólares y equipado con su propia fuente. En aquellas excursiones perdió millones en los casinos. En una ocasión, contrariado por la hora de cierre impuesta por las leyes de juego británicas, contrató a sus propios crupiers de ruleta y black jack para poder apostar en la suite de su hotel durante toda la noche.[5] Otros príncipes saudíes siguieron su ejemplo con entusiasmo, sobre todo el hijo del rey Fahd, Muhammad, que aceptó más de 1.000 millones de dólares en sobornos, según documentos judiciales británicos, que gastó en «prostitutas, pornografía, flotas de más de cien automóviles de alto rendimiento, palacios en Cannes y Ginebra, y artículos de lujo como lanchas motorizadas, aviones de alquiler, chalés de montaña para esquiar y joyas».[6]

Los precios del petróleo cayeron en picado a mediados de la década de 1980, lo que se tradujo en un déficit de la economía saudí, pero la familia real siguió pidiendo enormes «préstamos» personales a los bancos del país, préstamos que rara vez devolvía. Toda transacción comercial importante exigía el pago de la correspondiente «comisión», o soborno, a la mafia real para agilizar los trámites. Los príncipes confiscaban terrenos a título individual y se inmiscuían en las empresas privadas, y a todo ello se sumaba la asignación mensual secreta pero sustancial que recibía cada miembro de la familia. La palabra «Saud» se convirtió en sinónimo de corrupción, hipocresía y avaricia insaciable.

No obstante, el ataque a la Gran Mezquita diez años antes había puesto sobre aviso a la familia real de que cabía la posibilidad de que estallara una revolución. La lección que la familia extrajo de aquella sangrienta crisis fue que la única manera de protegerse de los extremistas religiosos era confiriéndoles algún tipo de poder. Así, los *muttawa*, la policía religiosa subvencionada por el gobierno, adquirieron una presencia abrumadora en el reino; patrullaban por los centros comerciales y restaurantes, obligando a los hombres a entrar en las mezquitas a la hora del rezo y asegurándose de que las mujeres fueran debidamente cubiertas; el que un simple mechón de pelo asomara por debajo del hiyab podía acarrear una tunda de golpes con los bastones de mando que siempre llevaban. En su campaña por erradicar el pecado y la herejía, no dudaban en irrumpir a la fuerza en domicilios y negocios privados, y habían declarado la guerra a las antenas parabólicas, cada vez más abundantes, a las que solían disparar[7] con las armas proporcionadas por el gobierno desde los Chevrolet Suburban que también les proporcionaba el gobierno. Conocidos oficialmente como representantes del Comité para la Promoción de la Virtud y la Prevención del Vicio, los *muttawa* serían un modelo para los talibanes de Afganistán.

El príncipe Turki contrastaba de forma llamativa con la imagen pública de la familia real. Cortés, seductor y con la voz suave, era la clase de hombre al que todos conocían y apreciaban, pero también era cauteloso y reservado, y mantenía las diferentes facetas de su vida tan cuidadosamente separadas que nadie le conocía bien. Turki disfrutaba de las prerrogativas del poder real, pero en el reino vivía de un modo humilde. Residía en una casa relativamente modesta y de una sola planta en Riad[8] con su mujer, la princesa Nuf, y sus seis hijos, y los fines de semana se retiraba a su finca del desierto, donde criaba avestruces.[9] Vestía la sempiterna indumentaria saudí: una túnica blanca hasta los tobillos llamada *zob*, y un pañuelo de cuadros rojos en la cabeza. Los fundamentalistas le respetaban por su erudición islámica, pero también era un defensor de los derechos de la mujer, por lo que los progresistas le veían como un posible adalid de su causa. Turki dirigía un servicio de espionaje en Oriente Próximo, lo que suele implicar torturas y asesinatos, pero enseguida se granjeó la fama de apreciar los métodos limpios. Su padre fue el rey mártir y su querida madre, Effat, la única mujer a la que se llamó reina en toda la historia de Arabia Saudí. Todo ello, unido a su juventud y su brillante carrera, hacía pensar que habría que contar con Turki cuando los nietos de Abdul Aziz tuvieran finalmente la oportunidad de competir por la corona.

Fuera del reino, Turki llevaba una vida diferente. Poseía una casa en Londres y un lujoso apartamento en París. Navegaba por el Mediterráneo en su yate, el *Caballero Blanco*,[10] uno de los barcos que poseía. Se le conocía en los salones de Londres y Nueva York por beber, de vez en cuando, un banana daiquiri,[11] pero no era ni jugador ni bebedor. Como encajaba a la perfección en mundos diferentes, poseía la cualidad de reflejar las virtudes que los demás deseaban ver en él.

La CIA colaboró estrechamente con Turki y su organización durante la yihad afgana, y este había impresionado a la agencia por su perspicacia, la amplitud de sus conocimientos y su familiaridad con las costumbres estadounidenses. Algunos miembros de los servicios secretos estadounidenses estaban convencidos de que Turki era «nuestro hombre» en Riad, pero otros le encontraban falso y poco dado a compartir información. Estas reacciones reflejaban la delicada relación que mantenían los estadounidenses y los saudíes.

Un viernes Turki acudió a una mezquita de Riad cuyo imán había hablado en contra de algunas instituciones benéficas femeninas, entre ellas una presidida por cinco miembros de la familia Faisal. Turki había escuchado una grabación del sermón en la que el imán llamaba putas a las mujeres que dirigían la institución benéfica. Se trataba de una sorprendente violación del antiguo pacto entre la casa de Saud y el clero wahabí. A la semana siguiente, Turki se sentó en la primera fila en la mezquita y cuando el imán se levantó para hablar, se enfrentó a él encolerizado: «¡Este hombre ha difamado a mi familia! —gritó Turki por el micrófono—. ¡A mis hermanas, a mi nuera! O prueba sus acusaciones o le demando».[12] Un testigo del incidente cuenta que, en realidad, Turki amenazó con matar al imán allí mismo.

La osada calumnia del imán y la furibunda respuesta del príncipe Turki causaron un gran revuelo en el país. El gobernador de Riad, el príncipe Salman, ordenó arrestar al imán responsable de las ofensas, que pidió disculpas rápidamente y el príncipe las aceptó. Sin embargo, Turki se percató de que el equilibrio de poder entre las dos facciones había comenzado a cambiar. Muchos miembros de su familia estaban atemorizados por las patrullas religiosas que rondaban por los centros comerciales y las calles con policías a sus órdenes. Tarde o temprano, la extrema devoción de los *muttawa* acabaría por fijarse en la ostentosa depravación de algunos miembros de la familia real. En cualquier caso, ya habían arremetido contra las obras benéficas de princesas populares e íntegras que trataban de promover la causa de las mujeres. Obviamente, la familia real no podía tolerar un insulto semejante, pero el hecho de que se hubieran dicho cosas como aquellas en público demostraba que los *muttawa* se habían envalentonado lo suficiente como para predicar la revolución delante de las narices de los príncipes gobernantes.

Se suponía que los servicios secretos de Turki, al igual que la CIA, no podían operar dentro del territorio nacional, que era competencia del príncipe Naif, el cruel tío de Turki que dirigía el Ministerio del Interior y no permitía la menor intromisión en su territorio. Turki creía que la situación interna del país era demasiado peligrosa para ignorarla, incluso si eso implicaba inmiscuirse en el territorio de Naif, por lo que comenzó a vigilar en secreto a algunos miembros de la policía religiosa. Averiguó que muchos de ellos eran ex convictos cuya única cualificación para el trabajo consistía en haber memorizado el Corán para conseguir una reducción de la condena.[13] Sin embargo, Turki creía que habían acumulado mucho poder y amenazaban con derrocar al gobierno.

La vida en Arabia Saudí siempre había estado marcada por la abstinencia, la sumisión y el fervor religioso, pero la hegemonía de los *muttawa* reprimió la interacción social e impuso una nueva y peligrosa ortodoxia. En La Meca se habían enseñado y estudiado durante siglos las cuatro principales escuelas de jurisprudencia islámica (hanafí, malikí, shafií y hanbalí).[14] Aparentemente, los wahabíes estaban por encima de estas divisiones doctrinales, pero en la práctica excluían otras interpretaciones de la fe. El gobierno prohibía a los shiíes, que constituyen una importante minoría en Arabia Saudí, construir mezquitas nuevas o ampliar las ya existentes.[15] Solo los wahabíes disfrutaban de la libertad de culto.

No contento con suprimir en su propio país todo atisbo de libertad religiosa, el gobierno saudí empezó a hacer proselitismo en todo el mundo islámico, empleando los miles de millones de riales obtenidos gracias al impuesto religioso, el *zakat*, para construir centenares de mezquitas y universidades en todo el planeta, además de miles de escuelas religiosas atendidas por imanes y profesores wahabíes. Con el tiempo, Arabia Saudí, que solo representa el 1 por ciento de la población musulmana mundial,[16] llegaría a financiar el 90 por ciento de todos los gastos de la fe[17] y predominaría sobre otras tradiciones del islam.

La música desapareció en el reino. Poco después del ataque de 1979 a la Gran Mezquita de La Meca, Um Kulzum y Fairuz, las divas de la canción del mundo árabe, fueron vetadas en las cadenas de televisión nacionales, controladas por hombres barbudos que se dedicaban a debatir los pormenores de la ley religiosa. Había pocos cines en Arabia Saudí antes del ataque contra la mezquita, pero los cerraron rápidamente. En 1989 concluyó la construcción de una magnífica sala de conciertos en Riad, pero nunca se llegó a celebrar una sola actuación. La censura asfixió las artes y la literatura, y la vida intelectual, que apenas había tenido oportunidad de florecer en un país tan joven, se desvaneció. La paranoia y el fanatismo se apoderaron enseguida de las mentes cerradas y temerosas.

Para los jóvenes, el futuro en aquel entorno ya de por sí triste era aún menos prometedor que el presente. Tan solo unos pocos años antes, Arabia Saudí estaba en camino de convertirse en el país con la renta per cápita más elevada del mundo gracias a su riqueza petrolífera, pero el descenso del precio del petróleo frustró esas expectativas. El gobierno, que había prometido trabajo a todos los licenciados universitarios, retiró su promesa, creando un fenómeno desconocido hasta el momento: el desempleo. La desesperanza y la inactividad son compañeras peligrosas en cualquier cultura y era inevitable que los jóvenes buscaran un héroe que pudiera expresar su deseo de cambio y les proporcionara un objetivo contra el que dirigir su rabia.

Osama Bin Laden no era ni un clérigo ni un príncipe y asumió aquel nuevo papel, pese a que en el reino no había ningún precedente de un agente independiente como él. Osama expresaba una crítica convencional, en la línea de los Hermanos Musulmanes, de la grave situación en que se encontraba el mundo árabe: Occidente, y en especial Estados Unidos, era el responsable de la humillante falta de prosperidad de los árabes. «Han atacado a nuestros hermanos en Palestina al igual que han atacado a los musulmanes y árabes de todo el mundo —dijo una noche de primavera en la mezquita familiar de los Bin Laden en Yidda después de la oración de la tarde—. Se ha derramado la sangre de los musulmanes. Ya es demasiado. [...] Nos consideran ovejas y nos sentimos muy humillados.»[18]

Bin Laden vestía una túnica blanca con una vaporosa capa de color beige sobre los hombros. Hablaba con un tono monocorde y somnoliento, agitando de vez en cuando su largo y huesudo dedo índice para recalcar sus palabras, pero sus movimientos eran relajados y sus gestos suaves y lánguidos. Ya se podía apreciar en él la mesiánica mirada perdida que caracterizaría sus posteriores declaraciones. Ante él centenares de hombres se sentaban con las piernas cruzadas sobre la alfombra; muchos de ellos habían sido sus compañeros de armas en Afganistán y buscaban un nuevo rumbo en sus vidas. Su antiguo enemigo, la Unión Soviética, se estaba desmoronando, pero Estados Unidos no parecía ser un claro sustituto.

Al principio era difícil comprender en qué se basaba la queja de Bin Laden. Estados Unidos no había sido nunca una potencia colonial y, en cualquier caso, Arabia Saudí jamás había sido colonizada. Naturalmente, hablaba en nombre de los musulmanes en general, a los que angustiaba el apoyo estadounidense a Israel, pero Estados Unidos había sido un aliado decisivo en la yihad afgana. El sentimiento de humillación que expresaba tenía más que ver con la posición de los musulmanes en el mundo moderno. Sus vidas se vendían a un precio reducido, le decía Bin Laden al público de su ciudad natal, lo que confirmaba su sensación de que las vidas de otros (las vidas de los occidentales y de los estadounidenses) eran más plenas y valiosas.

Bin Laden les dio una lección de historia: «Estados Unidos fue a Vietnam, a miles de kilómetros de distancia, y empezó a bombardear el país con sus aviones. Los estadounidenses no se marcharon de Vietnam hasta que no sufrieron muchas bajas. Más de sesenta mil soldados estadounidenses habían muerto cuando empezaron las manifestaciones del pueblo norteamericano. Los estadounidenses no van a dejar de apoyar a los judíos en Palestina hasta que no les asestemos una buena cantidad de golpes. No se detendrán hasta que no libremos una yihad contra ellos».

Allí estaba, a las puertas de defender la violencia contra Estados Unidos, cuando se paró bruscamente: «Lo que se necesita es librar una guerra económica contra Estados Unidos —continuó—. Tenemos que boicotear todos los productos norteamericanos. [...] Están cogiendo el dinero que les pagamos por sus productos y se lo están dando a los judíos para que maten a nuestros hermanos». El hombre que se había hecho famoso combatiendo a los soviéticos invocaba en aquel momento a Mahatma Gandhi, que había logrado derribar al Imperio británico «boicoteando sus productos y vistiendo ropas no occidentales». Recomendó encarecidamente una campaña de relaciones públicas: «A cada estadounidense que veamos, debemos transmitirle nuestras quejas —concluyó Bin Laden dócilmente—. Debemos escribir a las embajadas estadounidenses».

Bin Laden declararía más adelante que Estados Unidos siempre había sido su enemigo y fechaba el inicio de su odio en 1982, «cuando Estados Unidos permitió que los israelíes invadieran el Líbano y la Sexta Flota norteamericana les ayudó».[19] Recordaba así la masacre: «Sangre y miembros cercenados, mujeres y niños yaciendo por todas partes. Había casas destruidas con sus ocupantes dentro y altos edificios demolidos sobre sus inquilinos. […] La situación era similar a un cocodrilo ante un niño indefenso, incapaz de hacer otra cosa salvo gritar». Decía que esta escena suscitaba un intenso deseo de combatir la tiranía y provocaba sed de venganza: «Mientras miraba aquellas torres demolidas en el Líbano, me vino a la cabeza que debíamos castigar al opresor de la misma manera y que debíamos destruir torres en Estados Unidos para que ellos prueben lo que nosotros probamos».

En aquella época, sus actos contradecían la postura que mantenía en público. En privado, Bin Laden se había dirigido a algunos miembros de la familia real durante la yihad afgana para expresarles su gratitud por la participación estadounidense en aquella guerra. El príncipe Bandar bin Sultan, el embajador saudí en Estados Unidos, recordaba que en una ocasión Bin Laden se acercó a él y le dijo: «Gracias. Gracias por llevar a los norteamericanos para que nos ayudaran a librarnos de los soviéticos laicos y ateos».[20]

Bin Laden nunca se había mostrado como un pensador político interesante u original; hasta entonces, su análisis consistía en el consabido discurso islamista, desprovisto de un conocimiento profundo de Occidente. Pese a ello, envuelto de la mística que se había forjado en torno a él, Bin Laden ocupaba una posición en la sociedad saudí que daba peso a sus declaraciones. El mero hecho de que pudiera expresar su crítica de Estados Unidos en un país en el que la libertad de expresión estaba tan cercenada sugería a otros saudíes que la campaña antiamericana que Bin Laden había puesto en marcha contaba con el consentimiento de la familia real.

Pocos países del mundo eran tan diferentes y, pese a ello, tan dependientes entre sí como Estados Unidos y Arabia Saudí.[21] Los estadounidenses construyeron la industria petrolera saudí; empresas norteamericanas como Bechtel construyeron gran parte de las infraestructuras del país; la compañía de Howard Hughes, Trans World Airlines, creó el servicio aéreo de pasajeros saudí; la Fundación Ford modernizó el gobierno saudí; el Cuerpo de Ingenieros de Estados Unidos construyó la televisión del país y las instalaciones de retransmisión y supervisó el desarrollo de su industria armamentística. Mientras tanto, Arabia Saudí enviaba a sus mejores estudiantes a universidades estadounidenses, más de treinta mil al año durante las décadas de 1970 y 1980.[22] A su vez, más de doscientos mil norteamericanos han vivido y trabajado en el reino desde que se descubrió petróleo.[23] Arabia Saudí necesitaba las inversiones, la administración, la tecnología y la formación estadounidenses para incorporarse al mundo moderno. Estados Unidos, por su parte, dependía cada vez más del petróleo saudí para mantener su supremacía económica y militar. En 1970, Estados Unidos era el décimo mayor importador de petróleo saudí;[24] al cabo de diez años, era el primero.

Por aquel entonces, Arabia Saudí había reemplazado a Irán como principal aliado de Estados Unidos en el golfo Pérsico. El reino dependía de los acuerdos de defensa y armamento firmados con Estados Unidos para su protección. Por tanto, la aparente complicidad de la familia real con los crecientes ataques verbales de Bin Laden contra Estados Unidos parecía una paradoja suicida. Pero mientras Bin Laden se centrara en un enemigo exterior, seguiría desviando la atención del saqueo principesco de las riquezas petrolíferas y de la espiral de fanatismo religioso. El curso de los acontecimientos proporcionaría pronto a Bin Laden la excusa que estaba buscando para convertir a Estados Unidos en el enemigo que necesitaba.

En 1989, Bin Laden se presentó ante el príncipe Turki para proponerle un plan audaz:[25] utilizaría sus soldados árabes irregulares para derrocar al gobierno marxista de Yemen del Sur. A Bin Laden le exasperaba la existencia de un gobierno comunista en el país de sus antepasados y vio una oportunidad de explotar su asociación con el gobierno saudí para eliminar de la península Arábiga toda influencia laica. Esa sería la primera oportunidad que tendría Bin Laden de poner al-Qaeda en acción.

Arabia Saudí había mantenido siempre una relación difícil con sus vecinos del sur, los dos Yemen, ambos más pequeños, más pobres y más poblados. Estos dos gemelos enfrentados también planteaban un problema estratégico. Yemen del Sur, cuyo territorio se extendía por el sur de la península Arábiga, con uno de sus extremos adentrándose en el mar Rojo, era el único Estado marxista del mundo árabe. Yemen del Norte era un régimen militar prooccidental que siempre estaba enzarzado en disputas fronterizas con el reino saudí.

Turki escuchó a Bin Laden y rechazó su oferta. «Es una mala idea», le dijo. Los saudíes tenían un amplio historial de intromisiones en los asuntos de ambos Yemen, por lo que la negativa de Turki no tenía nada que ver con la decencia. Bin Laden hablaba de «mis muyahidines» y de librar a Yemen del Sur de los *kafiris*. La grandilocuencia del comportamiento de Bin Laden fue lo que disuadió a Turki.

Poco después de la reunión entre Bin Laden y el jefe de los servicios secretos saudíes, Yemen del Sur y Yemen del Norte alcanzaron un inesperado acuerdo para unificar ambos países en una entidad que se llamaría República del Yemen. Se había descubierto petróleo en la zona fronteriza mal definida que separaba a los dos empobrecidos países y ahora había un aliciente para resolver las diferencias por la vía política en lugar de las armas.

En cualquier caso, Bin Laden no se resignaba a aceptar la paz. Estaba convencido de que los estadounidenses habían sellado un pacto secreto con los socialistas para instalar una base militar en Yemen,[26] por lo que se propuso destruir aquella alianza financiando una guerra de guerrillas. Pronto los veteranos yemeníes de la yihad afgana comenzaron a presentarse en su apartamento de Yidda, del que se marchaban con maletines repletos de dinero en efectivo para financiar la rebelión.[27]

Ahmed Badib, el antiguo profesor de Bin Laden, fue a visitarle, sin duda siguiendo las indicaciones de Turki. En aquella época Bin Laden se encontraba en Yidda ocupándose de sus inversiones. Mientras hablaban, Badib percibió la ira en la voz de su antiguo alumno y comprendió que iba a suceder algo. Bin Laden no podía tolerar en modo alguno que hubiera comunistas en el gobierno de coalición. Insistía en imponer sus propias y mal definidas ideas de gobierno islámico en lugar de la pacífica y pragmática solución política que los yemeníes habían acordado. Para Bin Laden, la península en su totalidad era sagrada y había que limpiarla de elementos extranjeros. El hecho de que su padre hubiera nacido en Hadramaut, en la parte meridional del país, acrecentaba su ferviente deseo de liberar a sus parientes de cualquier vestigio de gobierno comunista. Hizo varios viajes a la nueva república[28] y habló en las mezquitas para incitar a la rebelión. Su brigada de al-Qaeda colaboraba con los líderes tribales del norte para llevar a cabo incursiones en las ciudades del sur y asesinar a los líderes socialistas.[29]

Aquellas mortíferas incursiones tuvieron sus consecuencias. Ante el peligro de que volviera a estallar la guerra civil en la frágil unión, el nuevo presidente de la República del Yemen, Ali Abdullah Saleh, viajó a Arabia Saudí para pedirle al rey Fahd que mantuviera a Bin Laden bajo control. El rey ordenó firmemente a Bin Laden que se mantuviera al margen de los asuntos yemeníes. Bin Laden negó estar implicado, pero no tardó en regresar a Yemen para pronunciar más discursos y hacer campaña en contra de los comunistas. El presidente yemení, frustrado e indignado, volvió a Arabia Saudí para presionar de nuevo al rey Fahd, que no estaba acostumbrado a que sus súbditos le desobedecieran y mucho menos a que le mintieran abiertamente, por lo que recurrió al brazo ejecutor de la familia.

El ministro del Interior, el príncipe Naif, un personaje autoritario al que a menudo se ha comparado con J. Edgar Hoover, citó a Bin Laden en su oficina. El ministerio ocupa un edificio extraño e inquietante, una pirámide invertida que se alza en el perímetro del centro de Riad. Los ascensores suben por columnas tubulares negras en el interior del vasto y desconcertante atrio de mármol, que parece especialmente diseñado para empequeñecer a todo el que entre en él. Bin Laden había informado muchas veces a Naif en aquel mismo edificio durante la yihad afgana, una época en la que mantenía al gobierno escrupulosamente informado de todas sus actividades. En el pasado siempre había recibido un trato respetuoso debido a su familia, su posición y a la lealtad que había demostrado a la familia real a lo largo de los años.

En aquella ocasión fue diferente. Naif le habló con dureza y le pidió que le entregara el pasaporte. El príncipe no quería oír nada más sobre la política exterior personal de Bin Laden.

Fue un baño de realidad, pero Bin Laden se sintió traicionado. «¡Trabajaba por el bien del gobierno saudí!», se quejó a sus amigos.[30]

Al ser el país más rico de la región, y estar rodeado de vecinos que lo envidiaban, Arabia Saudí era también el país con más preocupaciones. Cuando el rey Faisal encargó el primer censo del país en 1969, le sorprendió tanto que la población fuera tan pequeña que duplicó inmediatamente la cifra.[31] Desde entonces, las estadísticas del reino siempre han sido falseadas debido a aquella mentira original. En 1990, Arabia Saudí afirmaba tener una población de más de catorce millones, casi la misma que Irak, aunque el príncipe Turki calculaba en privado que en el reino había poco más de cinco millones de habitantes.[32] Siempre temeroso de sufrir invasiones y saqueos, el gobierno saudí invirtió miles de millones de dólares en armamento y compró el material más sofisticado del mercado a Estados Unidos, Gran Bretaña, Francia y China, lo que, gracias a las lucrativas comisiones ilegales, ha enriquecido aún más a los miembros de la familia real. En los años ochenta, el reino gastó 50.000 millones de dólares en un sistema de defensa aérea; el Cuerpo de Ingenieros del ejército de Estados Unidos trasladó su cuartel general en el extranjero de Alemania a Arabia Saudí[33] con la finalidad de construir bases militares, escuelas y complejos de cuarteles generales para el Ejército, la Fuerza Aérea, la Armada y la Guardia Nacional saudíes. Después de que el Congreso de Estados Unidos aprobara una serie de leyes que prohibían a las empresas estadounidenses la práctica de los sobornos y las comisiones ilícitas con los clientes extranjeros, el gobierno saudí firmó el mayor contrato armamentístico de la historia con Gran Bretaña. A finales de la década, el reino debería haber estado bien equipado para defenderse de las amenazas inmediatas en la región. Tenía el armamento, pero carecía del entrenamiento y de las tropas necesarias; en otras palabras, de un ejército de verdad.

En 1990, Bin Laden advirtió del peligro que suponía para Arabia Saudí el sanguinario tirano de Irak, Sadam Husein, pero se le trató como a Casandra. «Lo dije muchas veces en mis discursos en las mezquitas, avisé de que Sadam entraría en el Golfo —se lamentaría Bin Laden—, pero nadie me creyó.»[34] Gran parte del mundo árabe estaba entusiasmada con la retórica antioccidental de Sadam y sus amenazas de «quemar la mitad de Israel» con armas químicas.[35] Era especialmente popular en Arabia Saudí, que mantenía relaciones cordiales con su vecino del norte. No obstante, Bin Laden prosiguió con su solitaria campaña en contra de Sadam y su partido Baaz laico.

Una vez más, el rey estaba enojado con Bin Laden, una situación peligrosa para cualquier súbdito saudí. El reino había firmado un pacto de no agresión con Irak[36] y Sadam le había asegurado personalmente a Fahd que no tenía ninguna intención de invadir Kuwait,[37] aunque ya estaba desplazando varias divisiones de la Guardia Republicana a la frontera. El gobierno saudí volvió a advertir a Bin Laden de que se ocupara de sus propios asuntos y concretó su amenaza enviando a la Guardia Nacional a registrar la granja de Bin Laden y arrestar a algunos de sus trabajadores.[38] Bin Laden se quejó de aquel ultraje al príncipe heredero Abdullah, el comandante de la Guardia Nacional, quien negó tener conocimiento del incidente.

El 31 de julio, el rey Fahd en persona presidió una reunión entre representantes de Irak y Kuwait para mediar en la disputa entre ambos países sobre la propiedad de los valiosos yacimientos de petróleo fronterizos. Además, Sadam sostenía que el elevado nivel de producción de Kuwait estaba haciendo bajar el precio del petróleo y arruinando la economía iraquí, que ya estaba en bancarrota debido a la desastrosa guerra con Irán que Sadam había provocado en 1980 y que había terminado ocho años más tarde tras haber causado un millón de muertos. Pese a la mediación del rey, las conversaciones entre Irak y Kuwait no tardaron en fracasar. Dos días después, el imponente ejército iraquí invadía la pequeña nación. De pronto, todo lo que separaba a Sadam Husein de los campos de petróleo saudíes eran varios kilómetros de arena y el ejército saudí, espléndidamente equipado pero atemorizado y falto de efectivos; solo un batallón de la Guardia Nacional saudí, menos de mil hombres, custodiaba los campos de petróleo.[39]

La familia real estaba tan conmocionada que obligó a los medios de comunicación controlados por el gobierno a esperar una semana antes de anunciar la invasión. Además, después de haber gastado durante años miles de millones de dólares en cultivar la amistad de los países vecinos, la familia real descubría atónita lo aislado que estaba el país en el mundo árabe. Los palestinos, sudaneses, argelinos, libios, tunecinos, yemeníes e incluso los jordanos apoyaban abiertamente a Sadam Husein.

Cuando el ejército iraquí ya estaba posicionado en la frontera saudí, Bin Laden escribió una carta al rey en la que le rogaba encarecidamente que no solicitara la protección de los estadounidenses[40] y después realizó una frenética ronda de visitas a los príncipes más veteranos para tratar de presionarles. La propia familia real estaba dividida sobre cuál era el mejor modo de actuar:[41] el príncipe heredero Abdullah se oponía rotundamente a la ayuda estadounidense y el príncipe Naif no veía ninguna alternativa clara.

En cualquier caso, los estadounidenses ya habían tomado una decisión. Si después de merendarse Kuwait, Sadam engullía la Provincia Oriental de Arabia Saudí, controlaría la mayor parte de las reservas de petróleo mundiales disponibles, lo que suponía una amenaza inadmisible para la seguridad de Estados Unidos, no solo para el reino. El secretario de Defensa de Estados Unidos, Dick Cheney, voló a Yidda acompañado de un equipo de asesores, entre los que se encontraba el general Norman Schwarzkopf, para convencer al rey de que aceptara que las tropas estadounidenses defendieran Arabia Saudí. Schwarzkopf le mostró imágenes de satélite[42] de tres divisiones acorazadas iraquíes que se encontraban en el interior de Kuwait, seguidas de tropas de infantería. Y afirmaba que se trataba de un despliegue mucho mayor del que era necesario para ocupar un país tan pequeño. Los saudíes tenían en su poder informes de los servicios secretos que indicaban que varios comandos de reconocimiento iraquíes ya habían cruzado la frontera del reino.

El príncipe heredero Abdullah se oponía a dejar entrar a los norteamericanos en el país por miedo a que no se marcharan nunca. En nombre del presidente de Estados Unidos, Cheney prometió que las tropas se retirarían en cuanto desapareciera la amenaza o cuando el rey dijera que debían irse.[43] Aquella promesa dirimió la cuestión.

«Vengan con todo lo que puedan traer —imploró el rey—. Vengan lo antes posible.»[44]

A principios de septiembre, algunas semanas después de que comenzaran a llegar las tropas estadounidenses, Bin Laden habló con el príncipe Sultan,[45] el ministro de Defensa. Le acompañaban varios comandantes muyahidines afganos y veteranos saudíes de aquel conflicto, en una extravagante y pomposa réplica de la reunión informativa del general Schwarzkopf. Bin Laden llevó sus propios mapas de la región y expuso un detallado plan de ataque, con diagramas y gráficos, indicando las trincheras y trampas de arena que pensaba construir a lo largo de la frontera gracias a la amplia gama de maquinaria para movimientos de tierra del Saudi Binladin Group. Además, él mismo se encargaría de crear un ejército de muyahidines integrado por compañeros suyos de la yihad afgana y jóvenes desempleados saudíes.

—Estoy en condiciones de preparar a cien mil combatientes bien capacitados para luchar en el plazo de tres meses —le prometió Bin Laden al príncipe Sultan—. No necesitáis a los estadounidenses. No necesitáis a ningún otro ejército no musulmán. Nosotros seremos suficientes.[46]

—No hay cuevas en Kuwait —observó el príncipe—. ¿Qué haréis cuando Sadam os lance misiles con armas químicas y biológicas?[47]

—Le combatiremos con la fe —respondió Bin Laden.

Bin Laden también expuso su plan al príncipe Turki, uno de los pocos príncipes que había estado de acuerdo con la valoración hecha por Bin Laden de que Sadam suponía una amenaza para el reino; de hecho, a lo largo de los años, Turki había hecho a la CIA diversas propuestas para derrocar a Sadam de manera encubierta,[48] pero siempre las habían rechazado. Cuando Irak invadió Kuwait, Turki se encontraba de vacaciones en Washington. Estaba en un cine viendo *La jungla de cristal 2* cuando le llamaron para que acudiera a la Casa

Blanca.[49] Pasó el resto de la noche en la Agencia Central de Inteligencia, ayudando a coordinar la campaña para expulsar a los iraquíes de Kuwait. En su opinión, si se permitía a Sadam quedarse en Kuwait, entraría en el reino a la más mínima provocación.

Cuando Bin Laden acudió a Turki con su plan, este se sorprendió de la ingenuidad del joven veterano de Afganistán. El ejército saudí contaba únicamente con cincuenta y ocho mil hombres;[50] Irak, por su parte, tenía un ejército de casi un millón de hombres, el cuarto más grande del mundo, sin contar con los reservistas y las fuerzas paramilitares. La fuerza blindada de Sadam tenía cinco mil setecientos tanques y su Guardia Republicana incluía las divisiones más temibles y mejor entrenadas de Oriente Próximo. Nada de eso impresionaba a Bin Laden: «Nosotros expulsamos a los soviéticos de Afganistán», dijo.[51]

El príncipe rió atónito.[52] Por primera vez, le alarmaban los «cambios radicales» que apreciaba en la personalidad de Bin Laden.[53] Había dejado de ser un «hombre sosegado, pacífico y cortés», cuyo único objetivo era ayudar a los musulmanes, para convertirse en «una persona que se creía capaz de reunir y comandar un ejército para liberar Kuwait. Eso ponía al descubierto su arrogancia y su soberbia».

Tras ser rechazado por el gobierno, Bin Laden acudió a los ulemas en busca de apoyo. Su argumento para oponerse a la ayuda de Estados Unidos se basaba en un comentario del Profeta mientras yacía a punto de morir: «Que no haya dos religiones en Arabia». El significado de esta frase ha sido objeto de polémica desde el momento en que fue pronunciada. El príncipe Turki sostenía que el Profeta quiso decir que ninguna otra religión debía imperar en la península.[54] Y señalaba que, incluso en vida del Profeta, los judíos y los cristianos iban y venían libremente por Arabia. No fue hasta el año 641 de la era cristiana, el vigésimo año del calendario musulmán, que el califa Omar comenzó a expulsar a los cristianos y judíos autóctonos de algunas zonas de Arabia.[55] Se establecieron en Irak, Siria y Palestina. Desde entonces, las ciudades sagradas de La Meca y Medina les están vedadas a los no musulmanes. Para Bin Laden y muchos otros islamistas aquello no era suficiente. Creían que la prohibición expresada por el Profeta en su lecho de muerte es clara: todos los no musulmanes deben ser expulsados de la península.

No obstante, el gobierno saudí reconocía el peligro que las tropas extranjeras suponían para su legitimidad y presionó a los clérigos para que emitieran una fatwa que aprobase la invitación de ejércitos no musulmanes al reino con la excusa de que iban a defender el islam. Ello proporcionaría al gobierno la justificación religiosa que necesitaba. Bin Laden se enfrentó furiosamente a los clérigos de rango superior. «Esto es inadmisible», les dijo.[56] «Osama, hijo mío, no podemos discutir este asunto porque tenemos miedo», le respondió uno de los jeques, señalando su cuello e insinuando que le cortarían la cabeza si hablaba del asunto.

Al cabo de pocas semanas, medio millón de soldados estadounidenses entraron en el reino, iniciando lo que muchos saudíes temían que sería una ocupación permanente. A pesar de que las tropas estadounidenses y de otros países de la coalición estaban destacadas mayoritariamente fuera de las ciudades para no ser vistas, a los saudíes les mortificaba que fuera necesario recurrir a cristianos y judíos para defender la sagrada tierra del islam. El hecho de que muchos de aquellos soldados fueran mujeres no hacía sino acrecentar su vergüenza. La debilidad del Estado saudí y su abyecta dependencia en Occidente para que los protegiera fueron expuestas ante el mundo por los mil quinientos periodistas que aterrizaron en el reino para informar sobre los preparativos de la guerra.[57] Para un pueblo tan reservado y profundamente religioso, con una prensa completamente controlada por el gobierno, aquel escrutinio era desconcertante, y a veces vergonzoso y estimulante a un tiempo. Había un ambiente de miedo, indignación, humillación y xenofobia, pero en lugar de apoyar a su gobierno, que peligraba, muchos saudíes vieron en aquella situación una oportunidad única para cambiarlo.

En aquel delicado momento de la historia de Arabia Saudí, mientras el mundo entero estaba pendiente de lo que allí ocurría, los progresistas saudíes estaban lo bastante envalentonados para luchar por sus modestos objetivos. En noviembre, cuarenta y siete mujeres decidieron que había llegado el momento de desafiar la prohibición informal de conducir que pesaba sobre las mujeres, pero resultó que no existía una ley que lo impidiera. Las mujeres se reunieron frente al Safeway* en Riad y pidieron a sus chóferes que se bajaran de los automóviles, tras lo cual condujeron desafiantemente durante quince minutos por la capital. Un policía las detuvo, pero no había ningún motivo legal para retenerlas. Sin embargo, el príncipe Naif prohibió inmediatamente la práctica y el jeque Abdul Aziz bin Baz, máxima autoridad religiosa del país, no tardó en emitir una oportuna fatwa en la que calificaba la conducción femenina de fuente de depravación. Todas las mujeres perdieron sus pasaportes y a algunas de ellas, que habían sido profesoras en la facultad femenina de la Universidad Rey Saud, las despidieron después de que sus propias alumnas protestaran porque no querían recibir clases de unas «infieles».[58]

En diciembre, un grupo de reformistas hizo circular una petición en la que solicitaban el fin de la discriminación basada en la afiliación tribal, la creación de un consejo tradicional de asesores del rey (llamado *shura*), mayor libertad de prensa, la implantación de ciertas leyes de gobernación básicas y algún tipo de control sobre la proliferación de fatawa religiosas.

Pocos meses después, las autoridades religiosas contraatacaron con su propia y vehemente «carta de peticiones».[59] Era una oferta pública de establecer el control islámico en el reino que contenía un ataque apenas disimulado contra la supremacía de la familia real. Los cuatrocientos ulemas, jueces y profesores universitarios que firmaban la carta exigían la estricta aplicación de la sharia a toda la sociedad, incluida la prohibición del pago de intereses, la creación de un ejército islámico mediante el servicio militar universal y la «purificación» de los medios de comunicación para que sirvieran mejor al islam. Aquella carta asustó más a la familia real que la invasión de Kuwait por Sadam Husein.[60] Muchas de las demandas de los disidentes religiosos remedaban las de los cabecillas del ataque contra la Gran Mezquita en 1979. Esas exigencias se convertirían en la base del programa político de Bin Laden para el reino.

* Cadena de supermercados estadounidense. (*N. de los T.*)

La misión estadounidense de proteger Arabia Saudí se transformó enseguida en expulsar de Kuwait a los iraquíes. La guerra comenzó el 16 de enero de 1991. Para entonces, la mayoría de los saudíes se habían resignado a la presencia de las tropas estadounidenses y de otros treinta y cuatro países que formaban la coalición contra Irak. Cientos de miles de ciudadanos kuwaitíes se habían refugiado en el reino y contaban estremecedoras historias sobre el saqueo de su país, secuestros, torturas y asesinatos de civiles, y sobre las violaciones de mujeres kuwaitíes a manos de soldados iraquíes. Cuando los misiles Scud iraquíes empezaron a caer sobre Riad, aunque escasos, incluso los islamistas se mordieron la lengua. Pero para muchos saudíes, la presencia en el santuario del islam de «cruzados» extranjeros, como Bin Laden describió a las tropas de la coalición, representaba una calamidad mayor que la que Sadam ya estaba causando en Kuwait.

«Esta noche, en Irak, Sadam camina entre ruinas —pudo alardear el presidente George H. W. Bush el 6 de marzo—. Su máquina de guerra ha sido aplastada, su capacidad para amenazar con una destrucción masiva está destrozada.» Aunque Sadam seguía en el poder, parecía una mera nota a pie de página ante el impresionante despliegue de las fuerzas militares de Estados Unidos y de la coalición internacional agrupadas bajo el mando estadounidense. El presidente estaba exultante. Tras la caída de la Unión Soviética y aquella victoria fulminante, la hegemonía de Estados Unidos era indiscutible. «Podemos vislumbrar un nuevo mundo —dijo Bush en el Congreso— en el que existe la posibilidad real de un nuevo orden mundial. [...] Un mundo en el que las Naciones Unidas, libres del *impasse* de la guerra fría, puedan hacer realidad la visión histórica de sus fundadores. Un mundo en el que la libertad y el respeto a los derechos humanos encuentren aceptación en todas las naciones.»

Osama bin Laden escuchó aquellas palabras, pronunciadas con tanta esperanza, con un sentimiento de amargura. Él también deseaba instaurar un nuevo orden mundial, un orden regido por los musulmanes, no dictado por Estados Unidos e impuesto por la ONU. El alcance de sus ambiciones se empezaba a revelar. En su imaginación, él entraría en la historia como el salvador del islam.

Bin Laden inició una intensa campaña para recuperar su pasaporte. Aducía que necesitaba volver a Pakistán para ayudar a mediar en la guerra civil entre los muyahidines, un conflicto que el gobierno saudí tenía mucho interés en resolver. «Puedo desempeñar un papel allí», alegaba Bin Laden.[61] Muchos príncipes y jeques importantes intercedieron por él. Finalmente, el príncipe Naif claudicó y le devolvió a Bin Laden sus documentos de viaje, pero solo después de obligar al problemático combatiente a firmar un documento por el que se comprometía a no interferir en la política de Arabia Saudí o de cualquier otro país árabe.

Bin Laden llegó a Peshawar en marzo de 1992. En los tres años que habían transcurrido desde su partida, el gobierno comunista de Afganistán había conseguido mantenerse en el poder, pero estaba a punto de ser derrocado. Las fuerzas muyahidines rivales, lideradas por Ahmed Sha Massud y Gulbuddin Hekmatyar, ya estaban inmersas en una sangrienta lucha para decidir quién iba a tomar el poder. Las grandes potencias, que habían decidido utilizar Afganistán como escenario para la batalla existencial entre el comunismo y el capitalismo, no estaban presentes en la caótica posguerra. El príncipe Turki albergaba la esperanza de instaurar un gobierno provisional en Afganistán que uniera a los comandantes enfrentados y estabilizara el país. Él dirigía las negociaciones en Peshawar junto con el primer ministro paquistaní, Nawaz Sharif.

Preocupado por la influencia de Irán en la frontera occidental de Afganistán,[62] Turki tendía a apoyar a los elementos sunníes más intransigentes y fundamentalistas, liderados por Hekmatyar. Bin Laden, por el contrario, trataba de desempeñar el papel del mediador imparcial. Organizó una conversación telefónica entre Massud y Hekmatyar en la que rogó a este último que participara en la mesa de negociaciones. Hekmatyar se mostró inflexible, sin duda porque sabía que contaba con el favor de Turki. Pero, en plena noche, las tropas de Massud entraron en la ciudad. A la mañana siguiente, un sorprendido Hekmatyar lanzó furiosamente cohetes sobre Kabul y comenzó el sitio de la capital. La guerra civil afgana había comenzado.

Al oponerse a Turki en las negociaciones, Bin Laden creía haber cruzado los límites. Dijo a algunos de sus compañeros que Arabia Saudí había reclutado a agentes de los servicios secretos paquistaníes para matarle.[63] Las viejas alianzas forjadas por la yihad se rompían en pedazos. Ahora él y el príncipe Turki eran enemigos mortales.

Antes de abandonar Afganistán, Bin Laden se disfrazó y visitó una clínica de Karachi para tratarse una dolencia desconocida. Su médico, Zawahiri, se encontraba en Yemen, pero pronto se reunirían ambos.

8

El paraíso

Pese a que después de la caída de Kabul los combates no cesaron, el telón cayó sobre la yihad afgana. Algunos árabes se quedaron y se involucraron en la guerra civil, pero la mayoría se marcharon. Por lo general no eran bien recibidos en sus países de origen, donde ya los consideraban unos inadaptados sociales y unos extremistas antes de que fueran a Afganistán. Aquellos mismos gobiernos habían incitado a los jóvenes a unirse a la yihad y les habían financiado el viaje, con la esperanza de que los agitadores murieran en una causa perdida. No se les había ocurrido pensar que miles de aquellos jóvenes iban a regresar, entrenados en tácticas de guerra de guerrillas y fortalecidos por su legendaria victoria. Como todos los combatientes que regresan, se llevaron de vuelta a casa problemas psicológicos y recuerdos con los que resultaba difícil convivir. Incluso aquellos que apenas habían participado en los combates habían sido adoctrinados en la cultura del martirio y el *takfir*. Se paseaban ufanos por la mezquita, a menudo vestidos con el atuendo afgano para exhibir su posición especial.

Los servicios secretos saudíes calculaban que se habían entrenado en Afganistán entre quince mil y veinticinco mil jóvenes saudíes,[1] aunque hay otras estimaciones más bajas. A los que regresaban al reino los conducían directamente a la cárcel, donde los interrogaban durante dos o tres días.[2] Algunos países se negaron a dejar entrar a los combatientes. Se convirtieron en una banda apátrida y nómada de mercenarios religiosos. Muchos de ellos echaron raíces en Pakistán, donde se casaron con mujeres del país y aprendieron a hablar urdu. Algunos fueron a luchar a Cachemira, Kosovo, Bosnia o

Chechenia. Los rescoldos de la conflagración afgana se esparcían por todo el planeta y pronto buena parte del mundo musulmán estaría en llamas.

A aquellos veteranos a la deriva pero comprometidos ideológicamente les aguardaba un nuevo hogar. En junio de 1989, al tiempo que la yihad tocaba a su fin en Afganistán, los islamistas organizaban un golpe de Estado militar contra el gobierno civil y democrático de Sudán. El cabecilla del golpe era el brigadier general Omar Hasan al-Bashir, pero el instigador principal era Hasan al-Turabi, uno de los personajes más complejos, originales, carismáticos y retorcidos de África.

Como Bin Laden y Zawahiri, Turabi atribuía los fracasos del mundo árabe al hecho de que sus gobiernos no fueran lo suficientemente islámicos y dependieran demasiado de Occidente. Pero, a diferencia de ellos, Turabi era un especialista en el Corán que estaba muy familiarizado con Europa y Estados Unidos. En 1960, el joven estudiante sudanés recorrió Estados Unidos alojándose con familias corrientes, «incluso con indios piel roja y granjeros»,[3] una aventura que inspiraría su mordaz crítica del laicismo y el capitalismo. En 1961 se licenció en derecho en la London School of Economics y tres años más tarde se doctoró en derecho en la Soborna de París.

Turabi imaginaba la fundación de una comunidad musulmana internacional, la *umma*, con sede en Sudán, que después se extendería a otros países, ampliando cada vez más el radio de acción de la revolución islámica. Sudán, que hasta entonces había sido un páramo cultural en el mundo musulmán, sería el centro intelectual de esta reforma y Turabi su guía espiritual. Para poner en práctica este plan, abrió las puertas de su país a cualquier musulmán, con independencia de su nacionalidad, sin hacer preguntas. Naturalmente, quienes respondieron a su invitación tendían a ser aquellos que no eran bien recibidos en ningún otro lugar.

El gobierno de Sudán empezó a cortejar a Bin Laden enviándole una carta de invitación en 1990, a la que siguió la visita de varios miembros de los servicios secretos sudaneses que se reunieron con él. Básicamente, le estaban ofreciendo todo un país en el que operar con libertad. A finales de aquel año, Bin Laden envió a cuatro socios de confianza[4] para que verificaran las oportunidades empresariales que el gobierno sudanés le había prometido. Turabi impresionó a aquellos emisarios con su erudición y, a su vuelta, expusieron un informe entusiasta: «Lo que tratas de hacer, ¡eso ofrece Sudán! —le dijeron a Bin Laden—. ¡Hay gente con cabeza, profesionales! No vas a estar entre cabras».[5]

Pronto apareció en Jartum otro emisario de Bin Laden con un montón de dinero en metálico. Yamal al-Fadl, un miembro sudanés de al-Qaeda, alquiló una serie de casas y compró varias parcelas de tierra grandes que se emplearían para los entrenamientos. Al-Yihad ya estaba en Sudán y el propio Zawahiri en persona le entregó a Fadl doscientos cincuenta mil dólares para que comprara una granja al norte de la capital.[6] Los vecinos empezaron a quejarse del ruido de las explosiones procedente de los campos sin cultivar.

Como aliciente añadido, el Saudi Binladin Group se hizo con el contrato para construir un aeropuerto en Port Sudan, por lo que Osama viajaba con frecuencia al país para supervisar las obras.[7] En 1992 se trasladó por fin a Jartum, adonde voló desde Afganistán con sus cuatro esposas y los diecisiete hijos que tenía en aquel momento.[8] También llevó excavadoras y otra maquinaria pesada, y anunció su intención de construir una carretera de trescientos kilómetros al este de Sudán para regalársela a la nación. El presidente de Sudán le recibió con guirnaldas de flores.[9]

Dos hombres con sueños tan similares como Bin Laden y Turabi difícilmente podían ser más diferentes. Mientras Bin Laden era conciso y lacónico, Turabi era locuaz y teórico hasta la saciedad, un brillante conversador. Organizaba veladas en su casa, donde cada noche jefes de Estado o eminentes clérigos se sentaban en los sofás de pana verde apoyados contra las paredes del salón, bebiendo té y escuchando sus largos monólogos. Podía hablar sin pausa durante horas, sin otra motivación que la presencia de oyentes, gesticulando con ambas manos y recalcando sus ocurrencias con risitas nerviosas. Turabi era menudo y muy moreno, lo que contrastaba con su túnica y su turbante, impolutamente blancos, y con su brillante sonrisa, que le hacía parecer aún más lleno de vitalidad.

Casi cada mes Bin Laden asistía a una de aquellas veladas, más por cortesía que por curiosidad.[10] Aunque estaba en desacuerdo con casi todo lo que decía Turabi, no podía competir con el profesor en su sala de estar. El islam que Turabi estaba tratando de imponer de una manera tan radical y antidemocrática era, en realidad, sorprendentemente progresista. Turabi abogaba por cerrar la antigua brecha entre las ramas sunní y shií del islam, lo que a los ojos de Bin Laden era una herejía.[11] Hablaba de integrar «el arte, la música, el canto»[12] en la religión, lo que hería la sensibilidad wahabí de Bin Laden. Al principio de su carrera se había hecho famoso como pensador islámico por su defensa de los derechos de las mujeres. Pensaba que las mujeres musulmanas habían estado privadas durante mucho tiempo de la relativa igualdad de que habían disfrutado antes. «El propio Profeta solía visitar a mujeres, no a hombres, en busca de consejo y orientación. Podían dirigir la oración. Incluso en las batallas, ¡allí estaban! En la elección entre Utman y Ali para determinar quién sería el sucesor del Profeta, ¡votaron!»[13]

Ahora que por fin estaba viviendo en un Estado islamista radical, Bin Laden hacía preguntas sobre cuestiones prácticas: cómo pensaban aplicar la sharia los islamistas en Sudán y cómo pensaban tratar a los cristianos del sur. No le solían gustar las respuestas. Turabi le dijo que la sharia se iría aplicando gradualmente y solo a los musulmanes, que compartirían el poder con los cristianos en un sistema federal. Bin Laden se quedaba entre diez y treinta minutos y después se escabullía con discreción. No veía el momento de salir de allí. «Este hombre es un Maquiavelo —les confiaría Bin Laden a sus amigos—. No le importan los métodos.» Aunque aún se necesitaban mutuamente, Turabi y Bin Laden pronto empezaron a verse como rivales.

Jartum empezó siendo el período más feliz de la vida adulta de Bin Laden. Abrió una pequeña oficina en el centro de la ciudad, en la calle Mek Nimr, en un decadente edificio de una sola planta con nueve habitaciones, los techos bajos y un gran aparato de aire acondicionado que goteaba sobre la acera. Allí puso en marcha Wadi El Aqiq, el holding que aglutinaba sus muchas empresas y cuyo nombre hacía referencia a un río de La Meca. Al otro lado de la calle estaba el Ministerio de Asuntos Islámicos en un edificio que había sido un famoso burdel durante la ocupación británica. «Osama se rió cuando se lo conté», recordaba Isam, el hijo de Hasan al-Turabi.

Bin Laden e Isam se hicieron amigos debido a que tenían una pasión en común: la equitación. Hay cuatro millones de caballos en Sudán, y el país depende de ellos para el transporte y las labores agrícolas, pero también son muy apreciados para el deporte. Aunque Isam solo tenía veinticinco años cuando Bin Laden llegó a Sudán, ya era uno de los principales criadores del país y tenía una cuadra en el hipódromo de Jartum. Un viernes Bin Laden fue a comprar una yegua e Isam le mostró los establos infestados de moscas. Isam estaba muy impresionado con su visitante saudí. «No era alto, pero era guapo: los ojos, la nariz. Era hermoso.» Bin Laden se decidió por un majestuoso purasangre de otro criador e Isam organizó la compra del caballo sin pedir una comisión. Bin Laden estaba tan acostumbrado a que la gente se aprovechara de su dinero que este simple gesto de cortesía le impresionó. Decidió guardar sus caballos en los establos de Isam. También compró cuatro purasangres sudaneses para él y, para sus hijos, unos diez caballos locales que cruzó con algunos ejemplares árabes llegados en avión desde Arabia Saudí. Isam menospreciaba lo que consideraba un romántico apego de Bin Laden por la raza autóctona. «Aquí tendemos hacia el purasangre, alejarnos del árabe. Pero él quería crear su propio plan de cría.»

El hipódromo de Jartum es un lugar caótico y polvoriento. Los perros salvajes corretean por el área interior desprovista de hierba persiguiendo a los caballos. La destartalada tribuna se divide en dos partes: la mitad inferior, donde está la gente corriente, y la mitad superior, con mejores vistas, donde se sientan con relativa comodidad la élite social y los propietarios de los caballos. Osama insistía en ver las carreras en la parte inferior, aunque Isam era miembro de la junta directiva del hipódromo y disfrutaba de un palco de primera. En Sudán, las carreras son salvajes y los espectadores ruidosos, aficionados a bailar y cantar. El famoso muyahidín se tapaba los oídos con los dedos cada vez que tocaba la banda, lo que le arruinaba el momento. Cuando le pedía a la gente que dejara de cantar, le decían que se perdiera.

«No es culpa tuya que haya música —le recordaba amablemente Isam—. No has contratado tú a la banda.» Bin Laden no se calmaba. «La música —declaraba— es la flauta del diablo.» Con el tiempo, también dejó de ir a las carreras.

Compró una casa de estuco rojo de tres plantas en un distrito de Jartum llamado Riad. Al otro lado de la calle, sin pavimentar, adquirió una casa de huéspedes sin amueblar que utilizaba para recibir visitas. Los vecinos contaban que recibía a unas cincuenta personas diarias a partir de las cinco de la tarde, en su mayoría árabes que llevaban *zobes* hasta el tobillo y largas barbas: un desfile de fundamentalistas.[14] Sus hijos deambulaban descalzos entre ellos ofreciendo té de hibisco azucarado. Cada día mataba un cordero para sus visitantes, pero él comía muy poco y prefería picar lo que sus invitados habían dejado en los platos,[15] convencido de que esos bocados abandonados le valdrían el favor de Dios.

A veces Bin Laden llevaba a sus hijos de excursión a orillas del Nilo. Llevaban bocadillos y refrescos, y les enseñaba a conducir en la arena compacta de la margen del río. Bin Laden adoptó una humilde vestimenta sudanesa, un turbante y una túnica blancos, y llevaba un típico bastón con el puño en forma de V. «Se estaba volviendo sudanés —observaría Isam—. Parecía que se quería quedar aquí para siempre.» Bin Laden por fin estaba en paz. Mantenía a los miembros de al-Qaeda ocupados trabajando en sus prósperas empresas, ya que poco más podían hacer allí. Los viernes después de la oración, los dos equipos de fútbol de al-Qaeda se enfrentaban entre sí.[16] Había algo de adiestramiento, pero a bajo rendimiento, sobre todo cursillos de reciclaje para hombres que ya habían estado en Afganistán. Al-Qaeda se había transformado, básicamente, en una organización agrícola.

En Sudán, Bin Laden tuvo la ocasión de emular la carrera de su padre como constructor de carreteras y empresario. Era «el gran inversor islámico»,[17] como le llamó Turabi en una recepción que ofreció poco después de la llegada de Bin Laden. Es cierto que era el principal magnate de Sudán, pero también es verdad que era prácticamente el único. El dinar sudanés se hundía y el gobierno no dejaba de acumular deudas. La continua guerra civil entre el norte islámico y mayoritariamente árabe y el sur negro y cristiano estaba vaciando las arcas del Tesoro y ahuyentando a los inversores, que ya estaban consternados por la afluencia de terroristas y el carácter experimental del gobierno islamista. El que Bin Laden decidiera invertir su dinero en una economía de semejantes características hacía que fuera aún más valorado. Circulaban rumores exagerados sobre su riqueza; la gente decía que estaba invirtiendo 350 millones de dólares o más en el país,[18] lo que sin duda supondría su salvación. Se decía que había capitalizado un banco con 50 millones de dólares,[19] algo que estaba muy por encima de su capacidad financiera.

A través de al-Hijira, su empresa constructora, Bin Laden construyó varias carreteras importantes en el país, incluida una en Port Sudan. Cuando el gobierno no podía pagarle, se quedaba a cambio grandes parcelas de tierra. Solo una de ellas era «más grande que Bahrein»,[20] se jactaba ante sus hermanos. El gobierno también agregó una curtiduría en Jartum, donde los empleados de Bin Laden trataban el cuero para el mercado italiano.[21] Otra empresa de Bin Laden, al-Qadurat, importaba camiones y maquinaria de Rusia y Europa oriental.

Pero era la ganadería lo que cautivaba su imaginación. Los trueques con el gobierno le habían convertido en el que quizá fuera el mayor terrateniente del país. Poseía cuatrocientas mil hectáreas[22] en el delta del río Gash, en el nordeste; un gran terreno en Gedarif, la provincia más fértil de la región oriental; y otro en Damazine, que se encuentra junto a la orilla occidental del Nilo Azul, cerca de la frontera con Etiopía. Gracias a su empresa agrícola, al-Thimar al Mubaraka, Bin Laden poseía prácticamente el monopolio[23] de las principales exportaciones agrícolas de Sudán: sésamo, maíz blanco y goma arábiga. Otras subsidiarias de Bin Laden producían sorgo, miel, cacahuetes, pollos, ganado y sandías. Sostenía que Sudán, bien gestionado, podría alimentar a todo el planeta y, para probarlo, mostraba con orgullo un magnífico girasol que había cultivado en Gedarif. «Podría figurar en el libro Guinness de los récords», le dijo al ministro de Estado.

Era un empresario relativamente generoso para lo que era habitual en Sudán, ya que pagaba 200 dólares al mes a la mayoría de sus trabajadores y los directivos ganaban entre 1.000 y 1.500 dólares. Impuso técnicas administrativas en su organización y exigía que los formularios se rellenaran por triplicado, por ejemplo, para comprar neumáticos.[24] Los empleados que pertenecían a al-Qaeda recibían una bonificación mensual que oscilaba entre los 50 y los 120 dólares,[25] dependiendo de lo numerosa que fuera su familia y de su nacionalidad (los saudíes recibían más y los sudaneses menos),[26] además de vivienda y atención sanitaria gratuitas. Unas quinientas personas[27] trabajaban para Bin Laden en Sudán, pero los miembros activos de al-Qaeda nunca fueron más de un centenar.[28]

Bin Laden rehuía el irresoluble conflicto que padecía la región meridional de Sudán, que le estaba costando al empobrecido gobierno sudanés un millón de dólares al día[29] y que llegaría a cobrarse más de un millón de vidas. Isam, un veterano de aquella guerra, la consideraba una yihad y le parecía mal que el famoso guerrero islámico se mantuviera al margen. Bin Laden le explicó que había renunciado a la guerra, que había decidido abandonar al-Qaeda y ser agricultor.

Hizo afirmaciones similares a muchos de sus amigos. Estaba en una encrucijada. La vida en Sudán era agradablemente monótona. Por las mañanas iba a pie a la mezquita local para rezar, seguido de un séquito de acólitos y admiradores. Se quedaba a estudiar con los hombres santos y a menudo desayunaba con ellos antes de ir a su oficina o visitar una de las varias fábricas que formaban parte de su cartera en plena expansión, o subirse a un tractor para roturar los campos de una de sus inmensas fincas. Aunque era el presidente de un próspero imperio, no renunció a su costumbre de ayunar los lunes y los jueves.[30] A veces hablaba en la principal mezquita de Jartum antes de la oración del viernes, e instaba a sus hermanos musulmanes a descubrir las bendiciones de la paz.[31]

Había un hecho que mortificaba a Bin Laden y le impedía relajarse y disfrutar de la vida empresarial y de la contemplación espiritual que tanto le atraía: la continua presencia de tropas estadounidenses en Arabia Saudí. El rey Fahd había prometido que los no creyentes se irían en cuanto hubiera terminado la guerra y, sin embargo, meses después de la derrota iraquí, las fuerzas de la coalición seguían atrincheradas en las bases aéreas saudíes, supervisando el acuerdo del alto el fuego. A Bin Laden le atormentaba lo que consideraba una ocupación permanente de tierra santa. Había que hacer algo.

Casualmente, las tropas estadounidenses hacían escala en Yemen de camino a Somalia. El hambre había atraído la atención internacional y Estados Unidos enviaba un modesto contingente para proteger a los trabajadores de la ONU de los clanes locales que merodeaban.

Sin embargo, los estrategas de al-Qaeda se sentían rodeados e interpretaban este último hecho como un ataque frontal: los estadounidenses ya controlaban el golfo Pérsico y ahora estaban utilizando la excusa de la hambruna en Somalia para ocupar el Cuerno de África. Yemen y Somalia eran la puerta de entrada al mar Rojo, que se podía bloquear fácilmente. Después de todos los planes que al-Qaeda había ideado para extender una revolución islamista, era Estados Unidos el que parecía estar ganando influencia en toda la región al tomar el control de los puntos de presión del mundo árabe y adentrarse en el territorio de al-Qaeda. La red se iba cerrando. Sudán podía ser el siguiente. Estas ideas circulaban en un momento en que Estados Unidos aún no había oído hablar de al-Qaeda, se consideraba la misión de Somalia un ingrato acto de caridad y Sudán era demasiado irrelevante para preocuparse.

Cada jueves por la tarde, los miembros de al-Qaeda se reunían en la casa de huéspedes de Bin Laden en Jartum para escuchar las disertaciones de sus jefes. Uno de esos jueves, a finales de 1992, hablaron de la amenaza que representaba la creciente presencia estadounidense. En realidad, al-Qaeda, en tanto que organización terrorista, surgió como resultado de las decisiones que Bin Laden y su *shura* (consejo) tomaron en aquel breve período de tiempo en que Bin Laden estaba indeciso: el atractivo de la paz era tan fuerte como el grito de guerra de la yihad.

El consejero religioso de Bin Laden era su amigo íntimo Mamduh Salim, al que también llamaban Abu Hayer al-Iraqi.[32] Era un kur-

do enérgico y realista que causaba una fuerte impresión a todo el
que le conocía. Solemne y autoritario, con una pulcra barba de chi-
vo y profundos ojos negros, Abu Hayer había sido coronel del ejército de Sadam durante la guerra con Irán, especializado en comunicaciones, hasta que desertó y huyó a Irán.[33] Él y Bin Laden tenían la
misma edad (treinta y cuatro años en 1992). Habían trabajado juntos
en la Oficina de Servicios de Peshawar y combatido juntos en Afganistán, donde forjaron unos vínculos tan fuertes que nadie podía in-
terponerse entre ellos. A diferencia de casi todos los miembros del
séquito de Bin Laden en Sudán, Abu Hayer nunca le había jurado
lealtad; se consideraba un igual y Bin Laden le trataba como tal. Debido a su piedad y erudición, Abu Hayer dirigía la oración; su voz,
cuando recitaba las aleyas coránicas a la melancólica manera iraquí,
era tan lírica que hacía llorar a Bin Laden.[34]

Además de ser amigo de Bin Laden, Abu Hayer era su imán.
Muy pocos miembros de al-Qaeda tenían una formación religiosa
sólida. Pese a su fanatismo, básicamente eran unos aficionados en el
ámbito de la teología. Abu Hayer ejercía la máxima autoridad espiritual debido a que había memorizado el Corán, pero era un ingeniero eléctrico, no un clérigo. No obstante, Bin Laden le nombró jefe
del comité de fatawa de al-Qaeda, una decisión que se revelaría fatídica. Fue bajo la autoridad de Abu Hayer que al-Qaeda dejó de ser
el ejército islámico anticomunista que Bin Laden proyectó en un
principio para convertirse en una organización terrorista decidida a
atacar a Estados Unidos, la última superpotencia que quedaba y la
fuerza que, para Bin Laden y Abu Hayer, representaba la mayor amenaza para el islam.

¿Por qué estos hombres se volvieron contra Estados Unidos, un
país enormemente religioso que hacía poco tiempo había sido su
aliado en Afganistán? En gran medida era porque veían a Estados
Unidos como el centro del poder cristiano. Antes, la religiosidad de
los muyahidines musulmanes y de los dirigentes cristianos del gobierno estadounidense había servido como un vínculo entre ellos.
De hecho, los líderes muyahidines habían sido bastante idealizados
por la prensa estadounidense y habían visitado iglesias del país, donde recibieron elogios por su coraje espiritual en la lucha común con-

tra el marxismo y el ateísmo. Pero el cristianismo, sobre todo la versión evangelizadora estadounidense, y el islam eran, sin duda, religiones rivales. Visto a través de los ojos de hombres anclados espiritualmente en el siglo VII, el cristianismo no era solo su rival, era su acérrimo enemigo. Para ellos, las cruzadas eran un proceso histórico continuo que solo concluiría con la victoria final del islam. Percibían con amargura la contradicción que representaba la larga y continua retirada del islam de las puertas de Viena, donde el 11 de septiembre[35] —esa fecha que tanto resuena ahora— de 1683 el rey de Polonia inició la batalla que pondría fin al avance de los ejércitos musulmanes. Durante los trescientos años siguientes, el islam quedaría eclipsado por el desarrollo de las sociedades cristianas occidentales. Sin embargo, Bin Laden y sus árabes afganos creían que, en Afganistán, habían cambiado el curso de los acontecimientos y el islam volvía a estar en marcha.

Ahora se enfrentaban a la mayor potencia militar, material y cultural que hubiera producido jamás una civilización. «¿La yihad contra Estados Unidos? —preguntaron consternados algunos miembros de al-Qaeda—. Estados Unidos lo sabe todo de nosotros. Sabe incluso la marca de la ropa interior que usamos.»[36] Eran conscientes de lo débiles que eran y lo divididos que estaban sus propios gobiernos, a los que únicamente sostenía la necesidad de Estados Unidos de mantener el *statu quo*. Los océanos y los cielos estaban patrullados por estadounidenses. Estados Unidos ya no estaba lejos, estaba en todas partes.

Los economistas de al-Qaeda señalaron que «nuestro petróleo» impulsaba la desenfrenada expansión de Estados Unidos y se sentían como si les hubieran robado algo, no el petróleo exactamente, aunque Bin Laden creyera que su precio era demasiado bajo, sino la regeneración cultural que debería haber originado su venta. En las sociedades lamentablemente improductivas en que vivían, las fortunas se evaporaban como la nieve en el desierto. Lo único que quedaba era un sentimiento de traición generalizado.

Por supuesto, el petróleo había llevado riqueza a algunos árabes, pero en el proceso de enriquecimiento ¿no se habían occidentalizado? El consumismo, el vicio y el individualismo, que los islamistas radicales consideraban rasgos distintivos de la cultura estadounidense moderna, amenazaban con destruir el islam —incluso la idea misma de islam—, integrándolo en un mundo globalizado, corporativo, interdependiente, laico y comercial que formaba parte de lo que aquellos hombres querían decir cuando decían «América». Pero al definir la modernidad, el progreso, el comercio, el consumo e incluso el placer como agresiones occidentales contra el islam, los pensadores de al-Qaeda dejaban poco margen para sí mismos.

Si el futuro pertenecía a Estados Unidos, los fundamentalistas islámicos reivindicaban el pasado. No se oponían a la tecnología o la ciencia; de hecho, muchos dirigentes de al-Qaeda, como Ayman al-Zawahiri y Abu Hayer, eran hombres de ciencia, pero se mostraban ambivalentes por la forma en que la tecnología debilitaba el espíritu. Esto se reflejaba en el interés de Bin Laden por la maquinaria para movimiento de tierras y la ingeniería genética vegetal, por una parte, y su rechazo del agua refrigerada por otra. Al retomar el gobierno de la sharia, el islam radical podría poner límites al Occidente invasor. Incluso los valores que Estados Unidos proclamaba que eran deseables universalmente —la democracia, la transparencia, el Estado de derecho, los derechos humanos, la separación entre religión y gobierno— estaban desacreditados a los ojos de los yihadíes porque eran occidentales y, por tanto, modernos. El deber de al-Qaeda era concienciar a la nación islámica de la amenaza que representaba el Occidente laico y modernizador. Bin Laden les dijo a sus hombres que, para hacerlo, al-Qaeda arrastraría a Estados Unidos a una guerra con el islam, «un frente a gran escala que no puede controlar».[37]

En todo el mundo árabe y en algunas zonas de África y Asia estaban surgiendo movimientos salafíes autóctonos. Estos movimientos eran fundamentalmente nacionalistas, pero necesitaban un lugar para organizarse. Encontraron un refugio seguro en Jartum, y por supuesto comenzaron a relacionarse y aprender los unos de los otros.

Entre aquellos grupos estaban las dos principales organizaciones egipcias, al-Yihad de Zawahiri y el Grupo Islámico del jeque Omar

Abdul Rahman, así como prácticamente todos los demás grupos radicales y violentos de Oriente Próximo. El grupo palestino Hamas pretendía destruir Israel y sustituirlo por un Estado islamista sunní; era conocido por matar a ciudadanos israelíes y torturar y matar a palestinos sospechosos de colaborar con Israel. Otro grupo palestino, la Organización Abu Nidal, era aún más violento e intransigente, y había matado a más de novecientas personas en veinte países diferentes,[38] principalmente judíos y árabes moderados. Entre sus operaciones más conocidas estaban el ametrallamiento de una sinagoga en Viena, el ataque con granadas contra un restaurante parisino, la bomba en una oficina de British Airways en Madrid, el secuestro de un avión de EgyptAir con destino a Malta y los sangrientos atentados en los aeropuertos de Roma y Viena. Hezbollah, que aspiraba a fundar un Estado revolucionario shií en el Líbano, había matado a más estadounidenses hasta aquel momento que ninguna otra organización terrorista. Financiado por Irán, Hezbollah se especializó en secuestros, aunque también fue responsable de una serie de atentados con bomba en París. El terrorista más buscado del mundo, Ilich Ramírez Sánchez, conocido como Carlos el Chacal,[39] también fijó su residencia en Jartum, donde se hacía pasar por un traficante de armas francés. Carlos, que era marxista y pertenecía al Frente Popular para la Liberación de Palestina, había secuestrado a once miembros del cártel de productores de petróleo, OPEP, en Viena en 1975, a los que llevó en avión a Argel para pedir un rescate. Tras perder la fe en el comunismo, ahora creía que el islam radical era la única fuerza lo suficientemente implacable como para destruir la dominación cultural y económica de Estados Unidos. Pese a estar buscado en todo el mundo, era fácil encontrarle por las mañanas bebiendo café y comiendo cruasanes en el hotel Méridien de Jartum.

Aunque Bin Laden desconfiaba de Turabi —incluso le odiaba—, experimentó con una de las ideas más progresistas y controvertidas de este: hacer causa común con los shiíes. Le pidió a Abu Hayer que avisara a los miembros de al-Qaeda de que ahora solo había un enemigo, Occidente, y que las dos principales ramas del islam debían unirse para destruirlo. Bin Laden invitó a representantes shiíes a hablar con al-Qaeda y envió a algunos de sus mejores hombres al

Líbano para que se entrenaran con Hezbollah, el grupo financiado por Irán. Imad Mugniyah, el jefe del servicio de seguridad de Hezbollah, se reunió con Bin Laden y accedió a entrenar a miembros de al-Qaeda a cambio de armas.[40] Mugniyah había planificado los atentados suicidas de 1983 contra la embajada de Estados Unidos y el Cuerpo de Marines estadounidenses, y contra los cuarteles de los paracaidistas franceses en Beirut, en los que murieron más de trescientos estadounidenses y cincuenta y ocho soldados franceses, provocando la retirada de las fuerzas de mantenimiento de la paz estadounidenses del Líbano. Aquel precedente había impresionado profundamente a Bin Laden, que vio que los suicidas podían ser devastadoramente eficaces y que, pese a todo su poderío, Estados Unidos no tenía ganas de conflictos.*

El 29 de diciembre de 1992 explotó una bomba en el hotel Mövenpick de Adén (Yemen), y otra estalló prematuramente en el aparcamiento de un hotel de lujo cercano, el Goldmohur. Las bombas iban dirigidas contra los soldados estadounidenses que se dirigían a Somalia para participar en la Operación Devolver la Esperanza, la iniciativa internacional para paliar la hambruna que asolaba el país. En realidad, los soldados se alojaban en un hotel diferente. Bin Laden se atribuiría más tarde aquel torpe atentado, que prácticamente pasó inadvertido en Estados Unidos, ya que no murió ningún estadounidense. Las tropas fueron a Somalia como estaba previsto, si bien los triunfantes líderes de al-Qaeda se dijeron a sí mismos que habían ahuyentado a los estadounidenses y se anotaron una fácil victoria.

Y, sin embargo, se había pagado un precio. Dos personas murieron, un turista australiano y un trabajador yemení del hotel, y otras

---

* La relación entre al-Qaeda e Irán se produjo en gran medida a través de Zawahiri. Ali Muhammad dijo al FBI que al-Yihad había planeado un golpe de Estado en Egipto en 1990. Zawahiri había estudiado el derrocamiento en 1979 del sha de Irán y quiso que le instruyeran los iraníes. Ofreció información sobre un plan del gobierno egipcio para tomar por asalto varias islas del golfo Pérsico que tanto Irán como los Emiratos Árabes Unidos reclamaban. Según Muhammad, a cambio de esa información, el gobierno iraní le pagó a Zawahiri dos millones de dólares y le ayudó a entrenar a miembros de al-Yihad para un intento de golpe de Estado que nunca llegó a producirse.

siete, la mayoría yemeníes, resultaron gravemente heridas. Pese al delirante y autocomplaciente parloteo en Sudán, se plantearon cuestiones morales y algunos miembros de al-Qaeda empezaron a preguntarse en qué tipo de organización se estaban convirtiendo.

Un jueves por la tarde, Abu Hayer abordó la cuestión de si era ético matar a inocentes. Les habló a los hombres de Ibn Taimiya, un erudito del siglo XIII que es una de las principales referencias de la filosofía wahabí. En su día, Ibn Taimiya afrontó el problema de los mongoles que atacaron salvajemente Bagdad pero después se convirtieron al islam. ¿Era correcto vengarse de hermanos musulmanes? Ibn Taimiya sostenía que solo por haber hecho la profesión de fe, los mongoles no eran aún verdaderos creyentes y, por tanto, se les podía matar. Además, como explicó Abu Hayer a los treinta o cuarenta miembros de al-Qaeda que se sentaban sobre la alfombra del salón de Bin Laden, con los codos apoyados en cojines y bebiendo zumo de mango, Ibn Taimiya había emitido una fatwa histórica:[41] a todo aquel que ayudara a los mongoles, les comprara bienes o se los vendiera, o simplemente estuviera cerca de ellos, también se le podía matar. Si es un buen musulmán, irá al paraíso; si es un mal musulmán, irá al infierno, y adiós muy buenas. Así, el turista y el trabajador del hotel muertos tendrían la recompensa que merecieran.

Nacía una nueva visión de al-Qaeda. Las dos fatawa de Abu Hayer, la primera autorizando los ataques contra las tropas estadounidenses y la segunda, el asesinato de inocentes, convirtieron a al-Qaeda en una organización terrorista global. Al-Qaeda se consagraría no a combatir ejércitos, sino a matar civiles. La antigua concepción de al-Qaeda como un ejército ambulante de muyahidines que defendería las tierras musulmanas allí donde se vieran amenazadas fue descartada en favor de una política de subversión permanente contra Occidente. La Unión Soviética había desaparecido y el comunismo ya no suponía una amenaza en los márgenes del mundo islámico. Estados Unidos era la única potencia capaz de impedir la restauración del antiguo califato islámico. Había que enfrentarse a ella y derrotarla.

9

Silicon Valley

A primera hora de la mañana, cuando los rayos del sol iluminaban las torres del World Trade Center, las sombras gemelas de los dos edificios se extendían por toda la isla de Manhattan. Aquellos edificios fueron diseñados para llamar la atención. Cuando concluyó su construcción, en 1972 y 1973, eran los dos rascacielos más altos del mundo, un récord que no duró mucho, ya que los egos arquitectónicos tienden siempre a elevarse hacia el cielo. La vanidad era su característica más evidente; por lo demás, eran unos edificios anodinos y poco prácticos. Sus inquilinos se sentían aislados; el simple hecho de bajar a la calle para ir a almorzar implicaba utilizar varios ascensores durante un lento descenso y atravesar a buen paso un inmenso vestíbulo para, por fin, poder disfrutar del olor y el estrépito de la ciudad. La estructura «tubular» que sostenía aquellas formidables torres exigía que los pilares estuvieran separados por una distancia máxima de cincuenta y cinco centímetros, por lo que en el interior de las oficinas se tenía la sensación de estar en una jaula. Pero las vistas eran magníficas: la interminable serpiente de luces de la autopista de New Jersey, el bullicioso puerto con la estatua de la Libertad a lo lejos, los petroleros y los transatlánticos surcando el horizonte del Atlántico, la costa grisácea de Long Island, las hojas de los árboles que empezaban a mudar de color en Connecticut y Manhattan, tendida como una reina sobre su gran lecho entre los ríos. Las construcciones tan trascendentales se imponen en el subconsciente, que es lo que se pretende: «Esas imponentes torres simbólicas que hablan de libertad, derechos humanos y humanidad», como las describió Bin Laden.[1]

La panorámica más impresionante del World Trade Center era la que se veía desde la otra orilla del río Hudson, en Jersey City. Fue allí, en un barrio conocido como «Little Egypt»,[2] donde los seguidores de Omar Abdul Rahman, el jeque ciego, se confabularon para derribar las torres. Abdul Rahman estaba tramitando su solicitud de asilo en Estados Unidos, pese a que figuraba como terrorista en la lista del Departamento de Estado. Al igual que había hecho en Egipto, en Estados Unidos emitió una fatwa en la que autorizaba a sus seguidores a atracar bancos y matar judíos.[3] Viajaba mucho por Estados Unidos y Canadá, enardeciendo a miles de jóvenes inmigrantes musulmanes con sus sermones, a menudo dirigidos contra los estadounidenses, quienes según él eran «descendientes de monos y cerdos que se han cebado en las mesas de sionistas, comunistas y colonialistas».[4] Hizo un llamamiento a los musulmanes para que atacaran a Occidente: «Cortad el transporte en sus países, destrozadlo, destruid su economía, incendiad sus empresas, eliminad sus intereses, hundid sus barcos, derribad sus aviones, matadlos en el mar, el aire o la tierra».[5]

No cabe duda de que sus seguidores trabajaban para ocasionar aquel apocalipsis. Esperaban paralizar Nueva York asesinando a varias personalidades políticas y destruyendo muchos de sus edificios emblemáticos (el puente George Washington, los túneles Lincoln y Holland, el Federal Plaza y las Naciones Unidas) mediante atentados simultáneos.[6] Era su respuesta al apoyo estadounidense al presidente egipcio, Hosni Mubarak, a quien intentaron asesinar cuando visitó Nueva York. El FBI averiguó más tarde que Osama bin Laden prestaba apoyo financiero a los proyectos del jeque ciego.[7]

Pocos estadounidenses, incluidos los servicios secretos, sabían que en el interior del país se había formado una red de islamistas radicales. El jeque ciego podría haber estado hablando en marciano o en árabe, ya que había muy pocos especialistas en lenguas de Oriente Próximo en el FBI, y menos aún en la policía local. Aunque hubieran oído y comprendido sus amenazas, la percepción de la mayoría de los estadounidenses estaba distorsionada por su aislamiento generalizado de los problemas del mundo y ofuscada por la cómoda impresión de que nadie que viviera en Estados Unidos podría volverse contra el país.

Entonces, el 26 de febrero de 1993, una furgoneta Ford Econo-line de alquiler entró en el enorme aparcamiento subterráneo del World Trade Center. Conducía Ramzi Yusef. No está claro si le envió Bin Laden, pero sí se sabe que había estado en un campamento de al-Qaeda en Afganistán, donde había aprendido a fabricar bombas. Había ido a Estados Unidos para supervisar la fabricación de lo que el FBI describiría más adelante como el mayor artefacto explosivo improvisado que había encontrado jamás. Yusef prendió las cuatro mechas de seis metros de longitud y corrió hacia el norte de Canal Street, desde donde esperaba ver derrumbarse los edificios.

Yusef era moreno y delgado, con una lesión en un ojo y marcas de quemaduras en el rostro y las manos causadas por explosiones accidentales. Su verdadero nombre era Abdul Basit Mahmud Abdul Karim. Hijo de madre palestina y padre paquistaní, se crió en la ciudad de Kuwait y después estudió ingeniería eléctrica en Gales. Tenía una mujer y un hijo, y esperaba otro más, en Quetta, la capital de la provincia paquistaní de Baluchistán. No era un musulmán especialmente piadoso: sus principales motivaciones eran su devoción por la causa palestina y el odio a los judíos, pero fue el primer terrorista islamista que atentó en territorio estadounidense. Y lo que es más importante, su imaginación sombría y grandilocuente sería la crisálida de la metamorfosis del movimiento. Hasta que Yusef llegó a Estados Unidos, la célula de Brooklyn se había dedicado a experimentar con bombas de tubo. Fueron la ambición y la destreza de Yusef las que cambiaron radicalmente la naturaleza del terrorismo.

Al colocar la bomba en la esquina sur del aparcamiento, Yusef pretendía hacer caer una torre sobre la otra y provocar el derrumbamiento de todo el complejo; esperaba matar a doscientas cincuenta mil personas, un número de víctimas que consideraba equivalente al sufrimiento que el apoyo de Estados Unidos a Israel había causado a los palestinos. Esperaba maximizar el número de bajas añadiendo al artefacto, fabricado con nitrato de amonio y gasóleo, cianuro de sodio,[8] o fabricando una bomba sucia con material radiactivo sacado clandestinamente de la antigua Unión Soviética,[9] que habría contaminado gran parte del bajo Manhattan.

La explosión destrozó seis pisos de acero laminado y cemento, desde la estación de la Autoridad Portuaria Trans-Hudson (PATH), situada debajo del aparcamiento, hasta la sala de fiestas del hotel Marriott sobre él. La explosión fue tan fuerte que los turistas notaron el temblor de tierra a más de un kilómetro y medio de distancia, en la isla de Ellis.[10] Murieron seis personas y 1.042 resultaron heridas, provocando el mayor número de ingresos hospitalarios de la historia de Estados Unidos desde la guerra civil.[11] Las torres temblaron y bascularon, pero aquellos formidables edificios no se derrumbaron. Lewis Schiliro, que por aquel entonces era el director de la oficina del FBI de Nueva York, se quedó atónito cuando fue a inspeccionar el cráter subterráneo de sesenta metros de diámetro en el imponente complejo. Le dijo a un ingeniero de estructuras: «Este edificio se mantendrá siempre en pie».

Yusef voló de vuelta a Pakistán y poco después se trasladó a Manila. Allí comenzó a tramar planes asombrosos, como volar en pedazos simultáneamente una decena de aviones de pasajeros estadounidenses, asesinar al papa Juan Pablo II y al presidente Clinton, o estrellar un avión privado contra la sede de la CIA. Es interesante señalar que, ya en fecha tan temprana, los islamistas querían ejecutar atentados complejos y muy simbólicos totalmente diferentes a los llevados a cabo por cualquier otra organización terrorista. La teatralidad de la puesta en escena ha sido siempre una característica distintiva del terrorismo, y estos eran terroristas con una ambición dramática sin precedentes. Pero Ramzi Yusef y los adeptos del jeque ciego no se conformaban solo con llamar la atención sobre su causa: su finalidad era humillar al enemigo asesinando al mayor número posible de personas. Eligieron objetivos económicos vulnerables que desencadenaran una respuesta brutal; en realidad buscaban esas represalias para que motivaran a otros musulmanes. Sin embargo, no se podía afirmar que tuvieran un plan político convincente. La venganza por las más variadas injusticias era un tema recurrente en su discurso, pese a que la mayoría de los conspiradores disfrutaban en Estados Unidos de unas libertades y oportunidades que no tenían en sus propios países. Contaban con una red de voluntarios furiosos y deseosos de pasar a la acción. Lo único que les faltaba a los terroristas yihadíes para llevar a cabo un atentado realmente devastador en Estados Unidos eran los métodos organizativos y las técnicas empleados por Ayman al-Zawahiri y al-Yihad.

Un mes después del atentado del World Trade Center, Zawahiri apareció en varias mezquitas de California,[12] en las que impartió conferencias. Procedía de Berna (Suiza), donde al-Yihad tenía un refugio seguro (uno de los tíos de Zawahiri era diplomático en Suiza). Aunque había entrado en Estados Unidos con su verdadera identidad,[13] Zawahiri viajaba con su nombre de guerra, doctor Abdul Mu'iz, haciéndose pasar por un representante de la Media Luna Roja kuwaití. Decía que estaba recaudando dinero para los niños heridos por las minas terrestres soviéticas de la época de la yihad.

Durante años, Estados Unidos fue uno de los principales destinos donde recaudar fondos para los muyahidines árabes y afganos. El jeque Abdullah Azzam abrió el camino en las mezquitas de Brooklyn, Saint Louis, Kansas City, Seattle, Sacramento, Los Ángeles y San Diego. La organización de Azzam y Bin Laden, la Oficina de Servicios, abrió delegaciones en treinta y tres ciudades de Estados Unidos para patrocinar la yihad. La guerra contra la Unión Soviética también creó una red internacional de instituciones benéficas, particularmente numerosas en Estados Unidos, que siguió funcionando después de que la Unión Soviética se desmoronara y los afganos se enfrentaran entre sí. Zawahiri albergaba la esperanza de explotar aquel rico filón estadounidense en beneficio de al-Yihad.

El guía de Zawahiri en Estados Unidos era un singular personaje de la historia del espionaje, Ali Abdelsud Muhammad. Muhammad medía un metro ochenta y cinco, pesaba noventa kilos y estaba en plena forma, era un experto en artes marciales[14] y un políglota consumado que hablaba con fluidez inglés, francés y hebreo, además del árabe natal. Era disciplinado, inteligente y sociable, y tenía mucha facilidad para hacer amigos: la clase de hombre capaz de llegar a la cúspide de cualquier organización. Había sido comandante en la misma unidad del ejército egipcio que Jaled Islambuli, el asesino de Sadat, y el gobierno sospechaba, con razón, que era un fundamentalista islámico[15] (de hecho, ya pertenecía a al-Yihad).[16] Cuando le expulsaron del ejército egipcio, Zawahiri le encomendó la ardua tarea de infiltrarse en los servicios secretos estadounidenses.

En 1984, Muhammad caminó decidido hasta la estación de la CIA en El Cairo para ofrecer sus servicios.[17] El funcionario que le evaluó decidió que probablemente era un topo de los servicios secretos egipcios;[18] aun así, envió telegramas a otras estaciones y centrales para averiguar si podía ser de algún interés. Obtuvo una respuesta de la estación de Frankfurt, que albergaba la oficina iraní de la agencia, y poco después Ali estaba en Hamburgo ejerciendo de espía novato. Acudió a una mezquita vinculada con Hezbollah y acto seguido le dijo al clérigo iraní que se ocupaba de ella que era un espía estadounidense encargado de introducirse en la comunidad. No sabía que la agencia ya se había infiltrado en la mezquita; informaron de inmediato de su declaración.

La CIA afirma que despidió a Muhammad, envió telegramas avisando de que era muy poco digno de confianza y le incluyó en la lista negra del Departamento de Estado para impedir que entrara en Estados Unidos. Sin embargo, para entonces Muhammad ya se encontraba en California gracias a un programa de exención de visado auspiciado por la propia agencia[19] y concebido para proteger a agentes valiosos o a quienes hubieran prestado importantes servicios al país. Para permanecer en Estados Unidos necesitaba obtener la ciudadanía, por lo que se casó con una californiana, Linda Sanchez, una técnico sanitario a la que conoció en el vuelo transatlántico a Estados Unidos.[20]

Un año después de llegar, Muhammad retomó su carrera militar, esta vez como soldado raso en el ejército de Estados Unidos. Consiguió que le destinaran a la John F. Kennedy Special Warfare Center and School en Fort Bragg (Carolina del Norte). Aunque no era más que un sargento de abastecimiento, Muhammad causó una excelente impresión y recibió una recomendación especial de su comandante «por su excepcional rendimiento» y ganó en pruebas físicas a algunos de los soldados mejor entrenados del mundo. Sus superiores, impresionados, le consideraban «irreprochable» y «siempre competente».

Quizá el secreto de que lograra preservar su doble identidad fue que nunca ocultó sus creencias. Cada mañana comenzaba el día con la oración del alba, seguida de una larga carrera durante la que escuchaba en el walkman el Corán, que trataba de memorizar. Cocinaba su propia comida para asegurarse de que se ajustaba a las normas alimentarias islámicas. Además de cumplir con sus obligaciones militares, estudiaba un doctorado en estudios islámicos.[21] El ejército estadounidense era tan respetuoso con sus creencias que incluso le pidió que ayudara a impartir un curso sobre política y cultura de Oriente Próximo y que grabase una serie de vídeos explicando el islam a sus compañeros. Según la hoja de servicios de Muhammad, «preparó e impartió más de cuarenta cursos de orientación para comandos desplegados en Oriente Próximo». Mientras tanto, sacaba clandestinamente de la base mapas y manuales de entrenamiento para fotocopiarlos a tamaño reducido en Kinko.*[22] Los utilizó para escribir la guía de entrenamiento de terroristas en varios volúmenes que se convertiría en el manual de instrucción de al-Qaeda. Los fines de semana se desplazaba a Brooklyn y Jersey City, donde enseñaba tácticas militares a los militantes musulmanes. Entre ellos había miembros de al-Yihad,[23] como el-Sayyid Nosair, un egipcio que mataría al rabino Meir Kahane, el extremista judío, en 1990.

En 1988, Muhammad comunicó informalmente a sus superiores de que iba a tomarse un permiso para ir a «matar rusos» a Afganistán.[24] Cuando volvió, lucía un par de hebillas de cinturón que, según afirmaba, le había quitado a unos soldados soviéticos que había matado en una emboscada. En realidad se había dedicado a entrenar a los primeros voluntarios de al-Qaeda en técnicas de guerra no convencional, como secuestros, asesinatos y piratería aérea,[25] que había aprendido en las Fuerzas Especiales estadounidenses.

Muhammad abandonó el servicio militar activo en 1989 y se incorporó a la reserva del ejército estadounidense. Él y su mujer se mudaron a Silicon Valley. Consiguió un trabajo de guardia de seguridad (para la empresa militar privada que estaba desarrollando un mecanismo de activación para el sistema de misiles Trident),[26] a pesar de que a veces desaparecía durante meses, aparentemente para «com-

---

* Conocida cadena estadounidense de establecimientos de reprografía. *(N. de los T.)*

prar alfombras» en Pakistán y Afganistán.[27] Mientras tanto, seguía intentando infiltrarse en los servicios secretos estadounidenses. Ya había solicitado empleo como traductor tanto en la CIA como en el FBI cuando estaba en Carolina del Norte.

En mayo de 1993, un agente del FBI de San José llamado John Zent abordó a Muhammad para preguntarle por la venta de permisos de conducir falsos. Muhammad, que todavía albergaba la esperanza de que le reclutaran los servicios secretos, desvió la conversación hacia las actividades radicales en una mezquita local y contó algunas historias reveladoras sobre la lucha contra los soviéticos en Afganistán. Debido al carácter militar de aquellas revelaciones, Zent se puso en contacto con el Departamento de Defensa y un equipo de especialistas en contraespionaje de Fort Meade (Maryland) se desplazó a San José para hablar con Muhammad. Desplegaron mapas de Afganistán en el suelo de la oficina de Zent y Muhammad señaló el emplazamiento de los campos de entrenamiento de los muyahidines. Mencionó el nombre de Osama bin Laden,[28] de quien Muhammad dijo que estaba alistando un ejército para derribar al régimen saudí. Muhammad también habló de una organización llamada al-Qaeda, que tenía campos de entrenamiento operativos en Sudán. Incluso reconoció que él mismo estaba adiestrando a sus miembros en técnicas de secuestro y espionaje. Al parecer, los interrogadores no sacaron ningún partido de aquellas revelaciones. Tendrían que pasar tres años decisivos antes de que los servicios de espionaje estadounidenses volvieran a oír hablar de al-Qaeda.

Quizá Muhammad reveló aquellos detalles porque tenía alguna necesidad psicológica de darse importancia. «Se veía a sí mismo como una especie de James Bond», observó un agente del FBI que habló más adelante con él.[29] Pero lo más probable es que este agente tan motivado estuviera tratando de cumplir por todos los medios la misión que le había encomendado Zawahiri de infiltrarse en los servicios secretos estadounidenses. En la primavera de 1993, al-Yihad y al-Qaeda seguían siendo entidades separadas y Zawahiri todavía no se había unido a la campaña de Bin Laden contra Estados Unidos. Al parecer, Zawahiri estaba dispuesto a traicionar a Bin La-

den para conseguir un acceso a los servicios secretos estadounidenses que beneficiara a su propia organización.

Si el FBI y la unidad de contraespionaje del Departamento
de Defensa hubieran respondido a la tentativa de acercamiento de
Muhammad, habrían tenido en sus manos un doble agente muy peligroso y extraordinariamente capacitado. Muhammad se presentó
abiertamente como un miembro de confianza del círculo íntimo de
Bin Laden, pero eso no significaba nada para los investigadores en
aquel momento. El agente Zent redactó un informe que se envió al
cuartel general del FBI, donde cayó en el olvido. Más tarde, cuando
la oficina quiso recuperar las notas de aquella conversación con los
especialistas en contraespionaje de Fort Meade para averiguar de
qué más se había hablado, el Departamento de Defensa dijo que se
habían perdido.[30]

Al-Yihad siempre andaba escaso de fondos. Muchos seguidores de
Zawahiri tenían familia, y necesitaban comida y alojamiento.
Unos pocos habían recurrido al robo y las extorsiones para mantenerse. Zawahiri lo desaprobaba enérgicamente. Cuando miembros
de al-Yihad robaron a un agregado militar alemán en Yemen,[31] investigó el incidente y expulsó a los responsables. Pero el problema de
dinero seguía sin resolverse. Confiaba en recaudar el dinero suficiente en Estados Unidos para mantener viva su organización.

Zawahiri no tenía ni el carisma ni la reputación del jeque ciego,
por lo que cuando apareció después de la oración del crepúsculo en
la mezquita al-Nur de Santa Clara y se presentó como el «doctor
Abdul Mu'iz», nadie sabía quién era realmente. Ali Muhammad le
presentó al doctor Ali Zaki, un ginecólogo afincado en San José, al
que pidió que les acompañara en la gira del doctor Mu'iz por Silicon Valley. Zaki llevó a Zawahiri a mezquitas de Sacramento y Stock-
ton. Los dos médicos dedicaron la mayor parte del tiempo a conversar
sobre los problemas sanitarios que Zawahiri se encontraba en Afganistán. «Hablamos de los niños heridos y los agricultores que perdían
los miembros por culpa de las minas rusas —recordaría Zaki—. Era
un médico sensato y altamente cualificado.»

En un momento determinado, los dos hombres tuvieron una discusión sobre la visión de Zawahiri del islam, que Zaki consideraba demasiado intolerante. Como la mayoría de los yihadíes, Zawahiri seguía las enseñanzas salafíes de Ibn Taimiya, el reformista del siglo XIII que quería imponer una interpretación literal del Corán. Zaki le dijo a Zawahiri que estaba excluyendo las otras dos corrientes del islam: la mística, que nació con los escritos de Hariz al-Muhasibi, el fundador del sufismo, y la escuela racionalista, reflejada en el pensamiento del gran jeque de al-Azhar, Muhammad Abdu. «El tipo de islam que tú profesas jamás prevalecerá en Occidente, porque lo mejor de Occidente es la libertad de elección —le dijo Zaki—. Aquí ves que el movimiento místico se propaga como el fuego, ¡mientras que los salafíes nunca han convertido a una sola persona al islam!» Zawahiri no se inmutó.

Zaki calculaba que los donativos recaudados en aquellas visitas a las mezquitas de California ascendían, como mucho, a unos cientos de dólares. Ali Muhammad elevaba la cifra a dos mil dólares.[32] En cualquier caso, Zawahiri regresó a Sudán para enfrentarse a una decisión descorazonadora: o mantenía la independencia de su organización, a pesar de sus constantes dificultades financieras, o se aliaba formalmente con Bin Laden.

Cuando se habían conocido, casi diez años atrás, Zawahiri era, con mucho, el más poderoso de los dos; tenía una organización que le respaldaba y un objetivo claro: derrocar al gobierno egipcio. Pero ahora Bin Laden, que siempre había contado con la ventaja del dinero, también tenía su propia organización y era mucho más ambiciosa que al-Yihad. Del mismo modo que dirigía varios negocios bajo una única enseña corporativa, Bin Laden aspiraba a fusionar todos los grupos terroristas islámicos en un consorcio multinacional, con un entrenamiento común, economías de escala y departamentos especializados en todos los ámbitos, desde personal hasta la elaboración de políticas. El protegido había comenzado a superar a su mentor, y ambos lo sabían.

Zawahiri también se enfrentaba a la posibilidad de ser eclipsado por el jeque ciego y las actividades del Grupo Islámico. A pesar de que había congregado a un grupo de hombres sumamente prepara-

dos y entregados a la causa, muchos de ellos agentes muy cualificados y hábiles como Ali Muhammad, que se movía con facilidad
desde los suburbios de Silicon Valley hasta las polvorientas calles de
Jartum, al-Yihad no había llevado a cabo una sola operación exitosa.
Mientras tanto, los seguidores del jeque ciego se habían sumido en
una espiral sin precedentes de asesinatos y pillajes. A fin de debilitar
al gobierno e instigar a las masas a la rebelión, eligieron atentar contra el turismo, el puntal de la economía egipcia, porque abría las
puertas del país a la corrupción occidental. El Grupo Islámico declaró la guerra a las fuerzas de seguridad egipcias cuando anunció su
objetivo de matar a un policía cada día. También eligieron como objetivos a extranjeros, cristianos y, en particular, intelectuales, comenzando por el asesinato a tiros en 1992 de Farag Foda, un columnista
laico que había sugerido en su último artículo que la motivación de
los islamistas no era tanto la política como la frustración sexual. El
jeque ciego también emitió una fatwa contra el escritor egipcio ga-
nador del premio Nobel Naguib Mahfuz,[33] en la que le llamaba infiel, y en 1994 Mahfuz estuvo a punto de morir apuñalado. Había
una triste ironía en aquel ataque: fue Sayyid Qutb quien descubrió a
Mahfuz. Más tarde, cuando Mahfuz ya era famoso, le devolvió el favor a Qutb visitándole en la cárcel. Ahora, la progenie de Qutb arre-
metía contra el círculo intelectual que, en cierto modo, Qutb había
creado.

Zawahiri pensaba que atentados como aquellos carecían de sentido y eran contraproducentes. En su opinión, solo servían para provocar a las fuerzas de seguridad y reducir las oportunidades de causar
un cambio inmediato y total mediante un golpe de Estado militar, el
objetivo que había tenido durante toda su vida. De hecho, las redadas contra militantes que siguieron a aquellos atentados estuvieron a
punto de eliminar ambas organizaciones en Egipto.

Zawahiri había impuesto en al-Yihad una estructura basada en
células aisladas, de manera que los miembros de un grupo no conocieran las identidades ni las actividades de otro. Pero las autoridades
egipcias apresaron fortuitamente al único hombre que disponía de
todos los nombres, el responsable de los afiliados de la organización.
En su ordenador había una base de datos con la dirección de todos

los miembros, sus apodos y sus posibles escondites. Con aquella información en sus manos, las fuerzas de seguridad capturaron a cientos de sospechosos y les acusaron de sedición. La prensa denominó al grupo «Vanguardias de conquista»,[34] pero en realidad era una facción de al-Yihad. Aunque las pruebas contra ellos eran poco sólidas, el sistema judicial no era demasiado estricto.[35]

«La prensa del gobierno estaba entusiasmada con el arresto de ochocientos miembros del grupo al-Yihad sin que se hubiera disparado un solo tiro», relataría Zawahiri con amargura en sus breves memorias. Todo lo que quedaba de la organización que tanto había luchado por construir eran colonias diseminadas en otros países: Inglaterra, Estados Unidos, Dinamarca, Yemen y Albania, entre otros. Zawahiri se dio cuenta de que tenía que dar algún paso si quería mantener unida su fragmentada organización y, para hacerlo, necesitaba dinero.

A pesar de la precariedad económica de al-Yihad, muchos de los miembros que quedaban desconfiaban de Bin Laden y no albergaban ningún deseo de desviar sus esfuerzos fuera de Egipto. Además, estaban furiosos por las redadas contra sus compañeros en El Cairo y por el juicio posterior, puramente mediático. Lo que querían era devolver el golpe. No obstante, en aquella época la mayoría de los miembros de al-Yihad se pasaron a las filas de al-Qaeda. Zawahiri veía la alianza como un matrimonio de conveniencia temporal. Más tarde confesó a uno de sus principales ayudantes que unirse a Bin Laden había sido «la única solución para mantener vivo al-Yihad en el extranjero».[36]

Sin duda, Zawahiri no había renunciado a su sueño de conquistar Egipto. De hecho, Sudán era un lugar ideal desde el que lanzar sus ataques. La frontera entre los dos países, extensa, sin límites precisos y sin apenas vigilancia, facilitaba los movimientos clandestinos. Las antiguas rutas de las caravanas eran buenos caminos para introducir de contrabando en Egipto armas y explosivos a lomos de camellos.[37] Además, la cooperación activa de los servicios secretos y el ejército sudaneses garantizaban un refugio seguro a Zawahiri y sus hombres.

Al-Yihad comenzó su ataque contra Egipto con otro intento de asesinato del ministro del Interior, Hasan al-Alfi, el responsable de la represión de los militantes islamistas. En agosto de 1993, una motocicleta cargada con explosivos estalló cerca del automóvil del ministro y mató al terrorista y su cómplice. «El ministro se libró de la muerte, pero se rompió el brazo», señaló Zawahiri sin convicción.[38]

Fue otro fracaso, pero muy significativo, porque en aquel atentado Zawahiri recurrió por primera vez al atentado suicida, que se convertiría en la marca de fábrica de los asesinatos de al-Yihad y, más tarde, de las «operaciones de martirio» de al-Qaeda. Esa estrategia rompió un fuerte tabú religioso contra el suicidio. Aunque Hezbollah, una organización shií, había empleado suicidas para atentar con camiones contra la embajada estadounidense y los barracones de los marines estadounidenses en Beirut en 1983, ninguna organización sunní había perpetrado atentados como aquel. En Palestina, los atentados suicidas eran prácticamente desconocidos hasta mediados de la década de 1990, cuando los Acuerdos de Oslo comenzaron a fracasar.* Zawahiri había viajado a Irán para recaudar fondos[39] y había enviado al Líbano a Ali Muhammad, entre otros, para que se entrenara con Hezbollah, por lo que es probable que la idea de los atentados suicidas procediera de allí. Otra innovación de Zawahiri fue la de grabar el juramento de martirio del suicida en vísperas de su misión. Zawahiri distribuía después cintas de audio con la voz del suicida justificando su decisión de sacrificar su vida.[40]

En noviembre, mientras se celebraban los juicios contra al-Yihad, Zawahiri intentó asesinar al primer ministro egipcio, Atef Sidqi. Un coche bomba explotó cuando el ministro pasaba junto a un colegio femenino en El Cairo. El ministro salió ileso gracias a que su automóvil estaba blindado, pero la explosión hirió a veintiuna personas y mató a una colegiala, Shayma Abdel-Halim, a la que aplastó una puerta que salió despedida a consecuencia de la explosión. Su muerte indignó a los egipcios, que habían visto morir a más de doscientas cuarenta personas a manos del Grupo Islámico en los dos años ante-

---

* El primer terrorista suicida palestino se inmoló el 6 de abril de 1994 en un autobús en Afula (Israel).

riores. A pesar de que este era el primer atentado de al-Yihad, la muerte de la pequeña Shayma conmocionó a la población más que ningún suceso anterior. Mientras transportaban su féretro por las calles de El Cairo, la gente gritaba: «¡El terrorismo es el enemigo de Dios!».[41]

La indignación popular impresionó a Zawahiri. «La involuntaria muerte de aquella niña inocente nos afligió a todos nosotros, pero nos sentíamos impotentes y teníamos que combatir al gobierno», escribió en sus memorias.[42] Ofreció a la familia una indemnización económica por la pérdida. El gobierno egipcio detuvo a otros doscientos ochenta seguidores suyos y finalmente seis de ellos fueron condenados a muerte. Zawahiri escribió: «Eso significaba que querían que mi hija, que tenía dos años de edad por aquel entonces, y las hijas de mis compañeros, fueran huérfanas. ¿Quién lloraba o se preocupaba por nuestras hijas?».[43]

10

El paraíso perdido

Jóvenes de muchos países acudían a la polvorienta y recóndita granja de Soba, situada a diez kilómetros al sur de Jartum. Bin Laden los recibía y a continuación los aspirantes a entrar en al-Qaeda comenzaban sus cursos de terrorismo. Aunque obedecían a diferentes motivaciones, compartían la creencia de que el islam —puro y primitivo, sin influencias de la modernidad y no condicionado por la política— sanaría las heridas que el socialismo o el nacionalismo árabe no habían logrado curar. Estaban furiosos, pero no podían hacer nada en sus propios países. No se consideraban a sí mismos terroristas, sino revolucionarios que, al igual que todos los hombres de estas características a lo largo de la historia, se habían visto obligados a actuar por la simple necesidad humana de justicia. Algunos habían sufrido una brutal represión; a otros simplemente les atraían el caos y la sangre. Desde sus inicios, en al-Qaeda había reformistas y había nihilistas. La dinámica entre ellos era irreconciliable y autodestructiva, pero los hechos se sucedían con tanta rapidez que era casi imposible distinguir a los filósofos de los sociópatas. Estaban unidos gracias a la carismática personalidad de Osama bin Laden, que combinaba ambas tendencias, el idealismo y el nihilismo, en una potente mezcla.

Dada la diversidad de los reclutas y sus causas, la tarea principal de Bin Laden era dirigirlos hacia un enemigo común. Se había formado una idea fija de Estados Unidos y se la explicaba a cada grupo de neófitos de al-Qaeda. Les decía que Estados Unidos parecía muy poderoso, pero que en realidad era débil y cobarde. Mirad Vietnam, mirad Líbano. En cuanto los soldados empezaron a llegar a casa en bolsas de cadáveres, los estadounidenses se asustaron y se retiraron.

Para enfrentarse a un país semejante basta con dos o tres golpes fuertes, después cundirá el pánico, como ha sucedido siempre. Pese a toda su riqueza y recursos, Estados Unidos carece de convicción. No puede hacer nada frente a soldados de la fe que no temen la muerte. Los buques de guerra del Golfo se retirarán a los océanos, los bombarderos desaparecerán de las bases en Arabia y las tropas del Cuerno de África regresarán a toda prisa a su país.

El hombre que expresaba estos sentimientos no había estado nunca en Estados Unidos, pero le gustaba rodearse de gente, como Abu Rida al-Suri, Wa'el Yulaidan y Ali Muhammad, que sí habían vivido allí. Reafirmaban su idea de Estados Unidos como un país excesivo y degenerado. Bin Laden estaba impaciente por atravesar con una lanza el corazón de la última superpotencia y vio su primera oportunidad en Somalia.

En los triunfales meses que siguieron a la derrota de Sadam Husein, Somalia se convirtió en la primera prueba del nuevo orden mundial estadounidense. La ONU estaba supervisando la campaña de ayuda internacional para poner fin a la hambruna somalí, que ya se había cobrado trescientas cincuenta mil vidas.[1] Como en la guerra del Golfo, había una coalición internacional agrupada bajo el paraguas de la ONU y apoyada en el poderío estadounidense. Sin embargo, esta vez no había un gran ejército iraquí al que enfrentarse, ni una Guardia Republicana, ni divisiones acorazadas, solo bandas desorganizadas armadas con metralletas y RPG. Pero la amenaza que representaban quedó claramente demostrada cuando tendieron una emboscada en la que murieron veinticuatro soldados paquistaníes.

Bin Laden afirmaba que había enviado doscientos cincuenta hombres a Somalia para combatir a las tropas estadounidenses.[2] Según los servicios secretos sudaneses, solo había un reducido grupo de combatientes de al-Qaeda.[3] Los guerrilleros de esta organización proporcionaban adiestramiento y trataban de hacerse un hueco en la anárquica guerra de clanes que se libraba en medio de un panorama de hambruna causado por las hostilidades. Pocas acciones de los hombres de al-Qaeda lograron impresionar a sus anfitriones; por ejemplo, los árabes prepararon un coche bomba para atentar contra la ONU, pero la bomba no explotó. «Los somalíes nos trataban mal —se quejaba uno de los árabes—. Intentamos convencerles de que éramos mensajeros de otros que venían detrás, pero no nos creyeron. La situación de mando que allí había era tan mala que decidimos retirarnos.»[4]

Una noche, en Mogadiscio, dos combatientes de al-Qaeda vieron cómo derribaban dos helicópteros estadounidenses. El fuego de respuesta alcanzó la vivienda contigua al lugar donde se habían refugiado. Aterrorizados ante la idea de ser capturados por los estadounidenses, se marcharon de Somalia al día siguiente. Sin embargo, el derribo de aquellos dos helicópteros estadounidenses en octubre de 1993 marcó un punto de inflexión en la guerra. Un grupo de enfurecidos somalíes arrastró triunfalmente los cadáveres de los tripulantes muertos por las calles de Mogadiscio, una imagen que llevó al presidente Clinton a retirar de inmediato a todos los soldados estadounidenses del país. El análisis de Bin Laden sobre el carácter estadounidense resultó ser acertado.

A pesar de que sus hombres habían huido, Bin Laden atribuyó a al-Qaeda el derribo de los helicópteros en Somalia y la profanación de los cadáveres de los militares estadounidenses. Su influencia también parecía mayor de lo que era gracias a los triunfos de la insurgencia —como en Afganistán y Somalia—, con los que en realidad él tenía poco que ver. Simplemente se apropiaba de victorias como aquellas. «Gracias a los informes que hemos recibido de los hermanos que participaron en la yihad de Somalia —se jactó Bin Laden en al-Yazira—, hemos sabido que fueron testigos de la debilidad, la flaqueza y la cobardía de las tropas estadounidenses. Solo murieron dieciocho soldados estadounidenses. No obstante, huyeron en medio de la noche, frustrados después de haber causado un gran revuelo sobre el nuevo orden mundial.»[5]

Bin Laden atrajo a varios grupos nacionalistas bajo su tutela ofreciéndoles armas y adiestramiento. Disponía de instructores que contaban con años de experiencia en combate. El agente doble de Zawahiri, Ali Muhammad, impartía un curso de vigilancia[6] en el que utilizaba las técnicas que había aprendido en las Fuerzas Especiales estadounidenses (el propio Bin Laden asistió como alumno al primer curso que impartió Muhammad). Las armas procedían de los arsenales sobrantes de los muyahidines en Tora Bora, que Bin Laden había conseguido introducir clandestinamente en Sudán. Osama también aportaba el capital inicial para las revoluciones. Le debía de resultar muy gratificante ver lo mucho que podía conseguir con tan poco.

En Argelia, en 1992, un golpe de Estado militar anuló el proceso electoral en el que se preveía la victoria de un partido islamista, el Frente Islámico de Salvación (FIS). Al año siguiente, Bin Laden envió a Qari el-Said,[7] un miembro argelino de la *shura* de al-Qaeda, para que se reuniera con algunos de los líderes rebeldes que se habían refugiado en las montañas. En aquella época los islamistas estaban tratando de obligar al impopular gobierno militar a que negociara con ellos. El emisario de al-Qaeda llevó cuarenta mil dólares que le había entregado Bin Laden. Reprochó a los líderes islamistas que estuvieran librando la yihad únicamente con fines políticos, no por Dios, y les dijo que aquello era un pecado. No cabía compromiso alguno con un gobierno impío. La única solución era la guerra total. «Este simple argumento nos destruyó», recordaría Abdullah Anas, que formaba parte de la resistencia. Quienes, como Anas, eran partidarios del diálogo con el gobierno fueron ignorados por otros árabes afganos de su entorno que habían sido adoctrinados en la filosofía del *takfir*.

Los jóvenes guerrilleros, pobres y mayoritariamente urbanos, de la revuelta argelina se agrupaban bajo el emblema del Grupo Islámico Armado (GIA). Durante los cinco años siguientes anegaron de sangre el país en una progresión que seguía una previsible trayectoria *takfiri*. Los islamistas empezaron matando únicamente a no musulmanes, centrándose en curas y monjas, diplomáticos, intelectuales, feministas, médicos y hombres de negocios. Según la lógica del GIA, la democracia y el islam eran incompatibles; por tanto, todo aquel que tuviera una tarjeta electoral era un adversario del islam y merecía la muerte. La justificación del asesinato se amplió para incluir a todo aquel que trabajara en centros asociados con el gobierno, como las escuelas públicas. En solo dos meses de 1994, fueron asesinados treinta profesores y directores de colegios y se incendiaron 538 escuelas.[8] Sin embargo, los terroristas del GIA no solo mataban a maestros y demócratas. Los habitantes de aldeas enteras fueron asesinados en matanzas nocturnas. Aquellas atrocidades se celebraban en el semanario del GIA, *Al-Ansar*, publicado en Londres, que contenía titulares como «¡Gracias a Dios, hoy hemos cortado doscientas gargantas!» y «Nuestro hermano decapitó a su padre por amor a Dios».[9] El delirio religioso culminó en una declaración que condenaba a toda la población de Argelia. Un comunicado del GIA enunciaba la ecuación con rotundidad: «No hay neutralidad en la guerra que estamos librando. Salvo aquellos que están con nosotros, todos los demás son apóstatas y merecen morir». Esta idea era muy seductora para quienes percibían el conflicto en términos apocalípticos.

Incluso Bin Laden rechazaba aquello, no tanto por la violencia en sí misma como por la repulsa internacional hacia el proyecto islamista. Aspiraba a crear una «imagen mejor de la yihad».[10] Cuando algunos de los dirigentes del GIA fueron a Jartum para pedir más fondos, se atrevieron a criticarle por ser «demasiado flexible»[11] con los demócratas, lo que le hacía parecer «débil». Bin Laden se puso furioso y les retiró por completo su apoyo. Sin embargo, sus cuarenta mil dólares ya habían contribuido a crear una catástrofe. Más de cien mil personas morirían en la guerra civil argelina.[12]

A finales de 1993 se extendió por Jartum el rumor de que un general sudanés había conseguido uranio en el mercado negro. Bin Laden ya estaba interesado en adquirir armas más potentes que estuvieran a la altura de su visión ampliada de al-Qaeda como una organización terrorista internacional. Colaboraba con el gobierno sudanés para desarrollar agentes químicos que se pudieran emplear contra los rebeldes cristianos del sur y llevaba armas de contrabando desde Afganistán en aviones de carga de Sudan Airways.[13] Compró un avión militar estadounidense, un T-39, expresamente para poder transportar más Stingers. Así pues, como es natural, cuando le llegaron las noticias del uranio, se entusiasmó y envió a Yamal al-Fadl a negociar el precio.[14]

Según su propio relato, Fadl fue la tercera persona que prometió lealtad a al-Qaeda, por lo que Bin Laden le profesaba un afecto especial. Era un deportista alto, delgado y ágil que jugaba de centro en el equipo de fútbol de Bin Laden. Fadl sonreía siempre y tenía una risa de caballo contagiosa que tomaba por sorpresa a la gente. Como muchos miembros del círculo íntimo de al-Qaeda, había acudido a la yihad desde Estados Unidos, donde había trabajado en la delegación de la Oficina de Servicios en Atlantic Avenue, Brooklyn. Como Fadl era sudanés y conocía el mercado inmobiliario local, Bin Laden le confió el dinero para adquirir las granjas y casas de al-Qaeda antes de que la organización se trasladara a Jartum.

El general pedía un millón y medio de dólares por el uranio más una comisión.[15] Mostró un cilindro, de 75 centímetros de longitud y unos 15 centímetros de diámetro, y unos documentos que indicaban que procedía de Sudáfrica. Bin Laden quedó satisfecho con aquella información y le pagó a Fadl diez mil dólares por su participación en la transacción. Resultó que el cilindro estaba lleno de una sustancia llamada mercurio rojo[16] —también conocida como cinabrio—, que se parece físicamente al óxido de uranio aunque químicamente es bastante diferente. El mercurio rojo se ha utilizado para cometer estafas nucleares durante más de veinticinco años. Pese a lo cara que le salió la lección, Bin Laden prosiguió con su búsqueda de uranio enriquecido o de cabezas nucleares[17] rusas que se decía que se podían encontrar entre las ruinas de la Unión Soviética.

En aquel momento, a principios de la década de 1990, Bin Laden todavía estaba puliendo el concepto de al-Qaeda. Solo era una de sus muchas empresas, pero le ofrecía unas perspectivas de poder extraordinarias. Sus operaciones, como la incursión en Somalia, eran de escasa envergadura e inciertas, pero con herramientas suficientemente poderosas —armas nucleares o químicas, por ejemplo—, al-Qaeda podía cambiar el curso de la humanidad.

En 1994, la vida de Bin Laden alcanzó un momento cumbre. Sus dos primeros años en Sudán habían estado llenos de placer y buena suerte. Todas sus esposas y familias vivían juntas en su gran casa, sus intereses empresariales prosperaban y al-Qaeda estaba cobrando energía e impulso, pero también haciendo sonar algunas alarmas. Aunque la mayoría de los servicios secretos occidentales no conocían a Bin Laden o simplemente no alcanzaban a valorar la magnitud de su proyecto, los saudíes y los egipcios ya tenían noticia de sus actividades en Sudán. Sin embargo, era difícil infiltrarse en al-Qaeda. La lealtad, el parentesco y el fanatismo eran unas barreras formidables contra los intrusos curiosos.

Los viernes, Bin Laden solía ir a rezar a la mezquita Ansar al-Suna,[18] en la otra orilla del Nilo en Jartum, en el barrio de Omdurman. Era una mezquita wahabí que frecuentaban los saudíes. El 4 de febrero, un reducido grupo de takfiris, armados con kaláshnikovs y a las órdenes de un libio llamado Muhammad Abdullah al-Jilaifi, irrumpió temerariamente en dos comisarías de policía, donde mataron a dos agentes y robaron armas y munición. A continuación, Jilaifi y dos compañeros fueron a la mezquita justo cuando acababa de terminar la oración de la tarde y comenzaron a disparar indiscriminadamente contra los fieles, matando a dieciséis personas e hiriendo a unas veinte. Los asesinos se escondieron detrás del aeropuerto. Al día siguiente, mientras conducían por Jartum en busca de nuevos objetivos, dispararon a policías en las calles y a algunos de los empleados de Bin Laden en la oficina de Wadi El Aqid, en el centro. Eran salvajes e indisciplinados, pero no cabía duda de que iban a por Bin Laden.

A las cinco de la tarde, la hora en que normalmente comenzaba a recibir a las visitas, Bin Laden estaba discutiendo con su hijo mayor, Abdullah. Abdullah padecía asma[19] desde la infancia y las experiencias de Peshawar y Jartum habían sido duras para él. Tenía dieciséis años y ansiaba estar con sus amigos y primos en Yidda, justo en la otra orilla del mar Rojo. Después de todo, Abdullah pertenecía a un clan muy rico y en Yidda podía disfrutar de la residencia familiar en la playa, los yates, las fiestas, los coches y todos los lujos que su padre aborrecía. También le preocupaba que las clases de su padre en casa le hubieran retrasado con respecto a los jóvenes de su edad; de hecho, los hijos que Bin Laden tuvo con su primera mujer apenas sabían leer. Osama creía que su familia ya vivía demasiado cómodamente en Sudán y quería que sus vidas fueran más austeras, no menos.

Mientras padre e hijo hablaban en casa de Bin Laden, los huéspedes comenzaron a llegar a su oficina, situada al otro lado de la calle. «En aquel momento oí el sonido de un disparo que procedía de la casa de huéspedes —contaría Bin Laden—. Después dispararon varias veces contra la casa.»[20] Sacó su pistola del bolsillo de la túnica y le entregó otra arma a Abdullah.

Los criminales habían conducido hasta la calle situada entre las dos casas de Bin Laden y abrieron fuego inmediatamente. Jilaifi y sus dos compañeros esperaban que Bin Laden estuviera recibiendo visitas en su oficina. «Apuntaron contra el lugar donde solía sentarme», diría Bin Laden.[21] Abdullah y él, junto con varios agentes de seguridad sudaneses que patrullaban la zona, disparon a los atacantes. Tres huéspedes de Bin Laden y varios guardias fueron alcanzados. Jilaifi resultó herido y sus dos compañeros muertos.

Bin Laden culpó, de manera indirecta, a los «regímenes de nuestra región árabe» por aquellos ataques.[22] Cuando su viejo amigo Yamal Jashoggi le preguntó qué quería decir, Bin Laden señaló a los servicios secretos egipcios.[23] La CIA creía que los saudíes estaban detrás del atentado.[24] El jefe de los servicios secretos de Turki, Said Badib, dijo: «Nunca intentamos asesinarle. Solamente queríamos calmarle».

Esta tentativa de asesinato le brindó a Zawahiri una espléndida oportunidad para aumentar su influencia en Bin Laden. Zawahiri le pidió a uno de sus hombres, Ali Muhammad, que investigara a los asesinos. Muhammad descubrió que Jilaifi era un libio que se había entrenado en el Líbano y después había viajado a Peshawar en 1988, donde se había unido a los muyahidines y conocido a Bin Laden. Pero también había caído bajo la influencia de los takfiris. Jilaifi era un sociópata que se servía de esa filosofía para justificar el asesinato de todo aquel al que considerara infiel. En realidad, no era diferente de lo que Zawahiri y Bin Laden estaban haciendo, salvo porque él lo hacía a una escala menos ambiciosa. El *takfir* era un arma que podía explotarle en la cara a cualquiera.

Zawahiri dispuso que Ali Muhammad entrenara a los guardaespaldas de Bin Laden y se aseguró de que la mayoría de ellos fueran egipcios para apretar aún más la soga de la influencia que había atado alrededor del cuello de Bin Laden. En cuanto a Bin Laden, concluyó con tristeza que el idilio sudanés había tocado a su fin. Las excursiones al Nilo, los meditabundos paseos hasta la mezquita, las carreras de caballos de los viernes, todo eso formaba parte del pasado. Ahora viajaba con escolta y siempre llevaba el kaláshnikov AK-74 que se había ganado en el campo de batalla.

La vida privada de Bin Laden también había cambiado. Con sus hijos era muy estricto, pero se mostraba sorprendentemente permisivo con sus mujeres que tenían aspiraciones profesionales. Um Hamza, la profesora de psicología infantil, y Um Jaled, que enseñaba gramática árabe, conservaron sus trabajos en la universidad y viajaban regularmente a Arabia Saudí durante los años que vivieron en Sudán.[25] Um Hamza vivía en la planta baja de la casa de Jartum, donde impartía charlas a mujeres sobre las enseñanzas del islam.

Sin embargo, para Um Abdullah la vida en Jartum no era tan gratificante. Dos de sus hijos, Abdullah y Omar, no soportaban las privaciones y peligros que les imponía su padre. Y estaba el eterno problema de cuidar de Abdul Rahman, el hijo retrasado, cuyos arranques emocionales eran aún más difíciles de tratar en una casa con tan poco espacio.

La cuarta esposa, Um Ali, pidió el divorcio. Bin Laden se lo esperaba. «No hemos tenido buenas relaciones desde un principio», le confesaría a Yamal Jalifa.[26] Cuando en su época de universitarios Osama y Yamal decidieron practicar la poligamia, prometieron que nunca se aprovecharían de su código moral para pedir ellos el divorcio. En lugar de casarse con un montón de mujeres, como había hecho su padre, Bin Laden trató de cumplir el precepto coránico que establece que se debe tratar de igual modo a las cuatro esposas. Pero eso significaba tener que esperar pacientemente a que Um Ali lo solicitara y poder poner fin a años de infelicidad.

Conforme a la ley islámica, los niños menores de siete años permanecen con sus madres; a partir de esta edad, las hijas se van con los padres. Los hijos de más de siete años pueden elegir entre el padre o la madre. Ali, que tenía ocho años y era el mayor, decidió quedarse con su madre. Um Ali cogió a sus tres hijos y regresó a La

Meca con su familia. Sus hijas se quedaron con ella, incluso cuando se hicieron mayores.

Bin Laden valoraba la lealtad; de hecho, casi todas las personas de su entorno le habían jurado lealtad solemnemente. Vivía como un señor feudal, controlando los destinos de centenares de personas. Hasta entonces, la traición había sido algo prácticamente desconocido en sus dominios. La repentina deserción de varios miembros de su familia supuso una pérdida abrumadora para un hombre que se consideraba a sí mismo un ejemplo de los valores familiares islámicos. Las espartanas virtudes que había impuesto a sus hijos habían vuelto a algunos de ellos en su contra. Y, sin embargo, los dejó marchar de buen grado.

Bin Laden también añoraba su país. Las únicas ocasiones en las que pudo ver a su madre u otros miembros de la familia fue cuando la corte real saudí los envió a Jartum para que le ordenaran volver. El rey Fahd estaba furioso por sus continuas muestras de deslealtad. Argelia y Yemen presionaban enérgicamente a los saudíes para que pusieran freno a aquel hombre, al que consideraban una de las causas de las insurgencias de sus países. Sin embargo, fue Egipto el que al final obligó al reino a elegir entre su hijo pródigo o mantener buenas relaciones con un poderoso aliado.[27] Los egipcios estaban hartos de la violencia que salía de Sudán y habían denunciado una y otra vez que era Bin Laden quien estaba detrás. Finalmente, el 5 de marzo de 1994, el rey Fahd en persona decidió revocar la ciudadanía saudí a Bin Laden.[28]

Arabia Saudí es una nación íntima, con familias extendidas y tribus unidas entre sí por lazos complejos. Ser expulsado del país equivalía a ser excluido de esas complejas relaciones que constituyen una parte tan importante de la identidad de todo saudí. La ciudadanía es un bien celosamente guardado que rara vez se concede a los extranjeros. Y el hecho de que la familia Bin Laden, de origen yemení, fuera miembro de pleno derecho de la sociedad saudí indicaba el respetado pero vulnerable lugar que ocupaba. Inmediatamente después de que el rey revocara la ciudadanía de Bin Laden, su hermano mayor, Bakr bin Laden, condenó en público a Osama y su familia le dio la espalda. Muchos compatriotas de Bin Laden sitúan el momento de su radicalización total tras el anuncio de la decisión del rey. Un emisario viajó a Sudán para comunicarle oficialmente la noticia y pedirle el pasaporte. Bin Laden se lo arrojó al hombre y le dijo: «Tómalo, si tenerlo dice algo en mi defensa».[29]

Lleno de resentimiento y reproches, Bin Laden autorizó a sus representantes para que abrieran una oficina en Londres. (Contempló la posibilidad de pedir asilo en Gran Bretaña, pero al enterarse de esa posibilidad, el ministro del Interior británico prohibió de inmediato su entrada en el país.)[30] Al frente de la oficina, llamada el Comité de Asesoramiento y Reforma, estaban Jaled al-Fawwaz, un saudí, y dos miembros egipcios de al-Yihad. Enviaron centenares de faxes a eminentes saudíes, que se quedaron atónitos al leer las denuncias públicas de Bin Laden de la corrupción real y los tratos bajo cuerda de la familia con los clérigos islámicos. Estos comunicados causaron mucho revuelo en una época en que ya se había desatado la fiebre reformista. Bin Laden publicó una carta abierta al jeque Bin Baz, presidente de los ulemas saudíes, en la que denunciaba las fatawa en las que autorizaba a la familia real a mantener las tropas estadounidenses en tierra santa y encarcelar a ulemas disidentes.

«Métele en cintura», ordenó el rey saudí al príncipe Turki. Se estudiaron planes para asesinarle, pero ni los saudíes eran unos asesinos astutos ni Turki se atrevía a llevar a cabo operaciones tan arriesgadas. En su lugar, el ministro del Interior ordenó a la familia de Bin Laden que rompiera relaciones con él y se apropió de su parte de la empresa, unos siete millones de dólares.[31] Pese a lo previsibles que eran aquellas medidas, pillaron a Bin Laden por sorpresa. Dependía de la asignación mensual que le pagaba la empresa;[32] de hecho, era su única fuente real de ingresos.

Su carrera empresarial era un terrible fracaso. Había comenzado su vida en Sudán repartiendo dinero a diestro y siniestro,[33] prestando divisas al gobierno para comprar trigo, por ejemplo, cuando una grave escasez hizo que se formaran colas para comprar pan; ayudando a construir las instalaciones de la radio y la televisión sudanesas; y alguna que otra vez pagando la cuenta de las importaciones petroleras del país cuando el gobierno no podía hacerlo. En un país tan pobre, la modesta fortuna de Bin Laden casi constituía una segunda economía. Pero apenas se ocupaba de dirigir sus empresas o supervisar sus inversiones. Aunque tenía una oficina con fax y ordenador, rara vez pasaba mucho tiempo allí y prefería dedicarse a sus proyectos agrícolas durante el día y recibir a dignatarios y muyahidines en sus reuniones vespertinas.

Había invertido buena parte de su dinero en empresas de las que no sabía gran cosa. Entre sus intereses en aquel momento se contaban las máquinas para romper piedra,[34] los insecticidas, la fabricación de jabón, el curtido del cuero, y decenas de proyectos sin relación alguna entre sí. Abrió cuentas en bancos de Jartum, Londres, Malaisia, Hong Kong y Dubai, cada una a nombre de un miembro diferente de al-Qaeda, lo que complicaba a los servicios secretos su labor de rastreo, pero también hacía que fueran casi imposibles de gestionar. Se embarcaba en proyectos sin pensarlo demasiado. Cuando uno de sus ayudantes pensó que sería una inversión inteligente importar bicicletas de Azerbaiyán a Sudán, donde nadie monta en ellas, solo fue necesario que tres gerentes de al-Qaeda firmaran un formulario y Bin Laden ya estaba en el negocio de las bicicletas.

Estas empresas sumamente diversas estaban agrupadas sin orden ni concierto bajo varias entidades corporativas. Desde un principio, los hombres que velaban por los intereses empresariales de Bin Laden se dieron cuenta de que habría problemas en el futuro. En una reunión con Bin Laden en 1992, Yamal al-Fadl y Abu Rida al-Suri le preguntaron si realmente era necesario que sus empresas obtuvieran beneficios. «Los negocios van muy mal en Sudán», le advirtieron.[35] La inflación superaba el 150 por ciento y la moneda sudanesa no dejaba de perder valor frente al dólar, lo que perjudicaba a toda su cartera de inversiones. «Nuestro programa es más importante que los negocios», respondió despreocupadamente Bin Laden, una afirmación que destruía cualquier posibilidad de realizar una gestión responsable. Cuando de repente Bin Laden dejó de recibir la asignación saudí, se vio obligado a enfrentarse a una avalancha de déficits sin disponer de una sola fuente de ingresos segura. «Había cinco empresas diferentes y ninguna funcionaba —diría Abu Rida, su principal asesor empresarial—. Todas aquellas compañías tenían pérdidas. No se puede dirigir un negocio por control remoto.»

La crisis se produjo a finales de 1994. Bin Laden les dijo a los miembros de al-Qaeda que tenía que recortar sus sueldos porque había «perdido todo el dinero».[36] Cuando L'Houssaine Kherchtou, uno de los pilotos de Bin Laden, mencionó que tenía que ir a Kenia para renovar su licencia de piloto, que había conseguido tras tres años de estudio a cuenta de al-Qaeda, Bin Laden le dijo: «Olvídalo». Algunos meses más tarde, la mujer de Kherchtou, que estaba embarazada, necesitaba someterse a una cesárea y él le pidió al contable de al-Qaeda quinientos dólares para la operación. «No hay dinero —le dijo el hombre—. No podemos darte nada.»

De pronto Kherchtou se sintió prescindible. La camaradería que mantenían los hombres de al-Qaeda reposaba en la seguridad económica que proporcionaba Bin Laden. Siempre le habían tomado por un multimillonario,[37] por una interminable fuente de riqueza, y Bin Laden nunca había tratado de corregir esa impresión. Ahora el contraste entre aquella imagen exagerada de los recursos de Bin Laden y la nueva situación de miseria hizo que algunos de sus hombres empezaran a pensar en sus propios intereses.

Yamal al-Fadl, que era uno de los hombres de confianza más populares de Bin Laden, estaba molesto por las diferencias en la escala salarial, que favorecía a los saudíes y egipcios. Cuando Bin Laden se negó a subirle el sueldo, el secretario sudanés metió la mano en la caja. Utilizó el dinero para comprar varias parcelas de tierra y un automóvil. En los estrechos círculos de Jartum, no pasaba inadvertido un alarde de opulencia como ese. Cuando le acusaron, Fadl admitió haber cogido 110.000 dólares. «No me preocupa el dinero, me preocupas tú. Eres uno de los mejores hombres de al-Qaeda —le dijo Bin Laden—. Si necesitas dinero, debes acudir a nosotros.» Bin Laden mencionó a otros miembros de la organización a los que se había dado un coche nuevo o una casa cuando pidieron ayuda. «Tú no has hecho eso —dijo Bin Laden—. Simplemente has robado el dinero.»

Fadl le suplicó a Bin Laden que le perdonara, pero este le dijo que no lo haría «hasta que devuelvas todo el dinero».

Fadl estuvo sopesando la oferta y después desapareció. Sería el primer traidor de al-Qaeda. Ofreció vender su historia a varios servicios secretos en Oriente Próximo, incluidos los israelíes. Finalmente encontró un comprador cuando acudió a la embajada de Estados Unidos en Eritrea en junio de 1996. A cambio de casi un millón de dólares, se convirtió en testigo del gobierno.[38] Mientras se encontraba en custodia preventiva, ganó la lotería de New Jersey.[39]

África se desangraba a mediados de la década de 1990. Las grandes guerras y conflictos civiles en Liberia, Angola, Sierra Leona, Congo, Nigeria, Ruanda, Burundi y Zimbabue segaron millones de vidas. Para Bin Laden, cada conflicto representaba una oportunidad de extender la influencia de al-Qaeda. Envió a Ali Muhammad a Nairobi, la capital de Kenia, para que vigilara objetivos estadounidenses, británicos, franceses e israelíes, elegidos por su implicación en la Operación Devolver la Esperanza en Somalia, que en aquel momento seguía en marcha.

Ali Muhammad se paseaba por Nairobi haciéndose pasar por un turista. Entre los posibles objetivos que estudió estaban el Centro Cultural Francés y el hotel Norfolk, una de las grandes construcciones del período colonial. La embajada de Israel estaba demasiado fortificada y la oficina de El Al estaba en un centro comercial local rodeado de agentes de seguridad.

La embajada de Estados Unidos constituía un objetivo valioso y vulnerable. No había ningún obstáculo desde la carretera, por lo que un coche bomba podía acercarse lo bastante como para causar graves daños. Muhammad llevaba dos cámaras,[40] una colgada del cuello, como un turista, y otra, una diminuta Olympus, que ocultaba en la mano. Durante cuatro o cinco días pasó junto al edificio y tomó fotografías furtivamente en diferentes momentos del día, observando las características del tráfico y los turnos de los guardias de seguridad. Localizó las cámaras de televisión de circuito cerrado y determinó su alcance. Él mismo reveló las fotografías y después las puso en medio de otras para que pasaran inadvertidas. Elaboró un plan de ataque, que guardó en un Apple PowerBook 140 y después volvió a Jartum para presentárselo a Bin Laden.

«Bin Laden miró la fotografía de la embajada de Estados Unidos y señaló el lugar donde podía ir un camión en un atentado suicida», declararía más adelante Muhammad.[41] Pero cuando la comunidad internacional se retiró de Somalia y aquel mísero país se sumió de nuevo en una desesperanza de la que aún no se ha recuperado, al-Qaeda se quedó sin su débil excusa para atacar la embajada en Nairobi. Aun así, no olvidaron el plan, solo lo archivaron.

En 1995, Bin Laden empezó a tener dudas sobre su vida. Se esforzaba por mantener sus negocios a flote e impedir que su organización se desintegrara. Ya no se podía permitir ser un diletante, pero no estaba dispuesto a librarse de los proyectos deficitarios y estaba paralizado por la difícil situación, nueva para él, de estar arruinado. También anhelaba ver a su familia. «Estoy cansado —le dijo a uno de sus seguidores—. Echo de menos vivir en Medina. Solo Dios sabe la nostalgia que siento.»[42]

Hasta el momento, al-Qaeda no había llegado a ninguna parte. Era otra de sus absorbentes aficiones que carecía de liderazgo y no tenía una dirección clara. El tesorero de al-Qaeda, Medani al-Tayeb,[43] que se había casado con la sobrina de Osama, había instado a Bin Laden a reconciliarse con el rey para poner remedio a la pésima situación financiera de la organización. El gobierno saudí envió varias delegaciones a visitarle a Jartum.[44] Según Bin Laden, el gobierno le ofreció devolverle el pasaporte y el dinero siempre que «dijera a través de los medios de comunicación que el rey es un buen musulmán». También afirmaba que los saudíes habían ofrecido 2.000 millones de riales (533 millones de dólares) a su familia si renunciaba a la yihad. Se debatía entre su postura moral en contra del rey y la imprevista necesidad de reunir fondos para mantener con vida a al-Qaeda. Cuando Osama rechazó la oferta, Tayeb desertó, sembrando el pánico entre los miembros de la organización cuando reapareció en Arabia Saudí. Algunos explicaron su sorprendente deserción diciendo que estaba hechizado.

Bin Laden también quería volver a casa, pero el odio que sentía por el rey Fahd era tal que nunca podría llamarle «buen musulmán».

En esa época soñó que estaba en Medina y oía el alboroto de una gran celebración. Se asomó por encima de un muro de adobe y vio acercarse al príncipe Abdullah. «Significa que Abdullah será rey —le dijo a Abu Rida—. Supondrá un alivio para la gente y la hará feliz. Si Abdullah llega a ser rey, entonces volveré.»[45]

Pero Abdullah seguía siendo el príncipe heredero. Bin Laden le escribió en secreto una nota conciliadora para tratar de sondearle.[46] Supo que el gobierno saudí estaba dispuesto a que regresara si prometía renunciar a la yihad;[47] de no ser así, le encarcelarían o le pondrían bajo arresto domiciliario.

Su familia se enteró de su deseo de volver a casa y recurrió a un viejo amigo suyo, el periodista Yamal Jashoggi, que había informado de las hazañas de Bin Laden en Afganistán. El cometido de Jashoggi era conseguir que Osama concediera una entrevista en la que renunciara a la violencia. Para el gobierno, esa sería la señal pública de que aceptaba sus condiciones.

Bin Laden recibió con alegría a su amigo. Jashoggi ya le había visitado varias veces en Jartum. En anteriores ocasiones, cuando Osama estaba iniciando su campaña de prensa contra el gobierno saudí, Jashoggi le había encontrado rodeado de jóvenes disidentes saudíes que le llevaban recortes de periódico cada vez que quería exponer un argumento. No hubo artículos aquella vez. Bin Laden se mostraba reservado e introspectivo, y tenía al lado su arma automática. Cenaron en la terraza situada al lado de la casa, junto al jardín. También había un par de saudíes, un sudanés y Abu Hayer, el iraquí. Cenaron a eso de las nueve, cuando la temperatura se vuelve soportable. Los sirvientes sudaneses extendieron un plástico en el suelo y colocaron una bandeja con arroz y cordero, al estilo saudí.

Jashoggi le explicó su misión y Bin Laden condenó, en términos claros e inequívocos, el uso de la violencia dentro del reino. Jashoggi sacó la grabadora.

—¿Por qué no grabamos esto? —le preguntó.

—Lo haremos mañana por la noche —dijo Bin Laden.

Al día siguiente, Bin Laden llevó a Jashoggi a visitar su laboratorio de genética, donde disertaba durante horas sobre el deber de los musulmanes de adquirir tecnología para mejorar sus vidas. Por ejemplo, los holandeses tienen el monopolio de las mejores variedades de plátano. ¿Por qué no podemos dedicarnos los musulmanes a la horticultura con el mismo grado de sofisticación? Allí, en aquel laboratorio, Bin Laden estaba intentando desarrollar semillas de alta calidad adecuadas para Sudán. También habló de otra importante carretera que estaba a punto de construir. Parecía estar consagrado a sus proyectos y se sentía optimista, contento y tranquilo, pero echaba de menos su país.

Después, durante la cena, Bin Laden comenzó de improviso a jactarse de al-Qaeda. Dijo que estaba convencido de que se podía expulsar fácilmente a los estadounidenses de la península Arábiga y citó Yemen como ejemplo.

—Les atacamos en Adén y se marcharon —dijo, ufano—. Los atacamos en Somalia y volvieron a marcharse.

—Osama, eso es muy peligroso —le respondió Yamal—. Es como si estuvieras declarando la guerra. Darás a los estadounidenses el derecho a perseguirte.

Bin Laden simplemente sonrió.

Una vez más, Jashoggi sacó la grabadora. Y una vez más, su amigo se negó a que le grabara.

La noche siguiente, Jashoggi fue a cenar por última vez. Volvieron a sentarse en el suelo de la terraza. Les sirvieron exactamente la misma cena sencilla que habían degustado las noches anteriores: arroz y cordero. Bin Laden a veces comía con una cuchara, pero prefería utilizar los dedos de la mano derecha porque era *sunna* (la forma en que el Profeta lo hacía). Habló extasiado de lo mucho que añoraba Medina y de cómo le gustaría regresar y establecerse allí. Jashoggi respondió que todo lo que tenía que hacer era dejar que grabase lo que ya había dicho en privado: que renunciaba al uso de la violencia.

Justo en aquel momento se acercó alguien a Bin Laden y le susurró al oído. Osama se levantó y salió al jardín. Jashoggi pudo ver entre las sombras a dos o tres hombres que hablaban discretamente con acento egipcio. Cinco minutos más tarde, Bin Laden regresó y Jashoggi le planteó de nuevo la pregunta.

—¿Qué conseguiré a cambio? —preguntó Bin Laden.

A Jashoggi le pilló por sorpresa. Hasta entonces, Osama nunca se había comportado como un político que negociara para obtener un beneficio personal.

—No lo sé —admitió Jashoggi—. Yo no represento al gobierno. Solo di algo, ¡rompe el hielo! Quizá haya una reacción positiva. No olvides que dijiste unas cuantas cosas desagradables sobre el reino.

Bin Laden sonrió.

—Sí, pero una decisión como esta tiene que ser meditada.

Mencionó un par de posibles alicientes: el perdón para él y un calendario para la retirada total de las fuerzas estadounidenses de la península.

Jashoggi tenía la impresión de que su amigo estaba perdiendo el contacto con la realidad. Bin Laden empezó a hablar con afecto de Sudán y a relatar las grandes oportunidades de inversión que allí había. Le preguntó a Jashoggi por un par de amigos comunes y le sugirió que fueran allí para investigar las posibilidades agrícolas. Estaría encantado de enseñárselo todo.

—Osama, cualquier saudí tendría miedo de que le vieran contigo en público —dijo Yamal—. ¿Por qué no lo entiendes?

Bin Laden simplemente le mostró la misma sonrisa que Jashoggi había visto siempre en él. No parecía darse cuenta de qué había hecho o en qué se había convertido a los ojos de sus compatriotas.

Contrariado, Jashoggi le dijo a Bin Laden que se marchaba al día siguiente. Si Osama quería que le entrevistara, debía llamarle al Hilton.

Bin Laden nunca le llamó.

11

El Príncipe de las Tinieblas

Un domingo por la mañana, en febrero de 1995, Richard A. Clarke, el coordinador nacional de antiterrorismo de la Casa Blanca, fue a su oficina para leer los cables de inteligencia recibidos durante el fin de semana. Uno de los informes mencionaba que Ramzi Yusef, sospechoso de ser el presunto cerebro del atentado perpetrado contra el World Trade Center dos años antes, había sido visto en Islamabad. Clarke llamó de inmediato a la sede del FBI, aunque sabía por experiencia que no era fácil encontrar a alguien allí en domingo. Un hombre cuya voz no le resultaba familiar respondió al teléfono.

—O'Neill —gruñó.[1]

—¿Quién es usted? —preguntó Clarke.

—Soy John O'Neill —respondió el hombre—. ¿Quién coño eres tú?

O'Neill acababa de ser nombrado jefe de la sección de antiterrorismo del FBI. Había sido trasladado desde la oficina del FBI en Chicago. Después de conducir toda la noche, había ido directamente a la sede aquel domingo por la mañana sin dejar siquiera sus maletas. Con la excepción de los guardias de seguridad, O'Neill estaba solo en el inmenso edificio J. Edgar Hoover y se suponía que no debía incorporarse a su puesto hasta el martes siguiente. Clarke le informó de que Ramzi Yusef, el terrorista más buscado por el FBI, había sido localizado a 14.000 kilómetros de distancia. Ahora era en O'Neill en quien recaía la responsabilidad de organizar un equipo que llevara al sospechoso a Nueva York, donde le habían acusado formalmente de haber cometido los atentados contra el World Trade

Center y de conspiración para colocar bombas en aviones de pasajeros estadounidenses.

O'Neill recorrió el vestíbulo desierto y abrió la puerta del Centro de Operaciones e Información Estratégica (SIOC). La habitación, sin ventanas, está equipada para mantener videoconferencias seguras con la Casa Blanca, el Departamento de Estado y otras secciones del FBI. Es el centro neurálgico del FBI, y solo se abre cuando hay alguna emergencia. O'Neill empezó a hacer llamadas. No saldría de la sede del FBI durante los tres días siguientes.

La «rendición», como el FBI denomina al secuestro legal de sospechosos en territorio extranjero, es un procedimiento complejo que requiere tiempo y que normalmente se suele planificar con meses de antelación. O'Neill necesitaba un avión para llevar al sospechoso de vuelta a Estados Unidos. Como se ofrecía una recompensa de dos millones de dólares por la cabeza de Yusef, el FBI había recibido una avalancha de informaciones falsas sobre su paradero, por lo que una de las principales preocupaciones de O'Neill era asegurarse de que efectivamente tenía a su hombre. Necesitaba un experto en huellas dactilares, cuyo trabajo consistiría en determinar si el sospechoso era en realidad Ramzi Yusef. Necesitaba un médico que atendiera a Yusef en caso de que estuviera herido o tuviera alguna enfermedad que requiriese tratamiento. Tenía que convencer al Departamento de Estado para que consiguiera una autorización del gobierno paquistaní para efectuar el secuestro de inmediato. En circunstancias normales, se pedía al país anfitrión que detuviera al sospechoso hasta que estuvieran firmados todos los documentos de extradición y el FBI pudiera ponerlo bajo su custodia. No había tiempo para todo eso. Yusef tenía previsto subir a un autobús con destino a Peshawar al cabo de unas pocas horas. A menos que le atraparan rápidamente, pronto cruzaría el paso de Jaybar y entraría en Afganistán, quedando fuera de su alcance.

Poco a poco la habitación se fue llenando de agentes vestidos con ropa informal de fin de semana o engalanados para ir a la iglesia. Un contingente de la oficina de Nueva York se desplazó hasta allí a toda prisa: serían los encargados de arrestar a Yusef si era capturado, ya que estaba acusado en su distrito.

Muchos de los agentes presentes en la sala no habían visto nunca a O'Neill y sin duda les debía de resultar extraño recibir órdenes de un hombre al que no conocían, aunque la mayoría habían oído hablar de él. En una cultura que fomenta el anonimato y la discreción, O'Neill era un personaje que llamaba la atención. Era guapo y moreno, con el pelo liso peinado hacia atrás, los ojos negros vivarachos y una gran mandíbula redonda. Era brusco al hablar, con un fuerte acento de New Jersey que a muchos les gustaba imitar. Había entrado en el FBI en la época de J. Edgar Hoover y a lo largo de su carrera había ido adoptando el porte de un agente de los de la vieja escuela. Llevaba un grueso anillo en el dedo meñique y una automática de 9 milímetros en el tobillo. Le gustaba el Chivas Regal con agua y una rodaja de limón, acompañado de un buen puro. Era fanfarrón y malhablado, pero se hacía la manicura y siempre vestía de una manera impecable, incluso recargada: trajes negros cruzados, calcetines negros semitransparentes y mocasines brillantes tan flexibles como unas zapatillas de ballet, «un vestuario de club nocturno», como le describiría uno de sus colegas.[2]

Había querido trabajar en el FBI desde que era niño, cuando veía a Efrem Zimbalist Jr. interpretar al tradicional inspector Lewis Erskine en la serie de televisión *The F.B.I.* Consiguió un empleo de encargado de huellas dactilares en cuanto acabó el instituto en Atlantic City (New Jersey) y se pagó sus estudios en la Universidad Americana y un posgrado en ciencias forenses en la Universidad George Washington trabajando como guía turístico en la sede del FBI. En 1976 pasó a ser un agente a tiempo completo en la oficina de Baltimore y en 1991 fue nombrado agente especial adjunto a cargo de la oficina de Chicago. Apodos como Satán o Príncipe de las Tinieblas le perseguían desde la época de Chicago, en alusión a su avasalladora vehemencia, su insomnio y el miedo que solía infundir a sus colaboradores. El tiempo significaba poco para él, siempre tenía bajadas las persianas de su oficina y parecía vivir en una noche perpetua.

En el SIOC, O'Neill iba de un lado a otro con un teléfono en cada oreja, coordinando el equipo de rendición por una línea y organizando un transporte de la Fuerza Aérea por la otra. Como Pakistán no iba a autorizar el aterrizaje de un avión militar estadounidense en su suelo, O'Neill ordenó a la Fuerza Aérea que pintara el avión con los colores de un avión civil, ¡inmediatamente![3] También exigió que, en caso de que Yusef fuera capturado, el vuelo de regreso repostara en el aire por temor a que Yusef pudiera pedir asilo si el avión tenía que aterrizar en otro país. O'Neill se estaba extralimitando en sus atribuciones, pero era temerario y autoritario por naturaleza. (Más tarde, el Pentágono le envió una factura de doce millones de dólares por el repostaje en vuelo y la pintura.[4] La factura nunca sería pagada.)

Cuando se enteraron de la noticia de que se había localizado a Yusef, la fiscal general, Janet Reno, y el director del FBI, Louis Freeh, se desplazaron hasta el SIOC. Desde aquella sala se habían dirigido muchas operaciones de vital importancia, pero ninguna tan apremiante y compleja. Hacía poco tiempo que se había instituido la política de rendiciones mediante un decreto ejecutivo que ampliaba la jurisdicción del FBI fuera de las fronteras de Estados Unidos, convirtiéndolo en una agencia de policía internacional. Sin embargo, en la práctica, el FBI seguía aprendiendo, no solo a operar en entornos extranjeros, sino también a tratar con los organismos gubernamentales estadounidenses en el extranjero, a los que unas veces había que intimidar y otras apaciguar. Esa clase de diplomacia suele exigir largas conversaciones. Pero no había tiempo para hablar. Pocos dudaban de que, si lograba huir, Yusef trataría de poner en práctica su plan de volar aviones de pasajeros estadounidenses o incluso estrellar un avión contra la sede de la CIA, como ya había planeado en una ocasión.

O'Neill consiguió enviar al equipo de rendición, pero aún necesitaba situar a un equipo de captura en el terreno. Solo había un agente del FBI en Pakistán que pudiera intervenir. O'Neill localizó a varios agentes de la Administración de Drogas y Narcóticos (DEA) y de la Oficina del Servicio de Seguridad Diplomática del Departamento de Estado que también estaban en el país. Reclutaron a un par de soldados paquistaníes y fueron a toda prisa al motel para capturar a Yusef antes de que cogiera el autobús.

El día 7 de febrero, a las 9.30, hora paquistaní, los agentes entraron en la pensión Su-Casa de Islamabad, llamaron a la puerta de la habitación 16 e inmovilizaron y esposaron de inmediato a un somnoliento Yusef.[5] Al cabo de unos instantes, los agentes que se encontraban en la sede del FBI recibían alborozados la noticia.

Durante los tres días que estuvo en el SIOC, O'Neill cumplió cuarenta y tres años. Por fin pudo llevar las maletas a su nuevo apartamento. Era martes, el día que oficialmente se incorporaba a su nuevo puesto.

En Washington, O'Neill se incorporó a un grupo muy unido de expertos en terrorismo que gravitaba en torno a Dick Clarke. En la telaraña de agencias federales relacionadas con el terrorismo, Clarke era la araña. No había nada que ocurriera en esa red de lo que él no se enterara. Fue el primer coordinador de antiterrorismo del Consejo de Seguridad Nacional (NSC) un cargo que conquistó gracias a la poderosa fuerza de su personalidad. La mayoría de los miembros de su círculo interno, al que se conocía como Grupo de Seguridad de Antiterrorismo (CSG), procedían de la CIA, el NSC y las altas esferas del Departamento de Defensa, el Departamento de Justicia y el Departamento de Estado. Se reunían cada semana en el Gabinete de Crisis de la Casa Blanca.

El FBI siempre había sido un miembro problemático del CSG. Sus representantes solían ser reservados y poco serviciales, y trataban toda la información como si fueran pruebas potenciales que había que preservar, tanto si estaba realmente relacionada con un caso criminal como si no. O'Neill era diferente. Cultivaba las relaciones con sus homólogos de otras agencias en lugar de poner trabas a la cooperación burocrática. Según la experiencia de Clarke, la mayoría de los agentes del orden federales eran lentos y torpes. En cuanto ascendían a los escalones más altos, cobrando el sueldo máximo, empezaban a contar los días que les faltaban para la jubilación. En este sombrío contexto, O'Neill destacaba por ser un personaje carismático, improvisador, franco y desconcertantemente complicado.

Clarke y O'Neill eran ambos luchadores implacables y se ganaban enemigos con facilidad. Pero uno reconocía en el otro cualidades a las que podían sacar provecho. Clarke siempre se había ido for jando aliados clave que le protegieran de los cambios de administración y le proporcionaran información interna. Después de más de dos décadas al servicio del Estado —tras comenzar como empleado de gestión en el Pentágono en 1973—, tenía protegidos diseminados por toda la colina del Capitolio. Era brillante pero solitario, y vivía solo en una casa de madera de color azul en Arlington (Virginia), con el porche delantero rodeado de azaleas y una bandera de Estados Unidos ondeando en la segunda planta. Pronunciaba frases rotundas y declarativas que no admitían la menor discusión. Ambicioso e impaciente, apenas disfrutaba de tiempo para vivir fuera de su oficina en el tercer piso del Old Executive Office Building, con vistas al ala oeste de la Casa Blanca. Rara vez le interesaba alguien como rival. Podía ignorar a los burócratas competitivos solo por diversión, ya que jugaba aquel juego mejor que la inmensa mayoría.

Aunque Clarke era astuto e imponente, no era muy hábil socialmente y tendía a no mirar de frente a la gente cuando hablaba con ella. Tenía la característica tez pálida de los pelirrojos —aunque su cabello ya se había vuelto gris— y la sonrisa tensa e inapropiada de los superrealistas. Veía en O'Neill a alguien con quien compartir su obsesión por la amenaza que representaba el terrorismo en una época en que pocos en Washington consideraban que dicha amenaza fuera real. Tenían en común el resentimiento del advenedizo sin privilegios que ha escapado de las escasas expectativas de su entorno familiar. O'Neill conservaba algunos rasgos propios de las calles de Jersey, que Clarke, hijo de una enfermera y un obrero de fábrica, valoraba. Y, como Clarke, O'Neill era capaz de ver más allá de la farsa política.

Los dos hombres trabajaban para delimitar claramente las responsabilidades de los dos servicios de inteligencia, que tenían tras de sí una larga historia de feroces batallas burocráticas. En 1995, sus esfuerzos dieron como resultado la aprobación de una directiva presidencial que confería al FBI jurisdicción preferente tanto para investigar como para prevenir actos terroristas en cualquier lugar del mundo donde estuvieran en peligro ciudadanos o intereses estadounidenses. Tras el atentado en la ciudad de Oklahoma en abril de aquel mismo año, O'Neill creó una sección independiente para el terrorismo nacional, mientras se centraba en rediseñar y ampliar la rama extranjera. También organizó el intercambio de directores adjuntos entre su oficina y el Centro de Antiterrorismo de la CIA, pese a la oposición de ambas organizaciones.

Para los agentes más jóvenes, que le daban lo que pedía, es decir, una lealtad absoluta, se convirtió en una especie de *consigliere*. En los dominios del FBI, O'Neill era un poderoso padrino. Solía rodear con el brazo los hombros de sus empleados y decirles que les quería, y se lo demostraba haciendo todo lo que estuviera en su mano para ayudarles cuando alguno de ellos tenía problemas de salud o dificultades económicas. Por otro lado, podía ser brutal, no solo con sus subordinados, sino también con sus superiores, cuando no cumplían sus expectativas. Muchos comenzaron odiándole y acabaron convirtiéndose en sus más leales partidarios. «Hijos de John», como todavía se llaman a sí mismos en el FBI.[6] Otros se mordían la lengua y se apartaban de su camino. Quienes intentaban seguirle el ritmo acababan preguntándose qué más estarían dispuestos a sacrificar: sus matrimonios, sus familias, sus vidas privadas, todo salvo el FBI. Estos sacrificios los había hecho O'Neill hacía mucho tiempo.

La trayectoria profesional de O'Neill en el FBI coincidió con la internacionalización de la criminalidad y de la aplicación de la ley. Desde 1984, el FBI se encargaba de investigar los delitos cometidos contra ciudadanos estadounidenses en el extranjero, pero ese cometido se había visto obstaculizado por la falta de contacto con las agencias de policía extranjeras. O'Neill adquirió la costumbre de procurar diversión a cualquier policía extranjero o agente secreto que entrara en su órbita. Lo llamaba su «trabajo nocturno». En opinión de Clarke, O'Neill era como un cacique irlandés que ejercía su poder mediante un entramado de amistades, deudas y obligaciones. Estaba constantemente al teléfono, haciendo favores y engatusando a sus contactos, tejiendo una red personal que facilitaría las misiones internacionales del FBI. Al cabo de unos pocos años, O'Neill era quizá el policía más conocido del mundo. También se convertiría en el hombre más asociado a la búsqueda de Osama bin Laden.

Pocas personas en la policía o los servicios de inteligencia estadounidenses, incluido O'Neill, tenían alguna experiencia con el islam o tenían alguna noción de las razones de queja que ya habían motivado el atentado contra el World Trade Center y otras conspiraciones contra Estados Unidos. De hecho, pese a la enorme diversidad que existe en Estados Unidos, la dirección del FBI era sorprendentemente poco variada, todos sus miembros eran irlandeses e italianos católicos. Los orígenes de muchos agentes de la oficina, sobre todo los de mayor categoría, eran uniformemente repetitivos, muy similares a los de O'Neill: chicos de Jersey, Filadelfia o Boston. Se llamaban los unos a los otros con apodos infantiles —Tommy, Danny, Mickey—, que habían conservado desde los tiempos en que eran monaguillos o jugaban al hockey en el equipo del Holy Cross. Eran profundamente patrióticos y habían sido educados desde la infancia para no cuestionar las jerarquías.

El FBI había forjado su cultura en las décadas en que combatía a la mafia, una organización formada por individuos con unos orígenes muy similares. Entonces conocía muy bien a su enemigo, pero ahora carecía por completo de información sobre esta nueva amenaza. Los islamistas radicales procedían de lugares en los que pocos agentes habían estado o de los que ni siquiera tenían noticia. Hablaban una lengua que solo entendían unos cuantos agentes del FBI. El simple hecho de pronunciar los nombres de los sospechosos o los informantes ya suponía todo un reto. En aquellos días costaba creer que personas tan lejanas y exóticas pudieran representar una verdadera amenaza. En la oficina se tenía la impresión de que, como no eran como ellos, no eran un enemigo muy interesante.

Lo que hizo que O'Neill destacara pronto en su nuevo cargo fue que reconocía que la naturaleza del terrorismo había cambiado: se había vuelto global y más mortífero. En su historia reciente, la mayor parte del terrorismo en Estados Unidos había sido un fenómeno interno, atribuible a asociaciones clandestinas como el Ku Klux Klan, los Panteras Negras o la Liga de Defensa Judía. La oficina ya se había enfrentado antes a elementos extranjeros en territorio estadounidense, sobre todo las Fuerzas Armadas de Liberación Nacional (FALN), un grupo independentista puertorriqueño responsable de unos ciento cincuenta atentados terroristas en Estados Unidos durante la década de 1970 y principios de la de 1980. Pero las muertes causadas por esos atentados fueron accidentales o, al menos, no eran el objetivo. Lo que O'Neill comprendió, y compartían muy pocos, era que los islamistas radicales tenían una concepción dramática más amplia que incluía el asesinato a gran escala. Fue uno de los primeros en ser consciente de la magnitud de su proyecto y de su presencia activa en el seno de Estados Unidos. Y fue O'Neill quien vio que el hombre que estaba detrás de toda aquella red era un solitario disidente saudí que vivía en Sudán y soñaba con destruir Estados Unidos y Occidente. Desde el principio de la carrera de O'Neill como jefe de antiterrorismo, su interés por Bin Laden se convirtió en una obsesión tal que sus colegas empezaron a preguntarse si estaba en sus cabales.

Aunque la distancia cultural e ideológica que le separaba de Bin Laden era enorme, O'Neill se dedicó a tratar de comprender a su nuevo enemigo en el lado oscuro del espejo de la naturaleza humana. O'Neill y Bin Laden eran bastante diferentes, pero eran unos adversarios muy igualados: ambiciosos, imaginativos, implacables y dispuestos ambos a destruir al otro y todo lo que representaba.

En el otro lado del espejo, Bin Laden contemplaba Estados Unidos no como si fuera un país corriente o ni tan siquiera una superpotencia. Lo veía como la vanguardia de una cruzada global de los cristianos y los judíos para aplastar el resurgimiento islámico. Aunque es posible que no hubiera leído el tratado de Samuel P. Huntington sobre el «choque de civilizaciones», publicado en 1993, se apropió de la idea y se refirió a ella más adelante en algunas entrevistas, diciendo que era su deber promover ese choque. Creía que la historia avanza en oleadas largas y lentas, y esa lucha se ha estado produciendo siempre desde la fundación del islam. «Esta batalla no es entre al-Qaeda y Estados Unidos —explicaría más tarde Bin Laden—. Es una batalla de los musulmanes contra los cruzados globales.»[7] En otras palabras, era una guerra teológica y lo que estaba en juego era la redención de la humanidad.

En agosto de 1995, Bin Laden rompió de manera definitiva con su país natal. Bin Laden atacó directamente al rey Fahd en uno de los comentarios que enviaba por fax al que calificó de «franco manifiesto». En apariencia, era una respuesta a la remodelación ministerial saudí realizada la semana anterior que, como la mayoría de los sucesos políticos del reino, estaba pensada para que pareciera una reforma pero sin introducir ningún cambio real. En un largo preámbulo, Bin Laden justificaba legalmente, basándose en el Corán y en comentarios de ulemas, que el propio rey era un infiel. La influencia takfiri es evidente, aunque parte de su argumentación era abstrusa e irracional. Por ejemplo, Bin Laden citaba el artículo 9 de los estatutos del Consejo de Cooperación del Golfo, creado para resolver conflictos comerciales entre los países árabes del golfo Pérsico. El artículo 9 establece que el consejo seguirá las normas de su constitución, las leyes y normas internacionales y los principios del derecho islámico. «¡Qué burla de la religión de Alá! —exclamaría Bin Laden—. Habéis puesto el derecho islámico al final.»

Pero muchas de las afirmaciones que Bin Laden hacía en su diatriba eran ideas en las que ya creían firmemente numerosos saudíes y reflejaban las demandas que habían expresado los reformistas islámicos en una petición mucho más respetuosa y que desembocó en el arresto de varios clérigos destacados. «El motivo principal de que os escriba esta carta no es la opresión que ejercéis sobre vuestro pueblo y sus derechos —comenzaba Bin Laden—. No es vuestro insulto a la dignidad de nuestra nación, vuestra profanación de sus santuarios y vuestro desfalco de su riqueza y recursos.» Bin Laden señalaba la crisis económica que había seguido a la guerra del Golfo, la «insana inflación», la masificación en las aulas y el aumento del desempleo. «¿Cómo podéis pedirle a la gente que ahorre energía cuando todo el mundo puede ver vuestros espléndidos palacios iluminados noche y día? —preguntaba—. ¿No tenemos derecho a preguntaros, oh rey, adónde ha ido a parar todo el dinero? No os molestéis en responder: todos saben cuántos sobornos y comisiones han acabado en vuestros bolsillos.»

Después abordaba la mortificante presencia de las tropas estadounidenses en el reino. «Es inadmisible permitir que el país se convierta en una colonia de Estados Unidos con soldados estadounidenses —caminando por todas partes con sus sucios pies— sin más razón que defender vuestro trono y proteger los recursos petrolíferos para su propio uso —escribió—. No se debería permitir que esos cruzados sucios e infieles continuaran en tierra santa.»

La tolerancia del rey con las leyes humanas y la presencia de tropas infieles eran, para Bin Laden, la prueba de que era un apóstata y había que derrocarle. «Habéis traído a nuestro pueblo las dos peores calamidades, la blasfemia y la pobreza —escribió—. El mejor consejo que podemos daros ahora es que abdiquéis.»

Es fácil imaginar la conmoción que semejante carta debió de causar al pueblo saudí, y mucho más al rey. En una sociedad en la que nadie podía hablar libremente, el tono amenazador de las palabras de Bin Laden sobresaltó y sacudió a sus callados compatriotas. Pero no era un llamamiento a la revolución. Aunque acusaba a varios príncipes importantes de corrupción e incompetencia, no pedía el derrocamiento de la familia real. Salvo la abdicación del rey, no proponía ninguna solución para los problemas que mencionaba. Evitaba, intencionadamente, cualquier referencia al príncipe heredero, Abdullah, el siguiente en la línea de sucesión. Pese a su tono incendiario, el documento no era demasiado ambicioso. Bin Laden se mostraba como un reformista leal con poco que ofrecer en cuanto a ideas políticas útiles. Su fervor revolucionario estaba dirigido contra Estados Unidos, no contra su país.

Muchos saudíes compartían aquella hostilidad hacia la presencia estadounidense en el reino, sobre todo después de la famosa promesa hecha por Dick Cheney de que se marcharían. Aparentemente, las tropas se quedaban para proteger la zona de exclusión aérea sobre Irak decretada por la ONU. Sin embargo, en 1992 y, sin duda, en 1993, ya se habían firmado bastantes acuerdos para estacionar tropas en la región y los estadounidenses se habrían podido retirar sin poner en peligro su misión.[8] Pero las bases saudíes eran útiles y estaban bien equipadas, y no parecía haber una necesidad muy acuciante de marchar.

Una semana después de que se difundiera la ofensiva carta de Bin Laden al rey, el príncipe Naif anunció la ejecución de Abdullah al-Hudaif, un árabe afgano que no estaba condenado a muerte. Había sido condenado a una pena de veinte años de cárcel por arrojar ácido a la cara de un agente de seguridad que tenía fama de haber sido un torturador. Los saudíes estaban recibiendo asesoramiento del ex ministro del Interior egipcio,[9] responsable de una brutal campaña de represión contra los disidentes en su propio país. En el reino muchos tenían la impresión de que se estaba subiendo la apuesta y de que aquella ejecución sumaria era un mensaje para Bin Laden y sus seguidores. Los camaradas árabes afganos de Hudaif, por su parte, clamaban venganza contra el régimen.

En el centro de Riad (Arabia Saudí), en la calle Telatin, frente al restaurante Steak House, había un centro de comunicaciones de la Guardia Nacional saudí. La misión de la Guardia Nacional consistía en proteger a la familia real y garantizar la estabilidad. Como estos objetivos también eran importantes para Estados Unidos, ambos países firmaron un acuerdo para que el ejército estadounidense, junto con la Vinnell Corporation, un contratista de defensa estadounidense, adiestrara a la guardia en la observación y vigilancia de ciudadanos saudíes.

Poco antes del mediodía del 13 de noviembre de 1995, el coronel Albert M. Bleakley, un ingeniero que vivía en el reino desde hacía tres años, salía del centro y se dirigía hacia su vehículo, que estaba aparcado en la calle. De pronto, una fuerte explosión le lanzó varios metros hacia atrás. Cuando pudo incorporarse, vio una hilera de coches ardiendo, incluidos los restos destrozados de su Chevrolet Yukon. «¿Por qué habrá explotado mi coche? —se preguntó—. Aquí no hay bombas.»[10]

Los asesinos habían aparcado una furgoneta que contenía cuarenta y cinco kilos de explosivo Semtex fuera del edificio de tres plantas, que ahora estaba destrozado y ardiendo. Bleakley caminó tambaleando hacia las ruinas. Tenía una herida sangrante en el cuello y le zumbaban los oídos debido a la ensordecedora explosión. En el bar había tres hombres muertos, aplastados por un muro de hormigón. Otras cuatro personas murieron y sesenta resultaron heridas. Cinco de los muertos eran estadounidenses.

El gobierno saudí reaccionó haciendo una redada entre los árabes afganos y obtuvo bajo tortura las confesiones de cuatro hombres.[11] Tres de los cuatro sospechosos habían combatido en Afganistán y uno de ellos también había luchado en Bosnia. El presunto cabecilla del grupo, Muslih al-Shamrani, se había entrenado en un campamento de al-Qaeda, el de Faruk en Afganistán.[12] Los hombres leyeron sus confesiones, prácticamente idénticas, en la televisión saudí,[13] donde admitieron que habían sido influidos por la lectura de los discursos de Bin Laden y de otros destacados disidentes. Después, los llevaron a una plaza pública y los decapitaron.

Aunque Bin Laden nunca admitió en público haber autorizado el atentado o haber adiestrado a los hombres que lo perpetraron, los calificó de «héroes»[14] y sugirió que habían actuado en respuesta a la fatwa en la que instaba a la yihad contra los ocupantes estadounidenses.[15] «Se han sacado de encima la deshonra y la sumisión que imperan en su nación», dijo. Señaló que, como consecuencia, se había reducido el número de tropas estadounidenses en el reino, otra prueba de que su análisis sobre la debilidad de Estados Unidos era acertado.

Las ejecuciones sumarias desbarataron la oportunidad de saber con exactitud qué conexiones había entre al-Qaeda y los ejecutores del atentado. El propio Bin Laden le confió en privado al director de *Al-Quds al-Arabi* que había activado una célula durmiente de veteranos afganos cuando vio que el gobierno saudí no respondía a su protesta por la presencia de tropas estadounidenses en territorio saudí. John O'Neill sospechaba que los hombres a los que habían decapitado no tenían nada que ver con el crimen. Había enviado a varios agentes para tratar de interrogar a los sospechosos, pero fueron ejecutados antes de que los estadounidenses tuvieran ocasión de hablar con ellos. Fuera cual fuese la conexión de al-Qaeda con el atentado, el príncipe Turki describiría más tarde el atentado contra la Guardia Nacional como el «primer atentado terrorista» de Bin Laden.[16]

12

Los niños espías

Hosni Mubarak, el presidente de Egipto, es un hombre achaparrado y sin cuello, con un abultado labio inferior que sobresale cuando habla, mejillas carnosas y párpados gruesos, como si fuera una escultura de arcilla sin acabar de modelar. En 1995 tenía sesenta y siete años, pero llevaba su ondulado cabello teñido de color negro brillante y sus retratos en las vallas publicitarias mostraban a un hombre veinte años más joven. De hecho, la inmutabilidad era la característica más distintiva de su gobierno. Estaba de pie al lado de Anwar al-Sadat en la tribuna de autoridades cuando los asesinos atentaron contra él y, en cuanto asumió la presidencia, declaró un estado de excepción que continuaba en vigor catorce años después. Las primeras iniciativas de su gobierno para liberalizar el proceso político tuvieron como respuesta las victorias de los Hermanos Musulmanes y, más adelante, en los años noventa, la campaña terrorista de los islamistas radicales. Mubarak demostró ser tan despiadado como los insurgentes, pero la violencia aún no había alcanzado su cenit.

En abril, los servicios secretos egipcios se enteraron de que Zawahiri había presidido una reunión de al-Yihad en Jartum en la que también participaron miembros destacados de su rival, el Grupo Islámico: un cambio más que preocupante.[1] Según sus informes, las dos organizaciones estaban colaborando para reanudar las actividades terroristas en Egipto y contaban con la ayuda del gobierno sudanés, que les suministraba armamento y documentación falsa. Pero no había por el momento ninguna información de cómo ni dónde iban a atentar.

La gran revolución islámica de Hasan al-Turabi se había estancado, incapaz de traspasar las fronteras de Sudán. El objetivo último era, sin duda, Egipto, pero Mubarak gobernaba el país con mano de hierro. Zawahiri y los conspiradores creían que si conseguían eliminarle, se crearía un vacío de poder y los movimientos islamistas alternativos podrían acceder al gobierno en las próximas elecciones parlamentarias.

Mubarak tomó un avión a Addis Abeba el 26 de junio para asistir a una cumbre de la Organización para la Unidad Africana (OUA). Los radicales egipcios habían esperado aquel acontecimiento durante más de un año y habían enviado a los miembros de la célula encargada de ejecutar el asesinato a la capital etíope. Algunos de ellos se habían casado con mujeres del país y se habían integrado de forma ostensible en la comunidad.[2]

Los servicios secretos sudaneses, en colaboración con asesinos pertenecientes al Grupo Islámico, introdujeron armas clandestinamente en su embajada en Etiopía.[3] Al frente del complot estaba Mustafa Hamza, un miembro egipcio de alto rango de al-Qaeda y comandante de la rama militar del Grupo Islámico. En una granja al norte de Jartum, Zawahiri pronunció una arenga para motivar a los nueve terroristas que iban a ejecutar el complot[4] y después viajó a Etiopía para inspeccionar el lugar del crimen.

El plan consistía en aparcar dos automóviles en la carretera del aeropuerto, la única ruta de acceso a la capital.[5] Cuando la limusina de Mubarak se aproximara al primer coche, los asesinos atacarían con armas automáticas y granadas propulsadas por cohete. Si Mubarak lograba escapar de la primera emboscada, le estaría esperando otro vehículo más adelante.

El avión de Mubarak aterrizó con una hora de antelación,[6] pero debido a que tardaron mucho en reunir a su séquito y los guardaespaldas, a los asesinos les dio tiempo de ocupar sus posiciones. Cuando apareció la limusina, los tiradores abrieron fuego, pero el lanzacohetes no funcionó bien.[7] En el tiroteo murieron dos guardaespaldas etíopes de Mubarak y cinco agresores. Es probable que Mubarak salvara su vida cuando ordenó al conductor que regresara al aeropuerto,[8] evitando de este modo la segunda emboscada.

Tres de los asesinos fueron arrestados y uno de ellos logró huir a Sudán. La policía etíope no tardó en atar los cabos de la conspiración y en hacer pública la complicidad del gobierno sudanés. Aquel desastre fue el que motivó una votación unánime en las Naciones Unidas para imponer severas sanciones económicas a Sudán. El representante sudanés negó las acusaciones, pero la delegación sudanesa ya tenía a los demás miembros en su contra, ya que solo dos años antes el país había estado implicado en un complot para volar la sede de la ONU como parte del plan del jeque ciego para destruir edificios emblemáticos de Nueva York. La comunidad internacional ya estaba harta de la revolución de Turabi, pero este aún empeoró más las cosas cuando elogió la tentativa de asesinato de Mubarak: «Los hijos del profeta Moisés, los musulmanes, se alzaron contra él, frustraron sus planes y le enviaron de vuelta a su país», dijo.[9] En cuanto a sus futuras relaciones con el presidente egipcio, Turabi señaló: «Encuentro que ese hombre está muy por debajo de mi nivel intelectual y mis ideas y es demasiado estúpido para entender mis declaraciones».

Las represalias no se harían esperar, como todo el mundo sabía.

Las fuerzas de seguridad de Mubarak se desplegaron por todo Egipto, desde los barrios pobres de El Cairo hasta los pueblos de adobe del Alto Nilo, con el objetivo de destruir el movimiento islamista radical. Incendiaron casas[10] y desaparecieron sospechosos. En ocasiones, los policías sacaban de su casa a rastras a la madre de un sospechoso y la desnudaban en plena calle; después amenazaban a sus hijos con violarla si no encontraban a su hermano cuando volvieran. Mubarak promulgó una ley antiterrorista que tipificaba como delito incluso expresar simpatía por los movimientos terroristas. Se construyeron cinco nuevas cárceles para encerrar a los miles de sospechosos que fueron detenidos,[11] muchos de los cuales nunca fueron acusados formalmente.

Para atrapar a Zawahiri, los espías egipcios idearon un plan diabólico.[12] Atrajeron a un muchacho de trece años de edad llamado Ahmed hasta un piso con la promesa de darle zumos y vídeos. Ahmed era el hijo de Muhammad Sharraf, un conocido fundamentalista egipcio y un miembro destacado de al-Yihad.[13] El niño fue drogado y sodomizado. Cuando se despertó, le mostraron las fotografías de los actos homosexuales y le amenazaron con enseñárselas a su padre. Las consecuencias de aquella revelación serían devastadoras para el muchacho. «El padre podría llegar a matarlo», reconoció una fuente cercana a Zawahiri.[14]

Los espías egipcios le obligaron a captar a otro niño, Mus'ab, cuyo padre, Abu al-Faray, también pertenecía a al-Yihad y era tesorero de al-Qaeda. Sometieron a Mus'ab a la misma humillante iniciación mediante las drogas y los abusos sexuales y le obligaron a actuar en contra de su propia familia. Los agentes enseñaron a los muchachos a ocultar micrófonos en sus propias casas y a fotografiar documentos. Las informaciones que proporcionaron los niños espías desembocaron en numerosas detenciones.

Los agentes egipcios decidieron entonces usar a los muchachos para matar a Zawahiri. Le entregaron a Mus'ab una bomba para que la colocara en el interior del edificio de cinco plantas donde vivía la familia de Zawahiri, pero no estaba en casa y los servicios secretos sudaneses descubrieron la bomba. El otro niño, Ahmed, estaba en el hospital, enfermo de malaria. Todavía no sabían que era un espía. Su médico era Zawahiri, que le visitaba todos los días. Los espías egipcios se enteraron, gracias a Ahmed, de a qué hora le visitaba el médico. Al día siguiente, le esperaba un grupo de asesinos, pero, por alguna razón, Zawahiri no apareció.

No obstante, se presentó una oportunidad aún mejor: los servicios secretos egipcios averiguaron que se iba a celebrar una reunión de la *shura* de al-Yihad. Un agente le entregó a Mus'ab un maletín bomba y le ordenó que lo dejara en la oficina donde iban a reunirse Zawahiri y sus compañeros. Sin embargo, cuando el muchacho salió del coche del agente se encontró con espías sudaneses y miembros de la seguridad de al-Yihad que les esperaban. El espía egipcio se escapó a toda velocidad dejando abandonado al niño a su suerte.

Al-Yihad y los servicios secretos sudaneses se pelearon por la custodia de Mus'ab. Finalmente, permitieron a Zawahiri interrogar al chico, y prometió devolverlo sano y salvo. Pronto arrestó también a su joven paciente, Ahmed. Entonces Zawahiri convocó un tribunal de la sharia.

Muchos miembros de al-Yihad y al-Qaeda estaban en contra de que se juzgara a unos niños y alegaban que iba en contra del islam. Como respuesta a aquellas objeciones, Zawahiri hizo que los niños se desnudaran para determinar si habían alcanzado la pubertad, y así era. Los indefensos muchachos lo confesaron todo y el tribunal les declaró culpables de sodomía, traición e intento de asesinato.

Zawahiri mandó fusilar a los muchachos. Para asegurarse de que todo el mundo captaba el mensaje, grabó en vídeo las confesiones y las ejecuciones y distribuyó las cintas como advertencia para quienes pensaran en traicionar a la organización.

Cuando Turabi y su gente se enteraron de los fusilamientos, montaron en cólera. El gobierno sudanés acusó a al-Yihad de actuar como un «Estado dentro de un Estado»[15] y ordenó a Zawahiri y a su organización que abandonaran el país de inmediato. Ni siquiera tuvieron tiempo de hacer las maletas. «Todo lo que hicimos fue aplicar la sharia de Dios —se quejaría Zawahiri—. Si no somos capaces de aplicárnosla a nosotros mismos, ¿cómo podemos aplicársela a otros?»

Al-Yihad se dispersó, sobre todo por Afganistán, Jordania y Sudán. Muchos miembros abandonaron la organización escandalizados por las ejecuciones a sangre fría de los dos niños. En manos de Zawahiri, al-Yihad se había escindido en varios grupos de militantes airados y apátridas. Quedaban menos de cien miembros[16] y muchos de los hombres todavía estaban tratando de recuperar a sus familias y sus posesiones, que seguían en Jartum. «Corren malos tiempos», reconoció Zawahiri en Yemen,[17] donde se había refugiado, e incluso les confió a algunos de sus compañeros que tenía una úlcera.

Sus decepcionados seguidores reflexionaban a menudo sobre las palabras que pronunció en prisión el hombre al que traicionó Zawahiri, el comandante Essam al-Qamari: que a Zawahiri le faltaba una cualidad fundamental. Fue Qamari quien le dijo: «Si eres miembro de un grupo, no puedes ser el líder». Aquellas palabras sonaban ahora como una profecía.

A Zawahiri le quedaban pocos recursos, si se exceptúa el respaldo de Bin Laden. Estaba decidido a devolver el golpe lo antes posible al gobierno egipcio para limpiar su reputación y conservar lo que quedaba de su organización. Sus ideas habían sufrido un profundo cambio con respecto a las de aquel joven que rechazaba la revolución por considerarla demasiado sangrienta. Ahora creía que la violencia era lo único que cambiaba la historia. Atacando al enemigo, crearía una nueva realidad. Su estrategia consistía en obligar al régimen egipcio a ejercer una represión aún mayor para de ese modo conseguir que la gente lo odiara. Y esto último lo logró. Pero el pueblo egipcio no acudió a él o a su movimiento. Solo se volvió más desgraciado, más desencantado, más asustado y más desesperado. En todo caso, en el juego que Zawahiri había iniciado, la venganza era esencial; en realidad, la venganza era el juego en sí.

A menudo, las primeras acciones determinan el curso de los acontecimientos futuros. El 19 de noviembre de 1995, el día del decimoctavo aniversario del viaje de Anwar al-Sadat a Jerusalén, los hombres de Zawahiri hicieron explotar una bomba en la embajada de Egipto en Islamabad (Pakistán).[18] Aunque el atentado fue obra de al-Yihad, aquella explosión se convertiría en el prototipo de futuros atentados de al-Qaeda, tanto en lo que respecta al objetivo como a los medios utilizados para destruirlo. Uno de los hombres de Zawahiri, conocido como Abu Jabab, un taxista egipcio que había estudiado química y era instructor de explosivos,[19] creó una nueva bomba muy potente. Dos hombres se acercaron a la embajada. Uno de ellos llevaba un maletín Samsonite lleno de armas y arrojó granadas para ahuyentar a los guardias de seguridad. Una camioneta cargada con ciento diez kilos de explosivos entró a toda velocidad en el complejo y el conductor detonó la bomba. La embajada se derrumbó. Muchos otros edificios resultaron gravemente dañados en un radio de casi un kilómetro de distancia. Murieron dieciséis personas, sin contar a los dos terroristas suicidas, y sesenta resultaron heridas.

Aquella matanza fue el primer éxito de al-Yihad bajo la dirección de Zawahiri. «La bomba dejó en el edificio de la embajada en ruinas un mensaje claro y elocuente», escribió Zawahiri en sus memorias. Sin embargo, Bin Laden no había aprobado el atentado y no estaba contento. Pakistán seguía siendo la mejor ruta de acceso a Afganistán y, hasta entonces, había servido de refugio para muchos árabes afganos que se habían quedado después de la guerra. El gobierno hizo una redada, detuvo a casi doscientos de ellos y los encerró en un salón de fiestas de Peshawar,[20] a la espera de deportarlos a sus países de origen. Las autoridades se llevaron una sorpresa cuando Bin Laden apareció en el salón de fiestas con billetes de avión a Sudán para los detenidos. De pronto tenía en sus manos un grupo de terroristas disciplinados que ahora dependían de él, si bien eran leales a Zawahiri.

Zawahiri también perdió el apoyo de muchos de los seguidores que le quedaban, escandalizados tanto por las muertes de inocentes como por el uso de terroristas suicidas. Estas cuestiones siempre salían a colación en las conversaciones sobre la moralidad de la yihad global. Para dar una respuesta a esas objeciones, Zawahiri creó un marco teórico que serviría para justificar el atentado de Islamabad, así como los atentados similares que le seguirían.

Zawahiri argumentaba que no había inocentes en el interior de la embajada.[21] Todos los que trabajaban allí, desde los diplomáticos hasta los vigilantes, eran partidarios del régimen egipcio, que había detenido a miles de fundamentalistas e impedido el gobierno del islam. Todos aquellos que llevaban a cabo tareas del gobierno debían cargar con la responsabilidad de sus crímenes. Ningún musulmán verdadero podía trabajar para un régimen como aquel. En este punto, Zawahiri no hacía sino repetir la postura del *takfir*, que se había llevado hasta sus últimas consecuencias en Argelia. Admitía la posibilidad de que también hubiera inocentes (niños, auténticos creyentes) entre las víctimas mortales, pero los musulmanes eran débiles y su enemigo muy poderoso, por lo que, en una situación de emergencia como aquella, se podían suavizar las normas contra la matanza de inocentes.

La cuestión del suicidio era aún más problemática. En el islam no existe una base teológica para este tipo de actos; es más, están expresamente prohibidos. «No os quitéis la vida», dice el Corán. En los hadices, o dichos del Profeta, hay numerosos ejemplos en los que Mahoma condena este acto. El castigo reservado para el suicida es arder en el infierno y revivir eternamente el acto de morir por los mismos medios que ha utilizado para quitarse la vida. Incluso cuando uno de sus guerreros más valientes resultó gravemente herido en combate y se arrojó sobre su propia espada para poner fin a su atroz sufrimiento, Mahoma declaró que se había condenado. «Un hombre puede realizar actos propios de la gente del fuego cuando en realidad pertenece a la gente del paraíso, y puede realizar actos propios de la gente del paraíso cuando en realidad pertenece a la gente del fuego —observó el Profeta—. En verdad, [la recompensa por] los actos la determinan las últimas acciones.»[22]

Para defender el atentado, Zawahiri tuvo que superar ese profundo tabú. Decía que los terroristas que perpetraron el atentado de Islamabad representaban «a una generación de muyahidines que ha decidido sacrificar sus vidas y sus propiedades a la causa de Dios. Esto se debe a que el sendero de la muerte y el martirio es un arma de la que carecen los tiranos y sus servidores, que rinden culto a sus sueldos en lugar de a Dios».[23] Los comparaba con los mártires de los primeros tiempos del cristianismo. El único ejemplo que pudo mencionar de la tradición islámica fue el de un grupo de musulmanes, a principios de la historia del islam, a los que capturaron por «idólatras» y obligaron a elegir entre renunciar a su religión o morir a manos de sus captores. Eligieron convertirse en mártires de sus creencias.

Zawahiri sostenía que se trataba de una elección suicida. Si otros musulmanes no los condenaron en aquella época, fue porque actuaron a mayor gloria de Dios y por el bien del islam. Por lo tanto, cualquiera que entregue su vida por la verdadera fe, como habían hecho los terroristas en Islamabad, no debe ser considerado un suicida que sufrirá el castigo del infierno, sino un mártir heroico cuyo abnegado sacrificio le hará acreedor a una extraordinaria recompensa en el paraíso.

Con aquella sofistería, Zawahiri invertía el sentido de las palabras del Profeta y abría la puerta al asesinato universal.

—¿Recuerdas a aquel tipo, Bin Laden? —le preguntó Hasan al-Turabi a su hijo a principios de 1996.[24]

—¡Claro que le recuerdo! —respondió Isam—. Somos compañeros de cuadra.

—Hay gente en mi partido que quiere expulsarle —dijo el padre.

Cuando Isam volvió a ver a Bin Laden, le sorprendió encontrarle tan abatido. Habían expulsado a Zawahiri y al-Yihad, y con ello desaparecía el núcleo egipcio de la organización de Bin Laden, a quien había paralizado esta pérdida. El personaje relajado y desenfadado que conocía Isam había desaparecido. En Jartum circulaba el rumor de que Bin Laden iba a ser «el próximo Carlos». El gobierno sudanés había permitido a los servicios secretos franceses que secuestraran a Carlos el Chacal mientras se sometía a una operación del testículo derecho.[25] Astutamente, los servicios secretos sudaneses habían hecho circular la falsa historia de que los franceses habían presentado una acusación similar contra Bin Laden,[26] sin duda con la intención de asustarle y hacerle huir del país.

Sin los egipcios, Bin Laden se encontraba aislado e inseguro. No tenía a nadie en quien confiar. Consciente de que podía sucederle cualquier cosa, ya estaba buscando otro refugio por si acaso.

«No deberías irte de Sudán —le aconsejó Isam a su amigo—. Si te marchas, ¿quién se va a ocupar de tus inversiones?»

Bin Laden no tenía respuesta.

Isam se compadecía de su difícil situación. Sabía lo despiadada que podía llegar a ser la política sudanesa, sobre todo con un extranjero ingenuo que tenía tanto que perder. «Por aquel entonces quería a aquel hombre —diría Isam—, por la gran cantidad de ideas que percibía en él. No había ni un ápice de hipocresía en su carácter. Ninguna divergencia entre sus palabras y sus actos. Por desgracia, su coeficiente intelectual no era muy alto.»

La catástrofe que los líderes islamistas radicales de Sudán habían creado para sí mismos finalmente se revelaba con claridad. La complicidad del gobierno con las conspiraciones terroristas en Nueva York y con el intento de asesinato de Mubarak desencadenó la imposición de sanciones internacionales que entraron en vigor el mes de abril de 1996. Para entonces, la embajada de Estados Unidos en Jartum ya había transferido a su personal estadounidense a Kenia, así como la estación de la CIA de Jartum. Y esto solo era parte de una retirada general de la comunidad diplomática. Sudán se estaba quedando aislado y sus gobernantes trataban por todos los medios de encontrar una salida.

En su última noche en Sudán, el embajador estadounidense, Timothy Carney, cenó con el vicepresidente sudanés, Ali Utman Taha. Ambos conversaron sobre qué podría hacer Sudán para mejorar su reputación. Enviar a Osama bin Laden de vuelta a Arabia Saudí fue una de las sugerencias de Carney. Ya había hablado con un alto funcionario saudí y este le había asegurado que Bin Laden todavía podía volver al reino «a condición de que pida perdón».[27]

Un mes más tarde, el ministro sudanés de Defensa, el general Elfatih Erwa, se reunió con Carney y varios agentes secretos de la CIA en una habitación de hotel en Rosslyn (Virginia). Erwa les comunicó el deseo de su gobierno de ser borrado de la lista de países patrocinadores del terrorismo elaborada por el Departamento de Estado. Quería una lista por escrito con las medidas que podían satisfacer al gobierno de Estados Unidos. La CIA respondió con un memorando que, entre otras cosas, proponía que Sudán facilitara los nombres de todos los muyahidines que Bin Laden había introducido en el país, junto con los números de sus pasaportes y las fechas de sus viajes. En reuniones posteriores, los estadounidenses presionaron al representante sudanés para que expulsara a Bin Laden. Erwa le dijo a la agencia que era mejor que Bin Laden se quedara en Sudán, donde el gobierno podía tenerle vigilado; no obstante, dijo, si Estados Unidos quería presentar cargos contra Bin Laden, «estamos dispuestos a entregároslo».[28]

La administración Clinton seguía considerando a Bin Laden una molestia con mucho dinero, no una amenaza mortal. Su nombre figuraba como el de un financiador del terrorismo, sobre todo por su respaldo del jeque ciego. Estaban de acuerdo en que había que obligarle a que saliera de su refugio en Sudán porque el país estaba infestado de terroristas islámicos y eran mucho más peligrosos con dinero que sin él. Sin embargo, no había un verdadero debate sobre las consecuencias que podía acarrear su expulsión. Tampoco había ningún motivo para obligar a Sudán a entregarlo al gobierno de Estados Unidos, ya que hasta aquel momento no existía ninguna prueba de que hubiera causado daño alguno a ciudadanos estadounidenses.

Durante algún tiempo, los funcionarios del gobierno albergaron la ilusión de que los saudíes aceptarían a su hijo díscolo y simplemente le cortarían la cabeza.[29] El presidente de Sudán, Omar al-Bashir, viajó al reino durante el *hadj* y allí se reunió con el príncipe heredero, Abdullah. Bashir se ofreció a entregar a Bin Laden si los saudíes le garantizaban que no le iban a encarcelar o a procesar.[30] El príncipe heredero rechazó las condiciones. El gobierno egipcio, que responsabilizaba a Bin Laden de financiar el intento de asesinato de Mubarak, también presionó a los saudíes para que llevaran a Bin Laden ante la justicia. En esta ocasión fue el príncipe Turki el que puso objeciones: no había ninguna prueba sólida de que Bin Laden estuviera implicado en la operación, afirmó. Ahmed Badib, el lugarteniente de Turki, les dijo a los egipcios en privado: «Entregadnos alguna prueba y le secuestraremos».[31] Pero los saudíes dejaron claro a todo el mundo que se lavaban las manos. Bin Laden todavía no era un hombre buscado, pero sin duda ya era un hombre al que nadie quería.

Los estadounidenses siguieron presionando al gobierno sudanés.

—Pedidle que abandone el país —le dijeron al general Erwa—. Simplemente no le dejéis ir a Somalia.[32]

—Irá a Afganistán —avisó Erwa.

—Dejadle que vaya —respondieron los estadounidenses.

Hasan al-Turabi y Bin Laden discutieron acaloradamente hasta altas horas de la noche durante tres días consecutivos.[33] Bin Laden sostenía que, después de haber invertido tanto en el país, el gobierno no tenía derecho a expulsarlo. No había cometido ningún delito contra Sudán y no había ningún otro lugar en el mundo dispuesto a acogerle. Turabi le respondió que solo tenía dos opciones: abandonar el país o quedarse pero manteniendo la boca cerrada. Bin Laden dijo que no podía permanecer callado mientras encarcelaban injustamente a jóvenes islamistas en Arabia Saudí. Finalmente accedió a marcharse.

Pero ¿a qué lugar del mundo podía ir? Ya no tenía el pasaporte saudí que le permitía entrar en cualquier país. Ahora viajaba como un hombre de negocios sudanés bastante famoso y como presunto financiador del terrorismo. Algunos miembros de al-Yihad le propusieron que se sometiese a una operación de cirugía plástica para después introducirle clandestinamente en Egipto, pero Zawahiri, que supuestamente se escondía en Bulgaria, lo desaconsejó. Él siempre sostuvo que Egipto era un lugar demasiado diáfano que carecía de los escondrijos naturales (cuevas, montañas) en los que se podría incubar una revolución. Somalia era una posibilidad, pero la hostilidad de la población local hacia los árabes hacía que el país fuera muy poco seguro.

Como había advertido un sudanés, Afganistán era el destino más obvio, posiblemente el único. Turabi hizo el favor a Bin Laden de telefonear al embajador sudanés en Afganistán para que facilitara su regreso.[34] Después, los dirigentes sudaneses se sentaron a repartirse las inversiones de Bin Laden.

El gobierno todavía le debía dinero por las obras de la carretera de veinte millones de dólares y 725 kilómetros de largo entre Jartum y Port Sudan. Bin Laden había aceptado una curtiduría, valorada por el gobierno en cinco millones de dólares, como parte del pago, pero ahora se veía obligado a sufrir la humillación de tener que revenderla al gobierno por una pequeña parte de su valor. Liquidó los demás negocios en cuanto le fue posible, con la esperanza de recuperar una parte de su fortuna, pero tuvo que renunciar prácticamente a todo lo que poseía. El gobierno confiscó su maquinaria pesada: los Caterpillar, las apisonadoras y las grúas, que eran los activos más valiosos de su empresa de construcción y cuyo valor ascendía aproximadamente a doce millones de dólares.[35] Los terrenos repartidos por todo el país que había cultivado con tanta ilusión y placer le fueron arrebatados a cambio de prácticamente nada. Vendió sus caballos a Isam por unos centenares de dólares. Admitió con tristeza que sus pérdidas netas superaban los 160 millones de dólares.* Bin Laden llegó a la con-

---

* Bin Laden le dijo a Abdel Bari Atwan que pudo recuperar aproximadamente el 10 por ciento de sus inversiones después de que el gobierno de Sudán le ofreciera pagarle en grano y cabezas de ganado que podría revender a otros países (Atwan, *Secret History*, p. 52). Muhammad Loay Baizid me dijo que Bin Laden solo invirtió veinte millones de dólares en Sudán y que probablemente se marchó del país con unos cincuenta mil dólares. Hassabulla Omer, que se ocupaba del dossier de al-Qaeda para los servicios secretos sudaneses, cifra las inversiones totales de Bin Laden en treinta millones de dólares y asegura que salió del país sin «nada».

clusión de que el partido islamista de Turabi era «una mezcla de religión y delincuencia organizada».[36]

La inminente partida de su líder hizo que cundiera el pánico en al-Qaeda. A algunos miembros los invitaron a reunirse con Bin Laden más adelante en Afganistán, y a otros se les dijo que la organización no podía mantenerlos por más tiempo. Cada uno de ellos recibió un cheque por valor de 2.400 dólares y un billete de avión para regresar a su país.[37]

Tras despojar a Bin Laden de la mayor parte de su patrimonio, el gobierno sudanés tuvo la atención de fletar para él un viejo avión soviético Tupolev.[38] Saif al-Adl, que más tarde se convertiría en el jefe militar de al-Qaeda, ocupó el asiento del copiloto con un mapa en la mano para guiar al piloto ruso, que no hablaba árabe y en el que no confiaban. Bin Laden volaba acompañado de dos de sus jóvenes hijos, Saad y Omar, y de un par de guardaespaldas.[39] El 18 de mayo de 1996 abandonaba Sudán. Su familia estaba dispersa y rota. La organización que había creado se había desintegrado y culpaba a Estados Unidos del fulminante revés que le había sumido en aquella situación.[40]

13

Hégira

Atrás quedaba Sudán. Bin Laden sobrevoló la resplandeciente y estrecha franja de mar; pronto dejó atrás Yidda, La Meca y las montañas de Sarawat, y después el inmenso desierto amarillo, atravesado
únicamente por las carreteras que su padre había construido. Tenía
treinta y ocho años. Había sido famoso, un héroe, y ahora era un refugiado al que habían prohibido entrar en su propio país. Reposta-
ron en Emiratos Árabes Unidos, donde le recibieron brevemente varios emisarios del gobierno que tal vez le entregaron dinero.[1] Había
sido rico toda su vida, pero había colocado sus ahorros en malas inversiones que, de todos modos, le habían sido robadas. Ahora aceptaba la caridad de aquellos que no habían olvidado su nombre.

Sobrevoló los superpetroleros que cargaban crudo amarrados
junto a las inmensas refinerías que flanquean los puertos del golfo
Pérsico, fuente de tanta riqueza y tantos problemas. Detrás de Irán se
extiende el desierto virgen del sur de Afganistán, y después Kandahar, rodeada de canales de riego y huertos de granados destruidos.
Ahora solo había campos de adormidera, el único cultivo que resultaba rentable en un país tan devastado por veinte años de guerra. La
brutalidad de los soviéticos se había olvidado debido a las convulsiones de la guerra civil. La autoridad se había desvanecido en todas
partes. Las carreteras estaban en manos de asaltantes que exigían pe-
ajes y a veces secuestraban a los niños cuando el dinero era insufi-
ciente.[2] Había tribus luchando contra tribus, señores de la guerra luchando contra señores de la guerra; los narcotraficantes y la mafia del
transporte controlaban la arruinada economía. Las ciudades habían
sido tan bombardeadas que habían quedado reducidas a montones

de escombros. Los postes eléctricos, totalmente agujereados tras recibir durante dos décadas el impacto del armamento y sin cables desde hacía tiempo, flanqueaban las carreteras como espectrales recordatorios de una época en que Afganistán había dado su primer paso hacia la modernidad. Millones y millones de minas terrestres sembraban los campos y, según un informe de la ONU, habían dejado inválida al 4 por ciento de la población, e improductivas gran parte de las tierras cultivables.[3]

Mientras Bin Laden sobrevolaba Kabul, la capital volvía a estar asediada, esta vez por los talibanes. Se habían alzado en 1994, cuando eran un pequeño grupo de estudiantes, en su mayoría huérfanos[4] que habían crecido en los campos de refugiados y estaban indignados por el caos y la depravación del gobierno de los muyahidines. Los liberadores de la guerra contra los soviéticos habían resultado ser unos gobernantes aún más bárbaros que su enemigo. Impelidos a actuar por la miseria que la victoria había llevado a Afganistán, el auge de los talibanes se produjo con una rapidez asombrosa. Gracias al apoyo de los servicios secretos paquistaníes, dejaron de ser una milicia popular para convertirse en un ejército guerrillero formidable y con una gran movilidad, y estaban a punto de consolidar su rápido ascenso al poder, apostados en las inmediaciones de Kabul lanzando una lluvia de cohetes sobre sus ruinas.

En el valle cercano, al pie de las montañas del Hindu Kush, se encontraba Yalalabad. Bin Laden aterrizó en el mismo aeropuerto que había asediado en 1989. Le recibieron tres antiguos comandantes muyahidines[5] y se alojó en una vieja casa sobre el río que había servido como puesto militar soviético. Volvió a trasladarse al cabo de varias semanas, esta vez a una destartalada granja situada a ocho kilómetros de Yalalabad. Era propiedad de uno de los antiguos patrocinadores de Bin Laden, Yunis Jalis,[6] un anciano señor de la guerra aficionado a contraer matrimonio con adolescentes.[7]

Afganistán es un país grande y accidentado que está dividido de este a oeste por las montañas del Hindu Kush y cuya población está dividida en cuatro grandes grupos étnicos, con numerosas tribus y dialectos. Es un país difícil de gobernar incluso en tiempos de paz, aunque la paz es un recuerdo tan lejano que muchos afganos nunca la han experimentado. El anhelo de orden era tal que habría sido bienvenido prácticamente cualquier poder fuerte y estabilizador.

Los talibanes tomaron rápidamente nueve de las treinta provincias. El presidente Burhanuddin Rabbani trató de negociar con ellos, pero solo estaban dispuestos a aceptar su dimisión. El astuto y experimentado comandante Ahmed Sha Massud consiguió expulsar a los jóvenes insurgentes del sur de Kabul y después les obligó a retirarse de algunas de las demás provincias. Tras observar la anarquía que reinaba con los muyahidines en el poder y decidir que los talibanes eran la mejor opción para imponer el orden, Arabia Saudí y Pakistán reconstruyeron las fuerzas talibanes proporcionándoles adiestramiento, armas y vehículos, sobre todo camionetas Datsun con tracción en las cuatro ruedas equipadas con ametralladoras pesadas, cañones, cañones antiaéreos o lanzacohetes múltiples montados sobre el chasis. Los talibanes se desplazaban con rapidez, en grandes grupos, y compensaban con velocidad y audacia su falta de organización y disciplina. Contrataron como mercenarios a pilotos[8] y comandantes del antiguo régimen comunista. Los líderes de la oposición aceptaron el curso de los acontecimientos y aprovecharon la ocasión para llenarse los bolsillos con los sobornos de los talibanes. Yalalabad, que había resistido el avance de los muyahidines durante meses, de pronto se rindió a cuatro talibanes en un jeep.[9] Los talibanes controlaban ahora el acceso al paso de Jaybar. También se encontraron con que tenían a su cargo a un famoso refugiado.

Los talibanes no habían invitado a Bin Laden a regresar a Afganistán y no tenían ninguna obligación para con él. Enviaron un mensaje al gobierno saudí para preguntar qué debían hacer con él. Les dijeron que lo retuvieran y le mantuvieran calmado. Así, Bin Laden pasó a estar bajo control de un ermitaño político llamado mullah Muhammad Omar, que hacía poco se había autoproclamado «soberano de todos los musulmanes».

El mullah Omar había perdido el ojo derecho[10] en la batalla de Yalalabad, en 1989, cuando explotó un obús que también le desfiguró la mejilla y la frente. Delgado y alto, pero de complexión fuerte, tenía fama de ser un excelente tirador[11] que había destruido muchos tanques soviéticos durante la guerra de Afganistán. A diferencia de la mayoría de los muyahidines, hablaba un árabe aceptable[12] y era muy aficionado a las conferencias del jeque Abdullah Azzam. Los principales rasgos de su personalidad eran la devoción, la modestia y el valor. En las conferencias de Azzam pasaba bastante inadvertido, excepto por la sonrisa tímida que dejaba entrever su poblada barba negra y por su conocimiento del Corán y los hadices; había estudiado jurisprudencia islámica en Pakistán.

Tras la retirada soviética de Afganistán, Omar volvió a enseñar en una madraza (internado religioso) en un pueblecito cerca de Kandahar. Sin embargo, la lucha no había terminado, ni siquiera cuando cayó finalmente el gobierno comunista y los muyahidines tomaron el poder en abril de 1992. La violencia no tenía límites. Las tribus guerreras y los bandidos campaban a sus anchas por el país. A los antiguos odios étnicos se sumaban los mutuos llamamientos a la venganza en la escalada de violencia. Un comandante local organizó la violación colectiva de varios muchachos. Este tipo de indecencias eran habituales. «La corrupción y la desintegración moral se habían apoderado del país —afirmó más adelante Omar—. El asesinato, el pillaje y la violencia se convirtieron en la norma. Nadie había imaginado nunca que la situación pudiera llegar a empeorar tanto. Tampoco había nadie que pensara que pudiera mejorar.»[13]

En aquel momento de desesperación, Omar tuvo una visión. Se le apareció el Profeta y le pidió, a él, a aquel sencillo mullah de pueblo, que llevara la paz a su país.[14] Con el arrojo que confiere un compromiso religioso absoluto, Omar tomó prestada una motocicleta y comenzó a visitar a estudiantes de otras madrazas de la provincia. Los estudiantes estaban de acuerdo en que había que hacer algo, pero pocos estaban dispuestos a abandonar sus estudios para seguir a Omar en su arriesgada empresa. Finalmente, reunió a 53 de entre los más valientes. Su antiguo comandante en la guerra contra los soviéticos, Hayi Bashar, impresionado por la visión del Profeta de Omar, le ayudó recaudando fondos y armas, y él mismo donó dos coches y una camioneta. Pronto, con unos 200 partidarios, los talibanes se hicieron cargo de la administración del distrito de Maiwand, en la provincia de Kandahar. El comandante local se entregó, junto a 2.500 hombres,[15] un gran arsenal de armas, varios helicópteros y vehículos blindados y seis aviones de combate MiG-21. El desesperado anhelo de orden hizo que muchos afganos se unieran a los talibanes, que se proclamaban fervientes e incorruptibles servidores de Dios.

Los talibanes, que se extenderían a lo largo de Afganistán con una rapidez tan extraordinaria, debían su fuerza a tres factores. Uno era la ayuda material —dinero y armas— de Arabia Saudí y Pakistán. Algunos talibanes habían estudiado en una escuela de formación profesional[16] que Ahmed Badib, el jefe de gabinete del príncipe Turki, había fundado durante la guerra; por tanto, desde el comienzo hubo una estrecha relación entre los servicios secretos saudíes y los jóvenes insurgentes.

El segundo factor eran las madrazas creadas al otro lado de la frontera, en territorio paquistaní, como la que había fundado Ahmed Badib, atestadas de hijos de refugiados afganos. Había una desesperada necesidad de escuelas porque Pakistán, con uno de las mayores índices de analfabetismo del mundo, no había sido capaz de establecer un sistema de educación pública que proporcionara una formación adecuada a sus propios niños, y mucho menos aún a los hijos de los tres millones de refugiados afganos que habían huido a Pakistán después de la invasión soviética.[17] (Había una cifra similar de refugiados en Irán.) Normalmente, las madrazas estaban financiadas por organizaciones benéficas de Arabia Saudí y otros países del Golfo, que canalizaban el dinero a través de partidos religiosos locales. Como consecuencia, muchos de los templos sufíes locales[18] fueron cerrados y convertidos en escuelas donde se impartía la doctrina wahabí. Naturalmente, las madrazas creaban una poderosa base política para los partidos wahabíes locales, ya que no solo proporcionaban alojamiento y comida gratuitos, sino que también pagaban una asignación mensual,[19] una fuente de ingresos vital para las familias de muchos estudiantes.

Aquellos muchachos habían crecido en un mundo exclusivamente masculino y habían estado separados de sus familias durante largos períodos de tiempo. Las tradiciones, las costumbres y la sabiduría popular de sus países les resultaban lejanas. Cargaban con los estigmas de ser considerados mendigos y mariquitas,[20] y a menudo abusaban de ellos hombres que estaban aislados de las mujeres. Inmersos en sus estudios, que se centraban exclusivamente en el Corán, la sharia y la exaltación de la yihad, los talibanes imaginaban una sociedad islámica perfecta mientras la anarquía y la barbarie proliferaban sin control a su alrededor. Vivían a la sombra de sus padres y hermanos mayores, que habían derrotado a la poderosa superpotencia, y estaban deseando alcanzar la gloria ellos mismos. Cada vez que el ejército talibán necesitaba refuerzos, las madrazas de Peshawar y las áreas tribales sencillamente suspendían las clases y los estudiantes iban a la guerra, cantando alabanzas a Dios mientras cruzaban la frontera en autobús. Seis meses después de la rendición de Kandahar, había doce mil combatientes talibanes,[21] y el doble de esa cifra seis meses más tarde.

El tercer factor era el opio. Inmediatamente después de tomar Kandahar, los talibanes afianzaron su control de la provincia de Helmand, centro del cultivo de opio. Con los talibanes, Afganistán se convirtió en el primer productor mundial de opio. Los traficantes y los barones de la droga dependían de los talibanes para mantener las carreteras limpias de bandidos; a cambio, pagaban un impuesto del 10 por ciento,[22] que se convirtió en la principal fuente de ingresos para los talibanes.

Hay en Kandahar un templo en cuyo interior se guarda un manto del que se dice que perteneció al profeta Mahoma. Solo se saca de su arca de plata en épocas de catástrofe: la última vez había sido durante una epidemia de cólera setenta años antes. El 4 de abril de 1996, Omar llevó el manto del Profeta a una mezquita en el centro de la ciudad. Tras anunciar en la radio que exhibiría la reliquia en público, se subió al tejado de la mezquita y durante treinta minutos se paseó con las manos en las mangas del manto, mientras una multitud enloquecida aclamaba su proclamación como *emir al-muminin*, príncipe de los creyentes. Algunos fieles se desmayaron; otros lanzaron al aire sus sombreros y turbantes con la esperanza de que rozaran la prenda sagrada.

Sin duda, todos los islamistas del mundo soñaban con que su religión se volviera a unificar bajo la autoridad de un único individuo recto. Reyes y sultanes habían competido por el papel, pero ninguno se había envuelto en el manto del Profeta como había hecho aquel oscuro mullah. Fue un gesto disparatado y electrizante a la vez. Omar adquirió la autoridad política que necesitaba para proseguir con la guerra; pero también consiguió algo más que eso: el acto fue una promesa simbólica de que los talibanes, en tanto que fuerza moral, se desplegarían por todo Afganistán para después extenderse por todo el mundo islámico.

Cuando las familias de Bin Laden y algunos de sus seguidores llegaron a Yalalabad, se encontraron con un alojamiento rudimentario: tiendas para las esposas,[23] con letrinas y zanjas, instaladas en el interior de un recinto cerrado con alambre de espino. Cuando llegó el invierno, Bin Laden consiguió una nueva residencia para sus familias en una antigua granja colectiva soviética[24] que llamó Naym al-Yihad (Estrella de la Guerra Santa).[25] Los hombres dormían cerca,[26] en la antigua cueva para almacenar munición que Bin Laden había excavado en Tora Bora. Equipó la cueva principal con un arsenal de kaláshnikovs, una biblioteca teológica, un archivo de recortes de prensa y un par de colchones tendidos sobre varias cajas de granadas de mano.

Volvió a dedicarse a los negocios montando un modesto comercio de miel,[27] pero Afganistán prácticamente carecía de infraestructura comercial, por lo que en realidad poco podía hacer. Las tres esposas que se quedaron con él estaban acostumbradas a pasar penalidades, que Bin Laden aceptaba con toda naturalidad. Ya no sacrificaba un cordero cada día para ofrecérselo a sus invitados; ahora comía carne en contadas ocasiones y prefería alimentarse a base de dátiles, leche, yogur y pan sin levadura. Solo disponían de electricidad durante tres horas al día,[28] y como no había servicio telefónico internacional[29] sus esposas estaban totalmente aisladas de sus familias en Siria y Arabia Saudí. Bin Laden tenía un teléfono vía satélite, pero lo utilizaba poco porque creía que los estadounidenses escuchaban sus llamadas.[30] Recelaba de los aparatos mecánicos en general, incluso de los relojes, que creía que se podían utilizar para vigilarle.[31]

Sin embargo, su principal preocupación eran los talibanes. No tenía ni idea de quiénes eran. Los inquietos miembros de las tribus del norte de Afganistán habían propagado rumores de que los talibanes eran un inmenso ejército de comunistas. Cuando dos de sus patrocinadores muyahidines, el gobernador Mehmud y Maulvi Saznur, fueron asesinados en una emboscada[32] poco después de la caída de Yalalabad, Bin Laden enseñó a disparar a sus esposas.[33]

No obstante, los talibanes sí sabían algunas cosas sobre Bin Laden y estaban tan preocupados como él. «No queremos que se cometan actos subversivos contra cualquier otro país desde aquí —declaró el ministro de Información en funciones de los talibanes—. En las zonas bajo control tribal no hay terroristas.»[34] Pero habían oído hablar de los millones que había invertido en Sudán y supusieron que seguía siendo un rico filántropo islamista. Confiaban en utilizar su dinero y su experiencia para reconstruir un país en ruinas. El mullah Omar también tenía muy presente la promesa que había hecho, sin duda mantenida gracias a la ayuda de muchos millones de riales saudíes, de mantener a su huésped callado y evitar que se metiera en problemas.

Después de la toma de Yalalabad, los talibanes entraron por fin en Kabul. Los jóvenes y victoriosos combatientes irrumpieron en el complejo de la ONU, donde el antiguo presidente de Afganistán durante el período comunista, Najibullah, se había refugiado tras la caída de su gobierno cuatro años antes. Él y su hermano fueron golpeados y torturados, castrados y arrastrados por un todoterreno; después les dispararon y les colgaron de un poste de señalización en el centro de Kabul.[35] Pusieron cigarrillos en sus bocas y llenaron sus bolsillos de dinero. Nadie lloró la muerte de un hombre que había iniciado su carrera como torturador en la policía secreta, pero el desprecio total por los protocolos internacionales, el salvajismo descontrolado, la mutilación del cuerpo (prohibida en el islam) y la ausencia de un tribunal de justicia prepararon el terreno para el carnaval de tiranía religiosa que caracterizó la época de los talibanes. Los saudíes y los paquistaníes, los principales financiadores de los talibanes, se apresuraron a reconocer al nuevo gobierno. Durante todo el régimen talibán solo otro país, Emiratos Árabes Unidos, consideró legítimo el gobierno afgano.

«Las mujeres no deben abandonar vuestras casas», ordenó el nuevo gobernador.[36] Las mujeres eran un objetivo preferente, como cabía esperar de hombres que apenas habían estado en su compañía. «Si las mujeres salen con ropa de moda, decorativa, ajustada y seductora para exhibirse —continuaba el decreto—, serán malditas por la sharia islámica y no pueden esperar nunca ir al cielo.» Se prohibió de inmediato trabajar y estudiar a las mujeres, lo que destruyó el sistema de salud y el funcionariado, eliminando eficazmente la enseñanza primaria. El 40 por ciento de los médicos, la mitad de los funcionarios de la administración, y siete de cada diez maestros eran mujeres. Con los talibanes, muchas de ellas se verían condenadas a mendigar.

Los talibanes también dirigieron su atención hacia los placeres corrientes. Prohibieron las cometas y las carreras de perros. Se sacrificaron todas las palomas amaestradas. Conforme al código penal talibán, se prohibieron todas las «cosas impuras»,[37] una categoría universal que incluía: «la carne de cerdo, los cerdos, el aceite de cerdo, cualquier cosa fabricada con cabello humano, las antenas parabólicas, el cine, cualquier equipo que produzca la alegría de la música, las mesas de billar, el ajedrez, las máscaras, el alcohol, las casetes, los ordenadores, los aparatos de vídeo, los televisores, todo aquello que propague el sexo y esté lleno de música, el vino, la langosta, el esmalte de uñas, los petardos, las estatuas, los catálogos de costura, las imágenes, las tarjetas navideñas».

Los dictadores de la moda exigían que la barba de un hombre fuera más larga que la medida de su mano. Los infractores iban a la cárcel hasta que fueran lo suficientemente largas. A cualquier hombre que llevara el cabello «al estilo Beatle»,[38] se le afeitaba la cabeza. Si una mujer salía de casa sin el velo, «su casa sería marcada y su marido castigado», según decretaba el código penal talibán. A los animales del zoo —a los que no habían sido robados en administraciones anteriores— los mataron o dejaron morir de hambre. Un talibán fanático, probablemente loco, entró en la jaula de un oso y le cortó la nariz, al parecer porque la «barba» del animal no era lo suficientemente larga. Otro combatiente, embriagado por los acontecimientos y por su propio poder, saltó dentro del foso del león y gritó: «¡Yo soy

el león ahora!». El león le mató. Otro soldado talibán arrojó una granada en el foso y dejó ciego al animal. Estos dos, el oso sin nariz y el
león ciego, además de dos lobos, fueron los únicos animales que so-
brevivieron al régimen talibán.[39]

«Arrojad la razón a los perros —rezaba un cartel colgado en la
pared de la oficina de la policía religiosa, a la que adiestraban los saudíes—. Apesta a corrupción.»[40] No obstante, el pueblo afgano, tan ex-
hausto por la guerra, al principio recibió con los brazos abiertos la
imposición de aquel orden tan abusivo.

Mientras Bin Laden se instalaba en Yalalabad, su jefe militar y amigo,
Abu Ubaydah, se encontraba en África oriental supervisando la célula de al-Qaeda que habían creado dos años antes. El ex policía
egipcio era un personaje venerado en al-Qaeda. Su valor era legendario. Había combatido junto a Bin Laden durante la guerra contra
los soviéticos, desde la batalla de la Guarida del León hasta el cerco
de Yalalabad. Algunos decían que si Zawahiri se había apoderado de
la mente de Bin Laden, Abu Ubaydah poseía su corazón. Era el emisario en el que más confiaba Bin Laden y a menudo servía como intermediario entre al-Qaeda y al-Yihad. Entrenó a muyahidines en
Bosnia, Chechenia, Cachemira y Tayikistán, atrayendo a valiosos reclutas a los campamentos de al-Qaeda. En Kenia había adoptado una
nueva identidad y se había casado con una mujer del país, y afirmaba dedicarse al negocio de la minería cuando en realidad preparaba
el primer gran atentado de al-Qaeda contra Estados Unidos.

El 21 de mayo, tres días después de que Bin Laden partiera de
Sudán con destino a Afganistán, Abu Ubaydah y su cuñado keniata,
Ashif Muhammad Yuma, estaban en un camarote de segunda clase a
bordo de un transbordador sobrecargado[41] que cruzaba el lago Victoria en dirección a Tanzania. Uno de los tanques de lastre estaba vacío y, a primera hora de la mañana, el transbordador zozobró en
aguas bravas. Yuma consiguió salir por la puerta del camarote y llegar
hasta el pasillo, pero los otros cinco pasajeros que iban apiñados en el
minúsculo compartimiento quedaron atrapados. Tenían la puerta sobre ellos y el agua entraba a chorros por una abertura. Los pasajeros

gritaban, las maletas y los colchones les caían encima y se empujaban unos a otros para llegar hasta la puerta, su única escapatoria. Yuma agarró la mano de Abu Ubaydah y consiguió sacar medio cuerpo del camarote, pero de repente la puerta se desprendió de los goznes y el jefe militar de al-Qaeda fue arrastrado de nuevo al interior del camarote, junto a sus condenados compañeros.

En aquel momento la carrera de Bin Laden tocó fondo.

No solo perdió a Abu Ubaydah. Otros, como Abu Hayer, decidieron no seguir a Bin Laden a Afganistán. El saudí estaba aislado, le habían despojado de su gran fortuna y dependía de la hospitalidad de un poder desconocido, pero no estaba deshecho, ni siquiera abatido. Su vida transcurría en dos esferas, la existencial y la sagrada. Su huida a Yalalabad y su desgraciada situación en ese momento debieron de suponerle un duro golpe, ya que el exilio era casi irremediable, pero en el terreno espiritual evocaban un momento decisivo de la vida del Profeta, cuando en el año 622, condenado al ostracismo y ridiculizado, fue expulsado de La Meca y huyó a Medina. La hégira, o emigración, como se conoce a este episodio, supuso un punto de inflexión tan importante que es la fecha con la que comienza el calendario islámico. La hégira transformó a Mahoma y sus desmoralizados seguidores. Al cabo de pocos años, su incipiente religión traspasó los límites de Medina y se propagó desde España hasta China en una imparable oleada de conversiones y conquista.

Desde la infancia Bin Laden había tomado conscientemente como modelo ciertas características de la vida del Profeta: decidió ayunar los días que el Profeta ayunaba, vestir ropas similares a las que el Profeta podría haber llevado, e incluso sentarse y comer adoptando las mismas posturas que la tradición atribuye a Mahoma. Y aunque nada de esto es inusual para un musulmán estricto, Bin Laden tomaba instintivamente al Profeta y su tiempo como modelo para su propia vida y época. Todo lo que había sucedido en medio significaba poco para él. Naturalmente, recurriría al ejemplo del Profeta en busca de consuelo durante su propio período de derrota y retiro. Sin embargo, también era lo bastante astuto para reconocer el poder simbólico de su propia hégira y el partido que podía sacarle para inspirar a sus seguidores y atraer a otros musulmanes a unirse a su retiro sagrado. Redefinió de manera brillante el desastre que se había abatido sobre él y su movimiento evocando imágenes cargadas de un profundo significado para muchos musulmanes y casi imperceptibles para quienes no estuvieran familiarizados con la fe.

Afganistán ya era conocido por sus milagros, la muerte de sus mártires y la derrota de una superpotencia. Ahora Bin Laden llamaba a este país Jorasán, en referencia al antiguo Imperio musulmán que abarcaba gran parte de Asia Central. Sus seguidores adoptaron nombres que recordaban a los compañeros del Profeta o a famosos guerreros de los primeros tiempos del islam. Hay un controvertido hadiz que afirma que en los últimos días antes del Juicio Final los ejércitos del islam desplegarán estandartes negros (como la bandera de los talibanes) y partirán de Jorasán. Los hombres adoptarán los nombres de sus ciudades como alias, al igual que la legión de al-Qaeda. Todas estas referencias servían para establecer un vínculo con la grandeza pasada y recordar a los musulmanes su devastadora pérdida.

Sin embargo, el símbolo clave de la hégira de Bin Laden era la cueva. Fue en una cueva de La Meca donde el Profeta se encontró por primera vez con el ángel Gabriel, quien le reveló: «Tú eres el mensajero de Dios». Más adelante, en Medina, cuando le perseguían sus enemigos, Mahoma se refugió en una cueva que ocultaba mágicamente una telaraña. En el arte islámico abundan las imágenes de estalactitas, que simbolizan a un tiempo el santuario y el encuentro con la divinidad que las cuevas proporcionaban al Profeta. Para Bin Laden, la cueva era el último lugar puro. Solo retirándose de la sociedad —y del tiempo, la historia, la modernidad, la corrupción, el sofocante Occidente— podría hablar en nombre de la verdadera religión. Una muestra del talento de Bin Laden para las relaciones públicas fue que eligiera la imagen de las cuevas llenas de munición de Tora Bora para identificarse con el Profeta en las mentes de muchos musulmanes que ansiaban purificar la sociedad islámica y restaurar el dominio de que antaño había disfrutado.

En el plano existencial, Bin Laden estaba marginado, fuera de juego, pero en el interior de la crisálida del mito que había tejido en torno a sí mismo se estaba erigiendo en el representante de todos los musulmanes perseguidos y humillados. Su vida y los símbolos con que se envolvía eran una eficaz encarnación del sentimiento generalizado de desposeimiento que caracterizaba al mundo musulmán moderno. En su propio exilio miserable, asumió como propia la miseria de sus correligionarios: su pérdida le facultaba para hablar por ellos, su venganza santificaría su sufrimiento. El remedio que proponía era declarar la guerra a Estados Unidos.

«No ignoráis la injusticia, la represión y la agresión que han sobrevenido a los musulmanes debido a la alianza entre judíos, cristianos y sus colaboradores, hasta el punto de que la sangre de los musulmanes se ha convertido en la sangre más barata y su dinero y sus riquezas son expoliados por los enemigos», dijo Bin Laden el 23 de agosto de 1996 en su «Declaración de guerra contra los estadounidenses que ocupan la tierra de los dos santos lugares».[42] La última humillación —«una de las peores catástrofes padecidas por los musulmanes desde la muerte del Profeta»— era la presencia de tropas estadounidenses y de la coalición en Arabia Saudí. El propósito de su discurso era «hablar, elaborar y debatir formas de rectificar lo que le ha ocurrido al mundo islámico en general y a la tierra de las dos santas mezquitas en particular».

«Todo el mundo se queja de todo —observaba Bin Laden, adoptando la voz del hombre islámico de la calle—. La gente ha estado enormemente preocupada por cuestiones relacionadas con su subsistencia. Todo el mundo habla del declive económico, los precios elevados, las deudas masivas y las cárceles masificadas.» En cuanto a Arabia Saudí, «todo el mundo coincide en que el país se dirige hacia un profundo abismo». A los pocos saudíes valerosos que se habían enfrentado al régimen pidiendo cambios no se les había hecho caso alguno; mientras tanto, la deuda de guerra había llevado al Estado a recaudar impuestos. «La gente se pregunta: ¿es realmente nuestro país el mayor exportador de petróleo? Creen que Dios los atormenta porque guardan silencio antes las injusticias del régimen.»

Después se mofaba del secretario de Defensa estadounidense, William Perry, llamándole por su nombre: «¡Oh, William, mañana sa-

brás qué joven se enfrenta a tus descarriados hermanos. [...] Aterro-
rizaros, mientras vais armados por nuestra tierra, es un deber moral
y legítimo».

Estaba tan lejos de poder llevar a cabo aquellas amenazas que se
podría concluir que el autor de aquel documento estaba completamente loco. En realidad, el hombre de la cueva había entrado en una
realidad aparte, profundamente vinculada con la fibra mítica de la
identidad musulmana y, de hecho, se dirigía a cualquiera cuya cultura estuviera amenazada por la modernidad, la impureza y la pérdida
de la tradición. Al declarar la guerra a Estados Unidos desde una
cueva en Afganistán, Bin Laden asumía el papel de un hombre primitivo incorrupto e indomable que se rebelaba contra el fabuloso
poder del Goliat laico, científico y tecnológico; estaba combatiendo
a la misma modernidad.

No importaba que Bin Laden, el magnate de la construcción,
hubiera construido la cueva utilizando maquinaria pesada y que la hubiese equipado con ordenadores y avanzados equipos de comunicaciones. La pose del primitivo era sumamente atractiva, sobre todo
para aquellas personas a las que había decepcionado la modernidad;
sin embargo, la mente capaz de comprender aquel simbolismo, y
cómo podía ser manipulado, era extremadamente sofisticada y moderna.

Poco después de instalar su campamento en Tora Bora, Bin Laden
accedió a recibir a un visitante llamado Jaled Sheij Muhammad. Había conocido de pasada a Muhammad durante la yihad antisoviética,
cuando Muhammad trabajaba como secretario para el antiguo patrocinador de Bin Laden, Sayyaf,[43] y también para Abdullah Azzam.
Pero lo más importante era que Jaled Sheij Muhammad también era
el tío de Ramzi Yusef, el autor del atentado contra el World Trade
Center de 1993. Ahora Yusef estaba preso y su tío era un fugitivo.

Jaled Sheij Muhammad y Osama bin Laden prácticamente no
tenían nada en común, excepto el odio que ambos sentían por Estados Unidos. Muhammad era bajo y rechoncho; devoto pero con escasa formación religiosa;[44] comediante y bromista; bebedor y muje-

riego. Mientras que Bin Laden era provinciano y detestaba viajar, sobre todo por Occidente, Muhammad era un trotamundos que hablaba varias lenguas con fluidez, incluido el inglés, el cual había perfeccionado mientras estudiaba ingeniería mecánica en la Universidad Estatal Técnica y de Agricultura de Carolina del Norte, una universidad mayoritariamente negra en Greensboro.

En Tora Bora, Muhammad informó a Bin Laden sobre su vida desde la yihad contra los soviéticos. Inspirado por el atentado de Ramzi Yusef contra el World Trade Center, Muhammad se reunió con su sobrino en Filipinas, donde pasó un mes en 1994.[45] Concibieron un extraordinario plan para volar doce aviones de pasajeros estadounidenses sobre el Pacífico. Lo llamaron Operación Bojinka,[46] una palabra sin sentido que Muhammad había oído mientras combatían en Afganistán. Ramzi Yusef, un experto en la fabricación de bombas, había perfeccionado un pequeño artilugio con nitroglicerina indetectable por los sistemas de seguridad de los aeropuertos y que probó durante un vuelo desde Manila hasta Tokio. Yusef desembarcó del avión en Cebu, una ciudad situada en una de las islas centrales del archipiélago filipino. El pasajero que ocupó su asiento era Haruki Ikegami,[47] un ingeniero japonés de veinticuatro años. Dos horas más tarde, la bomba colocada bajo el asiento de Ikegami explotó, destrozándole. Estuvo a punto de derribar el aparato. El atentado que Yusef y Muhammad planeaban paralizaría por completo el tráfico aéreo internacional.

Aunque Bin Laden asegura que no conocía personalmente a Yusef,[48] había enviado un mensajero[49] a Manila para pedirle que le hiciera el favor de asesinar al presidente Bill Clinton durante su visita a Manila en noviembre de 1994. Yusef y los otros estudiaron en un mapa la ruta del presidente y enviaron a Bin Laden croquis y planos de posibles lugares en los que cometer el atentado;[50] sin embargo, al final Yusef creyó que las medidas de seguridad eran demasiado fuertes. Entonces pensaron en matar al papa Juan Pablo II[51] cuando viajara a la ciudad al mes siguiente —incluso llegaron a conseguir sotanas—, pero aquel plan también se quedó en nada. La policía de Manila dio con ellos después de que ardieran productos químicos en su apartamento. Yusef huyó, pero dejó tras él su ordenador con todos los planes encriptados en el disco duro.

Sin embargo, Jaled Sheij Muhammad seguía teniendo los planes en su cabeza. Fue a ver a Bin Laden con una carpeta llena de proyectos para cometer futuros ataques contra Estados Unidos, incluido uno que exigiría formar a pilotos[52] para que estrellaran aviones contra edificios. Bin Laden no se comprometió a nada, aunque le propuso formalmente a Muhammad que se uniera a al-Qaeda y se llevara a su familia a Afganistán. Muhammad rechazó cortésmente la oferta, pero la semilla del 11 de septiembre ya estaba plantada.

14

Entrar en acción

El 25 de junio de 1996, John O'Neill organizó un encuentro privado para agentes del FBI y la CIA en el centro de entrenamiento del FBI en Quantico (Virginia). Había hamburguesas y perritos calientes, y O'Neill incluso dejó a los agentes de la CIA practicar en el campo de tiro, ya que rara vez tenían ocasión de disparar. Hacía un día espléndido y O'Neill fue a jugar un partido de golf en el campo de Quantico. De pronto empezaron a sonar los buscas de todo el mundo.

Se había producido una catastrófica explosión en Arabia Saudí, en el complejo residencial militar de las torres Jobar, en Dahran.[1] El edificio servía de cuartel al ala 4404 de la Fuerza Aérea, que se ocupaba de hacer respetar la zona de exclusión aérea en Irak. Habían muerto diecinueve soldados estadounidenses y casi cuatrocientas personas habían resultado heridas. O'Neill reunió a un equipo de más de cien agentes, personal de apoyo y miembros de diversas agencias de la policía. Al día siguiente ya iban todos a bordo de un avión de transporte de la Fuerza Aérea con destino a Arabia Saudí. Varias semanas después, el propio O'Neill se unió a ellos, acompañado del director del FBI, Louis Freeh.

Freeh era un hombre delgado y serio, con un temperamento opuesto al de O'Neill en muchos aspectos. El director se enorgullecía de ser un padre de familia que normalmente se marchaba de la oficina a las seis para estar en casa con su esposa y sus hijos. A diferencia de O'Neill, a quien le fascinaban los artilugios y siempre llevaba en el bolsillo el último modelo de agenda electrónica o de teléfono móvil, a Freeh le aburría la tecnología. Una de las primeras cosas que hizo cuando asumió el cargo en 1993 fue deshacerse del ordenador que había en su despacho. El FBI ya estaba mal equipado tecnológicamente antes de que llegara Freeh, pero cuando se fue, ni siquiera las parroquias habrían aceptado como donación los desfasados ordenadores del FBI. Como la mayoría de los agentes masculinos, Freeh solía llevar trajes baratos y zapatos gastados, lo que contrastaba mucho con O'Neill, su subordinado, que vestía trajes a rayas Burberry y mocasines Bruno Magli.

Ya había anochecido cuando los dos hombres, acompañados de un reducido equipo ejecutivo, llegaron a Dahran. En el lugar del desastre había un enorme cráter de veintiséis metros de diámetro y diez de profundidad, iluminado por focos colocados en postes elevados. En los alrededores del cráter había automóviles carbonizados y Humvees volcados. Junto a los escombros se alzaban las ruinas del complejo residencial. El artefacto explosivo era mucho más grande que el del coche bomba que había destruido el centro de adiestramiento de la Guardia Nacional saudí un año antes e incluso más potente que los explosivos que habían matado a ciento sesenta y ocho personas en Oklahoma City en 1995. O'Neill caminaba entre los cascotes, animando a los exhaustos agentes que removían la arena en busca de pruebas y guardaban meticulosamente en bolsas los efectos personales que encontraban. Todavía había restos humanos sobre la arena, señalados con círculos de pintura roja. Cerca de allí, dentro de una carpa, los detectives reconstruían poco a poco fragmentos del camión que había transportado la bomba.

Los agentes sobre el terreno estaban desmoralizados por las trabas que los investigadores saudíes les ponían. No se les permitía entrevistar a los testigos o interrogar a los sospechosos, y ni siquiera podían abandonar el lugar del atentado. Los agentes creían que los saudíes estaban obstruyendo la investigación porque no querían que se pusiera al descubierto que existía una oposición interna en el reino. La impresión que se formaron rápidamente aquellos agentes con poca experiencia en Oriente Próximo fue que el poder de la familia real saudí pendía de un hilo.

Al principio Freeh era optimista y pensaba que los saudíes iban a cooperar, pero O'Neill estaba cada vez más frustrado, ya que en las reuniones mantenidas hasta altas horas de la madrugada solo se divagaba en medio de un continuo intercambio de cumplidos. Mientras volaban de regreso a Estados Unidos después de uno de sus viajes juntos al reino, Freeh se mostró satisfecho.

—Ha sido un gran viaje, ¿verdad? Creo que van a ayudarnos.

—Debes de estar bromeando —respondió O'Neill—. No te han dado nada. Lo único que han hecho es darte coba.[2]

Durante el resto del vuelo, Freeh no volvió a dirigirle la palabra. Sin embargo, consciente del entusiasmo y las aptitudes de O'Neill, le envió de vuelta a Arabia Saudí para que siguiera presionando hasta conseguir la cooperación necesaria. O'Neill se reunió con el príncipe Naif y otras autoridades, que escucharon sus peticiones de mala gana. Los servicios secretos de todo el mundo son organizaciones recelosas y cerradas, reacias a compartir información, algo que O'Neill entendía perfectamente. Estaba acostumbrado a conseguir lo que quería mediante la seducción y la insistencia, pero los saudíes parecían inmunes a su encanto y eran mucho más reservados que los miembros de cualquier otra organización policial con la que hubiera trabajado nunca. Los estadounidenses montaron en cólera cuando se enteraron de que unos meses antes las autoridades saudíes habían interceptado un vehículo procedente del Líbano que estaba lleno de explosivos y se dirigía a Jobar. Fue Naif quien decidió no informar a sus homólogos estadounidenses.[3]

Además de una arraigada reticencia cultural, los saudíes tenían razones jurídicas para ser precavidos cuando trataban con los estadounidenses. Como el reino se rige por la sharia, los jueces religiosos disponen de total libertad para desestimar cualquier prueba que no deseen tomar en consideración, como materiales aportados por agencias extranjeras. A los saudíes les preocupaba que la participación del FBI enturbiara el caso. O'Neill ideó un acuerdo que permitía a los agentes del FBI interrogar a los sospechosos a través de un cristal-espejo, lo que daba acceso a los agentes al tiempo que preservaba la apariencia de separación en la que tanto insistían los saudíes.

Aunque las pruebas comenzaban a señalar como autores más probables del atentado a terroristas respaldados por Irán, los saudíes eran cada vez más reacios a seguir con la investigación. Les preocupaba la reacción de los estadounidenses si Irán estaba implicado, lo que pronto se demostraría. La investigación saudí señalaba a una rama de Hezbollah en el interior del reino. La adopción de sanciones económicas y diplomáticas contra Irán parecía poco probable, ya que los europeos no iban a estar de acuerdo.

«Quizá no tengáis opciones —le dijo uno de los saudíes a O'Neill—. Si optáis por una respuesta militar, ¿qué vais a bombardear? ¿Vais a atacarles con armas nucleares? ¿A arrasar sus instalaciones militares? ¿A destruir sus refinerías de petróleo? ¿Y para conseguir qué? Nosotros somos sus vecinos, vosotros estáis a diez mil kilómetros de distancia.»[4]

O'Neill aprendió que, en en la nueva era del FBI globalizado, una cosa era resolver un caso y otra muy distinta obtener justicia.

O'Neill deseaba salir de Washington y «entrar en acción».[5] Quería volver a supervisar casos. En enero de 1997 fue nombrado agente especial a cargo de la División de Seguridad Nacional de Nueva York, la oficina regional más grande y prestigiosa del FBI. Nada más llegar, volcó cuatro cajas de tarjetas Rolodex sobre la mesa de trabajo de su nueva secretaria, Lorraine di Taranto. Después le entregó una lista con todas las personas con las que se quería reunir: el alcalde, el jefe de policía, los subdirectores de policía, los directores de las agencias federales y los líderes religiosos y étnicos de los cinco distritos. Seis meses más tarde, ya había visto a todos los que figuraban en aquella lista.

Para entonces, parecía que hubiera vivido en Nueva York toda su vida. La ciudad era un gran escenario en el que O'Neill reclamaba un papel protagonista. Estuvo al lado de John Cardinal O'Connor, el arzobispo de Nueva York, en la escalinata de la catedral de San Patricio durante el desfile del día de San Patricio. Rezó con los imanes de Brooklyn. Figuras del deporte y estrellas de cine como Robert De Niro le pedían consejo y le llamaban amigo.

—John, tienes contactos en toda la ciudad —le dijo uno de sus colegas después de una larga noche en la que todo el mundo parecía inclinarse ante él.

—¿Para qué sirve ser sheriff si no puedes actuar como tal? —respondió O'Neill.[6]

O'Neill era ahora el máximo responsable de antiterrorismo y contraespionaje en una ciudad llena de refugiados políticos, espías y diplomáticos sospechosos. En la aséptica jerga burocrática, la unidad que se ocupaba de Oriente Próximo se llamaba I-49. Su personal pasaba la mayor parte del tiempo vigilando a sudaneses, egipcios e israelíes, ya que todos ellos estaban reclutando activamente en Nueva York.

La mayoría de los miembros de la unidad eran oriundos de Nueva York que siempre habían vivido allí o muy cerca. Entre ellos estaban Louis Napoli, un detective de la policía de Nueva York asignado a la I-49 a través de la Fuerza Conjunta Antiterrorista, que seguía viviendo en la misma casa de Brooklyn en la que se había criado; los hermanos Anticev, John y Mike, también de Brooklyn, eran hijos de inmigrantes croatas; Richard Karniewicz era hijo de inmigrantes polacos de Brooklyn que tocaba polcas con su acordeón. Jack Cloonan se crió en Waltham (Massachusetts), y no solo se diferenciaba del resto por su acento: era licenciado en lengua inglesa y latín y se había incorporado al FBI el mismo día que murió su director, J. Edgar Hoover, en 1972. Carl Summerlin era un policía negro del estado de Nueva York y ex campeón de tenis. Kevin Cruise se había graduado en West Point y había sido capitán en la 82ª División Aerotransportada. Mary Deborah Doran era hija de un agente del FBI y había trabajado en el Consejo de Relaciones Exteriores antes de viajar a Irlanda del Norte para licenciarse en historia de Irlanda. El supervisor era Tom Lang, un irlandés rudo, malhablado e irascible de Queens que conocía a O'Neill desde los tiempos en que ambos habían trabajado como guías turísticos en la oficina central del FBI. Algunos miembros de la unidad, como Lang y los hermanos Anticev, ya trabajaban en el área de terrorismo desde hacía años. Otros, como Debbie Doran, eran nuevos en la unidad; se había incorporado al FBI en 1996 y la habían destinado a Nueva York un mes antes de que O'Neill tomara posesión de su cargo. La unidad no tardaría en ser ampliada, pero el núcleo seguiría estando compuesto por estos siete agentes, un policía estatal y un detective de la policía urbana. El último miembro del equipo era Dan Coleman, un agente destinado en la estación Alec que había estado trabajando completamente solo en el caso Bin Laden.

No obstante, cuando llegó O'Neill, la mayoría de los miembros de la unidad I-49 se ocupaban de investigar el accidente aéreo del vuelo 800 de la TWA frente a las costas de Long Island en julio de 1996.[7] Decenas de testigos afirmaban haber visto una llamarada ascendente seguida de una explosión en el cielo. Parecía uno de los peores atentados terroristas de la historia de Estados Unidos, por lo que el FBI movilizó sus enormes recursos para resolver el caso lo antes posible. El atentado de las torres Jobar y la investigación del vuelo 800 de la TWA mantenían ocupado a todo el personal disponible del FBI, pero sin ninguna solución a la vista.

Al principio, los detectives creían que había explotado una bomba en el interior del avión o que lo habían derribado por venganza los seguidores del jeque Omar Abdul Rahman, a quien estaban juzgando en aquel momento en Nueva York. Pero al cabo de tres meses llegaron a la conclusión de que el avión había sufrido un extraño fallo mecánico. El caso se había convertido en un problema de relaciones públicas: ante los gráficos testimonios visuales, el FBI simplemente no sabía cómo explicar sus conclusiones a una ciudadanía escéptica. Los desmoralizados agentes seguían examinando los restos del avión, reconstruido pieza por pieza en un hangar de Long Island.

O'Neill necesitaba recuperar su unidad. En colaboración con el Departamento de Defensa, O'Neill determinó la altitud del avión de la TWA y su distancia con respecto a la orilla en el momento de la explosión. Demostró que el avión se hallaba fuera del alcance de un misil Stinger, la explicación más plausible en aquel momento para la supuesta estela de vapor que habían observado los testigos. O'Neill sugirió que la llamarada se podía haber originado al inflamarse el combustible que perdía el avión y convenció a la CIA para que realizase una simulación en vídeo de aquella situación hipotética, que resultó ser sorprendentemente similar a lo que habían descrito los testigos. Ahora ya se podía centrar en Bin Laden.

La estación Alec le debía su nombre al hijo adoptivo coreano de Michael Scheuer,[8] el temperamental homólogo de O'Neill en la CIA. Por primera vez, el FBI y la CIA trabajaban conjuntamente en un mismo proyecto, en una asociación sin precedentes pero difícil. Para Scheuer, el FBI solo quería introducir un espía en la estación Alec para que robara toda la información que pudiera. Sin embargo, Scheuer llegó a respetar a regañadientes a Dan Coleman, el primer hombre del FBI que trabajaba en sus dominios. Coleman padecía sobrepeso y era desaliñado, lucía un tupido bigote y su pelo se resistía a mantenerse peinado. Era muy cascarrabias (sus compañeros del FBI le llamaban «Santa Claus gruñón» a sus espaldas), pero carecía de la fanfarronería machista típica del FBI que Scheuer tanto despreciaba. Habría sido fácil tomar a Coleman por otro gris burócrata del montón de no ser por su inteligencia y su decencia, que eran las cualidades que Scheuer más admiraba. Pero había un conflicto institucional que la amistad no podía resolver: la misión de Coleman, en tanto que agente del FBI, consistía en reunir pruebas con el objetivo final de inculpar a Bin Laden por un delito. Scheuer, el agente de la CIA, había decidido desde un principio que la mejor estrategia con respecto a Bin Laden era, simplemente, matarlo.

Aunque Coleman cumplía escrupulosamente con su obligación de informar a sus superiores del FBI, la única persona a la que en realidad le interesaba lo que estaba averiguando era O'Neill, a quien vio por primera vez en una de las sesiones informativas de Dick Clarke en la Casa Blanca. A O'Neill le fascinaba el disidente saudí en una época en la que no era fácil encontrar a alguien, ni siquiera en el FBI, que supiera quién era Osama bin Laden. Un par de meses antes de que O'Neill llegara a Nueva York, Coleman había interrogado a Yamal al-Fadl, el desertor de al-Qaeda, quien le reveló la existencia de la organización terrorista y sus ambiciones mundiales. En las semanas que había pasado con Fadl en un piso franco en Alemania, informándose sobre la estructura del grupo y la personalidad de sus líderes, Coleman había llegado a la conclusión de que Estados Unidos se enfrentaba a una nueva y profunda amenaza. Sin embargo, sus informes apenas hallaban respuesta salvo en un reducido círculo de fiscales y algunos miembros de la CIA y el FBI que mostraban cierto interés, sobre todo Scheuer y O'Neill.

Estos dos hombres eran los máximos responsables de poner fin a las actividades de Bin Laden y al-Qaeda, pero se detestaban profundamente, un sentimiento que reflejaba el arraigado antagonismo que existía entre las organizaciones que representaban. Desde el principio, la respuesta de los servicios secretos estadounidenses al desafío de al-Qaeda se vio dificultada por las pésimas relaciones personales y la guerra institucional que estos dos hombres ejemplificaban. Coleman estaba atrapado entre estos dos individuos tozudos, conflictivos y con gran talento que se peleaban constantemente por un sujeto, Bin Laden, que en realidad no le importaba a ninguna de sus organizaciones.

En su cubículo de la estación Alec, Dan Coleman seguía rastreando las pistas que había obtenido en los interrogatorios de Fadl. Examinó las transcripciones de las escuchas telefónicas realizadas a las empresas de Bin Laden en Jartum. Un número al que se habían hecho muchas llamadas era el del antiguo secretario de Bin Laden, Wadih el-Hage, en Nairobi (Kenia). La mayoría de las conversaciones de Hage se habían traducido del árabe, pero otras estaban en inglés, sobre todo aquellas en las que hablaba con su esposa estadounidense. Solía esforzarse torpemente en hablar en clave, pero su esposa se negaba con obstinación a entenderle.

—Envía diez papeles verdes, ¿vale? —dijo Hage en una conversación.

—¿Diez papeles rojos? —preguntó ella.

—Verdes.

—Quieres decir dinero, ¿no? —dedujo ella.

—Muchas gracias —respondió él con sarcasmo.[9]

Coleman se interesó por Hage, que parecía un padre atento y un marido afectuoso, pese a su torpeza como espía. Siempre que estaba lejos llamaba a sus hijos y le recordaba a su mujer que no les dejara ver demasiado la televisión. Aparentemente dirigía una institución benéfica llamada Help Africa People, pero se ganaba la vida como traficante de piedras preciosas.

La CIA pensó que podría reclutar a Hage como agente. Cuando Coleman estudió las transcripciones, llegó a la conclusión de que era poco probable que Hage cambiara de bando, pero accedió a viajar a Kenia con la esperanza, al menos, de encontrar alguna prueba que demostrara la existencia de al-Qaeda, la organización que Fadl había descrito.

En agosto de 1997, Coleman y dos agentes de la CIA se presentaron en el domicilio de Hage en Nairobi con una orden de registro y un nervioso policía keniata armado con un AK-47. La casa estaba detrás de un muro de hormigón cubierto de cristales rotos y la custodiaba un esquelético pastor alemán atado con una cuerda. Allí estaban la esposa estadounidense de Hage, April Brightsky Ray, sus seis hijos[10] y la madre de April, Marion Brown. Las dos mujeres, conversas al islam, llevaban hiyab.

Resultaba extraño verlas de cerca después de haberlas estudiado desde tan lejos. Coleman incluía a las mujeres en la misma categoría que a las esposas de los mafiosos:[11] eran vagamente conscientes de que sus maridos cometían actos delictivos, pero no eran cómplices legalmente. April era una mujer corpulenta con el rostro redondo y agradable. Dijo que su marido estaba fuera del país por negocios (de hecho, se encontraba en Afganistán hablando con Bin Laden), pero que regresaría aquella misma noche. Coleman le mostró la orden de registro para buscar, según le dijo, documentos robados.

El lugar estaba mugriento e infestado de moscas. Uno de los niños tenía mucha fiebre. Mientras los hombres de la CIA hablaban con April en otra habitación, Marion Brown observaba atentamente a Coleman mientras registraba sus cajones y armarios.

—¿Quiere un poco de café? —preguntó Brown.

Coleman echó un vistazo a la cocina y dijo que no.

—Hace bien, porque podría intentar envenenarle —dijo ella.[12]

Había montones de papeles y cuadernos por todas partes, recibos del gas de hacía ocho años y tarjetas de visita de banqueros, abogados, agentes de viajes y fumigadores. En el estante superior del armario del dormitorio, Coleman encontró un ordenador Apple PowerBook.

Aquel mismo día volvió Wadih el-Hage. Era un hombre delgado y barbudo con el brazo derecho atrofiado. Había nacido en el Líbano, pero poseía la nacionalidad estadounidense gracias a su esposa. Se había convertido al islam desde el catolicismo y tenía sus propias ideas sobre el proselitismo: se presentó a la reunión con los agentes cargado de folletos religiosos y se pasó la noche intentando que Coleman y los agentes de la CIA aceptaran el islam.

Aquella noche en Nairobi, uno de los hombres de la CIA pudo recuperar varios documentos borrados del disco duro del Power-Book que confirmaron muchas de las informaciones que Yamal al-Fadl había aportado sobre la existencia de al-Qaeda y sus objetivos terroristas. No obstante, el proceso criminal contra Bin Laden seguía sin concretarse.

Coleman y los agentes de la CIA examinaron los documentos y reconstruyeron los viajes de Hage. Había comprado algunas armas para Bin Laden en Europa del Este y parecía que viajaba con frecuencia a Tanzania. Al-Qaeda estaba tramando algo, pero no estaba claro qué. En cualquier caso, se trataba de una operación de poca envergadura y no cabía duda de que el descubrimiento de la casa de Nairobi había puesto fin a la misma.

15

Pan y agua

El mullah Omar envió una delegación a Tora Bora para dar la bienvenida a Bin Laden y averiguar algo más sobre él. La declaración de guerra de Bin Laden y la posterior tormenta mediática internacional habían sorprendido y dividido a los talibanes. Algunos de ellos insistían en que no habían invitado a Bin Laden a Afganistán y en que no estaban obligados a proteger a un hombre que ponía en peligro sus relaciones con otros países. En aquel momento los talibanes no tenían nada en contra de Estados Unidos, que nominalmente alentaba su influencia estabilizadora en el país. Además, los ataques de Bin Laden contra la familia real saudí traicionaban directamente la promesa que el mullah Omar le había hecho al príncipe Turki de mantener controlado a su invitado.

Por otra parte, los talibanes albergaban la esperanza de que Bin Laden ayudara a reconstruir las destrozadas infraestructuras de Afganistán y creara puestos de trabajo para resucitar una economía muerta. Le adulaban diciendo que se veían a sí mismos como los seguidores del Profeta cuando se refugió en Medina.[1] Insistían en que, siempre y cuando se abstuviera de atacar a su patrocinador, Arabia Saudí, y de hablar con la prensa, sería bienvenido y gozaría de su protección. A cambio, Bin Laden expresó su apoyo incondicional al régimen, pero no tardó en abusar de su confianza.[2]

En marzo de 1997, un equipo de la cadena de televisión CNN fue conducido a las gélidas montañas que se alzan sobre Yalalabad, hasta una choza de barro con el suelo cubierto de mantas, para reunirse con Osama bin Laden.[3] Desde su llegada a Afganistán, el exiliado saudí ya había hablado con reporteros de dos periódicos con sede en Londres, *Independent* y *Al-Quds al-Arabi*, pero aquella era la primera entrevista que había concedido nunca a una televisión. Peter Bergen, el productor, observó que Bin Laden parecía enfermo. Entró en la habitación apoyándose en un bastón y estuvo tosiendo suavemente durante toda la entrevista.

Es posible que, hasta la fecha, Bin Laden no hubiera matado nunca a un estadounidense o a cualquier otra persona excepto en el campo de batalla. Puede que los atentados perpetrados en Adén, Somalia, Riad y Dahran fueran inspirados por sus palabras, pero nunca se ha demostrado que estuviera directamente al mando de los terroristas que los llevaron a cabo. Aunque Ramzi Yusef se había entrenado en un campamento de al-Qaeda, Bin Laden no participó en el atentado de 1993 contra el World Trade Center. Bin Laden le explicó al director de *Al-Quds al-Arabi*, el periodista palestino afincado en Londres Abdel Bari Atwan, que al-Qaeda era responsable de la emboscada a las fuerzas estadounidenses en Mogadiscio en 1993, y de los atentados contra el Centro de Adiestramiento de la Guardia Nacional en Riad en 1995 y contra las torres Jobar en 1996, pero no hay ninguna prueba que demuestre estas afirmaciones. Sin duda estaba rodeado de hombres que, como Zawahiri, tenían las manos muy manchadas de sangre, y apoyaba sus actividades en Egipto. Era, como le describió la CIA en aquella época, un financiador del terrorismo, aunque un financiador sin mucho dinero. Sin embargo, la declaración de guerra contra Estados Unidos le reportaría una publicidad extraordinaria a él y a su causa, algo irresistible para un hombre que había sufrido duros reveses de la fortuna. Obviamente, sus anfitriones talibanes le prohibieron aquel tipo de publicidad, pero una vez que Bin Laden había captado la atención del mundo, no iba a permitir que nada se la arrebatara.

Peter Arnett, el reportero de la CNN, comenzó pidiéndole a Bin Laden que expusiera sus críticas a la familia real saudí. Bin Laden les acusó de estar al servicio de Estados Unidos, «y esto, conforme a los dictados de la sharia, expulsa al régimen de la comunidad religiosa». En otras palabras, declaraba *takfir* a la familia real, diciendo que ya no se les podía considerar musulmanes y, por tanto, se les podía matar.

Arnett le preguntó entonces qué tipo de sociedad crearía si el movimiento islámico llegara a tomar el poder en Arabia Saudí. La respuesta exacta de Bin Laden fue esta: «Confiamos, con el permiso de Dios, loado y glorificado sea, en que los musulmanes saldrán victoriosos en la península Arábiga y que la religión de Dios, loado y glorificado sea, prevalecerá en esta península. Es un gran orgullo y una gran esperanza que se recurra a la revelación a Mahoma, la paz sea con él, para gobernar. Cuando seguíamos la revelación de Mahoma, la paz sea con él, disfrutábamos de una gran felicidad y una gran dignidad; a Dios pertenecen el mérito y las alabanzas».

Lo extraordinario de esta respuesta, repleta como de costumbre de locuciones rituales, es la carencia total de un plan político real, aparte de la imposición de la sharia, que por supuesto ya estaba en vigor en Arabia Saudí. La felicidad y la dignidad que Bin Laden invocaba se remontaban a un momento histórico anterior a la aparición de los conceptos de nación y Estado. El movimiento islamista radical nunca ha tenido una idea clara de cómo gobernar y ni siquiera ha tenido mucho interés en ello, como demostrarían los talibanes contundentemente. El objetivo era la purificación; y cuando la pureza es lo más importante, el terror siempre anda cerca.

Bin Laden mencionó el apoyo estadounidense a Israel como el primer motivo de su declaración de guerra, seguido de la presencia de tropas estadounidenses en Arabia. Añadía que los civiles estadounidenses también debían abandonar la tierra santa islámica porque no podía garantizar su seguridad.

En el momento más revelador de la conversación, Arnett le preguntó si, en el caso de que Estados Unidos accediera a la petición de Bin Laden y abandonara Arabia, renunciaría a su yihad. «La reacción se produjo como consecuencia de la agresiva política de Estados Unidos hacia todo el mundo musulmán, no solo hacia la península Arábiga», respondió Bin Laden. Por tanto, Estados Unidos tenía que poner fin a cualquier tipo de intervención contra los musulmanes «en todo el mundo». Bin Laden ya hablaba como el representante de la nación islámica, como califa en ciernes. «Estados Unidos ha establecido hoy un doble rasero al llamar terrorista a todo aquel que se oponga a sus injusticias —se quejaba—. Quiere ocupar nuestros paí-

ses, robar nuestros recursos, imponernos a quienes nos gobiernen
[…] y quiere que aceptemos todo eso. Si nos negamos a hacerlo, nos
dice:"Sois terroristas".»

Esta vez, el mullah Omar envió un helicóptero a Yalalabad[4] y convocó a Bin Laden en Kandahar. No estaba claro si Bin Laden iba a resultar un aliado o un rival. En cualquier caso, Omar no se podía permitir dejarle en Yalalabad, en el otro extremo del país, en una zona
que los talibanes apenas controlaban. Obviamente, había que contener o expulsar al locuaz saudí.

Los dos hombres se encontraron en el aeropuerto de Kandahar. Omar le dijo a Bin Laden que los servicios secretos de los talibanes decían haber descubierto un plan de unos mercenarios tribales para secuestrarle.[5] Fuera cierta o no, aquella historia le brindó
al mullah Omar una excusa para ordenar a Bin Laden que evacua-
ra a su gente de Yalalabad y se trasladara a Kandahar, donde los talibanes podrían vigilarle. El propio Omar le ofreció personalmente
su protección, pero le dijo que debía poner fin a las entrevistas. Bin
Laden le respondió que ya había decidido paralizar su campaña
mediática.

Tres días más tarde, Bin Laden envió a todos los miembros de su
familia y sus seguidores en avión a Kandahar y él los siguió en coche.
Una vez más, su organización era trasladada a la fuerza; una vez más,
sus desanimados seguidores se dispersaban. Omar dio a Bin Laden y
al-Qaeda la posibilidad de elegir entre ocupar un complejo de viviendas construido para los trabajadores de la compañía eléctrica,
que contaba con todas las instalaciones necesarias, o un recinto agrícola abandonado llamado granja de Tarnak, que no tenía ninguna, ni
siquiera agua corriente. Bin Laden eligió la granja en ruinas: «Queremos una vida sencilla», dijo.[6]

Tras los muros de tres metros del recinto había unas ochenta
construcciones de adobe o cemento,[7] incluidos dormitorios, una pequeña mezquita, almacenes y un edificio de oficinas de seis plantas
que estaba a punto de derrumbarse. Las tres esposas de Bin Laden se
hacinaron en un recinto amurallado donde vivían, según uno de los

guardaespaldas de Bin Laden, «en perfecta armonía».[8] Fuera de los muros, los talibanes estacionaron dos tanques soviéticos T-55.[9]

Como siempre, Bin Laden sacó fuerzas de la privación, ignorando que aquella situación perjudicaba a otros. Cuando un yihadí yemení, Abu Yandal, se quejó a su jefe de que los hombres no tenían nada para comer, Bin Laden le respondió: «Yandal, hijo mío, todavía no hemos llegado a una situación comparable a la de los compañeros del Profeta, que se colocaban piedras sobre el vientre y se las ataban alrededor de la cintura. ¡El mensajero de Alá utilizaba dos piedras!».

«Aquellos hombres tenían una gran fe y Dios quería ponerlos a prueba —se quejó Abu Yandal—. Nosotros, por el contrario, hemos pecado y Dios no nos quiere poner a prueba.»

Bin Laden se rió.

Las comidas solían consistir en poco más que pan seco y agua del pozo. Bin Laden mojaba el pan duro en el agua y decía: «Loado sea Dios. Nosotros estamos comiendo, pero hay millones de personas que desearían poder tener algo como esto para comer».[10] Había poco dinero para comprar provisiones. Uno de los árabes acudió a Bin Laden a fin de pedirle dinero para realizar un viaje urgente al extranjero; Bin Laden entró en la casa, cogió todo el dinero en efectivo que pudo encontrar y salió con unos cien dólares. Al darse cuenta de que Bin Laden estaba vaciando la caja, Abu Yandal se quejó: «¿Por qué no has dejado una parte de ese dinero para nosotros? Los que están aquí se lo merecen más que los que se van». Bin Laden le respondió: «No te preocupes. Nos llegará el sustento». Pero durante los cinco días siguientes no hubo nada que comer en el campamento, excepto las granadas aún verdes que crecían en las inmediaciones de la casa de Bin Laden. «Comíamos granadas verdes con pan tres veces al día», recordaba Abu Yandal.

Después de abandonar Sudán en 1996, Zawahiri se convirtió en un fantasma. Agentes de los servicios secretos egipcios le localizaron en Suiza y Sarajevo.[11] Supuestamente pidió asilo en Bulgaria,[12] pero un periódico egipcio también informó de que vivía lujosamente en una mansión suiza cerca de la frontera francesa y que tenía treinta millo-

nes de dólares en una cuenta secreta. Al mismo tiempo, Zawahiri era
oficialmente el director del periódico de al-Yihad, *Al-Muyahidin*, cuya
redacción estaba en Copenhague.[13] Ni los servicios secretos suizos ni
los daneses saben si Zawahiri estuvo en alguno de estos países en
aquella época. Un pasaporte falso que utilizaba muestra que viajó a
Malaisia, Taiwan, Singapur y Hong Kong.[14] Se informó de que estaba en Holanda hablando de crear un canal de televisión por satélite.[15]
Decía que tenía el respaldo de árabes ricos que querían crear una alternativa fundamentalista a la cadena al-Yazira, que acababa de ser
lanzada en Qatar. El plan de Zawahiri consistía en emitir diez horas
al día para Europa y Oriente Próximo únicamente con presentado-
res masculinos, pero nunca trató de ponerlo en práctica.

Zawahiri también viajó a Chechenia, donde confiaba en establecer una nueva base para al-Yihad. «Las condiciones allí eran excelentes», escribió en un informe para sus colegas.[16] Los rusos habían
empezado a retirarse de Chechenia un poco antes aquel año después
de pactar un alto el fuego con la región rebelde de mayoría musulmana. Para los islamistas, Chechenia representaba una oportunidad
de crear una república islámica en el Cáucaso desde la que podrían
librar la yihad por toda Asia Central. «Si los chechenos y otros muyahidines caucásicos llegan hasta las costas del mar Caspio, rico en
petróleo, lo único que los separará de Afganistán será el Estado neu-
tral de Turkmenistán —observaba en su biografía Zawahiri—. Esto
formará un cinturón islámico muyahidín al sur de Rusia conectado
por el este con Pakistán, que está plagado de movimientos muyahidines en Cachemira.»[17] Así comenzaría a reconstruirse el califato. El
mundo que estaba preparando parecía estar al alcance de la mano.

A las cuatro de la mañana del 1 de diciembre de 1996, Zawahiri
entró en Rusia en un monovolumen acompañado de dos de sus más
estrechos colaboradores, Mahmud Hisham al-Hennawi y Ahmed Salama Mabruk, el jefe de la célula de al-Yihad en Azerbaiyán. Viajaban
sin visado, por lo que, tras ser detenidos en un control de carretera,
fueron trasladados al Servicio de Seguridad Federal, donde les acusaron de entrar en el país ilegalmente. Zawahiri llevaba cuatro pasaportes, cada uno de un país y con un nombre diferentes.[18] Los rusos nunca pudieron determinar su verdadera identidad. Encontraron 6.400

dólares en efectivo; otros documentos falsos, incluidos diplomas a nombre del «señor Amin» de la Facultad de Medicina de la Universidad de El Cairo; unos cuantos manuales de medicina; y un ordenador portátil, un fax y un teléfono vía satélite. En el juicio Zawahiri se hizo pasar por un comerciante sudanés. Afirmaba que no se había dado cuenta de que había cruzado la frontera ilegalmente y declaró que había ido a Rusia «para averiguar el precio del cuero, los medicamentos y otros productos». El juez condenó a Zawahiri y sus compañeros a seis meses de cárcel. Ya casi habían cumplido la condena cuando se celebró el juicio, por lo que, al cabo de unas semanas, los llevaron a la frontera de Azerbaiyán y los dejaron marchar. «Dios les ocultó nuestras identidades», se jactaba Zawahiri al relatar el viaje a sus descontentos seguidores, que se habían estado preguntando dónde estaba.[19]

Aquel fiasco tuvo una consecuencia trascendental. Como el número de deserciones no dejaba de aumentar y carecía de una fuente real de ingresos, Zawahiri no tuvo otra opción que reunirse con Bin Laden en Kandahar. Ambos veían ventajas en el hecho de aunar fuerzas. Al-Qaeda y al-Yihad habían decaído mucho desde sus inicios en Sudán. Sin embargo, los servicios secretos paquistaníes habían convencido a los talibanes para que devolvieran a Bin Laden el control de los campamentos de al-Qaeda en Jost y otros lugares con el fin de entrenar a militantes para que combatieran en Cachemira. Como el ISI se hacía cargo de los gastos,[20] los campos de entrenamiento constituían una importante fuente de ingresos. Además, Bin Laden todavía podía recurrir a algunos donantes de la época de la yihad soviética. Por tanto, disponía al menos de unos ingresos modestos, suficientes para poder comprar algunos vehículos caros al mullah Omar y sus comandantes,[21] lo que le garantizaba una mejor acogida. Pese a que su situación económica seguía siendo pésima, Zawahiri creía que le convenía más estar con Bin Laden que sin él.

Muchos de los egipcios se reagruparon en Afganistán, entre ellos Abu Hafs, que fue nombrado jefe militar de al-Qaeda después de que Abu Ubaydah muriera ahogado. Al-Qaeda solo podía ofrecer un salario de cien dólares mensuales,[22] la mitad de lo que había pagado

Sayyid Qutb, el pedagogo y escritor cuyo libro *Hitos* avivó el movimiento islamista radical, aparece aquí mostrando uno de sus libros (probablemente *Justicia social en el islam*) al rector del Colorado State College of Education, el doctor William Ross.

Vista aérea de Greeley (Colorado), en los años cuarenta. «La pequeña ciudad de Greeley, en la que resido, es tan hermosa que uno podría imaginar fácilmente que se halla en el paraíso», escribió Qutb. Pero también vio el lado más oscuro de Estados Unidos.

Qutb durante su juicio, alrededor de 1965. Fue ahorcado en 1966. «Gracias a Dios —dijo cuando pronunciaron la sentencia de muerte—. He librado la yihad durante quince años para alcanzar este martirio.»

Ayman al-Zawahiri creció en Maadi, un suburbio de clase media de El Cairo. Era un niño solitario al que sus compañeros consideraban un genio. Aquí aparece de niño en un parque de El Cairo.

Zawahiri cuando era un colegial, *derecha*, y cuando estudiaba medicina en la Universidad de El Cairo, *abajo*.

Página siguiente, abajo. Ayman al-Zawahiri era el reo número 113 de los 302 que fueron juzgados por colaborar o conspirar para asesinar a Anwar al-Sadat en octubre de 1981. Fue el portavoz de los acusados por su buen nivel de inglés. Aquí aparece pronunciando un discurso ante la prensa mundial en diciembre de 1982. Muchos culpan de la brutalidad del movimiento islamista a las torturas que los presos sufrieron en las cárceles egipcias. «¡Allí nos patearon, nos golpearon, nos azotaron con cables eléctricos, nos dieron descargas eléctricas! ¡Y usaron perros salvajes!»

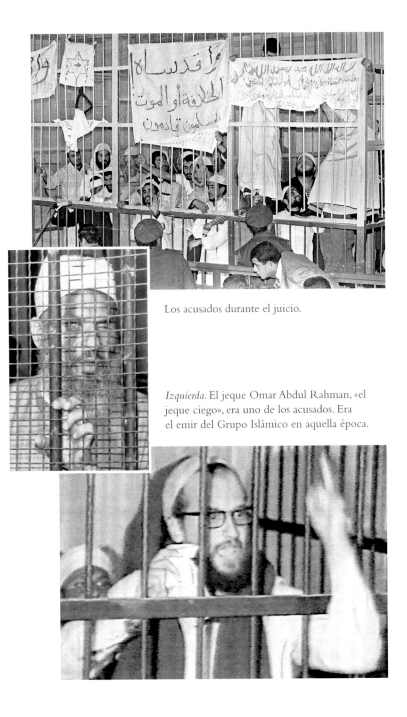

Los acusados durante el juicio.

Izquierda. El jeque Omar Abdul Rahman, «el jeque ciego», era uno de los acusados. Era el emir del Grupo Islámico en aquella época.

Izquierda. Muhammad bin Laden era un jornalero yemení sin un céntimo cuando llegó a Arabia Saudí en 1931 y acabó convirtiéndose en el contratista favorito del rey y en el hombre que construyó gran parte de las infraestructuras modernas del reino. Aquí aparece con el príncipe Talal bin Abdul Aziz durante una visita a las obras de reforma de la Gran Mezquita de La Meca, alrededor de 1950.

Derecha. Muhammad bin Laden y el rey Faisal. Durante la construcción de la carretera a Taif, el rey Faisal solía ir a comprobar los progresos y preguntar por el exceso de gastos. Cuando se completó la carretera, el reino por fin se unificó y Muhammad bin Laden se convirtió en un héroe nacional.

Izquierda. Las obras de renovación de la Gran Mezquita duraron veinte años. Durante el *hadj* puede acoger a un millón de fieles a la vez.

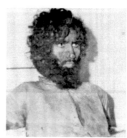

Yamal Jalifa, un amigo del colegio de Bin Laden y más tarde su cuñado, se mudó a la casa de Bin Laden con su primera esposa. Su amistad se rompió por culpa de la cuestión de crear una legión totalmente árabe en Afganistán, que sería la precursora de al-Qaeda.

Osama se trasladó a esta casa de Yidda con su madre después de que Muhammad bin Laden se divorciara de ella.

La segunda casa de Osama bin Laden en Yidda, un edificio de cuatro apartamentos que adquirió después de hacerse polígamo.

Página anterior, abajo. Yuhayman al-Oteibi, el cabecilla del ataque a la Gran Mezquita en 1979, un momento decisivo en la historia de Arabia Saudí. Las demandas de los insurgentes anunciaban las de Bin Laden. Cuando Oteibi imploró perdón tras su captura, el príncipe Turki, director de los servicios secretos saudíes, le dijo: «¡Pide perdón a Dios!».

Abdullah Azzam, que promulgó una fatwa en 1984 pidiendo a los musulmanes de todo el mundo «unirse a la caravana» de la yihad afgana. Él y Bin Laden crearon la Oficina de Servicios en Peshawar para facilitar el acceso de los árabes a la guerra.

Bin Laden en una cueva de Yalalabad en 1988, más o menos cuando fundó al-Qaeda.

Abajo. Azzam en 1988, en el valle del Panshir, adonde viajó para reunirse con Ahmed Sha Massud, el mejor comandante afgano durante la guerra contra la invasión soviética. Massud está sentado al lado de Azzam y rodea con el brazo al hijo de aquel, Ibrahim. Poco después de aquella visita, Azzam y dos de sus hijos, uno de ellos Ibrahim, fueron asesinados en un atentado jamás resuelto.

General Hamid Gul, que dirigió el servicio secreto paquistaní (ISI) durante la yihad afgana. Estados Unidos y Arabia Saudí canalizaron cientos de millones de dólares a través del ISI, que fue responsable en gran medida de la creación de los talibanes cuando los soviéticos se retiraron de Afganistán.

Derecha. El príncipe Turki al-Faisal, director de los servicios secretos saudíes, se encargaba del dossier afgano y trabajaba con Bin Laden. Más adelante negoció con el mullah Muhammad Omar, el líder talibán, pero se fue con las manos vacías.

El príncipe Turki después de la ocupación soviética, negociando con los muyahidines enfrentados. Aparece a la izquierda, junto a Burhanuddin Rabbani, el líder del partido político de Ahmed Sha Massud. El primer ministro paquistaní, Nawaz Sharif, está sentado a la derecha.

El World Trade Center visto desde New Jersey, donde los seguidores del jeque Omar Abdul Rahman conspiraron para derribarlo.

Ramzi Yusef fue el cerebro del primer atentado contra el World Trade Center. Su perversa imaginación daría forma al ambicioso programa de al-Qaeda.

Hasan al-Turabi, el locuaz y provocador ideólogo que organizó el golpe islamista en Sudán y atrajo a Bin Laden para que invirtiera en el país. «Bin Laden odiaba a Turabi —diría confidencialmente un amigo—. Pensaba que era maquiavélico.» Bin Laden llegó a Sudán siendo un hombre rico y se fue con poco más que su ropa.

Mientras Bin Laden estaba en Sudán, el rey de Arabia Saudí le retiró la ciudadanía y envió a un emisario para que le confiscara el pasaporte. Bin Laden se lo arrojó: «Tómalo, si tenerlo dice algo en mi defensa».

Por las mañanas, Bin Laden caminaba hasta la mezquita seguido de sus acólitos, se quedaba a estudiar con los hombres santos y a menudo desayunaba con ellos antes de ir a su oficina.

Osama regresó a Afganistán en 1996. Solía llevar el kaláshnikov AK-74 que había recibido como trofeo durante la yihad contra los soviéticos.

Página siguiente, arriba. Zawahiri y Bin Laden ofreciendo una conferencia de prensa en Afganistán en mayo de 1998. Allí los destinos de ambos hombres se unirían irrevocablemente y, con el tiempo, sus respectivas organizaciones terroristas, al-Qaeda y al-Yihad, se fusionarían en una.

Combatientes talibanes dirigiéndose al frente para luchar contra la Alianza del Norte en 2001. Los talibanes surgieron del caos del gobierno de los muyahidines en 1994 y enseguida consolidaron su control de Afganistán. Al principio, Bin Laden y sus seguidores no tenían la menor idea de quiénes eran; había rumores de que eran comunistas.

El palacio de Dar-ul-Aman, en Kabul. El palacio estaba en medio de las líneas de fuego durante la guerra civil que siguió a la retirada soviética. Tras veinticinco años de guerra continua, gran parte de Afganistán quedó en ruinas.

Arriba. Ruinas de la embajada estadounidense en Nairobi (Kenia), que sufrió un atentado el 7 de agosto de 1998, la primera operación documentada de al-Qaeda. En el atentado murieron 213 personas y miles resultaron heridas. Más de 150 personas se quedaron ciegas por los cristales que salieron despedidos.

Derecha. La embajada estadounidense en Dar es Salam (Tanzania) sufrió un atentado nueve minutos después. Murieron 11 personas y 85 resultaron heridas.

Izquierda. La administración Clinton respondió arrasando varios campos de entrenamiento de al-Qaeda y la planta farmacéutica de al-Shifa en Jartum, que aparece en la imagen. Un vigilante nocturno murió en la planta. Más tarde se demostró que no tenía nada que ver con la producción de armas químicas o biológicas.

El USS *Cole* después del atentado suicida perpetrado por dos miembros de al-Qaeda desde un bote pesquero en octubre de 2000. La explosión estuvo a punto de hundir uno de los buques más invulnerables de la armada estadounidense. «El destructor representaba la capital de Occidente —diría Bin Laden— y el pequeño bote representaba a Mahoma.»

Michael Scheuer, creador de la estación Alec, la oficina dedicada a perseguir a Osama bin Laden. Él y el agente del FBI John O'Neill eran enemigos acérrimos.

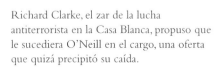

Richard Clarke, el zar de la lucha antiterrorista en la Casa Blanca, propuso que le sucediera O'Neill en el cargo, una oferta que quizá precipitó su caída.

Valerie James vio a John O'Neill en un bar de Chicago en 1991 y le invitó a una copa porque «tenía unos ojos cautivadores». O'Neill estaba casado en aquella época, un hecho que no reveló a las numerosas mujeres que cortejaba.

Por la misma época en que salía con Valerie en Chicago, O'Neill le pidió una «relación exclusiva» a Mary Lynn Stevens en Washington.

En Washington O'Neill también tuvo una relación con Anna DiBattista. «Ese tipo nunca se va a casar contigo», le advirtió su sacerdote.

John O'Neill se despidió de Daniel Coleman y sus compañeros de unidad del FBI en una pequeña fiesta cuando abandonó el FBI el 22 de agosto de 2001. Al día siguiente comenzó a trabajar en el World Trade Center.

Arriba. Tras obtener de los sospechosos de al-Qaeda en Yemen los nombres de los secuestradores, Ali Sufan (a la izquierda, con el agente especial George Crouch) viajó a Afganistán. En la imagen aparece junto a las ruinas del que fuera el escondite de Bin Laden en Kabul.

En el funeral de O'Neill se produjo la catastrófica coincidencia que él siempre había temido. La imagen muestra a su madre, Dorothy, y su esposa, Christine, a la salida de la iglesia de San Nicolás de Tolentino, en Atlantic City. Un millar de personas acudieron a su funeral.

Las ruinas del World Trade Center ardieron durante cien días. El cadáver de John O'Neill fue hallado diez días después del atentado del 11 de septiembre.

en Sudán. Acudieron los líderes del Grupo Islámico, y otros islamistas procedentes de Pakistán y Bangladesh. Al principio se reunían en Yalalabad, en el mismo complejo con las familias de al-Qaeda (unas 250 personas en total)[23] y la mayoría de ellos siguieron a Bin Laden cuando se trasladó a Kandahar. Estaban consternados por la miseria, la mala alimentación, el agua insalubre y, sobre todo, la falta de servicios. La hepatitis y la malaria eran endémicas. «Este lugar es peor que una tumba», escribió a su familia uno de los egipcios.[24] Finalmente, se reunió con ellos su jefe, Zawahiri.

Como en Afganistán ya no había escuelas, los niños pasaban mucho tiempo juntos. Zaynab Ahmed Jadr, una ciudadana canadiense y la tenaz hija de un destacado partidario de Zawahiri, se enfadó cuando su familia se marchó de Peshawar, donde había vivido cómodamente durante quince de sus dieciocho años. Afganistán estaba justo al otro lado de la escarpada cordillera montañosa que impedía ver la puesta de sol, y sin embargo parecía anclado en otro siglo. Aunque ya se había cubierto del todo, e incluso llevaba guantes y un *niqab* sobre la cara, odiaba el burka que estaban obligadas a llevar las mujeres afganas. Sus padres le habían prometido que sería feliz en aquel país, donde se practicaba el verdadero islam, y que pronto encontraría nuevos amigos que sustituyeran a los compañeros de clase con los que había crecido. Zaynab respondió malhumorada que no quería hacer amigos.

Dos días después, su madre le dijo que iban a conocer a los Bin Laden.

—¡No quiero conocer a nadie! —dijo con un tono desafiante.

—Si no te comportas bien, no sueñes con volver a Peshawar —le contestó su padre con impaciencia.

Resultó que las hijas de Bin Laden se convirtieron en amigas íntimas de Zaynab. Fatima, la mayor, que tenía catorce años en 1997, era hija de Um Abdullah, y Jadiya, de trece, de Um Jaled. (Fatima era el nombre de una de las hijas del Profeta y Jadiya, el nombre de su primera esposa.) La diferencia de edad entre Zaynab y las hijas de Bin Laden era algo que simplemente aceptaba, ya que vivían en una comunidad muy reducida.

Las tres esposas de Bin Laden y sus hijos vivían en casas separadas dentro de un mismo recinto. Todos los hijos de los miembros de al-Qaeda iban vestidos con harapos y cualquier tentativa de mantener un mínimo de limpieza solía quedarse en nada. Zaynab se dio cuenta de que las casas de Bin Laden estaban limpias y eran diferentes unas de otras. Um Abdullah apenas tenía formación, pero era simpática y de buen corazón, y le encantaba decorar su casa. Las de las demás esposas estaban ordenadas y limpias, pero la suya, además, era bonita. Había flores y pósters en las paredes, así como cuadernos para colorear para los más pequeños. Zaynab observó que su hija Fatima tenía que limpiar mucho porque la madre «no había sido educada para trabajar».

Fatima era divertida pero poco despierta. Le confió a Zaynab que nunca se casaría con uno de los hombres del entorno de su padre porque «estaría buscado en cualquier lugar del mundo».

—Su delito sería casarse contigo, Fatima —le dijo Zaynab.

—Tienes razón.

Zaynab no bromeaba. En el mundo en que vivían aquellas muchachas, el matrimonio era una unión entre familias, no solo entre individuos. A Zaynab le pareció que Fatima se había olvidado de quién era. (Por supuesto, Fatima no podía elegir con quién casarse; su futuro marido, uno de los seguidores de Bin Laden, sería asesinado cuatro años más tarde durante la evacuación de Kandahar.)

La vida era muy diferente en casa de Um Jaled, más tranquila y organizada. A diferencia de Um Abdullah, Um Jaled intentaba educar a sus tres hijas y su hijo. En el complejo se abrió una escuela privada para los niños árabes, pero las niñas estudiaban en casa. Um Jaled, que tenía un doctorado en gramática árabe, ayudaba a Zaynab a estudiar esta materia y a menudo ayudaba a las muchachas a preparar la cena. Bin Laden enseñaba a sus hijas matemáticas y ciencias, y pasaba tiempo con ellas todos los días. A veces les ponía exámenes para asegurarse de que mantenían el ritmo.

A la hija mayor de Um Jaled, Jadiya, le gustaba leer historia y biografías. Aunque Zaynab opinaba que ninguno de los niños era muy instruido, pensaba que Jadiya era «muy, muy brillante».

Um Hamza solo tenía un hijo, un varón, pero para Zaynab, comparada con las demás esposas, «Um Hamza era la mejor». Era también la mayor, y le llevaba siete años a su marido. Tenía mala vista y una constitución frágil, y sufrió frecuentes abortos. Al ser una mujer saudí de una familia rica y distinguida, tenía cierto aire regio, pero estaba profundamente comprometida con la causa. Cuando Bin Laden la pidió en matrimonio, la familia de Um Hamza se sintió profundamente ofendida porque sería su segunda esposa, pero ella consintió porque quería casarse con un verdadero muyahidín. Um Hamza era muy popular en la comunidad de al-Qaeda. Las demás mujeres sentían que podían acudir a ella y que hablaría con ellas como si sus problemas le importaran. «Sabíamos que todo podía desmoronarse a nuestro alrededor y eso nos deprimía —diría Zaynab—. Ella nos animaba a todos a seguir adelante.»

Bin Laden también dependía de ella. Aunque intentaba tratar a sus mujeres por igual, como estipula el Corán, todo el mundo sabía que Um Hamza era su favorita. No era hermosa, pero sí sensata y piadosa. Su casa siempre era la más limpia. Tenía una cama y una caja que contenía toda su ropa, y siempre había colgado detrás de la puerta un *shalwar kamiz* (la vestimenta afgana típica) limpio y listo para Bin Laden. En el baño había una pequeña estantería con un frasco de perfume para ella y otra para su marido.

Um Abdullah estaba terriblemente celosa de aquella relación. Aunque era la primera esposa y la madre de once hijos de Bin Laden, era también la más joven y la menos instruida. Su belleza era su única ventaja sobre las demás y hacía todo lo posible por mantenerse atractiva. Cada vez que alguna mujer viajaba, sobre todo a países occidentales, Um Abdullah le entregaba una lista de cosméticos y lencería de marca, y prefería productos estadounidenses que a nadie más se le ocurriría comprar. Las esposas de Bin Laden vivían todas alrededor de un pequeño patio interior dentro del complejo y Um Abdullah se ponía un chándal y corría alrededor del mismo para mantenerse en forma. «Siempre estaba peleándose con Osama —recordaría su amiga Maha Elsamneh—. Yo le decía que podían apartar a aquel hombre de ella en un abrir y cerrar de ojos. Que disfrutara de él mientras estuviera con ella. Que no le hiciera sentirse tan desgraciado cada vez que estaban juntos.»

Las muchachas a veces se gastaban entre ellas bromas infantiles. En una ocasión en que Fatima no quería que Zaynab se fuera a su casa, embaucó a su hermana menor Iman para que escondiera los zapatos y el velo de Zaynab hasta que sonó el toque de queda, por lo que tuvo que quedarse toda la noche.

Los hijos de Bin Laden no le veían tan piadoso e intransigente como el resto de la comunidad. Cuando Fatima le pidió prestadas varias cintas de música, Zaynab le dijo:

—Te las daré con una condición, que tu padre no las oiga porque algunos hombres son muy estrictos.

—Mi padre no las va a destruir —protestó Fatima—. En realidad no es tan duro. Solo se comporta de ese modo delante de los hombres.

—¿Realmente escucha canciones? —preguntó Zaynab, sorprendida.

—Oh, claro. No le importa.

Reflejo de su amor por los caballos, Bin Laden tenía una biblioteca sobre temas ecuestres en casa de Um Jaled e incluso toleraba los cuadernos para colorear y los calendarios con fotografías de caballos, aunque nadie más en la comunidad permitía que hubiera imágenes en las paredes. Zaynab concluyó que «el jeque era bastante tolerante».

Los hijos mayores de Bin Laden solían estar con su padre cerca de allí, en Tora Bora. Entre los adolescentes reinaba una extraña e inestable atmósfera, mezcla de aburrimiento y peligro mortal. A diferencia de las chicas, los chicos podían ir a la escuela, pero apenas hacían otra cosa que no fuera memorizar el Corán todo el día. Bin Laden permitía a sus hijos jugar con la Nintendo porque no había mucho más con lo que distraerse.[25] Los muchachos eran bastante alocados y solían comportarse impulsivamente para huir de la monotonía. Uno de los hermanos menores de Zaynab, Abdul Rahman, se hizo amigo del hijo de Bin Laden que se llamaba igual que él. Eran los dos únicos niños del complejo cuyos padres se podían permitir comprarles un caballo. A veces, en lugar de montar, azuzaban a los animales para que pelearan entre sí. El ejemplar de Abdul Rahman bin Laden era un brioso caballo árabe, pero cuando Abdul Rahman Jadr llevó un caballo más fuerte que casi mata al árabe, el hijo de Bin Laden metió una bala en su pistola y apuntó a Jadr, amenazando con matarle si no apartaba su caballo. El asesinato y la violencia siempre estaban al acecho.

Por las tardes los chicos solían jugar al voleibol y Osama a veces se sumaba al partido. Parecía estar en excelente forma. En una ocasión compró un caballo a los talibanes, que decían habérselo arrebatado a Ahmed Sha Massud. Era un gran semental dorado y tresalbo. Nadie había podido montarlo hasta que Bin Laden saltó sobre su lomo y partió al galope. Veinticinco minutos después regresó al complejo con el caballo totalmente domado.

Aquellos hombres que eran temidos y despreciados en el resto del mundo no parecían tan monstruosos en sus propias casas, donde armaban jaleo con los niños y les ayudaban a hacer los deberes. Zaynab recordaba una ocasión en que su familia estaba en casa de los Zawahiri en Kandahar y el padre llegó llevando su metralleta. Mientras subía las escaleras, un hermano de Zaynab, que tenía diez años, se agarró a las piernas de Zawahiri y le suplicó que se la dejara. «Abdul Karim, espera hasta que hayamos llegado a la sala», le dijo Zawahiri. El muchacho no le dejaba marchar; seguía suplicando e intentando coger el arma. Finalmente, Zawahiri cedió y dejó al muchacho examinar el arma. Esto sorprendió a Zaynab y a los demás, que lo juzgaron como un momento de ternura. «¡Y este es el hombre al que hacen aparecer como un monstruo!», exclamó.

Las cuatro hijas de Zawahiri eran inteligentes, extrovertidas y hermosas, sobre todo Nabila. Cuando cumplió doce años, despertó un enorme interés entre las madres de la comunidad que buscaban una mujer para sus hijos. Muhammad, el único hijo de Zawahiri, también era muy atractivo, el consentido de sus hermanas mayores. Sin embargo, cuando creció pasaba más tiempo con los hombres y sus compañeros de clase. Era un entorno rudo para un muchacho tan delicado y educado, y le tomaban el pelo e intimidaban constantemente. Prefería quedarse en casa y ayudar a su madre.

Las hijas de Zawahiri solían juntarse para jugar o hacer ejercicio. A Azza,[26] su madre, le gustaba celebrar pequeñas fiestas, aunque había poco que ofrecer a los invitados: a veces solo unos fideos y tomates. Cuando Zaynab visitó a los Zawahiri para el compromiso de su segunda hermana, Umayma, las chicas hablaron y hablaron durante el desayuno, el almuerzo y la cena. A última hora de la noche, to-davía seguían cantando y hacían tanto ruido que no pudieron oír al doctor Zawahiri golpeando en la puerta para pedirles que bajaran la voz. «Pensaba cómo era posible que aquel hombre aterrorizara a todo el mundo y a nosotras ni siquiera nos gritara. Para nosotras era simpático y amable.»

Pese a su carácter humilde, la esposa de Zawahiri insistía en mantener cierta elegancia. Azza cosía sus propias ropas y prefería los estilos clásicos. Conseguía algunos patrones de Irán y aprendió suficiente persa para entender las instrucciones. También cosía camisones para ganar algo de dinero y normalmente donaba una parte de sus ingresos a diferentes proyectos benéficos. Ella y sus hijas hacían adornos florales con envoltorios de caramelos y los colgaban en la pared, y colocaban piedras formando diseños bonitos delante de su humilde casita de adobe.

En 1997, Azza se llevó una sorpresa: estaba embarazada de nuevo, casi una década después de haber dado a luz a su último hijo. El bebé nació en invierno con mucho menos peso de lo normal. El doctor Ayman se dio cuenta enseguida de que su quinta hija padecía síndrome de Down. Azza, agobiada por la responsabilidad de ocuparse de una familia tan numerosa en circunstancias extraordinarias, aceptó también esta nueva carga. Llamaron al bebé Aisha. Todo el mundo la quería, pero Azza era la única que podía atender todas sus necesidades.

Al recordar su amistad con los hijos de Bin Laden y Zawahiri, Zaynab se daba cuenta de que las familias «tenían altibajos, pero eran niños bastante normales. Tuvieron una infancia bastante normal».

En julio de 1997, dos meses después de regresar a Afganistán, Zawahiri montó en cólera por un suceso ocurrido en Egipto que amenazaba con debilitar todo su movimiento. El abogado islamista Montassir al-Zayyat había negociado un pacto entre el Grupo Islámico y el gobierno egipcio. La «iniciativa de no violencia», como se la llamó, se había originado en las mismas cárceles en las que Zayyat y Zawahiri habían estado encarcelados juntos dieciséis años antes.[27]

Con veinte mil islamistas encarcelados en Egipto y miles de ellos muertos a manos de las fuerzas de seguridad,[28] el movimiento fundamentalista estaba paralizado y los líderes del Grupo Islámico comprendieron que, a menos que renunciaran formalmente a la violencia, nunca verían la luz del día.

Después de que se anunciara la iniciativa, el jeque Omar Abdul Rahman dio el visto bueno desde su celda en una prisión estadounidense. Aunque negó que se hubiera alcanzado un acuerdo, el gobierno liberó a dos mil miembros del Grupo Islámico durante el año siguiente.[29] Muchos miembros históricos de al-Yihad de Zawahiri se unieron al movimiento para reconciliarse con el régimen.

Al principio, Zawahiri era el único que disentía. «La traducción política de esta iniciativa es la rendición —bramó enfurecido—. ¿En qué batalla un combatiente se ve obligado a poner fin a su lucha e instigación, aceptar el cautiverio y entregar a sus hombres y sus armas a cambio de nada?»[30] Al aluvión de cartas al director sobre este asunto entre Zawahiri y otros islamistas en un periódico árabe con sede en Londres se le llegó a llamar «la guerra de los faxes». Zawahiri dijo que comprendía el sufrimiento de los líderes encarcelados, pero «si vamos a detenernos ahora, ¿para qué empezamos?».

La postura de Zawahiri dividió a los islamistas egipcios entre quienes aún seguían en el país, que querían la paz, y los que estaban fuera de Egipto, que se oponían a la reconciliación. Zawahiri convenció a Mustafa Hamza, el nuevo emir del Grupo Islámico rival, y a su jefe militar, Rifai Ahmed Taha, ambos en Afganistán, para que se unieran a él. (En cuanto a la participación del jeque ciego en la iniciativa, es posible que la considerara una moneda de cambio con los estadounidenses porque confiaba en que le iban a liberar. Cuando más adelante fue evidente que eso no iba a suceder, se retractó.)[31] Los exiliados egipcios decidieron justificar el uso continuado de la violencia mediante un único golpe transformador.

Al parecer, se planeó cometer un atentado durante una representación de *Aida*, la ópera de Verdi ambientada en el antiguo Egipto, que estaba programada para octubre de 1997 delante del templo de la reina Hatshepsut, en la orilla oeste del Nilo cerca de Luxor. Las espléndidas ruinas son una de las grandes construcciones del Nuevo

Reino. Suzanne Mubarak, la esposa del presidente, sería la anfitriona de la gala de inauguración.

La estrategia del Grupo Islámico consistía en atacar al turismo, la fuerza vital de la economía egipcia y su principal fuente de divisas, para provocar al gobierno y que respondiera con medidas represivas e impopulares. Al-Yihad siempre había rechazado este planteamiento por considerarlo contraproducente. Pero al asistir tantas personalidades y funcionarios del gobierno, incluido el propio presidente, la representación también brindaba la oportunidad de conseguir el objetivo de al-Yihad de decapitar el gobierno. Sin embargo, la presencia de tres mil agentes de seguridad[32] hizo que inicialmente desistieran de cometer el ataque.

El 17 de noviembre de 1997, las gloriosas ruinas contemplaban la ambarina arena del desierto meridional como lo habían hecho los últimos treinta y cinco siglos, mucho antes de Jesús y Mahoma o incluso de Abraham, el padre de las grandes religiones monoteístas. El calor estival había remitido, señalando el comienzo de la temporada alta, y centenares de turistas paseaban por el recinto, unos en grupos acompañados de guías egipcios, otros haciendo fotos y comprando en los puestos de recuerdos.

Seis hombres vestidos con los uniformes negros de la policía y cargados con bolsas de vinilo penetraron en el recinto del templo poco antes de las nueve de la mañana. Uno de ellos disparó a un guardia y, acto seguido, todos ellos se colocaron bandas rojas alrededor de la cabeza que los identificaban como miembros del Grupo Islámico.[33] Dos se quedaron en la entrada, a la espera de un tiroteo con la policía que nunca llegó. Los demás hombres cruzaron el recinto escalonado del templo, disparando de manera indiscriminada a los turistas en las piernas para después rematarlos metódicamente de un tiro en la cabeza. Se detenían a mutilar algunos de los cuerpos con cuchillos de carnicero. A un anciano japonés le evisceraron. Más tarde encontraron un panfleto dentro de su cuerpo que decía «No a los turistas en Egipto». Estaba firmado «Escuadrón de Saqueo y Destrucción Omar Abdul Rahman - Yamaa al-Islamiyya, Grupo Islámico».[34]

Atrapados en el interior del templo, agazapados detrás de las columnas de caliza, los turistas trataban de esconderse, pero no había escapatoria. Era una trampa perfecta. A los gritos de las víctimas les seguían gritos de «Allahu akbar!» cuando los atacantes recargaban las armas. La matanza prosiguió durante cuarenta y cinco minutos, hasta que el suelo se cubrió de sangre. Entre los muertos se contaban un niño británico de cinco años y cuatro parejas japonesas que estaban de luna de miel.[35] Los ornamentados muros quedaron salpicados de sesos y cabellos.

Cuando acabaron la faena, los agresores secuestraron un autobús, en busca de más turistas a los que matar, pero acabaron topando con un control de la policía. En el tiroteo que siguió resultó herido uno de los atacantes. Sus compañeros le mataron y después huyeron hacia las colinas, perseguidos por guías turísticos y lugareños en motocicletas y burros, y sin más armas para luchar que palas y piedras.

Más tarde encontraron los cadáveres de los atacantes dentro de una cueva dispuestos en círculo. La prensa egipcia especuló con la idea de que los había matado una turba de lugareños enfurecidos, pero al parecer habían cometido un suicidio ritual. Uno de los hombres tenía una nota en el bolsillo en la que pedía disculpas por no haber llevado a cabo la operación antes.

Habían muerto cincuenta y ocho turistas y cuatro egipcios, sin contar a los asaltantes. Fue el peor atentado terrorista de la historia moderna de Egipto. La mayoría de las víctimas (treinta y cinco) eran suizas; otras procedían de Japón, Alemania, el Reino Unido, Francia, Bulgaria y Colombia. Otros diecisiete turistas y nueve egipcios resultaron heridos. Una mujer suiza vio cómo decapitaban a su padre delante de sus ojos.

Al día siguiente, el Grupo Islámico reivindicó el atentado. Rifai Taha dijo que se suponía que los atacantes iban a capturar rehenes para que liberaran a los líderes islamistas encarcelados,[36] pero la matanza sistemática desmentía aquella afirmación. La muerte de los asesinos demostraba la influencia de Zawahiri; hasta aquel momento, el Grupo Islámico nunca había llevado a cabo operaciones suicidas. La policía federal suiza determinó más tarde que Bin Laden había financiado la operación.[37]

Egipto estaba conmocionado. Indignada y avergonzada, la población se volvió decididamente contra los islamistas, que de pronto empezaron a retractarse y a señalar en las direcciones habituales. Desde la cárcel, el jeque ciego culpó a los israelíes, diciendo que el Mosad había perpetrado la matanza. Zawahiri culpó a la policía egipcia, que, según decía, era la que había cometido los asesinatos, pero también responsabilizó a las víctimas por haber viajado al país. «El pueblo de Egipto considera la presencia de estos turistas extranjeros una agresión contra los musulmanes y contra Egipto —dijo—. Los jóvenes dicen que este es nuestro país y no un lugar para las juergas y el esparcimiento, sobre todo para vosotros.»[38]

Luxor se convirtió en el punto de inflexión de la campaña antiterrorista egipcia. Fueran cuales fuesen las intenciones de los estrategas en Afganistán con aquel golpe único, las consecuencias las pagaron ellos, no sus adversarios. El respaldo con que contaban se desvaneció y, sin el consentimiento de la población, no había ningún lugar donde pudieran ocultarse. En los cinco años anteriores a la matanza de Luxor, los grupos terroristas islámicos de Egipto habían matado a más de 1.200 personas, muchas de ellas extranjeras. Después de Luxor, los atentados cometidos por islamistas simplemente cesaron. «Pensamos que nunca más volveríamos a saber de ellos», diría un activista de los derechos humanos de El Cairo.[39]

Es posible que, debido a su aislamiento en Kandahar, los jefes yihadíes, sobre todo los egipcios, no fueran capaces de apreciar la naturaleza de su derrota. Estaban atrapados en su propia lógica y hablaban principalmente entre sí, reforzando sus opiniones con aleyas seleccionadas del Corán y lecciones de los hadices que hacían que su destino pareciera ineludible. Vivían en un país tan embrutecido por la violencia incesante que el horror de Luxor no debía de parecerles tan significativo; de hecho, la revolución de los talibanes les había servido de ejemplo para volverse más sanguinarios e intransigentes. Y, sin embargo, inmediatamente después de Luxor, los líderes se sumieron en un período de introspección en el que analizarían su difícil situación y fijarían una estrategia para el triunfo del islam y la confrontación final con los no creyentes.

La idea principal de su análisis fue que la nación islámica estaba en la miseria por culpa de unos dirigentes ilegítimos.[40] Entonces los yihadíes se preguntaron quién era el responsable de aquella situación[41] y señalaron a lo que llamaron la alianza judeocristiana que había surgido tras el Acuerdo Sykes-Picot de 1916, por el que Gran Bretaña y Francia se repartieron los territorios árabes, y la Declaración Balfour del año siguiente, que reclamaba una patria judía en Palestina. Poco después caía el Imperio otomano y, con él, el califato islámico. Todo ello era considerado una campaña continuada de la alianza judeocristiana para asfixiar el islam por medio de instrumentos como las Naciones Unidas, los gobernantes árabes sumisos, las empresas multinacionales, los canales de televisión vía satélite y los organismos de ayuda internacionales.

En el pasado ya habían surgido grupos islamistas radicales, pero todos fracasaron debido a la falta de cohesión y de un plan claro. En enero de 1998, Zawahiri comenzó a redactar el borrador de una declaración formal que agruparía bajo una misma bandera a los diferentes grupos muyahidines que se habían congregado en Afganistán.[42] Alejaría al movimiento de los conflictos regionales y lo centraría en una yihad islámica global contra Estados Unidos.

El lenguaje era mesurado y conciso, en comparación con la declaración de guerra de Bin Laden de dos años antes. Zawahiri mencionaba tres reproches contra los estadounidenses. En primer lugar, la presencia continuada de tropas estadounidenses en Arabia Saudí siete años después de que hubiera finalizado la guerra del Golfo. «Antes solo algunas personas debatían si la ocupación era un hecho, pero ahora toda la gente de la península admite que lo es», observaba. En segundo lugar, la intención de Estados Unidos era destruir Irak, como atestiguaba la muerte de, según él, más de un millón de civiles. En tercer lugar, el objetivo estadounidense de ayudar a Israel, incapacitando a los estados árabes, cuya debilidad y desunión son la única garantía de supervivencia de Israel.

Todo ello equivalía a una «guerra contra Dios, su mensajero y los musulmanes». Por ese motivo, los miembros de la coalición promulgaron una fatwa: «La orden de matar a los estadounidenses y sus aliados —civiles y militares— es un deber individual para todo musulmán que pueda hacerlo en cualquier país donde sea posible hacerlo».

El 23 de febrero, el periódico londinense *Al-Quds al-Arabi* publicó el texto de la fatwa de la nueva coalición, que se autodenominaba Frente Islámico Internacional para la Yihad contra los Judíos y Cruzados. Estaba firmada por Bin Laden, a título individual; Zawahiri, como jefe de al-Yihad; Rifai Taha, como jefe del Grupo Islámico; los líderes de la oposición paquistaní, el jeque Mir Hamzah, secretario de Yamiat-ul-Ulema, y Fazlul Rahman, jefe de Harakat al-Ansar; y el jeque Abdul Salam Muhammad Jan, jefe del grupo bangladesí Harakat al-Yihad. No se utilizó el nombre de al-Qaeda. Su existencia todavía era un secreto celosamente guardado.

Fuera de Afganistán, los miembros del Grupo Islámico acogieron la declaración con incredulidad. Después de la catástrofe de Luxor, estaban horrorizados de verse incluidos en una coalición a la que nadie les había pedido que se unieran. Taha se vio obligado a retirar su firma de la fatwa, y explicó de manera poco convincente a sus camaradas del Grupo Islámico que solo le habían pedido por teléfono que se sumara a una declaración de apoyo al pueblo iraquí.[43]

También hubo protestas en el seno de al-Yihad. Zawahiri convocó una reunión de sus partidarios en Afganistán para explicarles la nueva organización global. Los miembros de su organización le acusaron de desviarse del objetivo inicial, que era acceder al poder en Egipto, y se quejaron de que al-Yihad estaba siendo arrastrado hacia la desmesurada guerra contra Estados Unidos de Bin Laden. Algunos se opusieron al propio Bin Laden en persona, diciendo que tenía un «pasado oscuro»[44] y que no se podía confiar en él para que fuera jefe de la nueva coalición. Zawahiri respondió a los ataques contra Bin Laden por correo electrónico: «Aunque el contratista [Bin Laden] hizo en el pasado promesas que no cumplió, ahora el hombre ha cambiado. [...] Incluso ahora mismo, casi todo aquello de lo que disfrutamos proviene primero de Dios y después de él».[45] Su adhesión a Bin Laden era en aquel momento total. Sin el dinero de Bin Laden, por escaso que fuera, no había al-Yihad.

Al final, Zawahiri prometió dimitir si los miembros no apoyaban sus acciones.[46] Era tal el caos que reinaba en la organización por cul-

pa de los arrestos y las deserciones, y estaba tan cerca de la bancarrota, que la única opción era seguir a Zawahiri o abandonar al-Yihad.
Muchos miembros se decantaron por la segunda opción, entre ellos
el propio hermano de Zawahiri, Muhammad,[47] que también era su
comandante militar. Los dos hermanos habían estado juntos desde
los tiempos de la clandestinidad. A veces habían discutido: en una
ocasión, Ayman acusó a Muhammad delante de sus colegas de admi-
nistrar mal las míseras finanzas del grupo. Pero Muhammad era muy
popular, y, en su calidad de viceemir, se había hecho cargo de la organización siempre que Ayman estaba ausente, ya fuera de viaje o en
la cárcel. No obstante, la alianza con Bin Laden era más de lo que
Muhammad podía soportar. Su abandono fue un golpe terrible.

Varios miembros del Grupo Islámico intentaron que el jeque
ciego fuera nombrado emir del nuevo Frente Islámico, pero la propuesta fue descartada, ya que el jeque Omar estaba encarcelado en
Estados Unidos. Bin Laden ya estaba harto de luchas internas entre
facciones egipcias. Dijo a ambos grupos que sus operaciones en
Egipto eran ineficaces y demasiado caras y que había llegado el momento de que «volvieran sus armas» contra Estados Unidos e Israel.
El ayudante de Zawahiri, Ahmed al-Nayyar, les dijo más tarde a los
investigadores egipcios: «Yo mismo oí decir a Bin Laden que nuestro
principal objetivo se limitaba ahora a un solo Estado, Estados Unidos, e implicaba librar una guerra de guerrillas contra todos los intereses estadounidenses, no solo en la región árabe, sino en todo el
mundo».[48]

16

«Ahora empieza»

La suerte de al-Qaeda comenzó a mejorar después de que la coalición promulgara la fatwa que ordenaba asesinar estadounidenses allí donde se encontrasen. Hasta entonces, tanto el nombre de Bin Laden como su causa eran poco conocidos fuera de Arabia Saudí y Sudán, pero aquella fatwa animó a una nueva generación de combatientes. Unos procedían de las madrazas de Pakistán, otros de las calles de El Cairo o Tánger. Este llamamiento también se oyó en algunos enclaves musulmanes de Occidente. En marzo de 1998, solo un mes después de la emisión de la fatwa, Ahmed Ressam llegó a Afganistán desde Montreal. Ressam, un ladrón de poca monta de origen argelino al que más tarde detendrían por intentar atentar contra el Aeropuerto Internacional de Los Ángeles, era uno de los aproximadamente treinta argelinos que había en el campamento de Jaldan, el punto de entrada a Afganistán para los nuevos reclutas de al-Qaeda.[1] Ese mismo mes llegó Zacarias Mussawi, un ciudadano francés de ascendencia marroquí que residía en Londres. Más tarde se declararía culpable de planear atentar contra Estados Unidos. Jóvenes procedentes de Yemen, Arabia Saudí, Suecia, Turquía y Chechenia acudieron a Jaldan, y cada nacionalidad tenía su propio emir. Crearon células que después podrían trasplantar a sus países de origen o de adopción. Algunos fueron a combatir a Cachemira y Chechenia, y muchos lucharon junto a los talibanes.

La publicidad era la moneda que Bin Laden estaba utilizando, reemplazando la riqueza por la fama, a cambio de la cual obtenía nuevos miembros y donaciones. Pese a haber prometido al mullah Omar que se mantendría callado, tras la fatwa Bin Laden ofreció varias ruedas de prensa y entrevistas, primero a un grupo de catorce periodistas paquistaníes que estuvieron dando vueltas en círculos durante dos días antes de llegar a un campamento de al-Qaeda ubicado a solo unos pocos kilómetros de donde habían emprendido el viaje. Esperaban sin hacer nada a que apareciera Bin Laden cuando, de pronto, una lluvia de balas y granadas anunció la llegada de Osama, acompañado de guardaespaldas con los rostros tapados, en un convoy de cuatro camionetas. Un perro huyó despavorido en busca de refugio y se escondió detrás de un árbol.

Los periodistas paquistaníes encontraron aquella puesta en escena un tanto caricaturesca.[2] No estaban interesados en la declaración de guerra de Bin Laden contra Estados Unidos, que consideraban un absurdo truco publicitario. La India acababa de realizar un ensayo nuclear y lo que querían era que Bin Laden declarase la yihad contra la India en lugar de contra Estados Unidos. Frustrado, Bin Laden trató de redirigir a los periodistas hacia su programa. «Hablemos de los verdaderos problemas», pidió.[3]

«El terrorismo puede ser loable y puede ser reprobable —filosofó Bin Laden como respuesta a una pregunta que le planteó uno de sus seguidores—. Asustar y aterrorizar a una persona inocente es censurable e injusto, y aterrorizar injustamente a la gente tampoco está bien. En cambio, aterrorizar a opresores, criminales, estafadores y ladrones es necesario para garantizar la seguridad de la gente y proteger sus propiedades. [...] El terrorismo que nosotros practicamos es del tipo loable.»[4]

Después de la entrevista formal, el reportero Rahimullah Yusufzai, de *News* en Islamabad, llevó a Bin Laden aparte y le preguntó si estaba dispuesto a hablar un poco de su vida. Por ejemplo, a contar cuántas esposas e hijos tenía.

—He perdido la cuenta —dijo Bin Laden riendo.

—Quizá al menos sepa cuántas mujeres tiene —sugirió Yusufzai.

—Creo que tengo tres esposas, pero he perdido la cuenta de mis hijos —dijo Bin Laden.

Yusufzai le preguntó entonces cuánto dinero tenía. Bin Laden posó su mano sobre el corazón y sonrió.

—Soy rico aquí —contestó, y siguió eludiendo las preguntas personales.

En cuanto regresó a Peshawar, Yusufzai recibió una llamada del mullah Omar, furioso: «¿Bin Laden convoca una rueda de prensa para anunciar la yihad y ni siquiera me lo dice? —exclamó—. No puede haber más que un gobernante en Afganistán, o Bin Laden o yo».

Estas entrevistas siempre afectaban mucho a la voz de Bin Laden aunque bebiera grandes cantidades de agua y té. Al día siguiente no podía hablar y tenía que comunicarse por gestos a causa de la inflamación de las cuerdas vocales.[5] Su guardaespaldas sostenía que se debía a los efectos permanentes de un arma química soviética, pero algunos periodistas llegaron a la conclusión de que debía de padecer alguna enfermedad renal,[6] lo que originó una leyenda persistente y nunca confirmada.

Dos días después de hablar con la prensa paquistaní, Bin Laden recibió al periodista John Miller y a un equipo de ABC News. Antes del encuentro, el irrefrenable corresponsal estadounidense se había sentado en el suelo de una cabaña con Zawahiri y le había expuesto las necesidades de su equipo.

—Doctor, necesitamos planos de Bin Laden recorriendo los campamentos, hablando con sus hombres, supervisando su entrenamiento o lo que sea, para así disponer de imágenes con las que poder narrar su historia —dijo Miller.

Zawahiri asintió dando a entender que sabía de qué hablaba.

—Ustedes necesitan algunos planos de recurso —dijo usando el término técnico para este tipo de imágenes. Se rió entre dientes y continuó—: Señor Miller, debe entender que esto no es como grabar a Sam Donaldson caminando con el presidente por el jardín de las Rosas. El señor Bin Laden es *un hombre muy importante*.

En aquel momento Miller pensó que quizá fuera Zawahiri el verdadero dirigente de al-Qaeda, pero entonces hizo su aparición Bin Laden con la misma impactante puesta en escena de disparos que la vez anterior. Con el canto de los grillos de fondo fuera de la cabaña de adobe donde se encontraban, Miller le preguntó a Bin Laden si su fatwa estaba dirigida contra todos los estadounidenses o solo contra los militares.

—A lo largo de su historia, Estados Unidos no se ha distinguido por diferenciar entre militares y civiles, hombres y mujeres, o adultos y niños —respondió Bin Laden con tranquilidad, mirando tímida y casi temerosamente al estadounidense, como si le preocupara ofenderle—. Auguramos un futuro muy negro para Norteamérica. En lugar de seguir siendo estados unidos, acabarán siendo estados divididos, al igual que la antigua Unión Soviética.

Bin Laden llevaba un turbante blanco y una chaqueta militar verde. Detrás de su cabeza se podía ver un gran mapa de África, una pista que pasó inadvertida.

—Es usted como la versión de Oriente Próximo de Teddy Roosevelt —concluyó Miller.

Durante la entrevista, la cabaña estaba atestada de seguidores de Bin Laden. Dos saudíes, Muhammad al-'Owhali y «Yihad Ali» Azzam,[7] se preparaban para la primera gran operación de al-Qaeda, programada para el mes siguiente. Cuando el equipo de Miller terminó de grabar las imágenes, los técnicos de Bin Laden borraron las caras de los saudíes de la cinta antes de entregársela a los estadounidenses.[8]

Durante la entrevista, Miller preguntó por Wali Jan Amin Sha, al que habían arrestado recientemente en Manila.

—El gobierno estadounidense cree que trabajaba para ustedes, que ustedes le financiaban, que instalaba campos de entrenamiento allí y que parte de aquel plan era [...] el asesinato, o el intento de asesinato del presidente Clinton durante su viaje a Manila —dijo Miller.

Bin Laden respondió suavemente que Wali Jan era «un buen amigo».

—Sobre lo que usted ha dicho acerca de si él trabaja para mí, no tengo nada que decir. Todos nosotros estamos juntos en esto.

Se suponía que era un secreto celosamente guardado que Jan se hallaba bajo custodia estadounidense, pero alguien había filtrado esa información a Miller. Algunas personas del FBI y de la Oficina del Fiscal de Estados Unidos montaron en cólera cuando el nombre de

Jan le fue mencionado directamente a Bin Laden en televisión. Sabían que John O'Neill era amigo de Christopher Isham, un productor de programas de investigación de ABC News, y que solían tomar copas juntos en Elaine's. Patrick Fitzgerald, el ayudante del fiscal en el Distrito Sur de Nueva York, estaba tan furioso que amenazó con acusar formalmente a O'Neill. Tanto Isham como Miller negaron que O'Neill fuera su fuente y se ofrecieron a someterse a un detector de mentiras para demostrarlo. Fitzgerald dio marcha atrás, pero la acusación de que O'Neill había hablado imprudentemente con la prensa perduraría como una mancha en su reputación. No fue de mucha ayuda que las investigaciones de algunos periodistas sobre Bin Laden fueran más creativas que las de los servicios de inteligencia estadounidenses.

Lo cierto era que la CIA no tenía a nadie infiltrado en al-Qaeda o entre los agentes talibanes de seguridad que rodeaban a Bin Laden. La agencia tenía algunos contactos con varios miembros de tribus afganas, contactos que se remontaban a los tiempos de la yihad contra los soviéticos. En la estación Alec, Michael Scheuer propuso un plan que consistía en utilizarles para secuestrar a Bin Laden.[9] Los afganos entrarían por una zanja de drenaje que pasaba por debajo de la valla trasera de la granja de Tarnak. Otro grupo se colaría por la puerta principal, armados con pistolas con silenciador para matar a cualquiera que se interpusiera en su camino. Cuando encontraran a Bin Laden, lo esconderían en una cueva a más de cuarenta kilómetros de distancia. Si los capturaban, no habría el menor rastro de implicación estadounidense en el secuestro. Si no los capturaban, los afganos entregarían a Bin Laden a los estadounidenses más o menos al cabo de un mes, cuando los equipos de búsqueda se hubieran dado por vencidos.

La CIA había preparado una especie de contenedor de mercancías que cabía en la bodega de carga de la versión civil de un avión C-130. Dentro del contenedor había un sillón de dentista con arneses pensados para un hombre extremadamente alto (en la CIA creían que Bin Laden medía dos metros). Dentro del contenedor también viajaría un médico, que dispondría de un amplio y variado instrumental médico, incluida una máquina de diálisis por si acaso era cierto que Bin Laden padecía problemas renales. La agencia incluso había construido una pista de aterrizaje en un rancho particular cerca de El Paso (Texas) para practicar un aterrizaje nocturno sin luces y con los pilotos provistos de gafas de visión nocturna.

El plan de Scheuer era desembarcar a Bin Laden en Egipto, donde le podrían interrogar rudamente y después eliminarle con discreción. John O'Neill se opuso en redondo a esa idea. Él era un representante de la ley, no un asesino; quería que Bin Laden fuera detenido y juzgado en Estados Unidos. Le expuso sus argumentos a Janet Reno, la fiscal general de Estados Unidos, que accedió a que el FBI se hiciera cargo de Bin Laden en caso de que fuera capturado. Pronto Dan Coleman estaría en El Paso ensayando su papel de agente encargado de efectuar el arresto. El avión aterrizaría, se abriría la puerta de carga e introducirían el contenedor con el terrorista esposado dentro en la plataforma de carga. Coleman entraría en el contenedor y allí se encontraría con Osama bin Laden atado al sillón de dentista. Entonces le leería sus derechos.

Pero para ello necesitaba una acusación formal. Un gran jurado federal de Nueva York examinaba las pruebas mientras se llevaban a cabo los preparativos. Uno de los documentos que Coleman encontró en el ordenador de Wadih el-Hage en Nairobi establecía una posible conexión entre al-Qaeda y el asesinato de soldados estadounidenses en Somalia, y esa sería la base de la acusación penal que finalmente se formularía contra Bin Laden en Nueva York en junio de 1998. Sin embargo, más tarde fueron retirados aquellos cargos concretos contra él y ningún testimonio pudo demostrar en juicios posteriores por terrorismo la responsabilidad de al-Qaeda o Bin Laden en el asesinato de ningún estadounidense, o de cualquier otra persona, antes de agosto de aquel año. Si hubieran detenido a Bin Laden en aquel momento, seguramente no le habrían condenado.

La disputa entre O'Neill, del FBI, y Scheuer, de la CIA, junto con la reticencia del Consejo de Seguridad Nacional (NSC) a dar el visto bueno a lo que podría ser un fiasco bochornoso y sangriento, paralizaron el plan. Desesperado, el director de la CIA, George Tenet, viajó a Arabia Saudí dos veces en mayo de 1998 para pedir ayuda a los saudíes. Según Scheuer, el príncipe heredero Abdullah dejó claro que, si los saudíes lograban alejar a Bin Laden de los talibanes, los servicios secretos estadounidenses «no dirían nunca una sola palabra».

Los saudíes tenían sus propias preocupaciones con respecto a Bin Laden. El príncipe Turki averiguó que había intentado introducir armas de contrabando para sus seguidores en el interior del reino con el propósito de atentar contra comisarías de policía. Los saudíes se quejaban una y otra vez a los talibanes de las intromisiones de Bin Laden en los asuntos internos del reino, pero sin resultado alguno. Finalmente, en junio de 1998 el rey llamó a Turki y le dijo: «Acaba con esto».[10]

Turki aterrizó en el aeropuerto de Kandahar tras sobrevolar la granja de Tarnak, que parecía una fortaleza. Era la primera vez que se reunía con el mullah Omar. El príncipe fue llevado a una desvencijada casa de huéspedes que había sido la residencia de un rico comerciante, un vestigio de lo que en otro tiempo fue una hermosa ciudad. El mullah Omar se acercó cojeando a saludarle. El jefe tuerto era un hombre delgado y pálido, con una barba larga y algún tipo de enfermedad en una de las manos, que llevaba apretada contra el pecho. Las heridas de guerra y otras dolencias eran extraordinariamente habituales en Afganistán. La mayoría de los miembros del gobierno talibán y de los gobernadores habían sufrido alguna amputación o tenían alguna discapacidad seria, y era raro que en una reunión de hombres no faltara ningún brazo, pierna u ojo. Turki estrechó la mano del mullah Omar y se sentó frente a él en el suelo del salón. Detrás de Omar había una cristalera que daba a una terraza semicircular y, algo más allá, un patio polvoriento y vacío.

Incluso en una ocasión tan solemne e importante como aquella reinaba una desconcertante atmósfera de despreocupación y caos. La habitación estaba atestada de gente, jóvenes y ancianos, que entraban y salían a su antojo. Al menos Turki agradecía que hubiera un aparato de aire acondicionado, que atenuaba el sofocante calor del verano afgano.

Turki había llevado consigo al jeque Abdullah Turki, un prestigioso ulema y ex ministro de donaciones religiosas, una lucrativa fuente de financiación para los talibanes. Además de que su presencia servía para recordar el apoyo saudí, el erudito jeque Abdullah podría resolver al instante cualquier cuestión religiosa o legal que pudiera surgir sobre el estatus de Bin Laden. Tras recordar a Omar su promesa de impedir que su invitado dirigiera ataques de cualquier tipo contra el reino, Turki le pidió al mullah Omar que le entregara a Bin Laden, que había abandonado la ciudad inoportunamente mientras se producía la visita de Turki.[11]

El mullah Omar se mostró totalmente sorprendido.

—No os lo puedo entregar para que le embarquéis en vuestro avión —protestó Omar—. Al fin y al cabo, le hemos proporcionado asilo.

El príncipe Turki se quedó estupefacto ante ese cambio radical. Entonces el mullah Omar pasó a instruirle sobre el código tribal pastún, que, según él, era muy estricto en lo que respecta a traicionar a los huéspedes.

El jeque Abdullah opinaba que, si un invitado traiciona su palabra, como había hecho Bin Laden en repetidas ocasiones al conceder entrevistas a la prensa, esa acción exime al anfitrión de protegerle. Pero tal razonamiento no convenció al líder talibán.

Convencido de que Omar necesitaba un compromiso que le permitiera salvar las apariencias, el príncipe Turki sugirió que ambos crearan una comisión para estudiar la mejor manera de entregar formalmente a Bin Laden. Entonces, Turki y sus acompañantes se pusieron en pie para irse. Mientras lo hacían, Turki le preguntó expresamente: «¿En principio estás de acuerdo en entregarnos a Bin Laden?».[12]

El mullah Omar respondió que sí.

Según se dice, después de la reunión Arabia Saudí envió cuatrocientos todoterreno y ayuda financiera a los talibanes como anticipo por la entrega de Bin Laden. Seis semanas más tarde, ese dinero y las camionetas permitieron a los talibanes volver a tomar Mazar-i-Sharif,[13] un bastión de la minoría hazara, shií y de lengua persa. Entre los combatientes talibanes había varios centenares de árabes enviados por Bin Laden.[14] Gracias a una serie de sobornos a las personas adecuadas, solo se quedaron defendiendo la ciudad mil quinientos soldados hazaras, a los que mataron con rapidez. Una vez dentro de la ciudad sin defensas, los talibanes se dedicaron a matar y violar durante dos días, abriendo fuego indiscriminadamente contra todo lo que se movía, y cortando gargantas y disparando a los hombres muertos en los testículos. Dejaron los cadáveres a merced de los perros salvajes durante seis días antes de permitir que los supervivientes los enterraran. Los ciudadanos que huyeron de la ciudad a pie fueron bombardeados por la aviación talibán. Cientos de supervivientes fueron hacinados en contenedores, donde se cocieron vivos bajo el sol del desierto. La ONU calculó que el número total de víctimas de la matanza ascendía a entre cinco mil y seis mil personas. Entre ellos se encontraban diez diplomáticos iraníes y un periodista, a quienes los talibanes apresaron y fusilaron en el sótano del consulado de su país. También se llevaron a cuatrocientas mujeres para convertirlas en concubinas.

Pero la matanza de Mazar-i-Sharif quedó inmediatamente eclipsada por otras tragedias que tendrían lugar lejos de allí.

Tras la formación del Frente Islámico, los servicios secretos estadounidenses mostraron más interés por Zawahiri y su organización, al-Yihad, que seguía siendo una entidad independiente de al-Qaeda, pese a que ambas eran estrechas aliadas. En julio de 1998, agentes de la CIA secuestraron a Ahmed Salama Mabruk y otros miembros de al-Yihad a la salida de un restaurante en Bakú[15] (Azerbaiyán). Mabruk era el confidente político más cercano de Zawahiri. Los agentes clonaron su ordenador portátil, en el que guardaba los organigramas de al-Qaeda y la lista de los miembros de al-Yihad en Europa. Dan Coleman lo definiría como «la piedra Rosetta de al-Qaeda». Sin embargo, la CIA se negó a entregárselo al FBI.

Era el típico pulso burocrático absurdo que, desde un principio, había obstaculizado las iniciativas antiterroristas de ambas organizaciones, agravado por el rencor personal que varios altos cargos de la agencia, incluido Scheuer, sentían por O'Neill. La agencia, que sobrevaloraba la información en sí misma, era un agujero negro que no expulsaba nada que no le fuera arrancado por una fuerza mayor que la gravedad, y admitía que O'Neill era esa fuerza. Él *utilizaría* la información —en una acusación formal, en un juicio público— y dejaría de ser secreta, dejaría de pertenecer al ámbito de la inteligencia para convertirse en pruebas, en noticias, y dejaría de tener interés para la CIA. Para la agencia, la divulgación pública de cualquier información secreta era un fracaso, por lo que era natural que se aferrara al ordenador de Mabruk como si fuera las joyas de la corona. Era difícil conseguir información de tan alta calidad como aquella y, una vez adquirida, aún era más difícil manejarla. Tras décadas de reducciones de personal en los servicios secretos, en la CIA solo había dos mil agentes operativos (espías) para cubrir todo el mundo.

O'Neill estaba tan furioso que envió un agente a Azerbaiyán para pedirle el ordenador original al presidente del país. Al no obtener resultados, convenció al presidente Clinton para que interpelara personalmente al presidente azerbaiyano. Al final, el FBI consiguió el ordenador, pero la hostilidad entre el FBI y la CIA seguía tan viva como siempre, lo que menoscababa los esfuerzos de ambas organizaciones para acorralar a la red de al-Qaeda.

La CIA intervino contra una célula de al-Yihad en Tirana (Albania) que había creado Muhammad al-Zawahiri a principios de la década de 1990. Agentes albaneses, bajo supervisión de la CIA, secuestraron a cinco miembros de la célula, les vendaron los ojos, les interrogaron durante varios días y después enviaron a los miembros egipcios a El Cairo. Allí fueron torturados[16] y juzgados junto a más de un centenar de presuntos terroristas. Su calvario dio como resultado veinte mil páginas de confesiones. Los dos hermanos Zawahiri fueron condenados a muerte *in absentia*.

El 6 de agosto, un mes después de la desarticulación de la célula albanesa, Zawahiri envió la siguiente declaración al periódico londinense *Al-Hayat*: «Estamos interesados en decirles brevemente a los estadounidenses que su mensaje ha sido recibido y que estamos preparando la respuesta, que esperamos que lean con atención, ya que, con la ayuda de Dios, la escribiremos en el lenguaje que entienden».

A pesar de aquella bravata, de su presencia en los medios de comunicación o de los escabrosos llamamientos a la yihad, en realidad al-Qaeda no había hecho nada hasta entonces. Había grandes proyectos, y también la reivindicación de éxitos del pasado en los que había tenido poco o nada que ver. Pese a que al-Qaeda existía desde hacía diez años, seguía siendo una organización desconocida y poco importante; no era comparable a Hamas o Hezbollah, por ejemplo. Miles de jóvenes se habían entrenado en los campamentos de al-Qaeda y habían vuelto a sus países de origen para causar estragos en ellos. Debido a su entrenamiento, las agencias de inteligencia los clasificaban como «vinculados a al-Qaeda». Sin embargo, a menos que hubieran jurado lealtad a Bin Laden, no pertenecían oficialmente a la organización. En realidad, había menos miembros de al-Qaeda en Kandahar de los que había habido en Jartum, ya que Bin Laden ahora no podía mantenerlos. Las exhibiciones pirotécnicas que organizaba para los reporteros eran posibles gracias a que contrataba muyahidines. Como el pez globo, al-Qaeda y Bin Laden conseguían parecer más grandes de lo que realmente eran. Pero una nueva al-Qaeda estaba a punto de hacer su debut.

Fue el 7 de agosto de 1998, el día que comenzó la matanza en Mazar-i-Sharif y el octavo aniversario de la llegada de las tropas estadounidenses a Arabia Saudí.

En Kenia, un egipcio experto en explosivos llamado Saleh,[17] uno de los hombres de Zawahiri, supervisaba la fabricación de dos enormes artefactos. El primero, fabricado con novecientos kilos de TNT, nitrato de aluminio y aluminio en polvo, iba en el interior de cajas unidas por cables a baterías eléctricas y cargadas en un camión Toyota marrón. Los dos saudíes que aparecían en la entrevista de la ABC, Muhammad al-'Owhali y Yihad Ali, condujeron el camión por el centro de Nairobi hasta la embajada estadounidense. Al mismo tiempo, en Tanzania, la segunda bomba de Saleh iba camino de la embajada de Estados Unidos en Dar es Salam. Este artefacto era similar al anterior, salvo en que Saleh le había añadido varios tanques de oxígeno o bombonas de gas para provocar una mayor fragmentación. El vehículo que la transportaba era un camión cisterna que conducía Ahmed Abdullah, un egipcio apodado Ahmed el Alemán debido a que su cabello era rubio. Los atentados estaban programados para las diez y media de la mañana del viernes, una hora a la que se suponía que los musulmanes practicantes estarían en la mezquita.

El primer atentado terrorista documentado de al-Qaeda llevaba el sello de sus futuras acciones. La ejecución de atentados suicidas múltiples y simultáneos era una estrategia tan novedosa como arriesgada, ya que las posibilidades de fracaso o detección eran mayores. Si tenían éxito, al-Qaeda lograría concitar la atención del mundo de un modo nunca visto. Los atentados estarían a la altura de la declaración de guerra de Bin Laden contra Estados Unidos, grandilocuente y aparentemente lunática, y el suicidio de los terroristas serviría de débil justificación moral para unas operaciones cuyo objetivo era matar al mayor número de personas posible. Al-Qaeda también era atípica en esto: la muerte a gran escala era un objetivo en sí mismo. No intentaban preservar las vidas de inocentes, ya que el concepto de inocencia no tenía cabida en los cálculos de al-Qaeda. Aunque el Corán prohíbe explícitamente el asesinato de mujeres y niños, una de las razones por las que se eligió la embajada de Kenia como objetivo fue porque la muerte de la embajadora estadounidense, Prudence Bushnell, supondría una mayor repercusión mediática.

Cada aspecto de la operación ponía de manifiesto la inexperiencia de al-Qaeda. Mientras Yihad Ali conducía hacia el aparcamiento trasero de la embajada, 'Owhali saltó del vehículo y se dirigió al puesto de guardia. Supuestamente, tenía que obligar al vigilante desarmado a levantar la barrera, pero este se negó a hacerlo y 'Owhali se había olvidado la pistola en la chaqueta, dentro del camión. Entonces cumplió parte de su misión, que consistía en lanzar una granada aturdidora en el patio. El ruido llamó la atención de la gente que estaba dentro de los edificios. Una de las lecciones que Zawahiri había extraído de su atentado contra la embajada egipcia en Islamabad, perpetrado tres años antes, era que una primera explosión atraía a la gente hacia las ventanas y muchas personas eran decapitadas por los cristales que salían despedidos cuando explotaba la bomba de verdad.

'Owhali se enfrentó de golpe a un dilema moral que creía que iba a determinar su destino eterno, o al menos eso es lo que le diría más tarde a un agente del FBI. Esperaba ser un mártir y su muerte en aquella operación le habría garantizado de inmediato un lugar en el paraíso. Pero se percató de que, al lanzar la granada, ya había cumplido su misión. Si seguía adelante, hacia la que sería una muerte segura, explicaría, aquello sería un suicidio, no un martirio. Su destino sería la condenación y no la salvación. La línea que separa el cielo del infierno es extremadamente fina. Para salvar su alma, 'Owhali dio media vuelta y echó a correr sin haber cumplido su principal cometido: levantar la barrera para que la camioneta pudiera acercarse más al edificio.

'Owhali no llegó muy lejos. La explosión le derribó sobre la acera, le destrozó la ropa y le incrustó metralla en la espalda. Cuando logró ponerse en pie, envuelto en el extraño silencio que siguió a la explosión, pudo contemplar los resultados de su trabajo.

La fachada de la embajada se desplomó, partida en grandes bloques de hormigón. Había personas muertas que aún seguían sentadas a sus escritorios. La calzada de alquitrán ardía en llamas y un autobús lleno de gente también se había incendiado. El edificio contiguo, el Ufundi, que albergaba una escuela de secretariado, se había derrumbado. Muchos se quedaron atrapados entre los escombros y pronto se empezaron a oír sus gritos de terror y dolor, que se prologarían durante días, hasta que los rescataron o los silenció la muerte. Murieron 213 personas, entre ellas doce estadounidenses, y 4.500 resultaron heridas: más de 150 quedaron ciegas a consecuencia de los cristales que salieron despedidos. Las ruinas ardieron durante días.

Nueve minutos más tarde, Ahmed el Alemán entraba en el aparcamiento de la embajada estadounidense en Dar es Salam y accionaba un detonador conectado con cables al salpicadero del vehículo. Casualmente, entre él y la embajada había un camión cisterna lleno de agua. Este fue lanzado a una altura de tres pisos y cayó sobre la cancillería de la embajada, pero evitó que el terrorista se acercase lo suficiente para derribar el edificio. El balance de víctimas fue de once muertos y 85 heridos, todos ellos africanos.

Más allá del objetivo evidente de llamar la atención sobre la existencia de al-Qaeda, el propósito de los atentados era vago y confuso. La operación de Nairobi llevaba el nombre de la Kaaba sagrada de La Meca. El atentado de Dar es Salam se llamaba Operación al-Aqsa, por la mezquita de Jerusalén. Ninguna de las dos tenía una relación clara con las embajadas estadounidenses en África. Bin Laden ofreció varias explicaciones de los atentados. Al principio dijo que habían elegido aquellos lugares debido a la «invasión» de Somalia. Después describió un plan estadounidense para dividir Sudán, que, según él, se estaba fraguando en la embajada de Nairobi. También dijo a sus seguidores que el genocidio de Ruanda se había planeado en aquellas dos embajadas estadounidenses.

Los musulmanes de todo el mundo recibieron la noticia de los atentados con horror y consternación. La muerte de tantas personas, en su mayoría africanos, muchos de ellos musulmanes, suscitó una oleada de protestas. Bin Laden declaró que los atentados ofrecían a los estadounidenses una muestra de las atrocidades que habían sufrido los musulmanes. Pero a la mayoría de las personas, incluso a algunos miembros de al-Qaeda, los atentados les parecieron fútiles, un aparatoso asesinato en masa sin más efecto imaginable en la política estadounidense que provocar una represalia a gran escala.

Pero esa resultó ser precisamente la intención. Bin Laden quería atraer a Estados Unidos a Afganistán, al que ya se calificaba de cementerio de imperios. El objetivo habitual del terrorismo es empujar al adversario a cometer el error de aplicar medidas represivas, y Bin Laden sorprendió a Estados Unidos en un momento de su historia vulnerable e inoportuno.

«Ahora empieza», le dijo a Coleman el ayudante del fiscal general de Estados Unidos, Pat Fitzgerald,[18] cuando recibió la noticia de los atentados. Eran las tres y media de la madrugada en Nueva York cuando llamó. Coleman se levantó de la cama y partió de inmediato hacia Washington. Dos días después, su mujer quedó con él en un Dairy Queen de la I-95 para entregarle sus medicinas y ropa. Sabía que iba a pasar mucho tiempo en el Centro de Operaciones e Información Estratégica (SIOC).

La sede central del FBI asignó el caso de los atentados de las embajadas a la oficina regional de Washington, que normalmente se ocupa de investigaciones en el extranjero. O'Neill deseaba ardientemente hacerse con el control del caso. Nueva York había interpuesto una acusación formal contra Bin Laden, lo que confería a esa oficina el derecho a reclamar el caso si el saudí estaba detrás del mismo.

Pero Osama seguía siendo poco conocido, incluso entre los altos cargos del FBI, y casi nadie había oído el término «al-Qaeda». Se barajaron varios posibles culpables, Hezbollah y Hamas entre ellos. O'Neill tenía que demostrarle a su propia agencia que Bin Laden era el principal responsable.

Tomó prestado de otra unidad a un joven agente de origen libanés llamado Ali Sufan. Era el único agente del FBI en Nueva York que hablaba árabe y uno de los ocho que lo hablaban en todo el país. Había estudiado por iniciativa propia las fatawa y entrevistas de Bin Laden, por lo que cuando diversas agencias de prensa recibieron el mismo día de los atentados una declaración en la que se responsabilizaba de los mismos una organización de la que nadie había oído hablar antes, Sufan reconoció de inmediato a Bin Laden como el autor. El lenguaje era exactamente el mismo que en declaraciones anteriores. Gracias a Sufan, O'Neill pudo enviar el mismo día del atentado un teletipo a la sede del FBI en el que describía las incriminatorias similitudes entre las anteriores declaraciones de Bin Laden y las demandas expresadas en la reivindicación hecha bajo seudónimo.

Thomas Pickard, que entonces era jefe de la División Criminal en la sede central, estaba temporalmente al mando del FBI mientras el director Freeh disfrutaba de unas vacaciones. Rechazó la solicitud de O'Neill de que se confiara a la oficina de Nueva York el control de la investigación. Pickard quería mantenerla bajo la supervisión de la oficina de Washington, que él había dirigido anteriormente. O'Neill pidió ayuda frenéticamente a todos sus contactos influyentes, entre ellos la fiscal general Reno y su amigo Dick Clarke. Finalmente, el FBI cedió ante la fuerte presión que ejerció su subordinado, pero, como castigo, no le permitió viajar a Kenia para supervisar en persona la investigación. Las heridas abiertas por aquel conflicto interno nunca llegarían a cerrarse.

Solo ocho horas después de los atentados, decenas de investigadores del FBI ya volaban hacia Kenia. Con el tiempo habría casi quinientos agentes trabajando en los dos casos de África, lo que suponía el mayor despliegue de la historia del FBI. De camino a Nairobi,[19] el autobús del aeropuerto que transportaba a los agentes se detuvo para que un pastor de la tribu masai cruzara la carretera con su rebaño. Los agentes se quedaron mirando las calles abarrotadas de gente, atestadas de bicicletas y carros tirados por burros; escenas desconcertantes que eran a un tiempo hermosas y exóticas, pero revelaban una impactante pobreza. Muchos de los agentes no estaban familiarizados con el mundo que se extendía más allá de las fronteras de Estados Unidos. De hecho, algunos no habían tenido pasaportes hasta el día de su partida,[20] y allí estaban, a quince mil kilómetros de distancia. Sabían poco sobre las leyes y las costumbres de los países en los que trabajaban. Estaban intranquilos y alerta, conscientes de que probablemente ahora también ellos eran objetivos de al-Qaeda.

Stephen Gaudin, un corpulento pelirrojo del North End de Boston, sacó su metralleta ligera y la puso sobre las piernas.[21] Hasta hacía poco, su carrera en el FBI había transcurrido en una oficina con dos personas encima de un Dunkin' Donuts en el norte del estado de Nueva York. Nunca había oído hablar de al-Qaeda. Le habían llevado para proporcionar protección, pero la gran cantidad de gente que rodeaba la embajada le abrumaba. Aquella multitud dejaba pequeña cualquier otra que hubiera visto hasta entonces. Nada le era familiar. ¿Cómo podría proteger a los otros agentes si no tenía ni idea de lo que sucedía a su alrededor?

El autobús les dejó frente a las ruinas humeantes de la embajada. La magnitud del desastre era apabullante. Del edificio solo quedaban en pie las paredes. Junto a él, la escuela de secretariado keniata estaba completamente destruida. Los miembros de los equipos de rescate escarbaban entre los cascotes con sus propias manos intentando llegar hasta los heridos. Steve Gaudin miró atónito las ruinas y se preguntó: «¿Qué demonios vamos a hacer?». El FBI nunca había resuelto un atentado en el extranjero.

Una de las personas que estaba sepultada bajo los escombros de la escuela de secretariado se llamaba Roselyn Wanjiku Mwangi, pero todo el mundo la llamaba Rosie. Los miembros del equipo de rescate la oían hablar a otra víctima que tenía la pierna aplastada para infundirle ánimos. Durante dos días, la voz de aliento de Rosie sirvió de estímulo a los equipos de rescate, que trabajaban sin descanso. Finalmente, llegaron hasta el hombre que tenía la pierna destrozada y le sacaron con cuidado de entre los escombros. Le prometieron a Rosie que la liberarían en menos de dos horas, pero cuando llegaron hasta ella ya era demasiado tarde. Su muerte fue un terrible golpe para los exhaustos trabajadores.

Los atentados fueron un audaz ataque en contra de la posición que Estados Unidos ocupaba en el mundo. El grado de coordinación y sofisticación técnica que se requería para provocar explosiones casi simultáneas era sorprendente, pero aún más perturbadora era la voluntad de al-Qaeda de incrementar la escuela de violencia. Con el tiempo, el FBI descubrió que habían intentado atentar contra cinco embajadas en total,[22] pero la suerte y una mejor labor de espionaje habían salvado las otras tres. Los investigadores se quedaron estupefactos al descubrir que, casi un año antes, un miembro egipcio de al-Qaeda había entrado en la embajada de Estados Unidos en Nairobi y había informado a la CIA del plan de los atentados. La agencia había descartado aquella información por considerarla poco fiable. No fue un episodio aislado. Durante toda la primavera habían resonado los ecos de las amenazas y las fatawa de Bin Laden, pero pocos las habían tomado en serio. Ahora las consecuencias de aquella negligencia se manifestaban en toda su crudeza.

Tres días después del atentado, el jefe de Steve Gaudin, Pat D'Amuro, le pidió que comprobara una pista.

—Hay un tipo alojado en un hotel en las afueras de Nairobi —dijo D'Amuro—. No encaja.

—¿Eso es todo? —preguntó Gaudin—. ¿Que no encaja? ¿Qué significa eso?

—Si no te gusta esta, tengo otro centenar de pistas —respondió D'Amuro.

Gaudin y otros dos agentes fueron a una barriada de chabolas habitada básicamente por refugiados somalíes. Su camioneta se abrió paso lentamente entre una multitud que les miraba fijamente y se detuvo delante de un hotel destartalado.

—Pase lo que pase, no salgáis de la camioneta —les advirtió su colega keniata—. Aquí odian a los estadounidenses.

Mientras los agentes esperaban nerviosos a que volviera el policía keniata, un hombre se apartó de la multitud y se apoyó en la camioneta, con la espalda en la ventanilla.

—Os dije que no vinierais aquí —dijo en voz baja—. Vais a conseguir que os maten.

Gaudin supuso que aquel hombre era el confidente.

—¿Nos puedes ayudar? —le preguntó.

—No está aquí —susurró el hombre—, está en otro hotel.

En el siguiente hotel, los agentes encontraron a un hombre que no encajaba: un joven árabe delgado con varios puntos de sutura en la frente y vendas en las manos manchadas de sangre. Se identificó como Jaled Salim bin Rashid, de Yemen. Dijo que se encontraba en el país buscando oportunidades de negocios, ya que era comerciante de frutos secos, y que estaba en un banco cerca de la embajada cuando se produjo el «accidente». Lo único que tenía en los bolsillos eran ocho billetes nuevos de cien dólares.

—¿Cómo viniste a parar a este hotel? —le preguntó su interrogador.

Bin Rashid contó que, al salir del hospital, un taxista le había llevado allí porque sabía que no hablaba suahili. En aquel lugar solían alojarse árabes.

—¿Dónde están el resto de tus cosas, tu ropa, tu documentación?

—Lo perdí todo en la explosión —explicó Bin Rashid—. Esta ropa es la que llevaba aquel día.

Mientras escuchaba cómo el joven árabe respondía a los interrogadores estadounidenses, Gaudin pensó que la historia era verosímil. No era a él a quien correspondía hacer preguntas; de eso se ocupaban agentes con más experiencia que él. Sin embargo, se percató de que la ropa de Rashid estaba mucho más limpia que la suya. Aunque Gaudin solo llevaba un par de días en el país, su ropa estaba arrugada y cubierta de polvo. Sin embargo, Rashid, que afirmaba haberlo perdido todo en un atentado catastrófico, parecía impecable en comparación. Pero ¿por qué habría de mentir acerca de su ropa?

Gaudin no pudo dormir aquella noche, preocupado por una idea inverosímil que le rondaba la cabeza. A la mañana siguiente, cuando se reanudó la investigación, Gaudin le preguntó al interrogador jefe si podía hacer un par de preguntas.

—Estuve seis años en el ejército —le dijo a Bin Rashid.

Le contó que había asistido a cursos de especialización en técnicas de contrainterrogatorio en el John F. Kennedy Special Warfare Center. Había sido una experiencia brutal. Los soldados aprendían lo que les esperaba si los hacían prisioneros. Les golpeaban e intimidaban, y también les enseñaban a contar historias falsas de un modo convincente.

—Tengo la impresión de que tú has recibido la misma instrucción —le dijo Gaudin—. Ahora bien, si recuerdas lo que te enseñaron, cuando mientes, debes contar una historia única y lógica. Pero tú has cometido una equivocación. Has dicho algo ilógico.

En lugar de reír incrédulamente, Bin Rashid acercó su silla a Gaudin.

—¿Qué he dicho ilógico? —preguntó.

—Aquí es donde tu historia no se sostiene —dijo Gaudin mientras dirigía la mirada hacia los zapatos de Bin Rashid, tan rozados y sucios como los del propio Gaudin—. Tienes cortes en ambas manos, pero no hay una sola gota de sangre en tus vaqueros verdes. De hecho, estás muy limpio.

—Los árabes son mucho más limpios que los estadounidenses —respondió Bin Rashid.

—Te lo concedo —dijo Gaudin, sin dejar de mirar sus zapatos—. Y quizá tienes un jabón mágico que limpia la sangre de la ropa.

—Sí.

—También tienes un corte profundo en la espalda. Supongo que un trozo de cristal cayó de un edificio y atravesó tu camisa sin desgarrarla.

—Todo es posible —dijo Bin Rashid.

—También te lo admito. Entonces lavas tu camisa ensangrentada con el jabón mágico y queda como nueva. Pero hay dos cosas que no se lavan.

Bin Rashid siguió la mirada de Gaudin.

—Por supuesto, ¡no lavo mis zapatos!

—No —dijo Gaudin, mientras se inclinaba hacia delante y apoyaba la mano en la rodilla de Rashid—, pero he dicho que hay dos cosas que no se lavan, y aquí es donde te olvidas de tu entrenamiento. —Gaudin se levantó y puso las manos en su cinturón, que estaba raído y descolorido—. ¡Los cinturones no se lavan! Mira el tuyo, está impoluto. ¡Levántate y quítatelo!

Bin Rashid se puso en pie como un soldado obedeciendo una orden. Cuando se desabrochó el cinturón, todos los presentes vieron la etiqueta del precio.

Aunque Bin Rashid recuperó enseguida la compostura, el interrogatorio ahora se desarrollaba a un nivel diferente. Gaudin hizo entrar a John Anticev, uno de los miembros originales de la unidad I-49. Anticev tenía un carácter tranquilo, pero sus ojos azules eran tan intensos como faros. Empezó preguntando cortésmente a Bin Rashid si había tenido ocasión de rezar, lo que desembocó en una conversación sobre Sayyid Qutb, Abdullah Azzam y el jeque ciego. Bin Rashid se relajó. Parecía que disfrutaba explicándole a un occidental la importancia de aquellos hombres. Hablaron hasta tarde.

—Hay otra persona de la que no hemos hablado —observó Anticev—: Osama bin Laden.

Bin Rashid entornó los ojos y dejó de hablar. Esbozó una leve sonrisa.

Anticev, que había estado escuchando como un alumno fascinado, puso repentinamente un bolígrafo y un papel en la mano de Bin Rashid.

—¡Escribe el primer número de teléfono al que llamaste después del atentado!

Una vez más, Bin Rashid obedeció la orden. Escribió «967-1-200578», un número de Yemen. Pertenecía a un yihadí llamado Ahmed al-Hada.[23] Bin Rashid había llamado a aquel número antes y después del atentado,[24] y también lo había hecho Osama bin Laden, como pronto averiguarían los investigadores. Aquel número de teléfono yemení resultaría ser una de las informaciones más valiosas que el FBI descubriría jamás, ya que permitió a los investigadores trazar un mapa de los vínculos de la red de al-Qaeda en todo el planeta.

Bin Rashid dejó de cooperar después de dar el número. Gaudin y otros agentes decidieron dejarle solo, con la esperanza de que pensara que no era demasiado importante para ellos. Mientras tanto, empezaron a verificar su historia. Fueron al hospital para ver si podían encontrar al médico que había curado sus heridas, pero el día del atentado hubo cerca de cinco mil heridos y el personal del centro apenas recordaba alguna cara en aquel caos de sangre y dolor. Entonces un conserje preguntó a los agentes si habían ido a buscar las balas y las llaves que había encontrado. Alguien las había escondido en la repisa de una ventana que había sobre un váter. La llave correspondía al modelo de camión empleado en el atentado.

En el aeropuerto, los agentes descubrieron la tarjeta de inmigración de Rashid, en la que figuraba como domicilio en Nairobi el hotel donde le habían descubierto, lo que demostraba que había mentido cuando contó que un taxista le había llevado allí después del atentado. Los registros de llamadas telefónicas les condujeron hasta una gran casa desde la que se había llamado al teléfono de Hada en Yemen media hora antes del atentado. Cuando llegó el equipo encargado de recoger pruebas, los detectores de residuos explosivos se iluminaron. Allí era donde se había fabricado la bomba.

—¿Pretendéis echarme la culpa a mí? —gritó Bin Rashid cuando Gaudin le puso delante las pruebas—. Es culpa vuestra. La culpa es de vuestro país por apoyar a Israel.

La rabia se había apoderado de él y escupía al hablar. Era un cambio radical con respecto a la compostura que los investigadores habían visto los días anteriores.

—¡Mi tribu te va a matar, a ti y a toda tu familia! —prometió.

También Gaudin estaba furioso. El número de víctimas había aumentado a lo largo de la semana a medida que morían personas que habían resultado gravemente heridas.

—¿Por qué tuvo que morir esa gente? —preguntó—. ¡No tenían nada que ver con Estados Unidos, Israel o Palestina!

Bin Rashid no respondió directamente, sino que dijo algo sorprendente:

—Quiero que me prometan que seré juzgado en Estados Unidos. Porque Estados Unidos es mi enemigo, no Kenia. Si me lo prometen, se lo contaré todo.

Gaudin hizo entrar en el cuarto a Patrick Fitzgerald, el fiscal del Distrito Sur de Nueva York. Fitzgerald redactó un contrato en virtud del cual los investigadores se comprometían a hacer todo lo posible para conseguir la extradición del sospechoso a Estados Unidos.

—Mi nombre no es Jaled Salim bin Rashid —dijo entonces el sospechoso—. Me llamo Muhammad al-'Owhali y soy de Arabia Saudí.

Les contó que tenía veintiún años, que había estudiado y que pertenecía a una importante familia de comerciantes. Se había vuelto muy religioso durante la adolescencia, al escuchar sermones en cintas y leer libros y revistas que ensalzaban el martirio. Le impresionó especialmente una cinta del jeque Safar al-Hawali que hablaba de la «promesa de Kissinger»,[25] un supuesto plan del ex secretario de Estado Henry Kissinger para ocupar la península Arábiga. Enfurecido por aquella información falsa, 'Owhali se marchó a Afganistán para incorporarse a la yihad.

Después recibió instrucción básica en el campamento de Jaldan, donde aprendió a utilizar armas automáticas y explosivos. 'Owhali lo hacía tan bien que Bin Laden le concedió una audiencia y le aconsejó que prosiguiera con su formación. 'Owhali pasó a aprender técnicas para secuestrar personas, aviones y autobuses, tomar el control de edificios y conseguir información secreta. Bin Laden le seguía de cerca y le aseguró que un día le asignaría una misión.

Mientras 'Owhali combatía con los talibanes, Yihad Ali fue a verle y le informó de que por fin le habían aceptado para una operación de martirio, pero que tenía que ser en Kenia. 'Owhali estaba decepcionado. «Quiero atacar *dentro* de Estados Unidos», pidió.

Sus instructores le dijeron que los atentados contra las embajadas eran importantes porque mantendrían a Estados Unidos distraído mientras se preparaba el verdadero ataque.

—Tenemos un plan para atacar Estados Unidos, pero no estamos preparados todavía —le dijo el sospechoso a Gaudin y los demás investigadores—. Tenemos que golpearos en un par de lugares fuera del país para que no os deis cuenta de lo que está pasando dentro. El gran ataque se avecina. No hay nada que podáis hacer para detenerlo.

Trabajar para O'Neill a veces era similar a pertenecer a la mafia. Los otros agentes observaron que la ropa y los modales de O'Neill, por no mencionar sus orígenes de Atlantic City, le daban cierto aire de gángster. El director y fundador del FBI, J. Edgar Hoover, estaba tan preocupado por el joven agente, que cuando entró por primera vez en la oficina se quedó a solas con O'Neill para preguntarle por sus «contactos».[26] El único vínculo era que O'Neill, como la mafia, era el resultado de una cultura que prosperaba gracias a la lealtad personal. Además, no era raro que amenazara con arruinar las carreras de los agentes con los que se cruzaba.[27]

Después de los atentados contra las embajadas, O'Neill convocaba reuniones diarias a las cuatro de la tarde, a las que solía llegar hasta con una hora de retraso. Su impuntualidad crónica suscitó una gran cantidad de comentarios airados entre los agentes casados, que tenían hijos que atender. Cuando por fin O'Neill llegaba a la sala de conferencias, recorría la mesa estrechando la mano a cada uno de los miembros del equipo, un ritual que suponía una pérdida de tiempo.

En una ocasión, Jack Cloonan, un agente de la unidad I-49, besó el enorme anillo que O'Neill lucía en un dedo.

—Gracias, padrino —le dijo.

—Que te follen —le espetó O'Neill.

Durante una de las reuniones, Dan Coleman estaba explicando una información cuando O'Neill irrumpió en la sala.

—No sabes de qué estás hablando —le dijo al hombre que más había investigado a Bin Laden y su organización en Estados Unidos, con la excepción de Mike Scheuer.

—Bien —dijo Coleman.

—Estoy bromeando.

—¿Sabes qué? Yo solo soy un don nadie —le dijo Coleman con vehemencia— y tú eres el que manda. En esta posición no me puedo defender.

Al día siguiente, O'Neill se acercó a la mesa de Coleman para pedirle disculpas.

—No debí hacerlo —dijo.

Coleman aceptó las disculpas, pero aprovechó la ocasión para sermonear a O'Neill sobre la responsabilidad de mandar. O'Neill le escuchó y después le dijo:

—Parece que te peines con una granada de mano.

—Quizá debería usar un poco de ese aceite que te echas en el pelo —contestó Coleman.

O'Neill se marchó riendo.

Después de aquello, Coleman empezó a observar furtivamente a O'Neill. Dictaminó que la clave era que «había salido de la nada». La madre de O'Neill todavía conducía un taxi por el día en Atlantic City y su padre lo hacía por la noche. El tío de O'Neill, un pianista, les ayudó a salir adelante cuando la economía de los casinos desapareció. O'Neill se marchó de casa en cuanto pudo. En su primer empleo, cuando era guía turístico en la sede del FBI, llevaba un maletín al trabajo, como si lo necesitara, y enseguida trató de dominar a los demás guías, que le llamaban «Apestoso» con resentimiento porque siempre sudaba.

Coleman se dio cuenta de que había una gran diferencia entre el O'Neill público y el privado. Los trajes ostentosos o las uñas relucientes ocultaban a un hombre de orígenes humildes y recursos modestos. Era una imagen que a duras penas se podía permitir con un sueldo de funcionario. Aunque a veces se comportaba de un modo agresivo y despectivo, O'Neill también era ansioso e inseguro, a menudo buscaba que los demás le reafirmaran y estaba acumulando muchas deudas. Pocos sabían lo precaria que era su carrera, lo fragmentada que estaba su vida privada o lo atormentado que estaba su espíritu. Una vez, un agente se enfadó tanto con O'Neill en una reunión que empezó a gritarle. O'Neill salió de la habitación y se calmó llamando por el móvil.

«No puedes hacer eso —le dijo Coleman al agente—. Dile que lo sientes, que no querías faltarle al respeto.»

O'Neill era tan dependiente emocionalmente del respeto ajeno como cualquier gángster.

Pero también podía dar muestras de preocupación por lo demás desmesuradas y casi alarmantes, como recaudar discretamente dinero para las víctimas de los atentados que estaba investigando[28] o asegurarse personalmente de que sus empleados tuvieran los mejores médicos de la ciudad cuando enfermaban. Un amigo de O'Neill en Washington tuvo que someterse a una operación de bypass durante una fuerte ventisca. El tráfico estaba cortado en la ciudad, pero cuando se despertó vio a O'Neill junto a su cama; había conseguido llegar caminando sobre medio metro de nieve.[29] Cada mañana insistía en llevarle a su secretaria café y un pastel de un quiosco de la calle y siempre recordaba los cumpleaños. Estos gestos, tanto los grandes como los pequeños, reflejaban su deseo de que los demás se fijaran en él y le prestaran atención.

Diez días después de los atentados contra las embajadas, Jack Cloonan recibió una llamada de uno de sus contactos en los servicios secretos sudaneses diciéndole que dos de los hombres implicados en el caso estaban en Jartum. Habían alquilado un apartamento con vistas a la embajada estadounidense. Cloonan le pasó la información a O'Neill, que al día siguiente llamó a Dick Clarke al Consejo de Seguridad Nacional.

—Quiero trabajar con los sudaneses —le dijo a Clarke.

O'Neill era plenamente consciente de que el país figuraba en la lista de terroristas del Departamento de Estado, pero al menos estaban haciendo una tentativa de acercamiento.

—John, hay algo que no te puedo contar —le dijo Clarke por teléfono.

Le propuso a O'Neill que fuera a Washington para hablar con la fiscal general. Ella le informó de que era imposible que trabajara para los sudaneses: en pocas horas, Estados Unidos iba a bombardear aquel país como represalia por los atentados contra las embajadas en África oriental. Los misiles ya estaban listos para su lanzamiento desde buques de guerra destacados en el mar Rojo.

O'Neill aterrizó en Washington el mismo día en que Monica Lewinsky, una ex becaria de la Casa Blanca, declaraba ante un gran jurado en Washington haber concedido favores sexuales orales al presidente de Estados Unidos. Su declaración sería determinante en el proceso de destitución que se produciría a continuación. Para los islamistas y, en realidad, para muchos árabes, la relación entre el presidente y su becaria simbolizaba a la perfección la influencia judía en Estados Unidos y cualquier respuesta militar a los atentados sería vista como una excusa para castigar a los musulmanes y desviar la atención de aquel escándalo. «¡No a la guerra por Monica!», era una frase que se podía ver en muchas calles árabes. Pero el maltrecho estado de su presidencia le dejaba a Clinton pocas opciones.

La CIA sospechaba que Bin Laden estaba desarrollando armas químicas en Sudán. La información provenía de Yamal al-Fadl,[30] el antiguo ayudante de Bin Laden que ahora era un testigo protegido del gobierno estadounidense. Pero Fadl se había marchado de Sudán dos años antes, más o menos en la misma época en que Bin Laden fue expulsado del país. La CIA, que dudaba de la sinceridad de las repetidas tentativas de acercamiento del gobierno sudanés a Estados Unidos para que le borrara de la lista negra del Departamento de Estado, contrató a un espía de un país árabe para que le consiguiera una muestra de tierra cerca de al-Shifa,[31] una planta farmacéutica de la que sospechaban que era una instalación secreta para fabricar armas químicas y que era propiedad de Bin Laden. La muestra, tomada en junio de 1998, supuestamente contenía trazas de EMPTA, un compuesto químico indispensable para la fabricación del VX, un gas nervioso extremadamente potente. De hecho, el compuesto apenas tenía algún otro uso. El 20 de agosto, basándose en esa información, el presidente Clinton autorizó el lanzamiento de trece misiles de crucero Tomahawk contra Jartum como primera fase de las represalias estadounidenses por los atentados contra las embajadas. La planta quedó completamente arrasada.

Resultó que en la planta solo se fabricaban productos farmacéuticos y veterinarios, no armas químicas. Nunca volvieron a encontrarse trazas de EMPTA en el lugar o sus inmediaciones. El compuesto químico podría haberse producido al descomponerse un pesticida que estaba a la venta y se utilizaba mucho en África y que se parecía mucho. Además, Bin Laden no tenía nada que ver con la planta. El resultado de aquel precipitado ataque fue que el empobrecido Sudán perdió una de sus empresas más importantes, que empleaba a trescientas personas y producía más de la mitad de los medicamentos del país. Y también murió un vigilante nocturno.

Sudán dejó escapar a los dos cómplices de los atentados en África oriental y nadie volvió a verlos jamás. O'Neill y su equipo perdieron una oportunidad irrepetible de capturar a miembros de al-Qaeda.

Al mismo tiempo que los misiles explotaban en el norte de Jartum, sesenta y seis misiles de crucero ya volaban hacia dos campamentos en las inmediaciones de Jost (Afganistán), cerca de la frontera con Pakistán.

Daba la casualidad de que Zawahiri estaba hablando por el teléfono vía satélite de Bin Laden con Rahimullah Yusufzai, un prestigioso periodista de la BBC y del periódico paquistaní *News*. Zawahiri le dijo: «El señor Bin Laden tiene un mensaje. Dice: "Yo no he atentado contra las embajadas estadounidenses en Kenia y Tanzania. He declarado la yihad, pero no estuve involucrado"».

La mejor manera que tenían los servicios secretos estadounidenses de detectar los movimientos de Bin Laden y Zawahiri en aquella época era rastreando las llamadas de su teléfono vía satélite. Si hubiera habido aviones de vigilancia en la región, la llamada de Zawahiri al periodista habría proporcionado a los agentes su localización exacta.[32] Pero el ataque fue lanzado con tanta rapidez que hubo poco tiempo para preparativos. No obstante, los servicios secretos estadounidenses por lo general sabían dónde estaban escondidos Bin Laden y Zawahiri, por lo que el hecho de que no hubiera aviones de vigilancia justo antes del ataque es inexplicable. Si hubieran localizado el paradero de Zawahiri antes de lanzar los misiles, seguro que habría muerto en el ataque. Por otro lado, se tarda varias horas en preparar un misil para lanzarlo y el tiempo de vuelo desde los buques de guerra en el mar Arábigo, a través de Pakistán, hasta el este de Afganistán era de más de dos horas. Es muy probable que en el momento en que Zawahiri cogió el teléfono, los misiles ya estuvieran de camino y fuera demasiado tarde.

Aunque la Agencia de Seguridad Nacional (NSA) podía vigilar las llamadas de teléfonos vía satélite, se negaba a compartir la información sin procesar con el FBI, la CIA o Dick Clarke en la Casa Blanca.[33] Cuando la CIA se enteró a través de un empleado suyo que trabajaba en la NSA de que ya se estaban escuchando las llamadas de al-Qaeda, reclamó las transcripciones. La NSA se negó a entregárselas y, en su lugar, le ofreció resúmenes narrativos que a menudo estaban desfasados. Entonces la CIA recurrió a su propio director de ciencia y tecnología para que fabricase un dispositivo que permitiera escuchar las transmisiones vía satélite de aquella zona de Afganistán. Solo podían recibir a un interlocutor, pero gracias a una de aquellas conversaciones parcialmente interceptadas la CIA determinó que Bin Laden y otros iban a ir a Jost.

Era una información oportuna y relevante. Bin Laden había decidido ir a Jost la noche anterior. Pero mientras él y sus compañeros atravesaban la provincia de Vardak, se detuvieron en un cruce.

«¿Adónde creéis que debemos ir, amigos? —preguntó Bin Laden—. ¿A Jost o a Kabul?»

Su guardaespaldas y otros votaron por Kabul, donde podrían visitar a su amigos.

«Entonces, vayamos a Kabul, con la ayuda de Dios», decretó Bin Laden, una decisión que probablemente le salvó la vida.[34]

Con quince años, Abdul Rahman Jadr era el recluta más joven del campamento de Faruk, en las inmediaciones de Jost. Según sus cálculos, allí se entrenaban entre 70 y 120 hombres, y aproximadamente la misma cantidad en el cercano campamento de Yihad Wal. Después de la oración del crepúsculo, regresaba de los servicios con un cubo en la mano cuando vio unas luces brillantes en el cielo, justo encima de su cabeza. Tiró el cubo a un lado, pero antes de que tocara el suelo, los misiles comenzaron a explotar.

Las primeras veinte explosiones se produjeron en Yihad Wal. Abdul Rahman se puso a cubierto cuando lanzaron la siguiente andanada, que estallaba por todas partes a su alrededor. Miró hacia arriba y vio que el aire vibraba por las ondas explosivas. Cuando remitió la lluvia de piedras y guijarros, recorrió las ruinas humeantes para comprobar qué había quedado en pie.

El edificio administrativo estaba destruido. Abdul Rahman dedujo que los reclutas debían de estar muertos, pero oyó gritos y se dirigió a Yihad Wal, donde descubrió que estaban allí congregados celebrando una reunión. Sorprendentemente, estaban todos vivos. Ninguno de los líderes de al-Qaeda resultó herido.

Había cinco hombres heridos, a los que Abdul Rahman metió en un todoterreno. Pese a su juventud, era el único que sabía conducir, por lo que los llevó a toda velocidad al hospital de Jost. Se detuvo en el camino para dar de beber a uno que estaba gravemente herido, pero el hombre murió en sus brazos.

Abdul Rahman volvió al campamento para ayudar a enterrar a los muertos. Uno de los cadáveres estaba tan mutilado que era imposible identificarlo. «¿Podéis encontrar al menos sus pies?», preguntó Abdul Rahman.[35] Alguien encontró uno y, gracias a una marca de nacimiento en un dedo, Abdul Rahman pudo identificar a uno de sus amigos, un ciudadano canadiense de origen egipcio como él. Había otros cuatro hombres muertos, a los que enterraron mientras un avión de vigilancia les sobrevolaba para evaluar los daños.

En la pomposa jerga de los planificadores militares estadounidenses, aquellos ataques fallidos recibieron el nombre de Operación Alcance Infinito. Concebidos como una respuesta quirúrgica y proporcional a los atentados terroristas (dos atentados, dos respuestas contundentes), los ataques con misiles pusieron de relieve la incompetencia de los servicios secretos estadounidenses y la futilidad de su poderío militar, que había lanzado casi setecientos cincuenta millones de dólares en armamento contra dos de los países más pobres del planeta.

Según el general Hamid Gul, el antiguo jefe del del servicio secreto paquistaní (ISI), más de la mitad de los misiles cayeron en territorio paquistaní y mataron a dos ciudadanos de ese país. Aunque Abdul Rahman Jadr solo enterró a cinco hombres en el campamento de al-Qaeda, sin contar al que murió en sus brazos, hubo muchas declaraciones falsas. Sandy Berger, el asesor de seguridad nacional de Bill Clinton, afirmó que «murieron entre veinte y treinta miembros de al-Qaeda». Los talibanes se quejaron más tarde de que también habían muerto veintidós afganos y más de cincuenta habían resultado gravemente heridos.[36] No obstante, el guardaespaldas de Bin Laden observó los daños y coincidió con la evaluación de Abdul Rahman. «Todos los edificios sufrieron el impacto de un misil, pero no destruyeron totalmente el campamento —informó—. Impactaron en la cocina del campamento, la mezquita y algunos lavabos. Seis hombres murieron: un saudí, un egipcio, un uzbeko y tres yemeníes.»[37]

Pero los ataques también tuvieron profundas repercusiones. Varios misiles Tomahawk no llegaron a explotar. Según fuentes de los servicios secretos rusos, Bin Laden vendió a China los misiles que no habían explotado por más de diez millones de dólares.[38] Pakistán podría haber utilizado algunos de los que encontró en su territorio para diseñar su propio misil de crucero.

No obstante, el principal legado de la Operación Alcance Infinito fue que Bin Laden se erigió en una figura simbólica de la resistencia no solo en el mundo musulmán, sino también en cualquier lugar donde Estados Unidos, con la imposición de su cultura narcisista y la impresionante presencia de su fuerza militar, se había vuelto un país poco grato. Cuando la exultante voz de Bin Laden sonó entrecortada en una transmisión de radio diciendo «¡Gracias a Dios, estoy vivo!», las fuerzas antiestadounidenses habían encontrado su paladín. Los musulmanes que se habían opuesto a las matanzas de inocentes en las embajadas de África oriental se sintieron intimidados por el apoyo popular a aquel hombre cuyo desafío a Estados Unidos parecía contar con el favor divino. Incluso en Kenia y Tanzania, los dos países que más habían sufrido los atentados de al-Qaeda, se podía ver a niños que llevaban camisetas de Bin Laden.

Al día siguiente de los ataques, Zawahiri volvió a llamar a Yusufzai. «Hemos sobrevivido al ataque —le informó Zawahiri—. Di a los estadounidenses que no tememos ni los bombardeos ni las amenazas ni los actos de agresión. Hemos sufrido los bombardeos soviéticos durante diez años en Afganistán y hemos sobrevivido, y estamos dispuestos a afrontar más sacrificios. La guerra no ha hecho más que empezar. Ahora les toca a los estadounidenses esperar la respuesta.»[39]

17

El nuevo milenio

Dos días después de los ataques con misiles estadounidenses, el mullah Omar hizo una llamada secreta al Departamento de Estado norteamericano.[1] Tenía un consejo que darles: los ataques solo conseguirían avivar el sentimiento antiamericano en el mundo islámico y provocar más atentados terroristas. La mejor solución era que el presidente Clinton dimitiera.

El impasible funcionario del Departamento de Estado que respondió a la llamada, Michael E. Malinowski, le señaló que había bastantes pruebas de que Bin Laden estaba detrás de los atentados de África oriental. Malinowski añadió que comprendía que el código tribal obligaba a Omar a proteger a Bin Laden, pero el saudí se estaba comportando como un invitado que dispara contra sus vecinos desde la ventana de su anfitrión. Malinowski advirtió de que, mientras Bin Laden estuviera en Afganistán, no habría ayuda para la reconstrucción. Aunque la conversación no resolvió nada, fue la primera de muchas charlas francas e informales entre Estados Unidos y los talibanes.

Sin duda, el mullah Omar no ignoraba que tenía un problema. La declaración de guerra de Bin Laden contra Estados Unidos había dividido a los talibanes. Había quienes decían que Estados Unidos siempre había sido amigo de los afganos, de manera que ¿por qué convertir al país en un poderoso e innecesario enemigo? Insistían en que nadie del círculo íntimo de Bin Laden, incluido el propio Bin Laden, poseía la autoridad religiosa para promulgar una fatwa y mucho menos para declarar la yihad. Otros creían que Estados Unidos se había convertido por sí solo en enemigo de Afganistán al lanzar los misiles.

Omar estaba furioso porque Bin Laden desafiaba su autoridad,[2] pero el ataque estadounidense contra suelo afgano le planteaba un dilema. Si entregaba a Bin Laden, daría a entender que había cedido a la presión de Estados Unidos. Consideraba que los talibanes no podrían mantenerse en el poder si lo hacía.[3] Y, por supuesto, estaba el acuerdo a que el mullah Omar había llegado con el príncipe Turki, que iba a regresar pronto a Kandahar para recoger a Bin Laden y llevarle de vuelta a Arabia Saudí.

Una vez más, Omar convocó a Bin Laden. «Derramé lágrimas —admitiría más tarde Bin Laden—. Le dije al mullah Omar que abandonaríamos su país y nos dirigiríamos hacia el vasto dominio de Dios, pero que dejaríamos a nuestros hijos y esposas bajo su cuidado. Le dije que buscaríamos una tierra que fuera un refugio para nosotros. El mullah Omar dijo que las cosas aún no habían llegado a ese punto.»[4]

Entonces Bin Laden formuló una promesa de lealtad personal muy similar a la que los miembros de al-Qaeda le hacían a él. Reconoció a Omar como príncipe de los creyentes. «Te consideramos nuestro noble emir —escribió Bin Laden—. Invitamos a todos los musulmanes a prestarte ayuda y cooperación de todas las maneras que les sean posibles.»[5]

Tras aquella promesa, el mullah Omar cambió de actitud. Ya no veía a Bin Laden como una amenaza y surgió una amistad entre ellos. A partir de entonces, cada vez que otros talibanes se quejaban del saudí, el mullah Omar se erigía en su más firme defensor. A menudo iban a pescar juntos a un embalse al oeste de Kandahar.[6]

«Esta vez, ¿por qué no vienes conmigo? —le preguntó el príncipe Turki a su colega paquistaní, el general Nasim Rana, jefe del ISI, a mediados de septiembre—. Así el mullah Omar podrá ver que los dos hablamos en serio.»[7]

Basándose en información de sus servicios secretos, los paquistaníes habían informado a Turki de que Bin Laden estaba detrás de los atentados contra las embajadas y que el de Nairobi lo habían perpetrado ciudadanos saudíes. Turki comprendió con amargura que ya no estaba negociando la entrega de un simple disidente, sino de un experto terrorista. Seguramente los dos aliados más firmes de los talibanes, Arabia Saudí y Pakistán, lograrían convencer al afgano para que les entregara a su problemático huésped.

Turki y el general Rana fueron a la misma casa de huéspedes de Kandahar donde el mullah Omar había recibido al príncipe saudí antes. Turki saludó al dirigente talibán y le recordó su promesa. Antes de responder, Omar se levantó con brusquedad y abandonó la habitación durante unos veinte minutos. Turki se preguntó si estaría consultando con su *shura* o incluso con el propio Bin Laden. Finalmente, el príncipe de los creyentes regresó y dijo:

—Debe de haber habido un error del traductor. Yo nunca he dicho que te entregaría a Bin Laden.

—Pero, mullah Omar, no lo dije solo una vez —masculló indignado Turki.

Señaló al principal asesor de Omar y su ministro de Asuntos Exteriores *de facto*, el mullah Wakil Ahmed Muttawakil, que, según recordó Turki, había viajado al reino hacía solo un mes para negociar la entrega. ¿Cómo podía pretender Omar lo contrario?

La voz de Omar era estridente y estaba empezando a sudar. Turki se preguntó si no estaría drogado.[8] Omar gritó al príncipe, diciéndole que Bin Laden era «un hombre de honor, un hombre distinguido», que solo quería ver a los estadounidenses salir corriendo de Arabia. «En lugar de tratar de perseguirle, deberías tendernos la mano, a nosotros y a él, y combatir a los infieles.» Calificó a Arabia Saudí de «país ocupado» y se volvió tan ofensivo hacia su persona que el traductor titubeaba.

—No voy aguantar más esto —dijo Turki furioso—. Pero debes recordar, mullah Omar, que lo que ahora estás haciendo va a causar un daño enorme al pueblo afgano.

Turki y el general Rana regresaron al aeropuerto en silencio y anonadados. Resultaba especialmente irritante pasar una vez más junto a la granja de Tarnak, la desvencijada ciudadela de Bin Laden. A partir de ese momento, no solo la reputación de Turki, sino también el lugar de Arabia Saudí en el mundo dependerían del hombre que vivía en su interior.

Aunque el ataque estadounidense había causado daños en los campos de entrenamiento afganos, los trasladaron con facilidad,[9] esta vez cerca de los núcleos urbanos de Kandahar y Kabul. Pero el ataque había dejado tras de sí cierta paranoia, y los miembros de la comunidad de al-Qaeda, que siempre recelaban de los forasteros, empezaron a desconfiar los unos de los otros. Saif al-Adl, el jefe de seguridad de Bin Laden, estaba convencido de que había un traidor en su campamento. Después de todo, Bin Laden y varios miembros destacados de la *shura* habrían estado en Jost cuando se produjo el ataque con misiles de no ser porque a última hora se decidió dar la vuelta en la carretera a Kabul.

Bin Laden seguía sentándose con los hombres de la misma manera informal y cualquiera podía acercarse a él fácilmente. En una ocasión un sudanés que se llamaba Abu al-Sha'tha se acercó al círculo y habló con arrogancia a Bin Laden delante de los demás jefes. Uno de los hombres, Abu Yandal, reconoció en él a un takfiri y le propuso que se sentara entre él y Bin Laden. «No es necesario», le aseguró Bin Laden, aunque no apartó la mano de su pistola mientras hablaba.[10]

Cuando el takfiri sudanés hizo un movimiento brusco, Abu Yandal se abalanzó sobre él, le puso las manos en la espalda y se sentó encima hasta inmovilizarle. Bin Laden se rió y dijo: «¡Abu Yandal, deja a este hombre tranquilo!».

Pero Bin Laden y los egipcios que velaban por su seguridad habían quedado impresionados por los reflejos y la fuerza de aquel leal seguidor. Bin Laden le entregó a Abu Yandal una pistola y le nombró su guardaespaldas personal. Solo había dos balas en la pistola, lo que significaba que eran para matar a Bin Laden en caso de que fueran a capturarle. Abu Yandal se ocupaba de lustrar las balas cada noche mientras se decía: «Estas son las balas del jeque Osama bin Laden. Ruego a Dios que no me deje usarlas».

Tras la humillación del príncipe Turki por el mullah Omar, tanto los talibanes como las fuerzas de seguridad de Bin Laden estaban nerviosos a la espera de la respuesta saudí. Los talibanes capturaron a un joven uzbeko en Jost que se comportaba de forma extraña. Se llamaba Siddiq Ahmed y había crecido en el reino saudí como expatriado. Admitió que el príncipe Salman, el gobernador de Riad, le había contratado para matar a Bin Laden (el príncipe Salman lo niega). A cambio, recibiría dos millones de riales y la ciudadanía saudí.

—¿Esperabas poder matar al jeque Osama bin Laden y escapar de catorce guardas muy bien entrenados y con armas automáticas? —le preguntó Abu Yandal.[11]

El muchacho tenía solo dieciocho años, pero parecía un niño.

—Cometí un error —dijo entre llantos.

Estaba aturdido y daba lástima. Finalmente, Bin Laden dijo: «Soltadle».

A principios de febrero de 1999, Bin Laden volvió a situarse en el punto de mira de Mike Scheuer. La CIA recibió información de que Bin Laden estaba acampado con un grupo de halconeros reales de los Emiratos Árabes Unidos en el desierto al sur de Kandahar. La información provenía del guardaespaldas de uno de los príncipes. Estaban cazando hubaras, un ave en peligro de extinción legendaria por su velocidad y astucia, así como por sus propiedades afrodisíacas. Los príncipes llegaron en un C-130 cargado con generadores, camiones refrigerados, sofisticadas tiendas con aire acondicionado, elevadas antenas para sus equipos de comunicaciones y televisores, y casi cincuenta camionetas 4×4, que dejarían a sus anfitriones talibanes como propina. Scheuer pudo ver nítidamente el campamento en fotos de reconocimiento. Incluso podía distinguir a los halcones posados en sus perchas. Pero no podía encontrar el campamento de Bin Laden, más pequeño, aunque sabía que estaba cerca.

Cada vez que Bin Laden ponía el pie en el campamento real, el guardaespaldas de los Emiratos informaba a su contacto estadounidense en Pakistán, y la información llegaba a la mesa de Scheuer en menos de una hora. Los espías afganos, apostados en un amplio círculo alrededor del campamento, confirmaban las idas y venidas del saudí.

Scheuer es un hombre alto y desarreglado, con gafas y una barba castaña encrespada. Su retrato no desentonaría en la pared de una mansión prusiana del siglo XIX. Es una persona impetuosa y exigente, que duerme pocas horas al día. Coleman solía fijarse en que, en las hojas de registro de los empleados, figuraba «2.30 a.m.» o una hora similar junto al nombre de Scheuer. Solía quedarse hasta las ocho de la tarde. Era el típico católico devoto que Coleman conocía bien y mostraba una fría indiferencia hacia el trabajo. Solo un par de meses antes, Scheuer había recibido información de que Bin Laden iba a pasar la noche en la residencia del gobernador de Kandahar. Cuando Scheuer propuso lanzar de inmediato un ataque con misiles de crucero, el ejército se opuso alegando que podrían morir hasta trescientas personas y que probablemente resultaría dañada una mezquita cercana.[12] Estas consideraciones enfurecieron a Scheuer.

Convencido de que su localización en el campamento de la cacería de hubaras era la mejor ocasión que jamás tendría de asesinar a Bin Laden, Scheuer acompañó al director de la CIA, George Tenet, a una reunión con Dick Clarke en la Casa Blanca. Una vez más, el Pentágono estaba preparando misiles de crucero —el método de asesinato preferido de Estados Unidos— para lanzar un ataque a la mañana siguiente. Casualmente, Clarke había regresado hacía poco de los Emiratos, donde había ayudado a negociar una venta de aviones de combate de fabricación estadounidense valorada en 8.000 millones de dólares. Tenía vínculos personales con la familia real de los Emiratos. Sin duda le rondaba la mente la imagen de los cadáveres de los príncipes diseminados por la arena, junto con el fracaso de la Operación Alcance Infinito. Además, la CIA no podía garantizar que Bin Laden estuviera realmente en el campamento.

Clarke se opuso a la misión. Tenet también votó en contra. Scheuer se sintió traicionado. Las consideraciones por las que aquellos hombres se mostraban contrarios al proyecto le parecían mezquinas y mercenarias comparadas con la oportunidad de matar a Bin Laden. «Yo no soy un tipo que se preocupe demasiado por las consecuencias», admitió Scheuer, y para demostrarlo envió una serie de correos electrónicos escritos en un tono dolido y reprobatorio. Los comentarios en los pasillos de la agencia sugerían que había sufrido una depresión nerviosa, que su obsesión con Bin Laden había podido con él. También perdió los estribos con un alto responsable del

FBI en la estación Alec, lo que provocó una airada llamada del director Freeh a Tenet. En mayo, Scheuer fue cesado como jefe de la estación Alec. «Te has quemado», le dijo su jefe.[13]

Se esperaba que se jubilara y aceptara la medalla de los servicios secretos con su nombre grabado. «Cuélgatela en el culo», dijo Scheuer. El lunes por la mañana se presentó a su hora habitual y ocupó una mesa en la biblioteca. Se quedó allí mes tras mes, sin nada que hacer, a la espera de que la agencia fuera a buscarle cuando estuviera dispuesta a matar y no titubeara por unos cuantos príncipes.

La oficina de O'Neill estaba en la esquina nordeste de la planta veinticinco del número 26 de Federal Plaza, en Nueva York, y tenía vistas al edificio Chrysler y el Empire State por una ventana y al puente de Brooklyn por la otra. Se aseguró de que no hubiera otra oficina del FBI como aquella. Se deshizo del mobiliario fabricado en prisión que había instalado el gobierno y llevó un sofá de color azul lavanda. Encima de la mesita de café de pluma de caoba puso un libro sobre tulipanes (*The Flower That Drives Men Wild*) y llenó la habitación de plantas y ramos de flores de temporada. Tenía dos ordenadores: el anticuado y deficiente modelo que proporcionaba el FBI, y su propio PC de alto rendimiento. De fondo, la CNN estaba siempre sintonizada en un pequeño televisor. En lugar de las habituales fotos familiares que adornan las paredes y los escritorios de los despachos, O'Neill tenía reproducciones de los impresionistas franceses.

Pocos en la oficina sabían que tenía mujer y dos hijos (John Junior y Carol) en New Jersey, que no le acompañaron cuando se trasladó a Chicago en 1991. Poco después de llegar a aquella ciudad, conoció a Valerie James, una directora de ventas de moda que estaba divorciada y también tenía dos hijos. Era alta y guapa, con una mirada intensa y una voz sensual. Vio a O'Neill en un bar y le invitó a una copa porque «tenía unos ojos cautivadores». Estuvieron hablando hasta las cinco de la mañana.

O'Neill le enviaba flores a Valerie cada viernes, el aniversario del día de la semana en que se conocieron. Era un fantástico bailarín y admitía haber participado en *American Bandstand* de adolescente.

Siempre que Valerie tenía que viajar por negocios, encontraba una botella de vino esperándole en su habitación del hotel. «¿Estás seguro de que no estás casado?», le preguntaba Valerie.

Justo antes de que O'Neill se trasladara a Washington, una agente llevó aparte a Valerie en la fiesta de Navidad del FBI y le habló de la familia de O'Neill en New Jersey. «Eso es imposible —replicó Valerie—. Vamos a casarnos. Le ha pedido mi mano a mi padre.»

Mientras le hacía la corte a Valerie, O'Neill tenía una novia en Washington, Mary Lynn Stevens, que trabajaba en la Pentagon Federal Credit Union. Le había pedido mantener una relación «exclusiva» dos años antes, cuando ella le visitó en Chicago por Nochevieja. Mary Lynn se enteró de la existencia de Valerie cuando oyó por casualidad un mensaje en el contestador de O'Neill. Se enfadó con él, y él le imploró perdón de rodillas y le prometió que nunca más volvería a ver a Valerie. Pero cuando Mary Lynn regresó a Washington, su peluquera, que casualmente era de Atlantic City, le informó sobre la esposa de O'Neill. O'Neill le explicó que aún estaba hablando con abogados, que no había querido poner en peligro su relación con Mary Lynn revelando un matrimonio que ya estaba acabado excepto por los últimos detalles legales. Le había dicho prácticamente lo mismo a Valerie James.

Poco después de llegar a Washington, conoció a otra mujer, Anna DiBattista, una rubia elegante que trabajaba en la industria de defensa. Ella sabía desde un principio que estaba casado —un compañero de trabajo se lo había dicho—, pero O'Neill no le habló nunca de las otras mujeres. El sacerdote de Anna le advirtió: «Este tipo nunca se va a casar contigo. Nunca va a conseguir la anulación». Y, sin embargo, un día ONeill le dijo que había conseguido la anulación, lo que era mentira. «Sé cuánto significa esto para ti», le diría. A menudo pasaba parte de la noche con Mary Lynn y el resto de la misma con Anna. «No creo que se quedara nunca hasta más tarde de las cinco o las seis de la mañana —dijo Mary Lynn—. Nunca le preparé el desayuno.» Mientras tanto, seguía manteniendo su relación con Valerie en Chicago. Las tres mujeres creían que se quería casar con ellas. También estaba obsesionado con una mujer hermosa y dinámica del Departamento de Justicia que estaba casada, lo que le causaba una perpetua frustración.

Curiosamente, su proteico drama doméstico se asemejaba al de su presa, Osama bin Laden. Tal vez si O'Neill hubiera vivido en una cultura que aprobara la poligamia, se habría creado un harén. Pero era furtivo por naturaleza y disfrutaba con los secretos peligrosos y las mentiras ingeniosas. Su trabajo, por supuesto, le proporcionaba la tapadera perfecta, ya que siempre podía desaparecer durante días en alguna misión «confidencial».

Había una parte de él que buscaba la tranquilidad de una relación estable, algo que parecía estar a punto de lograr con Valerie James. Cuando O'Neill se trasladó a Nueva York, Val se fue con él. Se instalaron en un apartamento en Stuyvesant Town. Estaba tan encariñado con los dos hijos de Valerie, ya mayores, que los amigos pensaban que eran suyos, y cuando nació el primer nieto de ella, y necesitaba que le cuidaran, O'Neill se quedaba en casa con el bebé para que Val pudiera ir a trabajar. Se acomodaron en la rutina. Los martes por la mañana dejaban la ropa en Laundromat e iban a correr. O'Neill dedicaba las mañanas de los sábados a cortarse el pelo y afeitarse. Los domingos probaban iglesias nuevas y a veces exploraban la ciudad en bici. A menudo, cuando él llegaba tarde por la noche bebido después de haber agasajado a policías de Venezuela o Uzbekistán, se arrastraba hasta la cama con un vaso de leche y un plato de galletas de chocolate. Le encantaba repartir caramelos en Halloween.

Pero había un desasosiego en él que parecía ahuyentar los planes sencillos. Cuando en 1999 le ofrecieron a DiBattista un puesto de trabajo en Nueva York que amenazaba con complicarle la vida más de lo necesario, O'Neill le suplicó que fuera. «¡Podemos casarnos!», le dijo. Pero cuando llegó, le explicó que no podía instalarse con él inmediatamente porque había unos «lingüistas» viviendo en su apartamento.

Con cada mujer vivía una vida diferente. Y consiguió mantener sus círculos sociales separados, de manera que un grupo de amigos le conocía con Val, otro con Anna y otro con Mary Lynn. Las llevaba a restaurantes diferentes e incluso a países diferentes durante las vacaciones. «Lo suyo era el jazz», diría Val. Con Anna, escuchaba a Andrea Bocelli. «Nuestra canción era "Time to Say Goodbye"», recordaría ella. Mary Lynn le inició en la gran ópera. «Cogió un avión desde

California cuando le invité a ver *Mefisto*.» Sus ideas políticas también eran flexibles, y tendían a adaptarse a las de su compañera del momento: era un demócrata moderado con una y un republicano moderado con otra.

En vacaciones volvía a New Jersey para visitar a sus padres y ver a su mujer y sus hijos. Aunque hacía muchos años que estaba separado de Christine, nunca llegó a divorciarse. Les contaba a sus amigos que sabían que tenía una familia que se trataba de una «cuestión católica».[14] Siguió manteniéndoles y hablaba a menudo con sus hijos por teléfono. Pero Atlantic City era una parte de su vida que compartía con muy pocos. Como las mujeres de su vida presentían que no podían confiar en él, no podían darle el amor y la entrega incondicionales que buscaba. Se sentía solo por sus mentiras compulsivas.

Inevitablemente, acabaron afectándole tantas complicaciones. Un día se olvidó la Palm Pilot en el estadio de los Yankees; estaba llena de contactos policiales de todo el mundo. Por suerte, la encontraron los agentes de seguridad de los Yankees. Después se dejó el teléfono móvil en un taxi. En el verano de 1999, él y Valerie se dirigían a la costa de Jersey cuando su Buick se averió cerca de Meadowlands. Casualmente, su coche del FBI estaba aparcado cerca, en un lugar secreto externo, por lo que O'Neill cambió de coche aunque el FBI prohíbe utilizar un vehículo oficial para usos personales. Sin embargo, podrían haber pasado por alto la infracción de O'Neill de no ser porque Valerie entró en el edificio para ir al servicio. Ella no tenía la menor idea de qué lugar era aquel. Cuando el FBI se enteró de la infracción, al parecer a través de un agente resentido al que habían sorprendido utilizando el lugar como taller mecánico, amonestaron a O'Neill y le descontaron quince días de sueldo.

Era una sanción que O'Neill no se podía permitir. Siempre había sido un anfitrión espléndido que quería pagar todas las cuentas. Había llegado incluso a romper por la mitad los billetes de otro agente cuando este se ofreció a pagar a medias. Estos gestos al final se pagaban caros. Un agente que hizo su declaración de la renta vio la deuda de la tarjeta de crédito de O'Neill y comentó: «Caramba, John, serías una buena presa para los reclutadores».[15] O'Neill también estaba pagando la hipoteca de la casa de su esposa,[16] echando mano de su fondo de jubilación y pidiendo dinero prestado a amigos ricos, que disponían de pagarés que se vio obligado a entregarles.[17] En circunstancias normales, a cualquier persona tan endeudada se la investigaría minuciosamente para averiguar si representaba un riesgo para la seguridad.

Era inseguro, mentiroso y se le podía desacreditar fácilmente. También era impetuoso, ingenioso y brillante. Para bien o para mal, aquel era el hombre del que Estados Unidos dependía para detener a Osama bin Laden.

Irak era un improbable aliado en la guerra de al-Qaeda contra Occidente, aunque habían mantenido una serie de contactos desde el final de la primera guerra del Golfo. Sadam Husein buscaba aliados para salvar su maltrecho régimen y los islamistas radicales al menos compartían su sed de venganza. En 1992, Hasan al-Turabi organizó un encuentro entre los servicios secretos iraquíes y al-Qaeda con la intención de establecer una «estrategia común»[18] para deponer a los gobiernos árabes prooccidentales. La delegación iraquí se reunió con Bin Laden y le aduló afirmando que era el Mahdi de la profecía, el salvador del islam.[19] Querían que dejara de dar apoyo a los insurgentes contrarios a Sadam.[20] Bin Laden aceptó, pero a cambio pidió armas y campos de entrenamiento dentro de Irak. Aquel mismo año Zawahiri viajó a Bagdad, donde se reunió con el dictador iraquí en persona.[21] Sin embargo, no hay pruebas de que Irak llegara a proporcionar armas o campamentos a al-Qaeda, y pronto Bin Laden reiteró su apoyo a los disidentes iraquíes.

Sin embargo, las conversaciones prosiguieron de forma intermitente. Cuando Bin Laden promulgó su fatwa contra Estados Unidos en 1998, agentes de los servicios secretos iraquíes volaron a Afganistán para hablar con Zawahiri de la posibilidad de trasladar al-Qaeda a Irak.[22] En aquel momento las relaciones de Bin Laden con los talibanes eran tensas y varios destacados miembros de al-Qaeda estaban a favor de buscar otro refugio. Bin Laden se opuso porque no quería estar en deuda con el tirano iraquí.

En septiembre de 1999, Zawahiri viajó de nuevo a Bagdad con un pasaporte falso para asistir al Noveno Congreso Popular Islámico,[23] un encuentro internacional de clérigos y activistas patrocinado por el gobierno iraquí. Casualmente, llegó a Bagdad un yihadí jordano llamado Abu Musab al-Zarqawi aproximadamente por las mismas fechas. Zarqawi no era miembro de al-Qaeda, pero dirigía un campo de entrenamiento en Herat (Afganistán). Aunque se consideraba un rival de Bin Laden, tenía vínculos estrechos con al-Yihad. Es posible que los servicios secretos iraquíes ayudaran a Zawahiri y Zarqawi a crear una organización terrorista de fundamentalistas kurdos llamada Ansar al-Islam, inspirada en el patrocinio iraní de Hezbollah.* (Zarqawi sería más tarde el jefe de la insurgencia de al-Qaeda contra las tropas estadounidenses después de la invasión de Irak en 2003.)

A O'Neill le preocupaba especialmente que, a medida que se aproximaba el nuevo milenio, al-Qaeda aprovechara la ocasión para conferir dramatismo a su guerra contra Estados Unidos. Estaba seguro de que los terroristas islámicos habían establecido una cabeza de puente en Estados Unidos. Esta opinión difería mucho de la que defendía la dirección del FBI. En reuniones celebradas en la Casa Blanca, el director Freeh insistió reiteradamente en que al-Qaeda no representaba una amenaza interna. El FBI ni siquiera incluyó a Bin Laden en su lista de individuos más buscados hasta junio de 1999.

O'Neill había llegado a creer que los atentados de al-Qaeda seguían una pauta y les comentaba a algunos de sus amigos: «Nos toca». Esa sensación fue especialmente intensa en la segunda mitad de 1999. Sabía lo mucho que significaban para Bin Laden los símbolos y la elección del momento, y el milenio ofrecía una oportunidad sin igual para conseguir un gran efecto teatral. O'Neill creía que el objetivo sería alguna infraestructura esencial: el agua potable,

---

* Estas suposiciones se basan en comentarios expresados por el ex primer ministro interino de Irak, Iyad Allawi, quien afirma que descubrió esta información en los archivos de los servicios secretos iraquíes.

la red eléctrica o quizá el sistema de transporte.[24] Sin embargo, los informes que corroboraran aquella hipótesis eran frustrantemente inexistentes.

En diciembre, las autoridades jordanas arrestaron a dieciséis sospechosos de planear una serie de atentados contra el hotel Radisson en Amman y varios lugares turísticos frecuentados por occidentales. Uno de los conspiradores era Abu Musab al-Zarqawi, aunque no fue capturado. Los jordanos también descubrieron un manual de entrenamiento de al-Qaeda, en seis volúmenes, en CD-ROM. La célula jordana incluía a varios estadounidenses árabes.

La CIA avisó de que podía haber múltiples ataques en Estados Unidos, pero facilitó pocos detalles.[25] La Administración Federal de Aviación (FAA), la policía de fronteras, la Guardia Nacional, el servicio secreto y todas las oficinas del sheriff y comisarías de policía del país estaban en alerta máxima, pero no había ningún indicio real de que fuera a producirse un atentado inminente. El temor a un atentado terrorista se mezclaba con la histeria colectiva por el efecto 2000: el miedo generalizado a que se produjera un fallo en la mayoría de los ordenadores al cambiar de milenio en el calendario, lo que provocaría un colapso del mundo tecnológico.

Entonces, el 14 de diciembre, un guardia fronterizo de Port Angeles (Washington) dio el alto a un argelino, Ahmed Ressam, cuyo evidente nerviosismo despertó sus sospechas. Le pidió que se bajara del coche. Otro guardia abrió el maletero y dijo: «Eh, creo que aquí tenemos algo».[26] Un inspector de aduanas agarró a Ressam por el abrigo y le guió hasta el maletero del coche. Dentro había cuatro temporizadores, más de cuarenta y cinco kilos de urea y seis kilos de sulfato: los componentes necesarios para fabricar una bomba similar a la de Oklahoma City.

Ressam echó a correr dejando su abrigo en las manos del inspector de aduanas. Los guardias le persiguieron y le capturaron a cuatro manzanas de distancia mientras trataba de entrar en un coche parado en un semáforo.

Resultó que el objetivo de Ressam era el Aeropuerto Internacional de Los Ángeles. Pese a todas las precauciones que se habían tomado, si aquel guardia fronterizo no hubiese sentido curiosidad por el nerviosismo de Ressam, el milenio podría haber empezado con una gran catástrofe. Pero el azar eligió otro escenario.

Ressam no era realmente un agente de al-Qaeda, aunque había aprendido a fabricar bombas en uno de los campamentos de Bin Laden en Afganistán. Era un terrorista independiente que operaba bajo el estandarte de al-Qaeda, como los que proliferarían después del 11 de septiembre. Era un ladrón con escasa formación religiosa al que se podía llamar un precursor. Entrenado y autorizado por al-Qaeda, formó su propia célula *ad hoc* en Montreal. Había telefoneado a Afganistán antes del atentado para preguntar si Bin Laden quería atribuirse el ataque, pero nunca obtuvo respuesta.

John O'Neill estaba convencido de que había cómplices de Ressam en Estados Unidos. ¿Quiénes eran? ¿Dónde estaban? Tenía la sensación de que se había iniciado una cuenta atrás hasta el Año Nuevo, cuando un atentado de al-Qaeda tendría más repercusión.

Las autoridades del estado de Washington encontraron en el bolsillo de Ressam un trozo de papel con un nombre, Ghani, y varios números de teléfono. Uno de ellos tenía el prefijo 318, pero cuando Jack Cloonan llamó, respondió un niño de Monroe (Luisiana). Cloonan miró de nuevo el número. Pensó que quizá se trataba del prefijo 718. Cuando lo verificó, descubrió que el número pertenecía a Abdul Ghani Meskini, un argelino que vivía en Brooklyn.

O'Neill supervisó la vigilancia del domicilio de Meskini desde el puesto de mando del FBI en Brooklyn. Tras pinchar el teléfono interceptaron una llamada que Meskini hizo a Argelia en la que hablaba de Ressam y de otro posible terrorista en Montreal. El 30 de diciembre, O'Neill arrestó a Meskini acusándole de conspiración y a otros presuntos terroristas por infringir las normas de inmigración. Al final, tanto Meskini como Ressam cooperarían como testigos con el gobierno.

O'Neill pasó aquella gélida noche de Fin de Año con dos millones de personas en Times Square.[27] A medianoche habló con Clarke en la Casa Blanca para decirle que estaba bajo la gigantesca bola mientras las campanas anunciaban el nuevo milenio. «Si tienen intención de hacer algo en Nueva York, lo harán aquí —le dijo a Clarke—. Así que aquí estoy.»[28]

Después de la redada del milenio, O'Neill llegó a la conclusión de que al-Qaeda tenía células durmientes en Estados Unidos. Todos los vínculos entre la célula canadiense y la jordana pasaban por Estados Unidos; y, sin embargo, incluso después de los atentados contra las embajadas estadounidenses y la tentativa de atentar en el aeropuerto de Los Ángeles, la dirección del FBI seguía considerando a al-Qaeda una amenaza lejana y controlable. Dale Watson, el director adjunto de la División de Antiterrorismo, era una excepción. Durante los meses siguientes, O'Neill y Watson se reunieron con Dick Clarke para diseñar un plan estratégico llamado Millennium After-Action Review, que especificaba una serie de cambios de estrategia concebidos para erradicar las células de al-Qaeda. Entre ellos estaban incrementar el número de grupos de la Fuerza Conjunta Antiterrorista en todo el país, destinar a más agentes del Servicio de Recaudación de Impuestos y el Servicio de Inmigración y Naturalización a la observación de los movimientos de capital y personas, y agilizar el proceso de análisis de la información obtenida gracias a las escuchas telefónicas. Pero estos cambios no bastaron para compensar la lasitud burocrática que se apoderó de Washington una vez que se produjo el cambio de milenio.

La Noche del Poder,[29] casi al final del mes de ayuno de Ramadán, conmemora la fecha en que el profeta Mahoma comenzó a recibir la palabra de Dios en una cueva del monte Hira. En aquella propicia fecha, el 3 de enero de 2000, cinco hombres de Adén (Yemen) comieron tras el ayuno y después caminaron hasta la costa. Allí vieron algo extraño: una barca de pesca de fibra de vidrio medio sumergida. Sus ojos se fijaron en el motor fueraborda Yamaha de 225 caballos nuevo. Los hombres comentaron el hallazgo y decidieron que era un regalo del cielo. Creían que, puesto que se encontraban en un estado de pureza ritual, estaban siendo recompensados por su devoción, así que comenzaron a sacar del barco todo lo que podían encontrar, empezando por el motor de doscientos setenta kilos, que valía más de diez mil dólares. Cuando desconectaron el enorme motor, se hundió en el agua salada. Tuvieron que empujarlo rodando hasta la orilla, y para entonces estaba destrozado.

Entonces uno de los hombres abrió la escotilla. Había unos extraños bloques apilados. Pensó que debía de ser hachís, pero estaban unidos por cables a una batería. El hombre sacó uno de los bloques que estaba suelto y lo olió. Tenía un extraño olor a gasolina que no se parecía en nada al del hachís. Los hombres decidieron que, fueran lo que fuesen, los bloques debían de ser valiosos, por lo que hicieron una fila desde el barco hasta la orilla y empezaron a pasárselos.

De pronto, un par de miembros de al-Qaeda se acercaron en un pequeño SUV y quisieron saber qué estaban haciendo aquellos hombres con su barco. Cuando los terroristas vieron a los yemeníes lanzándose los bloques, retrocedieron espantados.

Los detectives estadounidenses averiguarían más tarde que el barco de fibra de vidrio se iba a emplear en un atentado suicida contra un destructor estadounidense, el USS *The Sullivans*, que estaba repostando en el puerto de Adén. Los miembros de al-Qaeda habían sobrecargado el barco con explosivos C-4 y habían retirado los flotadores de la embarcación, lo que hizo que se hundiera en la arena blanda en cuanto la bajaron del remolque. Finalmente pudieron recuperar el barco utilizando una grúa marina, y pronto estaría listo para otra operación.

18

¡Bum!

Los hombres que en la década de 1990 acudieron a Afganistán para recibir adiestramiento no eran ni pobres ni unos marginados sociales. Como grupo, eran muy similares a los «jóvenes egipcios modelo» que conformaban los grupos terroristas que Saad Eddin Ibrahim había estudiado a principios de la década de 1980. La mayoría de los aspirantes a entrar en al-Qaeda eran de clase media o alta,[1] y casi todos ellos pertenecían a familias unidas. Casi todos ellos tenían estudios universitarios, con una acusada preferencia por las ciencias naturales y la ingeniería. Pocos se habían formado en escuelas religiosas; de hecho, muchos habían estudiado en Europa o Estados Unidos y hablaban hasta cinco o seis idiomas. No mostraban indicios de padecer trastornos mentales[2] y muchos ni siquiera eran muy religiosos cuando se incorporaron a la yihad.

Sus historias eran más complicadas y variadas que las de sus predecesores que habían combatido a los soviéticos. En la generación anterior abundaban los profesionales de clase media (médicos, profesores, contables, imanes) que habían viajado a Afganistán con sus familias.[3] Los nuevos yihadíes solían ser hombres jóvenes y solteros,[4] pero también había entre ellos delincuentes cuya habilidad para la falsificación, el fraude con tarjetas de crédito y el tráfico de drogas sería de gran utilidad. Los integrantes del primer grupo habían llegado, en su mayoría, de Arabia Saudí y Egipto; muchos de los nuevos reclutas procedían de Europa y Argelia. Prácticamente no había ninguno de Sudán, la India, Turquía o Bangladesh, ni siquiera de Afganistán o Pakistán. En la yihad contra los soviéticos habían participado algunos shiíes[5] e incluso había existido un campamento shií en el puesto de Bin Laden en Maasada. Este nuevo grupo de yihadíes era íntegramente sunní. Su objetivo inmediato era prepararse para combatir en Bosnia o Chechenia y después regresar a sus países de origen para instaurar en ellos gobiernos islamistas. Entre diez mil y veinte mil reclutas pasaron por los campamentos afganos desde 1996 hasta que fueron destruidos en 2001.[6]

Se entrevistaba a los reclutas para conocer su trayectoria y sus aptitudes especiales. La información obtenida era útil para determinar qué clase de misión se les podía asignar. Por ejemplo, Hani Hanyur, un joven saudí que mencionó que había estudiado para ser piloto en Estados Unidos, participaría en la conspiración del 11 de septiembre.

Además de someterse a un extenuante adiestramiento físico, los nuevos miembros también recibían adoctrinamiento sobre la visión del mundo de al-Qaeda. Los apuntes de clase de algunos de los reclutas revelan los utópicos objetivos de la organización:[7]

1. Instaurar el gobierno de Dios en la Tierra.
2. Alcanzar el martirio por la causa de Dios.
3. Purificación de las filas del islam de los elementos de depravación.

Estos tres objetivos, enunciados con tanta precisión, definirían tanto el poder de atracción de al-Qaeda como sus limitaciones. Apelaban a idealistas que no se paraban a preguntar cómo sería el gobierno de Dios en manos de unos hombres cuyo único objetivo político era purificar la religión. La muerte, un objetivo personal, seguía siendo el principal atractivo para muchos reclutas.

Se dedicaban a estudiar operaciones anteriores, las exitosas, como los atentados contra las embajadas, y las fallidas, como el intento de asesinato de Mubarak. Su libro de texto era un manual de 180 páginas, *Estudios militares en la yihad contra los tiranos*, que contenía capítulos dedicados a la falsificación, el manejo de armas, la seguridad y el espionaje. «La confrontación que buscamos con los regímenes apóstatas no sabe de debates socráticos [...] ni ideales platónicos, [...] ni diplomacia aristotélica —comenzaba exponiendo el manual—. Pero sí conoce el diálogo de las balas, los ideales del asesinato, los atentados y la destrucción, y la diplomacia del cañón y la ametralladora.»

El entrenamiento constaba de tres etapas principales.[8] Los novatos pasaban un período de quince días en un campamento militar, donde acababan totalmente exhaustos, durante los cuales algunas noches solo dormían un par de horas. En la segunda fase, que duraba cuarenta y cinco días, los reclutas recibían una instrucción militar básica en la lectura de mapas, excavación de zanjas, astronavegación y el manejo de una extraordinaria variedad de armas, entre ellas ametralladoras ligeras, minas Claymore, morteros, lanzacohetes portátiles y misiles antiaéreos. Los objetivos eran siempre estadounidenses, tanto soldados como vehículos, pero había otros «enemigos del islam»,[9] según los apuntes manuscritos de un alumno de la asignatura de ideología de al-Qaeda:

1. Herejes (los Mubarak del mundo)
2. Shiíes
3. Estados Unidos
4. Israel

La diversificación de los enemigos mortificaría siempre a al-Qaeda, sobre todo a medida que iban entrando en escena nuevos actores con diferentes prioridades.

Los que superaban la segunda fase podían asistir, si lo deseaban, al curso de guerra de guerrillas, que también duraba cuarenta y cinco días. Había campamentos especializados en secuestros y espionaje, y un cursillo de diez días sobre técnicas de asesinato. Un recluta de al-Qaeda anotó en su diario que había aprendido a «disparar contra el dignatario y su guardaespaldas desde una motocicleta» un día y a «disparar a dos blancos dentro de un coche desde arriba, delante y detrás» al día siguiente.[10] Otro campamento estaba especializado en la fabricación de bombas, e incluso había uno, llamado «campamento kamikaze»,[11] que estaba reservado a los terroristas suicidas, que vestían ropas especiales de color blanco o gris y vivían solos sin hablar con nadie.

Disponían de una biblioteca bien surtida de libros de temática militar, entre ellos *La rebelión*, la autobiografía del terrorista y más tar-

de primer ministro israelí Menahem Begin. Otro libro, sobre la creación de la Fuerza de Despliegue Rápido del Cuerpo de Marines de
Estados Unidos, exponía una situación hipotética en la que se hacía
explotar un buque cisterna cargado de gas natural licuado en el estrecho de Ormuz, a la entrada del golfo Pérsico, lo que provocaba un
brutal aumento del precio del petróleo. Aquella idea fascinaba a los
reclutas, que dedicaban mucho tiempo a planear la manera de llevar
a cabo aquella operación. Por las noches solían ver películas de acción de Hollywood, en busca de nuevas ideas. Entre sus películas favoritas estaban las de Arnold Schwarzenegger.[12]

Zawahiri tenía una especial predilección por el uso de armas
biológicas y químicas. Observó que «el poder destructivo de estas armas no es menor que el de las armas nucleares».[13] Creó un programa, cuyo nombre en clave era Zabadi (leche agria), para explorar
el uso de técnicas no convencionales de asesinato masivo y estudió
en profundidad revistas médicas para investigar varios venenos. «Pese
a que son extremadamente peligrosas, no reparamos en ellas hasta
que el enemigo llamó nuestra atención sobre ellas al repetir una y
otra vez su preocupación porque se podían fabricar fácilmente», escribió. Uno de sus hombres, llamado Abu Jabab, instaló un laboratorio cerca de Yalalabad, donde probaba gas nervioso de fabricación
casera en perros y grababa en vídeo sus agónicas muertes. A menudo tardaban más de cinco horas en morir.[14] Abu Jabab explicaba a sus
alumnos que los humanos son mucho más sensibles, ya que sus anti-
cuerpos no son tan fuertes como los de los perros. Zawahiri instaló
otro laboratorio cerca de Kandahar, donde un hombre de negocios
malayo, Yazid Sufaat, pasó meses intentando desarrollar armas biológicas, sobre todo ántrax.[15] Sufaat era licenciado en química y ciencias de laboratorio por la Universidad del Estado de California en
Sacramento.

Al principio, Bin Laden no era partidario del uso de armas biológicas o químicas, pero estaba en desacuerdo con Abu Hafs, que encabezaba la línea dura de al-Qaeda en el debate sobre la ética y las
consecuencias de usar unos agentes tan indiscriminados. ¿Los utiliza-
rían en tierras musulmanas? ¿Los usarían contra civiles? Los moderados argumentaban que el uso de cualquier arma de destrucción ma-

siva pondría al mundo en contra de la causa musulmana y provocaría una masiva respuesta estadounidense contra Afganistán. Bin Laden prefería claramente las armas nucleares a otras alternativas, pero eso planteaba otras consideraciones morales.[16] Los partidarios de la línea dura señalaron que los estadounidenses ya habían usado la bomba nuclear dos veces, en Japón, y que estaban lanzando sobre Irak bombas que contenían uranio empobrecido. Si Estados Unidos decidía volver a utilizar armamento nuclear, ¿quién iba a proteger a los musulmanes? ¿Las Naciones Unidas? ¿Los gobernantes árabes? Era a al-Qaeda a la que le correspondía crear un arma que protegiera al mundo musulmán del imperialismo occidental.

Lo que los nuevos reclutas solían tener en común —además de su origen urbano, su carácter cosmopolita, su educación, su facilidad para los idiomas y sus conocimientos informáticos— era su condición de desplazados. La mayoría de los que se unían a la yihad lo hacían en un país diferente a aquel en el que se habían criado. Eran argelinos que vivían en enclaves de expatriados en Francia, marroquíes en España o yemeníes en Arabia Saudí. A pesar de sus logros, no gozaban de una buena posición social en las sociedades que les acogían. Como Sayyid Qutb, se definían como musulmanes radicales mientras vivían en Occidente. El paquistaní que vivía en Londres descubría que no era ni genuinamente británico ni genuinamente paquistaní, y esa sensación de marginalidad también la tenía el libanés que vivía en Kuwait o los egipcios de Brooklyn. Solo, alienado y a menudo alejado de su familia, el exiliado acudía a la mezquita, donde encontraba compañía y el consuelo de la religión. El islam les procuraba el sentimiento de pertenencia a una comunidad. Era más que una fe: era una identidad.

Los imanes respondían naturalmente a la alienación y la ira que impulsaba a aquellos hombres a buscar un hogar espiritual. Arabia Saudí había financiado en los barrios de inmigrantes un número desproporcionado de nuevas mezquitas de las que se ocupaban fundamentalistas wahabíes, muchos de los cuales predicaban las virtudes de la yihad. Alentados por la retórica y la leyenda de la victoria contra los soviéticos, algunos jóvenes decidían, normalmente en pequeños grupos, ir a Afganistán.

Ese fue el caso de cuatro jóvenes que vivían en Hamburgo.[17]

La ciudad más próspera de Alemania, con más millonarios per cápita que cualquier otra área metropolitana de Europa, Hamburgo era en 1999 un reducto burgués y libertario. Se veía a sí misma como una ciudad más británica que alemana; distante pero cortés, aristocrática pero multicultural. Se había convertido en un destino popular para estudiantes extranjeros y refugiados políticos, entre ellos unos doscientos mil musulmanes.[18] Muhammad Atta llegó en el otoño de 1992 y se matriculó como estudiante de planificación urbanística en la Universidad Técnica de Hamburgo-Harburgo. Los estudiantes extranjeros podían permanecer en Alemania todo el tiempo que quisieran, no pagaban matrícula y podían viajar libremente por toda la Unión Europea.

Las cicatrices de la historia reciente eran bien visibles, no solo en la parte reconstruida del casco antiguo, sino también en las leyes del país y en el carácter de los alemanes. La nueva Alemania se había cuidado de consagrar la tolerancia en su Constitución, lo que incluía la política de asilo político más generosa del mundo. A algunas organizaciones terroristas reconocidas se les permitía operar legalmente recaudando fondos y captando nuevos miembros, pero solo si eran terroristas extranjeros, no nacionales. Ni siquiera era ilegal planificar una operación terrorista siempre que el atentado se fuera a perpetrar fuera del país. Como es natural, muchos extremistas se aprovecharon de aquel refugio.

Además de las barreras constitucionales que obstaculizaban la investigación de las organizaciones radicales, también había precauciones internas. El país había sufrido en el pasado por culpa de la xenofobia, el racismo y un exceso de poder policial, por lo que cualquier medida que resucitara aquellos fantasmas era tabú. La policía federal prefería concentrar sus esfuerzos en elementos autóctonos de la derecha y prestaba poca atención a las organizaciones extranjeras. Alemania tenía miedo de sí misma, no de los otros. El pacto tácito que los alemanes habían sellado con los elementos radicales extranjeros que se encontraban en el interior del país consistía en dejarlos en paz siempre y cuando no atacaran a los propios alemanes. Al huir de su propio pasado extremista, Alemania se convirtió, sin darse cuenta, en el país anfitrión de un nuevo movimiento totalitario.

Los islamistas radicales tenían pocas cosas en común con el proyecto nazi. Pese a que a menudo los acusaban de ser un culto fascista, el resentimiento que bullía en la mezquita de al-Quds, donde se reunían Atta y sus amigos, no se había convertido en un proyecto político fuerte. Pero, al igual que los nazis, que nacieron de la vergüenza de la derrota, los islamistas radicales compartían un fanático empeño por alcanzar la cima de la historia después de haber sido pisoteados durante tantas generaciones.

Aunque Atta solo tenía unas ideas políticas vagamente socialistas, él y su círculo llenaron el repudiado espacio político que habían dejado los nazis. Uno de los amigos de Atta, Munir al-Motassadeq, calificaba a Hitler de «buen hombre».[19] El propio Atta decía a menudo que los judíos controlaban los medios de comunicación, los bancos, los periódicos y la política desde su sede mundial en la ciudad de Nueva York. Además, estaba convencido de que los judíos habían planeado las guerras en Bosnia, Kosovo y Chechenia para contener el avance del islam. Creía que Monica Lewinsky era una agente judía enviada para desprestigiar a Clinton, que se había vuelto demasiado favorable a la causa palestina.

La extrema rigidez de carácter que todo el mundo percibía en Atta era una característica nazi, y no cabe duda de que en él se veía reforzada por la necesidad de resistir a las tentaciones de aquella generosa ciudad. El joven urbanista debió de admirar la limpieza y eficiencia de Hamburgo, tan opuesta a El Cairo, donde había crecido. Pero las características odiosas que Sayyid Qutb había detectado en Estados Unidos (su materialismo, su libertinaje, su falsedad espiritual) también se manifestaban de forma espectacular en Hamburgo, con sus ruidosos casinos, sus prostitutas detrás de escaparates y sus majestuosas catedrales vacías.

Durante la Segunda Guerra Mundial, Hamburgo fue un importante centro de la industria naviera. Allí se construyeron el *Bismarck* y toda la flota de submarinos alemanes. Naturalmente, se convirtió en uno de los principales objetivos de los bombardeos aliados. En julio de

1943, la Operación Gomorra (la destrucción de Hamburgo) fue el bombardeo aéreo más intenso de la historia hasta aquel momento. Pero el ataque fue mucho más allá de la destrucción de las fábricas y el puerto. La tormenta de fuego desencadenada por los bombardeos, que se sucedían día y noche, mató a cuarenta y cinco mil personas durante una campaña intencionada para aterrorizar a la población. La mayoría de los trabajadores de los astilleros residían en casas adosadas en Harburgo, en la otra orilla del río Elba, y el bombardeo aliado fue especialmente intenso en esa zona. Atta vivía en un apartamento en el número 54 de la Marienstrasse, en un edificio rehabilitado situado en una calle que quedó prácticamente arrasada por las terribles bombas.

Atta era un perfeccionista; en su trabajo era un delineante diestro pero carecía de creatividad. En cuanto a su aspecto físico, tenía un aire femenino: era «elegante» y «delicado»,[20] por lo que era difícil adivinar su orientación sexual, que jamás manifestó. Tenía unos ojos negros vivarachos e inteligentes, pero apenas dejaban traslucir sus emociones. «Me costaba distinguir su iris de su pupila, lo que bastaba para darle un aspecto muy, muy inquietante —recordaba una de sus compañeras—. Tenía una extraña costumbre: después de hacerte una pregunta, apretaba los labios mientras escuchaba tu respuesta.»[21]

El 11 de abril de 1996, a los veintisiete años de edad, Atta firmó un testamento estandarizado que consiguió en la mezquita de al-Quds.[22] Aquel mismo día Israel atacó el Líbano en la Operación Uvas de la Ira. Según uno de sus amigos, Atta estaba furioso[23] y, rellenando su última voluntad durante el ataque, ofrecía su vida como respuesta.

Aunque los sentimientos expresados en el testamento representaban los dogmas de la comunidad de fieles a la que pertenecía, Atta mostraba su constante aversión por las mujeres, que para él eran tan poderosas y corruptas como los judíos. El testamento estipulaba: «Ninguna mujer embarazada ni ningún infiel debe asistir a mi funeral ni visitar jamás mi tumba. Ninguna mujer debe solicitar mi perdón. Aquellas que laven mi cadáver deberán llevar guantes para no tocar mis genitales». La ira hacia las mujeres y el espanto ante el contacto sexual expresados en aquella declaración hacen pensar que la inclinación de Atta por el terrorismo tenía que ver tanto con su conflictiva sexualidad como con el choque de civilizaciones.

Muhammad Atta, Ramzi bin al-Shibh, Marwan al-Shehhi y Ziad Yarrah, los cuatro amigos de Hamburgo, llegaron al campamento de
Jaldan en noviembre de 1999 para asistir a un curso de instrucción
preliminar. Llegaron en un momento propicio.

En los tres años transcurridos desde que Jaled Sheij Muhammad
le había propuesto a Bin Laden su «operación de los aviones» en una
cueva en Tora Bora, al-Qaeda se había dedicado a elaborar un plan
para atentar en territorio estadounidense.[24] La idea de Muhammad
consistía en realizar dos tandas de secuestros aéreos: cinco aviones
procedentes de la Costa Este y cinco de Asia. Nueve aviones se estrellarían contra objetivos bien seleccionados, como la CIA, el FBI y
centrales nucleares. El propio Jaled Sheij Muhammad pilotaría el último avión. Después de matar a todos los hombres que hubiera a
bordo, haría una declaración de condena de la política de Estados
Unidos en Oriente Próximo; finalmente aterrizaría y dejaría libres a
las mujeres y los niños.

Bin Laden rechazó esta última idea, pero en la primavera de
1999 convocó a Muhammad en Kandahar y le dio su visto bueno
para poner en práctica el plan.[25]

Unos pocos meses después, Bin Laden, Jaled Sheij Muhammad
y Abu Hafs se reunieron en Kandahar para seleccionar posibles objetivos. Aquellos tres hombres eran los únicos implicados.[26] Su propósito no era solo infligir un daño simbólico. Bin Laden creía que
Estados Unidos, en tanto que entidad política, podía ser destruido.
«Estados Unidos es una gran potencia dotada de un inmenso poderío militar y una economía de una gran envergadura —admitiría más
tarde—, pero todo ello está edificado sobre unos cimientos inestables
que se pueden atacar, con especial atención a sus evidentes puntos
débiles. Si es alcanzado en una centésima parte de esos puntos, con
la ayuda de Dios, se tambaleará, se marchitará y perderá el liderazgo
mundial.»[27] Juzgaba inevitable que la confederación de estados que
conformaba Estados Unidos se disolviera.

Era natural, por tanto, que Bin Laden deseara atentar contra la
Casa Blanca y el Capitolio. El Pentágono también figuraba en su lis-

ta. Si lograba destruir la sede del gobierno de Estados Unidos y el cuartel general de su ejército, el desmantelamiento real del país dejaría de parecer una fantasía. Jaled Sheij Muhammad propuso el World Trade Center, que su sobrino Ramzi Yusef no había logrado derribar con el atentado perpetrado seis años antes. También barajaron atentar contra la torre Sears en Chicago y la torre Library (ahora llamada la torre del U.S. Bank) en Los Ángeles.[28] Bin Laden decidió que el ataque contra las ciudades estadounidenses de la Costa Oeste podía esperar.

Disponían de poco dinero, pero contaban con mártires voluntarios de sobra. Cuando el plan consistía únicamente en hacer explotar los aviones en pleno vuelo, no eran necesarios pilotos cualificados, pero una vez que la idea evolucionó hasta adoptar su brillante forma definitiva, se vio claro que para la operación de los aviones hacía falta un grupo disciplinado y con unas capacidades que se tardan años en adquirir.

Bin Laden seleccionó a cuatro de sus hombres de más confianza para que participasen en la operación, pero ninguno de ellos sabía cómo pilotar un avión ni hablaba inglés, un requisito obligatorio para obtener una licencia de piloto. Además, ninguno de ellos había vivido en Occidente. Muhammad intentó darles clases. Les enseñó frases en inglés y recopiló folletos de escuelas de vuelo estadounidenses. Practicaban con videojuegos de simulación de vuelo y estudiaban películas de Hollywood donde aparecían secuestros aéreos, pero la distancia que había entre las aptitudes de aquellos hombres y la grandiosidad de su misión debía resultar descorazonadora.

Nawaf al-Hazmi era uno de ellos.[29] Había llegado a Afganistán en 1993, cuando tenía diecisiete años. Era corpulento y tenía una sonrisa fácil y atractiva. Su padre era un rico comerciante de La Meca. Su amigo de la infancia, Jaled al-Mihdar,[30] pertenecía también a una importante familia de La Meca. Siguiendo el ejemplo de Bin Laden, estos dos jóvenes y ricos saudíes habían combatido juntos en Bosnia y más tarde con los talibanes contra la Alianza del Norte, el heterogéneo grupo de muyahidines y partidarios del gobierno afgano liderado por Ahmed Sha Massud. Aunque tenía la nacionalidad saudí, Mihdar era originario de Yemen. Estaba casado con Hoda al-Hada, la hermana de un compañero de armas yemení, con la que tenía dos hijas. De hecho, era el teléfono de la familia de Hoda el que el FBI había descubierto durante la investigación de los atentados contra las embajadas y que resultaría tan importante para comprender la envergadura de al-Qaeda. Los movimientos de aquellos dos hombres, Hazmi y Mihdar, eran la esperanza más realista para los servicios secretos estadounidenses de descubrir la conspiración del 11 de septiembre.

Puesto que eran ciudadanos saudíes, tanto Hazmi como Mihdar consiguieron con facilidad visados para entrar en Estados Unidos. Ni siquiera los tuvieron que solicitar en persona. La situación de los otros dos futuros secuestradores era muy diferente, ya que ambos eran yemeníes. Las autoridades de inmigración creían que los yemeníes eran mucho más propensos a desaparecer en la clandestinidad ilegal cuando llegaban a Estados Unidos, por lo que les denegaban sistemáticamente los visados. Frustrado por la imposibilidad de introducir a todos sus hombres en Estados Unidos, Bin Laden les envió al sudeste asiático para analizar la posibilidad de ejecutar el plan de Jaled Sheij Muhammad de simplemente hacer explotar los aviones estadounidenses en pleno vuelo. En aquel momento, el gran proyecto de atentar en suelo estadounidense parecía archivado.

Fue entonces cuando Muhammad Atta y sus amigos se presentaron por primera vez en Afganistán. Llegaron de manera escalonada a lo largo de las dos últimas semanas de noviembre, cuando los árboles perdían sus hojas y estaba a punto de comenzar el Ramadán.[31] Abu Hafs les caló de inmediato: cultos y con formación técnica, con un dominio del inglés que variaba entre elemental y alto. No necesitaban que nadie les explicara cómo se vive en Occidente. Los visados no serían un problema. Bastaba con que aprendieran a pilotar aviones y estuvieran dispuestos a entregar su vida.

Cuando llegó Bin al-Shibh, Atta, Yarrah y Shehhi le contaron que les habían elegido para una misión secreta y desconocida.[32] Los cuatro fueron invitados a un banquete de Ramadán con el propio Bin Laden. Conversaron acerca de los talibanes y Bin Laden les preguntó por las condiciones de vida de los musulmanes en Europa. Entonces les informó de que serían mártires.

Las instrucciones eran que regresaran a Alemania y después se matricularan en escuelas de vuelo de Estados Unidos.

Ahora había dos comandos diferentes para la operación de los aviones, rediseñada a gran velocidad, y cada uno de ellos debía perpetrar un gran atentado. Los miembros de la célula de Hamburgo declararon que habían perdido sus pasaportes o que se los habían robado para ocultar que habían viajado a Afganistán. Mientras tanto, los cuatro hombres que habían sido seleccionados inicialmente para la operación viajaron a Kuala Lumpur. Además de Jaled al-Mihdar y Nawaf al-Hazmi, había dos yemeníes: Abu Bara y Tewfiq bin Attash, que adoptó el nombre de Jallad.

Jallad era otro personaje esquivo pero muy significativo de al-Qaeda. Tenía una prótesis de metal en lugar de la pierna derecha, que había perdido luchando contra la Alianza del Norte de Ahmed Sha Massud. Aunque había nacido en Yemen, había crecido en Arabia Saudí y conocía a Bin Laden desde la infancia. Había participado en los atentados de las embajadas y en el intento fallido de volar el USS *The Sullivans* en el puerto de Adén, y sería el cerebro del atentado contra el USS *Cole* diez meses más tarde.

A finales de 1999, Jallad telefoneó a Mihdar y le convocó a una reunión en Kuala Lumpur. Aquella sería la única vez que estarían juntos los miembros de los dos comandos. La Agencia de Seguridad Nacional (NSA) grabó una conversación telefónica del suegro de Mihdar, Ahmad al-Hada, en Yemen —el teléfono que al-Qaeda utilizaba como tablón de mensajes—, en la que se mencionaba la futura reunión en Malaisia, además del nombre completo de Jaled al-Mihdar y los nombres de pila de otros dos participantes, Nawaf y Salem. Gracias a ese mismo teléfono, la NSA disponía de información suficiente para saber que el apellido de Nawaf era Hazmi, pero la agencia no consultó su propia base de datos. «Se podría estar tramando algo inicuo», informó la NSA,[33] pero no siguió investigando el asunto.

Por otro lado, la CIA ya tenía los nombres de Mihdar y Hazmi.[34] Said Badib, el principal analista del príncipe Turki en los servicios secretos saudíes, ya había alertado a sus colegas estadounidenses en una de las reuniones mensuales que se celebraban en Riad de que aquellos hombres eran miembros de al-Qaeda. Con esta información, los agentes de la CIA irrumpieron en la habitación del hotel en que se alojaba Mihdar en Dubai, donde había hecho escala de camino a Malaisia. Los agentes estadounidenses fotografiaron su pasaporte y lo enviaron por fax a la estación Alec. El pasaporte facilitaba una información crucial: Mihdar tenía un visado múltiple para Estados Unidos que expiraba en abril. La estación Alec alertó a varias agencias de espionaje de todo el mundo con un mensaje que decía: «Necesitamos proseguir con los esfuerzos de identificar a estos viajeros y sus actividades [...] para determinar si suponen una amenaza real».[35] El mismo telegrama decía que se había alertado al FBI de la reunión de Malaisia y se le habían facilitado copias de los documentos de viaje de Mihdar. Pero resultó ser falso.

La CIA pidió a las autoridades malayas que vigilaran la reunión en Kuala Lumpur, que se celebró el 5 de enero en un bloque de pisos apartado en un centro turístico con vistas a un campo de golf diseñado por Jack Nicklaus. El apartamento era propiedad de Yazid Sufaat, el hombre de negocios malayo que había trabajado con Zawahiri cultivando esporas de ántrax. La reunión no fue grabada, por lo que se perdió la oportunidad de descubrir las conspiraciones que culminarían en los atentados contra el USS *Cole* y del 11 de septiembre. Sin la vigilancia incesante de Mike Scheuer, la estación Alec había perdido eficacia. Él, por su parte, seguía sentado en la biblioteca, a la espera de que recurrieran a él.

Aquel mismo día llegó un telegrama a la estación Alec, procedente de la estación de Riad, sobre el visado estadounidense de Mihdar. Uno de los agentes del FBI destinados en Alec, Doug Miller, leyó el telegrama y redactó un informe en el que solicitaba autorización para avisar al FBI de la reunión en Malaisia y de las muchas probabilidades de que uno o más terroristas viajaran pronto a Estados Unidos. Dicha autorización era necesaria para transmitir información secreta de una organización a otra. La respuesta que recibió Miller fue: «Este asunto no le incumbe al FBI».[36] Una semana después, Miller consultó a Tom Wilshire, un subdirector de la CIA destinado en el cuartel general del FBI. Aparentemente, el trabajo de Wilshire consistía en facilitar la transmisión de información de la CIA al FBI. Miller le envió el informe que había redactado y le preguntó: «¿Es un no o tengo que rehacerlo de alguna manera?».[37] Wilshire no le respondió nunca. Después de aquello, Miller se olvidó del asunto.

Los servicios secretos malayos fotografiaron a unos doce miembros de al-Qaeda cuando entraban en el edificio y mientras visitaban cibercafés. El 8 de enero, los servicios secretos notificaron al jefe de la estación de la CIA en Tailandia que tres de los hombres que habían participado en la reunión —Mihdar, Hazmi y Jallad— volaban hacia Bangkok. Allí Jallad se reuniría con autores del atentado contra el USS *Cole*. Pero la CIA no avisó a nadie de que había que seguir a aquellos hombres ni informó al Departamento de Estado para que incluyera el nombre de Mihdar en la lista de sospechosos de terrorismo y así poder detenerle o ponerle bajo vigilancia si entraba en Estados Unidos.

Tres meses después, la CIA averiguó que Hazmi había volado a Los Ángeles el 15 de enero de 2000. Si hubiera revisado la lista de pasajeros, habría sabido que Mihdar viajaba con él. La agencia no se preocupó de informar al FBI ni al Departamento de Estado de que al menos un miembro conocido de al-Qaeda estaba dentro del país.

Sabiendo que Mihdar y Hazmi eran miembros de al-Qaeda, que tenían visados para entrar en Estados Unidos y que al menos uno de ellos había entrado en el país, ¿por qué la CIA ocultó toda esta información a las demás agencias del gobierno? Como siempre, la CIA temía que los procesos judiciales que pudieran derivar de informaciones concretas pusieran en peligro sus relaciones con otros servicios secretos extranjeros, pero existían mecanismos para proteger la información confidencial, y el FBI trabajaba habitualmente con la CIA en operaciones similares. No obstante, la experiencia de la CIA con John O'Neill era que este exigía un control absoluto de cualquier caso que estuviera relacionado con una investigación del FBI, como sin duda sucedía en esta ocasión. En la CIA había muchas personas, no solo el marginado Scheuer, que odiaban a O'Neill y temían que el FBI fuera demasiado torpe e indiscriminado para confiarle información delicada. Es posible que la CIA decidiera ocultar la información para mantener a O'Neill lejos del caso. Varios subordinados de O'Neill creen firmemente en esta teoría.

Es posible que hubiera otras razones para que la CIA se reservara una información que tenía la obligación de entregar al FBI. Algunos miembros de la unidad I-49 pensarían más tarde que la agencia protegió a Mihdar y Hazmi porque quería reclutarles. La CIA estaba desesperada por tener un informante dentro de al-Qaeda; había fracasado estrepitosamente siempre que había intentado infiltrar a alguien en su círculo interno o introducir a un colaborador voluntario en los campos de entrenamiento, que eran bastante accesibles para cualquiera que se presentara allí. Mihdar y Hazmi debían de parecer una oportunidad tentadora; sin embargo, una vez que entraron en Estados Unidos, pasaron a ser competencia del FBI. La CIA no tenía autoridad legal para operar dentro del país, aunque, en realidad, el FBI solía pillar a la agencia dirigiendo operaciones encubiertas dentro de Estados Unidos. Eso sucedía sobre todo en la ciudad de Nueva York, donde hay tantas delegaciones extranjeras. En numerosas ocasiones, O'Neill se quejó al jefe de estación de la CIA en Nueva York de los chanchullos que la unidad I-49 había descubierto. También es posible, como sospechan algunos detectives del FBI, que la CIA estuviera embarcada en un proyecto conjunto con el servicio secreto saudí para eludir aquella restricción. Por supuesto, también es ilegal que los servicios de espionaje extranjeros operen dentro de Estados Unidos, pero lo hacen habitualmente.

Son solo hipótesis sobre por qué la CIA no transmitió información vital al FBI, pero lo que quizá lo explique mejor sea el hecho de que la agencia había recibido un aluvión de amenazas y alertas.[38] La estación Alec había empezado con doce empleados en 1996,[39] cifra que se había incrementado hasta unos veinticinco cuando se celebró la reunión de Malaisia. Había alrededor de otros treinta analistas en el Centro de Antiterrorismo, que se encargaban de todos los tipos de terrorismo en el mundo, pero al-Qaeda no era su principal responsabilidad. Los analistas de la estación Alec eran un equipo joven, con una experiencia media de tres años. La mayoría eran mujeres, lo cual era un factor en su contra en la cultura predominantemente masculina que imperaba en la División de Oriente Próximo de la agencia. Aquellas jóvenes analistas se encargaban, sobre todo, de evitar un atentado terrorista en Estados Unidos, una carga tan fatigosa que en la agencia empezaron a considerarlas unas fanáticas. Algunos las llamaban «la familia Manson»,[40] por Charles Manson, el psicópata y asesino convicto. Pero estaban haciendo sonar una alarma que la generación anterior de funcionarios no se molestaba en escuchar.

El ambiente dentro de la estación Alec estaba envenenado por la actitud de los analistas de la CIA, que juzgaban a O'Neill responsable de la expulsión de Mike Scheuer, el eficiente jefe de la estación Alec desde sus comienzos. Solo unos pocos meses antes, el veterano agente del FBI destinado en Alec solicitó autorización para entregar información de la CIA al FBI, y la disputa por este asunto incluso llegó a oídos de Freeh y Tenet, los respectivos directores de las dos instituciones. Scheuer se vio obligado a renunciar al puesto, pero al agente del FBI que había obtenido la autorización le diagnosticaron un cáncer y tuvo que dimitir solo unos días antes de que se celebrara la reunión de Malaisia. Ninguno de los tres agentes del FBI que quedaban en Alec tenía la antigüedad suficiente para poder divulgar aquella información y, por consiguiente, dependían de que la CIA les concediera permiso para comunicar cualquier transmisión telegráfica clasificada. Así estaban las cosas hasta el mes de julio de 2000, cuando Charles E. Frahm, un agente más veterano, fue destinado en Alec. Nunca vio una circular o telegrama ni oyó conversación alguna en los que se hablara de ocultar información al FBI. Cuando más tarde se enteró de la reunión de Malaisia, pensó que el hecho de que no se lo hubieran comunicado al FBI era un error fruto de la avalancha de amenazas que habían recibido durante el cambio de milenio.

En aquel intervalo de tiempo se produjeron muchos acontecimientos cruciales.

Cuando Mihdar y Hazmi llegaron a Los Ángeles, el 15 de enero de 2000, supuestamente tenían que matricularse en una escuela de vuelo. Debieron de sentirse abrumados por la misión que se les había encomendado. El simple hecho de buscar un lugar donde vivir debía suponer un reto enorme, ya que ninguno de ellos hablaba inglés. Sin embargo, poco después de llegar conocieron a Omar Bayumi,[41] un estudiante de cuarenta y dos años que iba a clase en contadas ocasiones y que recibía una asignación de un contratista del gobierno saudí. Había llamado la atención de la oficina local del FBI en 1998 debido a las sospechas del gerente del complejo de apartamentos en el que vivía. Uno de los confidentes del FBI en San Diego sostenía que Bayumi era un agente del gobierno saudí, pero eso apenas tenía importancia para los detectives del FBI, ya que se consideraba a Arabia Saudí un aliado leal. En cualquier caso, los agentes abandonaron las pesquisas siguiendo las órdenes de su supervisor, que temía que la investigación sobre Bayumi interfiriera en una importante operación antiterrorista que estaba en curso.

Bayumi contaría más adelante a los investigadores que había llegado en su automóvil desde San Diego el 1 de febrero de 2000 para realizar unos trámites relacionados con su visado en el consulado saudí. De allí fue directamente a almorzar a un restaurante halal cercano, donde oyó una conversación en árabe del Golfo. Habló un momento con Mihdar y Hazmi, que se quejaron de lo mal que lo estaban pasando en Los Ángeles, así que les invitó a ir a San Diego. Se presentaron en la ciudad tres días más tarde, y Bayumi les dejó quedarse en su apartamento, les buscó una casa al otro lado de la calle y les prestó dinero para pagar los dos primeros meses de alquiler. Además, celebró una fiesta para presentarles a otros miembros de la comunidad musulmana.

Si a Bayumi le habían enviado para vigilar a los dos hombres, ¿quién lo había hecho? Quizá él era su contacto de al-Qaeda. No cabe duda de que necesitaban a alguien que les ayudara. No obstante, el hecho de que Bayumi fuera directamente al restaurante desde el consulado saudí hace pensar a algunos detectives que los dos futuros terroristas aéreos ya estaban siendo vigilados por funcionarios del gobierno saudí, que sabían que eran miembros de al-Qaeda. La CIA era la única agencia del gobierno estadounidense que sabía quiénes eran Hazmi y Mihdar y que estaban en Estados Unidos. La CIA había seguido la pista a Mihdar y Hazmi desde Kuala Lumpur hasta Bangkok, y desde allí hasta Los Ángeles. Tal vez la CIA decidió que los servicios secretos saudíes tenían más posibilidades de reclutar a aquellos hombres que los estadounidenses. Además, así no quedarían huellas de la CIA en la operación.

Esa es la opinión de algunos detectives del FBI muy resentidos, que se preguntan por qué nunca se les informó de la presencia de agentes de al-Qaeda dentro de Estados Unidos. Mihdar y Hazmi llegaron diecinueve meses antes del 11 de septiembre. El FBI tenía todas las atribuciones necesarias para investigar a aquellos hombres y averiguar qué estaban planeando, pero como la CIA no informó de la presencia de dos miembros activos de al-Qaeda, los secuestradores tuvieron total libertad para poner en práctica su plan hasta que ya fue demasiado tarde para detenerlos.

El director de la oficina de Nueva York, Louis Schiliro, se jubiló poco después del cambio de milenio y O'Neill quería a toda costa su puesto. Debido al tamaño y la importancia de la oficina de Nueva York, sería un subdirector del FBI, posición que ocupó temporalmente mientras el FBI examinaba a los dos candidatos para el puesto, el propio O'Neill y Barry Mawn, el director de la oficina de Boston. Mawn tenía más experiencia y O'Neill más enemigos. Además, el expediente de O'Neill, hasta hacía poco intachable, estaba ahora empañado por el incidente en el que permitió a Valerie James usar los servicios del edificio secreto. Se decía que Thomas Pickard, el subdirector del FBI, avisó a O'Neill de que su carrera no iba a ninguna parte.[42] Fue Mawn quien obtuvo el puesto.

Mawn todavía se sentía herido por la campaña que O'Neill había iniciado contra él cuando los dos hombres se encontraron por casualidad en un seminario de la academia del FBI en Quantico, justo después de que se hiciera pública la decisión. Cuando llamaron a la puerta de su habitación, Mawn la abrió y se encontró a O'Neill con dos cervezas.

—Tengo entendido que eres irlandés —dijo O'Neill.

Como recelaba de la idea de trabajar juntos, Mawn le dijo a O'Neill que iba a necesitar gente en la oficina que le fuese leal.

—No estoy seguro de poder contar contigo —le dijo sin rodeos, y le ofreció a O'Neill otro trabajo, seguramente en la oficina de New Jersey.

O'Neill le pidió quedarse en Nueva York alegando «razones familiares». Y le dijo a Mawn que, si le mantenía en el puesto, «te seré más leal que tu mejor amigo».

—Tendrás que demostrármelo —le advirtió Mawn.

O'Neill asintió.

—Lo único que pido a cambio es que me prestes tu apoyo —le dijo.

Mawn aceptó el trato, pero pronto descubrió que apoyar a O'Neill era un trabajo a tiempo completo.

Los funcionarios de antiterrorismo suelen contar una anécdota sobre la «rendición» de Ramzi Yusef. Tras apresarle en Pakistán, le trasladaron al aeropuerto Stewart en Newburgh (Nueva York), donde le subieron a un helicóptero del FBI para llevarle hasta el Centro Correccional Metropolitano, cerca de Federal Plaza, en el bajo Manhattan. «Dos tipos enormes le sacaron del avión, con grilletes y los ojos vendados —recordaría Schiliro—. Cuando ya habíamos despegado y sobrevolábamos el río Hudson, uno de los SWAT me preguntó: "¿Podemos quitarle la venda?". Yusef tardó un minuto en recuperar completamente la vista. Irónicamente, el helicóptero pasaba junto al World Trade Center. El tipo de los SWAT le dio un codazo y le dijo: "Ya ves, sigue en pie". Y Yusef le contestó: "No lo estaría si hubiéramos tenido más dinero".»

No obstante, y precisamente porque seguía en pie, el World Trade Center se había convertido en un símbolo del éxito de la Fuerza Conjunta Antiterrorista de Nueva York (JTTF), una coalición formada por el FBI, la CIA, el Departamento de Policía de Nueva York, la Autoridad Portuaria y otras agencias regionales y federales. En septiembre de 2000, la JTTF decidió celebrar su vigésimo aniversario allí, en el famoso salón de banquetes Windows on the World. Algunos de los agentes parecían estar un poco fuera de lugar vestidos de etiqueta, pero aquella era una noche para felicitarse. También estaban presentes el alcalde Rudy Giuliani, un ex fiscal del Distrito Sur de Nueva York y Mary Jo White, su sucesora en el cargo, que elogió a la JTTF por su «historial casi perfecto de investigaciones exitosas y condenas», entre

las que se contaban las de Yusef y otros seis terroristas implicados en el
atentado contra el World Trade Center, así como la del jeque Omar
Abdul Rahman y nueve seguidores suyos que habían planeado asesinar a varios funcionarios y poner bombas en algunos edificios emblemáticos de Nueva York. Las personas que estaban en aquel salón habían visto cómo cambiaba el mundo del terrorismo desde los días,
relativamente inocentes, de los nacionalistas croatas y los cubanos an-
ticastristas, más interesados en la publicidad que en el terror, hasta la
nueva realidad del asesinato en masa intencionado.

Era una noche brumosa y las nubes ocultaban la vista desde el
piso 106 de la torre. O'Neill parecía estar a gusto paseándose por
el salón, aunque algunos podrían haberse preguntado por qué Mary
Jo White había omitido su nombre en la lista de funcionarios del FBI
a los que eligió felicitar. En la fiesta estaba Mark Rossini, el nuevo
representante del I-49 en la estación Alec; acababa de comprometerse y le presentó su novia a su jefe, un hombre al que idolatraba. Rossini era uno de los «hijos de John». Había observado cada detalle de
O'Neill, hasta sus gustos en materia de puros y restaurantes, e incluso vestía como él. Pero Rossini no tenía ni idea de que la carrera de
su mentor se había complicado aún más debido a un preocupante
incidente ocurrido dos meses atrás.

Aquel mes de julio, O'Neill había asistido a una conferencia
obligatoria sobre prejubilaciones en Orlando. No tenía ninguna intención de jubilarse y estaba molesto porque le habían obligado a ir,
pero, aprovechando que estaba en Florida, le pidió a Valerie James
que le acompañase para pasar el fin de semana juntos en Miami.

Durante la conferencia, O'Neill recibió un aviso en el busca y
abandonó la sala para devolver la llamada. Cuando volvió al cabo de
unos minutos, los demás agentes habían salido a almorzar y su maletín había desaparecido. O'Neill llamó en primer lugar a la policía local y después a Mawn. Admitió que en el maletín llevaba algunos correos electrónicos confidenciales y un documento especialmente
sensible, el informe anual de la oficina regional, que contenía el des-
glose pormenorizado de todas las operaciones de seguridad nacional
llevadas a cabo en Nueva York. Debía informar tanto al director del
FBI como al fiscal general.

«Es espantoso», le dijo O'Neill a Valerie cuando volvió a su habitación. Estaba pálido.

La policía encontró el maletín un par de horas más tarde en otro hotel. Habían robado una pluma Montblanc, además de un cortador de puros de plata y un encendedor caro. Todos los documentos estaban intactos y los análisis de huellas dactilares demostraron que no los había tocado nadie, pero aquella fue otra equivocación estúpida en un momento especialmente delicado de su carrera.

Aunque O'Neill había informado inmediatamente del robo y la información no había corrido peligro, el Departamento de Justicia ordenó abrir una investigación penal. A Mawn le parecía absurdo. Él habría recomendado una amonestación verbal o, como mucho, escrita. Todo el mundo se llevaba trabajo a casa y nunca habían robado a nadie. Se sentía culpable porque había presionado a O'Neill para que acabara el informe lo antes posible y él solo estaba haciendo lo que le habían ordenado.

Pese a que habían competido por el máximo puesto en Nueva York, Mawn se había convertido en el más firme defensor de O'Neill. Mawn era consciente de que la excelencia profesional era enemiga de la burocracia y que una personalidad enérgica era esencial para combatir las rivalidades entre las diferentes agencias y las rencillas entre departamentos que tanto minaban la voluntad de los mejores profesionales. Era a estos a los que había que proteger y estimular; solo entonces, a las órdenes de un jefe fuerte y visionario, podía alcanzar logros significativos una institución burocrática tan despiadada como el FBI. O'Neill era esa clase de jefe. Había convertido la oficina de Nueva York en la división más eficaz del FBI, pero a un precio muy alto, como poco a poco iría descubriendo Mawn. Los enemigos que O'Neill había acumulado en su polarizadora guerra burocrática estaban deseando destruirle, y ahora les había brindado una oportunidad para hacerlo.

Al-Qaeda había creado una filosofía organizativa que describió como «centralización de las decisiones y descentralización de la ejecución».[43] Bin Laden determinaba los objetivos, escogía a los líderes y aportaba como mínimo una parte de los fondos. Después, la planificación de la operación y la elección del método para atentar eran responsabilidad de los hombres que debían ejecutarla.

Aquella estrategia había funcionado bien en los atentados contra las embajadas, pero las operaciones planeadas para el cambio de milenio habían salido mal. Una de ellas había sido un ridículo fracaso: el intento de volar el buque de guerra estadounidense *The Sullivans* a finales del Ramadán.[44] El bote de fibra de vidrio que se suponía que iba a volar el destructor se hundió ignominiosamente en el puerto de Adén.

En un primer momento, la intención era atentar contra un petrolero frente a la costa de Yemen. Bin Laden, como de costumbre, animó a los conspiradores a ser más ambiciosos. Quería que hundieran un buque de guerra estadounidense. Cuando aquel plan fracasó, Bin Laden exigió que se sustituyera a los dos terroristas suicidas. El supervisor local de la operación, Abdul Rahim al-Nashiri, se opuso firmemente a Bin Laden. Argumentó que uno de los terroristas había resultado herido en el ataque con misiles a los campamentos de al-Qaeda y que sería injusto arrebatarle la oportunidad de atentar contra un buque estadounidense que muy bien podría haber participado en aquel ataque. Además, los miembros del comando se habían entrenado juntos durante un año y medio y Nashiri había fabricado una nueva bomba muy sofisticada, dotada de cargas huecas que concentrarían la fuerza de la explosión en una dirección determinada.[45] Ya estaba todo preparado para atentar contra el próximo buque de guerra de la marina estadounidense que atracara en el puerto yemení.

Bin Laden cedió y dejó que su supervisor mantuviese el control de la operación. También difundió un vídeo en el que amenazaba a Estados Unidos con otro atentado. Como en la entrevista con la ABC antes de los atentados contra las embajadas, incluyó una pista burlona: esta vez llevaba la típica daga curva yemení en su cinturón. Zawahiri, a su lado, declaró: «Ya basta de palabras. Ha llegado el momento de pasar a la acción».[46]

Adén está encaramada en la ladera de un viejo volcán, cuyo cono colapsado forma uno de los mejores puertos de aguas profundas del mundo.[47] Su nombre proviene de la creencia en que es el lugar en el que se encontraba el jardín del Edén. También se dice que es allí donde Noé botó el arca y donde están enterrados Caín y Abel. La ciudad, llena de leyendas y con una historia milenaria, había conocido la prosperidad durante el período colonial británico, que finalizó en 1967, cuando el país se escindió y la República Democrática Popular de Yemen puso en marcha su dudoso experimento con el socialismo laico. Las líneas de escisión todavía eran visibles en 1994, cuando ya había finalizado la guerra y el país estaba unificado. Tras varias décadas de violencia e inestabilidad, la ciudad se había empobrecido y ya no era el puerto cosmopolita que había sido en otro tiempo.

El USS *Cole*,[48] un destructor de 1.000 millones de dólares equipado con misiles teledirigidos, estaba amarrado a una boya de abastecimiento de combustible. Equipado con una avanzada tecnología furtiva, aquel elegante buque de guerra estaba diseñado para ser menos visible al radar, pero su presencia era más que evidente en el puerto de Adén, con sus más de ciento cincuenta metros de eslora, ocho mil trescientas toneladas de peso y su antena giratoria que rastreaba los cielos en busca de cualquier futura amenaza. El *Cole* era uno de los buques más «supervivientes» de la marina de Estados Unidos, gracias a las setenta toneladas de blindaje que protegían sus zonas vitales, sus equipos de protección pasiva frente a ataques químicos, biológicos o nucleares, y un casco capaz de soportar una explosión de tres toneladas y media por centímetro cuadrado. Además de los misiles de crucero Tomahawk, lanzados desde su cubierta en la Operación Alcance Infinito, el *Cole* llevaba misiles antibarco y antiaéreos, un cañón de cinco pulgadas y el sistema de defensa cercana Phalanx, que puede disparar cincuenta proyectiles de 20 milímetros por segundo. El sistema informático y de radares del buque, llamado AEGIS, era capaz de seguir la pista de manera simultánea a centenares de misiles o aviones situados en un radio de más de trescientos kilómetros. El *Cole* estaba magníficamente diseñado para combatir a la armada soviética.

El 12 de octubre del año 2000, a las 11.15 de la mañana, cuando el *Cole* se preparaba para zarpar, un bote pesquero de fibra de vidrio se aproximó a su gigantesca presa. Algunos marineros hacían guardia, pero muchos estaban bajo cubierta o aguardando en la cola del rancho. Dos hombres detuvieron el pequeño bote junto al barco, sonrieron, saludaron con la mano y después se pusieron firmes. El simbolismo y la asimetría de aquel momento eran exactamente lo que Bin Laden había soñado. «El destructor representaba la capital de Occidente —diría— y el pequeño bote representaba a Mahoma.»

La onda expansiva de la enorme explosión en el puerto volcó los coches en tierra. La gente que estaba a tres kilómetros de distancia pensó que había habido un terremoto. En la ciudad, la violenta sacudida sorprendió en un taxi a Fahd al-Quso, un miembro del comando de apoyo de al-Qaeda que se había retrasado. Se suponía que debía grabar el atentado en vídeo, pero se quedó dormido y no pudo oír la llamada telefónica que le avisaba para que preparase la cámara.

Una gran llamarada ascendió desde la línea de flotación y engulló a un marinero que se había asomado por la baranda para ver qué hacían los hombres del bote. La explosión abrió un boquete de doce metros de diámetro en el costado de babor del buque, despedazando a los marineros que esperaban su almuerzo. Diecisiete de ellos murieron y treinta y nueve resultaron heridos. Algunos atravesaron a nado el boquete de la explosión para huir de las llamas. El enorme y moderno buque de guerra estaba abierto como un animal destripado.

A las pocas horas del atentado contra el *Cole*, Barry Mawn telefoneó a la sede central y pidió que se confiara la investigación a la oficina de Nueva York. «Ha sido al-Qaeda», le dijo a Tom Pickard. Quería que O'Neill fuera el jefe de operaciones sobre el terreno.

Como ya había hecho en la investigación de los atentados contra las embajadas, Pickard se negó diciendo que no había ninguna prueba de que al-Qaeda estuviera involucrada. Su intención era enviar a miembros de la oficina regional de Washington. Mawn le pasó por alto y apeló la decisión a Louis Freeh, que enseguida estuvo de

acuerdo en que era un caso para la oficina de Nueva York. Pero la
cuestión de enviar a O'Neill era controvertida.

—John es mi hombre —insistió Mawn. No había nadie que tuviera la experiencia y la entrega de O'Neill.

—Si vienen mal dadas, serás tú el que se la cargue —recibió
como respuesta.

—Lo soportaré —dijo Mawn.

O'Neill estaba entusiasmado. Aquella sería su mejor oportunidad
de destruir la organización criminal al-Qaeda y quizá la última de
salvar su carrera. «Esta es la mía», le dijo a un amigo en Washington.

O'Neill había aprendido muchas lecciones desde su primer día
de trabajo en Washington cinco años antes, cuando coordinó la «rendición» de Ramzi Yusef. Una de ellas era tener suministros preparados en la base de la fuerza aérea de Andrews para que un comando
de respuesta rápida pudiera movilizarse en cualquier momento. Apenas veinticuatro horas después del atentado, O'Neill y unos sesenta
agentes del FBI y personal de apoyo volaban rumbo a Yemen.

Primero tuvieron que hacer escala en Alemania para esperar la
autorización de las autoridades yemeníes, que seguían afirmando
que la explosión había sido un accidente. Se daba la casualidad de que
muchos de los marineros heridos estaban también en Alemania, ya
que habían sido evacuados al Centro Médico Regional de Lands-
tuhl, el mayor hospital estadounidense en el extranjero. O'Neill llevó a sus detectives directamente al pabellón en el que trataban a los
marineros. Mientras los técnicos en explosivos recogían restos del cabello y las ropas de las víctimas, O'Neill recorría el pabellón con un
investigador de la marina y hablaba con los heridos. Eran hombres y
mujeres jóvenes, la mayoría aún adolescentes, y algunos habían perdido algún miembro o sufrido quemaduras terribles. Tres marineros
estaban demasiado graves para ser entrevistados. Una de ellos, la su-
boficial Kathy Lopez, estaba completamente vendada, pero no dejaba de gesticular para indicar que quería decir algo. Una enfermera
acercó la oreja a su boca para escuchar las palabras que susurraba.
«Atrapadlos», dijo.

En cuanto Ali Sufan, el joven agente que hablaba árabe y al que habían destinado recientemente en la unidad I-49, embarcó en el avión con rumbo a Yemen, O'Neill le informó de que sería el agente encargado del caso del USS *Cole*. Aquella era la misión más importante de su carrera.

Sufan es un conversador sumamente locuaz, con un ligero acento del Líbano, su país natal. Sabía lo que era vivir en medio de la anarquía y el caos, y ver ciudades destruidas. Su familia huyó a Estados Unidos durante la guerra civil y él amaba su país de adopción porque le permitía soñar. A cambio, Estados Unidos le recibió con los brazos abiertos. Su experiencia era totalmente opuesta a las de los musulmanes alienados de Occidente que recurrían al islamismo en busca de una identidad. Nunca había sufrido discriminación alguna por ser árabe o musulmán; al contrario, fue elegido presidente de la asociación de alumnos y recibió numerosas distinciones académicas. Tras licenciarse en relaciones internacionales por la Universidad de Villanova, sus planes eran doctorarse en Cambridge. Pero le fascinaba la Constitución de Estados Unidos y, como muchos ciudadanos nacionalizados, se sentía en deuda por la nueva vida que se le había ofrecido. Cuando ya estaba a punto de iniciar una carrera académica decidió, «de broma», enviar su currículum al FBI. Pensó que las posibilidades de que el FBI empleara a un universitario musulmán estadounidense de ascendencia árabe eran ridículamente remotas, pero se sentía atraído por el halo de misterio del FBI y era evidente que algo en su interior clamaba por que le rescataran de las aulas. Mientras hacía las maletas para partir hacia Inglaterra llegó la respuesta: debía presentarse en la Academia del FBI al cabo de dos semanas.

O'Neill le había reclutado para su unidad por sus conocimientos del árabe, pero pronto empezó a apreciar la iniciativa, la imaginación y el coraje de Sufan. Cuando el avión aterrizó en Adén, los agentes se pusieron en guardia al ver a un destacamento de las Fuerzas Especiales de Yemen, con uniformes amarillos y viejos cascos rusos, y a cada soldado apuntando con un AK-47 al avión. Los nerviosos miembros del equipo de rescate de rehenes, enviados para proteger a los detectives, reaccionaron de inmediato echando mano a sus M4 y sus pistolas. Sufan comprendió que morirían en un baño de sangre en la pista de aterrizaje si no actuaba con rapidez.

Abrió la puerta del avión. Entre los uniformes amarillos vio a un hombre con un walkie-talkie. Sufan caminó directamente hacia él con una botella de agua en las manos mientras los rifles no dejaban de apuntarle. La temperatura superaba los cuarenta grados en el exterior y, detrás de sus armas, los soldados yemeníes estaban desfallecidos.

—Pareces sediento —le dijo Sufan en árabe al oficial que llevaba el walkie-talkie, y le ofreció la botella de agua.

—¿Es agua americana? —le preguntó el oficial.

Sufan le aseguró que lo era. Y añadió que también tenía agua americana para todos los demás. Hablaban de ella como si fuera un artículo de lujo tal que algunos se negaron a beberla.

Gracias a aquel pequeño gesto amistoso, los soldados bajaron las armas y Sufan se hizo con el control del aeropuerto.

O'Neill se quedó un poco perplejo cuando vio que los soldados le hacían el saludo militar al desembarcar.

—Les he dicho que eres un general —le confió Sufan.

Una de las primeras cosas que llamó la atención de O'Neill fue un letrero del «Bin Ladin Group International», una filial del Saudi Binladen Group, que tenía un contrato para reconstruir el aeropuerto tras los daños que había sufrido durante la guerra civil de 1994. Era un pequeño recordatorio de que jugaba en campo contrario.

O'Neill ya había dedicado algún tiempo a estudiar el país. Estaba leyendo un libro de Tim Mackintosh-Smith titulado *Yemen: The Unknown Arabia*. Sabía que la capital, Sanaa, era la primera ciudad del mundo y que Hadramaut, la tierra de los antepasados de Bin Laden, significaba «la muerte ha llegado». Subrayó aquellos datos con su bolígrafo Montblanc trazando líneas firmes y rectas, como hacía siempre cuando leía. Estaba decidido a no dejarse vencer por el exotismo.

Sin embargo, su verdadera adversaria resultó ser la embajadora de su propio país, Barbara Bodine. Ella había negociado personalmente dos años antes los acuerdos entre Estados Unidos y Yemen que permitían a los buques de guerra estadounidenses repostar en el puerto de Adén. Ahora aquello parecía un error de cálculo catastrófico. Se reunieron a las seis en punto de la mañana, inmediatamente después de la llegada de O'Neill, que, con su acento de New Jersey, le comentó que estaba deseando trabajar con ella en «Yai-man».

«Ye-men», le corrigió ella secamente.

Desde el punto de vista de O'Neill, Yemen estaba lleno de yihadíes y aún se notaban las convulsiones de la guerra civil. «Yemen es un país con dieciocho millones de habitantes y *cincuenta millones* de metralletas», informaría más tarde. Disparar armas de fuego era una diversión habitual. Las temperaturas solían superar los cincuenta grados y los escorpiones eran tan comunes como las moscas. Además, Yemen estaba lleno de espías bien equipados con dispositivos de escucha. Una de las células de al-Yihad de Zawahiri operaba allí y había muchos veteranos que habían combatido junto a Bin Laden en Afganistán. Cuando llegó el resto de su equipo, O'Neill les advirtió: «Posiblemente este sea el entorno más hostil en el que el FBI haya operado nunca».

Sin embargo, Bodine consideraba Yemen un prometedor aliado de Estados Unidos en una parte del mundo inestable pero crucial estratégicamente. El país era una democracia incipiente y mucho más tolerante que sus vecinos: incluso permitía votar a las mujeres. Al contrario que O'Neill, la embajadora tenía una amplia experiencia trabajando en lugares peligrosos. Durante la invasión y posterior ocupación iraquí de Kuwait desempeñaba el cargo de jefa adjunta de misión, y se quedó en la embajada estadounidense los ciento treinta y siete días que duró el asedio de las tropas iraquíes, hasta que todos los estadounidenses fueron evacuados. Además, Barbara Bodine era tan enérgica y ruda como John O'Neill.

Bodine pensaba que había acordado con O'Neill que llevaría un equipo de no más de cincuenta personas, por lo que se puso furiosa cuando llegaron muchos más detectives y personal de apoyo. Para ella, aquello era como si un avión militar con «trescientas personas armadas hasta los dientes» aterrizara para tomar Des Moines. (Según la versión de O'Neill, corroborada por otros agentes e informes, solo había ciento cincuenta personas en su grupo, no trescientas). Bodine le pidió a O'Neill que tuviera en cuenta el delicado entorno diplomático en el que se iba a introducir. O'Neill le respondió que él es-

taba allí para investigar un crimen, no para ocuparse de la diplomacia. Aquel era el tipo de respuesta que Bodine esperaba oír al tratar
con el FBI. «El FBI tenía su propia forma de hacer las cosas, y eso era
todo —sacaría como conclusión—. O'Neill no era único, simplemente era extremo.»

El propósito de Bodine era preservar las delicadas relaciones entre Estados Unidos y Yemen, una tarea a la que había dedicado tantos
esfuerzos. Aunque era comprensible que el Departamento de Estado
y el FBI pudieran tener objetivos diferentes, la secretaria de Estado le
había dado instrucciones claras a Bodine de que se cerciorara de que
los detectives estadounidenses estaban seguros y de que colaborara
con ellos en la investigación.[49] Esas debían ser sus prioridades, no sal-
vaguardar las relaciones con el gobierno yemení. Sin embargo, trabajaba continuamente para minimizar las «huellas» del FBI, reduciendo
el número de agentes y despojándoles de sus armas pesadas, algo que
decía hacer por la seguridad de los agentes. Mientras tanto, cada noche la televisión local mostraba a portavoces del Parlamento yemení
llamando abiertamente a la yihad contra Estados Unidos.

Bodine ordenó que todo el equipo del FBI se trasladara al hotel
Adén, atestado de empleados del gobierno y militares estadounidenses. Los detectives de O'Neill tuvieron que alojarse en grupos de tres
o cuatro en cada habitación. «Cuarenta y cinco miembros del FBI
dormían en colchonetas en el suelo del salón de baile del hotel», informó O'Neill. Estableció un centro de mando en el octavo piso del
hotel. Cincuenta marines vigilaban el vestíbulo, protegido con sacos
terreros. En el exterior, el hotel estaba rodeado de nidos de ametralladoras de las tropas yemeníes. No estaba del todo claro cuál era su
propósito, aparte de asegurarse de que los estadounidenses estuvieran
confinados en su hotel. «Éramos prisioneros», recordaría uno de los
agentes.

A primera hora de la mañana del día siguiente a su llegada,
O'Neill fue en una lancha hasta el *Cole*, que estaba escorado en el
puerto a poco menos de una milla de tierra. Aún seguían recuperando cuerpos y los cadáveres se alineaban sobre la cubierta, envueltos
en banderas estadounidenses. Más abajo, había pedazos de carne in-
crustados en el amasijo de cables y metal de un barco que antes pa-

recía tan inexpugnable. A través del agujero causado por la explosión, O'Neill veía a los buceadores buscando cadáveres y, al fondo, la ciudad rocosa que abrazaba el puerto como un teatro antiguo.

El marinero encargado de repostar contó a los detectives que normalmente se tardaba unas seis horas en llenar los tanques con los novecientos mil litros de combustible necesarios. Llevaba cuarenta y cinco minutos repostando cuando estalló la bomba. Pensó que había explotado la tubería de combustible y cerró inmediatamente la llave de paso. Entonces una nube de líquido negro cubrió de repente el buque. No era oleaginoso. Eran los residuos de la bomba.

O'Neill dedicaba gran parte de su tiempo a tratar de convencer a las autoridades yemeníes de los Servicios de Seguridad Política (SSP), el equivalente del FBI, de que cooperaran en la investigación. Era consciente de la necesidad de preparar los casos de modo que se respetaran los requisitos de la justicia estadounidense, por lo que sus agentes debían estar presentes durante los interrogatorios realizados por las autoridades locales para garantizar a los tribunales estadounidenses que ninguno de los sospechosos había sufrido torturas. Además, quería recoger las declaraciones de los testigos presenciales que hubieran visto la explosión. Tanto el SSP como Bodine denegaron aquellas peticiones.

«¿Quieres que un puñado de norteamericanos irlandeses de metro noventa vayan preguntando puerta por puerta? —le preguntó Bodine a O'Neill—. Y, disculpa, pero ¿cuántos de tus hombres hablan árabe?»

En realidad, solo había media docena de personas que hablaran árabe en el contingente del FBI, y la barrera idiomática provocaba malentendidos constantemente. O'Neill tenía a Ali Sufan a su lado la mayor parte del tiempo. En una ocasión, mientras hablaba con un coronel obstruccionista del servicio secreto yemení, O'Neill exclamó frustrado: «¡Dios, esto es como tratar de arrancar dientes!». Cuando el intérprete personal del coronel repitió la frase en árabe, el oficial se levantó visiblemente furioso. «¿Qué he dicho?», le preguntó O'Neill a Sufan. Sufan le contestó que el intérprete le había dicho al coronel: «¡Si no respondes a mis preguntas, te voy a arrancar los dientes!».

Comprensiblemente, las autoridades yemeníes tenían la sensación de que estaban invadiendo su terreno y de que les estaban tratando de un modo injusto. A cambio de las pruebas que O'Neill les pedía, querían tener acceso a cualquier información que el FBI tenía fuera del país, algo que, por razones legales, O'Neill no podía facilitarles. Finalmente, les entregaron una cinta de vídeo grabada por una cámara de seguridad del puerto, pero parecía que la habían editado para borrar el momento crucial de la explosión. Cuando O'Neill expresó su frustración a Washington, el presidente Clinton envió una carta al presidente Ali Abdullah Saleh, pero no surtió mucho efecto. El FBI estaba convencido de que alguien había informado a los terroristas de la llegada del *Cole* y querían ampliar la investigación para incluir en ella a un miembro de la familia del presidente y a un coronel del SSP. El interés de las autoridades yemeníes en seguir aquellas pistas era más bien escaso.

O'Neill se había pasado toda su carrera tratando de ganarse a policías de otros países y había comprobado que los «polis», como él los llamaba, formaban una fraternidad universal. Pero algunas de sus peticiones de pruebas desconcertaban a los detectives locales, que no estaban familiarizados con las avanzadas técnicas forenses por las que es famoso el FBI. Había procedimientos básicos, como la toma de huellas dactilares, que se usaban muy pocas veces. No podían entender, por ejemplo, por qué O'Neill les pedía el sombrero que había llevado uno de los cómplices y que quería para tomar muestras de ADN. Incluso el cieno del puerto, que contenía residuos de la bomba y fragmentos del bote pesquero de fibra de vidrio, les estuvo vedado hasta que el FBI pagó al gobierno yemení un millón de dólares para dragarlo. Después cargaron los residuos en barcazas y los enviaron a Dubai para ser analizados.

La sociedad yemení concedía una gran importancia a las jerarquías y, como Sufan había elevado a O'Neill al rango de «general», uno de sus homólogos era el general Hamud Nayi, jefe de la Seguridad Presidencial. El general Nayi acabó accediendo a llevarles al lugar donde los terroristas habían zarpado en la lancha empleada en el atentado. La policía había encontrado a un niño de doce años llamado Hani que estaba pescando en el muelle cuando los terroristas descargaron el bote. Uno de los hombres le había pagado cien riales yemeníes, unos sesenta centavos, para que vigilara su camión Nissan y el remolque para la lancha, pero no volvió nunca. La policía detuvo a Hani para asegurarse de que no desapareciera y después arrestó también a su padre para que cuidara de él. «Si tratan así a los testigos dispuestos a colaborar —observó O'Neill—, imagina cómo deben tratar a los más difíciles.»

O'Neill también examinó el piso franco en el que habían vivido los terroristas. Estaba limpio y ordenado. En el dormitorio principal había una alfombra de oración orientada al norte, hacia La Meca. El lavabo del cuarto de baño estaba lleno de vello corporal, que los terroristas se habían afeitado antes de morir. Los detectives adoptaron un semblante solemne al imaginar la escena de las abluciones rituales y las oraciones finales.

Pero la cooperación seguía llegando muy lentamente.

—Esta investigación ha tropezado con un escollo —admitió el general Nayi—. Nosotros los árabes somos muy testarudos.

—Está tratando con un árabe y yo también soy testarudo —le dijo Ali Sufan bromeando.

Cuando Sufan tradujo aquel diálogo, O'Neill le dijo que los árabes no se podían comparar con los irlandeses en ese aspecto. Entonces contó una historia sobre el clan de los O'Neill en Irlanda, quienes, según él, tenían fama de ser los hombres más fuertes de su país. Cada año se celebraba una carrera de barcas hasta una roca gigante en medio de un lago, y siempre la ganaban los O'Neill. Pero un año, los miembros de otro clan bogaban más rápido y les sacaban ventaja, por lo que todo parecía indicar que iban a tocar primero la roca.

—Pero entonces mi tatarabuelo desenvainó su espada —dijo O'Neill—, se cortó una mano y la lanzó a la roca. ¿Tenéis algo que lo iguale?

Sufan y el general se miraron.

—Nosotros somos testarudos —dijo Sufan—, pero no estamos locos.

Uno de los problemas a los que se enfrentaban los detectives era que el *Cole* corría peligro de hundirse. Los ingenieros navales intentaban evitar aquella humillación. Finalmente, llegó un gigantesco remolcador de salvamento noruego semisumergible, con una cubierta mediana diseñada para sumergirse bajo el agua y elevar plataformas petrolíferas, para rescatar al buque de guerra herido y emprender el largo viaje de vuelta a casa. El sistema de megafonía del *Cole* emitió el himno de Estados Unidos mientras era arrastrado fuera del puerto, seguido del desafiante tema de Kid Rock «American Bad Ass».

Los agentes percibían tantas amenazas a su alrededor que solían dormir con la ropa puesta y las armas al lado. Un mecánico les informó de que alguien había llevado a su taller un camión similar al que habían comprado los terroristas para que le instalara unas placas de metal, de manera que pudieran usarse para orientar la fuerza de una explosión en una dirección determinada. Sin lugar a dudas, el objetivo más tentador para un artefacto explosivo como aquel era el hotel en el que se alojaban los agentes.

Bodine pensaba que aquellos temores eran exagerados. Le parecía que los agentes sospechaban de todo el mundo, incluso del personal del hotel. Le aseguró a O'Neill que los disparos que solían oír en el exterior del hotel seguramente no iban dirigidos a los detectives, sino que eran tiros al aire durante la celebración de una boda. Entonces, una noche, mientras O'Neill presidía una reunión, se oyeron disparos justo fuera del hotel. El equipo de rescate de rehenes tomó posiciones y, una vez más, Sufan se arriesgó a salir para hablar con las tropas yemeníes apostadas en la calle.

«¡Eh, Ali! —gritó O'Neill—. ¡Ve con cuidado!»

Había corrido escaleras abajo para asegurarse de que Sufan llevaba puesto su chaleco antibalas. La frustración, el estrés y el peligro, además de la intimidad impuesta por aquella situación, habían unido aún más a los dos hombres. O'Neill había empezado a referirse a Sufan como su «arma secreta» y, delante de los yemeníes, le llamaba simplemente «hijo mío».

Los francotiradores cubrían a Sufan mientras caminaba fuera del hotel. El oficial yemení que estaba allí apostado le aseguró que todo iba «bien».

«Si todo va bien, ¿por qué no hay coches en la calle?», preguntó Sufan.

El oficial le contestó que debían de estar celebrando una boda cerca. Sufan miró a su alrededor y vio que el hotel estaba rodeado de hombres con la vestimenta tradicional yemení, algunos de ellos montados en jeeps y todos armados. Eran civiles, no soldados. Sufan recordó la insurrección tribal de Somalia, en la que los cadáveres de los soldados estadounidenses acabaron arrastrados por las calles de Mogadiscio, y pensó que aquello podía suceder en aquel mismo lugar y en aquel preciso momento.

O'Neill ordenó a los marines estadounidenses desplegar dos vehículos blindados delante del hotel para bloquear la calle. La noche transcurrió sin más incidentes, pero al día siguiente O'Neill trasladó a su equipo al buque de guerra USS *Duluth*, fondeado en la bahía de Adén. Una vez allí, necesitaba un permiso del gobierno yemení cada vez que quería volar a tierra. El piloto del helicóptero tuvo que realizar maniobras evasivas después de que un misil SA-7 le pasara rozando. O'Neill envió a la mayoría de los detectives de vuelta a casa. Él, Sufan y otros cuatro agentes volvieron al hotel, que ahora estaba prácticamente vacío debido a las amenazas de bomba.

Las relaciones entre Bodine y O'Neill se deterioraron tanto que Barry Mawn voló a Yemen para evaluar la situación. «Estaba claro que ella simplemente le detestaba», observó Mawn, pero lo que le había dicho Bodine era que O'Neill no congeniaba con los yemeníes. Durante los diez días siguientes, Mawn habló con diversos miembros del equipo del FBI y con oficiales del ejército estadounidense. Cada noche acompañaba a O'Neill cuando se reunía con las autoridades yemeníes y observaba cómo interactuaba con sus homólogos. Las reuniones acababan siempre tarde; en ellas O'Neill engatusaba, presionaba, seducía, imploraba y hacía todo lo que podía para avanzar un poco. Una de aquellas noches, O'Neill se quejó al general Ghalib Qamish, del SSP, de que no tenía las fotografías de los sospechosos arrestados por los yemeníes que necesitaba. La discusión se prolongó hasta primera hora de la mañana: el general Qamish le explicaba educadamente que no necesitaban en absoluto al FBI para resolver aquel caso y O'Neill describía pacientemente lo urgente que era la situación. Mawn apenas podía mantenerse despierto. Pero la noche siguiente el general anunció: «Tengo las fotografías para ustedes».

O'Neill le dio las gracias y entonces le solicitó permiso para interrogar personalmente a los sospechosos, en lugar de tener que entregarles las preguntas a los interrogadores yemeníes. Fue una negociación inacabable y difícil, pero, según Mawn, ambas partes actuaron con respeto e incluso con afecto. El general Qamish llamaba a O'Neill «hermano John». Cuando Mawn regresó a Estados Unidos, informó al director de que O'Neill estaba haciendo un trabajo excelente y añadió que Bodine era su «única detractora». Eso fue lo que le dijo también a Bodine antes de abandonar Yemen, no sin antes añadir que no iba a retirar a O'Neill del caso. Por supuesto, Mawn era el responsable de haber enviado allí a O'Neill. Es posible que no quisiera ver el punto de vista de Bodine. En todo caso, los embajadores tienen la última palabra sobre qué estadounidenses pueden permanecer en un país extranjero, y O'Neill no era uno de ellos.

A finales de octubre, los yemeníes detuvieron a Fahd al-Quso, el cámara de al-Qaeda que se había quedado dormido y no había grabado el atentado en vídeo. Quso admitió que él y uno de los suicidas habían entregado cinco mil dólares a «Jallad», el cerebro del atentado del *Cole* al que le faltaba una pierna, en Bangkok. Dijo que el dinero era para comprarle a Jallad una prótesis nueva. El FBI recibió la transcripción de la conversación un mes más tarde.

Sufan recordó haber oído el nombre de Jallad a un confidente que había reclutado en Afganistán. El confidente había descrito a un combatiente con una pierna de metal que era emir de una casa de huéspedes en Kandahar y al que llamaba el «chico de los recados» de Bin Laden.[50] Sufan y O'Neill enviaron por fax la fotografía del pasaporte de Jallad al confidente afgano, que hizo una identificación positiva. Ese fue el primer vínculo real que se pudo establecer entre el atentado del *Cole* y al-Qaeda.

Sufan se preguntó por qué el dinero salía de Yemen cuando estaba a punto de ejecutarse una operación de gran envergadura. ¿Era posible que hubiera otra operación en marcha de la que no sabía nada? Sufan envió la fotografía de Jallad a la CIA[51] y pidió información sobre él y sobre si podía haber habido una reunión de al-Qaeda en la región. La agencia no contestó a esta petición, que había formulado con claridad. El hecho de que la CIA ocultara información sobre el cerebro del atentado del *Cole* y la reunión en Malaisia, cuando el FBI había preguntado directamente, obstaculizó los intentos de hacer justicia por la muerte de diecisiete marineros estadounidenses. Pero se avecinaban unas consecuencias aún mucho más trágicas.

Un mes después de que comenzara la investigación del *Cole*, el director adjunto del FBI, Dale Watson, declaró al *Washington Post*: «La cooperación constante» con los yemeníes «ha permitido al FBI reducir aún más su presencia en el país. [...] El FBI podrá traer pronto a casa al máximo responsable del caso sobre el terreno, John O'Neill». Aquello parecía una concesión pública a las quejas de Bodine. El mismo día, el primer ministro yemení dijo al *Post* que no se había descubierto ninguna relación entre los hombres que perpetraron el atentado contra el *Cole* y al-Qaeda.

O'Neill regresó a Estados Unidos justo antes del día de Acción de Gracias. Valerie James se quedó atónita cuando le vio, ya que había perdido más de diez kilos. Él le explicó que se sentía como si estuviera librando una batalla contra el terrorismo en solitario, sin ninguna ayuda de su propio gobierno, y que le preocupaba que la investigación se paralizara por completo al no estar él. De hecho, según Barry Mawn, la cooperación yemení se redujo considerablemente cuando O'Neill se marchó del país. Preocupado por las continuas amenazas contra los detectives del FBI que se habían quedado, O'Neill trató de volver en enero de 2001, pero Bodine denegó su solicitud. Mientras tanto, los detectives estadounidenses, que se sentían cada vez más vulnerables, se replegaron tras los muros de la embajada de Estados Unidos en Sanaa.

Al final, Sufan obtuvo permiso para interrogar a Fahd al-Quso, el cámara que se durmió, un hombre pequeño y arrogante con una barba rala que acariciaba constantemente. Antes de que empezara el interrogatorio, un coronel de los SSP entró en la habitación y besó a Quso en las dos mejillas: una señal para que todos comprendieran que estaba protegido. Y, de hecho, siempre que era evidente que Quso iba a hacer una revelación importante, el coronel yemení insistía en interrumpir la sesión para comer o rezar.

No obstante, tras varios días, Sufan consiguió que Quso admitiera que se había reunido con Jallad y con uno de los terroristas que atentaron contra el *Cole* en Bangkok, donde se habían alojado en el hotel Washington. Quso confesó que su misión consistía en transferir treinta y seis mil dólares de los fondos de al-Qaeda, no los cinco mil dólares que había mencionado anteriormente, y que el dinero no era para comprar una pierna nueva a Jallad. Ahora parece evidente que aquel dinero se utilizó para comprar billetes de avión en primera clase para los secuestradores del 11 de septiembre, Mihdar y Hazmi, y para su sustento cuando llegaran a Los Ángeles unos días después, algo que habría sido obvio entonces si la CIA hubiera informado al FBI sobre los dos miembros de al-Qaeda.

Los agentes del FBI examinaron los registros telefónicos para verificar la historia de Quso. Encontraron llamadas realizadas entre el hotel Washington de Bangkok y la casa de Quso en Yemen. También se percataron de que había llamadas a ambos lugares desde un teléfono público de Malaisia que justamente se encontraba al lado del edificio de apartamentos donde se había celebrado la reunión. Quso le explicó a Sufan que en un principio se suponía que tenía que reunirse con Jallad en Kuala Lumpur o Singapur (al parecer, confundía las dos ciudades). Una vez más, Sufan envió un teletipo oficial a la CIA. Además, mandó una fotografía de pasaporte de Jallad. ¿Significaban algo aquellos números de teléfono? ¿Existía alguna conexión con Malaisia? ¿Algún vínculo con Jallad? De nuevo, la agencia no tenía nada que decir.

Si la CIA hubiera respondido a Sufan facilitándole la información que solicitaba, el FBI se habría enterado de la reunión de Malaisia y de la conexión con Mihdar y Hazmi. El FBI habría sabido, como ya sabía la CIA, que los miembros de al-Qaeda estaban en Estados Unidos y que ya llevaban allí más de un año. Puesto que ya había una acusación formal contra Bin Laden en Nueva York y Mihdar y Hazmi estaban relacionados con él, el FBI habría podido vigilar a los sospechosos, colocar micrófonos en su apartamento, interceptar sus comunicaciones, clonar su ordenador o investigar a sus contactos: todos los pasos esenciales que podrían haber evitado el 11-S.

En junio de 2001, las autoridades yemeníes arrestaron a ocho hombres acusados de planear un atentado contra la embajada estadounidense en Yemen, donde se habían refugiado Sufan y el resto de los agentes del FBI. Después de aquello, hubo nuevas amenazas contra el FBI, y Freeh, siguiendo la recomendación de O'Neill, retiró a todo el equipo del país.

El atentado contra el *Cole* supuso una gran victoria para Bin Laden. Los campamentos de al-Qaeda en Afganistán se llenaban de nuevos reclutas y de los estados del Golfo llegaban donantes cargados con maletines Samsonite repletos de petrodólares,[52] como en los días gloriosos de la yihad afgana. Por fin había dinero para repartir. Los dirigentes talibanes, que todavía estaban divididos con respecto a la presencia de Bin Laden en el país, se volvieron más complacientes cuando llegó el dinero, a pesar de las amenazas de sanciones y represalias. Bin Laden separó a sus dirigentes de mayor rango[53] (Abu Hafs se trasladó a otro lugar de Kandahar y Zawahiri a Kabul) para que la previsible respuesta estadounidense no pudiera aniquilar a toda la cúpula de al-Qaeda de golpe.

Pero no hubo respuesta estadounidense. El país estaba en plena campaña electoral para elegir a un nuevo presidente y Clinton trataba de mejorar su legado consiguiendo un acuerdo de paz entre Israel y Palestina. El atentado contra el *Cole* se había producido justo cuando las conversaciones fracasaban. Clinton sostiene que, a pesar de la delicada situación política del momento, su administración estuvo a punto de lanzar otro ataque con misiles contra Bin Laden en octubre de aquel año, pero que en el último momento la CIA recomendó suspenderlo porque no estaban seguros del lugar en el que se encontraba.[54]

Bin Laden estaba furioso y decepcionado. Confiaba en atraer a Estados Unidos hacia la misma trampa en la que habían caído los soviéticos: Afganistán.[55] Su estrategia consistía en atacar constantemente hasta que las tropas estadounidenses invadieran el país; entonces los muyahidines se lanzarían a por ellos y les desangrarían hasta que todo el Imperio estadounidense se hundiera a causa de sus heridas. Les había ocurrido a Gran Bretaña y a la Unión Soviética, y estaba convencido de que también le iba a pasar a Estados Unidos. La declaración de guerra, las bombas en las embajadas y ahora el atentado contra el *Cole* no habían sido suficientes para desencadenar una represalia masiva. Tendría que cometer una afrenta atroz.

Cabe preguntarse si la tragedia del 11 de septiembre o alguna otra similar se habrían podido producir en aquel momento sin Bin Laden al mando. La respuesta es, sin duda, no. En realidad, las placas tectónicas de la historia se estaban desplazando, propiciando un período de conflicto entre Occidente y el mundo árabe e islámico; no obstante, serían el carisma y la visión de unos pocos individuos los que definirían la naturaleza de esta contienda. La revolución salafí internacional se podría haber producido sin los escritos de Sayyid Qutb o el llamamiento de Abdullah Azzam a la yihad, pero al-Qaeda no habría existido. Al-Qaeda dependía de una combinación única de personalidades, los egipcios en particular (Zawahiri, Abu Ubaydah, Saif al-Adl y Abu Hafs), y todos ellos profesaban las ideas de Qutb, su padre intelectual. Pero sin Bin Laden, los egipcios no eran más que al-Yihad. Sus objetivos eran meramente locales. En una época en la que había tantos movimientos islamistas, todos ellos centrados en metas nacionalistas, el sueño de Bin Laden era crear un ejército yihadí internacional. Fue su liderazgo el que mantuvo unida una organización que padeció la bancarrota y fue expulsada al exilio. Era la tenacidad de Bin Laden la que le volvía sordo a las disputas morales que surgieron como consecuencia de tantos asesinatos e indiferente a los reiterados fracasos que habrían hecho añicos los sueños de la mayoría de los hombres. Todas estas cualidades son atribuibles al líder de una secta o a un lunático. Pero también intervenía el talento artístico, no solo para conseguir efectos espectaculares, sino también para cautivar la imaginación de los hombres a los que Bin Laden pedía que sacrificaran sus vidas.

19

La Gran Boda

Los acontecimientos sociales no eran habituales en la comunidad de al-Qaeda, pero Bin Laden se sentía con ánimos para las celebraciones. Concertó un matrimonio entre su hijo de diecisiete años, Muhammad, y Jadiya, la hija de catorce años de Abu Hafs.[1] Era una chica callada e ignorante, y las mujeres se preguntaban qué iban a decirse el uno al otro. Se podían imaginar las sorpresas que le esperaban a Jadiya en su noche de bodas, ya que no era frecuente hablar de cuestiones sexuales, sobre todo con los niños.

Bin Laden había dispuesto para la ocasión un gran salón, un antiguo cine situado en las afueras de Kandahar que habían desmantelado los talibanes, con capacidad para acoger a los quinientos hombres que iban a asistir. (Las mujeres estaban en otra sala con la joven novia.) Bin Laden dio comienzo a las celebraciones con la lectura de un largo poema, disculpándose porque no era una creación propia, sino del encargado de escribirle los discursos. «Como la mayoría de nuestros hermanos saben, no soy un guerrero de la palabra», dijo con modestia. El poema era un pequeño tributo al atentado contra el *Cole*:

> *Un destructor, al que incluso los valientes pueden temer,*
> *infunde terror en puerto y en mar abierto,*
> *surca los mares henchido de arrogancia, altivez y falso poder,*
> *hacia su perdición avanza lentamente, absorto en una gran ilusión.*
> *Le aguarda un pequeño bote mecido por el oleaje.*[2]

Dos cámaras de televisión grabaron la ceremonia, pero Bin Laden no quedó satisfecho con el resultado (sabía que los canales vía satélite árabes iban a emitir el poema y que iba a figurar en un vídeo de reclutamiento de al-Qaeda), por lo que a la mañana siguiente mandó reinstalar las cámaras para que le grabaran recitando de nuevo el poema. Incluso colocó a varios partidarios delante para que le aclamaran como si aún hubiera centenares de personas en el salón y no únicamente varios reporteros y cámaras. Su control sobre su propia imagen era tal que le pidió a uno de los reporteros que repitiera una fotografía digital porque había salido con el cuello «demasiado grueso». Se había teñido la barba para ocultar las canas, pero no podía disimular unas oscuras ojeras que delataban la ansiedad y el insomnio que se habían convertido en sus inseparables compañeros.[3]

Hamza, de doce años de edad, el único hijo de la esposa predilecta de Bin Laden, también recitó un poema durante la boda. Tenía unas pestañas negras y alargadas, el rostro delgado como el de su padre y llevaba un turbante blanco y un chaleco de camuflaje.

«¿Qué crimen hemos cometido para que nos obliguen a marcharnos de nuestro país? —preguntó solemnemente con una serenidad que imponía—. ¡Siempre combatiremos al *kafir*!» «Allahu akbar!», bramaron los hombres como respuesta.

Después empezaron a cantar:

Nuestros hombres se han rebelado, nuestros hombres se han rebelado.
No reconquistaremos nuestra tierra
y nuestra vergüenza solamente podrá borrarse
a sangre y fuego.
Y así para siempre.
Y así para siempre.[4]

Después de la oración del mediodía, les sirvieron la comida: carne, arroz y zumo de tomate. Un derroche poco común en Bin Laden. Sin embargo, algunos comensales encontraron la comida algo primitiva y su padrastro vio una especie de larva que se retorcía dentro del vaso de agua.

«¡Come! ¡Come! —gritaban los invitados mientras pelaban naranjas al joven novio—. ¡Tiene una larga noche por delante!»

Los hombres comentaron lo mucho que se parecía la tímida sonrisa del hijo a la del padre. Bailaron y cantaron más canciones, y lanzaron al aire al muchacho y le vitorearon. Después le metieron en un coche y le enviaron al complejo familiar a pasar la primera noche de su vida de casado.

Pocos meses después de la investidura de George W. Bush, Dick Clarke se reunió con Condoleezza Rice, la consejera de Seguridad Nacional de la administración entrante, y le pidió que le mantuviera en el puesto.[5] Desde el momento en que el nuevo equipo tomó posesión, quedó claro que el terrorismo era una prioridad menor. Cuando Clarke informó por primera vez en enero a Rice sobre la amenaza que Bin Laden y su organización representaban para Estados Unidos, tuvo la impresión de que ella nunca había oído hablar de al-Qaeda. Después le bajó de categoría, nombrándole coordinador nacional de la lucha antiterrorista, por lo que ahora debía informar a los adjuntos y no a los principales responsables. Clarke insistía en mantener la estrategia de ayudar a Ahmed Sha Massud y la Alianza del Norte en su lucha contra los talibanes, pero Rice se opuso, alegando que la administración necesitaba una estrategia más general que incluyera a otros adversarios pastunes de los talibanes.[6] Pero la nueva planificación se iba alargando durante meses sin avanzar demasiado. «Quizá necesitáis a alguien menos obsesivo», sugirió entonces Clarke, pero ni Rice ni su ayudante, Stephen Hadley, captaron la ironía. Se sorprendieron y le pidieron que permaneciera en su puesto hasta octubre. Además, le dijeron que en ese período de tiempo debía encontrar a «alguien parecido» que le sustituyera.

«Solo hay un tipo que reúna las condiciones», dijo Clarke.

O'Neill creía que el puesto de Clarke era perfecto para él. Recibió la oferta en un momento en el que estaba desesperado por la complicada respuesta del gobierno ante el terrorismo y angustiado por su futuro. Siempre había mantenido dos aspiraciones: convertirse en el director adjunto del FBI en Washington o hacerse cargo de la oficina de Nueva York. Freeh se iba a jubilar en junio, por lo que habría vacantes en los puestos más altos, pero la investigación del incidente del maletín seguramente le impediría ascender en el FBI. Sin embargo, si se convertía en el nuevo zar del antiterrorismo nacional podría resarcirse, y además debía de entusiasmarle la idea de que tanto el FBI como la CIA tuvieran que responder ante él.

Por otro lado, estaba pasando apuros económicos y tendría la misma categoría salarial en la Casa Blanca que en el FBI. La investigación del Departamento de Justicia le había supuesto un duro revés económico. Además de sus otras deudas, ahora le debía a su abogado ochenta mil dólares,[7] más de lo que ganaba en todo un año.

Durante el verano, Clarke trató de convencer a O'Neill, al que le costaba decidirse, pero se negaba a comprometerse. Comentó la oferta con varios amigos, pero se inquietó al pensar que podían enterarse en la sede del FBI. En un ataque de ansiedad llamó a Clarke y le dijo que había gente en la CIA que sabía que se barajaba su nombre para al puesto. «Tienes que decirles que no es cierto», le pidió. Estaba seguro de que si lo sabían en la CIA, acabarían enterándose en el FBI. En un acto de lealtad, Clarke llamó a uno de sus amigos de la CIA y le dejó caer que estaba buscando candidatos para sustituirle, ya que O'Neill había declinado la oferta, pese a que O'Neill aún aspiraba al puesto. O'Neill también habló con Mawn de la oferta; le explicó que no quería que se enterara por otros, pero le dijo explícitamente que no estaba en absoluto interesado en el trabajo.

El dinero habría sido un obstáculo, pero O'Neill, que para entonces ya era un veterano en las lides burocráticas, también comprendía la crueldad con que algunos pesos pesados de Washington iban a acoger la noticia de su nombramiento. La oferta de Clarke era tentadora, pero también peligrosa.

Durante años, Zawahiri había lidiado con algunos elementos dentro de al-Yihad que se oponían a su relación con Bin Laden. Despreciaba a los miembros de al-Yihad que le criticaban desde sus cómodos refugios en Europa. Les llamaba «combatientes revolucionarios de sangre caliente que ahora se han vuelto más fríos que el hielo después de haber experimentado la vida civilizada y el lujo».[8] Cada vez más, muchos de sus antiguos aliados, agotados y desmoralizados tras años de reveses, se habían vuelto partidarios de la iniciativa de los líderes islamistas encarcelados en Egipto, que habían declarado un alto el fuego unilateral. Otros ya no querían soportar por más tiempo las primitivas condiciones de vida en Afganistán. No obstante, incluso cuando la organización se estaba desintegrando, Zawahiri rechazaba cualquier idea de negociar con el régimen egipcio o con Occidente.

En un momento de rabia, llegó a dimitir como emir de al-Yihad, pero sin él la organización iba totalmente a la deriva. Algunos meses más tarde, su sucesor renunció al puesto y Zawahiri volvió a tomar las riendas. Sin embargo, según declaraciones en el juicio a los miembros de la célula albanesa, solo quedaban cuarenta miembros fuera de Egipto y el movimiento había sido erradicado dentro del país. Al-Yihad agonizaba, y también el sueño que había enardecido la imaginación de Zawahiri desde la adolescencia. Para él, Egipto estaba perdido.

El final llegó en junio de 2001, cuando al-Qaeda absorbió al-Yihad y se creó una entidad llamada formalmente Qaeda al-Yihad. El nombre reflejaba el hecho de que los egipcios seguían constituyendo el núcleo duro; en el comité directivo, formado por nueve miembros, solo tres no eran egipcios. Pero se trataba de la organización de Bin Laden, no la de Zawahiri.

Como es natural, el predominio de los egipcios era objeto de disputas, sobre todo entre los miembros saudíes de al-Qaeda. Bin Laden trataba de apaciguar a los descontentos explicándoles que siempre podía contar con los egipcios porque no podían regresar a su país sin que les arrestaran; como él, eran hombres sin patria.

Bin Laden se dirigió a Zawahiri y los egipcios para encomendarles una misión especial. Quería que mataran a Ahmed Sha Massud.[9] El comandante de la Alianza del Norte representaba la única fuerza convincente que impedía a los talibanes consolidar por completo su dominio en Afganistán. Delgado y enérgico, Massud era un estratega brillante dispuesto a rivalizar con los talibanes en crueldad. Ahora que los talibanes se habían aliado con al-Qaeda, Dick Clarke y otros veían en Massud la última posibilidad de encontrar una solución afgana al problema de Bin Laden.

Massud era un socio entusiasta. Era un fervoroso islamista cuya esposa llevaba burka y cuyas tropas habían cometido más de una matanza. Al igual que sus enemigos, probablemente financiaba sus milicias con el tráfico de opio. Pero hablaba un francés elemental, que había aprendido en un instituto de Kabul, y era famosa su afición por la poesía persa, lo que le hacía parecer una especie de alternativa civilizada a los talibanes. En febrero, unos vándalos talibanes habían irrumpido en el museo de Kabul armados con martillos y habían reducido a polvo el patrimonio artístico del país. Después, en marzo, usaron tanques y armas antiaéreas en la provincia de Bamiyan para destruir dos colosales imágenes de Buda que se habían alzado sobre la antigua ruta de la seda durante mil quinientos años. Cuanto peor era la opinión que tenía el mundo de los talibanes, mayor era el aprecio por Massud.

Un reflejo de la creciente talla internacional de Massud fue el discurso que pronunció ante el Parlamento Europeo de Estrasburgo (Francia), en abril de 2001, donde habló del peligro que al-Qaeda suponía para el mundo. También avisó a funcionarios estadounidenses de que sus servicios secretos habían descubierto que al-Qaeda tenía la intención de perpetrar una acción terrorista contra Estados Unidos de mucha mayor envergadura que los atentados contra las embajadas en África oriental.

En julio, Zawahiri escribió una carta en un francés básico haciéndose pasar por un miembro del Centro de Observación Islámico de Londres. Solicitaba permiso para que dos periodistas entrevistaran a Massud. La carta iba acompañada de una recomendación personal de Abdul Rasul Sayyaf. Les concedieron el permiso.

Massud no era el único que alertaba a Estados Unidos. Además de los comentarios entusiastas que la Agencia de Seguridad Nacional (NSA) captaba sobre un gran atentado en ciernes («espectacular», «otro Hiroshima»), los servicios secretos de algunos países árabes, que contaban con mejores informantes, enviaron advertencias muy serias. El presidente egipcio Hosni Mubarak avisó a Estados Unidos de que los terroristas planeaban atentar contra el presidente Bush en Roma, «utilizando un avión cargado de explosivos»,[10] cuando fuera a la cumbre del G-8 en Génova en julio. Las autoridades italianas instalaron baterías antiaéreas para impedir el ataque. El ministro de Asuntos Exteriores talibán, Wakil Ahmed Muttawakil, le dijo confidencialmente al cónsul general estadounidense en Peshawar y a las Naciones Unidas en Kabul que al-Qaeda estaba preparando un atentado devastador en suelo estadounidense.[11] Tenía miedo de que las represalias estadounidenses destruyeran su país. Por aquella época, los servicios secretos jordanos descubrieron casualmente el nombre de aquella operación sobre la que circulaban tantos rumores y se lo comunicó a Washington: la Gran Boda.[12] Para los terroristas suicidas, el día que muere un mártir es el día de su boda, pues ese día se reúne con las doncellas en el paraíso.

Bin Laden decidió desposar a otra mujer, una muchacha yemení de quince años llamada Amal al-Sada.[13] Uno de los guardaespaldas de Bin Laden viajó a la ciudad de Ibb, en las montañas, para pagar una dote de cinco mil dólares. Según Abu Yandal, fue una boda espléndida. «Las canciones y la algarabía se mezclaban con los disparos al aire.»[14]

Aunque al parecer el matrimonio fue un arreglo político entre Bin Laden y una importante tribu yemení, cuya finalidad era aumentar los reclutamientos de al-Qaeda en Yemen, las demás esposas de Bin Laden se disgustaron e incluso su propia madre le reprendió.[15] Dos hijos de Bin Laden, Muhammad y Ozman, se enfrentaron encolerizados a Abu Yandal. «¿Por qué has traído a nuestro padre una chica de nuestra edad?», le preguntaron.

Abu Yandal protestó diciendo que ni siquiera sabía que el dinero que había llevado a Yemen era para comprar una novia. Pensó que era para una operación de martirio.

Najwa, la primera mujer de Bin Laden, se marchó más o menos por aquella época. Después de tener once hijos y tras veintisiete años de matrimonio decidió regresar a Siria y se llevó a sus hijas y a su hijo retrasado, Abdul Rahman. El hombre con el que se había casado no era un muyaidín ni un terrorista internacional, sino un rico adolescente saudí. Como esposa de Bin Laden, le cabía esperar una vida de riqueza, viajes y sociedad, una vida fácil que habrían hecho aún más cómoda el habitual séquito de sirvientes, la casa en la playa, un yate y quizá un apartamento en París. Eso era lo mínimo que cabía esperar. En cambio, había llevado una vida de fugitiva, llena de privaciones y a menudo en la miseria. Había hecho unos sacrificios enormes, pero ahora era libre.

El 29 de mayo de 2001, en un tribunal federal de Manhattan, un jurado condenó a cuatro hombres por los atentados contra las embajadas estadounidenses en África oriental. Fue el punto culminante de un historial impecable de veinticinco condenas por terrorismo impuestas por los fiscales del Distrito Sur de Nueva York, encabezados por Mary Jo White y sus ayudantes Kenneth Karas y Patrick Fitzgerald. La lucha contra los terroristas islámicos había comenzado en 1993 con el primer atentado contra el World Trade Center. Ocho años después, aquellas condenas eran prácticamente la única victoria que Estados Unidos se podía anotar y se basaban en las arduas investigaciones de la oficina del FBI en Nueva York, en concreto de la unidad I-49.

O'Neill estaba presente cuando se hicieron las alegaciones finales y, tras el veredicto, llevó a Steve Gaudin a un lugar aparte. Era el agente que había acorralado a Muhammad al-'Owhali y había hecho realidad su deseo de ser juzgado en Estados Unidos. O'Neill le rodeó con el brazo los hombros y le dijo que tenía un regalo para él. «Voy a enviarte a una escuela de idiomas en Vermont. Vas a estudiar árabe.» Gaudin se quedó estupefacto. «Sabes que esta lucha no ha terminado —continuó O'Neill—. ¿Qué es lo que te dijo 'Owhali? Dijo: "Tenemos que atacaros fuera para que no se vea lo que preparamos dentro".»

O'Neill comprendió que el enfoque criminal era solo una manera de combatir el terrorismo y tenía sus límites, sobre todo cuando el adversario era una sofisticada red extranjera formada por ideólogos experimentados y motivados que estaban dispuestos a morir. Pero cuando Dick Clarke le dijo durante las redadas del milenio «Vamos a matar a Bin Laden», O'Neill ni siquiera quiso oír hablar de ello.[16] Aunque al-Qaeda suponía un reto policial mucho mayor que la mafia o cualquier otra organización criminal, las alternativas (los ataques militares, las tentativas de asesinato de la CIA) no habían servido más que para reforzar a Bin Laden ante sus admiradores. Las veinticinco condenas, por otro lado, eran triunfos verdaderos y legítimos que demostraban la credibilidad e integridad del sistema de justicia estadounidense. Pero la rivalidad y las envidias entre las agencias gubernamentales, y la falta de urgencia en la sede del FBI, entorpecían la labor de la unidad I-49 en Nueva York, que no fue capaz de ver un peligro que, como se vería, ya estaba dentro del país.

Cuando finalizaba el juicio por los atentados contra las embajadas, casi todos los secuestradores del 11 de septiembre ya se habían instalado en Estados Unidos. Por aquella época, Tom Wilshire, que era el representante de inteligencia de la CIA en la sección de terrorismo internacional de la sede del FBI, indagaba en la relación entre Jaled al-Mihdar y Jallad, el cerebro del atentado contra el *Cole* al que le faltaba una pierna. Debido a la similitud de sus nombres, la CIA había pensado que podrían ser una misma persona, pero gracias a las investigaciones de Ali Sufan, la agencia supo que Jallad formaba parte del equipo de seguridad de Bin Laden. «OK. Esto es importante —escribió Wilshire en un correo electrónico que envió a sus supervisores en el Centro de Antiterrorismo de la CIA—. Es un asesino de primera división que organizó el atentado contra el *Cole* y posiblemente los de África.» Wilshire ya sabía que Nawaf al-Hazmi estaba en Estados Unidos y que Hazmi y Mihdar habían viajado con Jallad. También descubrió que Mihdar tenía un visado estadounidense. «Definitivamente, se estaba preparando algo malo», dictaminó.[17] Solicitó permiso para revelar aquella información vital al FBI, pero la CIA nunca respondió a su petición.

Aquel verano Wilshire le pidió a una analista del FBI destinada en el Centro de Antiterrorismo de la CIA, Margarette Gillespie, que revisara el material sobre la reunión de Malaisia «en su tiempo libre». No encontró el momento de hacerlo hasta finales de julio. Wilshire no le reveló que algunos de los participantes en la reunión podrían estar dentro de Estados Unidos. De hecho, no le transmitió la urgencia que reflejaba su nota, pese a que conocía los informes que decían que al-Qaeda planeaba un «Hiroshima» dentro de Estados Unidos.

Sin embargo, Wilshire quería averiguar qué sabía el FBI. Le entregó a Dina Corsi, otra analista del FBI empleada en la sede central, tres fotografías de la reunión de Malaisia para que se las mostrara a varios agentes de la I-49. Las imágenes mostraban a Mihdar, Hazmi y un hombre que recordaba a Quso. Wilshire no le explicó a Corsi por qué habían sido tomadas, pero sí le dijo que uno de los hombres se llamaba Jaled al-Mihdar. Mientras tanto, Maggie Gillespie buscaba información en la base de datos Intelink sobre la reunión de Malaisia, pero la CIA no había publicado en ella ningún informe sobre el visado de Mihdar o la entrada de Hazmi en el país.[18] Había información de la NSA sobre los hechos que condujeron a la reunión de Malaisia, pero Intelink advertía de que no se debía compartir con investigadores criminales. El día 11 de junio, otro supervisor de la CIA, Clark Shannon, acompañado de Maggie Gillespie y Dina Corsi, viajó a Nueva York para hablar con los agentes encargados de la investigación del *Cole*,[19] excepto con Sufan, que estaba fuera del país. La reunión comenzó a media mañana con los agentes neoyorquinos del FBI informando a fondo a los demás sobre los progresos de su investigación. Aquello duró unas tres o cuatro horas. Finalmente, a eso de las dos de la tarde, Shannon, el supervisor de la CIA, le pidió a Corsi que mostrase las fotografías a sus colegas. Eran tres imágenes de vigilancia de alta calidad. Una de ellas, tomada desde un ángulo bajo, mostraba a Mihdar y a Hazmi de pie junto a un árbol. El supervisor preguntó a los agentes si reconocían a alguien y si Quso aparecía en alguna de las fotografías.

Los agentes del FBI de la unidad I-49 preguntaron quiénes eran los que aparecían en las fotografías, y cuándo y dónde las habían tomado. «¿Y hay alguna fotografía más?», preguntó uno de los agentes. Shannon se negó a contestar. Corsi prometió que «en los próximos días o semanas» intentaría obtener permiso para proporcionarles aquella información. La reunión subió de tono y se empezaron a gritar los unos a los otros. Los agentes del FBI sabían que les estaban poniendo delante de las narices pistas de los crímenes que estaban tratando de resolver, pero no pudieron sonsacar ninguna información más a

Shannon o a los dos analistas del FBI, excepto un detalle: Corsi dejó caer finalmente el nombre de Jaled al-Mihdar.

Steven Bongardt, un ex piloto de la armada y licenciado en Annapolis que formaba parte de la unidad I-49, pidió al supervisor que les diese una fecha de nacimiento o un número de pasaporte para asociarlo al nombre de Mihdar. Un nombre solo no bastaba para prohibirle la entrada en Estados Unidos. Bongardt acababa de volver de Pakistán con una lista de treinta nombres de sospechosos de pertenecer a al-Qaeda con sus correspondientes fechas de nacimiento, información que facilitó al Departamento de Estado como medida de precaución para garantizar que no entraran en el país. Ese era el procedimiento normal, lo primero que la mayoría de los investigadores habrían hecho. Pero el supervisor de la CIA se negó a proporcionar la información adicional.

Es fácil imaginar una reunión diferente, en la que el supervisor de la CIA estuviera autorizado a revelar detalles vitales sobre el viaje de Mihdar a Estados Unidos, su conexión con el teléfono de Yemen, que en realidad era una centralita virtual de al-Qaeda, su relación con Hazmi, que también estaba en Estados Unidos, su pertenencia a al-Qaeda y sus vínculos con Jallad. Las fotografías que estaban sobre la mesa de la oficina de Nueva York no solo contenían las respuestas a la planificación del atentado contra el *Cole*, sino también la cruda realidad de que al-Qaeda ya estaba dentro de Estados Unidos y planeaba atentar.

Había una cuarta fotografía de la reunión de Malaisia, pero el supervisor de la CIA no la mostró. Era una imagen de Jallad. Sin duda alguna, los investigadores del *Cole* sabían quién era. Le habían abierto un expediente, ya habían hablado con un gran jurado para preparar la acusación contra él. Aquella cuarta fotografía habría hecho que O'Neill fuera a ver a Mary Margaret Graham, que dirigía la oficina de la CIA de Nueva York, situada en el World Trade Center, para exigirle que la CIA les entregara toda la información relacionada con Jallad y sus compañeros. Sin embargo, al ocultar la fotografía que mostraba a Jallad junto a los futuros piratas aéreos, la CIA obstruyó la investigación del FBI sobre el atentado contra el *Cole* y permitió que el plan del 11 de septiembre siguiera su curso.

Por aquella época, Mihdar había regresado a Yemen y después había viajado a Arabia Saudí, donde cabe suponer que se dedicó a reunir al resto de los secuestradores aéreos para enviarlos a Estados Unidos. Dos días después de la frustrante reunión entre el supervisor de la CIA y la unidad I-49, el consulado estadounidense en Yidda expidió un nuevo visado a Mihdar. Como la CIA no había facilitado su nombre al Departamento de Estado para que lo incluyera en su lista de sospechosos, Mihdar aterrizó en Nueva York el 4 de julio.

La reunión del 11 de junio fue el punto culminante de una extraña tendencia del gobierno estadounidense a ocultar información a la gente que más la necesitaba. Siempre habían existido ciertas barreras legales para el intercambio de información. Por ley, según el artículo 6E de las Normas Federales de Procedimiento Penal, es secreta la información cuyo origen sea la declaración ante un gran jurado. El FBI interpretaba aquello como una prohibición casi absoluta de revelar cualquier material perteneciente a una investigación. Cada mañana había en el ordenador confidencial de Dick Clarke al menos cien informes de la CIA, la NSA y otras agencias de inteligencia, pero el FBI nunca difundía aquel tipo de información. El artículo 6E también impedía a los agentes hablar sobre casos penales con sus colegas de los servicios secretos, incluso si pertenecían a la misma unidad.

Sin embargo, hasta el segundo mandato de la administración Clinton la información obtenida en operaciones de espionaje, especialmente si podía estar relacionada con un delito, se transmitía libremente a los investigadores criminales. De hecho, era algo esencial. Los agentes de Federal Plaza 26 subían a menudo a una sala de alta seguridad en la que podían leer transcripciones de la NSA y acceder a informes que les facilitaba un representante de la CIA destinado allí. Aquella cooperación ayudó a condenar al jeque Omar Abdul Rahman, por ejemplo; los micrófonos que se habían instalado en su apartamento durante una operación de espionaje demostraron que había autorizado atentados terroristas en Nueva York. Pero siempre estaba presente la preocupación de que la revelación de información sensible durante un juicio pudiera poner en peligro las operaciones de espionaje.

El Departamento de Justicia promulgó una nueva directiva en 1995 cuya finalidad era regular el intercambio de información entre agentes y fiscales, pero no entre los propios agentes. La dirección del FBI malinterpretó la directiva y la convirtió en una restricción para sus propios detectives. Les advirtió muy seriamente de que compartir información confidencial con investigadores criminales podía significar el final de la carrera de un agente. Un tribunal secreto de Washington, creado conforme a la Foreign Intelligence Surveillance Act (FISA, Ley de Vigilancia de Inteligencia en el Extranjero), promulgada en 1978, se convirtió en el árbitro que decidía qué información se podía compartir o «lanzar por encima del muro», según la jerga del tribunal.[20] La confusión burocrática y la inercia permitieron que la directiva fuera obstruyendo gradualmente el flujo de información esencial que llegaba a la unidad de antiterrorismo I-49.

La CIA institucionalizó con entusiasmo la barrera que la separaba del FBI. La fórmula utilizada por el supervisor de la CIA en la reunión del 11 de junio para justificar su negativa a facilitar a los agentes las identidades de los hombres de las fotografías era que pondría en peligro «fuentes y métodos sensibles». La fuente de información sobre la reunión de Malaisia era el teléfono de Yemen que pertenecía a un partidario de al-Qaeda, Ahmed al-Hada, fuente que había sido vital para trazar el mapa de la red de al-Qaeda. El teléfono de Hada era un centro de coordinación de al-Qaeda y un filón informativo. Irónicamente, había sido la investigación de los atentados contra las embajadas, a cargo del FBI y dirigida por la oficina de Nueva York, la que primero había descubierto el teléfono de Hada. Cualquier información que tuviera que ver con la familia de Hada era de crucial importancia. La CIA sabía que uno de los hombres que aparecían en las fotografías de la reunión de Malaisia, Jaled al-Mihdar, era el yerno de Hada, pero también ocultó este dato crucial al FBI.

La NSA no quiso tomarse la molestia de solicitar al tribunal de la FISA un permiso para difundir información secreta esencial, así que se limitó a restringir su difusión. Por ejemplo, Mihdar telefoneó ocho veces desde San Diego al número de Hada para hablar con su esposa, que acababa de dar a luz,[21] y la NSA no difundió la información. En la pared de los «calabozos» (el laberinto de cubículos que ocupaba la unidad I-49) había un diagrama que mostraba las conexiones entre el teléfono de Ahmed al-Hada y otros teléfonos de todo el mundo. Aquel diagrama representaba un mapa del alcance internacional de al-Qaeda. Si se hubiera trazado una línea desde la casa de Hada en Yemen hasta el apartamento de Hazmi y Mihdar en San Diego, la presencia de al-Qaeda en Estados Unidos habría sido totalmente evidente.

La unidad I-49 respondió a las restricciones de diversas maneras, enérgicas y creativas. Cuando la NSA comenzó a ocultar al FBI y a los fiscales del Distrito Sur las conversaciones interceptadas en el teléfono vía satélite de Bin Laden, la unidad ideó un plan que consistía en construir dos antenas de recepción, una en las remotas islas de Palau, en el océano Pacífico, y otra en Diego García, en el océano Índico, para interceptar la señal del satélite. La NSA se opuso a aquel plan y finalmente entregó ciento catorce transcripciones para evitar que se instalaran las antenas. Sin embargo, mantuvo a buen recaudo otras conversaciones interceptadas. La unidad también instaló una ingeniosa cabina telefónica vía satélite en Kandahar para llamadas internacionales, con la idea de que sería un servicio muy útil para los yihadíes que quisieran llamar a sus casas. Los agentes no solo podían escuchar las llamadas, sino que recibían imágenes de vídeo de quienes hacían las llamadas gracias a una cámara escondida en la cabina. Los agentes de la I-49 instalaron una antena en Madagascar para interceptar las llamadas telefónicas de Jaled Sheij Muhammad. Se gastaron millones de dólares e invirtieron miles de horas de trabajo para conseguir una información de la que ya disponía el gobierno de Estados Unidos, pero que se negaba a compartir.

Los miembros de la I-49 estaban tan acostumbrados a que les denegaran el acceso a la información confidencial que compraron un CD con la canción de Pink Floyd «Another Brick in the Wall».[22] Cada vez que recibían la misma excusa de las «fuentes y métodos sensibles», acercaban el teléfono al reproductor de CD y pulsaban *play*.

El cinco de julio de 2001 Dick Clarke convocó a representantes de varias agencias nacionales (la Administración Federal de Aviación, el Servicio de Inmigración y Naturalización, la Guardia Costera, el FBI y el Servicio Secreto entre ellas) para difundir un aviso: «Va a ocurrir algo realmente espectacular aquí y va a ocurrir pronto».

Aquel mismo día, John O'Neill y Valerie James llegaban a España, donde él había sido invitado a pronunciar una conferencia en la Fundación Policía Española.[23] O'Neill decidió tomarse unos días de vacaciones para decidir qué hacer con su vida. Aunque el Departamento de Justicia había retirado la investigación sobre el incidente del maletín, el FBI llevaba a cabo una investigación interna por su cuenta y seguía presionándole. Mientras tanto, se enteró de que el *New York Times* estaba preparando un reportaje sobre el caso. Los periodistas no solo sabían que había material secreto en el maletín, también disponían de información sobre el incidente anterior, cuando Valerie entró en el garaje secreto, y sobre las deudas personales de O'Neill. Alguien del FBI o del Departamento de Justicia había filtrado la información, junto con datos muy confidenciales sobre el presupuesto que O'Neill había estado elaborando. El mismo material que había desencadenado las investigaciones del Departamento de Justicia y el FBI sobre O'Neill había sido entregado gratuitamente a los periodistas para sabotear aún más su carrera. La filtración se había producido en el momento oportuno para arruinar sus posibilidades de conseguir el puesto de Clarke en el Consejo de Seguridad Nacional (NSC), lo que para entonces ya era un secreto a voces.

Antes de partir hacia España, O'Neill se reunió con Larry Silverstein, el presidente de Silverstein Properties, que acababa de asumir la dirección del World Trade Center. Silverstein le ofreció el puesto de jefe de seguridad. Estaba dispuesto a pagarle más del doble de lo que ganaba como funcionario. Pero O'Neill no se podía comprometer. Le dijo a Barry Mawn que no quería marcharse del FBI mientras su reputación estaba bajo sospecha. Le prometió a Silverstein que le daría una respuesta cuando regresara de España; todavía no había rechazado la oferta de Dick Clarke.

Él, Valerie y el hijo de ella, Jay, pasaron unos días en Marbella, jugando al golf y leyendo. Mark Rossini, que solía ejercer de enlace entre el FBI y la policía española, le acompañó para hacer de traductor. El 8 de julio, O'Neill encendió un puro en el porche de la casa en la que se alojaban y le dijo a Rossini: «Para mí, es Q.T.D.».

Era el vigésimo aniversario del día en que se convirtió en agente del FBI. Con esa antigüedad un agente puede retirarse con la pensión íntegra y por fin decirle al FBI: «Que te den».

O'Neill sonreía, pero Rossini notó que su mirada era triste. Estaba a punto de tomar una decisión. Rossini podía ver que O'Neill se estaba despidiendo del hombre que había sido y del que habría podido ser. Había sueños que nunca llegarían a cumplirse. Para empezar, nunca atraparía a Osama bin Laden.

Durante todo el tiempo que O'Neill pasó en España, Muhammad Atta y Ramzi bin al-Shibh también estaban en el país, en una pequeña ciudad turística en la costa llamada Salou, repasando los últimos detalles del atentado del 11 de septiembre.[24]

Del mismo modo que su forma de vestir y actuar eran un guiño al tradicional adversario del FBI, el gángster, O'Neill también mostraba cierta afinidad con la mentalidad terrorista. Su héroe era el nacionalista irlandés Michael Collins, líder y mártir del Sinn Fein e inventor de la guerra de guerrillas moderna, quien, al igual que O'Neill, fue traicionado por su propia gente. Aunque O'Neill, como agente del FBI, había trabajado en contra del Ejército Republicano Irlandés (IRA), supervisando varias operaciones muy exitosas,[25] también simpatizaba con sus aspiraciones. No cabe duda de que, en algunos aspectos, se sentía identificado con Michael Collins. Sin embargo, durante la última década se había visto inmerso en una lucha a muerte con el terrorista más audaz de la historia, cuyos objetivos le horrorizaban, pero cuya entrega y tenacidad eran inigualables.

Después de la investigación del *Cole* y del incidente del maletín, O'Neill comprendió que su reputación estaba tan maltrecha que era imposible conseguir el trabajo en el NSC. El destino habitual de un alto cargo del FBI retirado es convertirse en asesor de seguridad de una empresa privada, un trabajo muy bien remunerado, para en los últimos años de su carrera ganar por fin un buen dinero. O'Neill solicitó varios empleos de ese tipo, pero se decidió por el del World Trade Center cuando regresó de España. Algunos de sus amigos, incluido Mark Rossini, le felicitaban y le decían: «Al menos ahora vas a estar seguro. Ya trataron de atentar allí». Y O'Neill les respondía: «Lo intentarán de nuevo. Nunca van a dejar de intentar atentar contra esos dos edificios». Una vez más, se colocaba instintivamente en el punto de mira. Y quizá también su decisión era una forma de aceptar su destino.

No es difícil imaginar que la vida de O'Neill ejemplificaba, para los radicales islámicos y los creyentes de muchas religiones, la depravación que caracterizaba a su país y su tiempo. Era una época en Estados Unidos en la que, en el terreno espiritual, la gente se veía empujada hacia los extremos. La cómoda moralidad del centro había decaído, y con ella las confesiones mayoritarias, que perdían su sentido; mientras tanto, las iglesias fundamentalistas crecían a gran velocidad y estaban alterando el paisaje político. La decadencia sexual de la presidencia Clinton fue sustituida por el dogmatismo de la derecha religiosa. O'Neill también se encontraba dividido entre la depravación y una religiosidad extrema. Era un adúltero, un mujeriego, un mentiroso, unególatra y un materialista. Le encantaban la fama y las marcas, y vivía muy por encima de sus posibilidades. Esas cualidades eran exactamente los estereotipos a los que Bin Laden solía recurrir para describir Estados Unidos. Pero ahora O'Neill estaba buscando un refugio espiritual.

Cuando conoció a Valerie, ya se había alejado de la Iglesia católica. Ella era la hija de un predicador fundamentalista de Chicago. A O'Neill le encantaban las misas apocalípticas y al mismo tiempo estaba a cargo de una investigación nacional del FBI sobre la violencia de los manifestantes antiabortistas. Tanto él como Valerie eran conscientes del poder y el peligro que representaban las creencias fundamentalistas. Los antiabortistas asistían a iglesias muy similares a las que iban ellos y se sentían atraídos por experiencias extáticas que otras creencias religiosas más tradicionales no podían proporcionar. La diferencia radicaba en que los manifestantes estaban dispuestos a matar a otros en nombre de Dios. Cuando O'Neill y Valerie se mudaron a Nueva York, solían asistir a la majestuosa iglesia de la Colegiata de Mármol, en la Quinta Avenida, que servía de púlpito a Norman Vincent Peale y su optimista filosofía del «pensamiento positivo». Era un lugar acogedor, pero la inquietud de O'Neill era demasiado grande para una religión tan serena como aquella.

Después del incidente del garaje del FBI, O'Neill empezó a leer la Biblia a diario. En Yemen tenía siempre una Biblia en su mesilla de noche, junto a una biografía reciente de Michael Collins. Regresó al catolicismo en la primavera de 2001 e iba a misa todas las mañanas. Le dijo a Valerie que un sacerdote le estaba aconsejando sobre su divorcio. Aquel mes de agosto su mujer, Christine, firmó un contrato de propiedad que le otorgaba a ella la custodia de los niños y la casa en Linwood (New Jersey). Sin embargo, parecía que su inminente libertad no hacía sino incrementar la carga espiritual que ya soportaba.

O'Neill compró un libro titulado *Brush Up on Your Bible!* (*¡Repasa tu Biblia!*). Al ser hija de un predicador, Valerie conocía la Biblia mucho mejor que O'Neill, por mucho que él estudiara. Tuvieron acaloradas discusiones sobre el tema de la salvación. Él creía que el alma se salvaba gracias a las buenas obras. Valerie pensaba que solo se podía lograr mediante la fe en Jesucristo. Ella siempre tuvo la deprimente sensación de que él estaba condenado.

Poco después de regresar de España, O'Neill encontró casualmente un libro infantil titulado *The Soul Bird* (*El pájaro del alma*). Un día, Valerie estaba en el cuarto de baño arreglándose para ir a trabajar cuando entró O'Neill y empezó a leérselo. Ella apenas le prestaba atención. La historia trata de un pájaro que se posa sobre una pata dentro de nuestra alma.

> *Este es el pájaro del alma.*
> *Siente todo lo que sentimos.*

O'Neill, el tipo duro con su arma reglamentaria atada en el tobillo, leyó que el pájaro del alma vaga de un lado a otro afligido cuando nos hacen daño y se llena de alegría cuando nos abrazan. Entonces llegó a la parte que trataba sobre los cajones:

> *¿Quieres saber de que está hecho el pájaro del alma?*
> *Bien, es muy sencillo: está hecho de cajones.*
> *Estos cajones no se pueden abrir así como así... ¡Porque cada*
> *uno está cerrado con su propia llave especial!*

Valerie se quedó desconcertada cuando O'Neill comenzó a sollozar. Pero él continuó leyendo sobre los cajones —uno para la felicidad, uno para la tristeza, uno para los celos, uno para la alegría— hasta que de repente se puso a llorar con tanta fuerza que no pudo terminar. Estaba completamente deshecho.

Después de aquel episodio, empezó a rezar constantemente. Tenía un par de libros de oraciones y marcaba sus favoritas con cintas y notas adhesivas. Se sentía especialmente atraído por los Salmos, entre ellos el número 142:

> *En la senda por donde voy*
> *me han ocultado una trampa.*
> *Miro a la derecha, observo,*
> *y no hay nadie que se ocupe de mí;*
> *ya no tengo dónde refugiarme,*
> *nadie se interesa por mi vida.*
> *Por eso clamo a ti, Señor, y te digo:*
> *«Tú eres mi refugio,*
> *mi herencia en la tierra de los vivientes».*
> *Atiende a mi clamor,*
> *porque estoy en la miseria.*

En la contraportada de uno de sus breviarios encuadernados en cuero rojo grapó una hoja con los horarios de las oraciones católicas y el 30 de julio empezó a marcarlo obsesivamente. Ahora no es muy común que los católicos recen cuatro o cinco veces al día, como hacen los musulmanes, pero esta antigua costumbre todavía se mantiene entre el clero y los creyentes más fervorosos. Quizá, en sus prácticas religiosas, O'Neill encontraba paralelismos entre el cristianismo primitivo y ciertos aspectos del islamismo moderno, ya que el calendario de la Iglesia está repleto de mártires y teólogos rigoristas que hoy serían considerados extremistas religiosos. O'Neill empezó su régimen de oraciones el día que, en el santoral, corresponde a san Pedro Crisólogo, el arzobispo de Ravena que prohibió el baile y fue el azote de herejes. Al día siguiente, 31 de julio, se conmemora a san Ignacio de Loyola, el indomable soldado español que fundó la Orden de los Jesuitas. La visión que esos santos tenían de una sociedad regida por la voluntad de Dios es mucho más parecida a la de Sayyid Qutb que a la de la mayoría de los cristianos modernos.

O'Neill marcó en su calendario todas y cada una de las oraciones hasta el domingo 19 de agosto, el día que finalmente apareció en el *New York Times* el artículo sobre el incidente del maletín. A partir de entonces la marcas se interrumpen bruscamente.

«Los deberes que impone esta religión son magníficos y difíciles —dijo Bin Laden en un discurso grabado en vídeo que se descubriría más tarde en el ordenador de un miembro de la célula de Hamburgo—. Algunos de ellos son abominables.»[26]

Bin Laden habló sobre el Profeta, que avisó a los árabes de que se volverían débiles por su amor por la vida y su temor a luchar. «Este sentimiento de pérdida, esta desgracia que ha caído sobre nosotros, todo ello son pruebas de que hemos abandonado a Dios y su yihad —dijo Bin Laden—. Dios os ha impuesto la inferioridad en la que os encontráis y no os liberará de ella hasta que no regreséis a vuestra religión.»

Tras recordar el mandamiento del Profeta en su lecho de muerte, que el islam fuera la única religión de Arabia, Bin Laden preguntó: «¿Qué respuesta tendremos para Dios en el día del Juicio? [...] En estos tiempos, la *umma* está perdida y descarriada. Han transcurrido diez años desde que Estados Unidos entró en la tierra de los dos santos lugares. [...] Para nosotros está claro que el miedo a la lucha, unido al amor a la existencia terrenal que inunda los corazones de muchos de los nuestros, es el origen de esta desgracia, de esta humillación y de este desprecio».

Estas palabras llegaron a los corazones de diecinueve jóvenes, muchos de ellos con experiencia, talento y formación, que vivían cómodamente en Occidente, pero que, a pesar de todo ello, se identificaron con el sentimiento de vergüenza que describía Bin Laden.

> *¿Qué es lo que queremos? ¿Qué es lo que queremos?*
> *¿Acaso no queremos complacer a Dios?*
> *¿Acaso no queremos el paraíso?*

Él les animó a ser mártires, a que renunciaran a sus prometedoras vidas a cambio de la gloria que les aguardaba. «Mirad, ya hace más de veinte años que nos encontramos en la boca del león —dijo—, gracias a la misericordia y la gracia de Dios: los misiles soviéticos Scud nos persiguieron durante más de diez años, y los misiles estadounidenses nos han perseguido durante otros tantos más. El creyente sabe que la hora de la muerte no puede ni apresurarse ni posponerse.» Entonces citó un pasaje de la cuarta azora del Corán, que repitió tres veces en su discurso y que era una señal evidente dirigida a los secuestradores aéreos que se dirigían a su destino:

> *Dondequiera que os halléis, la muerte os alcanzará,*
> *aunque estéis en torres elevadas.*

O'Neill era un personaje lleno de defectos y controvertido, pero no había nadie en el FBI tan fuerte ni entregado, nadie más habría podido coger las fragmentarias pruebas que retenía la CIA y organizar una operación de búsqueda y captura a nivel nacional que habría evitado el 11-S. El FBI era una burocracia timorata que aborrecía las personalidades fuertes. Era famoso por su brutal manera de tratar a los empleados ambiciosos o que se opusieran a las ideas comúnmente aceptadas. O'Neill acertó sobre la amenaza que suponía al-Qaeda en un momento en que pocos quisieron creerle. Es posible que, al final, fuera su capacidad para ganarse enemigos lo que arruinó su carrera, si bien esos enemigos también ayudaron a al-Qaeda destruyendo al hombre que podía haber hecho algo. La oficina de Nueva

York ya estaba perdiendo de vista su objetivo, y sin O'Neill se cometieron errores terribles.

Cuando O'Neill se encontraba en España, un agente del FBI de Phoenix, Kenneth Williams, envió una inquietante comunicación electrónica a la oficina central, a la estación Alec y a varios agentes de Nueva York. «El propósito de esta comunicación es avisar a la oficina central y a Nueva York de que cabe la posibilidad de que exista una iniciativa coordinada por Osama bin Laden para enviar a estudiantes a Estados Unidos con el propósito de que se matriculen en universidades y escuelas de vuelo civiles», decía la nota.[27] A continuación, Williams advertía a la oficina central de la necesidad de elaborar un registro de todas las escuelas de vuelo del país, entrevistar a los instructores y elaborar una lista de todos los estudiantes árabes que hubieran solicitado visados para recibir formación como pilotos.

Se imprimió y distribuyó el informe y Jack Cloonan fue uno de los agentes de Nueva York que lo leyó. Hizo una bola con él y lo lanzó contra la pared. «¿Quién va a hacer las treinta mil entrevistas? —le preguntó al supervisor de Phoenix—. ¿Cuándo cojones vamos a tener tiempo para eso?» No obstante, investigó varios de los nombres árabes que había listado el agente de Phoenix, pero no surgió nada. La CIA, que tiene una oficina en Phoenix, también revisó los nombres y no estableció ninguna conexión. Después se descubriría que uno de los estudiantes que mencionaba el agente de Phoenix había entablado amistad con Hani Hanyur, uno de los presuntos pilotos del 11-S, pero había pocas posibilidades de que una investigación como la que sugirió el agente hubiera llevado a descubrir la conspiración; al menos, no por sí sola.

Entonces, a mediados de agosto, una escuela de vuelo de Minnesota se puso en contacto con la oficina local del FBI para expresarle su preocupación por un estudiante, Zacarias Mussawi, que había hecho preguntas sospechosas sobre las pautas del tráfico aéreo en los alrededores de Nueva York y sobre si se podían abrir las puertas de la cabina durante el vuelo.[28] La oficina local no tardó en averiguar que Mussawi era un islamista radical que había estado en Pakistán y probablemente en Afganistán. Los agentes creían que podía ser un pirata aéreo suicida en potencia. Como era un ciudadano francés cuyo visado ya había expirado, le arrestó el Servicio de Inmigración y Naturalización (INS). Los agentes del FBI encargados del caso solicitaron permiso a la oficina central para examinar el ordenador portátil de Mussawi, permiso que les denegaron porque no pudieron mostrar indicios razonables para efectuar el registro. Cuando el supervisor de Mineápolis insistió a la oficina central, le dijeron que estaba tratando de «enervar» a la gente. El supervisor respondió con tono desafiante que estaba «intentando evitar que alguien coja un avión y lo estrelle contra el World Trade Center», una extraña premonición que sugiere que aquellas ideas estaban empezando a tomar forma en el inconsciente de quienes leían los informes sobre las amenazas.

Es probable que Mussawi tuviera la intención de participar en una segunda tanda de atentados de al-Qaeda después del 11-S, muy probablemente en la Costa Este. Si se hubiera permitido a los agentes de Mineápolis investigarle a fondo, habrían descubierto su conexión con Ramzi bin al-Shibh, que le enviaba dinero. Mussawi tenía una carta de recomendación de la empresa Infocus Tech firmada por Yazid Sufaat.[29] Pero aquel nombre no significaba nada para el FBI, puesto que la CIA mantenía en secreto la información sobre la reunión de Kuala Lumpur que se había celebrado en el apartamento de Sufaat. El FBI no comparó las advertencias de su oficina de Mineápolis con la de Kenneth Williams, de Phoenix. Como era habitual, no compartió la información con Dick Clarke y la Casa Blanca, por lo que nadie tenía todas las piezas del puzle.

El 22 de agosto, O'Neill escribió un correo electrónico a Lou Gunn, que había perdido a su hijo en el *Cole*: «Hoy es mi último día —le informaba O'Neill—. De mis treinta y un años de servicio en el gobierno, el momento del que me siento más orgulloso es cuando me eligieron para dirigir la investigación sobre el atentado contra el USS *Cole*. He puesto lo mejor de mí mismo en esta investigación y creo sinceramente que se han hecho progresos significativos. Lo que no sabe usted ni las demás familias es que he llorado por su pérdida. [...] Les tendré presentes a usted y a todas las familias en mis oraciones y seguiré la evolución de las investigaciones como civil. Dios le bendiga a usted, a sus seres queridos, a las familias, y Dios bendiga a América».[30]

O'Neill estaba empaquetando sus cosas en la oficina cuando entró Ali Sufan para despedirse. Sufan regresaba a Yemen aquel mismo día; de hecho, lo último que hizo O'Neill como agente del FBI fue firmar los trámites que autorizaban a su equipo a regresar a aquel país. Los dos hombres cruzaron la calle y entraron en Joe's Diner. O'Neill pidió un sándwich de jamón y queso.

—¿No piensas cambiar tus costumbres de infiel? —bromeó Sufan, señalando el jamón—. Vas a ir al infierno.

Pero O'Neill no estaba para bromas. Pidió a Sufan que le visitara en el World Trade Center cuando volviera.

—Estaré solo un poco más abajo —dijo.

Era extraño ver a O'Neill pidiendo ser recordado.

Entonces Sufan le confió que iba a casarse. Le preocupaba cómo iba a reaccionar O'Neill. En el pasado, siempre que habían hablado de mujeres, O'Neill solía contar un chiste o indicaba de alguna manera lo incómodo que se sentía al hablar del tema. «¿Sabes por qué cuesta tanto conseguir un divorcio? —le preguntó un vez—. Porque vale la pena.»

Esta vez, O'Neill se quedó pensativo y comentó:

—Te ha soportado todo este tiempo. Debe de ser una buena mujer.

Al día siguiente, O'Neill empezó a trabajar en el World Trade Center.

El mismo día, Maggie Gillespie, la analista del FBI de la estación Alec encargada de revisar la información sobre la reunión de Malaisia, envió un aviso al INS, al Departamento de Estado, a Aduanas y al FBI, en el que les pedía que incluyeran a Jaled al-Mihdar y Nawaz al-Hazmi en sus listas de sospechosos.[31] Se había enterado de que ambos hombres habían llegado a Los Ángeles en enero de 2000, más o menos por la misma época en que Ahmed Ressam planeaba volar el aeropuerto de la ciudad. Desde entonces, Mihdar había salido del país y había vuelto a entrar. Gillespie transmitió aquella información a su colega Dina Corsi, analista de inteligencia de la oficina central del FBI.

Alarmada por la información, Corsi envió un correo electrónico al supervisor de la unidad I-49 con el encabezamiento: «IT: al-Qaeda». «IT» significa «terrorismo internacional». El mensaje pedía que la unidad investigara urgentemente si Jaled al-Mihdar estaba todavía en Estados Unidos. No explicaba demasiado quién era, salvo que su vinculación con al-Qaeda y su posible complicidad con los terroristas que habían perpetrado el atentado contra el *Cole* le convertían en «un peligro para la seguridad nacional». Las órdenes de la unidad eran «localizar a Mihdar y determinar quién era su contacto y las razones por las que se encontraba en Estados Unidos». Pero no podían participar en las pesquisas agentes de la División Criminal, dijo Corsi. Resultó que solo había un agente de inteligencia en la unidad y era novato.

Jack Cloonan, que entonces era el supervisor provisional, solicitó que los agentes de la División Criminal se hicieran cargo de la investigación. Gracias a los cargos que ya habían presentado tiempo atrás contra Bin Laden, habrían dispuesto de mucha más libertad y recursos para buscar a cualquier individuo relacionado con al-Qaeda. Corsi envió otro correo electrónico a la unidad en el que decía: «Si se localiza a Mihdar, debe realizar el interrogatorio un agente de inteligencia. NO PUEDE estar presente un agente de la División Criminal en el interrogatorio. [...] Si se descubre información que indique la existencia de un delito federal importante, esa información pasará por encima del muro conforme a los procedimientos habituales y se facilitará para iniciar la subsiguiente investigación».

Sin embargo, una copia del primer correo de Corsi le llegó por error a un agente de la División Criminal de la unidad, Steve Bongardt, un combativo detective que había sido piloto de primera clase en la marina. Llevaba más de un año protestando por los obstáculos, cada vez más numerosos, que suponía para los detectives de la División Criminal el muro, que crecía sin cesar. «Enseñadme dónde está escrito que no podemos acceder a la información», exigió en numerosas ocasiones a la oficina central. Pero eso era imposible, puesto que el muro era en gran medida una cuestión de interpretación.

Desde la reunión del 11 de junio, Bongardt había estado presionando a Corsi para que le facilitara información sobre los hombres de las fotografías, incluido Jaled al-Mihdar. Después de recibir el correo electrónico de Corsi, Bongardt la llamó por teléfono.

—Dina, debes de estar de broma —le dijo—. ¿Mihdar está en el país?

—Debes borrar eso, Steve —le dijo ella, refiriéndose al correo electrónico. Y añadió que él no tenía autorización para acceder a aquella información—. Hablaremos de ello mañana por teléfono.

Al día siguiente, Corsi telefoneó usando la línea segura. También estaba al teléfono un supervisor de la CIA de la estación Alec. Los dos le dijeron a Bongardt que debía haberse «mantenido al margen» de la iniciativa de encontrar a Mihdar y le explicaron que el muro les impedía compartir ninguna información más. Bongardt repitió sus quejas de que el muro era una ficción burocrática que estaba impidiendo a los agentes hacer su trabajo. «Si ese tipo está en el país, no es para visitar la puta Disneylandia», dijo. Pero una vez más, tanto Corsi como el supervisor de esta en el FBI le pidieron que se mantuviera al margen.

Al día siguiente, Bongardt le envió a Corsi un airado correo electrónico: «Sea lo que sea lo que haya pasado con esto, algún día va a morir alguien y, con muro o sin él, la gente no entenderá por qué no somos más eficaces y no usamos todos los recursos de los que disponemos para enfrentarnos a ciertos "problemas"».

Le encomendaron al agente de inteligencia novato Rob Fuller la misión de localizar a Mihdar y a Hazmi, cuyo nombre estaba vinculado al de Mihdar en la lista de observación. Un mes antes, Mihdar había escrito en su tarjeta de inmigración que se iba a alojar en el «Marriott de Nueva York». El agente comenzó a buscar en solitario a los dos miembros de al-Qaeda en los nueve Marriott de la ciudad. Se habían marchado hacía mucho tiempo.

El 30 de agosto, ocho días después de que O'Neill abandonara el FBI, el príncipe Turki renunció a su cargo de jefe de los servicios secretos saudíes. Era la primera vez en décadas que un príncipe importante era apartado de un cargo, se dice que porque el príncipe heredero Abdullah había perdido la paciencia con Turki porque este no era capaz de atrapar a Bin Laden.

Turki dice que no le despidieron. «Dejé el puesto porque estaba cansado —dijo—. Pensé que hacía falta savia nueva.»[32] Se comparó a sí mismo con «una fruta demasiado madura. Ya sabes que empieza a oler mal, la piel se desprende y se deteriora. Así que pedí que me relevaran».[33]

El estado de ánimo de O'Neill mejoró en cuanto dejó el FBI. La gente comentaba que parecía relajado por primera vez en meses, quizá años. Hablaba de comprar un Mercedes nuevo que reemplazara su viejo Buick. Le dijo a Anna DiBattista que ahora podrían permitirse contraer matrimonio. El sábado 8 de septiembre fue por la tarde a una boda en el hotel Plaza con Valerie James y bailaron juntos casi todos los temas. «Me siento como si me hubiera quitado un enorme peso de encima», le dijo a su anterior jefe, Lewis Schiliro, que también estaba en la boda.[34] A otro amigo le dijo en voz lo suficientemente alta para que le pudiera oír Valerie: «Voy a regalarle un anillo».

El día siguiente, 9 de septiembre, Ahmed Sha Massud accedió a conceder una entrevista a dos periodistas de televisión árabes después de haberles hecho esperar nueve días en su campamento.[35] Massud era el mejor de los comandantes afganos: había soportado veinticinco años de guerra contra los soviéticos, los comunistas afganos, los muyahidines rivales y en aquel momento las fuerzas combinadas de los talibanes y al-Qaeda. La capacidad de supervivencia de Massud era uno de los fundamentos de su leyenda. Representaba la mayor esperanza que tenía Afganistán de una alternativa islamista moderada a los talibanes.

Zawahiri había conseguido introducir a los dos falsos periodistas en la oficina de Massud gracias a su carta ficticia. Las baterías de la cámara estaban llenas de explosivos. La bomba destrozó a los asesinos, mató al traductor y clavó dos trozos de metal en el corazón de Massud.

Cuando Ali Sufan se enteró de la noticia en Yemen, le dijo a otro agente: «Bin Laden está calmando a los talibanes. El gran golpe está al caer».

Aquel día Bin Laden y Zawahiri asistieron al velatorio del padre del ex ministro del Interior talibán. Dos miembros saudíes de al-Qaeda se acercaron al viceministro del Interior, el mullah Muhammad Jaksar, para informarle de que Massud estaba muerto.[36] La Alianza del Norte había declarado que solo estaba herido. «No, créanos, está muerto», le dijeron los saudíes al ministro. Se vanagloriaban de que Bin Laden había dado la orden de matar a Massud. Ahora que la Alianza del Norte había perdido a su líder, el único obstáculo que impedía a los talibanes controlar todo el país había desaparecido gracias a aquel enorme favor.

El lunes 10 de septiembre, O'Neill telefoneó a Robert Tucker, un amigo y ejecutivo de su empresa de seguridad, y decidieron verse aquella noche para hablar de los problemas de seguridad del World Trade Center. Tucker se reunió con O'Neill en el vestíbulo de la torre norte y tomaron el ascensor hacia la nueva oficina de O'Neill, en el trigésimo cuarto piso. O'Neill estaba orgulloso de sus dominios: siete edificios en seis hectáreas y media de terreno con 836.000 metros cuadrados de oficinas. Subieron al Windows on the World para tomar una copa y más tarde cogieron el coche en medio de un chaparrón para ir a Elaine's, donde cenaron con su amigo Jerry Hauer. O'Neill comió una chuleta y pasta. Elaine Kaufman, la famosa dueña del establecimiento, recordaría que O'Neill se tomó un café helado con el postre. «No era un alcohólico como muchos de ellos», diría. Alrededor de la medianoche, los tres hombres se dejaron caer por el China Club, un club nocturno del centro de la ciudad. O'Neill les dijo a sus amigos que iba a ocurrir algo gordo. «Ya nos debería haber tocado», dijo una vez más.[37]

Valerie James había salido con unos clientes aquella noche. Era la Semana de la Moda y, como directora de ventas de un importante diseñador, no tenía un minuto de descanso. O'Neill la había llamado a la oficina y le había prometido estar en casa a las diez y media como máximo. Ella se acostó una hora más tarde. Se despertó a la una y media y él todavía no había vuelto a casa. Enfadada, se sentó al ordenador y empezó a jugar una partida. John llegó a casa alrededor de las cuatro y se sentó junto a ella.

—Juegas al solitario de vicio, nena —le dijo.

Pero Valerie se sentía rechazada y se fueron a la cama sin intercambiar una sola palabra. A la mañana siguiente, ella todavía estaba enfadada. O'Neill entró en el cuarto de baño y la rodeó con sus brazos.

—Perdóname, por favor —le dijo.

Ella cedió y le dijo:

—Te perdono.

O'Neill se ofreció a llevarla al trabajo y la dejó a las 8.13 en el distrito de las flores, donde había concertado una cita. Entonces él se dirigió al World Trade Center.

Bin Laden, Zawahiri y un pequeño grupo del núcleo duro de al-Qaeda huyeron a las montañas que se alzan sobre Jost,[38] cerca de la Guarida del León, donde había comenzado la aventura de Bin Laden. Les dijo a sus hombres que algo gordo estaba a punto de ocurrir y que pronto musulmanes del mundo entero se unirían a ellos para derrotar a la superpotencia. Los hombres llevaban una antena parabólica y un televisor.

Antes del 11-S, a Bin Laden y sus seguidores les habían atormentado sueños muy vívidos. Después de la oración del alba, si un miembro de al-Qaeda había tenido un sueño la noche anterior, normalmente lo narraba y Bin Laden descifraba su significado. Gente que desconocía por completo el plan habló de sueños en los que un avión se estrellaba contra un edificio elevado. «Estábamos jugando un partido de fútbol. Nuestro equipo contra el de los estadounidenses —le contó un hombre a Bin Laden—. Pero lo más extraño era que yo me preguntaba por qué Osama había formado un equipo entero de pilotos. ¿Aquello era un partido de fútbol o un avión?»[39] El portavoz de al-Qaeda, Suleiman Abu Ghaiz, soñó que miraba la televisión con Bin Laden y aparecía una familia egipcia sentada a la mesa a la hora de la cena mientras el primogénito bailaba una danza tradicional egipcia. En la parte inferior de la pantalla aparecía un subtítulo que decía: «Para vengar a los hijos de al-Aqsa [la mezquita de Jerusalén], Osama bin Laden comete atentados contra los esta-dounidenses». Cuando le explicó esto a Bin Laden delante de otros cincuenta hombres, este simplemente le dijo: «De acuerdo, te lo diré después». Sin embargo, prohibió de golpe hablar de los sueños,[40] so-bre todo de aquellos en los que aparecieran aviones estrellándose contra edificios, por miedo a que revelaran el plan. Él mismo soñaba que Estados Unidos quedaba reducido a cenizas y creía que era una profecía.[41]

Steve Bongardt estaba en su cubículo de la unidad I-49 leyendo informes en el ordenador. Uno de ellos decía que había movimien-to en los campamentos de al-Qaeda en Tora Bora. «Eso no puede ser bueno», pensó. Barry Mawn estaba en su oficina cuando oyó un es-truendo ensordecedor. Cuando miró por la ventana, ya era demasia-do tarde para ver pasar el avión, casi a la altura de sus ojos, pero pudo oír la explosión. Pensó que era un avión que volaba sobre el río Hudson y había roto la barrera del sonido. Un instante después, su secretaria gritó y Mawn corrió hacia la ventana, desde donde vio un agujero en llamas en el nonagésimo segundo piso de la torre norte del World Trade Center, a solo unas manzanas de distancia de allí. Mawn reunió inmediatamente a sus empleados. Les dijo a los SWAT y a los equipos de recogida de pruebas que tenían que ir a ayudar a los departamentos de policía y de bomberos de Nueva York. Por si acaso, también envió un comando antiterrorista.

John P. O'Neill Jr., un experto en informática de la MBNA en Delaware, se dirigía a Nueva York para instalar unos equipos en la nueva oficina de su padre. Desde la ventana del tren, el hijo de O'Neill pudo ver el humo del World Trade Center. Llamó al teléfo-no móvil de su padre. O'Neill le dijo que estaba bien y que iba a sa-lir para evaluar los daños.

El avión, cargado con unos treinta y cuatro mil litros de com-bustible,[42] se había estrellado cincuenta y ocho pisos por encima de la oficina de O'Neill. Bajó a la planta baja. No había cundido el pá-nico entre la gente, pero reinaba la confusión. ¿Era aquello una bom-ba? ¿Un terremoto? Nada tenía sentido. Del techo caía agua, que inundaba el suelo de mármol. Las vidrieras de dos pisos de altura es-taban hechas añicos y en el vestíbulo entraba una desconcertante corriente de aire. Para entonces, algunas personas ya habían roto los cristales de las ventanas de la torre norte, por encima de donde ardía el combustible, y se estaban arrojando al vacío. Sus agitados cuerpos caían al suelo como bombas. Fuera, la plaza estaba preparada para un concierto que se iba a celebrar a mediodía, y sobre las sillas se veían trozos de cuerpos. Había decenas de zapatos esparcidos por las baldosas. En el edificio había una guardería y O'Neill ayudó a evacuar a los niños para ponerlos a salvo.[43]

En Afganistán, los hombres de al-Qaeda tenían problemas para captar la señal del satélite. Uno de ellos agarró la antena con sus propias manos y la orientó hacia el cielo, pero no encontró más que ruido. Finalmente, alguien sintonizó en una radio el servicio árabe de la BBC. Un locutor concluía un reportaje cuando anunció que había una noticia de última hora: un avión se había estrellado contra el World Trade Center de Nueva York. Los hombres de al-Qaeda, creyendo que aquello era todo, rompieron a gritar entre postraciones. Pero Bin Laden les dijo: «Esperad, esperad».[44]

Ali Sufan y varios agentes estaban en la embajada estadounidense en Yemen. Barbara Bodine había sido relevada del país y el nuevo embajador aún no había llegado. Sufan hablaba por teléfono con su prometida cuando esta le dijo que habían atentado contra el World Trade Center. Él pidió permiso al jefe adjunto de misión para entrar en la oficina del embajador y encender la televisión. En el momento en que lo hizo, se estrellaba el segundo avión.

Valerie James colocaba unas flores de su oficina cuando «empezó a sonar el teléfono sin parar». Eran algo más de las nueve de la mañana. Sus hijos llamaban muy asustados. Finalmente llamó O'Neill.

—Cariño, quiero que sepas que estoy bien. Dios mío, Val, esto es terrible. Hay trozos de cuerpos por todas partes. ¿Estás llorando?

Lo estaba. Él le preguntó si sabía qué había impactado contra el edificio. Ella contestó que su hijo suponía que un 747. Entonces, él le dijo:

—Val, creo que mis jefes están muertos. No puedo perder este trabajo.

—Ahora te van a necesitar más que nunca —replicó ella.

En Afganistán, Bin Laden también lloraba y rezaba. La hazaña de alcanzar las dos torres era una señal inequívoca de que Dios estaba de su parte, pero aquello todavía no había terminado. Ante sus incrédulos acompañantes, Bin Laden levantó tres dedos.[45]

A las 9.25, Anna DiBattista, que iba a Filadelfia en viaje de negocios, recibió una llamada de O'Neill. La conexión era buena al principio, pero después empezó a fallar. O'Neill le dijo que estaba fuera y a salvo. «¿Seguro que estás fuera del edificio?», le preguntó ella. O'Neill le contestó que la quería. Ella supo con una certeza absoluta que iba a volver a entrar.

El cielo despejado se llenó de una nube de humo negro y una espiral de papeles (circulares, fotografías, valores bursátiles, pólizas de seguros), que una suave brisa del sudeste arrastró a kilómetros de distancia, por encima del East River hasta Brooklyn. Caían restos sobre las calles del bajo Manhattan, que ya estaban cubiertas de cadáveres. Algunos de ellos habían salido despedidos de los edificios cuando se estrellaron los aviones. Un hombre salió caminando de las torres llevando la pierna de otra persona. Algunas de las personas que se arrojaron al vacío cayeron encima de bomberos matándolos en el acto.

El aire vibraba por el sonido de las sirenas. Las estaciones de bomberos y las comisarías de policía de la ciudad se quedaron vacías tras enviar a sus hombres, en muchos casos, al encuentro de una muerte segura. Steve Bongardt corría hacia las torres, a contracorriente de la marea humana que lo hacía en dirección contraria. Oyó el estruendo de la segunda colisión. «¡Hay otro avión!», gritó alguien. Bongardt se preguntó qué clase de avión era, si quizá era un avión privado que se había desviado de su ruta. Entonces, a tres manzanas de distancia de las torres, vio uno de los enormes motores que había salido disparado de la torre. Había caído sobre una mujer, que todavía estaba viva y se retorcía debajo. Entonces Bongardt comprendió que aquello era obra de Bin Laden.

O'Neill regresó a la torre norte,[46] donde el departamento de bomberos había instalado un puesto de mando. El vestíbulo apestaba a combustible, que bajaba por los huecos de los ascensores y estaba creando un pozo explosivo. Bomberos con un equipo muy pesado se abrían paso escaleras arriba. Estaban acostumbrados a las catástrofes, pero sus miradas estaban llenas de temor e incertidumbre. Mientras tanto, una multitud de gente descendía lentamente por las escaleras mecánicas desde el entresuelo, como en un sueño. Estaban mojados y cubiertos de polvo y suciedad. Algunos llegaban de los pisos superiores desnudos y con graves quemaduras. La policía les dirigía hacia los pasillos subterráneos para evitar a las personas que se arrojaban al vacío. En el vestíbulo comenzó a circular el rumor de que un tercer avión se dirigía hacia allí. De repente se abrieron las puertas de uno de los ascensores, que había estado parado desde el impacto, y comenzó a salir una decena de personas aturdidas que habían estado atrapadas desde que se estrelló el primer avión y no tenían la menor idea de lo que había sucedido.

Wesley Wong, un experto en comunicaciones del FBI, entró en el vestíbulo por una de las ventanas rotas y se libró por muy poco de morir aplastado por un hombre de mediana edad vestido con pantalones azules y camisa blanca que cayó muy cerca de donde estaba. Wong y O'Neill se conocían desde hacía más de veinte años. Incluso en medio de aquella confusión, O'Neill parecía tranquilo y aseado, con su habitual traje oscuro y su pañuelo blanco en el bolsillo; solo una mancha de ceniza en su espalda delataba que se había desmoronado el mundo a su alrededor. O'Neill le preguntó a Wong si le podía facilitar alguna información, tras reconocer que ya no pertenecía al cuerpo y no tenía acceso a ese tipo de datos.

—¿Es verdad que han atacado el Pentágono? —preguntó.[47]

—Caramba, John, no lo sé —dijo Wong—. Déjame que lo averigüe.

Pero John estaba perdiendo la cobertura de su teléfono móvil y empezó a alejarse de allí.

—Te veo dentro de un rato —dijo.

Wong vio a O'Neill por última vez dirigiéndose al túnel que conducía a la torre sur.

A las 9.38 de la mañana, el tercer avión impactó contra la sede del ejército de Estados Unidos y el símbolo de su poderío. Cuando recibió la noticia del ataque contra el Pentágono, Bin Laden alzó cuatro dedos, pero el golpe final, contra el Capitolio, fracasó.

Ali Sufan llamó a O'Neill desde Yemen, pero no pudo contactar con él.

Steve Gaudin, que acababa de volver de la escuela de idiomas de Vermont, recogió del suelo el pedazo de uno de los aviones en la esquina de las calles Church y Vesey y pensó con impotencia: «No hice suficientes preguntas». A pocos metros de allí, Barry Mawn caminaba en dirección oeste por Vesey Street, hacia el centro de emergencias de la policía. Vio el pie de una mujer con un calcetín rosa y una zapatilla deportiva blanca en el suelo. De pronto, la tierra tembló. Alzó la mirada y vio cómo la torre sur se desmoronaba sobre sí misma, con un velocidad y una fuerza crecientes, y arrojaba una gran nube gris de hormigón pulverizado que caía sobre los rascacielos de oficinas de los alrededores en una cascada gigantesca. Sonó como si un tren expreso entrara retumbando en una estación seguido de un fuerte viento. Mawn, que tenía una hernia discal, siguió cojeando a dos bomberos que atravesaron rápidamente las ventanas destrozadas del World Trade 7. En el vestíbulo había seis o siete hombres agazapados tras una columna. Uno de los bomberos les gritó que se mantuvieran juntos y no se soltaran. Justo en aquel momento entró una tromba de escombros en el vestíbulo. Si aquellos hombres no hubieran estado detrás de la columna, habrían sido despedazados. La estancia se quedó a oscuras y el polvo acre asfixiaba a los hombres. Fuera todo estaba en llamas.

A media manzana de distancia, Debbie Doran y Abby Perkins, de la unidad I-49, estaban en el sótano de un edificio en la esquina de las calles Church y Vesey. Se acordaron de Rosie, la mujer a la que los equipos de rescate no habían podido rescatar de entre los escombros tras el atentado de Nairobi de 1998; había muerto deshidratada. Ahora creían que ellas también se iban a quedar atrapadas debajo de un edificio, por lo que empezaron a llenar de agua los cubos de la basura.

Dan Coleman estaba dentro del coche del FBI cerca de la iglesia de San Pablo, esperando a otro agente de la unidad I-49, cuando vio que se acercaba un tornado por la calle Broadway. Era incomprensible. Su compañero pasó corriendo junto a él en dirección norte. «¡Entra en el coche!», gritó Coleman. También entraron cuatro policías. Uno de ellos estaba sufriendo un ataque al corazón. La nube de humo y polvo les engulló, sumiéndoles en la oscuridad. «¡Enciende el aire acondicionado!», dijo uno de los policías, respirando con dificultad. Coleman lo encendió y el coche se llenó de humo. Lo apagó inmediatamente.

Todo el mundo le gritaba que saliera de allí, pero no podía ver nada. Dio marcha atrás y estuvo a punto de precipitarse dentro de una boca de metro. Entonces apareció una ambulancia y los policías se bajaron del coche. Coleman abandonó el vehículo y fue en busca del resto de su unidad.

Entró en la nube de humo, en sentido contrario a todos los que huían, que parecían zombis cubiertos de ceniza, como si acabaran de ser exhumados. Él también estaba blanco como un muñeco de nieve, y el polvo se estaba apelmazando, convirtiendo su pelo en un casco. El polvo era una mezcla de hormigón, amianto, plomo, fibra de vidrio, papel, algodón, carburante y los restos orgánicos pulverizados de las 2.749 personas que murieron en las torres.[48]

Valerie oyó gritos en la agencia inmobiliaria contigua. Corrió a mirar la televisión en la pantalla gigante. Cuando vio caer la torre sur se desplomó en una silla y exclamó: «Dios mío, John ha muerto».

20

Revelaciones

El FBI ordenó a Ali Sufan y al resto del equipo que evacuaran Yemen de inmediato. La mañana siguiente al 11 de septiembre, el jefe de la estación de la CIA en Adén les hizo el favor de llevarles al aeropuerto de Sanaa. Estaba sentado con ellos en la sala de espera cuando recibió una llamada en su móvil y le dijo a Sufan: «Quieren hablar contigo».

Uno de los especialistas en comunicaciones del FBI sacó el teléfono vía satélite y colocó una antena para que Sufan pudiera hacer la llamada. Cuando habló con Dina Corsi en la sede central, esta le pidió que se quedara en Yemen. Sufan se sintió contrariado, ya que quería regresar a Nueva York para investigar el atentado en Estados Unidos, ¡inmediatamente! «De eso se trata, de lo que sucedió ayer —le dijo ella—. Quso es la única pista que tenemos.»

Eso era todo lo que podía decirle. Sufan recuperó su equipaje, que ya había sido embarcado. Estaba desconcertado. ¿Qué tenía que ver Quso, el cámara que se había quedado dormido durante el atentado del Cole, con el 11 de septiembre? Otro detective, Robert McFadden, y un par de agentes del SWAT se quedaron con él por seguridad.

La orden de de la oficina central era identificar a los secuestradores «con todos los medios necesarios», una directiva que Sufan nunca había visto antes. Cuando regresaron a la embajada, llegó un fax por una línea segura con fotografías de los sospechosos. Entonces, el jefe de la CIA llevó a Sufan aparte y le entregó un sobre de manila. Dentro había tres fotografías de vigilancia y un informe completo de la reunión de Malaisia; justamente el material que Sufan había estado reclamando y la CIA siempre le había negado hasta ese momento. El muro había caído. Cuando Sufan se enteró de que la CIA y algunas personas del FBI sabían desde hacía más de un año y medio que dos de los secuestradores estaban dentro de Estados Unidos, corrió al cuarto de baño y vomitó.

Una de las fotografías mostraba a un hombre que se parecía a Quso. Sufan fue a ver al general Ghalib Qamish, el director de los Servicios de Seguridad Política (SSP) yemeníes, y solicitó volver a ver al prisionero Quso.

—¿Qué tiene esto que ver con el *Cole*? —quiso saber Qamish.

—No estoy hablando del *Cole* —dijo Sufan—. El hermano John ya no está.

Empezó a decir otra cosa, pero se le hizo un nudo en la garganta. Los ojos del general Qamish también se llenaron de lágrimas. Se produjo un largo silencio, poblado por el inmenso vacío creado por la muerte de O'Neill.

El general Qamish le dijo que el prisionero estaba en Adén y que solo había un vuelo aquella tarde a la capital. Llamó por teléfono a uno de sus subordinados y empezó a gritarle:

—¡Quiero a Quso aquí esta noche!

Los estadounidenses casi pudieron oír cómo chocaban los talones al otro lado de la línea. Entonces el general llamó al aeropuerto y pidió que le pusieran con el piloto.

—No despegues hasta que mi prisionero esté a bordo —ordenó.

A medianoche, Quso estaba sentado en la oficina del SSP. Mantenía una actitud insolente. «Simplemente porque suceda algo en Nueva York o Washington, no tenéis que hablar conmigo», dijo. Sufan le mostró tres imágenes de vigilancia en las que aparecían los secuestradores Mihdar y Hazmi, pero Quso negó que él apareciera en ninguna de las fotografías.

Al día siguiente, la CIA le entregó finalmente a Sufan la cuarta fotografía de la reunión de Malaisia, que le había ocultado hasta aquel momento. Quso identificó de mala gana al hombre de la imagen como Jallad, aunque Sufan ya sabía quién era. Era el cerebro del atentado contra el *Cole*. Aquella fotografía era el primer vínculo entre al-Qaeda y el 11 de septiembre.

Sufan interrogó a Quso durante tres noches, y redactaba informes e investigaba durante todo el día. La cuarta noche se desmayó debido al agotamiento y le llevaron al hospital. Sin embargo, a la mañana siguiente ya estaba de vuelta en la oficina del SSP. Quso identificó a Marwan al-Shehhi, el piloto del vuelo 175 de United Airlines, el avión que había impactado contra la segunda torre. Le había conocido en una pensión de Kandahar, y recordaba que Shehhi había enfermado durante el Ramadán y el emir de la pensión le había cuidado. El nombre del emir era Abu Yandal. Resultó que Yandal también estaba detenido en Yemen.[1]

Era un hombre corpulento para ser yemení, fuerte y con una barba poblada y morena, pero se había ablandado después de llevar meses en prisión. Sufan le reconoció de inmediato como el guardaespaldas de Bin Laden.

Abu Yandal miró con desprecio a los estadounidenses.

—¿Qué están haciendo aquí estos infieles? —preguntó.

Cogió una de las sillas de plástico, le dio la vuelta y se sentó con los brazos cruzados, dando la espalda a los interrogadores.

Tras emplear sus dotes de persuasión, Sufan consiguió que Abu Yandal dejara de darle la espalda, aunque seguía negándose a mirarle a los ojos. Sin embargo, Abu Yandal quería hablar y soltó una larga diatriba contra Estados Unidos en el rápido dialecto del Hiyaz. También se quejaba de que nunca le habían acusado formalmente.

—¿Por qué estoy en la cárcel? —preguntaba una y otra vez.

—¿Por qué está en la cárcel? —preguntaron los estadounidenses a sus homólogos yemeníes durante un descanso.

—Es sospechoso.

—¿Sospechoso de qué?

—Ya sabéis, *sospechoso* —respondió el oficial yemení.

Sufan se dio cuenta de que el prisionero estaba bien entrenado en técnicas de contrainterrogatorio, ya que admitía fácilmente cosas que Sufan ya sabía (que había combatido en Bosnia, Somalia y Afganistán, por ejemplo) y negaba todo lo demás. Las respuestas estaban pensadas para hacer que los interrogadores dudaran de sus suposiciones. Abu Yandal se describía como un buen musulmán que había coqueteado con la yihad pero se había desengañado. No se consideraba un asesino, sino un revolucionario que trataba de liberar al mundo del mal que, según creía, provenía principalmente de Estados Unidos de América, un país del que prácticamente no sabía nada.

A medida que pasaban las noches, Abu Yandal se iba aficionando a los interrogatorios. Tenía poco más de treinta años y era mayor que la mayoría de los yihadíes. Se había criado en Yidda, la ciudad natal de Bin Laden, y tenía una amplia formación religiosa. Le gustaba beber té y explicar a los estadounidenses la visión de la historia de los islamistas radicales; su sociabilidad era su punto débil. Sufan le halagaba y le animaba a entablar un debate teológico. De las diatribas de Abu Yandal, Sufan extrajo algunos detalles útiles: que se había cansado de combatir, que le inquietaba el hecho de que Bin Laden hubiera jurado *bayat* al mullah Omar, que estaba preocupado por sus dos hijos, uno de los cuales tenía una enfermedad en los huesos. Sufan también se dio cuenta de que Abu Yandal rechazaba los pasteles que le ofrecían con el café y este acabó admitiendo que era diabético. Eran pequeñas revelaciones que Sufan podía usar para conseguir que identificara a los secuestradores.

La noche siguiente, los estadounidenses le llevaron unas galletas sin azúcar, un detalle que Abu Yandal agradeció. Sufan también le llevó una historia de Estados Unidos en árabe.

Abu Yandal se sentía confuso con respecto a Sufan y lo que representaba: un musulmán con quien podía discutir sobre religión, que formaba parte del FBI y que amaba Estados Unidos. Leyó ávidamente el libro de historia que Sufan le había llevado y se quedó sorprendido al descubrir la guerra de Independencia estadounidense y la apasionada lucha contra la tiranía que estaba íntimamente imbricada en la herencia del país. Su visión del mundo se basaba en la suposición de que Estados Unidos era el origen de todos los males.

Mientras tanto, Sufan trataba de determinar los límites del paisaje moral de Abu Yandal. Le preguntó cuál era la manera correcta de librar la yihad y Abu Yandal le habló con entusiasmo sobre cómo debe tratar un guerrero a su adversario en la batalla. En el Corán y los hadices abundan las instrucciones sobre la conducta honorable en la guerra.

Sufan quería saber dónde se da el visto bueno a los atentados suicidas.

Abu Yandal le explicó que el enemigo tenía ventaja en cuanto a las armas, pero que los terroristas suicidas equilibraban la balanza. «Esos son nuestros misiles», dijo.

Sufan le preguntó qué pensaba de las mujeres y los niños. ¿No se supone que hay que protegerlos? Mencionó los atentados contra las embajadas estadounidenses en África oriental. Recordó a una mujer que estaba en un autobús delante de la embajada de Nairobi. La encontraron agarrada a su bebé, al que trataba de proteger de las llamas. Los dos estaban carbonizados. ¿Qué pecado había cometido aquella madre? ¿Qué pensaba del alma de su hijo?

«Dios les recompensará en el más allá —dijo Abu Yandal. Y añadió—: ¿Imaginas cuántos se unieron a Bin Laden tras los atentados de las embajadas? Llegaron centenares pidiendo ser mártires.»

Sufan le dijo que muchas de las víctimas de África oriental, quizá la mayoría, eran musulmanes. El debate se acaloraba. En varias ocasiones, Abu Yandal citó a determinados ulemas o mencionó suras del Corán, pero se dio cuenta de que Sufan era bastante más ducho en cuestiones teológicas. Abu Yandal sostenía que, como los atentados de las embajadas fueron un viernes, cuando las víctimas debían estar la mezquita, estas no eran verdaderos musulmanes. Era la típica opinión *takfir*, pero al menos Sufan averiguó dónde estaban sus límites morales.

La quinta noche, Sufan arrojó una revista sobre la mesa que había entre ambos. Contenía fotografías de los aviones estrellándose contra las torres y el Pentágono, imágenes explícitas de personas atrapadas en las torres y de otras saltando desde una altura de cien pisos. «Bin Laden hizo esto», le dijo Sufan.

Abu Yandal había oído hablar de los atentados, pero no conocía demasiados detalles. Observó las imágenes con asombro. Dijo que parecía una «producción de Hollywood», pero era evidente que la magnitud de la atrocidad le había impresionado. En aquel momento se creía que la cifra de víctimas ascendía a decenas de miles.

Además de Sufan y Abu Yandal, en la pequeña sala de interrogatorios estaban McFadden y dos detectives yemeníes. Todos se dieron cuenta de que Sufan le estaba acorralando. Las tropas estadounidenses y aliadas se preparaban para la guerra en Afganistán, pero esperaban información sobre la estructura de al-Qaeda, la ubicación de sus escondites y sus planes de huida, información que los agentes de los servicios secretos estadounidenses esperaban que les proporcionaran Sufan y otros detectives.

Casualmente había un periódico yemení en el estante inferior de la mesita de café. Sufan se lo mostró a Abu Yandal. El titular principal decía «Doscientos yemeníes mueren en el atentado de Nueva York».

Abu Yandal leyó el titular y contuvo el aliento. «Que Dios nos ayude», murmuró.

Sufan le preguntó qué clase de musulmán haría una cosa así. Abu Yandal insistió en que debieron de ser los israelíes quienes perpetraron los atentados de Nueva York y Washington, no Bin Laden.

—El jeque no está tan loco —dijo.

Sufan cogió un libro con fotografías policiales de conocidos miembros de al-Qaeda y varias fotos de los secuestradores. Le pidió a Abu Yandal que los identificase. El yemení hojeó rápidamente el libro y lo cerró.

Sufan volvió a abrir el libro y le dijo que se tomara su tiempo.

—Tengo a algunos de ellos detenidos —dijo, con la esperanza de que Abu Yandal no cayera en la cuenta de que todos los secuestradores estaban muertos.

Abu Yandal se detuvo durante una fracción de segundo en la fotografía de Marwan al-Shehhi antes de pasar a la siguiente página.

—Aún no has acabado con esa —observó Sufan—. Ramadán, 1999. Él está enfermo. Tú eres su emir y le cuidas.

Abu Yandal miró a Sufan con sorpresa.

—Cuando te hago una pregunta, ya conozco la respuesta —dijo Sufan—. Si eres listo, me dirás la verdad.

Abu Yandal admitió que conocía a Shehhi y dijo el nombre con el que se le conocía en al-Qaeda: Abdullah al-Sharqi. Hizo lo mismo con Muhammad Atta, Jaled al-Mihdar y otros cuatro. Pero seguía insistiendo en que Bin Laden nunca habría cometido un acto semejante. Aseguraba que habían sido los israelíes.

—Sé a ciencia cierta que los que lo hicieron pertenecían a al-Qaeda —dijo Sufan.

Sacó siete fotografías del libro y las puso sobre la mesa.

—¿Cómo lo sabes? —preguntó Abu Yandal—. ¿Quién te lo ha dicho?

—Tú lo has hecho —dijo Sufan—. Estos son los secuestradores y tú acabas de identificarlos.

Abu Yandal se quedó pálido y se tapó la cara con las manos.

—Dame un momento —suplicó.

Sufan salió de la sala. Cuando volvió le preguntó qué pensaba.

—Creo que el jeque se ha vuelto loco —dijo.

Entonces le contó a Sufan todo lo que sabía.

A Mark Rossini le habían dicho que John O'Neill estaba sano y salvo, por lo que se pasó gran parte de aquel día y el siguiente llamando a los amigos de O'Neill en todo el mundo para asegurarles que O'Neill estaba bien. Ahora debía llamarles otra vez, uno por uno. Estaba muy furioso con O'Neill. «Maldito hijo de puta, ¿por qué no salió corriendo?» Durante semanas, cuando volvía a casa, Rossini se sentaba en el coche y lloraba antes de entrar. Algunos agentes tuvieron depresiones nerviosas. Otros, como Dan Coleman, sufrirían daños irreversibles en los pulmones debido al polvo que habían inhalado aquel día.

El World Trade Center estuvo ardiendo cien días. Durante todo ese tiempo un olor acre impregnó la oficina del FBI, un nauseabundo recordatorio de que no habían logrado impedir los atentados y de que ellos mismos habían estado a punto de morir. Un agente en activo, el artificiero Leonard Hatton, no sobrevivió. Había trabajado en la investigación de los atentados contra las embajadas y el *Cole* con O'Neill y murió en las torres intentando socorrer a las víctimas. En los frenéticos e interminables meses que siguieron al 11 de septiembre, los miembros de la unidad I-49 se debatieron entre la conmoción, la aflicción y la vergüenza. Ellos conocían mejor que nadie en el país el peligro al que se enfrentaba Estados Unidos. Y, sin embargo, la unidad I-49 había realizado prácticamente sola su cometido.

Desde los atentados contra las embajadas habían trabajado de manera incansable, se habían pasado meses, incluso años, fuera del país, y
el precio que exigían las investigaciones había arruinado los matrimonios o relaciones importantes de muchos de ellos. Estaban exhaustos ya antes del 11 de septiembre. Ahora su trauma se veía agravado por el hecho de ser estigmatizados por no haber evitado una
tragedia que sabían que se avecinaba.

El rostro de O'Neill era uno de los que aparecían en los miles
de carteles hechos a mano que cubrían las paredes de la Autoridad
Portuaria, la Gran Estación Central de Nueva York y las cabinas telefónicas de Manhattan. A pesar de tenerlo todo en contra, el hermano de Valerie, John McKillop, un paramédico de Chicago, prometió encontrar a O'Neill. Él y veinticinco compañeros suyos partieron
hacia Nueva York escoltados por la policía durante todo el trayecto.
Aquella fue una de las muchas caravanas espontáneas de servicios de
emergencia que acudieron a la ciudad desde todos los puntos del
país. Resultaba extraño ver al ejército en las calles de una ciudad estadounidense, con puestos armados para proteger los puentes y los
edificios importantes. Todos los aeropuertos del país estaban cerrados, pero los cazas del ejército surcaban los cielos como avispas fu-
riosas.

Cuando McKillop llegó a la Zona Cero, se quedó horrorizado
al ver la inmensa montaña de escombros humeantes. Los equipos de
rescate excavaban día y noche con la esperanza de encontrar supervivientes, pero aquel panorama hizo perder toda esperanza a McKillop. «Todo lo que podía pensar era qué iba a decirle a mi hermana.»

Muchos de los cadáveres de las víctimas del World Trade Center
no se encontrarían nunca, pero el 21 de septiembre los equipos de
rescate que buscaban entre los escombros cerca del cruce de las calles Liberty y Greenwich hallaron el cuerpo de un hombre con un
traje azul. Tenía la cartera en el bolsillo del pecho. Era John.

En muchos sentidos, los muertos del World Trade Center formaban una especie de parlamento universal, que representaba a sesenta y
dos países y prácticamente todos los grupos étnicos y religiones del
mundo. Había un agente de Bolsa ex hippy, el capellán católico gay
del Cuerpo de Bomberos de la ciudad de Nueva York, un jugador de

hockey japonés, un segundo chef ecuatoriano, un coleccionista de muñecas Barbie, un calígrafo vegetariano, un contable palestino… La multiplicidad de maneras en que estaban ligados a la vida ilustraba el mandato coránico según el cual arrebatar una sola vida destruye un universo. Al-Qaeda había dirigido sus ataques contra Estados Unidos, pero había asestado un golpe a toda la humanidad.

A medida que se iban retirando del lugar los fragmentos y objetos de los muertos, se iban catalogando e identificando, a menudo utilizando muestras de ADN que los trabajadores de los servicios de urgencias habían obtenido de los familiares, que les proporcionaban, por ejemplo, cabellos del cepillo de la víctima. Cada parte de cada cuerpo recibía el mismo tratamiento, con una excepción: cuando se encontraba el cadáver de uno de los más de cuatrocientos miembros de los cuerpos uniformados que habían muerto,[2] se aplicaba un protocolo especial, que también se concedió a O'Neill. Se cubría el cadáver con una bandera de Estados Unidos y los policías y bomberos de Nueva York que excavaban entre los escombros permanecían en posición de firmes mientras se trasladaba el cuerpo hasta la ambulancia.

De niño, mientras vivía en Atlantic City, John O'Neill fue monaguillo en la iglesia de San Nicolás de Tolentino. El 28 de septiembre un millar de personas se congregó en San Nicolás para darle el último adiós. Muchos eran agentes, policías y miembros de los servicios secretos extranjeros que habían acompañado a O'Neill en la lucha contra el terrorismo mucho antes de que esta se convirtiera en un grito de guerra. En los convulsos días posteriores a los atentados, en las calles cercanas a la iglesia había barricadas y un helicóptero del ejército patrullaba desde el aire.

Dick Clarke no había derramado una sola lágrima desde el 11 de septiembre, pero cuando sonaron las gaitas y el féretro pasó a su lado, se derrumbó. Recordó la última conversación que había mantenido con O'Neill, cuando rechazó el puesto. «Mira el lado bueno —le había dicho O'Neill—. Cada vez que vengas a Nueva York podrás subir al Windows on the World. —Y añadió—: Da igual dónde acabemos, siempre seremos hermanos.»

En el funeral de O'Neill se produjo la catastrófica coincidencia que él siempre había temido. Allí se encontraron por primera vez su esposa y sus dos hijos, Valerie James y sus dos hijos y Anna DiBattista. Todos sus secretos salieron a la luz de golpe. Pero también hubo redención. Los peores remordimientos de O'Neill tenían que ver con sus carencias como padre. En mayo había tenido otra oportunidad: le presentaron a su primer nieto. Irónicamente, a O'Neill, que siempre había cuidado tanto al nieto de Valerie, le costaba aceptar su propia condición de abuelo, que siempre tiene reminiscencias de la muerte. Tardó dos meses en decidirse a visitar al niño. Pero una vez que lo hizo, el hombre que nunca tenía fotografías familiares en su oficina colgó una de su nieto en la pared entre sus condecoraciones. «Has nacido en el país más grande del mundo —escribió O'Neill a su nieto en una carta que su desconsolado hijo leyó durante el funeral—. Es bueno que conozcas los orígenes étnicos de tus padres, que ames y valores el antiguo folclore. Pero no olvides nunca, nunca, que ante todo eres estadounidense y que te preceden millones de estadounidenses que han luchado por tu libertad. La nación representa todo lo que amamos. Ayuda, defiende y honra a todos aquellos cuyo deber es mantenerla a salvo.»

Mientras Bin Laden y Zawahiri esperaban a que los muyahidines se alzaran en todas las tierras musulmanas y acudieran a Afganistán, se recreaban contemplando el éxito de la operación. «Ahí está Estados Unidos, golpeado por Dios en uno de sus puntos más débiles —se vanagloriaba Bin Laden en un vídeo pregrabado y emitido por al-Yazira el 7 de octubre, un día después de que los bombarderos estadounidenses y británicos lanzaran sus primeros ataques contra posiciones talibanes—. Sus edificios más grandes han sido destruidos. Gracias a Dios por ello. Ahí está Estados Unidos, lleno de miedo de norte a sur, de oeste a este. Gracias a Dios por ello.» Después hacía un llamamiento: «Estos acontecimientos han dividido al mundo entero en dos bandos: el de los creyentes y el de los infieles. Que Dios nos guarde de ellos. Cada musulmán debe alzarse para que su religión salga victoriosa. Los vientos de la fe han llegado».

Una tarde Bin Laden y Zawahiri estaban en una casa de huéspedes en Kandahar. Su anfitrión era un clérigo saudí paralítico llamado

Jaled bin Uda bin Muhammad al-Harby. «Hicimos planes y cálculos —relataría Bin Laden—. Nos sentamos y calculamos el número de bajas del enemigo. Calculamos los pasajeros de los aviones que morirían. Con respecto a las torres, supusimos que morirían las personas que se encontraran en las tres o cuatro plantas contra las que se estrellarían los aviones. Eso fue lo que calculamos y era el cálculo más optimista. Debido al carácter de mi profesión y mi trabajo [es decir, la construcción], mi previsión era que el combustible del avión elevaría la temperatura del acero hasta ponerlo al rojo vivo y perder casi todas sus propiedades. De este modo, si el avión impactaba en el edificio aquí —decía haciendo gestos con las manos—, la parte superior del edificio se desplomaría. Eso era lo máximo que podíamos esperar.»[3]

Muchas familias de al-Qaeda abandonaron los campamentos justo después de los atentados. Maha Elsamneh, la mujer de Ahmed Jadr, el amigo de Zawahiri, empaquetó alguna ropa y comida y se llevó a sus hijos a un orfanato de Lougar, a cincuenta kilómetros al sur de Kabul, donde se escondieron durante un par de meses. Había un pozo y cuartos de baño en el interior. A mediados de noviembre, dos noches después de la caída de Kabul, apareció en la puerta la familia de Zawahiri. Tenían un aspecto espantoso. Los niños estaban descalzos y una de las hijas no llevaba suficiente ropa de abrigo. La mujer de Zawahiri, Azza, estaba gravemente enferma. Relató que habían huido primero a Jost, pero después habían vuelto a Kabul para coger algunas provisiones. Fue entonces cuando comenzó el bombardeo estadounidense.

En su estado febril, Azza dijo que nunca se había dado cuenta de quién era realmente su marido. «No sabía que era un emir —dijo—. No me lo puedo creer».[4] A Maha le pareció extraño, porque todos los demás lo sabían.

Azza llevaba en brazos a su hija más pequeña, Aisha, la niña con síndrome de Down, que seguía llevando pañales a pesar de tener cuatro años de edad. Azza estaba preocupada porque si ella se moría, nadie cuidaría de Aisha. Era una niña con los ojos rasgados, y muy pequeña y desvalida.

Para entonces ya hacía un frío terrible. Aunque la guerra se libraba en las ciudades, los hombres de al-Qaeda resistían en Tora

Bora[5] y sus familias decidieron irse a Pakistán. Formaron un gran convoy y atravesaron lentamente las montañas. Azza y sus hijos se detuvieron en Gardez, en la casa de huéspedes de Yalaladin Haqqanni, un funcionario del gobierno talibán, pero la familia de Maha siguió hacia Jost. Aquella noche hubo dos explosiones atronadoras, tan potentes que algunos niños vomitaron y otros tuvieron diarrea. Por la mañana, uno de los hijos de Maha fue a comprobar cómo estaban los Zawahiri y vio que la casa donde se alojaban había sido bombardeada. El techo de cemento se había derrumbado y Azza había quedado atrapada debajo. Los hombres que acudieron a rescatar a los heridos encontraron a la pequeña Aisha herida pero aún viva, y la acostaron fuera en un catre mientras trataban de rescatar a Azza. Estaba viva, pero se negó a que la sacaran por miedo a que los hombres le vieran la cara. Finalmente, sus gritos cesaron. Cuando el equipo de rescate volvió junto a la niña para ocuparse de ella, descubrió que había muerto congelada.

En las cuevas de Tora Bora, Bin Laden y Zawahiri visitaron a los combatientes que quedaban de al-Qaeda y les instaron a mantener sus posiciones y a esperar a los estadounidenses. En lugar de ello, los guerreros de al-Qaeda tuvieron que combatir a los afganos durante las dos primeras semanas de diciembre mientras los B-52 estadounidenses volaban sobre sus cabezas, muy lejos de su alcance, arrojando bombas *daisy cutter* (segadoras de margaritas) sobre las cuevas. «Éramos unos trescientos muyahidines —contaría Bin Laden—. Cavamos un centenar de trincheras que se extendían por una zona que no superaba las doscientas cincuenta hectáreas, una trinchera para cada tres hermanos, a fin de evitar las enormes pérdidas humanas resultantes de los bombardeos.»[6] A pesar de los preparativos, el 3 de diciembre, después de que los bombarderos estadounidenses atacaran un complejo de cuevas, las tropas de tierra afganas descubrieron más de un centenar de cadáveres. Pudieron identificar a dieciocho de ellos como lugartenientes de al-Qaeda.

Bin Laden se sentía traicionado por los musulmanes que no se habían unido a él. Incluso los talibanes se escabulleron. «Solo unos pocos se mantuvieron firmes —se quejaba—. El resto se rindió o huyó antes de enfrentarse al enemigo.»[7] Lo escribió el 17 de diciembre. La breve batalla de Tora Bora había finalizado y fue una derrota aplastante para al-Qaeda, pero también para Estados Unidos y sus aliados, que no lograron capturar a su presa. Bin Laden y los combatientes de al-Qaeda que quedaban huyeron a Pakistán; lograron salvar sus vidas pero perdieron Afganistán. Bin Laden escogió aquella ocasión para escribir lo que calificó como su última voluntad.

En aquel testamento, Bin Laden trataba de salvar su legado. «Considero en estos tiempos inmensamente desgraciados que todos los musulmanes son mi familia», escribió. Mencionó los atentados de las embajadas de África oriental, la destrucción del World Trade Center y el ataque contra el Pentágono: eran grandes victorias. «Pese a los reveses que Dios nos ha infligido, estos dolorosos golpes marcarán el comienzo de la destrucción de Estados Unidos y el Occidente infiel cuando hayan pasado unos cuantos decenios, si Dios quiere.»

Después se dirigía a su propia familia: «Esposas mías, quiera Dios otorgaros sus bendiciones —escribió—. Sabíais desde el primer día que el camino está cubierto de espinas y minas. Habéis renunciado a los placeres de la vida, a vuestras familias, y habéis elegido las penurias de vivir a mi lado». A continuación, les rogaba que no pensaran en casarse de nuevo. «Hijos míos, perdonadme porque os haya dedicado tan poco tiempo desde que elegí tomar el camino de la yihad. […] He escogido una senda peligrosa, repleta de toda clase de tribulaciones que perturban la vida de un hombre. […] De no haber sido por la traición, habría triunfado.» Después les aconsejaba que no se unieran a al-Qaeda. «En esto sigo el ejemplo de Omar bin al-Jatab, el comandante de los creyentes, que ordenó a su hijo Abdullah que no continuara con el califato tras su muerte. Dijo: "Si es bueno, ya hemos tenido bastante; si no lo es, el sufrimiento de Omar ya ha sido suficiente".»

En marzo de 2002, al-Qaeda se reagrupó en las montañas próximas a Jost, cerca de la Guarida del León. Los aviones no tripulados Predator sobrevolaban la zona y las tropas estadounidenses y afganas, junto con soldados de Canadá, Australia, Dinamarca, Francia, Alemania y Noruega, peinaban las montañas en una operación llamada Anaconda. Los combates se limitaron al valle de Sha-e-Kot, en el escarpado extremo oriental de Afganistán. Habían sobornado a los señores de la guerra regionales, se suponía que las fronteras estaban cerradas y los combatientes de al-Qaeda sufrían bombardeos constantes. Pese a ello, un grupo de jinetes cabalgaba libremente hacia Pakistán.

Llegaron al pueblo de un líder de una milicia local llamado Gula Yan, cuya larga barba y turbante negro podían indicar que simpatizaba con los talibanes. «Vi a un hombre corpulento y mayor, un árabe, que llevaba gafas oscuras y un turbante blanco —contó Yan cuatro días más tarde—. Vestía como un afgano, pero llevaba un buen abrigo y le acompañaban otros dos árabes con el rostro tapado.»[8] El hombre del abrigo desmontó y empezó a hablar de un modo educado y jovial. Le preguntó a Yan y a un acompañante afgano por la posición de las tropas estadounidenses y de la Alianza del Norte. «Nos tememos que vamos a toparnos con ellos —dijo—. Indícanos el camino correcto.»

Mientras los demás hombres hablaban, Yan se escabulló para examinar una de las octavillas que había arrojado en la zona un avión estadounidense. Mostraba la fotografía de un hombre con un turbante blanco y gafas. Su rostro era ancho y carnoso, con la nariz recia y prominente y los labios gruesos. Su barba sin recortar era gris en las sienes y con mechas blancas bajo su mentón. En su amplia frente, enmarcada por el turbante, tenía un callo oscuro que se le había formado tras muchas horas de postración al rezar. En sus ojos se reflejaba el tipo de firmeza que cabría esperar de un médico, pero también mostraban una serenidad que resultaba fuera de lugar en un aviso de búsqueda y captura. La octavilla indicaba que se había puesto un precio de veinticinco millones de dólares a la cabeza de Zawahiri.

Yan volvió a unirse a la conversación. El hombre que ahora creía que era Zawahiri le dijo: «Que Dios te bendiga y te guarde de los enemigos del islam. Intenta no decirles de dónde venimos y adónde nos dirigimos».

Había un número en la octavilla, pero Gula Yan no tenía teléfono. Zawahiri y los árabes, con el rostro tapado, desaparecieron en las montañas.

Epílogo a la edición de 2011

El 2 de mayo de 2011, miembros del Team Six de los Navy Seals estadounidenses mataron a Osama bin Laden, un prisionero de su propia fama, y quizá también de los servicios de inteligencia paquistaníes, en una casa de tres plantas situada cerca de una academia militar de elite en el norte de Pakistán. La persecución más exhaustiva de la historia concluyó con un disparo en la cabeza y otro en el pecho. Su cuerpo fue trasladado en avión hasta el USS *Carl Vinson*, donde lo lavaron y amortajaron para después arrojarlo sin dejar rastro al mar del norte de Arabia. Era el fin de un hombre, aunque quizá todavía no de su movimiento.

Habían transcurrido quince años desde que el agente especial del FBI Daniel Coleman entrara en la estación Alec de la CIA, en Tysons Corner, Virginia, para abrir una investigación sobre un hombre del que pocas personas habían oído hablar en Occidente, e incluso en los servicios de inteligencia estadounidenses. En el lapso de tiempo que medió entre aquel momento y la misión con la que concluyó el caso, Osama bin Laden definió una época. Los tres mil estadounidenses que murieron el 11-S fueron solo una pequeña parte de las víctimas causadas por al-Qaeda en su orgía de sangre global.

Esta historia podría haber terminado en noviembre de 2001, cuando unos cuatrocientos soldados y agentes de inteligencia estadounidenses sobre el terreno, junto con una gigantesca fuerza aérea estadounidense y las tropas locales de la Alianza del Norte, barrieron a los talibanes y aplastaron a al-Qaeda en Tora Bora. Un error de cálculo decisivo de los comandantes estadounidenses, que no reforzaron las unidades de combate en tierra, permitió a Bin Laden y a la mayor parte de su círculo íntimo adentrarse subrepticiamente en las Áreas Tribales de Pakistán. Aun así, al-Qaeda estaba básicamente acabada. Según informaciones de miembros de la propia organización, el 80 por ciento de los seguidores de Bin Laden fueron capturados o murieron. El movimiento quedó destrozado. Los dirigentes seguían con vida, pero estaban dispersos, empobrecidos, humillados y desacreditados en todo el planeta, incluido el mundo musulmán. En sus escondrijos en Yemen, Irán, Irak y Pakistán, los supervivientes de al-Qaeda se lamentaban de su fallida estrategia. Abu al-Walid al-Masri, un alto mando del consejo interno de al-Qaeda, escribió más tarde que la experiencia en Afganistán fue «un ejemplo trágico de un movimiento islámico dirigido de una forma alarmantemente absurda». Y añadía: «Todo el mundo sabía que su dirigente le estaba conduciendo al abismo e incluso a todo el país a la destrucción total, pero seguían cumpliendo sus órdenes fielmente y con pesar».

La fatídica decisión de la administración Bush de invadir y ocupar Irak en 2003 revivificó el programa del islamismo radical. Las guerras simultáneas que se libraban en dos países musulmanes dotaron de contenido al discurso de Bin Laden de que Occidente estaba en guerra con el islam. En Irak, alcanzaban notoriedad nuevos líderes terroristas: en especial, Abu Musab al-Zarqawi, cuya violencia desenfrenada mató en tres años solo en Irak a muchos más musulmanes que el resto de los atentados de al-Qaeda juntos. Zarqawi, tras jurar lealtad a Bin Laden en octubre de 2004, estableció un modelo para que otros grupos insurgentes, hasta entonces de índole nacionalista, se alistaran en la yihad universal que al-Qaeda pretendía librar. Aunque Bin Laden y sus acólitos quedaron prácticamente reducidos a presencias virtuales en internet y en grabaciones clandestinas, la apocalíptica idea de al-Qaeda arraigó no solo en los países musulmanes, sino también en ciudades de Europa y, finalmente, incluso en Estados Unidos.

Ya en 1998, tras los atentados contra las embajadas estadounidenses en África oriental, los estrategas de al-Qaeda empezaron a concebir una organización menos jerárquica que la ideada por Bin Laden, el empresario. Su al-Qaeda se basaba en una burocracia terrorista jerárquica, pero ofrecía a sus miembros asistencia sanitaria y vacaciones pagadas; era un buen trabajo para muchos jóvenes desarraigados. La nueva al-Qaeda era emprendedora, espontánea y oportunista, con la estructura horizontal de las bandas callejeras, lo que un estratega de al-Qaeda, Abu Musab al-Suri, denominó «resistencia sin líder». Estos hombres fueron los que mataron a 191 viajeros en Madrid el 11 de marzo de 2004 y los que cometieron el atentado de Londres el 7 de julio de 2005, en el que murieron 52 personas, sin contar a los cuatro terroristas, y resultaron heridas unas setecientas. La relación de estos émulos con el núcleo de al-Qaeda era, en el mejor de los casos, tangencial, pero se habían inspirado en su ejemplo y habían actuado en su nombre. Estaban unidos por internet, que les brindaba un lugar seguro para conspirar. Los dirigentes de al-Qaeda empezaron a proporcionar a esta nueva generación online un legado de planes, objetivos, ideología y métodos.

Mientras tanto, la guerra contra el terrorismo estaba transformando las sociedades occidentales en estados policiales con enormes presupuestos de inteligencia y nuevas leyes intrusivas. Los servicios de inteligencia estadounidenses estrechaban aún más sus fuertes vínculos con los peores déspotas del mundo árabe y reproducían con determinación algunas de sus prácticas más atroces: arrestos indiscriminados y a menudo ilegales, detenciones indefinidas y técnicas de interrogatorio brutales. Esto reforzaba las acusaciones de al-Qaeda de que esos tiranos solo existían por voluntad de Occidente y que los musulmanes estaban asediados en todas partes a causa de su religión. La audacia de los atentados de al-Qaeda había otorgado a los islamistas radicales credibilidad entre personas desesperadas por el cambio. Y sin embargo, el esfuerzo internacional destinado a contener a al-Qaeda ha impedido a la organización repetir el espectáculo del 11-S y ha frustrado su objetivo de hacerse con el control de un país musulmán.

En los años inmediatamente posteriores al 11-S, los islamistas habían tenido la ocasión de presentar su visión de un sistema político regenerado que ofreciera mejoras reales a las vidas de las personas. En cambio, siguieron propagando sus fantasías sobre la teocracia y el califato, que tenían pocas probabilidades de materializarse, y no hicieron nada para tratar de resolver los verdaderos problemas de los jóvenes musulmanes: el analfabetismo, la pobreza, el desempleo y la desesperación que nace de observar cómo el resto del mundo les deja atrás.

Los fracasos tácticos y políticos de al-Qaeda plantearon un reto filosófico devastador en el seno del islam político. Este hecho quedó patente en 2007, cuando Noman Benotman, antiguo líder del Grupo Combatiente Libio, un aliado de al-Qaeda, publicó una carta abierta dirigida a Ayman al-Zawahiri, el lugarteniente de Bin Laden, en la que pedía a la organización que suspendiera sus operaciones y decía que esas acciones no habían conseguido nada y los intereses occidentales las estaban empleando como subterfugio para extender su influencia en los países musulmanes. Ese mismo año, el clérigo saudí Salman al-Awda, que había sido uno de los héroes de Bin Laden, le denunció públicamente en el sexto aniversario del 11-S, acusándole de «convertir el terrorismo en sinónimo de islam» y preguntándole al «hermano Osama, ¿cuánta sangre se ha derramado? ¿Cuántos inocentes, entre niños, ancianos, débiles y mujeres, han sido asesinados y expulsados de sus hogares en nombre de al-Qaeda?».

La deserción más notable de la filosofía de al-Qaeda fue la de un hombre que escribió gran parte de la misma: Sayyid Imam, también conocido como doctor Fadl. Había sido compañero de clase de Zawahiri en la Facultad de Medicina de la Universidad del El Cairo a finales de los años sesenta y después se convirtió en el emir de la organización terrorista de Zawahiri, al-Yihad, en Peshawar, Pakistán, a mediados de los años ochenta, cuando ambos hombres trabajaban en el hospital de la Media Luna Roja. Allí, intentaron reclutar en al-Yihad a los jóvenes egipcios que acudían a combatir en la yihad contra los soviéticos en Afganistán. Tras la fundación de al-Qaeda en 1988, el doctor Fadl se convirtió en el principal ideólogo de la organización. Ese año escribió el primero de dos libros que sentarían las bases de la filosofía de la organización, *Guía esencial para la preparación*. El libro afirmaba que la yihad es el estado natural del islam y que los musulmanes deben estar siempre en conflicto con los no creyentes. Su segundo libro, *Compendio para alcanzar el divino conocimiento*, escrito en Jartum en 1994, comenzaba con la proposición de que la salvación solo es posible para el perfecto musulmán. «Un hombre puede entrar en la fe de muchas maneras, pero puede ser expulsado de la misma por un solo acto», advertía Fadl. Escribió que los gobernantes de Egipto y otros países árabes son apóstatas del islam y que los musulmanes tienen la obligación de librar la yihad contra esos dirigentes; además, los musulmanes que se someten a un gobernante infiel son ellos mismos infieles y están abocados a la condenación. El mismo castigo les aguarda a quienes trabajan en el gobierno, la policía y los tribunales, y a quienes participan en elecciones democráticas. «Yo os digo a los musulmanes con toda franqueza que la democracia laica y nacionalista se opone a vuestra religión y vuestra doctrina, y al someteros a ella abandonáis el libro de Dios», escribió. Todo aquel que opine lo contrario es un hereje y debe ser sacrificado. Fadl estaba formulando una doctrina fundamental de la filosofía de al-Qaeda, la del *takfir*: la excomunión de un musulmán por otro. Sus libros extendían una autorización a al-Qaeda y sus aliados para matar a cualquiera que se interpusiera en su camino.

Tras el 11-S, Fadl fue detenido en Yemen y enviado a Egipto, donde permanece encarcelado. En noviembre de 2007 divulgó un manifiesto que publicaron varios periódicos de Egipto y Kuwait, titulado «Racionalizar la yihad en Egipto y el mundo». Se trata de una renuncia radical a sus ideas anteriores. La premisa inicial es que «No hay nada que provoque más la ira de Dios y Su cólera que el derramamiento injustificado de sangre y la destrucción de la propiedad». Fadl pasa a establecer una nueva serie de normas muy restrictivas para la yihad y censura a los musulmanes que recurren al robo o el secuestro para financiarla: «En el islam no existe nada parecido a la idea de que el fin justifica los medios». Hay que obtener el permiso de padres y acreedores antes de librar la yihad. Tampoco se exige la yihad si el enemigo es el doble de poderoso que los musulmanes; en una contienda tan desigual, Dios permite firmar tratados de paz y treguas. Fadl insiste una y otra vez en que está prohibido matar civiles. Los atentados indiscriminados «como hacer estallar hoteles, edificios y transporte público» no están permitidos porque es inevitable que mueran inocentes. El argumento más sorprendente de este documento es la declaración de Fadl de que los secuestradores del 11-S «traicionaron al enemigo» porque este les había concedido visados estadounidenses, que son un contrato de protección. «Los seguidores de Bin Laden entraron en Estados Unidos con su conocimiento y, por orden suya, traicionaron a su población, matando y destruyendo», escribe Fadl. «El Profeta (la paz y las bendiciones de Dios sean con él) dijo: «El día del Juicio, todos los traidores tendrán un cartel en el ano proporcional a su traición»».

En cierto momento, Fadl observa: «La gente odia a Estados Unidos y los movimientos islamistas perciben su odio y su impotencia. Atacar a Estados Unidos se ha convertido en el camino más corto hacia la fama y el liderazgo entre los árabes y los musulmanes. Pero ¿en qué beneficia destruir uno de los edificios de tu enemigo si él destruye uno de tus países? ¿En qué beneficia matar a uno de los suyos si él mata a mil de los tuyos? [...] Esa es, en pocas palabras, mi valoración del 11-S».

El manifiesto de Fadl fue enviado por fax desde la prisión de Tora, donde está encarcelado, a las oficinas en Londres del periódico árabe *Asharq al-Awsat*. «¿Ahora tienen faxes en las celdas de las cárceles egipcias? —bromeó Zawahiri—. Me pregunto si están conectados a la misma red que las máquinas de electrochoque.» Pero el ataque de Fadl fue devastador y tuvo una enorme repercusión; además, muchos de los antiguos compañeros de Zawahiri firmaron el documento. Preocupado por que el comunicado de Fadl señalara la muerte del movimiento terrorista en Egipto, Zawahiri publicó una larga réplica en internet titulada «La exoneración». «Advierto a esos grupos islamistas que acogen con agrado el documento, que le están entregando al gobierno el cuchillo con el que puede matarlos», escribe en 2008. Estados Unidos está torturando a personas en sus prisiones militares y en la bahía de Guantánamo, Cuba», añade Zawahiri. «Estados Unidos se arroga el derecho de retener a cualquier musulmán sin respetar su visado —sostiene—. Si Estados Unidos y los occidentales no respetan los visados, ¿por qué deberíamos respetarlos nosotros?». Les recordaba a sus lectores una conocida aleya del Corán que apoya el divino mandato de la yihad: «Cuando los meses sagrados hayan pasado, matad a los idólatras dondequiera que los encontréis, y llevadlos y confinadlos, y tendedles emboscadas por todas partes». Este llamamiento, proferido con tanta frecuencia en el pasado, no logró obtener mucha resonancia.

Aunque al-Qaeda seguía invicta, era incapaz de repetir su sobrecogedor triunfo. En repetidas ocasiones había expuesto su objetivo de arrastrar a Estados Unidos a esta clase de conflictos con el propósito de desangrar su economía y convertir la guerra contra el terrorismo en un auténtico choque de civilizaciones. Sus ataques contra Estados Unidos, desde los perpetrados contra las dos embajadas estadounidenses en África oriental en 1998, hasta el atentado contra el USS *Cole* en 2000 y finalmente el 11-S, estaban concebidos para arrastrar a Estados Unidos a Afganistán, donde esperaba que sufriera la misma catástrofe que padeció la Unión Soviética en 1989, cuando se retiró derrotada y después simplemente se desmoronó. El plan de Bin Laden era que la única superpotencia que quedaba se disolviera, que Estados Unidos se convirtiera en unos estados desunidos y el islam tuviera vía libre para recuperar su espacio natural como fuerza dominante en el mundo.

Un decenio después del 11-S, al-Qaeda no está derrotada. Ha demostrado ser una organización adaptable, flexible y evolutiva que ha sobrevivido más tiempo que la mayoría de los proyectos terroristas de la historia. Un día al-Qaeda desaparecerá, como acaba sucediendo con todos los movimientos terroristas. Pero el modelo de guerra asimétrica y asesinato en masa que Bin Laden y sus cómplices han creado inspirará a futuros terroristas que ondearán otras banderas. El legado de Bin Laden es un futuro de desconfianza, dolor y pérdida de determinadas libertades que ya se están desvaneciendo en el olvido.

No obstante, Bin Laden no logró su objetivo principal: apoderarse de un país musulmán e instaurar un califato. Se han frustrado la mayoría de sus conspiraciones. Es más, sus declaraciones parecían tener que ver cada vez menos con los anhelos que estaban despertando en el mundo musulmán. Durante un decenio, la principal victoria de Bin Laden fue mantenerse con vida. Y sin embargo, la guerra contra el terrorismo no podía terminar mientras él siguiera en escena.

De joven di clases de inglés en la Universidad Americana de El Cairo y desde entonces he observado los dolorosos cambios experimentados por esta vasta y taciturna ciudad. Vivía allí cuando murió Gamal Abdul Nasser en 1970. En aquel momento no existían relaciones diplomáticas entre Estados Unidos y Egipto, y solo residían en el país unos centenares de estadounidenses, pero el pueblo egipcio amaba a Estados Unidos y lo que representaba. Cuando visité el país unos meses después del 11-S con el fin de documentarme para este libro, y en muchas otras ocasiones desde entonces, descubrí que la situación había cambiado por completo. Los gobiernos estadounidense y egipcio tenían una relación estrecha, pero el pueblo egipcio se había distanciado y estaba furioso.

La población de El Cairo, cuando viví allí, era de unos seis millones de habitantes. Ahora se ha triplicado. La insoportable congestión de la ciudad es un reflejo del estilo de vida incontrolado que constituye el legado del Egipto de Hosni Mubarak; los peatones se adentran en el anárquico tráfico con el miedo o la resignación dibujados en sus rostros. La inexistencia de cualquier intento de imponer el orden, mediante semáforos o pasos de peatones, era una característica de un gobierno que no tenía ningún sentido de la obligación hacia su pueblo y solo trataba de protegerse a sí mismo.

Durante una visita en 2008, fui a la Universidad de El Cairo. El campus estaba completamente abarrotado (más de doscientos mil estudiantes) y los edificios se desmoronaban debido al abandono. Aunque el campus estaba tranquilo, el ánimo de los estudiantes era apesadumbrado. Los profesores habían estado en huelga por sus bajos salarios; en los barrios más pobres de El Cairo se habían producido disturbios por el precio del pan y en las zonas de clase media los vecinos se habían manifestado para protestar por la contaminación. Como respuesta a la desesperación, el gobierno había ordenado una redada y había encarcelado a ochocientos miembros de los Hermanos Musulmanes.

Varios profesores con los que hablé me repitieron las gastadas y confusas formulaciones que eran entonces tan comunes entre los intelectuales egipcios: que el terrorismo era consecuencia de la injerencia estadounidense en Oriente Medio, pero que, al mismo tiempo, los atentados del 11-S eran un «trabajo interno». El derrotismo que siempre se ha cernido sobre esta ciudad seguía debilitando las voces a favor de la reforma y el cinismo que reflejaba el abatido espíritu egipcio seguía siendo el estado de ánimo imperante.

Los estudiantes eran más cordiales y menos doctrinarios. Habían perdido la paciencia con el dogma islamista, que no había hecho nada para ayudar a los egipcios de a pie, y manifestaban su interés por la campaña presidencial estadounidense, que contrastaba tanto con sus propias vidas asfixiadas. El hecho de que un hombre negro y una mujer se disputaran la candidatura demócrata trastocó los prejuicios sobre Estados Unidos y la capacidad de la democracia para obrar un profundo cambio social. Los estudiantes parecían ávidos de ideas nuevas: una forma de escapar del callejón sin salida del islam radical. Uno presentía que se aproximaba el momento en el que un cambio arrollador podría, por fin, abrirse paso por las obstruidas arterias del sistema político árabe. Ese momento, que tanto se había retrasado, por fin se estaba acercando.

Durante esa misma visita tuve la oportunidad de hablar en la Universidad Americana de El Cairo, en el histórico campus de la plaza Tahrir. Físicamente, el lugar había cambiado poco desde los días que pasé allí; lo que más me sorprendió fue el predominio de mujeres jóvenes que se habían cubierto con un hiyab. Egipto había sido siempre una sociedad conservadora, pero el notable aumento de los signos externos de devoción, incluso en los confines más tolerantes de la Universidad Americana, suponía un cambio social que no parecía concordar con el retroceso del radicalismo religioso.

Una de esas jóvenes cubiertas me preguntó, en un tono que parecía cercano a la desesperación, qué era lo que no funcionaba en Egipto, por qué no había progresado. Cuando vivía allí, era un «país subdesarrollado» que estaba al mismo nivel que Corea del Sur e India, y muy por delante de China. En los casi cuatro decenios transcurridos desde entonces, esos países lo habían dejado muy atrás. Turquía, con una población similar, posee ahora una economía cuatro veces mayor que la de Egipto. Pensé que, cuando ocurre un cambio positivo y dinámico, normalmente se debe a un compromiso generacional con la transformación social. Mencioné a mi padre, un niño pobre criado en una granja de Kansas durante el Dust Bowl que formaría parte de la generación que ganó la Segunda Guerra Mundial y creó la economía más poderosa de la historia. Yo mismo empecé mi carrera periodística cubriendo el movimiento a favor de los derechos civiles, que surgió en las universidades negras del sur de Estados Unidos. Generaciones similares están actuando ahora, transformando las sociedades del Sudeste Asiático, Brasil y los satélites liberados de la antigua Unión Soviética. Mientras hablaba con aquellos jóvenes egipcios, no era consciente de que serían la generación que, finalmente, debería asumir esta tarea.

El 17 de diciembre de 2010, un vendedor de frutas de 26 años llamado Muhammad Bouazizi, un licenciado que mantenía a ocho miembros de su familia, se roció con dos litros de disolvente y encendió una cerilla que prendió fuego a todo el mundo árabe. Varias semanas más tarde, el dictador tunecino había huido y decenas de miles de jóvenes egipcios ocupaban la plaza de Tahrir tratando de propagar el contagio de la libertad.

Me sentí profundamente conmovido mientras observaba desarrollarse este drama. La libertad se había pospuesto durante tantas generaciones… Se había impedido el desarrollo pleno de tantas vidas… Sin embargo, un cambio rápido trae consigo tanto caos como progreso. Sin duda, al-Qaeda y sus afines tratarán de aprovechar la confusión que inevitablemente surgirá. Quizá la generación que llegará a transformar realmente el mundo árabe aún no haya llegado. Los desalentadores problemas que padecen estas sociedades sin duda frustrarán a los reformistas, si no los derrotan. Pero el islam radical ha topado con una fuerza mucho mayor y mucho más arraigada en los anhelos de los árabes de formar parte del futuro en lugar del pasado.

LAWRENCE WRIGHT
Austin, Texas

Personajes principales

ABU HAFS AL-MASRI: ex policía egipcio y miembro de al-Yihad que ocupó el puesto de comandante militar de al-Qaeda tras la muerte de Abu Ubaydah. Su verdadero nombre es Muhammad Atef. Fue uno de los asesores más cercanos de Bin Laden. Murió en un bombardeo estadounidense en noviembre de 2001.

ABU HAYER AL-IRAQI: ex oficial del ejército iraquí e ingeniero eléctrico que se unió a la yihad en Afganistán y se convirtió en un cercano asesor de Bin Laden en Sudán. Aunque carecía de formación teológica, fue el jefe del comité de fatawa de al-Qaeda y emitió dos dictámenes que justificaban la violencia contra el ejército estadounidense y el asesinato de inocentes. En la actualidad se encuentra en una cárcel estadounidense. Apuñaló a un funcionario de prisiones con un peine afilado. Su verdadero nombre es Mamduh Mahmud Salem.

ABU RIDA AL-SURI: hombre de negocios de Damasco que emigró a Kansas City y después se unió a la yihad en Afganistán en 1985. Aparentemente, es el autor de las actas manuscritas de la reunión celebrada el 11 de agosto de 1988, en la que se habló abiertamente de al-Qaeda por primera vez. Más tarde, se convirtió en amigo y asesor empresarial de Bin Laden en Jartum, donde todavía reside y administra una fábrica de caramelos. Su verdadero nombre es Muhammad Loay Baizid.

ABU UBAYDAH AL-BANSHIRI: ex policía egipcio que se hizo famoso en el campo de batalla de Afganistán antes de que Zawahiri le presentara a Bin Laden. Después sería el primer comandante militar de al-Qaeda. Murió en un accidente de transbordador en el lago Victoria en mayo de 1996. Su verdadero nombre es Amin Ali al-Rashidi.

ABU YANDAL: como Bin Laden, Abu Yandal es un ciudadano saudí de origen yemení. En 2000 pasó a ser el principal guardaespaldas de Bin Laden en Afganistán. Llevó a Yemen el dinero para pagar la dote de la quinta esposa de Bin Laden. Capturado por las autoridades yemeníes tras el atentado contra el USS *Cole*, se convirtió en una fuente importante para el FBI. En la actualidad se encuentra en libertad y vive en Yemen.

SAIF AL-ADL: comandante militar de al-Qaeda desde 2002. No está claro cuál es su verdadero nombre. Podría ser Muhammad Ibrahim Makkawi, un ex oficial del ejército egipcio. Se cree que se esconde en Irán.

ABDULLAH ANAS: muyahidín argelino que combatió con Ahmed Sha Massud y se casó con la hija de Abdullah Azzam. Trabajó en la Oficina de Servicios con Osama bin Laden y Yamal Jalifa. Quizá el mejor guerrero de los árabes afganos. Su verdadero nombre es Boudejema Bounoua. En la actualidad reside en Londres, donde es imán de la mezquita de Finsbury Park.

JOHN ANTICEV: agente del FBI en la unidad I-49, que consiguió el crucial número de teléfono de Yemen que pertenecía a Ahmed al-Hada y servía como centralita de al-Qaeda.

MUHAMMAD ATTA: jefe egipcio del grupo de secuestradores del 11-S; piloto del vuelo 11 de American Airlines que se estrelló contra el World Trade Center.

ABDULLAH AZZAM: carismático clérigo palestino que fundó en 1984 la Oficina de Servicios en Peshawar. Su fatwa en la que pedía a los musulmanes que expulsaran a los soviéticos de Afganistán supuso el comienzo de la intervención árabe en la guerra. Fue asesinado el 24 de noviembre de 1989, un crimen que jamás se ha resuelto.

MAHFUZ AZZAM: tío de la madre de Ayman al-Zawahiri, patriarca de la familia, veterano abogado y personaje político de El Cairo. Fue el protegido de Sayyid Qutb y más tarde su abogado. Sigue viviendo en Helwan (Egipto).

UMAYMA AZZAM: madre de Ayman al-Zawahiri. Sigue viviendo en Maadi (Egipto).

AHMED BADIB: antiguo profesor de Osama bin Laden en la escuela de Thagr, Badib se convertiría en el jefe de gabinete del príncipe Turki. Tras la yihad afgana, Badib fue presidente de la junta directiva de United Press International. Ahora es un hombre de negocios en Yidda. En 2005 se presentó como candidato a las primeras elecciones municipales del país y perdió.

SAID BADIB: director de análisis del príncipe Turki y hermano de Ahmed Badib. Está jubilado y vive entre Yidda y Washington.

HASAN AL-BANNA: fundador y guía supremo de los Hermanos Musulmanes. Asesinado por las autoridades egipcias en 1949.

JALED BATARFI: vecino y amigo de la infancia de Osama bin Laden. En la actualidad es redactor jefe del periódico *Al-Medina* y columnista habitual de *Arab News*.

RAMZI BIN AL-SHIBH: miembro de la célula de Hamburgo que supervisó el plan del 11-S. Capturado en Karachi (Pakistán) el 11 de septiembre de 2002, en la actualidad se encuentra bajo custodia estadounidense en un lugar secreto.

ABDULLAH BIN LADEN: hijo primogénito de Osama. Actualmente vive en Yidda y trabaja en una sucursal del Saudi Binladin Group.

ABDUL RAHMAN BIN LADEN: hijo de Bin Laden y Um Abdullah, tiene un defecto congénito llamado hidrocefalia, que le ha causado una lesión cerebral permanente. En la actualidad reside con su madre en Siria.

MUHAMMAD BIN LADEN: fundador del Saudi Binladin Group y patriarca de la dinastía Bin Laden. Nació en Rubat, en la región yemení de Hadramaut. Cuando era joven emigró de Yemen a Etiopía y después a Arabia Saudí en 1931. Murió en 1967, a los cincuenta y nueve años, en un accidente aéreo en el sur de Arabia Saudí.

OSAMA BIN LADEN: nacido en Riad en enero de 1958, se convirtió en recaudador de fondos para la yihad afgana tras la invasión soviética de 1979. Fundó al-Qaeda en 1988. Se desconoce su paradero.*

* Murió el 2 de mayo de 2011 en Pakistán, tras una operación secreta estadounidense. *(N. de los T.)*

STEVEN BONGARDT: agente del FBI y miembro de la unidad I-49. Actualmente es profesor de la academia del FBI en Quantico (Virginia).

RICHARD A. CLARKE: ex coordinador de antiterrorismo en el Consejo de Seguridad Nacional. Clarke dejó su cargo en el gobierno en 2003 y escribió el éxito de ventas *Contra todos los enemigos*. También es el fundador de Good Harbor Consulting.

JACK CLOONAN: ex miembro de la unidad I-49 que trató con Yamal al-Fadl y Ali Muhammad. En la actualidad es presidente de Clayton Consultants, una empresa de gestión de riesgos especializada en negociar secuestros, y asesor de ABC News.

DANIEL COLEMAN: agente del FBI y miembro de la unidad I-49 que en 1996 fue nombrado representante de la oficina neoyorquina del FBI en la estación Alec de la CIA. Allí abrió el primer proceso contra Bin Laden en 1996. Su interrogatorio de Yamal al-Fadl puso al descubierto la red al-Qaeda. En la actualidad está retirado del FBI y trabaja para Harbinger, una compañía que facilita adiestramiento a cuerpos de policía, militares y agencias de espionaje.

ESSAM DERAZ: cineasta egipcio y biógrafo de Bin Laden que relató la historia de los árabes afganos en 1988. Actualmente reside en El Cairo.

ANNA DiBATTISTA: antigua novia de John O'Neill. En la actualidad trabaja para la Marriott Corporation en Bethesda (Maryland).

DOCTOR FADL: líder oficial de al-Yihad durante el período que pasó Zawahiri en prisión y más tarde en Afganistán, hasta que dimitió en 1993, supuestamente para ser pastor en Yemen. Su verdadero nombre es Sayyid Imam al-Sharif, aunque en sus escritos utiliza el seudónimo de doctor Abdul Aziz bin Abdul Salam. Actualmente está encarcelado en Egipto.

YAMAL AL-FADL: secretario sudanés de Bin Laden en Jartum que se convertiría en el primer desertor de al-Qaeda cuando robó ciento diez mil dólares y huyó, buscando la protección de las autoridades estadounidenses. Declaró en el juicio de Nueva York contra cuatro miembros de al-Qaeda en el caso de los atentados contra las embajadas, *United States v. Usama bin Laden, et al*. Actualmente vive en algún lugar de Estados Unidos amparado por un Programa de Protección de Testigos.

TURKI AL-FAISAL: nacido el 15 de febrero de 1945, es el benjamín del rey Faisal bin Abdul Aziz. Comenzó sus estudios en la escuela Lawrenceville y la Universidad de Georgetown, pero los abandonó en 1967, después de la guerra de los Seis Días. Fue nombrado jefe de los servicios secretos saudíes y se ocupó del dossier afgano durante la yihad contra los soviéticos. Fue embajador de Arabia Saudí en el Reino Unido antes de ocupar el mismo puesto en Washington, donde reside en la actualidad.

PATRICK FITZGERALD: ex ayudante del fiscal federal del Distrito Sur de Nueva York, intervino en el proceso judicial del jeque Omar Abdul Rahman y de los terroristas que atentaron contra el World Trade Center en 1993. También fue uno de los principales asesores en el exitoso proceso judicial de los miembros de al-Qaeda implicados en los atentados de 1998 contra las embajadas estadounidenses en África oriental. En la actualidad es fiscal federal del Distrito Norte de Illinois y es famoso por su investigación del caso de Valerie Plame.

LOUIS FREEH: director del FBI desde 1993 hasta 2001. Ahora es vicepresidente y consejero general de la compañía de tarjetas de crédito MBNA en Wilmington (Delaware).

STEPHEN GAUDIN: agente del FBI y miembro de la unidad I-49 que interrogó a Muhammad al-'Owhali. Ahora trabaja en la oficina de Boston del FBI.

AHMED AL-HADA: muyahidín yemení que combatió en Afganistán y más tarde facilitó el teléfono de Sanaa que se convertiría en la centralita de al-Qaeda. Su hija Hoda se casó con Jaled al-Mihdar. Actualmente está encarcelado en Yemen.

NAWAF AL-HAZMI: secuestrador del 11-S que murió a los veinticinco años en el vuelo American Airlines 77 que se estrelló contra el Pentágono. Hazmi, un rico saudí que se había criado en La Meca, recibió instrucción en los campamentos de al-Qaeda en Afganistán y combatió en Bosnia y Chechenia antes de participar en los atentados del 11-S. Estuvo en la reunión de Malaisia en enero de 2000 y entró en Estados Unidos el 15 de enero de 2001.

GULBUDDIN HEKMATYAR: comandante afgano pastún durante la yihad contra los soviéticos que inició la guerra civil afgana en 1992. Se refugió en Irán cuando los talibanes accedieron al poder en 1996. Actualmente

encabeza la insurgencia contra el gobierno afgano, que le imputa crímenes de guerra.

ZAYNAB AHMED JADR: hija del amigo de Zawahiri Ahmed Said Jadr y
Maha Elsamneh, Zaynab se crió en Peshawar y Afganistán con los hijos de
Bin Laden y Zawahiri. En la actualidad está divorciada y vive con su madre
y sus hijos en Canadá.

YAMAL JALIFA: nacido el 1 de septiembre de 1956 en Medina, Jalifa entabló
amistad con Bin Laden cuando ambos estudiaban en la Universidad Rey
Abdul Aziz de Yidda. Tras licenciarse, Jalifa trabajó como profesor de biología en Medina hasta que decidió unirse a la yihad en Afganistán en 1985.
Al año siguiente se casó con la hermanastra mayor de Bin Laden, Sheija. En
1988 se trasladó a Manila para abrir una delegación de la International Islamic Relief Organization. El FBI afirma que recaudó dinero para el grupo terrorista de Abu Sayyaf en Filipinas, pero nunca ha sido acusado formalmente. En Jordania fue absuelto de participar en complots terroristas.
Le asesinaron unos bandidos en Madagascar en enero de 2007.

JALLAD: cerebro del atentado contra el USS *Cole*. Su familia es de Yemen,
pero él creció en Arabia Saudí, donde conoció a Bin Laden. Se unió a la
yihad en Afganistán a los quince años y perdió un pie en una batalla contra la Alianza del Norte. Formó parte del equipo de seguridad de al-Qaeda. Su verdadero nombre es Tewfiq bin Attash. Actualmente está encarcelado en Estados Unidos.

VALERIE JAMES: ex novia de John O'Neill. Reside en la ciudad de Nueva
York, donde es presidenta de Valerie James Showroom Inc., una firma que
representa a diseñadores de moda.

YAMAL JASHOGGI: veterano periodista saudí y ex miembro de los Hermanos Musulmanes que informó sobre los árabes afganos durante la yihad
contra la ocupación soviética. Jashoggi actuó como emisario de la familia
de Bin Laden, que pretendía que renunciase a la violencia y volviera al reino durante su exilio sudanés. Tras el 11-S, Jashoggi destacó por ser uno de
los pocos saudíes que reconocieron la responsabilidad cultural que condujo a la tragedia. Más tarde, fue nombrado director de *Al-Watan*, el diario de
mayor tirada del país, pero le despidieron cuando publicó artículos y viñe-
tas que criticaban a la jerarquía religiosa por respaldar la violencia. En la ac-

tualidad trabaja como asesor de comunicación del príncipe Turki en Washington.

AHMED SHA MASSUD: señor de la guerra pastún, fue el mejor estratega de la causa afgana. Después de ayudar a expulsar a los soviéticos de Afganistán, entró a formar parte del gobierno del presidente Burhanuddin Rabbani en 1992 como ministro de Defensa. Cuando cayó el gobierno de Rabbani y comenzó la guerra civil afgana, Massud se convirtió en el líder de la Alianza del Norte, un grupo de líderes muyahidines contrarios a los talibanes. Fue asesinado el 9 de septiembre de 2001 por orden de Bin Laden.

JALED AL-MIHDAR: miembro de una distinguida familia de la región de Hadramaut que son descendientes del profeta Mahoma, Mihdar se crió en La Meca. Se casó con Hoda al-Hada, la hija del muyahidín cuyo teléfono en Sanaa sería tan crucial para comprender el alcance de al-Qaeda. Mihdar llegó a Estados Unidos en enero de 2000; después abandonó el país durante un tiempo, probablemente para reunir al resto de los secuestradores del 11-S procedentes de Arabia Saudí. Regresó a Estados Unidos el 4 de julio de 2001. Murió en la colisión del vuelo 77 de American Airlines contra el Pentágono el 11 de septiembre de 2001. Tenía veintiséis años.

HOSNI MUBARAK: presidente de Egipto desde 1981.

IMAD MUGNIYAH: jefe del servicio de seguridad de Hezbollah que en 1983 planificó los atentados suicidas con coche bomba contra la embajada de Estados Unidos y los cuarteles del Cuerpo de Marines de Estados Unidos y de los paracaidistas franceses en Beirut. Conoció a Zawahiri y Bin Laden en Sudán y proporcionó adiestramiento a al-Qaeda. Está bajo protección iraní.*

ALI MUHAMMAD: agente doble egipcio que se incorporó a al-Yihad mientras estaba en el ejército egipcio. Zawahiri le ordenó infiltrarse en los servicios secretos estadounidenses. Trabajó brevemente para la CIA en Hamburgo (Alemania), antes de enrolarse en el ejército de Estados Unidos, donde fue destinado al John F. Kennedy Special Warfare Center and School.

---

* Imad Mugniyah fue asesinado en Damasco, en un atentado con coche bomba, el 12 de febrero de 2008. *(N. de los T.)*

Los manuales que sacó a escondidas de allí se convertirían en la base del adiestramiento y las tácticas de al-Qaeda. Muhammad estudió sobre el terreno las embajadas estadounidenses en África oriental y adiestró a los guardaespaldas de Bin Laden. En la actualidad es un testigo colaborador encarcelado en Estados Unidos a la espera de sentencia después de declararse culpable en el juicio por los atentados contra las embajadas.

JALED SHEIJ MUHAMMAD: artífice de los atentados del 11 de septiembre, Muhammad es tío de Ramzi Yusef, el cerebro del atentado de 1993 contra el World Trade Center. Muhammad se crió en Kuwait y después obtuvo una diplomatura en ingeniería mecánica en la North Carolina A&T en 1986. Entonces viajó a Peshawar, donde sería secretario de Abdul Rasul Sayyaf, el señor de la guerra afgano al que respaldaban los saudíes. Conoció a Bin Laden en 1996, cuando le presentó una carpeta llena de planes para atentar en Estados Unidos. Fue apresado en Pakistán en 2003 y en la actualidad se encuentra bajo custodia de las autoridades estadounidenses en un lugar secreto.

ZACARIAS MUSSAWI: miembro operativo de al-Qaeda franco-marroquí enviado a Estados Unidos para participar en una operación sin especificar. Se declaró culpable de seis cargos de conspiración y fue condenado a cadena perpetua en confinamiento solitario en una prisión de máxima seguridad.

SHUKRI MUSTAFA: líder del movimiento Takfir wal Hijra en Egipto. Ejecutado en 1978.

WAKIL AHMED MUTTAWAKIL: ministro de Asuntos Exteriores talibán que después se rindió al ejército estadounidense y se integró en el gobierno de Hamid Karzai.

GAMAL ABDEL NASSER: líder de la revolución egipcia de 1952; exaltado nacionalista que transformó la política en el mundo árabe. Él y Sayyid Qutb tenían ideas radicalmente opuestas sobre el futuro de Egipto, diferencias que finalmente llevarían a Nasser a ordenar la ejecución de Qutb en 1966. Nasser murió de un infarto cuatro años más tarde.

AZZA NOWAIR: esposa de Ayman al-Zawahiri. Murió en un bombardeo estadounidense en noviembre de 2001.

MULLAH MUHAMMAD OMAR: místico tuerto que fundó el movimiento de los talibanes en 1992 y gobernó Afganistán desde 1996 hasta la invasión de las fuerzas aliadas en 2001. Se desconoce su paradero.

JOHN O'NEILL: natural de Atlantic City (New Jersey), O'Neill fue nombrado agente especial del FBI en julio de 1976, en la oficina de Baltimore. Fue trasladado a la sede central del FBI en abril de 1987, donde se dedicó a supervisar investigaciones de delitos administrativos. En 1991 fue nombrado agente especial auxiliar a cargo de la oficina de Chicago del FBI. Después, en 1995, volvió a la sede central como jefe de la sección de antiterrorismo. El 1 de enero de 1997 fue nombrado agente especial a cargo de la División de Seguridad Nacional en la oficina de Nueva York. Abandonó el FBI el 22 de agosto de 2001 y al día siguiente comenzó a trabajar como jefe de seguridad en el World Trade Center. Tenía cincuenta años de edad cuando murió en el 11-S.

MUHAMMAD AL-'OWHALI: terrorista condenado por el atentado contra la embajada estadounidense en Nairobi. En la actualidad se encuentra en una prisión estadounidense cumpliendo cadena perpetua.

THOMAS PICKARD: director en funciones del FBI desde el 25 de junio de 2001 hasta el 4 de septiembre del mismo año. Se jubiló dos meses más tarde.

MUHAMMAD QUTB: hermano de Sayyid Qutb, también es un famoso escritor y pensador. Después de pasar un tiempo en prisiones egipcias se refugió en Arabia Saudí con otros miembros de los Hermanos Musulmanes. Se convirtió en un popular orador en foros en los que Bin Laden pudo oír sus doctrinas. Sigue residiendo en La Meca.

SAYYID QUTB: escritor y pedagogo islamista que escribió *Hitos*, entre otras muchas obras importantes. Nasser hizo que le ahorcaran en 1966.

BURHANUDDIN RABBANI: ulema que fue presidente de Afganistán desde 1992 hasta 1996, cuando los talibanes tomaron el poder. Asumió la presidencia de nuevo por un breve período después de la caída de los talibanes, pero cedió el poder al gobierno provisional de Hamid Karzai en diciembre de 2001. En la actualidad es un miembro electo del Parlamento afgano.

JEQUE OMAR ABDUL RAHMAN: el «jeque ciego», presidió el Grupo Islámico en Egipto y fue líder espiritual de al-Yihad. Fue encarcelado con Zawahiri y otros militantes egipcios tras el asesinato de Anwar al-Sadat en 1981. Condenado finalmente por conspirar para destruir edificios emblemáticos de Nueva York, en la actualidad cumple cadena perpetua en una prisión de Estados Unidos.

AHMED RESSAM: argelino que recibió adiestramiento en los campamentos de al-Qaeda en Afganistán. Fue detenido en diciembre de 1999 cuando intentaba entrar en Estados Unidos desde Canadá con una carga de explosivos en el maletero. Su claro objetivo era volar el aeropuerto de Los Ángeles.

MARK ROSSINI: ex actor del Bronx que trabajó como detective privado antes de incorporarse al FBI. Destinado a la unidad I-49, sustituyó a Dan Coleman en la estación Alec. En la actualidad es el asistente especial del subdirector de la oficina de asuntos públicos en la sede central del FBI.

AMAL AL-SADA: quinta esposa de Osama bin Laden. Se casaron en 2001, cuando ella tenía quince años. Se cree que tuvieron un hijo juntos. Vive con su familia en Yemen.

ANWAR AL-SADAT: antiguo presidente de Egipto, asesinado por al-Yihad en 1981.

ABDUL RASUL SAYYAF: señor de la guerra afgano que se formó como clérigo en la Universidad de al-Azhar en El Cairo. Era el patrocinador afgano de Bin Laden y el comandante preferido de los saudíes. En la actualidad es un líder político en Afganistán.

MICHAEL SCHEUER: veterano agente de la CIA que abrió la estación Alec en 1996 y la dirigió hasta que fue relevado del cargo en 1999. Ha publicado de forma anónima después de su jubilación los reveladores libros *Through Our Enemies' Eyes* e *Imperial Hubris*.

SHAFIQ: muyahidín adolescente que salvó la vida a Bin Laden en la batalla de Yalalabad.

MARY LYNN STEVENS: ex novia de John O'Neill, en la actualidad es la vicepresidenta de la Pentagon Federal Credit Union Foundation, una organización que presta ayuda a soldados y marines heridos en Irak y Afganistán.

YAZID SUFAAT: hombre de negocios malasio que trabajó con Zawahiri en Afganistán para propagar esporas de ántrax. La reunión de enero de 2000 entre los responsables del atentado del USS *Cole* y los secuestradores del 11-S se celebró en su apartamento de Kuala Lumpur. También escribió una carta de recomendación para Zacarias Mussawi. Está encarcelado en Malaisia.

ALI SUFAN: agente del FBI de origen libanés que estaba a cargo de la investigación del atentado contra el USS *Cole*. Su interrogatorio a Abu Yandal en Yemen tras el 11-S condujo a la identificación de los autores del atentado. En la actualidad trabaja como asesor de seguridad para Giuliani Partners en Nueva York.

MEDANI AL-TAYEB: antiguo tesorero de al-Qaeda. Se casó con la sobrina de Bin Laden. Perdió una pierna en Afganistán. Abandonó al-Qaeda a principios de la década de 1990 y regresó a Yidda.

HASAN AL-TURABI: principal ideólogo de la revolución islámica de 1989 en Sudán. Desde entonces ha sido encarcelado en diversas ocasiones. En la actualidad reside en Jartum.

ISAM ELDIN AL-TURABI: hijo de Hasan al-Turabi y amigo de Bin Laden durante su estancia en Sudán, Isam es un empresario y famoso criador de caballos de Jartum.

UM ABDULLAH: primera esposa de Osama bin Laden, con la que contrajo matrimonio en 1974, cuando ella tenía catorce años de edad. Natural de Siria, es hija de un primo carnal de la madre de Bin Laden. Es la madre de once de sus hijos. Su nombre de pila es Najwa Ghanem. En la actualidad reside en Siria.

UM ALI: esposa de Osama, miembro de la familia Gilaini de La Meca. Le dio tres hijos. Pidió el divorcio en 1996 y en la actualidad reside en Arabia Saudí.

UM HAMZA: se casó con Osama en 1982 y tuvo un hijo con él. Proviene de una distinguida familia de Yidda y tiene un doctorado en psicología infantil. Se cree que está con Osama.

UM JALED: de la familia Sharif, de Medina, tiene un doctorado en gramática árabe y dio clases en la Facultad de Pedagogía de su ciudad. Ella y Osama tienen tres hijas y un hijo. Se cree que está con Osama.

AHMER EL-WED: médico argelino *takfiri* que trabajó en el hospital de la Media Luna Roja kuwaití en Peshawar con Zawahiri y el doctor Fadl. Tras la yihad volvió a Argelia y fue uno de los fundadores del GIA.

MARY JO WHITE: antigua fiscal federal del Distrito Sur de Nueva York.

WA'EL YULAIDAN: estrecho aliado de Abdullah Azzam en la Oficina de Servicios en Peshawar. Nacido en Medina en 1958, estudió en la Universidad de Arizona. Llegó a ser íntimo amigo de Bin Laden. Más tarde trabajó para una institución benéfica saudí, la Liga Mundial Musulmana, que fue creada para ayudar a los refugiados afganos. Actualmente vive en Yidda.

RAMZI YUSEF: cerebro del atentado contra el World Trade Center de 1993. Sobrino de Jaled Sheij Muhammad, Yusef nació en Kuwait en 1968 y estudió ingeniería eléctrica en Gales. Concibió elaborados planes para asesinar a Juan Pablo II, al presidente Bill Clinton y para derribar once aviones de pasajeros de manera simultánea. Finalmente fue capturado en Pakistán en 1995. En la actualidad se encuentra en una cárcel estadounidense cumpliendo cadena perpetua.

AYMAN AL-ZAWAHIRI: dirigente de al-Yihad e ideólogo de al-Qaeda. Nacido en El Cairo el 19 de junio de 1951, Zawahiri fundó una célula para derrocar al gobierno egipcio cuando tenía quince años de edad. Fue encarcelado tras el asesinato de Sadat en 1981 y condenado por tráfico de armas. Salió de la cárcel tres años más tarde. Se exilió a Arabia Saudí en 1985 y al año siguiente se trasladó a Peshawar, donde reconstruyó el grupo al-Yihad con el doctor Fadl. Tras la guerra contra la ocupación soviética, Zawahiri trasladó su movimiento a Sudán, país desde el que lanzó una campaña contra el gobierno egipcio cuyo resultado fue la casi total destrucción de su organización. En 1996 se trasladó a Afganistán y organizó la fusión de al-Yihad y al-Qaeda. Ha escrito varios libros, los más famosos son *Cosecha amarga* y *Caballeros bajo la bandera del Profeta*. Se desconoce su paradero.

HUSEIN AL-ZAWAHIRI: el hermano más joven de Ayman. Es arquitecto. Fue entregado por la CIA y el FBI a Egipto, donde le interrogaron y finalmente liberaron en agosto de 2000. En la actualidad vive en El Cairo.

MUHAMMAD AL-ZAWAHIRI: hermano menor de Ayman, fue viceemir de al-Yihad. Arquitecto de formación, creó la célula de al-Yihad en Albania. Abandonó la organización en 1998. Supuestamente, las autoridades egipcias le capturaron en Dubai en 2000 y tiempo después le ejecutaron en prisión.

MUHAMMAD RABIE AL-ZAWAHIRI: padre de Ayman al-Zawahiri, profesor de farmacología en la Universidad de Ain Shams. Murió en 1995.

MONTASSIR AL-ZAYYAT: abogado islamista de El Cairo que fue encarcelado con Zawahiri. Más tarde escribiría una biografía de Zawahiri: *El camino hacia al-Qaeda*.

Notas

Cuando se atribuyen citas en el texto que no aparecen mencionadas en las notas, proceden de entrevistas personales.

1. El mártir

1. Le estoy especialmente agradecido a Muhammad Qutb por compartir generosamente los recuerdos de su hermano conmigo. Las conversaciones con John Calvert y Gilles Kepel también influyeron en mis opiniones sobre la vida de Qutb.

2. Al-Jaledi, *Sayyid Qutb: min al-milad*, p. 194.

3. Entrevista con Muhammad Qutb. Qutb nombra en concreto a Mahmud Fahmi Nugrashi Pasha, el primer ministro egipcio.

4. Shepard, *Sayyid Qutb*, xv. Muhammad Qutb me dijo: «Se volvió más laico durante un tiempo».

5. Muhammad Qutb, comunicación personal.

6. Al-Jaledi, *Sayyid Qutb: min al-milad*, p. 139.

7. Qutb, «Al-dhamir al-amrikani».

8. John Calvert, «"Undutiful Boy"», p. 98.

9. Muhammad Qutb, comunicación personal.

10. Al-Jaledi, *Amrika min al-dakhil*, p. 27.

11. Al-Jaledi, *Sayyid Qutb: min al-milad*, p. 195. Más tarde Qutb afirmaría que la mujer era una agente de la CIA enviada para seducirle.

12. McCullough, *Truman*, p. 621.

13. Johnson, *Modern Times*, p. 441.

14. White, *Here Is New York*, p. 46.

15. Muhammad Qutb, comunicación personal.

16. Entrevista con Muhammad Qutb.

17. Sayyid Qutb, carta a Anuar el-Maadawi, en al-Jaledi, *Sayyid Qutb: al-adib*, pp. 157-158.

18. *Ibid.*, pp. 195-196.

19. Manchester, *The Glory and the Dream*, p. 479.

20. Qutb, *Shade of the Qur'an*, 6, p. 143. El informe Kinsey recibe el nombre de «McKenzie» en esta traducción.

21. Qutb, *Majallat al-kitab*, pp. 666-669.

22. Al-Jaledi, *Amrika min al-dakhil*, pp. 185-186.

23. Frady, *Billy Graham*, p. 236.

24. Oshinsky, *A Conspiracy So Immense*, p. 96.

25. *Ibid.*, p. 97.

26. Frady, *Billy Graham*, p. 237.

27. Shepard, *Sayyid Qutb*, p. 354.

28. Entrevista con Gamal al-Banna.

29. *Ibid.*, p. 34.

30. *Ibid.*, p. 51.

31. White, *Here Is New York*, p. 54.

32. Calvert, «"Undutiful Boy"», p. 93.

33. *Ibid.*, p. 94.

34. Qutb, «Amrika allati ra'ayt» (b).

35. Sayyid Qutb, carta a Tewfiq al-Hakeem, en al-Jaledi, *Amrika min al-dakhil*, p. 154.

36. Qutb, «Amrika allati ra'ayt» (c).

37. Qutb, «Amrika allati ra'ayt» (b).

38. Muhammad Qutb, comunicación personal. Qutb atribuye la cita a «los propios doctores» y dice: «Nosotros, los miembros de la familia, se lo oímos a mi hermano en persona».

39. Albion Ross, «Moslem Brotherhood Leader Slain as He Enters Taxi in Cairo Street», *New York Times*, 13 de febrero de 1949.

40. Entrevista con Muhammad Qutb.

41. Muhammad Qutb, comunicación personal.

42. Azzam, «Martyr Sayyid Qutb».

43. Al-Jaledi, *Sayyid Qutb: al-adib*, p. 149.

44. Azzam, «Martyr Sayyid Qutb». Sin embargo, el propio Qutb escribe que no se incorporó a los Hermanos Musulmanes hasta 1953. Qutb, *Limadah 'azdamunee*.

45. Entrevista con Michael Welsh, que es la fuente de gran parte de la información sobre la historia de Greeley; entrevistas con Peggy A. Ford, Janet Waters, Ken McConnellogue, Jaime McClendon, Ibrahim Insari, y Frank y Donna Lee Lakin.

46. Peggy A. Ford, comunicación personal.

47. Larson, *Shaping Educational Change*, p. 5.

48. *Ibidem*.

49. Peggy A. Ford, comunicación personal.

50. Qutb, «Hamaim fi New York», p. 666.

51. Entrevista con Michael Welsh.

52. Al-Jaledi, *Amrika min al-dakhil*, p. 181.

53. Geffs, *Under Ten Flags*, pp. 156-157; entrevista con Michael Welsh.

54. Entrevista con Sa'eb Dayani.

55. Entrevista con Sa'eb Dayani.

56. Entrevista con Ibrahim Insari.

57. Al-Jaledi, *Amrika min al-dakhil*, p. 169.

58. Qutb, «Amrika allati ra'ayt» (b), pp. 1.301-1.302.

59. Al-Jaledi, *Amrika min al-dakhil*, p. 194.

60. Entrevista con Ibrahim Insari.

61. Entrevista con Sa'eb Dayani.

62. Qutb, «Amrika allati ra'ayt» (b), p. 1.301.

63. *Ibid.*, pp. 1.301-1.306.

64. Al-Jaledi, *Amrika min al-dakhil*, p. 157.

65. Sayyid Qutb, carta a Tewfiq al-Hakeem, en al-Jaledi, *Amrika min al-dakhil*, pp. 196-197.

66. *Ibid.*, p. 39.

67. Abu-Rabi, *Intellectual Origins*, p. 156; Berman, *Terror and Liberalism*, pp. 87 y ss.

68. Entrevista con Muhammad Qutb; al-Jaledi, *Sayyid Qutb: al-adib*, p. 152.

69. Rodenbeck, *Cairo*, p. 152.

70. Neil MacFarquhar, «Egyptian Group Patiently Pursues Dream of Islamic State», *New York Times*, 20 de enero de 2002.

71. Ibrahim, *Egypt Islam and Democracy*, p. 36.

72. Entrevista con Saad Eddin Ibrahim.

73. Mitchell, *Society of the Muslim Brothers*, p. 32.

74. Abdel-Malek, *Egypt*, p. 34; Rodenbeck, *Cairo*, p. 155. Nutting, *Nasser*, p. 31, ofrece la cifra alternativa de cuarenta y tres policías muertos y setenta y dos heridos.

75. Abdel-Malek, *Egypt*, p. 35.

76. Entrevista con Fahmi Howeidi. Otras observaciones sobre la casa de Qutb fueron hechas durante una visita por Helwan con Mahfuz Azzam.

77. Entrevista con Gamal al-Banna; al-Jaledi, *Sayyid Qutb: al-shaheed*, pp. 140-141; al-Jaledi, *Sayyid Qutb: al-adib*, p. 159. La lista de los miembros de los Oficiales Libres que pertenecían a los Hermanos Musulmanes se encuentra en Abdel-Malek, *Egypt*, 94, pp. 210-211.

78. Sivan, *Radical Islam*, p. 73.

79. Muhammad Qutb, comunicación personal.

80. Al-Jaledi, *Sayyid Qutb: al-shaheed*, p. 142.

81. Entrevista con Olivier Roy; Roy, *Afghanistan*, pp. 37-39.

82. Heikal, *Autumn of Fury*, p. 127.

83. *Ibid.*, p. 141.

84. nasser.bibalex.org.

85. *Ibidem*; la cifra varía de «decenas» (Calvert, «"Undutiful Boy"», p. 101) a «siete mil» (Abdel-Malek, *Egypt*, p. 96).

86. Hannonen, «Egyptian Islamic Discourse», p. 43.

87. Moussalli, *Radical Islamic Fundamentalism*, p. 34. Al-Jaledi, *Sayyid Qutb: al-shaheed*, p. 145, también menciona el uso de perros durante las torturas de Sayyid Qutb.

88. Al-Jaledi, *Sayyid Qutb: al-shaheed*, p. 154.

89. Mitchell, *Society of the Muslim Brothers*, p. 152.

90. Muhammad Qutb, comunicación personal; Moussalli, *Radical Islamic Fundamentalism*, p. 34, 62n.

91. Fuad Allam, entrevista personal.

92. Moussalli, *Radical Islamic Fundamentalism*, p. 36.

93. Qutb, *Milestones*, pp. 5 y ss.

94. Al-Aroosi, *Muhakamat Sayyid Qutb*, pp. 80-82.

95. Entrevista con Fuad Allam; al-Aroosi, *Muhakamat Sayyid Qutb*, p. 43.

96. Entrevista con Fuad Allam.

97. Al-Jaledi, *Sayyid Qutb: al-shaheed*, p. 154.

98. *Ibid.*, p. 156.

99. Entrevista con Mahfuz Azzam.

100. Al-Jaledi, *Sayyid Qutb: al-shaheed*, p. 154.

101. Entrevista con Mahfuz Azzam.

102. Entrevista con Muhammad Qutb.

2. El Club Deportivo

1. Gran parte de la historia y la sociología de Maadi proviene de entrevistas con Samir W. Raafat y su libro, *Maadi*.

2. La información sobre la familia Zawahiri procede en gran medida de entrevistas y comunicaciones personales con Mahfuz Azzam y Omar Azzam.

3. Yunan Rizk, «Al-Azhar's 1934», *Al-Ahram Weekly*, 13-19 de mayo de 2004.

4. Entrevista con Jaled Abu el-Fadl.

5. Raafat, *Maadi*, p. 185.

6. Entrevista con Mahfuz Azzam.

7. Entrevista con Zaki Muhammad Zaki.

8. Entrevista con Mahfuz Azzam.

9. Entrevista con Omar Azzam.

10. Al-Zawahiri, «Knights Under the Prophet's Banner», parte 3.

11. Entrevista con Zaki Muhammad Zaki.

12. Al-Zawahiri, «Knights Under the Prophet's Banner», parte 6.

13. Entrevista con Saad Eddin Ibrahim.

14. Chanaa Rostom, «Li awil mara shaqiqat al-Zawahiri tatahadith» [Por primera vez habla la hermana de Zawahiri], *Akhir Sa'a*, 24 de octubre de 2001.

15. Entrevista con Mahfuz Azzam y Omar Azzam.

16. Entrevista con Hisham Kassem.

17. Cooley, *Unholy Wars*, p. 40.

18. Entrevista con Abdul Halim Mandur.

19. Entrevista con Kamal Habib.

20. Entrevista con Essam Nowair.

21. Entrevista con Omar Azzam.

22. Al-Zawahiri, «Knights Under the Prophet's Banner», parte 2.

23. Entrevista con Mahfuz Azzam.

24. Entrevista con Omar Azzam; Robert Marquand, «The Tenets of Terror», *Christian Science Monitor*, 18 de octubre de 2001.

25. Entrevista con Omar Azzam.

26. Entrevista con Mahmun Fandy.

27. Al-Zawahiri, «Knights Under the Prophet's Banner», parte 2.

28. Ibrahim, *Egypt Islam and Democracy*, p. 30 n.

29. Ayatollah Ruhollah Jomeini, «Speech at Feyziyeh Theological School», 24 de agosto de 1979; reproducido en Rubin y Rubin, *Anti-American Terrorism*, p. 34.

30. Taheri, *Holy Terror*, pp. 226-227.

31. Abdelnasser, *Islamic Movement*, p. 73.

32. Roy Mottahedeh, comunicación personal.

33. Guenena, «"Jihad"an "Islamic Alternative"», pp. 80-81.

34. Kepel, *Jihad*, p. 85.

35. Abdo, *No God but God*, p. 54.

36. Interrogatorio de 1981 de Ayman al-Zawahiri.

37. Al-Zawahiri, «Knights Under the Prophet's Banner», parte 5.

38. Entrevista con Yassir al-Sirri.

39. Interrogatorio de 1981 de Ayman al-Zawahiri.

40. Entrevista con Montassir al-Zayyat.

41. Entrevista con Fuad Allam.

42. Entrevista con Omar Azzam.

43. Entrevista con Mahfuz Azzam.

44. Al-Zawahiri, «Knights Under the Prophet's Banner», parte 11.

45. Entrevista con Kamal Habib.

46. Fuad Allam, que supuestamente supervisó en persona las torturas, sostiene que no hubo tales; afirma que se trata de una leyenda. Puede que haya algo de verdad en ello; muchas de las historias que cuentan los prisioneros son tan góticas que suenan a fantasía y no hay duda de que se las han vendido a los periodistas para desacreditar al régimen y aumentar el prestigio de los islamistas. Allam me entregó un vídeo de 1982 en el que un joven Montassir al-Zayyat (que me había contado que le habían golpeado y aplicado descargas eléctricas en repetidas ocasiones) daba la bienvenida alegremente a los presos que llegaban a la prisión de Torah y les decía lo bien que le habían tratado. «Incluso me han regalado este Corán», dice, sosteniendo un libro de bolsillo. Zayyat sostiene ahora que fue torturado para que hiciera esa declaración, aunque Kamal Habib, cuyas manos están llenas de cicatrices de quemaduras de cigarrillos, afirma que Zayyat nunca fue torturado. «Es solo algo que cuenta a los medios», me dijo.

La cuestión es qué le sucedió a Zawahiri. «Cuanto más elevada fuera tu posición en la organización, más te torturaban —dice Habib—. Ayman conocía a muchos oficiales y tenía algunas armas. Soportó duras torturas.» Varios ex presos me contaron que el método de tortura más común consistía en atar las manos a la espalda del reo, alzarlo hasta la jamba de la puerta y dejarlo colgado, a veces durante horas, por las manos atadas a la espalda. En el caso de Habib, tardó años en dejar de tener los brazos entumecidos. Zawahiri nunca habla de su experiencia personal, pero una vez escribió: «La brutal maquinaria de las torturas rompía huesos, arrancaba pieles, destrozaba nervios y mataba almas. Sus métodos eran despreciables. Detenía a mujeres, cometía violaciones, ponía nombres femeninos a los hombres, mataba de hambre a los prisioneros, les daba mala comida, les dejaba sin agua y prohibía las visitas para humillar a los detenidos» (al-Zawahiri, «Knights Under the Prophet's Banner», parte 4). Es fácil imaginar que la humillación era aún mayor para un hombre tan orgulloso como el doctor Zawahiri. Su referencia al uso de «perros salvajes» como una forma de tortura es una acusación frecuente entre los ex presos. Se cuenta que Sayyid Qutb fue atacado por perros durante su segunda estancia en prisión. En la cultura islámica los perros se consideran animales de baja ralea, por lo que se trata de un castigo especialmente degradante.

47. Entrevista con Osama Rushdi.

48. *Ibidem.*

49. Entrevista con Montassir al-Zayyat.

50. Ibrahim, *Egypt Islam and Democracy*, p. 20.

51. *Ibid.*, p. 19.

52. Entrevista con Saad Eddin Ibrahim.

53. Entrevista con Mahfuz Azzam.

54. Heba al-Zawahiri, comunicación personal.

55. Entrevista con Osama Rushdi.

3. EL FUNDADOR

1. Entrevista con Ahmed Badib.

2. Al-Zayyat, *The Road to al-Qaeda*, p. 31.

3. *Ibid.*, p. 49.

4. *Tahta al-Mijhar* [Bajo el microscopio], al-Yazira, 20 de febrero de 2003.

5. Al-Zayyat, «Islamic Groups», parte 4, *Al-Hayat*, 12 de enero de 2005. Zayyat afirma que fue Zawahiri quien le proporcionó esta información, aunque no me lo dijo cuando hablamos en 2002. Entonces me dijo que es probable que Zawahiri y Bin Laden se conocieran en Peshawar en 1986. Sostiene que esta nueva información se basa en una conversación posterior con Zawahiri. Muhammad Salah, el corresponsal de *Al-Hayat* en El Cairo, me dijo que, según sus fuentes, los dos hombres se habrían conocido en 1985, en Yidda. Según otras hipótesis, el primer encuentro entre Zawahiri y Bin Laden tuvo lugar en Pakistán; por ejemplo, Yamal Ismail le dijo a Peter Bergen que los dos hombres se vieron por primera vez en Peshawar en 1986. Bergen, *The Osama bin Laden I Know*, p. 63.

6. Burton, *Personal Narrative*, 2, p. 274.

7. Entrevista con un portavoz anónimo de la familia Bin Laden.

8. Othman Milyabaree y Abdullah Hassanein, «Al-Isamee al-Kabeer Alathee Faqadathoo al-Bilad» [El gran hombre hecho a sí mismo que el país ha perdido], *Okaz*, 7 de septiembre de 1967.

9. Eric Watkins, comunicación personal.

10. Entrevista con un portavoz de la familia Bin Laden.

11. Entrevista con Saleh M. Binladin.

12. Aburish, *The Rise, Corruption, and Coming Fall*, 24. Según Aburish, «No menos de cuatrocientas mil personas resultaron muertas o heridas, puesto que los Ijwan no hacían prisioneros, sino que en la mayoría de los casos mataban a los vencidos». La historiadora saudí Madawi al-Rashid señala que esas cifras son poco creíbles, ya que no había nadie haciendo un recuento, pero escribe en una comunicación personal: «La magnitud de las atrocidades saudíes en nombre de la unificación fue enorme». Y añade: «Los Ijwan no eran más que un ejército mercenario movilizado por Ibn Saud para librar sus propias guerras y servir a sus propios intereses. Cuando terminaron el trabajo para él, los aniquiló usando a otros mercenarios, esta vez la población sedentaria del sur de Najd, otras tribus y las fuerzas de la RAF británica destacadas en Kuwait e Irak por aquel entonces».

13. Schwartz, *Two Faces of Islam*, pp. 69 y ss.

14. Jaled Abu el-Fadl, «The Ugly Modern and the Modern Ugly», pp. 33-77.

15. Lacey, *The Kingdom*, pp. 231 y ss; Lippman, *Inside the Mirage*, pp. 15 y ss.

16. Entrevista con Nawaf Obaid.

17. Entrevista con un portavoz anónimo de la familia Bin Laden.

18. Entrevista con Yamal Jalifa. Un portavoz de la familia Bin Laden contradice la versión de que un maestro golpeó a Muhammad bin Laden y sostiene que perdió el ojo en un accidente en Etiopía. Antes de que se extendiera el uso de gafas protectoras, a menudo los albañiles y picapedreros perdían la vista debido a los fragmentos de piedra o cemento que salían despedidos. Me atengo a la historia del maestro porque Jalifa se la oyó a su esposa, que estaba muy unida a su padre. Otros hermanos Bin Laden con los que he hablado admiten que no poseen información fidedigna sobre la pérdida de visión de su padre.

19. Entrevista con Saleh M. Binladin.

20. Entrevista con Michael M. Ameen, Jr.

21. Thomas C. Barger, «Birth of a Dream», *Saudi Aramco World* 35, n.° 3, mayo-junio de 1984.

22. Entrevista con el príncipe Turki al-Faisal. «Aramco era la única

institución que realmente construía cosas —me dijo el príncipe Turki—. Cuando el rey Abdul Aziz quería que se hiciera algo, recurría a Aramco o les pedía consejo. Así es como entró en escena Bin Laden, gracias a una recomendación.»

23. Othman Milyabaree y Abdullah Hassanein, «Al-Isamee al-Kabeer Alathee Faqadathoo al-Bilad» [El gran hombre hecho a sí mismo que el país ha perdido], *Okaz*, 7 de septiembre de 1967.

24. Entrevista con una fuente saudí anónima.

25. Entrevista con Yamal Jalifa.

26. Entrevista con un portavoz anónimo de la familia Bin Laden.

27. Muhammad Besalama, «Al-Sheikh Muhammad Awad bin Laden al-Mu'alem» [El jeque Muhammad Awad bin Laden, el maestro], *Okaz*, 2 de junio de 1984.

28. Entrevista con Ali Sufan.

29. Entrevista con un portavoz anónimo de la familia Bin Laden.

30. Fuente saudí anónima.

31. Muhammad Besalama, «Al-Sheikh Muhammad Awad bin Laden al-Mu'alem» [El jeque Muhammad Awad bin Laden, el maestro], *Okaz*, 2 de junio de 1984; entrevista con un portavoz anónimo de la familia Bin Laden.

32. Muhammad Besalama, «Al-Sheikh Muhammad Awad bin Laden al-Mu'alem» [El jeque Muhammad Awad bin Laden, el maestro], *Okaz*, 2 de junio de 1984.

33. Mayer, «The House of bin Laden».

34. Fuente saudí anónima. El portavoz de Caterpillar Corporation rehusó hacer comentarios.

35. Lippman, *Inside the Mirage*, p. 49.

36. Entrevista con Jaled Batarfi.

37. Entrevista con el príncipe Talal bin Abdul Aziz.

38. Lacey, *The Kingdom*, p. 302.

39. Entrevista con Michael M. Ameen, Jr.

40. Aramco, *Binladen Brothers for Contracting and Industry*.

41. Cifras en Abbas, *Story of the Great Expansion*, pp. 364 y ss., y una película publicitaria del Saudi Binladin Group.

42. Lacey, *The Kingdom*, p. 323.

43. Entrevista con una fuente saudí anónima.

44. Lippman, *Inside the Mirage*, p. 127. En aquella época, el rey también tenía que aprobar personalmente todos los despegues y aterrizajes de vuelos que se efectuaban en el reino saudí.

45. Rachel Bronson, comunicación personal. Según Bronson, los sau-

díes permitieron que los estadounidenses construyeran una base aérea en 1945, concebida para facilitar el transporte de tropas al frente del Pacífico durante la Segunda Guerra Mundial. Después de la contienda, renegociaron la presencia de Estados Unidos y los estadounidenses realizaron una investigación para determinar las necesidades militares saudíes. En 1953, Estados Unidos y Arabia Saudí firmaron el acuerdo que permitía al ejército estadounidense adiestrar a unidades saudíes, que es la base de toda la cooperación militar posterior.

46. Entrevista con Stanley Guess.

47. Wiktorowicz y Kaltner, «Killing in the Name of Islam».

48. Champion, *The Paradoxical Kingdom*, pp. 49 y ss; al-Rasheed, *A History of Saudi Arabia*, p. 66; Lacey, *The Kingdom*, p. 188.

49. Entrevista con el príncipe Turki al-Faisal.

50. Comunicación personal con un portavoz anónimo de la familia Bin Laden.

51. Entrevista con Mahmud Alim. Según Ali Sufan, Osama bin Laden solía contar la misma historia.

52. Comunicación personal con un portavoz anónimo de la familia Bin Laden.

53. Folleto del Saudi Binladin Group.

54. Entrevista con Jaled Batarfi.

55. Entrevista con Yamal Jalifa.

56. Entrevista con el príncipe Turki al-Faisal.

57. Othman Milyabaree y Abdullah Hassanein, «Al-Isamee al-Kabeer Alathee Faqadathoo al-Bilad» [El gran hombre hecho a sí mismo que el país ha perdido], *Okaz*, 7 de septiembre de 1967.

58. «Walidee Ramama al-Aqsa Bilkhasara» [Mi padre renovó la mezquita de al-Aqsa, con pérdidas], *Al-Umma al-Islamiyya*, 18 de octubre de 1991.

59. Entrevista con un portavoz anónimo de la familia Bin Laden, que me dijo que eran 29 hijas y 25 hijos. En National Commission on Terrorist Attacks Upon the United States, *The 9/11 Commission Report (55)*, se menciona una cifra total de 57 hijos.

60. Entrevista con un portavoz anónimo de la familia Bin Laden.

61. Entrevista con un portavoz anónimo de la familia Bin Laden.

62. Bin Ladin, *Inside the Kingdom*, p. 69.

63. Anónimo, *Through Our Enemies' Eyes*, p. 82.

64. *The 9/11 Commission Report*, p. 55.

65. «Ashiqaa' Wa Shaqiqat Oola Zawjat Bin Laden Billathiqiya Khai-

foon 'Alayha wa 'ala Atfaliha al 11 Fee Afghanistan» [Los hermanos y las hermanas de la primera mujer de Bin Laden en Latakia temen por ella y por sus once hijos en Afganistán], *Al-Sharq al-Awsat*, 14 de noviembre de 2001.

66. Entrevista con Jaled Batarfi.

67. Ali Taha y Emad Sara, «Al-Majellah Fee Qaryat Akhwal Osama bin Laden Fee Suria» [Al-Majellah en la aldea de los tíos de Osama bin Laden en Siria], *Al-Majellah*, 8 de diciembre de 2001.

68. Joseph Bahout, comunicación personal. Es un tema de discusión si la propia Alia Ghanem era alawí o no. Ahmed Badib, un ayudante del príncipe Turki cuando dirigía los servicios secretos saudíes, me dijo que era alawí, y también el cuñado de Osama bin Laden, Yamal Jalifa, y su amigo Yamal Jashoggi. La familia lo niega, pero podría tratarse de disimulo religioso (*taqiya*). Ahmed Zaidan me contó que había preguntado a los invitados a la boda del hijo de Osama en Yalalabad en 2001 si Alia era alawí y le había dicho que no. Wahib Ghanem, un alawí de Latakia en los años cuarenta, fue uno de los fundadores del partido Baaz. Hay Ghanem cristianos o sunníes, sobre todo en el Líbano.

69. Nawaf Obaid dice que en realidad Alia era una concubina, algo que también afirma Carmen bin Ladin. Yamal Jashoggi dice: «El hecho de que diera a luz a Osama significaba que estaban casados, pero estaba el asunto de comprar concubinas, que era cosa de la época, los años cincuenta, sobre todo entre la secta alawí».

70. Entrevista con Yamal Jalifa.

71. Bin Laden dice: «Nací en el mes de Ragab del año 1377 de la hégira». «Walidee Ramama al-Aqsa Bilkhasara» [Mi padre renovó la mezquita de al-Aqsa, con pérdidas], *Al-Umma al-Islamiyya*, 18 de octubre de 1991. Le dijo a Yamal Ismail: «Por la gracia de Dios Todopoderoso nací de padres musulmanes en la península Arábiga, en el barrio de al-Malazz de Riad, en el año 1377 de la hégira», lo que podría ser 1957 o 1958, dependiendo del mes. Yamal Ismail, «Osama bin Laden: The Destruction of the Base», presentado por Salah Najm, al-Yazira, 10 de junio de 1999. Supuestamente, Bin Laden dijo en aquella entrevista que había nacido el 10 de marzo de 1958, pero no aparece en la transcripción. Además, normalmente los hombres saudíes de su edad no conocen la fecha exacta de su nacimiento, ya que no se celebran los cumpleaños. Las autoridades saudíes asignaban arbitrariamente a muchos hombres la misma fecha para los pasaportes y otros documentos oficiales. Por ejemplo, el amigo de Bin Laden Yamal Jalifa nació «oficialmente» el 1 de febrero de 1957; casualmente descubrió, gracias

a una anotación en un diario familiar, que en realidad había nacido el 1 de septiembre de 1956. En los archivos de la familia Bin Laden, tal y como se conservan, no se halla ninguna fecha concreta de su nacimiento.

72. «Walidee Ramama al-Aqsa Bilkhasara» [Mi padre renovó la mezquita de al-Aqsa, con pérdidas], *Al-Umma al-Islamiyya*, 18 de octubre de 1991.

73. Entrevista con Ali Sufan, que dice: «Sus hermanos me dijeron que no habían visto a su padre más que tres o cuatro veces».

74. Entrevista con Yamal Jalifa.

75. Entrevista con una fuente saudí anónima.

76. «Half-brother Will Pay to Defend bin Laden», AP, 5 de julio de 2005. Yeslam bin Laden contó en el canal vía satélite al-Arabiya que temía a su padre, pero sus comentarios fueron malinterpretados en un artículo de AP en inglés en el que se decía que su padre le golpeaba.

77. «Walidee Ramama al-Aqsa Bilkhasara» [Mi padre renovó la mezquita de al-Aqsa, con pérdidas], *Al-Umma al-Islamiyya*, 18 de octubre de 1991.

78. Reeve, *The New Jackals*, p. 159.

79. Salah Najm y Yamal Ismail, «Osama bin Laden: The Destruction of the Base», al-Yazira, 10 de junio de 1999.

80. Entrevista con un portavoz anónimo de la familia Bin Laden.

81. Entrevista con Jaled Batarfi.

82. Entrevista con Yamal Jalifa.

83. Entrevista con Michael M. Ameen Jr.

84. Entrevista con un portavoz anónimo de la familia Bin Laden. Bin Ladin, *Inside the Kingdom*, p. 65.

85. Reeve, *The New Jackals*, p. 159.

86. Muhammad Besalama, «Al-Sheikh Muhammad Awad bin Laden al-Mu'alem» [El jeque Muhammad Awad bin Laden, el maestro], *Okaz*, 2 de junio de 1984.

87. Entrevista con una fuente saudí anónima.

88. Entrevista con el príncipe Amr Muhammad al-Faisal.

89. Entrevista con Ahmed Badib. Los dos príncipes eran Abdul Aziz bin Mishal bin Abdul Aziz y Abdul Aziz bin Ahmed bin Abdul Rahman.

90. Brian Fyheld-Shayler, citado en «Meeting Osama bin Laden», PBS, 12 de enero de 2005.

91. Entrevistas con Tarik Ali Alireza y Ahmed Badib.

92. «Half Brother Says bin Laden Is Alive and Well», www.cnn.com/ 2000/WORLD/meast/03/18/osama.brother, 19 de marzo de 2002.

93. Jaled Batarfi, «An Interview with Osama bin Laden's Mother», *The Mail on Sunday*, 23 de diciembre de 2001.

94. Entrevista con Jaled Batarfi.

95. Michael Slackman, «Bin Laden's Mother Tried to Stop Him, Syrian Kin Say», *Chicago Tribune*, 13 de noviembre de 2001.

96. Rahimullah Yusufzai, «Terror Suspect: An Interview with Osama bin Laden», ABCNews.com, diciembre de 1988.

97. Entrevista con Jaled Batarfi.

98. «Walidee Ramama al-Aqsa Bilkhasara» [Mi padre renovó la mezquita de al-Aqsa, con pérdidas], *Al-Umma al-Islamiyya*, 18 de octubre de 1991.

99. Entrevista con Jaled Batarfi.

100. Bin Ladin, *Inside the Kingdom*, p. 160.

101. Entrevista con Yamal Jashoggi.

102. Entrevista con Yamal Jalifa, que es la fuente de gran parte de la información sobre la experiencia universitaria de Bin Laden.

103. «Walidee Ramama al-Aqsa Bilkhasara» [Mi padre renovó la mezquita de al-Aqsa, con pérdidas], *Al-Umma al-Islamiyya*, 18 de octubre de 1991.

104. Entrevista con Yamal Jalifa.

105. Entrevistas con Jaled Batarfi, Yamal Jalifa y Muhammad Qutb.

106. Entrevista con Jaled Batarfi; Douglas Farah y Dana Priest, «Bin Laden Son Plays Key Role in al-Qaeda», *Washington Post*, 14 de octubre de 2003.

107. Entrevista con Jaled Batarfi.

108. Entrevista con Yamal Jalifa.

109. *Ibidem*.

110. Entrevista con Zaynab Ahmed Jadr, que tiene un hijo con una discapacidad similar. Habló del problema con la madre de Abdul Rahman.

111. Entrevistas con Zaynab Ahmed Jadr (que también facilitó el número de hijos de Bin Laden) y con Maha Elsamneh.

112. Visita y entrevista con Yamal Jalifa.

113. Entrevista con Yamal Jalifa.

114. «Walidee Ramama al-Aqsa Bilkhasara» [Mi padre renovó la mezquita de al-Aqsa, con pérdidas], *Al-Umma al-Islamiyya*, 18 de octubre de 1991.

115. *The 9/11 Commission Report*, *55*, basándose en información de los servicios secretos estadounidenses, atribuye a Bin Laden una estatura de dos metros. Según Michael Scheuer, esa información procede de Essam Deraz, el primer biógrafo de Bin Laden, quien me dijo que medía «más de dos metros de altura, quizá dos metros y cinco centímetros o dos metros y cuatro

centímetros». John Miller, que entrevistó a Bin Laden para la cadena de televisión ABC, dice que mide dos metros, pero solo le vio en una ocasión. Ahmad Zaidan, el director de la corresponsalía de al-Yazira en Islamabad que se reunió con Bin Laden varias veces, calcula que mide 180 centímetros. Por otro lado, los amigos de Bin Laden prácticamente coinciden sobre su estatura. Yamal Jashoggi me dijo que Bin Laden tenía «exactamente mi altura», 182 centímetros. El amigo de Bin Laden en Sudán, Isam Eldin al-Turabi, me dijo que Bin Laden medía 183 o 184 centímetros. Su amigo del colegio Yamal Jalifa, que también compartió casa con él, calcula que mide 185 centímetros, que es la altura exacta exacta del hijo de Bin Laden, Abdullah, quien dice que su padre es unos cinco centímetros más alto que él. El amigo de Bin Laden Muhammad Loay Baizid también dice que es cinco centímetros más alto que él, pero Baizid solo mide 174 centímetros. Se podría teorizar mucho sobre la enorme disparidad de percepciones; mi propósito al incluir esta pequeña muestra es ofrecer un ejemplo de la frustración que puede llegar a sentir un periodista al intentar obtener una respuesta a una pregunta sencilla, una pregunta entre muchas con respuestas contradictorias.

4. CAMBIOS

1. Conferencia del príncipe Turki al-Faisal en el Departamento de Estudios Árabes Contemporáneos, Universidad de Georgetown, 3 de febrero de 2002.

2. «The Lawrence», anuario de la Lawrenceville School, Lawrenceville, New Jersey, 4 de mayo de 1962, p. 5.

3. Conferencia del príncipe Turki al-Faisal en el Departamento de Estudios Árabes Contemporáneos, Universidad de Georgetown, 3 de febrero de 2002.

4. Clinton, *My Life*, p. 110.

5. Entrevista con el príncipe Turki al-Faisal.

6. Wright, «Kingdom of Silence». Se igualó a la de Estados Unidos en 1981.

7. Wright, «Kingdom of Silence»; entrevista con Berhan Hailu.

8. Al-Rashid, *A History of Saudi Arabia*, p. 124; también Teitelbaum, *Holier Than Thou*, pp. 17 y ss.

9. Lacey, *The Kingdom*, p. 478. Parte de esta información procede de Lacey y James Buchan, «The Return of the Ikhwan», en Holden y Johns, *The House of Saud*, pp. 511-526.

10. Heikal, *Iran*, p. 197. Kechichian sostiene que ninguno de los miles de peregrinos que había en la mezquita oyeron a Qahtani, «o siquiera a cualquier otro», invocar al Mahdi. Kechichian, «Islamic Revivalism», 15. No he podido encontrar otras fuentes que corroboren esta afirmación.

11. Bin Ladin, *Inside the Kingdom*, pp. 123-124.

12. AbuKhalil, *Bin Laden, Islam, and America's New «War on Terrorism»*, p. 64.

13. Holden y Johns, *The House of Saud*, p. 517.

14. Al-Rasheed, *A History of Saudi Arabia*, p. 144; Lacey sugiere 200, en *The Kingdom*, p. 484; Aburish calcula 300, en *The Rise, Corruption, and Coming Fall*, p. 108. Fuentes árabes hablan de miles. El capitán Paul Barril dice que había 1.500 insurgentes en *Commando*, octubre-noviembre de 2002.

15. Holden y Johns, *The House of Saud*, p. 520.

16. Mackey, *The Saudis*, p. 231.

17. Lacey, *The Kingdom*, p. 484.

18. Entrevista con Yamal Jalifa.

19. Holden y Johns, *The House of Saud*, p. 525.

20. Entrevista con el príncipe Turki al-Faisal.

21. La historia de este suceso está plagada de afirmaciones contradictorias. Da Lage cita al capitán Paul Barril, que llevó a tres policías a La Meca, donde se «convirtieron» inmediatamente al islam para poder dirigir el asalto a la Gran Mezquita. Olivier Da Lage, «Il y a quinze ans: La prise de la Grande Mosquée de La Mecque», *Le Monde*, 20-21 de noviembre de 1994. Aburish afirma que fueron paracaidistas franceses quienes abatieron a los rebeldes e inundaron las estancias y aplicaron descargas eléctricas. Aburish, *The Rise, Corruption, and Coming Fall*, p. 108. Turki niega que los franceses se convirtieran o entraran en La Meca. De Marenches también niega que los franceses entraran en La Meca. De Marenches y Ockrent, *The Evil Empire*, p. 112. He optado por dar crédito a la versión del capitán Barril basándome en la credibilidad de una fuente anónima de los servicios secretos saudíes.

22. Theroux, *Sandstorms*, p. 90.

23. Entrevista con Yamal Jalifa.

24. Burke, *Al-Qaeda*, p. 55.

25. Robert Fisk, «Anti-Soviet Warrior Puts His Army on the Road to Peace», *Independent*, 6 de diciembre de 1993.

26. «Walidee Ramama al-Aqsa Bilkhasara» [Mi padre renovó la mezquita de al-Aqsa, con pérdidas], *Al-Umma al-Islamiyya*, 18 de octubre de 1991.

27. *Ibidem*.

28. Weaver, *A Portrait of Egypt*, p. 180.

29. *Tahta al-Mijhar* [Bajo el microscopio], al-Yazira, 20 de febrero de 2003.

30. Abdullah bin Omar, «The Striving Sheik: Abdullah Azzam», *Nida'ul Islam*, trad. de Muhammad Saeed, julio-septiembre de 1996, www.islam.org.au/articles/14/AZZAM.HTM.

31. Muhammad al-Shafey, «Al-Sharq al-Awsat Interviews Umm Muhammad», *Al-Sharq al-Aswat*, 30 de abril de 2006.

32. Muhammad, *Al-Ansar al-Arab fi Afghanistan*, p. 37.

33. Vídeo de reclutamiento sin título de Abdullah Azzam, 1988.

34. Entrevista con Yamal Jalifa.

35. Azzam, *The Lofty Mountain*, p. 150.

36. Entrevista con Yamal Jalifa.

37. Salah, *Waqaf Sanawat al-Jihad*.

38. El doctor Gehad Auda y el doctor Ammar Ali Hasan, «Strategic Papers: The Globalization of the Radical Islamic Movement: The Case of Egypt», www.ahram.org.eg/acpss/eng/ahram/2004/7/5/SPAP5.htm.

39. Entrevista con Essam Deraz.

40. Muhammad Sadeeq, «The Story of Saudi Afghans: They Participated in Jihad and Violent Fighting», *Al-Majellah*, 11 de mayo de 1996.

41. Shadid, *Legacy of the Prophet*, p. 83.

42. Osama bin Laden, entrevistado en al-Yazira, 7 de octubre de 2001. Bin Laden fecha esta conversación en 1979, que es cuando dice que fue por primera vez a Afganistán.

43. Entrevista con Jaled Batarfi.

5. LOS MILAGROS

1. Cooley, *Unholy Wars*, p. 19.

2. *Ibid.*, p. 232.

3. Entrevista con Abdullah Anas.

4. Jon Lee Anderson, «Letter from Kabul: The Assassins», *New Yorker*, 10 de junio de 2002.

5. Coll, *Ghost Wars*, p. 83.

6. Muhammad, *Al-Ansar al-Arab fi Afghanistan*, p. 85.

7. Azzam, *The Lofty Mountain*, p. 150.

8. *Ibidem*.

9. *Ibidem.*

10. *Ibid.*, p. 88.

11. Bergen, *Holy War*, p. 56.

12. Muhammad, *Al-Ansar al-Arab fi Afghanistan*, p. 119.

13. Anónimo, *Through Our Enemies' Eyes*, p. 99; Muhammad, *Al-Ansar al-Arab fi Afghanistan*, p. 198.

14. Bernstein, *Out of the Blue*, p. 45.

15. Entrevistas con Ahmed Badib y Sayid Badib. Según Sayid Badib, el gobierno saudí mantuvo su apoyo financiero hasta que Bin Laden dejó Afganistán en 1989.

16. Comunicación personal con Marc Sageman, que en esa época era agente de la CIA en Afganistán.

17. En otro lugar dice: «Nuestro primer encuentro debió de producirse en torno a 1984». «And then Mullah Omar Screamed at Me», *Der Spiegel*, noviembre de 2004.

18. Clarke, *Against All Enemies*, p. 52.

19. Jason Burke, «The Making of bin Laden: Part 2», *Observer*, 28 de octubre de 2001.

20. Anónimo, *Through Our Enemies' Eyes*, p. 98.

21. Jason Burke, «The Making of bin Laden: Part 2», *Observer*, 28 de octubre de 2001.

22. Fouda y Fielding, *Masterminds of Terror*, p. 91; Cooley, *Unholy Wars*, p. 238.

23. Burke, *Al-Qaeda*, p. 56.

24. Entrevista con Jaled Jawaya.

25. Entrevista con una fuente anónima de al-Qaeda.

26. Muhammad, *Al-Ansar al-Arab fi Afghanistan*, p. 177.

27. Entrevista con Zaynab Abdul Jadr.

28. Entrevista con Abdullah Anas. Milt Bearden, que era el director de la estación de la CIA en Afganistán en aquella época, dice: «Calculamos que había fijos unos dos mil árabes afganos, más un par de miles de árabes afganos que veían aquello como un Club Mediterráneo, es decir, que iban a pasar unas breves vacaciones. Eso comparado con alrededor de un cuarto de millón de afganos a tiempo completo o parcial y 125.000 soviéticos».

29. Entrevista con Zaynab Ahmed Jadr.

30. Vídeo de reclutamiento sin título de Abdullah Azzam, 1988.

31. Por ejemplo, véase Abdullah Yusuf Azzam, «The Signs of ar-Rahman in the Jihad of the Afghan», www.islamicawakening.com/viewarticle.php?articleID=877&.

32. Abdullah Yusuf Azzam, «Abul-Mundhir ash-Shareef», www. islamicawakening.com/viewarticle.php7articleID=3o&.

33. Entrevista con Muhammad Loay Baizid.

34. James R. Woolsey, «Defeating the Oil Weapon», *Commentary*, septiembre de 2002. La cifra corresponde a mediados de la década de 1990. Otras estadísticas han sido extrapoladas del bien documentado Arab Human Development Report 2002.

35. Osama bin Laden, «Message to the Iraqi People», al-Yazira, 18 de octubre de 2003.

36. Mitchell, *Society of the Muslim Brothers*, p. 207.

37. Qutb, *Milestones*, pp. 58 y ss.; incluye otras citas de Qutb que siguen.

38. Este razonamiento está desarrollado con más profundidad en Roxanne L. Euben, «Comparative Political Theory: An Islamic Fundamentalist Critique of Rationalism», *Journal of Politics* 59, n.° 1, febrero de 1997, pp. 28-55.

39. Entrevista con Yamal Jashoggi.

40. Entrevista con Muhammad al-Hulwah.

41. Muhammad, *Al-Ansar al-Arab fi Afghanistan*, p. 178.

42. Esta es la versión de Essam Deraz; sin embargo, Muhammad Loay Baizid sitúa la fecha del traslado en 1988.

43. Entrevista con Marc Sageman.

44. Muhammad, *Al-Ansar al-Arab fi Afghanistan*, p. 185.

45. Yamal Ismail, «Usama bin Laden, the Destruction of the Base», al-Yazira, 10 de junio de 1999.

46. Muhammad, *Al-Ansar al-Arab fi Afghanistan*, p. 241.

47. *Ibid.*, p. 233.

48. *Ibid.*, p. 216.

49. «Walidee Ramama al-Aqsa Bilkhasara» [Mi padre renovó la mezquita de al-Aqsa, con pérdidas], *Al-Umma al-Islamiyya*, 18 de octubre de 1991.

50. Entrevista con un portavoz anónimo de la familia Bin Laden.

51. Entrevista con Essam Deraz.

52. Entrevistas con Bassim A. Alim y Muhammad Loay Baizid.

53. Muhammad, *Al-Ansar al-Arab fi Afghanistan*, p. 211.

54. Azzam, *The Lofty Mountain*, p. 23. El jeque Tamim no conoció el martirio. Murió al año siguiente de un infarto mientras impartía una serie de conferencias en Orlando (Florida).

55. Muhammad, *Al-Ansar al-Arab fi Afghanistan*, p. 261.

56. Abu Muhammad, en Azzam, *The Lofty Mountain*, p. 97.

57. Muhammad, *Al-Ansar al-Arab fi Afghanistan*, p. 265.

58. Entrevista con Muhammad Loay Baizid.

59. Azzam, *The Lofty Mountain*, p. 109.

60. *Ibid.*, pp. 100 y ss., que es la fuente de gran parte de esta versión, junto con Muhammad, *Al-Ansar al-Arab fi Afghanistan*, pp. 310 y ss., y «Walidee Ramama al-Aqsa Bilkhasara» [Mi padre renovó la mezquita de al-Aqsa, con pérdidas], *Al-Umma al-Islamiyya*, 18 de octubre de 1991.

61. Muhammad, *Al-Ansar al-Arab fi Afghanistan*, p. 316.

62. Azzam, *The Lofty Mountain*, p. 30.

63. «Walidee Ramama al-Aqsa Bilkhasara» [Mi padre renovó la mezquita de al-Aqsa, con pérdidas], *Al-Umma al-Islamiyya*, 18 de octubre de 1991.

64. Muhammad, *Al-Ansar al-Arab fi Afghanistan*, p. 326.

65. Osama bin Laden, en Azzam, *The Lofty Mountain*, pp. 112-113.

66. «Walidee Ramama al-Aqsa Bilkhasara» [Mi padre renovó la mezquita de al-Aqsa, con pérdidas], *Al-Umma al-Islamiyya*, 18 de octubre de 1991.

67. Robert Fisk, «The Saudi Businessman Who Recruited Mujahideen Now Uses Them for Large-Scale Building Projects in Sudan», *Independent*, 6 de diciembre de 1993.

68. Entrevista con Yamal Jashoggi, que también habló sobre los episodios de malaria y neumonía de Bin Laden. Existe una relación directa entre hipotensión y diabetes, por la que algunos afirman que Bin Laden se inyectaba insulina. Bergen, *Holy War*, p. 57; también Hasin al-Binayyan, «Al-Qaeda Man Freed from Riyadh Jail Reveals It All», *Arab News*, 26 de noviembre de 2001. Sin embargo, Yamal Jalifa dice que Bin Laden no era diabético.

69. Osama bin Laden en Azzam, *The Lofty Mountain*, p. 114. (La cita ha sido ligeramente corregida por problemas gramaticales que podría haber causado la traducción.)

70. Entrevista con Muhammad Loay Baizid.

6. LA BASE

1. Entrevistas con Muhammad Sarwar y Rahimullah Yusufzai.

2. Entrevista con Marc Sageman. Sageman rebate la afirmación común de que los comandantes se estaban enriqueciendo con el tráfico de heroína.

3. Entrevista con Rahimullah Yusufzai.

4. Entrevista con Yamal Ismail.

5. Documento de la CIA sin publicar, «Report on Muhammad al-Zawahiri» (sin fecha ni autor).

6. Algunos miembros de al-Yihad creían que Zawahiri había plagiado este libro y decían que en realidad lo había escrito Sayyid Imam al-Sharif (también conocido como el doctor Fadl).

7. Entrevista con Kemal Helbawi.

8. Entrevista con Yassir al-Sirri; también Hamdi Rizq, «Confessions of Those "Returning from Albania" Mark the End of the Egyptian "Jihad Organization"», *Al-Wasat*, 19 de abril de 1999, traducido al inglés por FBIS.

9. Entrevista con Yamal Jashoggi y Osama Rushdi.

10. Entrevistas con Kamal Helbawy y Abdullah Anas.

11. Kepel, *Muslim Extremism in Egypt*, pp. 73-78.

12. Entrevista con Jaled Abou el-Fadl.

13. Heikal, *Autumn of Fury*, p. 251.

14. *Sahih Bukhari*, vol. 9, libro 83, n.º 17.

15. Entrevista con Osama Rushdi.

16. Entrevista con Maha Elsamneh.

17. Chanaa Rostom, «Al-Zawahiri's Latest Victims», *Akhir Sa'a*, 12 de diciembre de 2001.

18. Al-Zawahiri, «Knights Under the Prophet's Banner», parte 2.

19. Documento «Tarik Osama», utilizado como prueba en el juicio *United States v. Enaam M. Arnaout*.

20. Entrevistas con Yamal Jashoggi y Essam Deraz.

21. «Bin-Ladin Associate Interrogated», *Al-Sharq al-Awsat*, 24 de junio de 1999.

22. Entrevista con Essam Deraz.

23. Nabil Sharaf El Din, «Details on the Man Who Carved the Story of bin Laden (Part III)», *Al-Watan*, 29 de septiembre de 2001, traducido al ingles por FBIS. Según Abduh Zinah, «Report Profiling Five Egyptian Terrorists on US Most Wanted List», *Al-Sharq al-Awsat*, 20 de diciembre de 2001, Makkawi fue a Arabia Saudí en 1998 y después a Afganistán.

24. Entrevista con Montassir al-Zayyat, abogado de Makkawi.

25. Entrevistas con Kamal Habib y Muhammad Salah.

26. Entrevista con un personaje político anónimo de El Cairo. «Creo que es el verdadero padre intelectual del 11 de septiembre», me dijo la fuente. También describió a Makkawi como un «psicópata».

27. Existe una polémica sobre si el personaje de al-Qaeda con este nombre es la misma persona que Muhammad Makkawi. Se le identifica con este nombre en el expediente estadounidense, pero según Ali Sufan: «No sabemos realmente el verdadero nombre de Saif al-Adl, ni siquiera los servicios egipcios saben quién es. Pero combatió contra los soviéticos en Afganistán». Nu'man bin Uzman, un islamista libio que combatió en Afganistán, afirma que conoce tanto a Makkawi como a Saif al-Adl, y sostiene que son dos personas distintas. Muhammad el-Shafey, «Libyan Islamist bin-Uthman Discusses Identity of al-Qa'ida Operative Sayf-al-Adl», *Al-Sharq al-Awsat*, 30 de mayo de 2005. Por otro lado, el escritor jordano Fu'ad Husein entrevistó recientemente a Saif al-Adl y afirma que él es Makkawi. Fu'ad Husein, «Al-Zarqawi... The Second Generation of al-Qaida, Part 2», *Al-Quds al-Arabi*, 16 de junio de 2005, traducido al inglés por FBIS. Yamal Ismail, que trabajaba de periodista en un periódico islamista de Peshawar durante los años ochenta, dice que Saif al-Adl no es Makkawi, sino otro egipcio que actualmente vive en Irán. Según Ismail, Makkawi vive como refugiado en Europa.

28. Entrevista con Yamal Jalifa.

29. Entrevista con Muhammad Loay Baizid.

30. Entrevista con Abdullah Anas.

31. Gunaratna, *Inside al-Qaeda*, p. 22.

32. Azzam, «The Solid Base».

33. Yamal Ismail, comunicación personal.

34. Abdel Bari Atwan en Bergen, *The Osama bin Laden I Know*, p. 170.

35. Entrevista con Yamal Jashoggi. Bosnia, en concreto, tampoco figuraba en la lista de Bin Laden de posibles objetivos de la yihad.

36. Entrevistas con Muhammad Loay Baizid (Abu Rida al-Suri) y Wa'el Yulaidan a través de un intermediario. Baizid afirma que estaba fuera del país cuando se celebró la reunión y que Abu le informó más tarde sobre ella. El tribunal de Chicago sostiene que las notas manuscritas las tomó realmente Baizid. Wa'el Yulaidan, que asistió a la reunión, me dijo a través de un intermediario que Abdullah Azzam también estuvo presente.

37. Documento «Tarik Osama» presentado como prueba en el juicio *United States v. Enaam M. Arnaout*. La traducción que he aportado difiere en varios aspectos de la que fue facilitada al tribunal.

38. Entrevista con Yamal Jalifa.

39. Documento «Tarik Osama» presentado como prueba en el juicio *United States v. Enaam M. Arnaout*.

40. Ahmad Zaydan, «The Search for al-Qa'ida», *Tahta al-Mijhar* [Bajo el microscopio], al-Yazira, traducido al inglés por FBIS, 10 de septiembre de 2004.

41. Entrevista con Muhammad Loay Baizid.

42. Entrevista con Abdullah Anas.

43. *Ibidem.*

44. *Ibidem.*

45. *Ibidem.*

46. Su verdadero nombre es Ahmed Sayed Jadr. Entrevistas con Zaynab Ahmed Jadr, Maha Elsamneh y Muhammad Loay Baizid. Los detalles del juicio proceden de Wa'el Yulaidan, que respondió a las preguntas a través de un intermediario, y del documento «Tarik Osama» presentado como prueba en el juicio *United States v. Enaam M. Arnaout.*

47. «The Story of the Arab Afghans from the Time of Their Arrival in Afghanistan Until Their Departure with the Taliban», parte 5, *Al-Sharq al-Awsat,* 12 de diciembre de 2004.

48. Entrevista con Abdullah Anas.

49. Entrevista con Yamal Jalifa.

50. Cordovez y Harrison, *Out of Afghanistan,* p. 384.

51. Borovik, *The Hidden War,* pp. 12-13.

52. William T. Vollmann, «Letter from Afghanistan: Across the Divide», *New Yorker,* 15 de mayo de 2000.

53. Entrevista con el príncipe Turki al-Faisal.

54. Ismail Khan, «Crackdown Against Arabs in Peshawar», *Islamabad the News,* 7 de abril de 1993.

55. En «Chats from the Top of the World», n.° 6, en los Harmony Documents.

56. Benjamin y Simon, *The Age of Sacred Terror,* p. 101.

57. Entrevista con Yamal Jashoggi.

58. Raphaeli, «Ayman Muhammed Rab'i al-Zawahiri».

59. Entrevista con Osama Rushdi.

60. Bergen, *The Osama bin Laden I Knew,* p. 70.

61. La siguiente versión se basa en varias entrevistas, pero en ellas hay algunas historias contradictorias que vale la pena mencionar. Marc Sageman, un agente de la CIA destinado entonces en Pakistán, me contó que la guarnición de soldados afganos, formada por 450 hombres, que se encargaba de defender el aeropuerto se rindió rápidamente. Dadas las envidias y disensiones entre las diferentes facciones muyahidines, decidieron repartirse a los prisioneros. A los árabes les entregaron una novena parte

de los mismos, 59 hombres. Los árabes los mataron, despedazaron sus cuerpos y los metieron en cajas. Después cargaron las cajas en un camión de abastecimiento, que enviaron a la ciudad asediada con un cartel que rezaba: «Esto es lo que les sucede a los apóstatas». Entonces, el curso de la guerra cambió bruscamente. Las tropas afganas dentro de Yalababad dejaron de negociar su rendición y empezaron a contraatacar. En pocos días, la fuerza aérea afgana obligó a los muyahidines a abandonar el aeropuerto y a replegarse en las montañas. De ser cierta esta versión, habría sido el primer ejemplo de la sed de sangre de Bin Laden. Olivier Roy, el gran investigador y estudioso de Afganistán, me contó que algunos afganos que se encontraban dentro de la ciudad le habían explicado básicamente la misma versión. En cualquier caso, ni Sageman ni Roy fueron testigos presenciales de la batalla. Essam Deraz, que sí estaba allí, niega que aquello sucediera, como lo niega Ahmed Zaidan, que cubrió la batalla como periodista. Las matanzas indiscriminadas de prisioneros por parte de ambos bandos fueron comunes en aquella guerra.

Otra cuestión sobre la batalla de Yalalabad es si Bin Laden fue herido. Michael Scheuer, que era el director de la estación Alec de la CIA, dice que Bin Laden fue herido en dos ocasiones en la yihad contra la Unión Soviética: una vez en Yayi, donde fue herido en el pie, y otra vez una herida en el hombro causada por un fragmento de metralla. Essam Deraz, una vez más, dice que Bin Laden nunca resultó herido durante aquella guerra, algo que también sostiene Yamal Jalifa.

62. Yousaf y Adkin, *The Bear Trap*, pp. 227-228.

63. Entrevista con Essam Deraz.

64. Entrevista con Abdullah Anas.

65. Entrevista con Yamal Jashoggi.

66. Entrevista con Essam Deraz.

67. Estoy agradecido a la doctora Jeanne Ryan, a la que consulté sobre estos asuntos y me proporcionó el diagnóstico. Aunque la CIA, entre otros, ha planteado la hipótesis de que Bin Laden sufre una enfermedad renal, es probable que hubiera muerto sin someterse frecuentemente a diálisis, y los síntomas no son los mismos que se describen aquí. La doctora Ryan señala que los pacientes con una enfermedad renal no pueden tolerar el exceso de sal. Todos los que han conocido bien a Bin Laden están al tanto de su costumbre de tomar sal constantemente. Uno de los síntomas más importantes de la enfermedad de Addison es el oscurecimiento de la piel, que es evidente en los últimos vídeos de Bin Laden.

68. Yousaf y Adkin, *The Bear Trap*, p. 230.

69. Los detalles de este episodio proceden de una entrevista con Essam Deraz y de su versión que explica en Azzam, *The Lofty Mountain*, pp. 80 y ss.

70. Entrevistas con Abdullah Anas y Yamal Jalifa.

71. Entrevista con Abdullah Anas. Otras fuentes mencionan cifras tan elevadas como quinientos. «The Story of the Arab Afghans from the Time of Arrival in Afghanistan Until Their Departure with the Taliban», parte 6, *Al-Sharq al-Awsat*, 13 de diciembre de 2004.

72. Entrevista con Abdullah Anas.

73. Hasin al-Banyan, «The Oldest Arab Afghan Talks to 'Al-Sharq al-Awsat' About His Career That Finally Landed Him in Prison in Saudi Arabia», *Al-Sharq al-Awsat*, 25 de noviembre de 2001.

74. Gunaratna, *Inside al-Qaeda*, p. 56.

75. Entrevista con Jack Cloonan.

76. Los detalles del contrato de empleo de al-Qaeda pueden verse en los Harmony Documents, que se encuentran en la base de datos del Departamento de Defensa de Estados Unidos, www.ctc.usma.edu/aq_harmonylist.asp.

77. *Ibidem.*

78. Entrevista con Abdullah Anas.

79. «Saudi Afghan' Talks About Involvement with al-Qa'ida, Bin Ladin», *Al-Sharq al-Awsat*, 25 de noviembre de 2001.

80. Entrevista con Ahmed Badib.

81. *Tahta al-Mijhar* [Bajo el microscopio], al-Yazira, 20 de febrero de 2003.

82. Gunaratna, *Inside al-Qaeda*, p. 23.

83. Entrevista con Osama Rushdi.

7. EL RETORNO DEL HÉROE

1. Entrevista con un portavoz de la familia Bin Laden. Yamal Jalifa, que está casado con una hermanastra de Bin Laden, me dijo que la participación «ni siquiera llega al millón de riales» (266.000 dólares), cifra que confirmó el portavoz de la familia Bin Laden. Esa cantidad es considerablemente menor que la cifra que recoge la Comisión del 11-S, que afirma: «Desde 1970 hasta 1994, Bin Laden recibió alrededor de un millón de dólares al año, sin duda una suma considerable, pero no la fortuna de trescientos millones de dólares que pudo haberse usado para financiar la yihad». National Commission on Terrorist Attacks Upon the United States, *The 9/11 Commission Report*, p. 170. Yamal Jashoggi me dijo que cuando Bin Laden

regresó de Afganistán, informó a sus hermanos de que se había gastado la parte de su herencia en la yihad y que estos la repusieron de su propio bolsillo; sin embargo, un portavoz de la familia Bin Laden lo niega.

2. Robert Fisk, «The Saudi Businessman Who Recruited Mujahedin Now Uses Them for Large-Scale Building Projects in Sudan», *Independent*, 6 de diciembre de 1993.

3. Entrevista con Monsour al-Njadan.

4. Simons, *Saudi Arabia*, p. 28.

5. Marie Colvin, «The Squandering Sheikhs», *Sunday Times*, 29 de agosto de 1993.

6. David Leigh y David Pallister, «Murky Shadows Amid the Riviera Sunshine», *Guardian*, 5 de marzo de 1999.

7. Entrevista con Muhammad al-Rashid.

8. Entrevista con Frank Anderson.

9. Yamal Jashoggi, comunicación personal.

10. Demanda de Despina Sahini contra Turki Said o Turki al-Faisal bin Abdul Aziz al-Saud, tribunal de primera instancia, Atenas, Grecia, 2 de febrero de 2003.

11. Coll, *Ghost Wars*, p. 73.

12. Entrevista con Ahmed Badib.

13. *Ibidem*.

14. Entrevista con Sami Angawi.

15. Simons, *Saudi Arabia*, p. 34.

16. Yamani, *To Be a Saudi*, p. 63.

17. Dawood al-Shirian, «What Is Saudi Arabia Going to Do?», *Al-Hayat*, 19 de mayo de 2003.

18. Discurso de Osama bin Laden en la mezquita familiar en Yidda, abril de 1990, filmado por Essam Deraz.

19. Cinta de vídeo de Bin Laden, al-Yazira, 29 de octubre de 2004.

20. www.pbs.org/wgbh/pages/frontline/.

21. Cf. Lippman, *Inside the Mirage*.

22. Peterson, *Saudi Arabia and the Illusion of Security*, p. 46.

23. Príncipe Turki al-Faisal, conferencia en la Universidad Seton Hall, 14 de octubre de 2003.

24. Aburish, *The Rise, Corruption, and Coming Fall*, p. 169.

25. Entrevistas con Said Badib y Ahmed Badib.

26. Entrevista con Yamal Jashoggi.

27. Randal, *Osama*, p. 100.

28. Entrevistas con Ahmed Badib y Said Badib.

29. El gobierno yemení sostenía que los «grupos yemeníes afganos ejecutaron a varias personalidades socialistas y organizaron 158 operaciones [...] entre 1990 y 2004 amparándose en fatawa promulgadas por Osama bin Laden». Citado en Anónimo, *Through Our Enemies' Eyes*, p. 112. Los yemeníes no parecían darse cuenta de que una nueva organización, al-Qaeda, era la responsable de aquellas operaciones.

30. Entrevista con Ahmed Badib.

31. Entrevista con Nawaf E. Obaid.

32. Profesor William B. Quandt, comunicación personal.

33. Simons, *Saudi Arabia*, p. 214.

34. Osama bin Laden, entrevistado por Peter L. Bergen y Peter Arnett, CNN, 10 de mayo de 1997.

35. Amatzia Baram, «The Iraqi Invasion of Kuwait», en *The Saddam Hussein Reader*, comp. por Turi Munthe, p. 259.

36. Según Leslie y Alexander Cockburn, «Royal Mess», *New Yorker*, 28 de noviembre de 1994, los saudíes también habían estado financiando la investigación iraquí para desarrollar armas nucleares. Por otro lado, Richard A. Clarke contradice esta teoría en una entrevista y afirma que es «completamente increíble», ya que el mayor temor de Arabia Saudí era un Sadam Husein con armamento nuclear.

37. www.kingfahdbinabdulaziz.com/main/1300.htm.

38. «Biography of Usamah bin-Ladin, written by brother Mujahid with minor modifications», Islamic Observation Center, traducido al inglés por FBIS, 22 de abril de 2000.

39. Woodward, *The Commanders*, p. 248.

40. Esposito, *Unholy War*, p. 12.

41. Abir, *Saudi Arabia*, p. 174.

42. Reportajes periodísticos posteriores ponían en duda la veracidad de estas imágenes y señalaban que las fotografías tomadas por satélites comerciales rusos mostraban extensiones vacías de arena a lo largo de la frontera saudí. Scott Peterson, «In War, Some Facts Less Factual», *Christian Science Monitor*, 6 de septiembre de 2002. Richard A. Clarke, en una entrevista, dice que las imágenes que mostró el general Schwarzkopf no correspondían a la zona fronteriza, sino a la ocupación iraquí de Kuwait.

43. Clarke, *Against All Enemies*, p. 58.

44. Entrevista con Richard A. Clarke.

45. Burke, *Al-Qaeda*, p. 124; también Anónimo, *Through Our Enemies' Eyes*, p. 114; *Thomas E. Burnett, Sr., v. Al Baraka Investment and Development Corporation, et al., Final Third Amended Complaint*.

46. Al-Hammadi, «The Inside Story of al-Qa'ida», parte 8, 26 de marzo de 2005.

47. Douglas Jehl, «Holy War Lured Saudis as Rulers Looked Away», *New York Times*, 27 de diciembre de 2001.

48. Conferencia del príncipe Turki al-Faisal en el Departamento de Estudios Árabes Contemporáneos, Universidad de Georgetown, 3 de febrero de 2002.

49. Entrevistas con Ahmed Badib y Hasan Yassin.

50. Abir, *Saudi Arabia*, p. 176.

51. Entrevista con Ahmed Badib.

52. Arnaud de Borchgrave, «Osama's Saudi moles», *Washington Times*, 1 de agosto de 2003.

53. Yamal Jashoggi, «Osama Offered to Form Army to Challenge Saddam's Forces: Turki», *Arab News*, 7 de noviembre de 2001.

54. Yamal Jashoggi, «Kingdom Has a Big Role to Play in Afghanistan», *Arab News*, 6 de noviembre de 2001.

55. Lewis, *The Crisis of Islam*, pp. XXIX-XXX.

56. Al-Hammadi, «The Inside Story of al-Qa'ida», parte 8, 26 de marzo de 2005.

57. Al-Rashid, *A History of Saudi Arabia*, p. 166.

58. Wright, «Kingdom of Silence».

59. Al-Rashid, *A History of Saudi Arabia*, p. 170; también Champion, *The Paradoxical Kingdom*, pp. 218 y ss.; Abir, *Saudi Arabia*, pp. 186 y ss.

60. Champion, *The Paradoxical Kingdom*, p. 221.

61. Entrevista con Yamal Jashoggi.

62. Entrevista con Michael Scheuer, que habló con Turki durante ese período.

63. Stephen Engelberg, «One Man and a Global Web of Violence», *New York Times*, 14 de enero de 2001.

8. EL PARAÍSO

1. Entrevista con Steven Simon. Otros cálculos oscilan entre los cinco mil y los quince mil. Reeve, *The New Jackals*, p. 3; también Halliday, *Two Hours That Shook the World*, p. 166. Marc Sageman me advierte en una comunicación personal: «Yo mismo quise averiguar las cifras. Lo que descubrí es que nadie las conoce y ni siquiera se sabe cómo se ha obtenido esa cifra. Hasta ahora, todos los cálculos son arbitrarios y están basados en conjeturas muy vagas».

2. Entrevista con Said Badib.

3. Entrevista con Hasan al-Turabi.

4. Declaración de Yamal al-Fadl, *U.S. v. Usama bin Laden, et al.*

5. Entrevista con Muhammad Loay Baizid.

6. Declaración de Yamal al-Fadl, *U.S. v. Usama bin Laden, et al.*

7. Entrevista con el doctor Ghazi Salah Edin.

8. Entrevista con Zaynab Abdul Jadr.

9. Ahmad Zaydan, «The Search for al-Qaeda», al-Jazeera, 10 de septiembre de 2004.

10. Entrevista con Ibrahim al-Sanussi.

11. Entrevista con Yamal Jalifa.

12. Entrevista con Hasan al-Turabi.

13. Entrevista con Hasan al-Turabi.

14. Al-Nour Ahmed al-Nour, «His Neighbor Claims He Does Not Speak Much», *Al-Hayat*, 19 de noviembre de 2001.

15. Entrevista con Isam Eldin al-Turabi.

16. Entrevista con Jack Cloonan.

17. «Part One of a Series of Reports on bin Ladin's Life in Sudan: Islamists Celebrated Arrival of "Great Islamic Investor"», *Al-Quds al-Arabi*, 24 de noviembre de 2001, traducido al inglés por FBIS.

18. *Ibidem.*

19. *Thomas E. Burnett, Sr. v. Al Baraka Investment and Development Corporation, et al. Final Third Amended Complaint.*

20. Entrevista con el doctor Jaled Batarfi.

21. Bergen, *Holy War*, p. 81.

22. Burr, *Revolutionary Sudan*, p. 71.

23. Hoja informativa del Departamento de Estado sobre Osama bin Laden, 14 de agosto de 1996.

24. Entrevista con Bruce Hoffman.

25. Al-Hammadi, «The Inside Story of al-Qa'ida», parte 9, 28 de marzo de 2005.

26. Entrevista con Daniel Coleman.

27. Entrevista con Hassabulla Omer.

28. *Ibid.* La declaración de Yamal al-Fadl (*U.S. v. Usama bin Laden, et al.*) es confusa, porque parece combinar el número de empleados de las empresas de Bin Laden con el número real de personas que habían jurado formalmente *bayat* a Bin Laden.

29. Burr, *Revolutionary Sudan*, p. 36.

30. Al-Nour Ahmed al-Nour, «His Neighbor Claims He Does Not Speak Much», *Al-Hayat*, 19 de noviembre de 2001.

31. Entrevista con Ghazi Salah Edin Atabani.

32. Entrevistas con Tom Corrigan, Daniel Coleman, Allan P. Haber, Yamal Jalifa y Muhammad Loay Baizid.

33. Interrogatorio de Mamduh Mahmud Salim Ahmed, Munich, 17 de septiembre de 1998.

34. Entrevista con Daniel Coleman.

35. Belloc, *The Great Heresies*, p. 85.

36. Al-Hammadi, «The Inside Story of al-Qa'ida», parte 8, 26 de marzo de 2005.

37. *Ibid.*, parte 5, 23 de marzo de 2005.

38. Departamento de Estado norteamericano, *Country Reports on Terrorism, 2004*, abril de 2005.

39. Entrevistas con Tim Niblock y Hassabulla Omer. Ken Silverstein, «Official Pariah Sudan Valuable to America's War on Terrorism», *Los Angeles Times*, 29 de abril de 2005.

40. Douglas Farah y Dana Priest, «Bin Laden Son Plays Key Role in al-Qaeda», *Washington Post*, 14 de octubre de 2003.

41. Declaración de Yamal al-Fadl, *U.S. v. Usama bin Laden, et al.*

9. SILICON VALLEY

1. Entrevista a Osama bin Laden de Tayser Alouni, al-Yazira, octubre de 2001, traducida por CNN.

2. Kepel, *Jihad*, p. 301.

3. Entrevista con Tom Corrigan.

4. Kohlmann, *Al-Qaida's Jihad in Europe*, p. 26.

5. *Ibid.*, p. 185.

6. Entrevistas con Francis Pellegrino, David Kelley, Lewis Schiliro, James Kallstrom, Joseph Cantemessa, Richard A. Clarke, Thomas Pickard, Pasquale «Pat» D'Amuro, Mark Rossini, Mary Galligan y Tom Corrigan.

7. Entrevista con Tom Corrigan.

8. Reeve, *The New Jackals*, p. 43.

9. *Ibid.*, p. 147.

10. *Ibid.*, p. 12.

11. *Ibid.*, p. 15.

12. Hay una enorme polémica sobre la fecha exacta del viaje de Zawahiri a Estados Unidos, o sobre si fue allí en más de una ocasión. Ali Muhammad, el principal informante del FBI sobre este asunto, les dijo a

los detectives que Zawahiri viajó a Brooklyn en 1988 acompañado de Abu Jaled al-Masri, un sobrenombre de Muhammad Shawki Islambuli, el hermano del asesino de Anwar al-Sadat, y que formaba parte de la *shura* de al-Yihad. Sobre el viaje a California, Muhammad dice que tuvo lugar en 1993, antes del atentado contra el World Trade Center, perpetrado el 26 de febrero. Sin embargo, el anfitrión de Zawahiri en California, el doctor Ali Zaki, dice que vio a Zawahiri una vez, en 1989 o 1990. También hay una declaración judicial hecha en Egipto por Jaled Abu al-Dahab, otro miembro de al-Yihad que residía en California. «Ayman al-Zawahiri vino a Estados Unidos a recaudar fondos», dijo Abu al-Dahab a un tribunal de El Cairo en 1999. Abu al-Dahab situaba el viaje de Zawahiri en una fecha tan tardía como 1994 o 1995. He elegido aceptar la versión del FBI sobre las fechas.

Según Daniel Coleman, Zawahiri hizo una visita en 1988 a la delegación de la Oficina de Servicios de los muyahidines en Brooklyn. La oficina, situada en Atlantic Avenue, estaba dirigida por uno de los hombres de Zawahiri en al-Yihad, Mustafa Shalabi. Dos años después, Shalabi tuvo una disputa por dinero con el antiguo rival de Zawahiri, el jeque Omar Abdul Rahman. El jeque ciego quería utilizar los fondos que recaudaba el centro para financiar la yihad internacional. Shalabi quería el dinero para organizar una revuelta islamista dentro de Egipto y se negó a renunciar al control de la cuenta. En marzo de 1991 entraron en el apartamento de Shalabi en Brooklyn, le golpearon, le estrangularon y le apuñalaron más de treinta veces, un asesinato que jamás se ha resuelto.

13. Entrevista con Jack Cloonan.

14. Entrevista con Mark Rossini.

15. Benjamin y Simon, *The Age of Sacred Terror*, p. 123.

16. Alegato, *U.S. v. Ali Mohamed*.

17. Entrevista con Jack Cloonan.

18. Entrevista con Michael Scheuer.

19. Paul Quinn-Judge y Charles M. Sennott, «Figure Cited in Terrorism Case Said to Enter US with CIA Help», *Boston Globe*, 3 de febrero de 1995.

20. Peter Waldman, Gerald F. Seib, Jerry Markon y Christopher Cooper, «The Infiltrator: Ali Mohamed Served in the U.S. Army – and bin Laden's Circle», *Wall Street Journal*, 26 de noviembre de 2001; Miller, Stone y Mitchell, *The Cell*, p. 141.

21. Bergen, *Holy War*, p. 129.

22. Entrevista con Jack Cloonan.

23. Entrevista con Tom Corrigan.

24. Benjamin Weiser y James Risen, «The Masking of a Militant: A Special Report; a Soldier's Shadowy Trail in U.S. and in the Mideast», *New York Times*, 1 de diciembre de 1998.

25. «The Story of the Arab Afghans from the Time of Their Arrival in Afghanistan Until Their Departure with the Taliban», parte 5, *Al-Sharq al-Awsat*, 12 de diciembre de 2004.

26. Entrevista con Jack Cloonan.

27. Entrevista con Jack Cloonan.

28. Entrevista con Jack Cloonan. El nombre y la organización de Bin Laden ya estaban empezando a ser conocidos incluso en los medios de comunicación. Hay un artículo de la Agence France Presse, «Jordanian Militants Train in Afghanistan to Confront Regime», fechado el 30 de mayo de 1993, en el que «un militante de 27 años» admite que ha sido «entrenado por al-Qaeda, una organización secreta en Afganistán que está financiada por un acaudalado hombre de negocios saudí que posee una empresa constructora en Yidda, Osama bin Laden».

29. Entrevista con Harlen L. Bell.

30. Entrevista con Daniel Coleman.

31. Confesiones de Ahmed Ibrahim al-Sayed al-Nayyar, en el caso de los «repatriados de Albania», septiembre de 1998.

32. Entrevista con Jack Cloonan.

33. Entrevista con Naguib Mahfuz.

34. Al-Zawahiri, «Knights Under the Prophet's Banner», parte 6. Existe un debate permanente sobre la cuestión de si Zawahiri estaba al frente de las Vanguardias. Hubo varios artículos en la prensa que describían a las Vanguardias como un grupo disidente, escindido de al-Yihad, liderado por Ahmed Agazzi y Yassir al-Sirri. Sin embargo, al-Sirri se mostró evasivo cuando le pregunté por ello. «En 1993 y 1994 muchos no estaban de acuerdo con lo que sucedía en Egipto —dijo—. Pero Zawahiri tenía el dinero. Este grupo no.» Mamduh Ismail, un abogado islamista de El Cairo, me dijo que «las Vanguardias» era un nombre inventado por la prensa; en realidad, la mayoría de las personas detenidas eran miembros de al-Yihad, una opinión de la que se hacen eco Hisham Kassem, un activista en favor de los derechos humanos y editor de El Cairo, y Montassir al-Zayyat. «No existe nada llamado "Vanguardias de Conquista"», sostiene Zayyat.

35. Según Hisham Kassem, un editor de El Cairo y activista en favor de los derechos humanos, «se acusó a las Vanguardias de intentar derrocar al gobierno. Entre las pruebas había un bate de béisbol y un rifle de aire com-

primido. A los que piensan que son peligrosos los cuelgan, al resto los condenan a cadena perpetua. Fue un montaje».

36. Andrew Higgins y Christopher Cooper, «Cloak and Dagger: A CIA-Backed Team Used Brutal Means to Crack Terror Cell», *Wall Street Journal*, 20 de noviembre de 2001.

37. Declaración de Yamal al-Fadl, *U.S. v. Usama bin Laden, et al.*

38. «Al-Sharq al-Awsat Publishes Extracts from al-Jihad Leader al-Zawahiri's New Book», *Al-Sharq al-Awsat*, 2 de diciembre de 2001, traducido al inglés por FBIS.

39. «Confessions from Last Leader of al-Jihad Organization», *Rose el-Youssef*, 2 de febrero de 1997, traducido al inglés por FBIS.

40. Salah, *Waqaï Sanawat al-Jihad*.

41. «Egyptian Mourners Condemn Terrorists», *AP*, 27 de noviembre de 1993.

42. Ayman al-Zawahiri, «Al-Sharq al-Awsat Publishes Extracts from al-Jihad Leader al-Zawahiri's New Book», *Al-Sharq al-Awsat*, 2 de diciembre de 2001, traducido al inglés por FBIS.

43. *Ibidem*.

10. El paraíso perdido

1. Huband, *Warriors of the Prophet*, p. 36.

2. Anónimo, *Through Our Enemies' Eyes*, p. 136.

3. Entrevista con Hassabulla Omer. L'Houssaine Kherchtou solo menciona en su declaración a un par de combatientes de al-Qaeda, que fueron enviados a Somalia porque tenían la piel oscura y podían pasar por nativos, *U.S. v. Usama bin Laden et al.* El grado de participación de al-Qaeda en Somalia sigue sin estar claro. Mary Deborah Doran, encargada del dossier somalí en el FBI, me escribió: «Creo que no hay ninguna duda de que al-Qaeda desempeñó algún papel en Somalia y creo que al-Qaeda tuvo alguna responsabilidad en el asesinato de nuestros soldados en octubre de 1993; que incluso si no fueron ellos quienes apretaron el gatillo (algo que no sabremos hasta que encontremos a la gente que disparó o estaba allí cuando dispararon), creo que esto no habría ocurrido sin ellos».

4. Al-Hammadi, «The Inside Story of al-Qa'ida», parte 2, 24 de marzo de 2005.

5. Taysir Alouni, entrevista con Osama bin Laden, al-Yazira, octubre de 2001.

6. Entrevista con Jack Cloonan.

7. Entrevista con Abdullah Anas.

8. Wiktorowicz, «The New Global Threat».

9. Entrevista con Abdullah Anas.

10. Evan Kohlmann, «The Legacy of the Arab-Afghans: A Case Study» (tesis sobre política internacional, Universidad de Georgetown, 2001).

11. Entrevista con Abdullah Anas.

12. Kepel, *Jihad*, p. 254.

13. Declaración de Yamal al-Fadl, *U.S. v. Usama bin Laden, et al.*

14. Entrevistas con Jack Cloonan y Mark Rossini.

15. Declaración de Yamal al-Fadl, *U.S. v. Usama bin Laden, et al.* Muhammad Loay Baizid (Abu Rida al-Suri), quien supuestamente compró el «uranio» para Bin Laden, afirma que este episodio nunca sucedió. Su afirmación la respalda Hassabulla Omer, que entonces trabajaba para el servicio secreto sudanés. Ambos hombres dicen que circulaban rumores y había fraudes en Jartum en los que podía haberse basado la declaración de Fadl.

16. Correspondencia personal con Roy Schwitters.

17. Anónimo, *Through Our Enemies' Eyes*, p. 125.

18. Los detalles sobre el intento de asesinato proceden de Muhammad Ibrahim Naqd, «The First Attempt to Assassinate bin Laden Was Attempted by a Libyan Who Was Trained in Lebanon», *Al-Hayat*, 18 de noviembre de 2001; e Ibrahim Hassan Ardi, «Al-Watan Places the Period the Head of al-Qaeda Spent in Sudan», *Al-Watan*, 25 de octubre de 2001; «Ossama bin-Ladin: Muslims Who Live in Europe Are Kafirs», *Rose al-Yousef*, 9 de diciembre de 1996; al-Hammadi, «The Inside Story of al-Qa'ida», parte 3, 21 de marzo de 2005; y de las entrevistas con Isam al-Turabi, Sadiq al-Mahdi, Hassabulla Omer y Jaled Yusuf. Varias fuentes sostienen que en realidad hubo dos tentativas de asesinar a Bin Laden, y algunas afirman que con solo unas semanas de diferencia, pero esas informaciones proceden del propio Bin Laden, que considera el tiroteo a la mezquita la noche anterior como un intento de matarle.

19. Entrevista con Yamal Jalifa. Algunos de los detalles sobre el hijo de Bin Laden, Abdullah, proceden de al-Hammadi, «The Inside Story of al-Qa'ida», parte 3, 21 de marzo de 2005.

20. «Ossama bin-Ladin: Muslims Who Live in Europe Are Kafirs», *Rose al-Yousef*, 9 de diciembre de 1996.

21. *Ibidem.*

22. Wright, «The Man Behind bin Laden».

23. Entrevista con Yamal Jashoggi.

24. Entrevista con Michael Scheuer.

25. Entrevista con una fuente sudanesa anónima.

26. Entrevista con Yamal Jalifa.

27. *Ibidem*.

28. Entrevista con Said Badib.

29. «Walidee Ramama al-Aqsa Bilkhasara» [Mi padre renovó la mezquita de al-Aqsa, con pérdidas], *Al-Umma al-Islamiyya*, 18 de octubre de 1991.

30. Daniel McGrory, «The Day When Osama bin Laden Applied for Asylum – in Britain», *Times*, 29 de septiembre de 2005.

31. Entrevista con un portavoz de la familia Bin Laden.

32. Entrevista con Yamal Jalifa.

33. Entrevista con Hassabulla Omer.

34. Benjamin Weiser, «Ex-Aide Tells of Plot to Kill bin Laden», *New York Times*, 21 de febrero de 2001.

35. Declaración de Yamal al-Fadl, *U.S. v. Usama bin Laden, et al.* Entrevista con Muhammad Loay Baizid.

36. Declaración de L'Houssaine Kherchtou, *U.S. v. Usama bin Laden, et al.*

37. Declaración de Yamal al-Fadl, *U.S. v. Usama bin Laden, et al.*

38. *Ibidem*. Las cantidades reales fueron: 795.200,49 dólares del Programa de Protección de Testigos y 151.047,2 dólares del FBI. Eso no incluye el dinero que le podría haber dado a Fadl la CIA, que fue la primera en interrogarle.

39. Entrevista con Jack Cloonan.

40. *Ibidem*.

41. Alegato, *U.S. v. Ali Mohamed*.

42. Hasin al-Banyan, «The Oldest Arab Afghan Talks to 'Al-Sharq al-Awsat' About His Career That Finally Landed Him in Prison in Saudi Arabia», *Al-Sharq al-Awsat*, 25 de noviembre de 2001, traducido al inglés por FBIS.

43. Entrevista con Yamal Jalifa.

44. Anónimo, *Through Our Enemies' Eyes*, p. 146.

45. Entrevista con Muhammad Loay Baizid.

46. Entrevista con Yamal Jashoggi.

47. Entrevista con Ahmed Badib.

11. EL PRÍNCIPE DE LAS TINIEBLAS

1. Entrevista con Richard A. Clarke.

2. Entrevista con Steven Simon.

3. Entrevista con el almirante Paul E. Busick.

4. Naftali, *Blind Spot*, p. 242.

5. Reeve, *New Jackals*, p. 104.

6. Entrevista con Mark Rossini.

7. Taysir Aluni, entrevista con Osama bin Laden, al-Yazira, octubre de 2001.

8. Entrevista con Richard A. Clarke.

9. Alain Geresh, *From Index on Censorship*, www.geocities.com/saudhouse_p/endofan.htm, abril de 1996.

10. Kevin Dennehy, «Cape Man Relives Close Call with Terrorist Bombing While in Saudi Arabia», *Cape Cod Times*, 25 de octubre de 2001.

11. Se puede encontrar una vívida descripción de los arrestos y las torturas que sufrieron los árabes afganos tras el atentado de 1995 en Jerichow, *The Saudi File*, pp. 136-140.

12. Kohlmann, *Al-Qaida's Jihad in Europe*, p. 158.

13. Teitelbaum, *Holier Than Thou*, p. 76.

14. Anónimo, *Through Our Enemies' Eyes*, p. 141.

15. Salah Najm y Yamal Ismail, «Osama bin Laden: The Destruction of the Base», al-Yazira, 10 de junio de 1999.

16. Conferencia del príncipe Turki al-Faisal en la Universidad Seton Hall, 14 de octubre de 2003.

12. LOS NIÑOS ESPÍAS

1. *Al-Ahram*, 5 de julio de 1995.

2. Entrevista con David Shinn.

3. Entrevista con Sadiq al-Mahdi.

4. *Al-Ahram*, 5 de julio de 1995.

5. Entrevista con Said Badib.

6. Entrevista con Hisham Kassem.

7. Entrevista con Muhammad el-Shafey.

8. Entrevista con Said Badib.

9. Petterson, *Inside Sudan*, p. 179.

10. Entrevista con Hisham Kassem.

11. Las organizaciones de derechos humanos calculan que el número de islamistas que aún están encarcelados en Egipto asciende a 15.000; los islamistas hablan de 60.000.

12. Entrevistas con Yassir al-Sirri, Montassir al-Zayyat y Hani al-Sibai.

13. Muhammad el-Shafey, «Al-Zawahiri's Secret Papers», parte 6, *Al-Sharq al-Awsat*, 18 de diciembre de 2002.

14. Entrevista con Yassir al-Sirri.

15. Muhammad el-Shafey, «Al-Zawahiri's Secret Papers», parte 6, *Al-Sharq al-Awsat*, 18 de diciembre de 2002.

16. Confesiones de Ahmed Ibrahim al-Sayed al-Nayyar, en el caso de los «repatriados de Albania», septiembre de 1998.

17. *Ibidem*.

18. La narración del atentado contra la embajada egipcia procede de al-Hammadi, «The Inside Story of al-Qa'ida», parte 9, 28 de marzo de 2005.

19. «Al-Qaida, Usama bin Laden's Vehicle for Action», documento anónimo de la CIA, 12 de julio de 2001. El documento describe a Abu Jabab como un «conductor de limusina», lo que normalmente en Oriente Próximo es un eufemismo de «taxista».

20. Entrevista con Ismail Jan.

21. Maha Azzam, «Al-Qaeda: The Misunderstood Wahhabi Connection and the Ideology of Violence», *Royal Institute of International Affairs Briefing Paper No. 1*, febrero de 2003.

22. *Sahih Bukhari*, vol. 8, libro 77, n.º 60.

23. Muhammad el-Shafey, «Al-Zawahiri's Secret Papers», parte 6, *Al-Sharq al-Awsat*, 18 de diciembre de 2002.

24. Entrevista con Isam al-Turabi.

25. Randal, *Osama*, p. 147.

26. Entrevista con Ghazi Salah Edin Atabani.

27. Entrevista con Timothy Carney.

28. Entrevista con Elfatih Erwa. Tanto Richard A. Clarke, que por entonces era el coordinador nacional de seguridad, protección de infraestructuras y antiterrorismo, como su director adjunto, Steve Simon, niegan que los sudaneses ofrecieran oficialmente entregar a Bin Laden, pero ninguno de ellos estuvo presente en la reunión y parece claro que el director de seguridad nacional en aquella época, Sandy Berger, sopesó la idea de aceptar la entrega de Bin Laden. Sin embargo, la Comisión del 11-S, concluyó que no encontró «ninguna prueba convincente» de que Erwa hubiera hecho dicha oferta. *9/11 Commission Report*, p. 110.

29. Barton Gellman, «U.S. Was Foiled Multiple Times in Efforts to Capture bin Laden or Have Him Killed», *Washington Post*, 3 de octubre de 2001.

30. «Arabs and Muslims Must Break Barriers, Contact Others: Turki», *Saudi Gazette*, 11 de noviembre de 2002.

31. Entrevista con Ahmed Badib.

32. Entrevista con Ahmed Badib.

33. Al-Hammadi, «The Inside Story of al-Qa'ida», parte 3, 21 de marzo de 2005.

34. Jason Burke, «The Making of bin Laden: Part 1», *Observer*, 28 de octubre de 2001.

35. Robert Block, «In the War Against Terrorism, Sudan Struck a Blow by Fleecing bin Laden», *Wall Street Journal*, 3 de diciembre de 2001.

36. *Ibidem*.

37. Declaración de L'Houssaine Kherchtou, *U.S. v. Usama bin Laden, et al.*

38. Entrevista con Jack Cloonan.

39. Al-Hammadi, «The Inside Story of al-Qa'ida», parte 3, 21 de marzo de 2005.

40. Entrevista con Yamal Jashoggi.

13. Hégira

1. Entrevista con Ahmed Badib.

2. Entrevista con Rahimullah Yusufzai.

3. Tim Friend, «Millions of Land Mines Hinder Afghan Recovery», *USA Today*, 27 de noviembre de 2001.

4. Según Thomas Gouttierre, director del Centro de Estudios Afganos de la Universidad de Nebraska-Omaha, el 80 por ciento de los combatientes talibanes eran huérfanos de la guerra contra los soviéticos. Anna Mulrine, «Unveiled Threat», *U.S. News and World Report*, 15 de octubre de 2001.

5. Burke, *Al-Qaeda*, p. 145.

6. Entrevista con Rahimullah Yusufzai.

7. Coll, *Ghost Wars*, p. 327.

8. Telegrama confidencial de la embajada estadounidense (Islamabad), «Finally, a Talkative Talib: Origins and Membership of the Religious Students' Movement», 20 de febrero de 1995.

9. Entrevista con un diplomático paquistaní anónimo.

10. Arnaud de Borchgrave, «Osama bin Laden – 'Null and Void'», *UPI*, 14 de junio de 2001.

11. Ismail Jan, «Mojaddedi Opposes Elevation of Taliban's Omar», *Islamabad the News*, 6 de abril de 1996.

12. Entrevista con Farraj Ismail.

13. Zaidan, *Bin Laden Bila Qina'*.

14. Telegrama confidencial de la embajada estadounidense (Islamabad), «Finally, a Talkative Talib: Origins and Membership of the Religious Students' Movement», 20 de febrero de 1995.

15. Nojumi, *The Rise of the Taliban*, p. 118.

16. Coll, *Ghost Wars*, pp. 294-295.

17. Entrevista con el príncipe Turki al-Faisal.

18. Juan Cole, comunicación personal.

19. Nojumi, *The Rise of the Taliban*, p. 119.

20. Lamb, *The Sewing Circles of Heart*, p. 105.

21. Burke, *Al-Qaeda*, p. 113.

22. Nojumi, *The Rise of the Taliban*, p. 136.

23. Robert Fisk, «Small Comfort in bin-Ladin's Dangerous Exile», *Independent*, 11 de julio de 1996.

24. Jason Burke, «The Making of bin Laden: Part 1», *Observer*, 28 de octubre de 2001.

25. «The Story of the Arab Afghans from the Time of Arrival in Afghanistan Until Their Departure with the Taliban, part 3», *Al-Sharq al-Awsat*, 10 de diciembre de 2004.

26. Entrevista con Rahimullah Yusufzai.

27. Entrevista con Peter L. Bergen.

28. Muhammad el-Shafey, «Son of al-Qai'da Financier: "Lived Next to bin Ladin's Family, Who Disliked Electricity and Called for Austerity"», *Al-Sharq al-Awsat*, 16 de abril de 2004.

29. Robert Fisk, «Small Comfort in bin-Ladin's Dangerous Exile», *Independent*, 11 de julio de 1996.

30. Según Jack Cloonan, en realidad los servicios secretos estadounidenses no descubrieron el teléfono hasta 1997.

31. «Biography of Usamah bin-Ladin, Written by Brother Mujahid with Minor Modifications», Islamic Observation Center, 22 de abril de 2000, traducido al inglés por FBIS.

32. Burke, *Al-Qaeda*, p. 156.

33. «The Story of the Arab Afghans from the Time of Arrival in Afghanistan Until Their Departure with the Taliban, Part 3», *Al-Sharq al-Awsat*, 10 de diciembre de 2004, traducido al inglés por FBIS.

34. Tim McGirk, «Home Away from Home», *Time*, 16 de diciembre de 1996.

35. Rashid, *Taliban*, p. 49.

36. Del apéndice 1 de *ibid.*, pp. 217 y ss. Rashid reproduce los decretos talibanes que habían sido traducidos del dari y entregados a la prensa sin

alterar la gramática ni la ortografía de los originales. Las estadísticas de empleo femenino proceden de Anna Mulrine, «Unveiled Threat», *U. S. News and World Report*, 15 de octubre de 2001.

37. Amy Waldman, «No TV, No Chess, No Kites: Taliban's Code, from A to Z», *New York Times*, 22 de noviembre de 2001.

38. *Ibidem*.

39. Entrevista con Bahram Rahman.

40. Burke, *Al-Qaeda*, p. 111.

41. Declaración de Ashif Muhammad Yuma, *U.S. v. Usama bin Laden, et al.*

42. Osama bin Laden, «Declaration of War Against the Americans Occupying the Land of the Two Holy Places», *Al-Quds al-Arabi*, 23 de agosto de 1996.

43. Entrevista con Yosri Fouda.

44. Fouda y Fielding, *Masterminds of Terror*, p. 116.

45. Entrevista con Frank Pellegrino.

46. *9/11 Commission Report*, 488 n. Informes anteriores sostenían, erróneamente, que se trataba del término serbocroata para «big bang».

47. Reeve, *The New Jackals*, 79.

48. Entrevista con Yamal Jashoggi, quien afirma que Bin Laden le «juró» que no conocía a Yusef. Sin embargo, Yusef estuvo algún tiempo en campamentos y pisos francos de al-Qaeda en 1989, y podría haber estado en Peshawar al mismo tiempo que Bin Laden ejercía de mediador en la guerra civil de Afganistán. Coll, *Ghost Wars*, p. 249. Muhammad Saleh, el corresponsal de *Al-Hayat* en El Cairo, me dijo que Ramzi Yusef y Bin Laden se conocieron en Pakistán, pero que no estaba dispuesto a revelar la fuente de esa información.

49. Reeve, *The New Jackals*, p. 76.

50. Entrevista con Michael Scheuer.

51. Reeve, *The New Jackals*, p. 86.

52. *9/11 Commission Report*, p. 149.

14. ENTRAR EN ACCIÓN

1. Entrevistas con John Lipka, Dale Watson, Jack Cloonan y un comisario político anónimo de Riad; Freeh, *My FBI*, pp. 11 y ss. Kenneth M. Pollack, en una comunicación personal, escribe: «Los saudíes estuvieron totalmente de acuerdo con nosotros en que Irán estaba detrás del atentado contra las torres Jobar. Nunca oí la más ligera insinuación de que creyeran

que el responsable era al-Qaeda. No obstante, puesto que habían emprendido el restablecimiento de relaciones con Teherán, sobre todo tras la elección de Muhammad Jatami en Irán, teníamos la impresión de que no querían que llegáramos a esa conclusión por miedo a que organizáramos un ataque como represalia o a que nos sintiéramos obligados a hacerlo». Richard A. Clarke y Steven Simon han expresado opiniones similares en entrevistas. Sin embargo, la Comisión del 11-S deja abierta la posibilidad de que exista una conexión entre el atentado contra las torres Jobar y al-Qaeda, y afirma que existen «pruebas sólidas pero indirectas» de que la organización «de hecho desempeñó algún papel que todavía se desconoce». Douglas Jehl, «No Saudi Payment to Qaeda Is Found», *New York Times*, 19 de junio de 2004. Sin embargo, estas pruebas no se han hecho públicas. Según Michael Scheuer, el vínculo se establecía en un memorando que la CIA elaboró y entregó a la Comisión.

2. Entrevista con Richard A. Clarke. Freeh, en una comunicación personal, niega que se produjera esta conversación. Sin embargo, O'Neill les contó a muchos otros la misma historia.

3. Entrevista con un ex funcionario anónimo del Departamento de Estado norteamericano.

4. Entrevista con Rihab Massud.

5. Entrevista con John Lipka.

6. Entrevista con R. P. Eddy.

7. Entrevistas con Richard A. Clarke, Tom Corrigan y Tom Lang.

8. Entrevistas con Daniel Coleman y Michael Scheuer.

9. Prueba presentada en el juicio *U.S. v. Usama bin Laden, et al.*

10. Vista del juicio *U.S. v. Usama bin Laden, et al.*

11. Entrevista con Daniel Coleman.

12. Entrevista con Daniel Coleman.

15. PAN Y AGUA

1. Abdel Bari Atwan, «Interview with Saudi oppositionist Usmah bin-Ladin», *Al-Quds al-Arabi*, 27 de noviembre de 1996.

2. Burke, «The Making of bin Laden: Part 1», *Observer*, 28 de octubre de 2001.

3. Bergen, *Holy War*, pp. 17 y ss.

4. Al-Hammadi, «The Inside Story of al-Qa'ida», parte 5, 23 de marzo de 2005.

5. «Walidee Ramama al-Aqsa Bilkhasara» [Mi padre renovó la mezquita de al-Aqsa, con pérdidas], *Al-Umma al-Islamiyya*, 18 de octubre de 1991.

6. Al-Hammadi, «The Inside Story of al-Qa'ida», parte 5, 23 de marzo de 2005.

7. Coll, *Ghost Wars*, p. 391.

8. Al-Hammadi, «The Inside Story of al-Qa'ida», parte 6, 24 de marzo de 2005.

9. Clarke, *Against All Enemies*, p. 149.

10. Al-Hammadi, «The Inside Story of al-Qa'ida», parte 6, 24 de marzo de 2005.

11. «Secrets of Relations Among al-Zawaheri, ben Ladan, and Hezb ul-Tahrir in Terrorist Operations in Europe» [sic], *Al-Watan al-Arabi*, 13 de octubre de 1995, traducido al inglés por FBIS. Uno de los socios de Zawahiri declaró en Egipto que mantenía contacto telefónico con él en Ginebra. Jalid Sharaf al-Din, «Surprises in the Trial of the Largest International Fundamentalist Organization in Egypt», *Al-Sharq al-Awsat*, 6 de marzo de 1999, traducido al inglés por FBIS. La información sobre la mansión en Suiza procede de «Al-Jihad Terrorist Claims Strong CIA-Terrorist Ties», *MENA*, 8 de septiembre de 1996. Yassir al-Sirri, que estaba estrechamente vinculado a al-Yihad, declaró en una entrevista que Zawahiri nunca vivió en Suiza, si bien la prima de Zawahiri sostiene que sí.

12. Entrevista con Said Badib.

13. Entrevista con Jesper Stein; Michael Taarnby Jensen, correspondencia personal.

14. Andrew Higgins y Alan Cullison, «Terrorist's Odyssey: Saga of Dr. Zawahri [sic] Illuminates Roots of al-Qaeda Terror», *Wall Street Journal*, 2 de julio de 2002.

15. Wright, «The Man Behind bin Laden», *New Yorker*, 16 de septiembre de 2002.

16. Andrew Higgins y Alan Cullison, «Terrorist's Odyssey: Saga of Dr. Zawahri [sic] Illuminates Roots of al-Qaeda Terror», *Wall Street Journal*, 2 de julio de 2002.

17. Al-Zawahiri, «Knights Under the Prophet's Banner», parte 7.

18. C. J. Chivers y Steven Lee Myers, «Chechen Rebels Mainly Driven by Nationalism», *New York Times*, 12 de septiembre de 2004.

19. Andrew Higgins y Alan Cullison, «Terrorist's Odyssey: Saga of Dr. Zawahri [sic] Illuminates Roots of al-Qaeda Terror», *Wall Street Journal*, 2 de julio de 2002.

20. Benjamin y Simon, *The Age of Sacred Terror*, p. 146.

21. Vahid Mojdeh, en Bergen, *The Osama bin Laden I Know*, p. 164.

22. Confesiones de Ahmed Ibrahim al-Sayed al-Nayyar, en el caso de los «repatriados de Albania», septiembre de 1998.

23. Abdurrahman Jadr, en Bergen, *The Osama bin Laden I Know*, p. 173.

24. Alan Cullison y Andrew Higgins, «Strained Alliance: Inside al-Qaeda's Afghan Turmoil», *Wall Street Journal*, 2 de agosto de 2002.

25. Abdel Bari Atwan, en Bergen, *The Osama bin Laden I Know*, p. 170.

26. Entrevista con Maha Elsamneh.

27. Entrevista con Montassir al-Zayyat.

28. Weaver, *A Portrait of Egypt*, p. 264. Weaver calcula que el número de islamistas asesinados oscila entre siete mil y ocho mil, p. 267.

29. Rubin, *Islamic Fundamentalism*, p. 161.

30. Muhammad el-Shafey, «Al-Zawahiri's Secret Papers», parte 5, *Al-Sharq al-Awsat*, 17 de diciembre de 2002, traducido al inglés por FBIS.

31. Entrevista con Hisham Kassem.

32. Weaver, *A Portrait of Egypt*, p. 272.

33. Douglas Jehl, «70 Die in Attack at Egypt Temple», *New York Times*, 18 de noviembre de 1997.

34. Weaver, *A Portrait of Egypt*, p. 259.

35. Alan Cowell, «At a Swiss Airport, 36 Dead, Home from Luxor», *New York Times*, 20 de noviembre de 1997; también Douglas Jehl, «At Ancient Site Along the Nile, Modern Horror», *New York Times*, 19 de noviembre de 1997.

36. Anónimo, *Through Our Enemies' Eyes*, p. 199.

37. Jailan Halawi, «Bin Laden Behind Luxor Massacre?», *Al-Ahram Weekly*, 20-26 de mayo de 1999.

38. Lawrence Wright, «The Man Behind bin Laden», *New Yorker*, 16 de septiembre de 2002.

39. Entrevista con Hisham Kassem.

40. Fuad Husein, «Al-Zarqawi... The Second Generation of al-Qa'ida, Part Fourteen», *Al-Quds al-Arabi*, 13 de julio de 2005.

41. Al-Zawahiri, «Knights Under the Prophet's Banner», parte 11.

42. Conclusiones de Kenneth M. Karas en el juicio *U.S. v. Usama bin Laden, et al.*

43. Zayyat, *The Road to al-Qaeda*, p. 89.

44. Muhammad el-Shafey, «Al-Zawahiri's Secret Papers», parte 2, traducido al inglés por FBIS, *Al-Sharq al-Awsat*, 14 de diciembre de 2002.

45. Muhammad el-Shafey, «Al-Qaeda's Secret Emails», parte 2, traducido al inglés por FBIS, 13 de junio de 2005.

46. Al-Zayyat, *The Road to al-Qaeda*, p. 109.

47. Entrevista con Hani al-Sibai.

48. Confesiones de Ahmed Ibrahim al-Sayed al-Nayyar, en el caso de los «repatriados de Albania», septiembre de 1998.

16. «AHORA EMPIEZA»

1. Burke, *Al-Qaeda*, p. 186.

2. Entrevista con Ismail Jan.

3. Entrevista con Rahimullah Yusufzai.

4. www.pbs.org/frontline.

5. Al-Hammadi, «The Inside Story of al-Qa'ida», parte 6, 24 de marzo de 2005.

6. Entrevista con Rahimullah Yusufzai.

7. Declaración de Stephen Gaudin, *U.S. v. Usama bin Laden, et al.*

8. Miller, Stone y Mitchell, *The Cell*, p. 192.

9. Entrevistas con Michael Scheuer, Dale Watson, Mark Rossini, Daniel Coleman y Richard A. Clarke.

10. Entrevista con el príncipe Turki al-Faisal.

11. Entrevista con Michael Scheuer.

12. La reunión con el mullah Omar se basa principalmente en la narración de primera mano del príncipe Turki. Michael Scheuer dice, basándose en los informes de la CIA sobre la reunión, que Omar y Turki tuvieron una disputa durante la cual Omar supuestamente dijo: «Alteza, solo tengo una pregunta: ¿cuándo se han convertido los miembros de la familia real en lacayos de los norteamericanos?».

13. Rashid, *Taliban*, pp. 72-73.

14. *Ibid.*, p. 139.

15. Entrevistas con Daniel Coleman, Mark Rossini y Montassir al-Zayyat.

16. Entrevista con Hafez Abu Saada.

17. Su verdadero nombre es Abdullah Ahmed Abdullah, también conocido como Abu Muhammad el-Masri. Nunca ha sido capturado. Entrevista con Ali Sufan; también declaración de Stephen Gaudin, *U.S. v. Usama bin Laden, et al.*

18. Entrevista con Daniel Coleman.

19. Entrevistas con Pasquale «Pat» D'Amuro, Stephen Gaudin, Mark Rossini y Kenneth Maxwell.

20. Entrevista con Ali Sufan.

21. Entrevista con Stephen Gaudin.

22. Entrevista con Mark Rossini.

23. Entrevistas con Pasquale «Pat» D'Amuro, Daniel Coleman y Ali Sufan.

24. Documento del FBI, «PENTBOM Major Case 182 AOT-IT», 5 de noviembre de 2001.

25. Declaración de Stephen Gaudin, *U.S. v. Usama bin Laden, et al.*

26. Entrevista con Mary Lynn Stevens.

27. Entrevista con Grant Ashley.

28. Entrevista con Michael Rolince.

29. Entrevista con Paul Garmirian.

30. Entrevista con Mark Rossini.

31. Entrevista con Milt Bearden. Bearden cree que el agente extranjero era egipcio o tunecino.

32. Entrevista con el almirante Bob Inman.

33. Entrevista con Michael Scheuer.

34. Al-Hammadi, «The Inside Story of al-Qa'ida», parte 9, 28 de marzo de 2005.

35. Entrevista con Abdul Rahman Jadr.

36. Telegrama confidencial del Departamento de Estado, «Osama bin Laden: Taliban Spokesman Seeks New Proposal for Resolving bin Laden Problem», 28 de noviembre de 1998. Según fuentes hospitalarias y funcionarios paquistaníes, las cifras fueron 11 muertos y 53 heridos. Ismail Khan, «Varying versions», *Islamabad the News*, 30 de agosto de 1998.

37. Al-Hammadi, «The Inside Story of al-Qa'ida», parte 9, 28 de marzo de 2005.

38. Murad Ahmad, «Report Cites Russian "Documents" on bin Ladin's Past», *Al-Majellah*, 23 de diciembre de 2001.

39. Entrevista con Rahimullah Yusufzai.

17. EL NUEVO MILENIO

1. Telegrama confidencial del Departamento de Estado, «Afghanistan: Taliban's Mullah Omar's 8/22 Contact with State Department», 22 de agosto de 1998.

2. Entrevista con Rahimullah Yusufzai.

3. Telegrama de la embajada estadounidense (Islamabad), «SLTREP 6: Pakistan/Afghanistan Reaction to U.S. Strikes», 25 de agosto de 1998.

4. Robert Fisk, «Bin Laden's Secrets Are Revealed by al-Jazeera Journalist», *Independent*, 23 de octubre de 2002.

5. Burke, *Al-Qaeda*, p. 168.

6. Stephen Braun y Judy Pasternak, «Long Before Sept. 11, bin Laden Aircraft Flew Under the Radar», *Los Angeles Times*, 18 de noviembre de 2001.

7. Entrevista con el príncipe Turki al-Faisal.

8. «Spiegel Interview: "And Then Mullah Omar Screamed at Me"», *Der Spiegel*, 8 de marzo de 2004, traducido al inglés por Christopher Sultan.

9. Entrevista con Abdul Rahman Jadr.

10. Al-Hammadi, «The Inside Story of al-Qa'ida», parte 6, 24 de marzo de 2005.

11. *Ibidem.*

12. *9/11 Commission Report*, p. 131.

13. Entrevista con Michael Scheuer.

14. Entrevista con Grant Ashley.

15. Entrevista con un agente anónimo del FBI.

16. Weiss, *The Man Who Warned America*, p. 279.

17. Entrevista con Joe Cantemessa.

18. Anónimo, *Through Our Enemies' Eyes*, p. 124.

19. Entrevista con Ahmed Badib.

20. *9/11 Commission Report*, p. 61.

21. Jeffrey Goldberg, «The Great Terror», *New Yorker*, 25 de marzo de 2002.

22. *9/11 Commission Report*, p. 66.

23. «Iraq: Former PM Reveals Secret Service Data on Birth of al-Qaeda in Iraq», *Aki*, 23 de mayo de 2005.

24. Entrevista con Lewis Schiliro.

25. Declaración de Samuel R. Berger, *Joint Congressional Inquiry*, 19 de septiembre de 2002.

26. Robert Draper, «The Plot to Blow Up LAX», *GQ*, diciembre de 2001.

27. Entrevistas con Joseph Dunne y Mark Rossini.

28. Clarke, *Against All Enemies*, p. 214.

29. Entrevista con Robert McFadden.

18. ¡BUM!

1. Entrevista con Marc Sageman. Muchas de las estadísticas proceden de su importante ensayo, *Understanding Terror Networks*.

2. Sageman destaca que «solo cuatro de los 400 hombres [de su muestra] mostraban indicios de algún trastorno. Esta cifra es menor que el porcentaje mundial de trastornos psiquiátricos». Marc Sageman, «Understanding Terror Networks», *E-Notes*, Foreign Policy Research Institute, 1 de noviembre de 2004.

3. Nick Fielding, «Osama's Recruits Well-Schooled», *Sunday Times*, 3 de abril de 2005.

4. Entrevista con Abdullah Anas.

5. Entrevista con Abdullah Anas.

6. *9/11 Commission Report*, p. 66. Sageman calculaba en privado que el número de reclutas durante ese período no superaba los cinco mil.

7. Bernstein, *Out of the Blue*, p. 86.

8. Al-Hammadi, «The Inside Story of al-Qa'ida», parte 5, 23 de marzo de 2005.

9. Entrevista con Ali Sufan.

10. David Rohde y C. J. Chivers, «Al-Qaeda's Grocery Lists and Manuals of Killing», *New York Times*, 17 de marzo de 2002.

11. Abu Zayd, «After Ben Ladan's Return to Afghanistan and Revival of Fundamentalist Alliance», *Al-Watan al-Arabi*, 7 de junio de 1996.

12. Entrevista con Jack Cloonan. Los miembros de al-Qaeda también vieron la película del autor, *Estado de sitio* (*The Siege*).

13. Alan Cullison y Andrew Higgins, «Computer in Kabul Holds Chilling Memos», *Wall Street Journal*, 31 de diciembre de 2001.

14. Documento sin fecha y sin firmar, «CIA Report on the Zawahiri Brothers».

15. «Is al-Qaeda Making Anthrax?», *CBS News*, 9 de octubre de 2003; Eric Lipton, «Qaeda Letters Are Said to Show Pre-9/11 Anthrax Plans», *New York Times*, 21 de mayo de 2005.

16. «The Story of the Afghan Arabs», *Al-Sharq al-Awsat*, parte 1, 8 de diciembre de 2004.

17. Entrevistas con Georg Mascolo, Josef Joffe, Jochen Bittner, Manfred Murck y Cordula Meyer.

18. «The Hamburg Connection», *BBC News*, 19 de agosto de 2005.

19. *9/11 Commission Report*, p. 165.

20. John Crewdson, «From Kind Teacher to Murderous Zealot», *Chicago Tribune*, 11 de septiembre de 2004.

21. Brian Ross, «Face to Face with a Terrorist», ABC News, 6 de junio de 2002.

22. Fouda y Fielding, *Masterminds of Terror*, p. 82.

23. Nicholas Hellen, John Goetz, Ben Smalley y Jonathan Ungoed-Thomas, «God's Warrior», *Sunday Times*, 13 de enero de 2002.

24. *9/11 Commission Report*, p. 154.

25. «Substitution for the Testimony of Khalid Sheikh Muhammad», *U.S. v. Moussaoui*.

26. *9/11 Commission Report*, p. 155.

27. «Bin Laden's Sermon for the Feast of the Sacrifice», MEMRI Special Dispatch Series n.º 476, www.memri.org, 5 de marzo de 2003.

28. Paul Martin, «Chicago, L.A. Towers Were Next Targets», *Washington Times*, 30 de marzo de 2004.

29. *Joint Inquiry into Intelligence Community Activities Before and After the Terrorist Attacks of September 11, 2001*, p. 131; y *Der Spiegel, Inside 9-11*, p. 16.

30. *Joint Inquiry into Intelligence Community Activities Before and After the Terrorist Attacks of September 11, 2001*, p. 131; entrevista con Ali Sufan; y comunicación personal con Eric Watkins.

31. Georg Mascolo, «Operation Holy Tuesday», *Der Spiegel*, 27 de octubre de 2003.

32. Entrevista con Ali Sufan.

33. *9/11 Commission Report*, p. 353.

34. Entrevista con Said Badib.

35. «Three 9/11 Hijackers: Identification, Watchlisting, and Tracking», *Staff Statement No. 2*, 4, National Commission on Terrorist Attacks Upon the United States.

36. Entrevista con Mark Rossini.

37. A Miller se le identifica como «Dwight» en «A Review of the FBI's Handling of Intelligence Information Related to the September 11 Attacks», Departamento de Justicia, Oficina del Inspector General, noviembre de 2004, p. 233.

38. Entrevista con un empleado anónimo de la CIA en la estación Alec, que me dijo: «El verdadero milagro es que solo hubiera un gran error».

39. *The 9/11 Commission Report*, p. 479.

40. Steve Coll, «A Secret Hunt Unravels in Afghanistan», *Washington Post*, 22 de febrero de 2004.

41. Michael Isikoff y Evan Thomas, «The Saudi Money Trail», *News-*

week, 2 de diciembre de 2002; *9/11 Commission Report*, pp. 215-218; *Joint Inquiry into Intelligence Community Activities Before and After the Terrorist Attacks of September 11, 2001*, pp. 172-174; «A Review of the FBI's Handling of Intelligence Information Related to the September 11 Attacks», Departamento de Justicia, Oficina del Inspector General, noviembre de 2004, p. 325.

42. Entrevista con Jack Cloonan.

43. Al-Hammadi, «The Inside Story of al-Qa'ida», parte 4, 22 de marzo de 2005.

44. *9/11 Commission Report*, pp. 190-191.

45. Benjamin y Simon, *The Age of Sacred Terror*, p. 323.

46. Bergen, *Holy War*, p. 186.

47. Entrevista con un ex funcionario anónimo de la CIA.

48. Entrevistas con Barbara Bodine, Kenneth Maxwell, Thomas Pickard, Pasquale «Pat» D'Amuro, Jim Rhody, Tom Donlon, Ali Sufan, Kevin Giblin, Barry Mawn, David Kelley, Mark Rossini y Kevin Donovan; también John O'Neill, «The Bombing of the USS *Cole*», conferencia pronunciada en la 19th Annual Government/Industry Conference on Global Terrorism, Political Instability, and International Crime, marzo de 2001; Graham, *Intelligence Matters*, pp. 60-61; Bergen, *Holy War*, pp. 184-192; Weiss, *The Man Who Warned America*, pp. 287-312; «The Man Who Knew», www.pbs.org.

49. Entrevista con Michael Sheehan.

50. Entrevista con Ali Sufan.

51. Según Sufan, «la CIA entrevistó a mis espaldas» a su fuente en Afganistán en diciembre de 2000. La agencia compartía a su informante por aquel entonces, pero, cumpliendo con el protocolo, llevaba consigo al agregado legal del FBI de Islamabad. En aquella época, el agente de la CIA consiguió que el informante identificara a Jallad en una foto de vigilancia de la reunión de Malaisia. Eso le permitió a la CIA afirmar, acertadamente, que el FBI estaba presente cuando se mostró la fotografía; sin embargo, la entrevista fue en árabe, una lengua que el agregado del FBI no hablaba, por lo que no comprendió lo que estaba sucediendo.

52. «The Story of the Afghan Arabs», *Al-Sharq al-Awsat*, parte 4, 12 de diciembre de 2004.

53. *9/11 Commission Report*, p. 191.

54. Clinton, *My Life*, p. 925.

55. Entrevista con Ali Sufan.

19. LA GRAN BODA

1. Entrevistas con Ahmed Zaidan, Yamal Jalifa y Maha Elsamneh; Zeidan, *Bin Laden Bila Qina'*, pp. 109-158.

2. «Bin Laden Verses Honor *Cole* Attack», *Reuters*, 2 de marzo de 2001.

3. Abdullah bin Osama bin Laden dice que su padre solo dormía dos o tres horas al día. «Bin Laden's Son Defiant», BBC, 14 de octubre de 2001.

4. Prueba presentada por el gobierno, *U.S. v. Moussaoui*.

5. Entrevista con Richard A. Clarke; también Clarke, *Against All Enemies*, pp. 225-234. *The 9/11 Commission Report* afirma que Clarke le dijo a Rice que quería que le nombraran de nuevo en mayo o junio; él me dijo marzo.

6. Philip Shenon y Eric Schmitt, «Bush and Clinton Aides Grilled by Panel», *New York Times*, 24 de marzo de 2004.

7. Entrevista con Valerie James. El salario base de O'Neill era de 120.336 dólares.

8. Muhammad el-Shafey, «UBL's Aide al-Zawahiri Attacks Jihad Members Taking Refuge in Europe», *Al-Sharq al-Awsat*, 23 de abril de 2001, traducido al inglés por FBIS.

9. Entrevista con Abdullah Anas; Kathy Gannon, «Osama Ordered Assassination», *Advertiser*, 16 de agosto de 2002; Jon Lee Anderson, «Letter from Kabul: The Assassins», *New Yorker*, 10 de junio de 2002; Burke, *Al-Qaeda*, p. 177; Mike Boettcher y Henry Schuster, «How Much Did Afghan Leader Know?», CNN, 6 de noviembre de 2003; *9/11 Commission Report*, p. 139; telegrama confidencial de la Agencia de Inteligencia de Defensa, «IIR [expurgado]/The Assassination of Massoud Related to 11 September 2001 Attack», 21 de noviembre de 2001; Benjamin y Simon, *The Age of Sacred Terror*, p. 338; Coll, *Ghost Wars*, p. 568.

10. Sam Tannehaus, «The C.I.A.'s Blind Ambition», *Vanity Fair*, enero de 2002. Tannehaus sostiene que el atentado iba a tener lugar durante la reunión del G-8 en Génova, pero Clarke me dijo que el aviso se refería a un plan para asesinar al presidente en Roma.

11. «Newspaper Says U.S. Ignored Terror Warning», *Reuters*, 7 de septiembre de 2002.

12. John K. Cooley, «Other Unheeded Warnings Before 9/11?», *Christian Science Monitor*, 23 de mayo de 2002.

13. Entrevista con Ali Sufan.

14. Al-Hammadi, «The Inside Story of al-Qa'ida», parte 6, 24 de marzo de 2005.

15. Entrevista con Ali Sufan.

16. Entrevista con Richard A. Clarke.

17. Dana Priest, «Panel Says Bush Saw Repeated Warnings», *Washington Post*, 13 de abril de 2004.

18. Intelink es un sistema muy limitado que también estaba a disposición de otras agencias de inteligencia. Solo le habría mostrado a Gillespie lo que era accesible para la inteligencia del FBI. Si hubiera hecho su búsqueda en el sistema Hercules, la potente base de datos de la CIA, que contenía todos los telegramas y las comunicaciones de la NSA, y a la que ella tenía acceso, habría encontrado toda la información que la CIA poseía sobre Mihdar y Hazmi.

19. Entrevistas con Dina Corsi, Steven Bongardt, Ali Sufan y Mark Rossini. Miller, Stone y Mitchell, *The Cell*, p. 305; comparecencia de Cofer Black, 20 de septiembre de 2002, *Joint Inquiry into Intelligence Community Activities Before and After the Terrorist Attacks of September 11, 2001*. Dina Corsi me dijo que había escrito los nombres de Mihdar y Hazmi en los reversos de las fotografías para que pudieran acceder a ellos los agentes de la división criminal de la unidad I-49, pero Bongardt dice que nunca los vio.

20. Entrevistas con Jack Cloonan, Ali Sufan, Pasquale «Pat» D'Amuro, Daniel Coleman y el almirante Bob Inman; *9/11 Commission Report*, pp. 78-80.

21. *9/11 Commission Report*, p. 222.

22. Entrevista con Ali Sufan.

23. Entrevistas con Mark Rossini, Valerie James, Enrique García, Emiliano Burdiel Pascual y Teodoro Gómez Domínguez.

24. Entrevistas con José María Irujo, Keith Johnson y Ramón Pérez Maura; *Joint Congressional Inquiry*, p. 239; Fouda y Fielding, *Masterminds of Terror*, p. 137.

25. Entrevista con Dan Coleman.

26. «Rede des Scheich usamma Bin LADEN anläßlich des Fitr-Festes erster schawal 1420» [Speech of Sheikh Osama Bin Laden on the occasion of the Fitr celebration of the first schawal 1420], Motassadeq Document, traducido al inglés por Chester Rosson. Se han modificado algunos aspectos de la gramática y el rebuscado lenguaje, que fue traducido del árabe al alemán, y después al inglés.

27. Entrevistas con Jack Cloonan, Mark Rossini y Daniel Coleman; Miller, Mitchell y Stone, *The Cell*, p. 289; *Joint Congressional Inquiry*, p. 20. En la jerga del FBI, una «comunicación electrónica» es un correo electró-

nico que requiere una respuesta, no es un documento informal. El correo electrónico ha reemplazado al teletipo en las comunicaciones oficiales.

28. Entrevistas con Richard A. Clarke y Michael Rolince; *9/11 Commission Report*, pp. 273-276.

29. *9/11 Commission Report*, p. 151; «Entrepreneurs of Terrorism», *Weekend Australian*, 24 de julio de 2004.

30. Weiss, *The Man Who Warned America*, p. 350.

31. Entrevistas con Ali Sufan, Jack Cloonan, Mark Rossini y Daniel Coleman; Eleanor Hill, «The Intelligence Community's Knowledge of the September 11 Hijackers Prior to September 11, 2001», Joint Inquiry Staff Statement, *Joint Congressional Inquiry*, 20 de septiembre de 2002.

32. Roula Khalaf, «Dinner with the FT: Turki al-Faisal», *Financial Times*, 1 de noviembre de 2003.

33. Paul Mcgeough, «The Puppeteer», *Sydney Morning Herald*, 8 de octubre de 2002.

34. Weiss, *The Man Who Warned America*, p. 359.

35. Jon Lee Anderson, «Letter from Kabul: The Assassins», *New Yorker*, 10 de junio de 2002.

36. Kathy Gannon, «Osama "Ordered Assassination"», *Advertiser*, 17 de agosto de 2002.

37. Entrevistas con Jerome Hauer y Robert Tucker.

38. Entrevista con Ali Sufan.

39. Cinta de vídeo con la cena de Bin Laden con el jeque Ali Said al-Ghamdi.

40. Sageman, *Understanding Terror Networks*, p. 117.

41. Peter Finn, «Hamburg's Cauldron of Terror», *Washington Post*, 11 de septiembre de 2002.

42. Der Spiegel, *Inside 9-11*, p. 50.

43. Weiss, *The Man Who Warned America*, p. 366.

44. Entrevista con Ali Sufan.

45. Mike Boettcher, «Detainees Reveal bin Laden's Reaction to Attacks», CNN.com, 10 de septiembre de 2002.

46. Los detalles de las escenas del interior proceden de entrevistas con Kurt Kjeldsen y Michael Hingson; imágenes de vídeo grabadas por Jules y Gedeon Naudet; Murphy, *September 11*; Fink y Mathias, *Never Forget*; Smith, *Report from Ground Zero*.

47. Entrevista con Wesley Wong.

48. Anthony DePalma, «What Happened to That Cloud of Dust?», *New York Times*, 2 de noviembre de 2005.

20. Revelaciones

1. Entrevistas con Ali Sufan y Robert McFadden.

2. Weiss, *The Man Who Warned America*, p. 383.

3. John R. Bradley, «Definitive Translation of "Smoking Gun" Tape», www.johnrbradley.com/art_27.html, 15 de julio de 2004, traducido al inglés por Ali al-Ahmed.

4. Entrevista con Maha Elsamneh.

5. Smucker, *Al-Qaeda's Great Escape*, pp. 119-120.

6. Cinta de audio de Bin Laden, «Message to Our Muslim Brothers in Iraq», BBCNews.com, 12 de febrero de 2003.

7. «Al-Majellah Obtains bin Ladin's Will», *Al-Majellah*, 27 de octubre de 1992, traducido al inglés por FBIS.

8. Ilene R. Prusher, «Two Top al-Qaeda Leaders Spotted», *Christian Science Monitor*, 26 de marzo de 2002.

Bibliografía

Abbas, Hamid, *Story of the Great Expansion*, Saudi Bin Ladin Group [*sic*], Yidda, 1996.

Abdel-Malek, Anouar, *Egypt: Military Society*, traducido por Charles Lam Markmann, Random House, Nueva York, 1968.

Abdelnasser, Walid Mahmoud, *The Islamic Movement in Egypt: Perceptions of International Relations, 1967-81*, Kegan Paul International, Londres, 1994.

Abdo, Geneive, *No God but God: Egypt and the Triumph of Islam*, Oxford University Press, Oxford, 2000.

Abdullah, Isam, «Al-Majellah Tuhawir Shahid Ayan Arabi ala Hisar Kandahar», [*Al-Majellah* entrevista a un testigo árabe del cerco de Kandahar], traducido al inglés por May Ibrahim, *Al-Majellah*, 3 de diciembre de 2001.

Abir, Mordechai, *Saudi Arabia: Government, Society, and the Gulf Crisis*, Routledge, Nueva York, 1993.

Abou El Fadl, Khaled, «The Ugly Modern and the Modern Ugly: Reclaiming the Beautiful in Islam», en *Progressive Muslims: On Justice, Gender, and Pluralism*, compilado por Omid Safi, Oneworld Publications, Oxford, 2003.

—, *et al.*, *The Place of Tolerance in Islam*, Beacon Press, Boston, 2002.

AbuKhalil, As'ad, *Bin Laden, Islam, and America's New «War on Terrorism»*, Seven Stories, Nueva York, 2002.

Abu-Rabi, Ibrahim M., *Intellectual Origins of Islamic Resurgence in the Modern Arab World*, State University of Nueva York Press, Albany, 1996.

Aburish, Saïd K., *The Rise, Corruption, and Coming Fall of the House of Saud*, St. Martin's, Nueva York, 1996.

Ajami, Fouad, *The Arab Predicament: Arab Political Thought and Practice Since 1967*, Cambridge University Press, Cambridge, 1981.

—, *The Dream Palace of the Arabs: A Generation's Odyssey*, Pantheon Books, Nueva York, 1998.

Algar, Hamid, *Wahhabism: A Critical Essay*, Islamic Publications International, Nueva York, 2002.

Amin, Mohamed, *The Beauty of Makkah and Madinah*, Camerapix Publishers International, Nairobi, 1999.

«Amreeka Tantaqim wa bin Laden Yuhadid» [América se venga y Bin Laden amenaza], traducido al inglés por Dina Ibrahim, *Akhbar al-Hawadith*, n.º 497, 11 de octubre de 2001.

Anas, Abdullah, *Wiladat al-Afghan al-Arab: Seerat Abdulla Anas bayna masood wa Abdulla Azzam* [El nacimiento de los árabes afganos: las memorias de Abdullah Anas: entre Masud y Abdullah Azzam], Dar al-Saqee, Beirut, 2002.

Anónimo, *Through Our Enemies' Eyes: Osama bin Laden, Radical Islam, and the Future of America*, Brassey's, Washington, 2002.

«Aqdam al-Afghan al-Arab Yatahadath lilSharq al-Awsat 'an Maseeratihi alatee Awsalat'hoo fee al-Nihayya ila al-Sijn fee al-Saudia» [El mayor de los árabes afganos habla con al-Sharq al-Awsat sobre su viaje que le llevó al final a una prisión de Arabia Saudí], traducido al inglés por Amjad M. Abu Nseir, *Al-Sharq al-Awsat*, 25 de noviembre de 2001.

Armstrong, Karen, *Muhammad: A Biography of the Prophet*, HarperCollins, Nueva York, 1992 (hay trad. cast.: *Mahoma: biografía del profeta*, Tusquets, Barcelona, 2005).

al-Aroosi, Mahmoud Kamel, *Muhakamat Sayyid Qutb*, traducido por Nidal Daraiseh, Matba'at al-Jamhooriya al-Hadeetha, El Cairo, 1995.

Asaad, Khalid Khalil, *Mukatil Min Mecca* [Un guerrero de La Meca], traducido por Nidal Daraiseh, al-I'lam, Londres, 2001.

Atwan, Abdel Bari, *The Secret History of al-Qa'ida*, Saqi, Londres, 2006.

«Ayna Thahaba Qatalat al-Sadat?» [¿Adónde han ido los asesinos de Sadat?], traducido por Mandi Fahmy, *Akhir Sa'ah*, 24 de octubre de 2001, pp. 36-39.

Azzam, Abdullah, *The Lofty Mountain*, Londres, Azzam Publications, 2003.

—, «Martyr Sayyid Qutb: A Giant of Islamic Thought», www.azzam.com (actualmente no operativa).

—, «The Solid Base» [Al-Qaeda], *Al-Jihad*, n.º 41, abril de 1988.

Badib, Saeed M., *The Saudi-Egyptian Conflict Over North Yemen, 1962-1970*, Boulder, Col., Westview, 1986.

Baer, Robert, *Sleeping with the Devil*, Crown Publishers, Nueva York, 2003.

Bahmanyar, Mir, *Afghanistan Cave Complexes, 1979-2004*, Osprey Publishing Group, Oxford, 2004.

Baker, Raymond William, *Islam Without Fear: Egypt and the New Islamists*, Harvard University Press, Cambridge, 2003.

Bamford, James, *A Pretext for War: 9/11, Iraq, and the Abuse of America's Intelligence Agencies*, Doubleday, Nueva York, 2004.

Bearden, Milt, y James Risen, *The Main Enemy: The Inside Story of the CIA's Final Showdown with the KGB*, Random House, Nueva York, 2003.

Bell, J. Bower, *Murders on the Nile*, Encounter Books, San Francisco, 2003.

Belloc, Hilaire, *The Great Heresies*, Trinity Communications, Manassas, 1987.

Benjamin, Daniel, y Steven Simon, *The Age of Sacred Terror*, Random House, Nueva York, 2003.

Bergen, Peter L., *Holy War: Inside the Secret World of Osama bin Laden*, Free Press, Nueva York, 2001 (hay trad. cast., *Guerra santa, S.A.: la red terrorista de Osama Bin Laden*, deBolsillo, Barcelona, 2002).

—, *The Osama bin Laden I Know: An Oral History of al-Qaeda's Leader*, Free Press, Nueva York, 2006 (hay trad. cast.: *Osama de cerca: una historia oral del líder de Al-Qaeda*, Debate, Barcelona, 2007).

Berman, Paul, *Terror and Liberalism*, Norton, Nueva York, 2003.

Bernstein, Richard, *Out of the Blue: The Story of September 11, 2001, from Jihad to Ground Zero*, Times Books, Nueva York, 2002.

Bin Ladin, Carmen, *Inside the Kingdom: My Life in Saudi Arabia*, Warner Books, Nueva York, 2004.

Blum, Howard, *The Eve of Destruction: The Untold Story of the Yom Kippur War*, HarperCollins, Nueva York, 2003.

Borovik, Artyom, *The Hidden War: A Russian Journalist's Account of the Soviet War in Afghanistan*, Grove Press, Nueva York, 1990.

Brogan, Daniel, «Al-Qaeda's Greeley Roots», *5280*, junio-julio de 2003, pp. 158-165.

Burke, Jason, *Al-Qaeda: Casting a Shadow of Terror*, I. B. Taurus, Londres, 2003.

Burr, J. Millard, y Robert O. Collins, *Revolutionary Sudan: Hasan al-Turabi and the Islamist State, 1989-2000*, Brill, Leiden, 2003.

Burton, Richard F., *Personal Narrative of a Pilgrimage to al-Madina and Meccah*, vols. 1 y 2, comp. por Isabel Burton, Dover, Nueva York, 1964 (hay trad. cast.: *Mi peregrinación a Medina y La Meca*, Laertes, Barcelona, 1989).

Calvert, John, «"The World Is an Undutiful Boy!": Sayyid Qutb's American Experience», *Islam and Christian-Muslim Relations* 11, n.° 1, 2000.

Campbell, Kurt M., y Michèle A. Flournoy, *To Prevail: An American Strategy for the Campaign Against Terrorism*, Center for Strategic and International Studies, Washington, 2001.

Carré, Oliver, *Mistique et politique, une lecture révolutionnaire du Coran par Sayyid Qutb*, Le Cerf, París, 1984.

Champion, Daryl, *The Paradoxical Kingdom: Saudi Arabia and the Momentum of Reform*, Columbia University Press, Nueva York, 2002.

Clarke, Richard A., *Against All Enemies: Inside America's War on Terror*, Free Press, Nueva York, 2004 (hay trad. cast.: *Contra todos los enemigos*, Taurus, Madrid, 2004).

Clinton, Bill, *My Life*, Knopf, Nueva York, 2004 (hay trad. cast.: *Mi vida*, Plaza & Janés, Barcelona, 2004).

Coll, Steve., *Ghost Wars: The Secret History of the CIA, Afghanistan, and bin Laden, from the Soviet Invasion to September 10, 2001*, Penguin, Nueva York, 2004.

Cooley, John K., *Unholy Wars*, Pluto Press, Londres, 2000 (hay trad. cast.: *Guerras profanas: Afganistán, Estados Unidos y el terrorismo internacional*, Siglo XXI, Madrid, 2002).

Corbin, Jane, *Al-Qaeda: In Search of the Terror Network That Threatens the World*, Thunder's Mouth Press/Nation Books, Nueva York, 2002.

Cordovez, Diego, y Selig S. Harrison, *Out of Afghanistan: The Inside Story of the Soviet Withdrawal*, Oxford University Press, Nueva York, 1995.

Country Reports on Terrorism 2004, Departamento de Estado norteamericano [sin ciudad], 2005.

Crile, George, *Charlie Wilson's War: The Extraordinary Story of the Largest Covert Operation in History*, Atlantic Monthly Press, Nueva York, 2003 (hay trad. cast.: *La guerra de Charlie Wilson*, Almuzara, Córdoba, 2008).

Der Spiegel (varios autores), *Inside 9-11: What Really Happened*, traducido por Paul De Angelis y Elisabeth Koestner, St. Martin's, Nueva York, 2001.

Esposito, John, *Unholy War: Terror in the Name of Islam*, Oxford University Press, Oxford, 2002 (hay trad. cast.: *Guerras profanas: terror en nombre del islam*, Paidós, Barcelona, 2003).

Euben, Roxanne L., *Enemy in the Mirror: Islamic Fundamentalism and the Limits of Modern Rationalism*, Princeton University Press, Princeton, 1999.

Fandy, Mamoun, *Saudi Arabia and the Politics of Dissent*, Palgrave, Londres, 2001.

Feininger, Andreas, *Nueva York in the Forties*, Dover, Nueva York, 1978.

Fernea, Elizabeth Warnock, y Robert A. Fernea, *The Arab World: Forty Years of Change*, Doubleday, Nueva York, 1997.

Fink, Mitchell, y Lois Mathias, *Never Forget: An Oral History of September 11, 2001*, HarperCollins, Nueva York, 2002.

Fouda, Yosri, y Nick Fielding, *Masterminds of Terror: The Truth Behind the Most Devastating Terrorist Attack the World Has Ever Seen*, Arcade, Nueva York, 2003.

Frady, Marshall, *Billy Graham: A Parable of American Righteousness*, Little, Brown, Boston, 1979.

Freeh, Louis J., con Howard Means, *My FBI: Bringing Down the Mafia, Investigating Bill Clinton, and Fighting the War on Terror*, St. Martin's, Nueva York, 2005.

Friedman, Thomas L., *From Beirut to Jerusalem*, Doubleday, Nueva York, 1989.

Geffs, Mary L., *Under Ten Flags: A History of Weld County, Colorado*, McVey Printery, Greeley, 1938.

Gold, Dore, *Hatred's Kingdom*, Regnery Publishing, Washington, 2003.

Goldschmidt, Arthur Jr., *Biographical Dictionary of Modern Egypt*, American University in Cairo Press, El Cairo, 2000.

Graham, Bob, con Jeff Nussbaum, *Intelligence Matters: The CIA, the FBI, Saudi Arabia, and the Failure of America's War on Terror*, Random House, Nueva York, 2004.

Griffin, Michael, *Reaping the Whirlwind: The Taliban Movement in Afghanistan*, Pluto Press, Londres, 2001 (hay trad. cast.: *El movimiento de los Talibán de Afganistán: cosecha de tempestades*, Los Libros de la Catarata, Madrid, 2001).

Guenena, Nemat, «The "Jihad": An "Islamic Alternative" in Egypt», tesis, American University in Cairo Press, 1985.

Gunaratna, Rohan, *Inside al-Qaeda: Global Network of Terror*, Hurst, Londres, 2002.

Habeeb, Kamal Saeed, *Al-Haraka al-Islamiyya min al-Muqwajaha ila al-Muraja'a* [El movimiento islámico de la confrontación a la revisión], traducido al inglés por Mandi Fahmy, Maktabat Madbooly, El Cairo, 2002.

Halliday, Fred, *Two Hours That Shook the World*, Saqi, Londres, 2002.

al-Hammadi, Khalid, «The Inside Story of al-Qa'ida, as Told by Abu-Jandal (Nasir al-Bahri), bin Ladin's Personal Guard», traducido por FBIS, *Al-Quds al-Arabi*.

Hamza, Khaled, «Al-Doctor – al-Khaleefa al-Muntathar: Qisat Ayman al-Zawahiri min al-Tafawuq fee al-Tib li-Qiadat Tantheemat Irhabiyya» [«El doctor, el esperado califa: la historia de Ayman al-Zawahiri, de destacar en la medicina a dirigir grupos terrorista»s], traducido al inglés por Mandi Fahmy, *Akhir Sa'ah*, n.º 3.495, octubre de 2001, pp. 8-9.

Hannonen, Sanna, «Egyptian Islamist Discourse: On Political and Social Thought of Hasan al-Banna (1906-1949) and Sayyid Qutb (1906-1966)», tesis, Universidad de Helsinki, 1999.

Harmony Documents, base de datos del Departamento de Defensa norteamericano, www.ctc.usma.edu/aq_harmonylist.asp.

Heikal, Muhammad, *Autumn of Fury: The Assassination of Sadat*, Random House, Nueva York, 1983.

—, *Iran: The Untold Story*, Pantheon, Nueva York, 1982.

Holden, David, y Richard Johns, *The House of Saud: The Rise and Rule of the Most Powerful Dynasty in the Arab World*, Holt, Rinehart, and Winston, Nueva York, 1981.

Hourani, Albert, *A History of the Arab Peoples*, Belknap Press of Harvard University Press, Cambridge, 2002.

Huband, Mark, *Warriors of the Prophet: The Struggle for Islam*, Westview, Boulder, 1998.

Ibrahim, Saad Eddin, *Egypt Islam and Democracy: Critical Essays*, American University in Cairo Press, El Cairo, 1996.

Ismail, Faraj, «Fee Awal Hadeeth Lahoo Ba'd al-Harb: Ayman Zawahiri Yatahadath LilMajalla 'an Ikhtifa bin Laden wa Qisat al-Khiana wa al-Huroob min Afghanistan!» [En su primera entrevista tras la guerra Ayman Zawahiri habla con al-Majalla sobre la desaparición de Bin Laden, la historia de traición y la huida de Afganistán], traducido al inglés por Mandi Fahmy, *Al-Majalla*, n.º 1.140, diciembre de 2001, pp. 12-13.

Ismail, Jamal Abdul Latif, «Bin Laden wa al-Jazeera wa… Anaa» [Bin Laden, al-Yazira y… yo], traducido al inglés por Amjad M. Abu Nseir, Islamic Observation Centre, Londres, 2001.

Jacquard, Roland, *In the Name of Osama bin Laden: Global Terrorism and the bin Laden Brotherhood*, traducido por George Holoch, Duke University Press, Durham, 2002.

Jerichow, Anders, *The Saudi File: People, Power, Politics*, St. Martin's, Nueva York, 1998.

Johnson, Paul, *Modern Times*, Harper and Row, Nueva York, 1983.

Joint Inquiry Into Intelligence Community Activities Before and After the Terrorist Attacks of September 11, 2001: Report of the U.S. Senate Select Committee on Intelligence and U.S. House Permanent Select Committee on Intelligence, Washington, diciembre de 2002.

Jordán, Javier, *Profetas del miedo: Aproximación al terrorismo islamista*, EUNSA, Pamplona, 2004.

Kechichian, Joseph A., «Islamic Revivalism and Change in Saudi Arabia», *The Muslim World* 80, n.º 1, enero de 1990, pp. 1-16.

Kepel, Gilles, *Jihad: The Trail of Political Islam*, traducido por Anthony F. Roberts, Belknap Press of Harvard University Press, Cambridge, 2002 (hay trad. cast.: *La Yihad: expansión y declive del islamismo*, Península, Barcelona, 2001).

—, *Muslim Extremism in Egypt: The Prophet and Pharaoh*, University of California Press, Berkeley, 1993.

al-Khaledi, Salah Abdel Fatah, *Amrika min al-dakhil bi minzar Sayyid Qutb* [América desde dentro desde el punto de vista de Sayyid Qutb], 2.ª ed., traducido al inglés por Nidal Daraiseh, Dar al-Minara, Yidda, 1986.

—, *Sayyid Qutb: al-adib, al-naqid, wa-al-da'iyah al-mujahid, wa-al-mufakkir al-mufassir al-rai'id* [Sayyid Qutb: el erudito, el crítico, el predicador, el guerrero, el dilucidador, el pionero], traducido al inglés por Nidal Daraiseh, Dar al-Qalam, Damasco, 2000.

—, *Sayyid Qutb: al-shaheed al-hay* [Sayyid Qutb: el mártir vivo], traducido al inglés por Nidal Daraiseh, Maktabat al-Aqsa, Amman, 1981.

—, *Sayyid Qutb: min al-milad ila al-istishihad* [Sayyid Qutb: del nacimiento al martirio], traducido al inglés por Nidal Daraiseh, Dar al-Qalam, Damasco, 1991.

Kinsey, Alfred C., *et al.*, *Sexual Behavior in the Human Male*, W. B. Saunders, Filadelfia, 1948.

Kohlmann, Evan F., *Al-Qaida's Jihad in Europe: The Afghan-Bosnian Network*, Berg, Oxford, 2004.

Lacey, Robert, *The Kingdom: Saudi Arabia and the House of Sa'ud*, Harcourt Brace Jovanovich, Nueva York, 1981.

Lamb, Christina, *The Sewing Circles of Heart: My Afghan Years*, Flamingo, Londres, 2003.

Larson, Robert W., *Shaping Educational Change: The First Century of the University of Northern Colorado at Greeley*, Colorado Associated University Press, Boulder, 1989.

Lawrence, T. E., *Seven Pillars of Wisdom*, Doubleday, Nueva York, 1926 (hay trad. cast.: *Los siete pilares de la sabiduría*, Ediciones B, Barcelona).

Lewis, Bernard, *The Crisis of Islam: Holy War and Unholy Terror*, Modern Library, Nueva York, 2003 (hay trad. cast.: *La crisis del islam: guerra santa y terrorismo*, Ediciones B, Barcelona, 2003).

Lippman, Thomas W., *Inside the Mirage: America's Fragile Partnership with Saudi Arabia*, Westview, Boulder, 2004.

Long, David E., *The Kingdom of Saudi Arabia*, University Press of Florida, Gainesville, 1997.

«Looking for Answers», *Frontline*, www.pbs.org/frontline.

Mackey, Sandra, *The Saudis: Inside the Desert Kingdom*, Norton, Nueva York, 2002.

Mackintosh-Smith, Tim, *Yemen: The Unknown Arabia*, Overlook Press, Woodstock, 2000.

Manchester, William, *The Glory and the Dream*, Little, Brown, Boston, 1974.

Mansfield, Peter, *The Arabs*, Penguin Books, Londres, 1992.

Marenches, de [Alexandre], entrevistado por Christine Ockrent, *The Evil Empire: The Third World War Now*, traducido por Simon Lee y Jonathan Marks, Sidgwick and Jackson, Londres, 1988.

Matar, 'Ala, «Matha Ba'd al-Mawaqif al-Jadeeda Liqada al-Gama'a al-Islamiyya?» [¿Qué depararán las nuevas posiciones de liderazgo del Grupo Islámico?], traducido al inglés por Mandi Fahmy, *Akhir Sa'ah*, n.º 3.512, febrero de 2002, pp. 30-31.

McCullough, David, *Truman*, Simon and Schuster, Nueva York, 1992.

Mayer, Jane, «The House of bin Laden», *New Yorker*, 12 de noviembre de 2001.

Miller, John, y Michael Stone, con Chris Mitchell, *The Cell: Inside the 9/11 Plot, and Why the FBI and CIA Failed to Stop It*, Hyperion, Nueva York, 2002.

«Min Ayman ila Walidataho» [De Ayman a su madre], traducido al inglés por Mandi Fahmy, *Al-Wasat*, 21 de febrero de 1994.

Mitchell, Richard P., *The Society of the Muslim Brothers*, Oxford University Press, Nueva York, 1993.

Moore, Robin, *The Hunt for bin Laden: Task Force Dagger*, Random House, Nueva York, 2003.

Morris, Benny, *The Road to Jerusalem: Glubb Pasha, Palestine, and the Jews*, I. B. Taurus, Londres, 2002.

Moussalli, Ahmad S., *Radical Islamic Fundamentalism: The Ideological and Political Discourse of Sayyid Qutb*, American University of Beirut, Beirut, 1992.

Mubarak, Hisham, *Al-Irhabiyoon Qadimoon! Dirasa Muqarana Bayna Mawqif al-khwan al-Muslimoon wa Gama'at al-Gihad min Qadiat al-Unf 1938-1994* [Vienen los terroristas: un estudio comparativo entre las posturas de los Hermanos Musulmanes y del grupo al-Yihad sobre la violencia, 1938-1994], traducido al inglés por Mandi Fahmy, El Cairo, 1995.

Muhammad, Basil, *Al-Ansar al-Arab fi Afganistan*. [Páginas del registro de seguidores árabes en Afganistán.] Se desconoce el traductor. House of Learning, Yidda, 1991.

Munthe, Turi, *The Saddam Hussein Reader*, Thunder's Mouth Press, Nueva York, 2002.

Murphy, Dean E., *September 11: An Oral History*, Doubleday, Nueva York, 2002.

Naftali, Timothy, *Blind Spot: The Secret History of American Counterterrorism*, Basic Books, Nueva York, 2005.

Naguib, Sameh Khairy, «The Political Ideology of the Jihad Movement», tesis, American University in Cairo, 1994.

Najm, Salah, y Jamal Ismail, «Osama bin Laden: Tadmeer al-Qaeda» [Osama bin Laden: la destrucción de al-Qaeda], traducido al inglés por Dina Ibrahim, al-Yazira, 10 de junio de 1999.

Nasr, Seyyed Hossein, *Islam: Religion, History, and Civilization*, HarperSanFrancisco, San Francisco, 2003.

Nasser, Jaled, «Zawjat bin Laden Tatahadath LilMajalla: Qisataho ma' Taliban wa Marath al-Kila wa Um Awad» [La esposa de Bin Laden habla con Al-Majalla: La historia de Bin Laden con los talibanes, la enfermedad renal y Um Awad], traducido al inglés por Dina Ibrahim, *Al-Majalla*, n.º 1.152, marzo de 2002, pp. 16-19.

National Commission on Terrorist Attacks Upon the United States, *The 9/11 Commission Report*, Norton, Nueva York, 2004.

Nielsen, Jorgen, *Muslims in Western Europe*, Edinburgh University Press, Edimburgo, 1992.

Nojumi, Neamatollah, *The Rise of the Taliban in Afghanistan: Mass Mobilization, Civil War, and the Future of the Region*, Palgrave, Nueva York, 2002.

Nutting, Antony, *Nasser*, Dutton, Nueva York, 1972.

Obaid, Nawaf E., *The Oil Kingdom at 100: Petroleum Policymaking in Saudi Arabia*, Washington Institute for Near East Policy, Washington, 2000.

Oshinsky, David M., *A Conspiracy So Immense: The World of Joe McCarthy*, Macmillan, Nueva York, 1983.

Pesce, Angelo, *Jiddah: Portrait of an Arabian City*, Falcon Press, Nápoles, 1977.

—, *Taif: The Summer Capital of Saudi Arabia*, Immel Publishing, Yidda, 1984.

Peterson, J. E., *Saudi Arabia and the Illusion of Security*, International Institute for Strategic Studies/Oxford University Press, Nueva York, 2002.

Petterson, Donald, *Inside Sudan: Political Islam, Conflict, and Catastrophe*, Westview, Boulder, 1999.

Posner, Gerald, *Why America Slept: The Failure to Prevent 9/11*, Random House, Nueva York, 2003.

Qutb, Sayyid, *A Child from the Village* (traducción, compilación e introducción de John Calvert y William E. Shephard), Syracuse University Press, Syracuse, 2004.

—, «Al-dhamir al-amrikani wa qadiat filistin», traducido por Reham al-Sherif, *Al-Resala* 2, 21 de octubre de 1946, pp. 16-19.

—, «Amrika allati ra'ayt: fi mizan al-insaniyya», traducido por Reham al-Sherif, *Al-Resala* 957, noviembre de 1951 [a], pp. 1.245-1.246.

—, «Amrika allati ra'ayt: fi mizan al-insaniyya», traducido por Reham al-Sherif, *Al-Resala* 959, noviembre de 1951 [b], pp. 1.301-1.306.

—, «Amrika allati ra'ayt: fi mizan al-insaniyya», traducido por Reham al-Sherif, *Al-Resala* 961, noviembre de 1951 [c], pp. 1.357-1.360.

—, »Hamaim fi Nueva York», traducido por Dina Ibrahim, *Majallat al-kitab* 8, diciembre de 1949), pp. 666-669.

—, *In the Shade of the Quran*, traducido por Adil Salahi, vol. 6, Islamic Foundation, Leicester, 2002.

—, *Limadah 'azdamunee* [¿Por qué me ejecutan?], traducido por Amjad M. Abu Nseir, www.hanein.net/modules.php?name=News&fUe=article&sid=i62.

—, *Milestones.* American Trust Publications, Indianapolis, 1990.

Raafat, Samir W., *Maadi 1904-1962: Society and History in a Cairo Suburb*, Palm Press, El Cairo, 1994.

Raphaeli, Nimrod, «Ayman Muhammed Rab'i al-Zawahiri: Inquiry and Analysis», Middle East Media Research Institute, MEMRI.org, 26 de noviembre de 2001.

Randal, Jonathan, *Osama: The Making of a Terrorist*, Knopf, Nueva York, 2004.

al-Rashid, Madawi, *A History of Saudi Arabia*, Cambridge University Press, Cambridge, 2002. [Al-Rashid, Madawi, *Historia de Arabia Saudí*, Cambridge, 2003.]

Rashid, Ahmed, *Taliban: The Story of the Afghan Warlords*, Pan Books, Londres, 2000 (hay trad. cast.: *Los talibán: el Islam, el petróleo y el nuevo «gran juego» en Asia Central*, Península, Barcelona, 2001).

—, *Jihad: The Rise of Militant Islam in Central Asia*, Yale University Press, New Haven, 2002 (hay trad. cast.: *Yihad: el auge del islamismo en Asia Central*, Península, Barcelona, 2001).

Raymond, André, *Cairo*, Harvard University Press, Cambridge, 2000.

Reed, Betsy, comp., *Nothing Sacred: Women Respond to Religious Fundamentalism and Terror*, Thunder's Mouth Press/Nation Books, Nueva York, 2002.

Reeve, Simon, *The New Jackals: Ramzi Yousef, Osama bin Laden, and the Future of Terrorism*, Northeastern University Press, Boston, 1999.

Rodenbeck, Max, *Cairo: The City Victorious*, Knopf, Nueva York, 1999.

Roy, Olivier, *Afghanistan: From Holy War to Civil War*, Darwin Press, Princeton, 1995.

Rubin, Barry, *Islamic Fundamentalism in Egyptian Politics*, Palgrave Macmillan, Londres, 2002.

—, comp., *Revolutionaries and Reformers: Contemporary Islamist Movements in the Middle East*, State University of Nueva York Press, Albany, 2003.

Rubin, Barry, y Judith Colp Rubin, *Anti-American Terrorism and the Middle East: A Documentary Reader*, Oxford University Press, Oxford, 2002.

Sachar, Howard M., *A History of Israel: From the Rise of Zionism to Our Time*, Knopf, Nueva York, 1996.

Sageman, Marc, *Understanding Terror Networks*, University of Pennsylvania Press, Filadelfia, 2004.

Salaah, Muhammad, «Al-Ahkam Fee Qadiat Sidqee Tasdur Ghadan al-Khamees» [El veredicto del caso Salah será anunciado mañana jueves], traducido al inglés por May Ibrahim., *Al-Hayat*, 15 de marzo de 1994.

—, *Waqai' Sanawat al-Jihad: Rihlat al-Afghan al-Arab* [Años de yihad: el viaje de los árabes afganos], traducido al inglés por Mandi Fahmy, Khuloud Publishing, El Cairo, 2001.

Schwartz, Stephen, *The Two Faces of Islam: The House of Sa'ud from Tradition to Terror*, Doubleday, Nueva York, 2002.

Shadid, Anthony, *Legacy of the Prophet: Despots, Democrats, and the New Politics of Islam*, Westview, Boulder, 2002.

al-Shathilee, Faruk, «Juthoor al-Irhab» [Las raíces del terrorismo], traducido al inglés por May Ibrahim, *Akhbar al-Hawadath*, n.º 342, 22 de octubre de 1998, pp. 34-35.

Shepard, William E., *Sayyid Qutb and Islamic Activism: A Translation and Critical Analysis of Social Justice in Islam*, Brill, Leiden, 1996.

Simons, Geoff, *Saudi Arabia: The Shape of a Client Feudalism*, St. Martin's, Nueva York, 1998.

Sivan, Emmanuel, *Radical Islam: Medieval Technology and Modern Politics*, Yale University Press, New Haven, 1985 (hay trad. cast.: *El islam radical: teología medieval, política moderna*, Bellaterra, Barcelona, 1997).

Smith, Dennis, *Report from Ground Zero*, Viking, Nueva York, 2002.

Smucker, Philip, *Al-Qaeda's Great Escape: The Military and the Media on Terror's Trail*, Brassey's, Washington, 2004.

Taheri, Amir, *Holy Terror*, Adler and Adler, Londres, 1987.

Tanner, Stephen, *Afghanistan: A Military History from Alexander the Great to the Fall of the Taliban*, Da Capo Press, Nueva York, 2002.

Al-Tareeq ila 11 September [El camino hacia el 11 de septiembre]. Un documental en dos partes del programa *Siree Lilghaya* [Alto secreto], traducido al inglés por Dina Ibrahim, Al-Jazeera Satellite Channel, 11 de septiembre de 2002.

Teitelbaum, Joshua, *Holier Than Thou: Saudi Arabia's Islamic Opposition*, Washington Institute for Near East Policy, Washington, 2000.

Theroux, Paul, *The Pillars of Hercules: A Grand Tour of the Mediterranean*, Putnam, Nueva York, 1995.

Theroux, Peter, *Sandstorms: Days and Nights in Arabia*, Norton, Nueva York, 1990.

Thomas E. Burnett, Sr. v. al-Baraka Investment and Development Corporation, et al., Final Third Amended Complaint. Case Number i:o2CVoi6i6 (JR) U.S. District Court for the District of Columbia, 22 de noviembre de 2002.

The Two Holy Mosques, National Offset Printing Press, Riad, 1994.

Unger, Craig, *House of Bush, House of Saud*, Scribner, Nueva York, 2004 (hay trad. cast.: *Los Bush y los Saud: la relación secreta entre las dos dinastías más poderosas del mundo*, Ediciones del Bronce, Barcelona, 2004).

United Nations Development Programme, Regional Bureau for Arab States, *Arab Human Development Report 2002: Creating Opportunities for Future Generations*, 2002.

Wathaaiq Hizb al-Sharee'a [Documentos del Partido Al-Sharee'a], traducido al inglés por Dina Ibrahim, Markaz Yafa Lildirasat wa al-Abhath, El Cairo, 2000.

Weaver, Mary Anne, *A Portrait of Egypt: A Journey Through the World of Militant Islam*, Farrar, Straus, and Giroux, Nueva York, 1999.

Weiss, Murray, *The Man Who Warned America: The Life and Death of John O'Neill, the FBI's Embattled Counterterror Warrior*, Regan Books, Nueva York, 2003.

White, E. B., *Here Is Nueva York*, Little Bookroom, Nueva York, 1999.

Wiktorowicz, Quintan, «The New Global Threat: Transnational Salafis and Jihad», *Middle East Policy* 8, n.° 4, diciembre de 2001.

—, y John Kaltner, «Killing in the Name of Islam: Al-Qaeda's Justification for September 11», *Middle East Policy Council Journal* 10, n.° 2, verano de 2003.

Woodward, Bob, *The Commanders*, Touchstone, Nueva York, 1991 (hay trad. cast., *Los comandantes*, Ediciones B, Barcelona, 1991).

Wright, Lawrence, «The Counterterrorist», *New Yorker*, 14 de enero de 2002.

—, «Kingdom of Silence», *New Yorker*, 5 de enero de 2004.

—, «The Man Behind bin Laden», *New Yorker*, 16 de septiembre de 2002.

Yamani, Hani A. Z., *To Be a Saudi*, Janus, Londres, 1997.

Yousaf, Muhammad, y Mark Adkin, *The Bear Trap: Afghanistan's Untold Story*, Leo Cooper, Londres, 1992.

Zaidan, Muwafak Ahmad, *Bin Laden Bila Qina'* [Bin Laden desenmascarado], traducido al inglés por Nidal Daraiseh, Al-Sharika al-Alamiyya Lilkitab, Beirut, 2003.

—, «Al-Natiq Alrasmee bi Ism Tala'I al-fath Ya'tarif BiMuhawalat Ightiyyal Ghali [El portavoz oficial de Fath admite que el grupo intentó asesinar a Ghali], traducido al inglés por Dina Ibrahim, *Al-Hayat*, n.º 1.135, 15 de mayo de 1994, p. 6.

Zaki, Muhammad Zaki, «Al-Zawahiri Kana Zameelee Fee al-Madrasa» [Al-Zawahiri fue mi compañero de colegio], traducido al inglés por Mandi Fahmy, *Akhir Sa'ah*, n.º 3.495, octubre de 2001, pp. 10-12.

Zarie, Muhammad, *In Defense of Prisoners' Rights: HRCAP Reports from 1997 to 2000*, Human Rights Center for the Assistance of Prisoners, El Cairo, 1997.

al-Zawahiri, Ayman, *Fursan Taht Rayah al-Nabi* [Caballeros bajo el estandarte del Profeta], traducido al inglés por Amjad M. Abu Nseir, Dar-al-Najaah al-Jadeedah, Casablanca, 2001.

—, *Al-Hasad al-Murr: al-Ikhwan al-Muslimoon Fee Sitoon* [Cosecha amarga: Los Hermanos Musulmanes en los años sesenta], traducido al inglés por Mandi Fahmy, Dar al-Bayariq, sin ciudad ni fecha.

—, «Knights Under the Prophet's Banner», traducido por FBIS, *Al-Sharq al-Awsat*, 2-12 de diciembre de 2001.

«Al-Zawahiri Yarud 'Ala Bush Bibayan Khasa bihee Filisteen» [Al-Zawahiri responde a Bush en una declaración específica sobre Palestina], traducido al inglés por Amjad M. Abu Nseir, Al-Jazeera Satellite Channel, www.aljazeera.net/news/asia/2001/11/11-10-3.htm.

al-Zayyat, Montassir, *Al-Jamaat al-Islamiyya: Nathra Dakhiliyah* [Grupo Islámico: una visión interna], traducido al inglés por Amjad M. Abu Nseir, *Al-Hayat*, 10-14 de enero de 2005.

—, *Ayman al-Zawahiri Kama 'Araftahoo* [Ayman al-Zawahiri, cómo le conocí], traducido al inglés por Amjad M. Abu Nseir, Dar Misr al-Mahroosa, El Cairo, 2002.

—, *The Road to al-Qaeda: The Story of bin Laden's Right-Hand Man*, Pluto Press, Londres, 2004.

Entrevistas del autor

Abdallah Schleifer
Abdel Aziz al-Dujeil
Abdel Bari Atwan
Abdel Moneim Abdel Futuh
Abdel Monem Said Aly
Abdel Rahman al-Rashid
Abdel Wahab el-Effendi
Abdel Wahab Ibrahim
Abdelaziz Osman Abdelaziz
Abdu Zuma
Abdul Aziz al-Sebail
Abdul Halim Mandur
Abdul Mohsin Mosallam
Abdul Rahman al-Said
Abdul Rahman Haggog
Abdul Rahman Jadr
Abdulaziz H. Fahad
Abdulaziz I. al-Mana
Abdullah al-Shehri
Abdullah Anas
Abdullah M. Binladen
Abdullah Omar Abdul Rahman
Abdullah Subhi
Abu Ala-Mady
Abu Ubeida
Adil Nayam
Adl al-Yubair
Agustín Díaz

Ahmad Muaffaq Zaidan
Ahmed Abdul Rahman
Ahmed M. Badib
Aida Self el-Dawla
Al Finch
Alan Fry
Alawid bin Talal
Aldo J. Tos
Ali A. Jalali
Ali al-Ahmed
Ali al-Musa
Ali el-Hadj
Ali H. Sufan
Ali Salem
Ali Zaki
Allan P. Haber
Allen Shivers
Ami Pedahzur
Amin el-Mehdi
Amr Muhammad al-Faisal
Andrew Hammond
Andrew McCarthy
Anna DiBattista
Antonio Cañizares
Antonio Maldonado García
Arnaud de Borchgrave
Ashraf Jalil
Asma Afsaruddin

Asma Siddiki
Assaf Moghadem
Ayman Nur
Aziz Shihab
Azzam Tamimi
Badreldin Hassan
Bahran Rahman
Baltasar Garzón
Barbara Bodine
Barry Mawn
Bassim A. Alim
Bassma Kodmani
Ben Kuth
Benigno Pendás
Benjamin Weiser
Berhan Hailu
Bernabé López García
Bernard Kleinman
Bob Inman
Bob Sama
Bob Walsh
Bobby Martin
Bruce Hoffman
Carson Dunbar
Charles Cogan
Charles Dunbar
Charles E. Frahm
Chris Johnson
Christine O'Neill
Christopher Isham
Clement Henry
Cordula Meyer
Dale Watson
Daniel Benjamin
Daniel J. Coleman
Daniel Kimmage
David C. Rapoport
David Chambers
David Kelley

David Long
David Shinn
Deborah Hadwell
Deborah Scroggins
Denis Collins
Diaa Rashwan
Diego López Garrido
Dina Corsi
Dina Ibrahim
Dittmar Machele
Dominic Medley
Dominic Streatfeild
Dominik Cziesche
Dona Abdel Nasser
Donna Lee Lakin
Douglas MacEachin
Edward Jajko
Edward Jeep
Ekram Shinwari
Elaine Kaufman
Eleanor Doumato
Elfatih Erwa
Elias Harfouche
Elizabeth Durkee
Elizabeth Fernia
Elizabeth O. Colton
Emad Eldin Shahin
Emiliano Burdiel Pascual
Emilio Lamo de Espinosa
Enrique García
Eric Lewis
Eric Watkins
Ernest May
Essam Deraz
Essam el-Eryan
Essam Nowair
Evan Kohlmann
Ezzat Zaki
F. Gregory Gause III

Fahmi Howeidi
Faisal Batewil
Faisel Bajaber
Faiza Salah Ambah
Farraj Ismail
Fathi Osman
Fawaz Gerges
Fernando Lázaro
Florentino Portero
Frances Meade
Francis J. Pellegrino
Françoise Chipaux
Frank Anderson
Frank Cilluffo
Frank Hodgkins
Frank Lakin
Fuad Allam
Gabriel Weimann
Gamal al-Banna
Gamal Sultan
Gareth Peirce
Gary Chapman
Genieve Abdo
Georg Mascolo
George Pagoulatis
Gerald L. Auerbach
Ghassan al-Sulaiman
Ghazi Faisal Binzagr
Ghazi Salah Edin Atabani
Gilles Kepel
Gina Abercrombie-Winstanley
Graham Allison
Graham Fuller
Grant Ashley
Greg Campbell
Greg Treverton
Guido Steinberg
Gustavo de Arístegui
H. Braxton

Hafez Abu Saada
Hafez al-Mirazi
Haizam Amirah Fernández
Hamid Algar
Hamid bin Ahmed al-Rifai
Hamid Gul
Hamid Mir
Hamza al-Hassan
Hani al-Sibai
Hani Nagshabandi
Hani Yamani
Hao Gilbertson
Harlen L. Bell
Hasan al-Harithi
Hasan Basweid
Hasan Hatrash
Hassabulla Omer
Hasan al-Turabi
Hasan Yassin
Heather Gregg
Heba al-Zawahiri
Herb Haddad
Hisham Kassem
Hisham Nazer
Hosnya Guindy
Hugh O'Rourke
Husein Abdel Ghani
Husein al-Aydi
Husein Haqqani
Husein Ibish
Husein Shobokshi
Ibrahim al-Sanussi
Ibrahim Hilal
Ibrahim Hooper
Ibrahim Insari
Ibrahim Nafie
Iftijar Ahmad
Ihsan Ali bu-Hulaiga
Imran Jan

Ismail Jan

Isam Eldin al-Turabi

Izzud-din Omar Musa

J. P. O'Neill

Jack Cloonan

Jack Eckenroad

Jacobo Teijello

Jacobo Teijelo Casanova

Jaime McLendon

Jaled al-Berri

Jaled al-Hammadi

Jaled al-Maina

Jaled Batarfi

Jaled Musa

Jaled Rabah

Jaled Yusuf

Jalid Hasan

Jalid Jawaya

James Bernazzani, Jr.

James J. Rossini

James K. Kallstrom

James Lindley

Janet McElligot

Janet Waters

Javed Aziz

Javier Jordán Enamorado

Javier Pogalan

Jay C. Manning

Jean-Charles Brisard

Jean-Louis Bruguiere

Jeanne Ryan

Jeff Allen

Jeff Wharton

Jerome Hauer

Jesper Stein

Jessica Stern

Jim Quilty

Jim Rhody

Jim Roth

Joachim Preuss

Jochen Bittner

Joe Valiquette

John Calvert

John Cooley

John Esposito

John J. Liguori

John J. Miller

John Lipka

John M. Anticev

John McKillop

John Mintz

John V. Whitbeck

Jonathan Marshall

Jorge Rodríguez

José María Irujo

Josef Joffe

Joseph Cantemessa

Joseph Doorley

Joseph Dunne

Joseph Kechichian

Joseph Szlavik Jr.

Josh Pollack

Joshua L. Dratel

Joshua Teitelbaum

Juan Avilés

Juan Cotino

Judith Kipper

Kamal al-Sayyid Habib

Kathryn Kilgore

Kathy Gannon

Keith Johnson

Kelly Wojda

Kemal Helbawy

Ken McConnellogue

Ken Rosenthal

Kenneth J. Maxwell

Kevin Donovan

Kevin James

Kevin P. Giblin

Khaled Abu el-Fadl

Khaled S. Abu Rashid

Kim Murphy

Kurt Kjeldsen

Klaus Grünewald

Larry Whittington

Lars Erslev Anderson

Lawrence K. Robinson

Len Hutton

Lewis Schiliro

Lisa Gordon Haggerty

Lorenzo Vidino

Lorraine di Taranto

Lou Gunn

Louis A. Napoli

Louis J. Freeh

M. Arif Noorzai

Madawi al-Rasheed

Maha Azzam

Maha Elsamneh

Mahfuz Azzam

Mahmoud Shukri

Mahmud Kassem

Mahmud Sabit

Mahmun Fandy

Mahnaz Ispahani

Mai Yamani

Malik A. Ruiz Callejas

Malik Husein

Mamduh al-Harithi

Mamduh Ismail

Mandi Fahmy

Manfred Murck

Manuela Marin

Marc Sageman

Mark T. Rossini

Mark Zaid

Marty Miller

Marvin Smilon

Mary Deborah Doran

Mary E. Galligan

Mary Jo White

Mary Lynn Stevens

Matthew Tueller

May Kutbi

Mazhar Siddiqi

Michael A. Rolince

Michael Ameen Jr.

Michael Anticev

Michael Barrett

Michael E. Eisner

Michael Hingson

Michael Kortan

Michael Rubin

Michael Scheuer

Michael Sheehan

Michael Taarnby

Michael Welsh

Mike Garcia

Milt Bearden

Mirza Ali

Mohsin al-Awaji

Moneir Mahmud Aly el-Messery

Monsour al-Njadan

Montassir al-Zayyat

Muhammad abd al-Latif

Muhammad al-Edrisi

Muhammad Haroun

Muhammad Saeed Tayeb

Muhammad Salah Eddin

Muhammad al-Rashid

Muhammad A. al-Sharif

Muhammad A. bin Mahfuz

Muhammad al-Awwam

Muhammad al-Jereiyi

Muhammad Alawwan

Muhammad Ali Al al-Shaj

Muhammad Alim
Muhammad bin Nasser Belfas
Muhammad el-Affi Muhammad
Muhammad el-Shafey
Muhammad I. al-Hulwah
Muhammad Loay Baizid
Muhammad M. Hafez
Muhammad Qutb
Muhammad S. al-Odadi
Muhammad Salah
Muhammad Salim al-Awa
Muhammad Salmawy
Muhammad Sayed Tayib
Muhammad Shoukany
Muhammad Yasim el-Ali
Muhammad Zohair
Mustafa al-Mirabet
Mustafa el-M'Rabet
Muyahid M. al-Sawwaf
Myrna Shinbaum
Nadia ba-Ashen
Naguib Mahfuz
Nahed M. Taher
Nail al-Yubair
Najla Fathi
Nawaf Obaid
Neal Gallagher
Neil Herman
Nicholas Abbott
Nimrod Rafaeli
Octavia E. Nasr
Olivier Roy
Omar Bagur
Omar Mahfuz Azzam
Omar Toor
Osama Rajkhan
Osama Rushdi
Owais Towhid
Pasquale D'Amuro

Patrick Fitzgerald
Paul Busick
Paul Eedle
Paul Garmirian
Peggy A. Ford
Pete McCloskey Jr.
Peter Harrigan
Peter L. Bergen
Peter T. R. Brooks
Peter Theroux
Petros Machas
Petter Nesser
Philip Bobbitt
Philip Smucker
Quintan Wiktorowicz
R. P. Eddy
R. Scott Appleby
Rachel Bronson
Rafiq Shahid
Rahimullah Yusufzai
Ramesh Balon
Ramón Pérez Maura
Ramzi Juri
Rashid al-Mubarek
Ray Close
Raymond Stock
Reem Akkad
Restum Sha
Reuben Vélez
Reuven Paz
Richard A Meade
Richard A. Clarke
Richard Lind
Richard Murphy
Rihab M. Massud
Rim al-Faisal
Rita Katz
Robert Baer
Robert Bentley

Robert Blitzer
Robert Callus
Robert Chambers
Robert Fernia
Robert Jordan
Robert Lacey
Robert McFadden
Robert Tucker
Robert Whithead
Rocío Millán Johnson
Rodney Leibowitz
Roel Meijer
Rogelio Alonzo
Roger Cressey
Rohan Gunaratna
Ron Shapiro
Ross Reiss
Rustam Sha Mohmand
Saad al-Faqih
Saad Asswailim
Saad Eddin Ibrahim
Saad Hasaballah
Saad M. Mariq
Sabahat Siddiqi
Sadiq al-Mahdi
Saeb Dayani
Sahar Aziz
Said al-Shaij
Said Badib
Salah Abd al-Kareem
Salah Lamei
Salama Ahmed Salama
Salameh Nematt
Saleh M. Binladin
Sami Angawi
Sami Saleh Nawar
Samir Rafaat
Sandy Berger
Sanna Negus

Sarah al-Deeb
Saud al-Faisal
Sayeed Abdul Hafez
Sharon Chadha
Shmuel Bar
Soraya Sarhaddi Nelson
Stanley Guess
Stéphane Lacroix
Stephen Franklin
Stephen J. Gaudin
Steven A. Bongardt
Steven Emerson
Steven Hughes
Steven Simon
Sulaiman al-Hatlan
Suliman Hathout
Sultan bin Salman
Talal bin Abdul Aziz
Tariq al-Homayed
Tariq Ali Alireza
Ted Landreth
Teodoro Gómez Domínguez
Theodore Kattouf
Theron Bouman
Thomas F. Corrigan
Thomas F. Lang
Thomas G. Donlon
Thomas Hegghammer
Thomas J. Pickard
Thomas Twetten
Tim Niblock
Timothy Carney
Timothy Naftali
Tom Barfield
Tom Dillon
Tom Hartwell
Tourabi Abdellah
Turki al-Faisal
Ursulla Mueller

Valerie James
Victor Abu Said
Vincent Cannistraro
Virginia Murr
Virginia Sherry
Waguih Boctor
Walid A. Fitaihi
Waquih Bector
Wayne White
Wesley Wong
William F. Wechsler
William Rugh
William Ryan Plunkett
Wissal al-Mahdi
Wyche Fowler
Yahia Hussein Babiker
Yamal Ahmad Jashoggi

Yamal Ismail
Yamal Jalifa
Yamil Farsi
Yanullah Hashimzada
Yassir al-Sirri
Yaved Aziz Jan
Yehia J. Yehia
Yigal Carmon
Yoram Schweitzer
Yosri Fouda
Ysura Salim
Yusef A. al-Hamdan
Yusuf Muhammad Noorwali
Zaki Muhammad Zaki
Zaynab Ahmed Jadr

Agradecimientos y notas sobre las fuentes

Las mentiras y el engaño siempre representan un problema para un periodista que trata de construir una narración verídica y, en un proyecto que se basa en gran medida en entrevistas con yihadíes y agentes de los servicios secretos, el lector puede suponer que es arriesgado confiar demasiado en dichas fuentes. Para complicar aún más las cosas, los primeros estudios sobre al-Qaeda y los personajes que forman parte de la misma solían ser de mala calidad y engañosos. La prensa árabe, que es esencial para un cronista de las vidas de Zawahiri y Bin Laden, está férreamente controlada por los gobiernos autocráticos de la región. Tampoco se puede dar mucho crédito a las declaraciones juradas de unos testigos que ya han demostrado ser estafadores, mentirosos y agentes dobles. Entonces, ¿cómo elige el escritor qué historia contar entre tantas versiones contradictorias y poco fiables?

Afortunadamente, en los cinco años que han transcurrido desde el 11-S han salido a la luz algunos documentos que pueden ser de gran ayuda para los periodistas que busquen una base sólida. Son especialmente útiles: «Tarik Osama» (la historia de Osama), una colección de informes, cartas y anotaciones extraídas de un ordenador de al-Qaeda encontrado en Bosnia y utilizado como prueba en el juicio *United States v. Enaam Arnout*; los valiosos correos electrónicos y otra correspondencia que el periodista del *Wall Street Journal* Alan Cullison descubrió fortuitamente cuando compró en Kabul un ordenador que resultó que le había sido robado a al-Qaeda; y los importantes documentos oficiales de al-Qaeda, incluidos su constitución y sus estatutos, muchos de ellos recopilados por el Departamento de Defensa de Estados Unidos tras la guerra de Afganistán, que conforman lo que se conoce como «Harmony Documents». Estos documentos son una base de información fiable que puede ser útil para comprobar la veracidad de otras fuentes.

No obstante, incluso estos valiosos materiales pueden ser engañosos. Por ejemplo, las notas manuscritas de «Tarik Osama» que documentan la importante reunión celebrada el 11 de agosto de 1988, en la que surge por primera vez el término al-Qaeda, permiten asomarse a lo que parece ser un momento fundacional. Como tal, es una escena esencial de mi narración. Sin embargo, la traducción al inglés que se facilitó al tribunal es a menudo confusa. «Veo que deberíamos pensar en el origen de la idea por la que vinimos aquí desde el principio —dice al comienzo—. Todo ello para empezar un nuevo fruto desde bajo cero.» Una traducción más acertada de este pasaje sería: «Deberíamos centrarnos en la idea que nos trajo hasta aquí en primer lugar. Se trata de comenzar un nuevo proyecto desde cero». Según el documento, el secretario que tomó las notas fue un amigo de Bin Laden, Abu Rida al-Suri (Muhammad Loay Baizid), pero cuando le entrevisté en Jartum negó haber estado siquiera en Afganistán o Pakistán en 1988. Desconozco si su afirmación es cierta, pero su nombre figura en el documento. Wa'el Yulaidan, que se negó a hablar conmigo en persona, asistió a la reunión y accedió a responder a mis preguntas a través de un intermediario. Él me transmitió la sorprendente información de que fue Abdullah Azzam quien la convocó; también me facilitó los nombres de los participantes y describió una votación sobre la constitución de al-Qaeda que se celebró al final de la reunión. Nada de ello aparece en los documentos judiciales. Medani al-Tayeb, que fue tesorero de al-Qaeda, me dijo a través de un intermediario que la organización ya se había constituido antes de la reunión del 11 de agosto —él se había incorporado a la misma el mes de mayo anterior—, por lo que parece que la votación formalizó la creación de una organización que ya existía de manera soterrada. Creo que el lector puede empezar a apreciar la turbia naturaleza del mundo en el que opera al-Qaeda y los imperfectos medios que a veces he tenido que emplear para obtener información.

De igual modo, he tenido que renunciar a incluir informaciones que considero ciertas pero no puedo demostrar. Un tentador ejemplo es lo que el príncipe Turki reveló a Associated Press el 17 de octubre de 2003, que, como jefe de los servicios secretos saudíes, le había facilitado a la CIA a finales de 1999 o principios de 2000 los nombres de dos de los futuros secuestradores del 11 de septiembre, Nawaf al-Hazmi y Jaled al-Mihdar. «Lo que les dije es que aquellas personas figuraban en nuestra lista de sospechosos debido a su implicación en anteriores operaciones de al-Qaeda, tanto en los atentados contra las embajadas como en tentativas de introducir armas de contrabando en el reino en 1997», dijo Turki entonces. Ello explicaría el repentino interés de la CIA por esos hombres en las fechas de la reunión de Malaisia entre los secuestradores y los responsables del atentado contra el USS *Cole*. La CIA desmintió enérgicamente las afirmaciones de Turki, y el embajador saudí en Estados Unidos, el príncipe Bandar bin Sultan, aclaró las declaraciones de su primo diciendo que «no existían documentos» enviados por Arabia Saudí a los servicios secretos estadounidenses sobre los secuestradores aéreos. En aquella época, Turki mantuvo sus declaraciones y afirmaba que había transmitido la información, al menos de forma oral. A mí me confirmó su afirmación Nawaf Obaid, un asesor de seguridad del gobierno saudí, quien me dijo que se habían facilitado los nombres de los futuros secuestradores aéreos al director de la estación de la CIA en Riad. Pero ahora Turki, que ha sustituido a Bandar en la embajada de Arabia Saudí en Washington,* afirma que, tras repasar sus notas, se ha dado cuenta de que se equivocó: él nunca entregó personalmente información alguna sobre los secuestradores a los estadounidenses. Ante un desmentido tan rotundo, he suprimido del texto esa versión de la historia. La menciono aquí para responder a las preguntas que se puedan haber planteado los lectores que ya conocían el episodio y también para dejar constancia de las contracorrientes de la política y la diplomacia, que a veces ponen la verdad, sea cual sea, frustrantemente lejos de nuestro alcance.

Para elaborar este libro ha sido necesario comparar centenares de fuentes contrastándolas entre sí, y es justamente esta comprobación recíproca la que permite aproximarse a la verdad, a los hechos más fiables. Se le podría llamar investigación horizontal, ya que tiene en cuenta los puntos de vista de todos los participantes dispuestos a hablar. Aunque la lista es larga, sin duda es incompleta. Hay personas clave de los servicios secretos estadounidenses, sobre todo de la CIA, que no quisieron reunirse conmigo. Además, muchos de los mejores informantes de al-Qaeda están detenidos por las autoridades estadounidenses, no solo en secreto, sino también en prisiones federales, en las que se les impide cualquier contacto con la prensa, pese a mis peticiones a sus guardianes y a los jueces encargados de sus casos. No se podrá explicar la historia completa de al-Qaeda hasta que no se les permita hablar.

Hay otro eje en la investigación periodística, en este caso vertical, que tiene más que ver con comprender lo sucedido que con los simples hechos. A algunas de las personas que aparecen en este libro las he entrevistado en

---

* Turki al-Faisal dejó de ser embajador de Arabia Saudí en Washington el 2 de febrero de 2007. *(N. de los T.)*

profundidad decenas de veces. Casi siempre, las conversaciones más prove-
chosas son las que se mantienen cuando se ha logrado cierto grado de confianza entre el periodista y la fuente. Esta relación está llena de dificultades,
pues la confianza y la amistad van de la mano. El conocimiento es seductor; el periodista quiere saber y, cuanto más sabe, más interesante resulta
para el informante. En la naturaleza humana hay pocas fuerzas más poderosas que el deseo de ser comprendido, sin la cual el periodismo no podría
existir. Pero la intimidad que surge al compartir secretos y desenterrar sentimientos profundos invita a un grado recíproco de protección amistosa
que un periodista no siempre puede ofrecer. Mediante el uso de una grabadora y la toma constante de notas, trato de recordar a ambas partes que
hay una tercera persona en la habitación: el futuro lector.

Me he esforzado por reducir al mínimo el uso de fuentes anónimas.
Como lector, suelo cuestionar la veracidad de la información que carece de
fuentes, por lo que he convencido a cuantas fuentes he podido para que sa-
lieran del anonimato. Algunos acostumbran a comenzar una entrevista diciendo que es confidencial, pero más tarde han admitido citas concretas o
informaciones cuando se lo he pedido. Cuando hay datos en el texto que
no están vinculados a individuos ni documentos concretos, representan información vital que tengo buenas razones para aceptar como cierta.

La existencia de este libro se debe en gran medida a la generosidad de centenares de personas. Aunque nunca podré agradecer lo suficiente su amabilidad, espero que al menos sientan que he honrado su confianza.

Es posible que Sayyid Qutb fuera desgraciado en Greeley (Colorado),
pero lo que es seguro es que no tuvo la suerte de conocer a Peggy A. Ford,
la coordinadora de los archivos e investigación del City of Greeley Museum, o a Janet Waters, la directora de los servicios archivísticos de la biblioteca James A. Michener de la Universidad del Norte de Colorado, que
pusieron a mi disposición su tiempo y sus útiles archivos. Ken McConnellogue, vicepresidente de promoción universitaria en la misma institución,
me facilitó amablemente información histórica vital; y Michael Welsh, profesor de historia, me mostró el campus y la ciudad y me acompañó en una
visita tan reveladora y placentera que me marché sintiendo envidia de sus
alumnos.

Los corresponsales en el extranjero dependen de los *fixers* para que les
guíen por culturas que apenas entienden. Los *fixers* conciertan citas, tradu-
cen y a menudo facilitan una comprensión del entorno que un extranjero

nunca podría alcanzar por sí solo. En El Cairo tuve la suerte de disfrutar de la agradable compañía de Mandi Fahmy, y también de Rola Mahmud y Yailan Zayan. Samir Rafaat fue un valioso guía cuando investigué la infancia del doctor Ayman al-Zawahiri en Maadi. Estoy profundamente agradecido a Mahfuz Azzam y a Omar Azzam por sus pacientes y amables respuestas a mis interminables interrogatorios. Gamal al-Banna y Essam el-Eryan me ofrecieron sus valiosas opiniones sobre los Hermanos Musulmanes, y Kamal Habib fue enormemente instructivo sobre los orígenes de al-Yihad. Mamduh Ismail, Gamal Sultan y Montassir al-Zayyat fueron unas fuentes indispensables sobre los movimientos islámicos, y Fuad Allam me ayudó a comprender la respuesta del gobierno a los retos que aquellas organizaciones planteaban. Abdallah Schleifer fue una fuente muy lúcida y divertida, además de un cocinero sorprendentemente bueno. Saad Eddin Ibrahim, que acababa de salir de la cárcel y aún sufría las consecuencias de aquel calvario, tuvo la gentileza de compartir conmigo los resultados de sus valiosas investigaciones. Agradezco especialmente la amistad y hospitalidad de Yan y Safwat Montassir, Sanna Hannonen Negus, el doctor Abdul Wahab Ibrahim y Aida el-Bermawy, Raymond Stock, Jim Pringle y Samia el-Bermawy, Essam Deraz, Ali Salem y mi antiguo profesor, el doctor Yehia el-Ezabi.

Después del 11-S, pasé más de un año intentando obtener un visado para entrar en el reino de Arabia Saudí. Finalmente me di cuenta de que no lo iba a obtener como periodista, por lo que acepté un trabajo de «mentor» de los jóvenes periodistas de la *Saudi Gazette* de Yidda, la ciudad natal de Bin Laden. Aquella estratagema fortuita me permitió adquirir un conocimiento de la sociedad saudí al que no habría podido acceder desde la distante posición de periodista. Se lo agradezco al doctor Ahmed al-Yusef, el jefe de redacción; al doctor Muhammad Shukany, el director que me invitó a la redacción en primer lugar; y a mis colegas Iftikar Ahmed, Ramesh Balon, Ramzi Juri y Mazhar Siddiqi. Sin embargo, mis mejores maestros fueron los periodistas a mi cargo: Faisal Bajaber, Hasan Basweid, Najla Fathi, Mamduh al-Harithi, Hasan Hatrash, Muhammad Zoheb Patel, Mahmud Shukri y Sabahat Siddiqi. Tengo una gran deuda por su generosidad con Faiza Ambah, Elizabeth O. Colton, el doctor Jaled Batarfi, Berhan Hailu, Peter Harrigan, Yamal Jalifa, Yamal Jashoggi, Jaled al-Maina, el doctor Abdullah al-Shehri, Husein Shobokshi y Gina Abercrombie-Winstanley, que hicieron que mis viajes al reino fueran tan productivos como agradables.

En Pakistán exprimí sin vergüenza a mis colegas para que me contaran sus experiencias cubriendo la yihad. Mi agradecimiento a Kathy Gannon, de Associated Press; Françoise Chipaux, de *Le Monde*; Yamal Ismail, de la televisión de Abu Dabi; Ismail Jan, de *Dawn*; Rahimullah Yusufzai, de *News of Islamabad*; y a Ahmed Muaffaq Zaidan, de al-Yazira. Mahnaz Ispahani me proporcionó una visión de conjunto muy útil del país y también algunas fuentes de un valor incalculable. A pesar de las enormes diferencias que separan nuestras visiones del mundo, Jaled Jawaya hizo todo lo posible para ayudarme a entender su punto de vista. Estoy particularmente en deuda con Zaynab Ahmed Jadr por compartir conmigo sus recuerdos personales de la vida en la comunidad de al-Qaeda durante las numerosas conversaciones que mantuvimos en Pakistán y Canadá. Bahram Rahman me guió por Afganistán, y su compañía fue siempre un placer. Creo que todavía le debo una copa a Dominic Medley en el hotel Mustafa.

Isam Eldin al-Turabi fue un anfitrión muy ameno y esclarecedor durante mis diversos viajes a Sudán. También le estoy agradecido a Muhammad Loay Baizid por confiarme sus recuerdos y a Hassabulla Omer por hablar con franqueza sobre el dilema que Bin Laden supuso para los servicios secretos sudaneses.

Georg Mascolo y su equipo de investigadores de *Der Spiegel* hicieron un trabajo excelente al descubrir la vida secreta de la célula de Hamburgo. Georg me cedió a una de sus mejores periodistas, Cordula Meyer, para que fuera mi guía durante mi estancia en Hamburgo; mi retrato de los secuestradores en Alemania se basa en sus opiniones. También le estoy agradecido al doctor Guido Steinberg, de Berlín, ex jefe de antiterrorismo en la oficina del canciller, cuyos conocimientos sobre terrorismo ayudaron a mejorar mi comprensión del fenómeno. En España conté con la ayuda de Rocío Millán Johnson, una emprendedora periodista y una persona maravillosa. También les estoy agradecido a Emilio Lamo de Espinosa y Haizam Amirah Fernández, del Real Instituto Elcano. Gustavo de Arístegui fue una estimulante compañía intelectual durante mi estancia en Madrid. Juan Cotino, Enrique García, Emiliano Burdiel Pascual y Teodoro Gómez Domínguez, de la policía nacional, fueron sumamente serviciales. También quiero dar las gracias a mis colegas de profesión: Fernando Lázaro, de *El Mundo*; José María Irujo, de *El País*; Ramón Pérez Maura, de *ABC*; y sobre todo a Keith Johnson, del *Wall Street Journal*; todos ellos me ayudaron generosamente con las fuentes y la información.

La primera vez que fui a entrevistar a Gilles Kepel, profesor de estudios de Oriente Próximo en el Instituto de Estudios Políticos de París, me pidió que impartiera una clase por él. Resultó ser la mejor presentación a un hombre cuyos trabajos pioneros sobre el islamismo en Egipto han servido de modelo para los estudios sobre ese movimiento. Sus alumnos son un poderoso y perdurable reflejo de su influencia. También le estoy agradecido por su hospitalidad a mi antiguo director de *The New Yorker*, Lee Aitken, y a mis amigos Christopher y Carol Dickey, que hicieron que mis viajes a París fueran mucho más agradables de lo que habrían sido sin su encantadora compañía. Olivier Roy, un sabio académico, tuvo la amabilidad de compartir sus ideas conmigo en diversas ocasiones; y el valiente juez antiterrorista Jean-Louis Bruguière me benefició con su conocimiento único de al-Qaeda.

Londres es una escala obligada para cualquier periodista interesado en el islamismo y la yihad. A algunas de mis mejores fuentes les habían concedido asilo político allí y hablaron de buen grado conmigo pese a la amenaza de que su situación podía cambiar en cualquier momento. Estoy especialmente agradecido a Yassir al-Sirri, Osama Rushdi y Hani el-Sibai. Abdullah Anas y Kemal Helbawi fueron grandes amigos durante mis visitas y sus aportaciones fueron muy importantes para comprender la experiencia de los árabes afganos. Alan Fry, de Scotland Yard, compartió conmigo el punto de vista británico sobre el antiterrorismo. Yosri Fuda, el periodista estrella de al-Yazira, fue una buena compañía en algunas veladas memorables. Abdul Rahman al-Rashid, el ex director de *Al-Sharq al-Awsat*, fue una fuente generosa y su sucesor en el crago, Tariq al-Homayed, ha sido un espíritu afín desde que nos conocimos en Yidda. Quiero rendir un especial homenaje a Muhammad el-Shafey, un gran periodista que ha informado sobre terrorismo e islamismo radical durante años para *Al-Sharq al-Awsat*. Le estoy muy agradecido por su amabilidad.

Estoy especialmente en deuda con Richard A. Clarke, que fue un tutor extremadamente paciente sobre los entresijos de Washington. Del FBI apreciaré siempre la sinceridad de los miembros de la unidad I-49, sobre todo de Jack Cloonan, Daniel Coleman, Mark Rossini y Ali Sufan, a los que entrevisté en innumerables ocasiones. Sin ellos, este libro no existiría; es algo tan sencillo como eso. Pasquale D'Amuro se aseguró de que la oficina de Nueva York estuviera abierta para mí; le estoy profundamente agradecido por su confianza. Joe Valiquette y Jim Margolin me ayudaron a concertar entrevistas que a menudo se prolongaron hasta mucho después de que las oficinas hubieran cerrado. En la oficina central, quisiera expresar mi agradecimiento a John Miller, Michael Kortan y Angela Bell, que me ayudaron organizando entrevistas y proporcionándome información. Michael Scheuer fue un guía sincero sobre la cultura de la estación Alec y la CIA. Sus profundos conocimientos sobre Bin Laden y al-Qaeda no tienen parangón. Hay otras personas de los servicios secretos estadounidenses a las que no puedo nombrar pero que también fueron extraordinariamente útiles.

Tres mujeres —Anna DiBattista, Valerie James y Mary Lynn Stevens— compartieron sus recuerdos, a menudo dolorosos, de John O'Neill. Tuve el privilegio de que me confiaran sus historias.

Naturalmente, los idiomas suponen una barrera, por lo que me gustaría expresar mi agradecimiento a los traductores que he contratado en todo el mundo. En árabe: mi antigua ayudante Dina Ibrahim fue absolutamente inestimable, no solo por sus hábiles traducciones; también lo fueron la hermana de Dina, May, y a veces su madre, Aida; mi profesor de árabe, Amjad M. Abu Nseir; Yilan Kamel; Nidal Daraiseh, otro estimado ayudante; y Reham al-Sharif, en El Cairo. En alemán: Ralf Jaeger y Chester Rosson. En francés: Caroline Wright. En español: Rocío Millán Johnson, Frank Hodgkins y el general Edward Jeep.

Algunos fragmentos de este libro aparecieron en *The New Yorker*; de hecho, el proyecto comenzó el 11 de septiembre de 2001, cuando le pedí a su director, David Remnick, que me dejara ponerme a trabajar. Desde entonces me he beneficiado de la exigente ayuda editorial de la revista. Algunos artículos de Jeffrey Frank, Charles Michener y Daniel Zalewski también han contribuido al producto final. También estoy en deuda con los verificadores de datos de *The New Yorker*, mi departamento preferido de la revista, dirigido por Peter Canby. Entre los verificadores que me han ayudado en este proyecto se cuentan Gita Danehjoo, Boris Fishman, Jacob Goldstein, Marina Harss, Austin Kelley, Nandi Rodrigo, Andy Young y, sobre todo, Nana Asfour, que también hizo de traductora del árabe en varias entrevistas importantes. Estoy en deuda con Natasha Lunn, editora gráfica de la revista, que recopiló muchas de las imágenes utilizadas en este libro.

Mucha gente me ayudó a conseguir visados o a acceder a personas a las que nunca habría podido llegar yo solo. Janet McElligot y Milt Bearden fueron extremadamente amables en este sentido. Además de ayudar a dar forma a las ideas de este libro, Elizabeth Fernea fue quien me encontró el empleo de Arabia Saudí. Su contribución es evidente en todo este trabajo.

Hay un pequeño grupo de expertos independientes cuyos trabajos sobre terrorismo han sido de gran ayuda a los periodistas. Quiero dar las gracias a Rita Katz y el Instituto SITE; Steven Emeron y Lorenzo Vidino, de Investigative Project; y Evan F. Kohlmann, por poner a mi disposición algunos materiales de su colección. También les estoy agradecido a Michael Esner y al bufete de abogados Motley Rice, quienes generosamente me permitieron examinar su impresionante archivo. Karen Greenburg y el personal del Centro de Derecho y Seguridad de la Facultad de Derecho de la Universidad de Nueva York me han abierto un campo intelectual para muchas de las ideas analizadas en este libro.

Tengo la suerte de pertenecer a la comunidad virtual Gulf 2000, creada por Gary Sick, profesor titular de relaciones internacionales y ex director del Instituto de Oriente Próximo de la Universidad de Columbia. G2K, como la llaman sus miembros, ha demostrado ser una herramienta inmejorable para investigar y compartir ideas.

Los periodistas dependen los unos de los otros incluso cuando compiten. Además de los colegas a los que ya he mencionado, quiero agradecer especialmente su ayuda al analista de terrorismo de la CNN Peter L. Bergen; a John Burnett y National Public Radio; a Chris Isham, de ABC News; a Stephen Franklin, del *Chicago Tribune*; a Jonathan Ledgard, de *The Economist*; y a Philip Smucker, de *Time*. Me pude beneficiar de la experiencia y los numerosos y valiosos contactos de cada uno de ellos. Son personas valientes y amigos estimados.

Kirk Kjeldsen, que el 11 de septiembre trabajaba como periodista para la revista *Waters*, casualmente llegó tarde a una reunión en el World Trade Center aquella mañana y, como se había quedado dormido en el metro, sobrevivió y pudo contarme su historia, que formó parte del ya famoso número negro de *The New Yorker*, del 24 de septiembre de 2001. Kirk también me hizo el favor, como colega, de acudir al funeral de John O'Neill y entrevistar a algunos de sus amigos y compañeros de trabajo.

Will Haber me prestó una valiosa ayuda, al igual que Mona Abdel-Halim, que escuchó mis ideas y me dio valiosos consejos. Jan McInroy ha sido mi corrector de estilo preferido durante años y siempre he confiado en su criterio. He dependido especialmente del trabajo de Nora Ankrum, que me ayudó a organizar la enorme cantidad de información en catorce cajas de tarjetas con notas. Su alegre presencia aligeró la tarea, a veces desalentadora.

Estoy en deuda también con mis queridos amigos Stephen Harrigan y Gregory Curtis, que leyeron el borrador del libro y me hicieron sugerencias enormemente útiles. Fue Steve el primero en sugerirme que escribiera este libro. Peter Bergen, Rachel Bronson, John Calvert, Steve Coll, Mary Deborah Doran, Thomas Hegghammer, Michael Rolince, Marc Sageman y Michael Welsh leyeron el libro entero o fragmentos del mismo y me hicieron partícipe de sus conocimientos. La responsabilidad por los errores que quedan en el libro es únicamente mía, pero hay menos gracias a la generosidad de estos pacientes lectores.

Mi amiga y agente, Wendy Weil, luchó por este proyecto; afortunadamente, Ann Close, que fue la editora de mis tres libros anteriores, volvió a trabajar conmigo en este. Le estoy agradecido por volver a contar con mi equipo. Mi esposa, Roberta, me apoyó en mi decisión de escribir el libro, aunque eso significó estar separados gran parte de los casi cinco años que me ha llevado acabarlo. Estoy muy contento de estar de nuevo en casa.

Índice alfabético

Créditos fotográficos

Organizados por página para mayor claridad, aunque el pliego central
no contiene números de página.

*Mi agradecimiento a las siguientes instituciones y personas
por haber dado su permiso para publicar aquí sus fotografías.*

Página 1: Sayyid Qutb con el rector del Colorado State College of Education:
Biblioteca Michener, Universidad del Norte de Colorado. Vista aérea de
Greeley: Greeley Museum. Qutb durante su juicio: *al-Ahram*.

Página 2: Zawahiri de niño: familia Azzam, AFP / HO / *Al-Hayat*. Zawahiri en
la Facultad de Medicina: familia Azzam, AFP / Getty.

Página 3: Prisioneros durante el juicio: AP. Jeque Omar Abdul Rahman: Aladin
Abdel / Reuters / Corbis. Zawahiri durante el juicio: Getty.

Página 4: Muhammad bin laden con el príncipe Talal en la Gran Mezquita: cor-
tesía del príncipe Talal. Muhammad Bin Laden y el rey Faisal: cortesía de
Saudi Binladin Group. Gran Mezquita: Abbas / Magnum. Yuhayman al-
Oteibi: cortesía de la embajada de Arabia Saudí.

Página 5: Yamal Jalifa: colección del autor. Primera casa de Osama bin Laden en
Yidda: colección del autor. Segunda casa de Osama bin Laden en Yidda:
colección del autor.

Página 6: Abdullah Azzam: cortesía de Abdullah Anas. Osama bin Laden de joven: EPA / Corbis. Azzam y Massud: cortesía de Abdullah Anas.

Página 7: General Hamid Gul: colección del autor. Príncipe Turki: Corbis. Príncipe Turki negociando con muyahidines enfrentados: cortesía de Yamal Jashoggi.

Página 8: World Trade Center: Getty. Ramzi Yusef: cortesía del FBI.

Página 9: Hasan al-Turabi: colección del autor. Osama bin Laden: cortesía de
Scott McLeod. Mezquita de Osama bin Laden: colección del autor.

Página 10: Osama bin Laden con un arma: AFP / Getty. Combatientes talibanes en tanque: Sayed Salahuddin / Reuters / Corbis.

Página 11: Bin Laden y Zawahiri en la conferencia de prensa: CNN, vía Getty. Ruinas del palacio de Dar-ul-Aman: colección del autor.

Página 12: Ruinas de la embajada estadounidense en Nairobi (Kenia): Reuters. Ruinas de la embajada estadounidense en Tanzania: cortesía del FBI. Ruinas de la planta farmacéutica: colección del autor.

Página 13: USS *Cole*: Getty. Michael Scheuer: AP. Richard Clarke: AP.

Página 14: Valerie James y John O'Neill: cortesía de Valerie James. Mary Lynn Stevens y John O'Neill: cortesía de Mary Lynn Stevens. Anna DiBattista y John O'Neill: cortesía de Anna DiBattista.

Página 15: John O'Neill y Daniel Coleman: cortesía de Daniel Coleman. Ruinas del escondite de Bin Laden en Afganistán: cortesía del FBI. Madre y esposa de John O'Neill en su funeral: AP.

Página 16: Ruinas del World Trade Center: Hale Gurland / Contact Press Images.